Eberhard Jüngel

Ganz werden

Theologische Erörterungen V

Eberhard Jüngel

Ganz werden

Theologische Erörterungen V

Mohr Siebeck

ISBN 3-16-147968-8 Leinen
ISBN 3-16-147969-6 Broschur

Die Deutsche Bibliothek verzeichnet diese Publikation in der Deutschen Nationalbibliographie; detaillierte bibliographische Daten sind im Internet über *http://dnb.ddb.de* abrufbar.

Das Buch wurde von Computersatz Staiger in Rottenburg/N. aus der Garamond Antiqua gesetzt, von Gulde-Druck in Tübingen auf alterungsbeständiges Werkdruckpapier gedruckt und von der Verlagsbuchbinderei Dieringer in Gerlingen gebunden.

Der Ernst-Moritz-Arndt-Universität Greifswald
und der Universität Basel
als Zeichen des Dankes
für die Promotion zum Doktor der Theologie ehrenhalber

Inhaltsverzeichnis

Vorwort

Ganz zu sein – danach sehnt sich der Mensch. Und indem er sich danach
sehnt, gesteht er zumindest sich selber seinen eigenen Mangel an Ganzheit
ein: das menschliche Leben muß erst ganz werden.

Der große Schleiermacher hat – sich einer Wendung seines Kollegen Henrich Steffens bedienend – das als unmittelbares Selbstbewußtsein bestimmte
Gefühl für den existentialen Ort gehalten, an dem sich „die unmittelbare Gegenwart des ganzen ungeteilten Daseins" ereignet. Dabei geht es um die unmittelbare Gegenwart des ganzen sinnlichen und geistigen Daseins, um die
Einheit der Person mit ihrer sinnlichen und geistigen Welt[1]. Sollte das Gefühl
wirklich ein solcher existentialer Ort sein, dann ereignet sich in ihm eine Antizipation des ewigen Friedens in Gottes kommendem Reich.

Daß es solche Antizipationen gibt, soll nicht bestritten werden, wird vielmehr in den Texten dieses Aufsatzbandes durchweg vorausgesetzt. Vorausgesetzt ist dabei allerdings auch, daß sich „die unmittelbare Gegenwart des ganzen ungeteilten Daseins" nicht von selbst einstellt. Sie wird uns vielmehr zu-
gespielt: durch die sakramentale Kraft des Evangeliums. Die in diesem Band
abgedruckten Aufsätze und Reden bringen das unter recht unterschiedlichen
Aspekten zur Geltung, mitunter sehr direkt, mitunter eher indirekt. Die Texte stammen aus einem Zeitraum von mehreren Jahrzehnten und vermitteln
vielleicht etwas von der inneren Konsistenz einer Theologie, die bei allen unerläßlichen Neuorientierungen „in der Spur" bleibt.

Bei der Herstellung des druckfertigen Manuskriptes haben sich Frau Dr.
Christiane Tietz-Steiding und in Zusammenarbeit mit ihr die Herren cand.
theol. Tilo Knapp, stud. phil. Thomas Vogt und stud. theol. Matthias Rumm
sehr verdient gemacht. Ich danke ihnen.

---

[1] Vgl. *H. Steffens*, Von der falschen Theologie und dem wahren Glauben. Eine Stimme
aus der Gemeinde, 1823, 99f. mit *F. D. E. Schleiermacher*, Der christliche Glaube nach den
Grundsätzen der evangelischen Kirche im Zusammenhange dargestellt, auf Grund der
2. Aufl. und krit. Prüfung des Textes neu hg. und mit Einl., Erläuterungen und Reg. versehen von *M. Redeker*, Bd. 1, [7]1960, § 3.2, 17 Anm.

Daß der Verlag Mohr Siebeck – der sich für die Theologie mit hohem Sachverstand engagierende Verleger Georg Siebeck gehört aus gutem Grund zum Ordo Theologorum Tubingensis – auch dieses Buch in seine verlegerische Obhut genommen hat, erzeugt bleibende Dankbarkeit.

Tübingen, im September 2002   Eberhard Jüngel

Zum Wesen des Friedens

Frieden als Kategorie theologischer Anthropologie

Einleitung

Von Papst Benedikt XIV. wird folgende Anekdote überliefert: Als er in einem
Bologneser Frauenkloster, dem seine Schwester als Äbtissin vorsteht, das
Hochamt hält, singen die Nonnen dazu die schönste Messe – lang ausgedehnt
mit ihren süßesten Stimmen. Im Credo können sie gar nicht oft genug die entscheidenden christologischen Formulierungen wiederholen und gar nicht fer-
tig werden mit immer wiederholtem »gezeugt, nicht geschaffen: genitum, non
factum«. Der Papst wird ungeduldig, er möchte zum Offertorium übergehen.
Schließlich dreht er sich am Altar um und unterbricht das Gesinge mit dem
Satz: »Sive genitum, sive factum – *pax vobiscum*«. Albrecht Ritschl, dem die
Anekdote von Doellinger erzählt worden war, ist von ihr so sehr entzückt,
daß er sie brieflich an Harnack weitergibt mit der Bemerkung: »Das ist doch
eine prächtige Ironie auf alle Dogmatik und deren Streitsätze«[1].

   Eine »prächtige Ironie« ist das schon. Aber eben nicht nur »auf alle Dogmatik und deren Streitsätze«, sondern nicht weniger auf das theologische Verständnis vom Frieden, das dieser Papst gehabt haben muß. Kann man mit dem
Friedensgruß »pax vobiscum« über die *Wahrheit* hinweggehen, die das Credo
zu formulieren beansprucht? Entspringt der Friede, den die Kirche entbietet
und wünscht, nicht vielmehr eben dieser Wahrheit? Geht es um den Frieden,
den das Weihnachtsevangelium zur Sprache bringt – »et in terra pax!« –, dann
wird man gerade um des lieben Friedens willen die Wahrheit gar nicht ernst
genug nehmen können, die diesen Frieden in Kraft setzt. Nach einer glück-
lichen Metapher Carl Friedrich von Weizsäckers ist der Friede so etwas wie
»der Leib einer Wahrheit«[2]. Die Metapher soll besagen, daß »Friede … möglich sein« mag, »soweit die ihn tragende Wahrheit reicht«[3]. Sie besagt dann
aber auch, daß der Friede bei lebendigem Leibe verfaulen, daß er verwesen
müßte, wenn man ihn ohne die ihn tragende Wahrheit haben will oder über

---

[1] Vgl. *A. Gilg*, Weg und Bedeutung der altkirchlichen Christologie, ³1966, 7.
[2] *C. F. von Weizsäcker*, Der Garten des Menschlichen. Beiträge zur geschichtlichen Anthropologie, ⁶1978, 40.
[3] AaO., 40f.

die Wahrheit, zu der er als deren Leib gehört, mit einem *pax vobiscum* hinweggehen zu können meint. Blaise Pascal hat die zwar unbequeme, aber intel-
lektuell nun einmal redliche Frage gestellt, ob es nicht sogar »ein Verbrechen
ist, im Frieden zu bleiben, wenn man die Wahrheit zerstört«[4].

»Wege zum Frieden« können jedenfalls für das Denken nur Wege zur
Wahrheit sein. Oder aber wir befinden uns auf dem Weg zu einem faulen Frieden, der freilich nach Jer 6,14 (8,11) von falschen Propheten nur zu gern in
Aussicht gestellt wird: »Sie sagen: Friede, Friede! – und ist kein Friede«. Es
gehört zu den vornehmsten Aufgaben gerade der Theologie, nach derjenigen
Wahrheit zu fragen, deren Leib zu Recht Frieden genannt zu werden verdient. Mit dieser Frage beteiligt sich die Theologie auf ihre Weise an der Aufgabe, Wege zum Frieden zu bahnen.

Wege zum Frieden scheinen angesichts unserer durch und durch friedlosen
Wirklichkeit wegführen zu müssen aus der unbefriedeten Gegenwart, weg in
eine Zukunft, die das genaue Gegenteil einer Fortschreibung der gegenwärtigen Wirklichkeit sein müßte. Doch ist das überhaupt möglich? Kann aus Unfriede Friede hervorgehen? Es gibt eine Auffassung von Frieden, nach der das
durchaus möglich ist. Es ist die gängige Auffassung. Auf sie einzugehen wird
einen Aspekt der folgenden Überlegungen ausmachen.

Wichtiger ist jedoch ein anderer Aspekt dieses theologischen Traktates.
Denn wenn christliche Theologie über Wege zum Frieden nachdenkt, stellt
sich zwangsläufig eine andere Wegrichtung ein. Nicht um die Notwendigkeit
einer besseren Zukunft zu bestreiten! Der christliche Glaube wirkt auf seine
Weise, wenn auch illusionslos, darauf hin, daß Friede geschehe auf Erden.
Aber aus Unfriede *wird* kein Friede. Damit Wege in eine Zukunft des Friedens *möglich* werden, muß sich nach der Einsicht des christlichen Glaubens
bereits unser Verhältnis zur eigenen Gegenwart grundlegend ändern. Entscheidend ist dafür nicht erst die – allerdings unerläßliche – menschliche Anstrengung, für den Frieden tätig zu werden. Entscheidend für die grundlegende Änderung des Verhältnisses zur eigenen Gegenwart ist vielmehr – vorgän-
gig zu aller gebotenen Anstrengung – die dankbare Wahrnehmung des *schon
gewährten*, des *von Gott* gewährten Friedens, der die friedlose Wirklichkeit
gründlich unterbricht.

Der christliche Glaube versteht sich selber als eine elementare Unterbrechung der je eigenen Gegenwart, eine Unterbrechung, die Raum schafft für
einen neuen Umgang mit der Wirklichkeit, aus dem dann eine Zukunft hervorgehen mag, die in der Tat etwas sehr anderes ist als die variierbare Fortschreibung unserer friedlosen Gegenwart. Eine elementare Unterbrechung

---

[4] *B. Pascal*, Über die Religion und über einige andere Gegenstände (Pensées), übertr.
und hg. von *E. Wasmuth*, [8]1978, Frgm. 949, 442.

der je eigenen Gegenwart vermag der christliche Glaube aber nur dadurch zu sein, daß er seinem Wesen gemäß eine ständige Einkehr in eine ganz bestimmte Vergangenheit ist: nämlich in die Geschichte Jesu Christi. Diese Vergangenheit hat nach dem Urteil des Glaubens die Zukunft in sich, die mit Recht eine Zukunft des Friedens genannt zu werden verdient. Nach den Erzählungen des Johannesevangeliums grüßt der von den Toten auferweckte Christus dreimal mit dem Gruß des Friedens: *»Friede mit Euch!«* (Joh 20,19.21.26) Der Gruß verwirklicht die Ankündigung von Joh 14,27: »Frieden lasse ich Euch zurück, meinen Frieden gebe ich Euch. Nicht wie die Welt gibt, gebe ich Euch.« Wege zum Frieden führen für den christlichen Glauben zurück zu diesem Friedensgruß des Auferstandenen, um dann mit diesem österlichen Friedensgruß so in die eigene Gegenwart einzukehren, daß »Friede auf Erden« nicht nur als eine himmlische, sondern auch als eine *irdisch verifizierbare* Verheißung bejaht werden kann.

Das Verständnis von Frieden, das dabei zum Zuge kommt, ist allerdings mit der gängigen Auffassung vom Frieden nicht ohne weiteres deckungsgleich. Und es könnte sein, daß ein nicht unbedeutendes Hindernis auf dem Weg zum Frieden eben diese gängige Auffassung vom Frieden ist. Der Unterschied im Friedensverständnis verweist auf eine anthropologische Differenz. Der christliche Glaube hat eine besondere Auffassung darüber, was das für ein Mensch sein muß, der des Friedens nicht nur bedürftig ist, sondern auch fähig sein soll. Die theologische Auffassung vom friedensfähigen Menschen herauszuarbeiten, ist das Ziel der folgenden Überlegungen, die auf diese Weise ihrerseits ein Schritt, eben: ein theologischer Schritt auf dem Wege zum Frieden sein könnten.

I. Si vis pacem, para bellum. Friede als Gegenbegriff zum Krieg

1. Der Mensch gilt nach einer alten philosophischen Definition, die – mit einer später noch zu erwähnenden Modifikation – auch theologisch außerordentlich treffend ist, als das durch Sprache ausgezeichnete Wesen. Er ist des Wortes mächtig. Wollen wir wissen, was im Zusammenhang der Frage nach dem Menschen Friede heißt, so tun wir methodisch gut daran, darauf zu achten, wie Menschen vom Frieden reden. Dabei geht es nicht nur um die Klärung der semantischen Bedeutung des Wortes, die sich – nach Wittgensteins bekannter These – aus dem sprachlichen Gebrauch ablesen läßt[5], der von diesem

---

[5] Vgl. *L. Wittgenstein*, Philosophische Untersuchungen, § 43, in: *ders.*, Werkausgabe, Bd. 1, ²1995, 225–580, 262f.

Wort gemacht wird. Es geht nicht weniger um die Frage, in welchen Situationen vom Frieden geredet wird. Wann ist es an der Zeit, von Frieden zu reden?

Es sei erlaubt, mit einer Hypothese zu operieren. Aus Novellen und Romanen vergangener Jahrhunderte ist uns die merkwürdige Sitte – oder vielmehr Unsitte – bekannt, daß zwei Männer irgendwelche ehrenrührigen Vorgänge, die nach Satisfaktion zu verlangen schienen, mit Degen oder mit Pistolen aus der Welt zu bringen suchten. Man nannte diesen privaten Zweikampf, bei dem mit jenen ehrenrührigen Vorgängen zugleich auch einer der beiden Kämpfer – mitunter sogar auch der andere – aus der Welt geschafft wurde, ein Duell. Was da häufig als dramatischer Höhepunkt der Erzählung dargestellt wurde, war keineswegs nur Erfindung dichterischer Phantasie. Das gab es wirklich. Und in den älteren Handbüchern der Moral wurde die ethische Problematik des Duells sorgfältig erörtert. Heute erwartet indessen niemand, in einer Ethik eine Abhandlung über den privaten Zweikampf zu finden. Die Sitte des sich Duellierens ist längst als eine ehrwürdige Unsitte durchschaut worden. Sie ist obsolet geworden und schlicht in Wegfall gekommen.

Gesetzt nun den Fall, es würde kommenden Generationen mit der ganz und gar nicht ehrwürdigen, sondern trotz ihres hohen Alters durch und durch unwürdigen, nämlich menschenunwürdigen Unsitte des Krieges einmal ähnlich ergehen. Gesetzt, es hätte sich die Einsicht nicht nur herumgesprochen, sondern auch durchgesetzt, »daß ... die Vernunft vom Throne der höchsten moralisch gesetzgebenden Gewalt herab den Krieg als Rechtsgang schlechterdings verdammt«[6]. Gesetzt also den Fall, daß der Krieg irgendwann einmal nicht nur ganz und gar und restlos obsolet geworden, sondern auch faktisch schlicht in Wegfall gekommen sein wird – wäre der Zustand, der dann herrschen würde, *Friede*? Ist Friede soviel wie Nicht-Krieg? Redet man vom Frieden, wenn man den Gegensatz zum Krieg im Blick hat?

Der gängige Sprachgebrauch legt es in der Tat nahe, Frieden als Gegenbegriff zum Krieg aufzufassen. Immanuel Kant hat denn auch mit der Feststellung, »daß ... die Vernunft vom Throne der höchsten moralisch gesetzgebenden Gewalt herab den Krieg als Rechtsgang schlechterdings verdammt«, die andere Behauptung verknüpft, »daß ... die Vernunft vom Throne der höchsten moralisch gesetzgebenden Gewalt herab ... den Friedenszustand dagegen zur unmittelbaren Pflicht macht«[7]. Der Friede wird von Kant dementsprechend thematisch gemacht als Friedens*schluß*, dessen Funktion es ist, ei-

---

[6] *I. Kant*, Zum ewigen Frieden. Ein philosophischer Entwurf, in: *ders.*, Gesammelte Schriften, hg. von der *Königlich Preußischen Akademie der Wissenschaften*, Bd. 8, 1923, 341–386, 356.
[7] Ebd.

nen Krieg zu beenden – sei es im Sinne eines Friedens*vertrages* (pactum pacis), der »bloß *einen* Krieg ... zu endigen suchte«, sei es im Sinne eines Friedens*bundes* (foedus pacificum), der »*alle* Kriege auf immer zu endigen suchte«[8]. Frieden schließen heißt wesentlich: Krieg beenden. Das Wesen des Friedens wäre dann nicht eigentlich ein Zustand, in dem man etwas *anfangen*
kann, sondern vielmehr ein Zustand, in dem etwas *aufgehört* hat beziehungsweise *aufzuhören* beginnt: eben der Krieg. So verstanden ist der Friede begrifflich ganz und gar auf den Krieg fixiert – so sehr, daß sich die Frage auf-
drängt, ob der so begriffene Friede in der Negativität seines Wesens nicht dem
Wesen des Krieges verhaftet bleibt, als dessen Ende er gilt.

Es läßt sich freilich nicht leugnen, daß dieses Verständnis vom Frieden angesichts einer immer wieder in Kriege verwickelten und scheinbar endlos
vom Krieg bedrohten Welt naheliegt. Es dürften die schrecklichen Erfahrungen des Krieges sein, die es bereits hinreichend erscheinen lassen, wenn der
Friede als bloßer Gegenbegriff zum Krieg begriffen wird. Und es ist ja in der
Tat mehr als nicht wenig, wenn die Waffen schweigen. Insbesondere unsere
mit jeder Kriegsgefahr an den Rand einer globalen Katastrophe geratende
Welt wird es zu schätzen wissen, wenn kriegsähnliche Handlungen beendet
und Kriege vermieden werden. Aber wäre das der Friede? Ja, läßt sich Krieg
überhaupt vermeiden, wenn und solange Friede nichts anderes ist als Nicht-
Krieg? Ist das Verständnis des Friedens als eines bloßen Gegenbegriffs zum
Krieg nicht eine unfreiwillige Begünstigung des Krieges – nicht unähnlich der
Devise »Si vis pacem, para bellum: Wenn Du den Frieden willst, rüste zum
Krieg«[9]? Verdient, was in Wahrheit nichts anderes ist als Nicht-Krieg, wirk-
lich Friede genannt zu werden?

In diese Richtung weist schon der Sprachgebrauch der griechisch-römischen Antike. Da er auch für die heute weithin gängige Auffassung vom
Frieden als ein geradezu klassischer Beleg gelten kann und zudem dem ihm
entgegengesetzten biblischen Sprachgebrauch historisch unmittelbar be-
nachbart ist, soll in einem ersten Teil dieser Überlegungen auf ihn eingegangen werden.

2. Eirene, Frieden, ist für die Griechen das – von den Göttern verfügte – zeitliche Aussetzen des Krieges: die Zeit, in der statt des Kriegsgottes der Frieden

---

[8] Ebd.
[9] Die sprichwörtliche Rede »Si vis pacem, para bellum« geht auf den römischen Militär-
schriftsteller Vegetius zurück. Er hatte empfohlen: »Igitur qui desiderat pacem, praeparet
bellum: wer also den Frieden wünscht, bereite den Krieg vor!« (*F. Vegetius Renatus*, Epi-
toma rei militaris, l. III, Prologus, 8, hg. von *A. Önnerfors*, 1995, 101) Vgl. *W. Haase*, »Si vis
pacem, para bellum.«. Zur Beurteilung militärischer Stärke in der römischen Kaiserzeit, in:
Limes. Akten des XI. Internationalen Limeskongresses, hg. von *J. Fitz*, 1977, 721–755.

herrscht, also die Zeit der Waffenruhe und Unbedrohtheit[10]. Der Friede herrscht ausschließlich zwischen den Kriegen. Er begrenzt die Kriegszeit, indem er sie unterbricht. Um so verständlicher ist es, daß dieser Friede zwischen den Kriegen in der Regel als Wohltat empfunden wird. Man betet um ihn, weil er mit Reichtum und Fruchtbarkeit verbunden ist[11]. Kein Wunder also, daß die imperialistische Phase der griechischen Polis (nicht zuletzt aus handelsrechtlichen Motiven) nach vertraglich gesichertem Frieden verlangte, der schließlich (nach dem Friedensschluß von 371 v.Chr.) sogar sakrale Würdigung fand. Dabei konnte man an ältere Überlieferung anknüpfen. Schon Hesiod[12] kennt Eirene, wenn auch nicht als Göttin, so doch als Tochter des Zeus: nämlich als eine der Horen. Und von Pindar wird sie zusammen mit den anderen beiden Horen, der »guten Ordnung« (Eunomia) und dem »Recht« (Dike), als »der Städte sicherer Grundstein« gepriesen[13] – als eine Wohltat, deren Segnungen dem Krieg gegenüber entschieden vorzuziehen sind: »γλυκὺ δὲ πόλεμος ἀπείροισιν, ἐμπείρων δέ τις / ταρβεῖ προσιόντα νιν καρδία περισσῶς: süß ist der Krieg nur den Unerfahrenen, der Erfahrene aber fürchtet sehr im Herzen sein Nahen«[14]. In dem Satz steckt Polemik.

Die unverkennbare Polemik läßt ahnen, daß man im alten Griechenland auch ganz anders über den Krieg denken konnte. Bekannt ist der viel mißbrauchte Satz Heraklits: »Πόλεμος πάντων μὲν πατήρ ἐστι, πάντων δὲ βασιλεύς, καὶ τοὺς μὲν θεοὺς ἔδειξε τοὺς δὲ ἀνθρώπους, τοὺς μὲν δούλους ἐποίησε τοὺς δὲ ἐλευθέρους: Krieg ist aller Dinge Vater, König über alles; die einen erweist er als Götter, die anderen als Menschen; die einen macht er zu Sklaven, die anderen zu Freien«[15]. Dieser Satz Heraklits legt es nahe, den Krieg als Naturzustand des Menschen anzunehmen[16], in dem sich zeigt, wer Herr und Knecht zu sein bestimmt ist. Der Krieg ist aber auch dann kein Selbstzweck. Beginnt doch niemand den Krieg um des Krieges willen[17]. Ziel des Krieges ist

---

[10] Vgl. *E. Dinkler*, Art. Friede, RAC, Bd. 8, 1972, 434–505, 437.

[11] Vgl. das Staatsgebet an Zeus Sosipolis, aaO., 439.

[12] *Hesiod*, Theogonia, 901f., in: *ders.*, Theogonia / Opera et dies / Scutum, hg. von *F. Solmsen*, ³1990, 5–48, 43.

[13] *Pindar*, 13. Olympische Ode, 6f., in: *ders.*, Carmina cum fragmentis, 1. Teil. Nach *B. Snell* hg. von *H. Mähler*, ⁸1987, 42–47, 43.

[14] *Pindar*, Frgm. 110, in: *ders.*, Carmina cum fragmentis, 2. Teil, hg. von *H. Mähler*, 1989, 103.

[15] *Heraklit*, Frgm. 53, in: *H. Diels*, Die Fragmente der Vorsokratiker, hg. von *W. Kranz*, Bd. 1, ¹⁸1989, 22 B, 162; vgl. *Heraklit*, Frgm. 24, in: aaO., 22 B, 156: »ἀρηιφάτους θεοὶ τιμῶσι καὶ ἄνθρωποι: die im Kriege Gefallenen ehren Götter und Menschen«.

[16] Vgl. *A. A. T. Ehrhardt*, Politische Metaphysik von Solon bis Augustin, Bd. 1: Die Gottesstadt der Griechen und Römer, 1959, 90.

[17] *Aristoteles*, Nikomachische Ethik, 1177b 9: οὐδεὶς γὰρ αἱρεῖται τὸ πολεμεῖν τοῦ πολεμεῖν ἕνεκα.

immer der Friede, aber eben jener Friede, in dem der *Sieger* die Frucht des Krieges genießt. Nicht zufällig ist die »siegbringend[e]« Athena auch als »friedebringend[e]« Athena bekannt[18].

Der lateinische Sprachgebrauch bestätigt diesen Aspekt. Pax ist ursprünglich ebenso wie Eirene die »vertragsmäßige Unterbrechung des an sich normalen Kriegszustands«[19]. Zusammen mit concordia ist pax »Folge der victoria«[20]. Der Friede wird erkämpft. Dem unterlegenen Gegner »leges pacis imponere: Friedensbedingungen zu diktieren« ist das Ziel des Krieges. Der Friede bedeutet demnach immer auch: Unterwerfung. Augustinus stellt wohl die gängige römische Meinung dar, wenn er schreibt: »... et ipsi qui bella volunt, nihil aliud quam vincere volunt; ad gloriosam ergo pacem bellando cupiunt pervenire. Nam quid est aliud victoria nisi subiectio repugnantium? quod cum factum fuerit, pax erit. Pacis igitur intentione geruntur et bella ... et cum quibus bellum gerunt, suos facere, si possint, volunt eisque subiectis leges suae pacis imponere: auch die, die den Krieg wollen, wollen nichts anderes als siegen: zu einem ruhmreichen Frieden wollen sie durch den Krieg gelangen. Denn was ist der Sieg anderes als Unterwerfung der Widersacher? Ist dieses Ziel erreicht, so tritt Frieden ein. Mit der Absicht eines Friedens führt man also selbst die Kriege ... Auch der Krieg hat keinen anderen Zweck, als die Gegner, wenn möglich, zu den Seinen zu machen, sie zu unterwerfen und ihnen die Bedingungen (Gesetze) des eigenen Friedens aufzuerlegen«[21]. Die Befriedung, das »pacem dare«, setzt das Niederkämpfen (»debellare«) und völlige Bezähmen (»perdomare«) voraus.

Das gilt auch für die mit der Kaiserzeit aufkommende Zielvorstellung eines ewigen Friedens, einer pax sempiterna, die als pax Romana in der Gestalt der pax Augusta (bzw. Augusti) so etwas wie Weltbefriedung auf Dauer ins Werk zu setzen versprach und in ihren faktischen politischen Auswirkungen gewiß nicht unterschätzt werden darf. Augustus verstand sich nicht ganz zu Unrecht als Friedensfürst, als fundator pacis und pacator orbis. Doch je größer und fundierter der Friede sein sollte, um so gründlicher mußte dafür derjenige Krieg geführt werden, der allen Kriegen ein Ende zu machen in der Lage sein sollte. »Si vis pacem, para bellum« lautet die über Jahrtausende hinweg gültige Losung, in der sich der Friede paradoxerweise als Gegensatz *und* als Rechtfertigung des Krieges enthüllt. Und diese den Krieg rechtfertigende

---

[18] *E. Dinkler*, Art. Friede, 439. Eirene selber ist Friede als Zustand, aber »sie bringt ihn nicht«; vgl. *H. Fuchs*, Augustin und der antike Friedensgedanke. Untersuchungen zum neunzehnten Buch der civitas Dei, [2]1965, 171f. Anm. 1.

[19] *E. Dinkler*, Art. Friede, 435.

[20] AaO., 440.

[21] *A. Augustinus*, De civitate Dei libri XXII, l. XIX, c. 12, CChr.SL XLVIII, 675f.

Einstellung gilt im Blick auf den Frieden des ganzen Erdkreises nicht weniger,
sondern erst recht. Der Frieden bleibt der, wenn man so will, antithetische
Zwilling des Krieges. Krieg und Frieden sind zwei feindliche Brüder, aber
eben doch ein Brüderpaar. Ja, ein Frieden, der den Krieg gleichsam aus den
Augen zu verlieren droht, konnte geradezu als Gefahr für den Staat verstanden werden. Der Staat, so warnt z.B. Aristoteles, verkomme durch langen
Genuß der Macht im Frieden[22].

3. Die mit der pax Romana verbundene Zielvorstellung eines immerwähren-
den Friedens (pax sempiterna) deutet nun allerdings auf ein besonderes, bisher vernachlässigtes Moment im antiken Friedensverständnis hin. Im Unterschied zur bloß vertragsmäßigen Unterbrechung des Kriegszustandes kommt
der Friede ja nunmehr als das definitive Ende aller Kriege in Betracht. Und
das ist nun doch etwas anderes als der Zwilling des Krieges. Die Frage drängt
sich auf, ob damit nicht überhaupt erst etwas von dem in den Blick kommt,
was in Wahrheit Friede genannt zu werden verdient – so daß, wie Kant[23] eher
beiläufig bemerkt, dem Frieden »das Beiwort *ewig* anzuhängen ein schon ver-
dächtiger Pleonasm ist«. Ist Friede nicht seinem Wesen nach auf Dauer aus,
auf Ewigkeit bedacht, mithin per definitionem eine pax sempiterna? Und impliziert dies nicht die Nötigung, den Frieden, gerade weil er »das Ende aller
Hostilitäten bedeutet«[24], noch ganz anders zu begreifen als nur aus der negativen Opposition zum Krieg? Im negativen Begriff des Friedens als Ende *aller*
Kriege ist die hermeneutische Aufforderung versteckt, den Frieden aus sich
selbst heraus zu verstehen und die Friedenszeit als einen Selbstwert zu begreifen, der mehr und noch etwas ganz anderes ist als die Zeit, in der Krieg nicht
vorkommt.
Hinweise auf die Möglichkeit eines solchen Verständnisses vom Frieden
begegnen in der griechisch-römischen Welt insofern, als die Rede vom Frieden mythische, beziehungsweise religiöse Zusammenhänge impliziert. Neben der schon erwähnten Überzeugung von der göttlichen Herkunft der Eirene, die zusammen mit Eunomia und Dike »das Wirken der hinfälligen

---

[22] Vgl. *Aristoteles*, Politik, 1334a 2–9. Daß erst recht für den Geschichtsschreiber friedliche Zeiten weniger attraktiv sind als Kriegszeiten, wird von *C. Tacitus* (Annales, l. IV, c. 32,
Libri qui supersunt, Bd. 1, hg. von *H. Heubner*, 1983, 150) im Blick auf die Regierungszeit
des Tiberius mißmutig konstatiert. Die Friedenszeit gilt als ereignislose und deshalb nicht
eigentlich berichtenswerte Zeit: »ein sozusagen geschichtsleerer Raum« (*H. Strasburger*,
Die Wesensbestimmung der Geschichte durch die antike Geschichtsschreibung [SbWGF 5/
3], 1966, 66).
[23] *I. Kant*, Zum ewigen Frieden, 343.
[24] Ebd.

Sterblichen hegt«[25], gibt ein Text Homers[26] einen Hinweis darauf, daß Friede nicht nur das Interim zwischen den Kriegen, nicht nur deren zeitliche Begrenzung sein muß: »Wir wollen«, sagt der auf Ithaka Frieden stiftende Zeus, »den Mord an den Söhnen und Brüdern aus dem Gedächtnis tilgen, und sie sollen einander befreundet sein *wie zuvor*, und Reichtum soll herrschen und Friede die Fülle: ἡμεῖς δ᾿ αὖ παίδων τε κασιγνήτων τε φόνοιο / ἔκλησιν θέωμεν· τοὶ δ᾿ ἀλλήλους φιλεόντων / ὡς τὸ πάρος, πλοῦτος δὲ καὶ εἰρήνη ἅλις ἔστω«. Der Friede, zu dem hier zurückgekehrt werden soll, stellt offensichtlich einen idealen status quo ante dar. Am deutlichsten redet in dieser Hinsicht der Mythos vom goldenen Zeitalter, das u. a. durch die Abwesenheit von Krieg ausgezeichnet ist. Bezeichnend ist allerdings, daß dieser Friedenszustand in der Regel durch Negation umschrieben wird: »Es gab … keinen Krieg«. Nur wenige das goldene Zeitalter charakterisierende Topoi werden affirmativ bezeichnet. Dazu gehört – und das ist bemerkenswert – nicht der Friede unter Menschen, wohl aber der Tierfrieden. Man hat nicht ganz zu Unrecht aus den negativen Angaben »kein Krieg, kein Ackerbau, kein Privatbesitz, keine Sklaven etc.« gefolgert, daß sie sich als spiegelbildliche Wunsch-Projektion aus einer Zeit lesen, in der das Gegenteil der Fall war[27].

Ähnlich wird man wohl die Erwartung eines wiederkommenden Goldenen Zeitalters zu verstehen haben, in dem ein göttliches Kind den befriedeten Erdkreis regieren wird. Doch solche Wunsch-Utopien enthalten Winke, die es zu beachten gilt. Aus der mythischen Vorstellung eines Ur-Friedens am Anfang der Menschengeschichte (dem freilich in der Regel Götter-Kämpfe vorausgehen) und aus der politisch-messianischen Erwartung eines universalen Dauer-Friedens müßte eigentlich die Nötigung erwachsen, das Wesen des Friedens noch ganz anders zu begreifen denn als bloße kontrafaktische Position zum Krieg. Es müßten im recht verstandenen Frieden zumindest *die Ursachen* dafür zu suchen sein, daß kein Krieg ist. Der Friede kommt hier als daseinssichernde Macht in den Blick, mit den Worten Pindars: als »der Städte sicherer Grundstein«.

4. In der Regel bleibt die Rede vom Frieden jedoch in der Weise eines simplen Gegensatzes auf den Krieg fixiert. Das Wort »Friede« ist »ein Ausdruck, der … den triebhaft bejahten, sinnlich gefühlten, greifbaren Gegensatz« zum Krieg[28] bezeichnet. Der Gegensatz wird aber durchweg als eine Bewegung

---

[25] *Hesiod*, Theogonia, 901ff., aaO., 43: αἵ τ᾿ ἔργ᾿ ὠρεύουσι καταθνητοῖσι βροτοῖσι.
[26] *Homer*, Odyssee, 24. Gesang, 484–486, Opera, hg. von *Th. W. Allen*, Bd. 4, ²1919 (Nachdr. 1966), ebd.
[27] Vgl. *B. Gatz*, Weltalter, goldene Zeit und sinnverwandte Vorstellungen (Spudasmata, Bd. 16), 1967, 204.
[28] *H. Fuchs*, Augustin und der antike Friedensgedanke, 39.

verstanden, in der der kriegerische Zustand durch Krieg – oder sagen wir: der Krieg durch Sieg beendet wird. Die Römer haben der pax Romana einen Altar errichtet; diese ara pacis Augusti stand auf dem – Marsfeld. Auf römischen Münzen war der Kriegsgott Mars als »Mars pacifer« abgebildet, mit Ölzweig und gesenkter Lanze. Auf anderen Münzen ist zwar die Friedensgöttin Pax zu sehen, aber mit Lanze und Lorbeerkranz, ihren Fuß auf dem besiegten Feind[29]. Die befriedete Welt – »pacatumque reget patriis virtutibus orbem«[30]! – ist die besiegte Welt.

Indessen, das – wie auch immer verwirklichte – politische Ideal der pax Romana und die mythischen Vorstellungen von einem Goldenen Zeitalter, in dem kein Krieg, sondern sogar zwischen den Tieren Friede herrscht, lassen eine anthropologische Folgerung zu: Der faktisch als »natürliche« Gegebenheit empfundene Krieg wird durch ein ihm gegenüber ursprünglicheres »natürliches« Verlangen nach Frieden konterkariert. Man könnte die Rede vom Frieden als Ziel des Krieges dann auch anders, man muß sie dann nicht als Rechtfertigung des Krieges verstehen. Sie könnte auch die Erinnerung des Menschen an seine ureigene Bestimmung sein, die er zwar ständig verfehlt, ohne die er aber gleichwohl nicht menschlich zu sein vermag. Führen wir doch nach Aristoteles den Krieg nur, um den Frieden zu erlangen[31].

Unter Berufung auf Aristoteles urteilt auch Sallust: »sapientes pacis causa bellum gerunt: die Weisen führen den Krieg um des Friedens willen«[32]. Mag also die *Wirklichkeit* des Menschen noch so sehr durch Krieg bestimmt sein, die *Wahrheit* des Menschen widerspricht dieser Wirklichkeit. In Wahrheit ist der Mensch ein Wesen des Friedens. Soll er jedoch in Wirklichkeit werden, was er in Wahrheit ist, dann bedarf es eines Verständnisses von Frieden, das dessen Wesen statt aus der negativ antithetischen Fixiertheit auf den Krieg positiv zu entfalten vermag.

Es ist nützlich, sich diese Spannung zwischen der Wirklichkeit des Menschen, deren Signet der Krieg ist, und der Wahrheit des Menschen, ein Wesen des Friedens zu sein, an zwei sehr unterschiedlichen Friedens-Entwürfen zu verdeutlichen: am Entwurf des Kirchenvaters Augustinus und an dem Entwurf des Philosophen Thomas Hobbes.

---

[29] Vgl. *E. Dinkler*, Art. Friede, 446.
[30] *P. Vergilius Maro*, Bucolica, 4. Ekloge, 17, in: *ders.,* Opera, hg. von *R. A. Mynors,* 1969, 9–11, 10,17.
[31] Vgl. *Aristoteles*, Nikomachische Ethik, 1177b 5f.: καὶ πολεμοῦμεν ἵν᾽ εἰρήνην ἄγωμεν.
[32] *C. Sallustius Crispus*, Epistulae ad Caesarem senem de re publica I, 6,2, in: *ders.,* Catilina / Iugurtha / Historiarum fragmenta selecta / Appendix Sallustiana, hg. von *L. D. Reynolds,* 1991, 205–211, 209; vgl. *H. Fuchs,* Augustin und der antike Friedensgedanke, 135.

II. Zweierlei Frieden? Augustins Unterscheidung
zwischen himmlischem und irdischem Frieden

1. Im 19. Buch seiner Abhandlung *De civitate Dei* hat *Augustinus* unter Aufnahme und Verarbeitung antiker Traditionen eine Auffassung vom Frieden
dargelegt, die man durchaus als eine kleine Metaphysik des Friedens bezeichnen könnte. Zu dieser Auffassung gehört der – »aus der Schrift eines fremden
Philosophen« übernommene – »Nachweis, daß alles in der Welt durch den
Frieden Bestand habe und daß darum kein einziges Wesen, tot oder lebendig,
frei von dem Verlangen nach Frieden sei«[33]. Nicht einmal der »Wille, Frieden
zu stören, ist ohne den Willen, Frieden zu haben, … denkbar«[34]. Ja, selbst
wenn es ein völlig asoziales Wesen geben würde, das sich allein durch Raub
und Mord am Leben erhielte, so würde es doch eben damit die Ansprüche seines Leibes *befrieden.* »Erhält es durch Raub und Mord sein Dasein, so bedeutet das nichts anderes, als daß es die Ansprüche seines Leibes zum Frieden
bringt«[35]. Freilich widerstreitet ein solches fingiertes Wesen der Natur so
sehr, daß seine Existenz ausgeschlossen werden kann. Denn das Dasein aller
Lebewesen ist über den Selbsterhaltungstrieb hinaus von einem auf *Gemeinschaft* gerichteten Friedenswillen bestimmt. Im Grunde ist Dasein überhaupt
befriedetes Sein. Selbst das Verkehrte und Schlechte muß nach der Regel, daß
kein Fehler so sehr gegen die Natur gerichtet ist, daß er deren Grundzüge ver-
nichtete, wenigstens teilweise befriedet sein – sonst wäre es überhaupt nicht[36].
Sogar der Schmerz über den Verlust des Friedens setzt noch einen Rest von
Frieden voraus, ohne den das Fehlende überhaupt nicht als fehlend erfahren
werden könnte. Ist doch »der Schmerz ein Zeugnis dafür, daß Gutes hinweg-
genommen worden ist und *Gutes* zurückgeblieben ist: Et ipse dolor testimo-
nium … boni adempti et boni relicti«[37]. So »geht auch der Schmerz, den jemand über den Verlust des Friedens seiner Natur empfindet, aus einem Rest
von Frieden hervor«, der als Bedingung der Möglichkeit des Schmerzes zeigt,
daß die Natur es gut mit sich meint[38]. Kurz: es gäbe kein natürliches Sein, es
würde schlechterdings kein Wesen existieren, wenn es nicht durch irgendeine

---

[33] *H. Fuchs*, Augustin und der antike Friedensgedanke, 93.

[34] Ebd.

[35] AaO., 94.

[36] Vgl. *A. Augustinus*, De civitate Dei, l. XIX, c. 12, CChr.SL XLVIII, 677f.: »Nullius
quippe vitium ita contra naturam est, ut naturae deleat etiam extrema vestigia … Quod autem perversum est, etiam hoc necesse est ut in aliqua et ex aliqua et cum aliqua rerum parte
pacatum sit, in quibus est vel ex quibus constat; alioquin nihil esset omnino«.

[37] *A. Augustinus*, De civitate Dei, l. XIX, c. 13, CChr.SL XLVIII, 680.

[38] Ebd.: »Qui enim dolet amissam naturae suae pacem, ex aliquibus reliquiis pacis id dolet, quibus fit, ut sibi amica natura sit«.

Form des Friedens im Dasein erhalten würde[39]. »Was ist, ist befriedet, sonst wäre es nicht«[40].

Unter Friede versteht Augustinus dabei jeweils ein *störungsfreies geordnetes Verhältnis*, eine Wohlordnung, in der verschiedene Größen so aufeinander bezogen sind, daß sie ihrer natürlichen Bestimmung entsprechend – jedes an seinem Platz – ungestört existieren[41]. So besteht der Friede des Körpers in der geordneten Spannung der Körperteile zueinander, der Friede der vernunftlosen Seele in der geordneten Ruhe der Triebe, der Friede der vernünftigen Seele in der geordneten Übereinstimmung zwischen Erkenntnis und Handeln, der Friede zwischen Leib und Seele in dem wohlgeordneten Leben und Heil des Lebewesens usw. Analog wird dann auch der Friede im sozialen Bereich bestimmt, wobei sowohl der Friede im Staat wie der Friede in der Familie in der geordneten Eintracht von Befehl und Gehorsam[42] besteht. Das gilt auch für den Frieden zwischen dem sterblichen Menschen und Gott, insofern für diese pax der Gehorsam des Glaubens wesentlich ist[43].

Erst im himmlischen Staat tritt an die Stelle der den Frieden einer Gemeinschaft konstituierenden Relation von Befehl und Gehorsam ein anderes Wohlordnungsverhältnis, das Augustinus als *Genießen* bestimmt. »… pax caelestis civitatis ordinatissima et concordissima societas fruendi Deo et invicem in Deo: der Friede des himmlischen Staates besteht in der allergeordnetsten und höchsteinträchtigen Gemeinschaft des Genießens Gottes und gegenseitigen Genießens in Gott«[44]. Es gehört zu den entscheidenden Gedanken Augustins, daß der irdische Friede schlechterdings nicht im *Genießen* irdischer Güter bestehen darf. Heißt »genießen« doch soviel wie: den Gegenständen des Genusses um ihrer selbst willen – und zwar mit Liebe und ohne Ende – anhängen[45]. Die vergängliche Welt kann dafür nur per nefas in Betracht kommen. Sie ist *Gebrauchsgegenstand*, nicht Gegenstand des *Genusses*. Wer aber die dem Frieden sterblicher Wesen entsprechenden Güter in ent-

---

[39] Vgl. aaO., 679: »… naturae … nullo modo essent, si non qualicumque pace subsisterent«.

[40] *H. Fuchs*, Augustin und der antike Friedensgedanke, 94.

[41] Vgl. *A. Augustinus*, De civitate Dei, l. XIX, c. 13, CChr.SL XLVIII, 679: »… pax omnium rerum tranquillitas ordinis. Ordo est parium dispariumque rerum sua cuique loca tribuens dispositio«.

[42] Vgl. ebd.: »… ordinata imperandi atque oboediendi concordia«.

[43] Vgl. ebd.: »… pax hominis mortalis et Dei ordinata in fide sub aeterna lege oboedientia«.

[44] Ebd.

[45] Vgl. *A. Augustinus*, De doctrina christiana libri IV, l. I, c. 4, CChr.SL XXXII, 8: »Frui est enim amore inhaerere alicui rei propter se ipsam.«

sprechender Weise *gebraucht*, der wird den Frieden der Unvergänglichkeit erlangen, um so Gott zu *genießen* und den Nächsten in Gott[46].

Wer hingegen in seinem irdischen Leben die zeitlichen Güter nicht in der rechten Weise gebraucht, zerstört damit nicht nur die den zeitlichen Frieden konstituierende Kongruenz zwischen den zeitlichen Gütern und dem zeitlichen Leben[47], sondern verwirkt damit zugleich auch den Frieden des ewigen Lebens[48]. Am Umgang mit den zeitlichen Dingen entscheidet sich also nicht nur, ob man im irdischen Staat (civitas terrena) irdischen Frieden hat, sondern auch, ob man im himmlischen Staat (civitas caelestis) des ewigen Friedens teilhaftig wird. Ist doch jeder Gebrauch der zeitlichen Dinge seiner ontologischen Struktur nach auf die Frucht irdischen Friedens im irdischen Staat, im himmlischen Staat aber auf die Frucht ewigen Friedens bezogen[49].

2. Wege zum Frieden bestehen folglich im rechten Gebrauch der irdischen Lebenswelt, man könnte auch sagen: im rechten Umgang mit der Zeit und der durch Zeitlichkeit konstituierten Welt. Im Grunde müßte man nur »natürlich« leben, dann wäre Friede in Zeit und Ewigkeit. Augustinus verweist jedoch eigens auf ein göttliches Gebot, das durch seine bloße Existenz verrät, daß sich der rechte Gebrauch der irdischen Lebenswelt nicht ohne weiteres von selbst versteht. Er kann zumindest Irritationen unterliegen. Denn es ist die Schwachheit des menschlichen Geistes, die den Menschen verderblicher Irrtümer fähig macht. Deshalb bedarf der Mensch einerseits göttlicher Unterweisung, der er mit Sicherheit gehorchen kann, andererseits göttlicher Hilfe, durch die er die Freiheit gewinnt, dem göttlichen Gebot zu gehorchen[50]. Diese göttliche Unterweisung besteht im Doppelgebot, Gott und den Nächsten zu lieben wie sich selbst (Mk 12,30ff. par.; Mt 22,35ff.), so daß die Liebe des Menschen auf drei Ziele ausgerichtet ist: auf Gott, sich selbst und den Nächsten[51]. Weil Gottes-, Selbst- und Nächstenliebe der natürlichen Friedensord-

[46] Vgl. *A. Augustinus*, De civitate Dei, l. XIX, c. 13, CChr.SL XLVIII, 680: »... ut, qui mortalis talibus bonis paci mortalium accommodatis recte usus fuerit, accipiat ... inmortalitatis pacem ... in vita aeterna ad fruendum Deo et proximo in Deo«.

[47] Vgl. ebd.: »... bona huic vitae congrua, id est pacem temporalem«.

[48] Vgl. ebd.: »... qui autem perperam, nec illa accipiat et haec amittat«.

[49] Vgl. *A. Augustinus*, De civitate Dei, l. XIX, c. 14, CChr.SL XLVIII, 680: »Omnis igitur usus rerum temporalium refertur ad fructum pacis terrenae in terrena civitate; in caelesti autem civitate refertur ad fructum pacis aeternae«.

[50] Vgl. aaO., 681: »Sed ne ipso studio cognitionis propter humanae mentis infirmitatem in pestem alicuius erroris incurrat, opus habet magisterio divino, cui certus obtemperet, et adiutorio, ut liber obtemperet«.

[51] Vgl. ebd.: »... duo praecipua praecepta, hoc est dilectionem Dei et dilectionem proximi, docet magister Deus, in quibus tria invenit homo quae diligat, Deum, se ipsum et proximum«.

nung aller Dinge entsprechen, kann jedes von der Liebe geleitete Handeln nur
ein rechtes, dem Frieden dienendes Handeln sein. Von daher wird der kategorische Imperativ Augustins für alles menschliche Tun verständlich: »Dilige, et
quod vis fac: Liebe, und dann tu, was Du willst!«[52]

Augustinus hätte nun allerdings vergessen, was er zuvor über die Befrie-
detheit des natürlichen Daseins überhaupt ausgeführt hatte, wenn er nur dem
durch göttliche Unterweisung belehrten und zum Glaubensgehorsam befreiten Christen die Möglichkeit vorbehalten würde, auf Frieden aus zu sein.
Zwar hat die Sünde sich in der Tat auch auf das menschliche Leben überhaupt
verhängnisvoll ausgewirkt, was Augustinus besonders eindrücklich an der
Verkehrung der ursprünglichen Freiheit aller Menschen in die – nicht nur die
Sklaven, sondern auch die Herren demütigende – Unterscheidung von Freien
und Sklaven darstellt[53]. Aber auch unter der Prämisse dieser Verkehrtheit ist
für Frieden zu sorgen: für den Familien-Frieden im Hause und für den Frieden im politischen Gemeinwesen. Der Unterschied zwischen den Gläubigen
und den Ungläubigen besteht also nicht darin, daß letztere, weil sie ohne göttliche Belehrung und Hilfe der Schwachheit und Irrtumsfähigkeit ihres Geistes wehrlos ausgeliefert sind, zum Frieden schlechterdings unfähig wären.
Sie gleichen vielmehr im »Gebrauch der zu diesem sterblichen Leben notwendigen Dinge« den Glaubenden weitgehend. Nicht im materialen Umgang
mit der Welt, sondern in der Intention des Umgangs mit der Welt liegt die
Differenz zwischen Christen und Nichtchristen[54]. Denn die Christen intendieren positiv auf die verheißenen ewigen Güter und sind deshalb negativ darauf bedacht, sich von den weltlichen Gütern nicht fesseln und dadurch von
Gott ablenken zu lassen, während die Ungläubigen »pacem terrenam ex huius
temporalis vitae rebus commodisque: den irdischen Frieden aus den Gütern
und Annehmlichkeiten dieses zeitlichen Lebens« zu gewinnen trachten[55].

3. Im selben Sinn wie die gläubigen und ungläubigen Individuen verhalten
sich auch das christliche und das politische Gemeinwesen zueinander. Beide
stimmen materialiter hinsichtlich des irdischen Friedens weitgehend überein.
Augustinus konstatiert: »Ita etiam terrena civitas, quae non vivit ex fide, terrenam pacem appetit in eoque defigit imperandi oboediendique concordiam
civium, ut sit eis de rebus ad mortalem vitam pertinentibus humanarum quaedam compositio, voluntatum. Civitas autem caelestis vel potius pars eius,

---

[52] A. *Augustinus*, In epistolam Ioannis ad Parthos tractatus decem, tr. VII, 8, SC 75, 328.
[53] Vgl. A. *Augustinus*, De civitate Dei, l. XIX, c. 15, CChr.SL XLVIII, 682f.
[54] Vgl. A. *Augustinus*, De civitate Dei, l. XIX, c. 17, CChr.SL XLVIII, 684: »Idcirco
rerum vitae huic mortali necessariarum utrisque hominibus … communis est usus; sed finis
utendi cuique suus proprius multumque diversus«.
[55] AaO., 683f.

quae in hac mortalitate peregrinatur et vivit ex fide, etiam ista pace necesse est
utatur, donec ipsa, cui talis pax necessaria est, mortalitas transeat; ac per hoc
… legibus terrenae civitatis, quibus haec administrantur, quae sustentandae
mortali vitae adcommodata sunt, obtemperare non dubitat, ut, quoniam communis est ipsa mortalitas, servetur in rebus ad eam pertinentibus inter civi-
tatem utramque concordia: Auch der irdische Staat, der nicht aus Glauben
lebt, strebt nach dem Frieden auf Erden und macht die Eintracht der Bürger
hinsichtlich (der Notwendigkeit) des Befehlens und Gehorchens darin fest,
daß es unter ihnen zu einer gewissen Willensübereinstimmung über die zum
sterblichen Leben notwendigen Dinge komme. Dieses Friedens muß sich
auch der himmlische Staat, genauer: dessen in diesem sterblichen Dasein noch
auf Pilgerschaft befindlicher und aus Glauben lebender Teil, bedienen, bis
eben dieses sterbliche Leben, für das ein solcher Friede nötig ist, vergeht. Und
so leistet er unbedenklich … den Gesetzen des irdischen Staates, durch die
geregelt wird, was der Erhaltung des sterblichen Lebens förderlich ist, Gehorsam. Es besteht also, da dieses sterbliche Leben beiden gemeinsam ist, Eintracht zwischen beiden Staaten in den zum vergänglichen Leben gehörenden
Dingen«[56].

Mit einer Ausnahme! Die Konkordanz zwischen beiden Gemeinwesen endet bei den Religionsgesetzen. Im Gottesstaat wird allein Gott verehrt und
jede Vielgötterei oder anderer politischer Götzendienst kompromißlos verworfen. Dafür setzt die Gemeinschaft der Glaubenden notfalls auch die Eintracht mit dem politischen Gemeinwesen aufs Spiel[57]. An diesem Punkt kann
es folglich zur Diskrepanz zwischen dem Streben nach dem himmlischen
Frieden und der Verpflichtung zum irdischen Frieden kommen. Augustinus
geht auf diese Möglichkeit jedoch nur sehr knapp ein. Ja, er überspielt sie eigentlich, weil ihm ein anderer Gesichtspunkt wichtiger ist. Er geht nämlich
davon aus, daß allein der himmlische Friede als der dem vernünftigen Geschöpf angemessene Friede gelten und bezeichnet werden kann[58]. Dann muß
aber der Glaubende den irdischen Frieden zum himmlischen Frieden in Beziehung setzen, wobei der himmlische Friede, weil Friede im Vollsinn, den irdischen Frieden überhaupt erst als Frieden rechtfertigt. Augustinus sagt das
zwar nicht explizit. Aber er behauptet doch ausdrücklich, daß die civitas caelestis diesen irdischen Frieden auf den himmlischen Frieden bezieht[59].

---

[56] AaO., 684.
[57] Vgl. aaO., 685: »… factum est, ut religionis leges cum terrena civitate non posset habere communes proque his ab ea dissentire haberet necesse«.
[58] Vgl. ebd.: »… quae vere ita pax est, ut rationalis dumtaxat creaturae sola pax habenda
atque dicenda sit«.
[59] Vgl. ebd.: »… eamque terrenam pacem refert ad caelestem pacem«.

Diese eher formale Auskunft gewinnt eine materiale Bedeutung von Rang, insofern die civitas caelestis auf ihrer irdischen Wanderschaft ihre Bürger aus allen Völkern und Sprachen zur »Gemeinschaft unterwegs« beruft und sich dabei um die Unterschiede der Lebensgewohnheiten, der Gesetze und der Institutionen, durch die der irdische Friede begründet oder aufrechterhalten wird, nicht weiter kümmert. Sofern diese der Religion, die lehrt, daß nur ein höchster und wahrer Gott zu verehren ist, nicht hinderlich sind, bewahrt der himmlische Staat die irdischen Institutionen, die trotz aller nationalen Verschiedenheit doch ein und dasselbe Ziel des irdischen Friedens intendieren[60].

4. Die merkwürdige Ambivalenz, daß sich das himmlische Gemeinwesen während seiner irdischen Wanderschaft einerseits nicht um die Verschiedenheit der Institutionen kümmert, die doch den irdischen Frieden begründen und erhalten sollen, andererseits aber dieselben Institutionen, sofern sie nur der Lehre der wahren Religion nicht hinderlich sind, respektiert und bewahrt, bedarf der Erklärung. Sie ist noch nicht damit gegeben, daß auch der himmlische Staat auf Erden von dem irdischen Frieden Gebrauch macht[61]. Vielmehr dürfte die Erklärung darin liegen, daß der irdische Friede auf den himmlischen Frieden als den Frieden im Vollsinn bezogen wird. Der himmlische Friede besteht, so sahen wir, darin, daß Menschen Gott genießen und in Gott einander genießen. Auf Erden partizipieren die Christen im Glauben an diesem Frieden[62]. Zugleich stellen sie als das Gottesvolk aus vielen Nationen bereits *eine so große Übereinstimmung inmitten noch so großer Unterschiede* dar, daß die als *Willensübereinstimmung der verschiedenen Individuen im Blick auf die irdischen Dinge* definierte pax terrena im doppelten Sinne relativiert erscheint: sie ist bereits überboten und dabei bestens aufgehoben. In diesem Sinn setzt der Glaubende alles, was er – aufgrund des Liebesgebotes! – an guten Aktionen gegen Gott und den Nächsten vollbringt, in Beziehung zu dem ewigen Frieden und entspricht gerade so dem sozialen Charakter des Lebens eines Staates[63]. In der Erfüllung des Doppelgebotes der Liebe ist der Mensch demnach so auf den ewigen Frieden ausgerichtet, daß er damit zu-

---

[60] Vgl. ebd.: »Haec ergo caelestis civitas dum peregrinatur in terra, ex omnibus gentibus cives evocat atque in omnibus linguis peregrinam colligit societatem, non curans quidquid in moribus legibus institutisque diversum est, quibus pax terrena vel conquiritur vel tenetur, nihil eorum rescindens vel destruens, immo etiam servans ac sequens, quod licet diversum in diversis nationibus, ad unum tamen eundemque finem terrenae pacis intenditur, si religionem, qua unus summus et verus Deus colendus docetur, non impedit«.
[61] Vgl. ebd.: »Utitur ergo etiam caelestis civitas in hac sua peregrinatione pace terrena«.
[62] Vgl. ebd.: »Hanc pacem, dum peregrinatur in fide, habet«.
[63] Vgl. ebd.: »... ex hac fide iuste vivit, cum ad illam pacem adipiscendam refert quidquid bonarum actionum gerit erga Deum et proximum, quoniam vita civitatis utique socialis est«.

gleich das für den irdischen Frieden, auf den er als Glaubender ebenso angewiesen ist wie der Nichtglaubende, Beste tut. Indem die Glaubenden allein
Gott und *den Nächsten in Gott* in Zeit und Ewigkeit *zu genießen begehren*
(pax caelestis), *verbietet* sich ihnen für den Umgang mit der *Welt* der *Wille
zum Genießen.* Die weltlichen Dinge *gebrauchen* sie hingegen, und zwar *wie
Fremdlinge*[64].

Und gerade so gewinnen sie zum irdischen Leben und seinen Gütern diejenige Distanz, die im Blick auf eben diese Güter die Willensübereinstimmung
so vieler Menschen und also die pax terrena am ehesten ermöglicht und am
besten garantiert. Und so ist denn eigentlich das Abbild des himmlischen
Friedens, das sie als Gemeinschaft der Gott und in Gott sich gegenseitig Ge-
nießenden darstellen, der Grund für einen Umgang mit der Welt, der als Urbild des irdischen Friedens gelten kann.

5. Der Preis für das Verständnis des himmlischen Friedens als des vollkommenen Friedens[65], auf den der irdische Friede zu beziehen ist, ist allerdings
groß. Die neutestamentliche Wahrheit, daß wir hier keine bleibende πόλις haben (Hebr 13,14) und daß die Christen die Güter dieser Welt »haben, als hätten sie sie nicht« (1Kor 7,31), wird in bedenklicher Weise strapaziert, wenn
das befriedete irdische Leben so zum ewigen Frieden in Beziehung gesetzt
wird, daß es als das miserabelste Leben (miserrima vita) erscheinen muß[66].
Glücklich kann und darf der Glaubende und Hoffende dann in seiner Welt
nicht werden. Nennt man ihn dennoch glücklich, dann mehr durch die *Hoffnung* auf den ewigen Frieden als durch den gegenwärtigen Wirklichkeitsbe-
zug[67]. Indessen, diese theologische Relativierung des gegenwärtigen Lebens
durch die Entfernung von Glück und Genuß in ein jetzt nur erst zu erhoffen-
des Reich *bedroht* das Dasein des Menschen in der Welt. Wie soll, so wird
man doch wohl gegen Augustinus und die ihm folgende Tradition geltend
machen müssen, die Welt wirklich befriedet sein oder werden können, wenn
man mit ihr selbst letztlich keinen Frieden machen kann? Kann es in dieser
Welt *Frieden* geben, wenn man in ihr nicht guten Gewissens *glücklich* zu sein
vermag?

Augustinus hat den Gottesstaat und dessen höchstes Gut, die pax aeterna
atque perfecta, vom irdischen Staat und seiner pax terrena so fundamental
unterschieden, daß die Beziehung des irdischen Friedens auf den himmli-

---

[64] Vgl. aaO., 684: »… expectat ea, quae in futurum aeterna promissa sunt, terrenisque rebus ac temporalibus tamquam peregrina utitur«.
[65] Vgl. *A. Augustinus*, De civitate Dei, l. XIX, c. 20, CChr.SL XLVIII, 687: »… pax aeterna atque perfecta«.
[66] Vgl. ebd.
[67] Vgl. ebd.: »… non absurde dici etiam nunc beatus potest, spe illa potius quam re ista«.

schen Frieden auf eine theologische Entwertung des – freilich keineswegs ver-
neinten – irdischen Friedens hinausläuft. Es ist dies eine Entwertung, die innerhalb einer Hierarchie von Werten unerläßlich ist: wer einen »Höchstwert«
setzt, vollzieht damit immer eine Herabsetzung der »geringeren Werte«. Es
bleibt folglich zu fragen, ob man nicht gerade das Wesen des Friedens selber
unterläuft, wenn man *wertend* zwischen himmlischem und irdischem Frieden, zwischen dem Frieden Gottes und dem Frieden der Welt, zwischen ewigem und zeitlichem Frieden – und wie immer die Distinktionen sonst lauten
mögen – unterscheidet. Wird der ewige Friede als höchster Wert verstanden,
dann ist der irdische Friede zwangsläufig entwertet. Solche Entwertung einer
Gestalt des Friedens gegenüber einer anderen Gestalt des – und sei es des
himmlischen – Friedens widerspricht doch wohl dem, was in Wahrheit Frieden zu heißen verdient. Der wahre Friede ist vielmehr das Ende allen Wertens
und läßt die »Tyrannei der Werte«[68] vergessen.

III. Homo homini lupus.
Frieden als Beherrschung der Wolfsnatur des Menschen

1. Die Konsequenzen eines Friedensverständnisses, das Frieden nur aus der
Opposition zum Krieg begreift, sind erheblich. Eine der erheblichsten besteht in dem Einfluß, den diese Auffassung vom Frieden auf die ihm korre-
spondierenden Aussagen vom Menschen nimmt. Man kann sich die systematische Konsequenz jener Auffassung vom Frieden an den Aufstellungen klarmachen, die im 17. Jahrhundert von dem englischen Philosophen Thomas
Hobbes publiziert worden sind. Auch Hobbes begreift den Frieden aus dem
Gegensatz zum Krieg, den er »als jene Zeit« definiert, in der der Wille, mit
Gewalt einen Streit auszufechten, durch Worte oder Taten deutlich erklärt
wird. Die übrige Zeit nennt man Frieden: »BELLUM enim quid est, praeter
tempus illud, in quo voluntas certandi per vim verbis factisve satis declaratur?
Tempus reliquum PAX vocatur«[69]. Wie sieht dieser »Friede« aus?
   Hobbes will den Weg zum Frieden – er spricht selber von dem »königlichen Weg zum Frieden«[70] – *more geometrico* bahnen. Strenge Wissenschaft
ist das Zauberwort, das die Pforte zu einem unzerstörbaren Frieden öffnen

---

[68] Vgl. *C. Schmitt / E. Jüngel / S. Schelz*, Die Tyrannei der Werte, 1979.
[69] *Th. Hobbes*, De cive, c. 1, 12, in: *ders.*, Opera philosophica quae Latine scripsit omnia,
hg. von *W. Molesworth*, Bd. 2, 1839, 133–432, 166.
[70] *Th. Hobbes*, De cive, Praefatio ad lectores, Opera omnia, Bd. 2, 145: »… si quis dis-
cusserit nubes illas …, is certe non modo pacis viam regiam sed etiam seditionis opacas et te-
nebrosas semitas commonstrabit«.

soll. Im Unterschied etwa zu Augustinus[70] und in Vorwegnahme der Forderungen Kants und seiner unmittelbaren Vorgänger[71] wird dabei keineswegs an einen vom irdischen Frieden zu unterscheidenden ewigen Frieden gedacht. Der ewige Friede soll vielmehr ganz und gar irdisch sein, vergleichbar dem politischen Ideal der pax perpetua in Gestalt der pax Romana. In der Epistula Dedicatoria, mit der Hobbes seine Schrift *De cive* dem Grafen Wilhelm von Devonshire widmet, fordert der Philosoph ein an der wissenschaftlichen Strenge der Geometrie und der Naturwissenschaften orientiertes Wissen vom Menschen, aufgrund dessen dann ein Staat konstruiert werden kann, der es der Menschheit erlaubt, »fruereturque ... pace adeo constante, ut non videatur ... unquam pugnandum esse: sich eines dauerhaften Friedens zu freuen, der nie durch Kämpfe ... gestört werden würde«[71]. Die Wissenschaft vom Bürger, die Hobbes vorträgt, ist also so etwas wie »Friedensforschung«.

Ausgangspunkt einer wissenschaftlich exakten Einsicht in das Wesen des Menschen ist die These, daß »das erste und grundlegende Gesetz der Natur dahin geht, den Frieden zu suchen, soweit er zu haben ist: Prima autem et fundamentalis lex natura[e] est, *quaerendam esse pacem, ubi haberi potest*«[72]. Die Notwendigkeit dieses Natur-Gesetzes, den Frieden zu suchen, ist jedoch paradoxerweise in dem natürlichen Kriegszustand begründet, in dem sich der Mensch mit dem Menschen befindet und der seinerseits eine Folge des Rechtes eines jeden Menschen auf Selbsterhaltung und Selbstverteidigung ist. Hobbes argumentiert folgendermaßen: Jeder Mensch hat nicht nur die natürliche Neigung, dem anderen Schaden zuzufügen, sondern er hat auch, weil im Naturzustand der Nutzen der Maßstab des Rechts ist, von Natur einen Anspruch auf alle Güter der Natur. Jeder hat folglich ein »Recht auf alles«[73].

»Wollte aber jeder auf seinem Recht auf alles bestehen, so würde die notwendige Folge ... Krieg sein«[74]. Und das wäre ein »Krieg aller gegen alle«[75], in dem »der Mensch dem Menschen zum Wolf wird«[76]. Gilt das Recht aller auf

---

[71] Siehe oben S. 15.

[72] Vgl. *O. Dann*, Die Friedensdiskussion der deutschen Gebildeten im Jahrzehnt der Französischen Revolution, in: Historische Beiträge zur Friedensforschung (Studien zur Friedensforschung, Bd. 4), hg. von *W. Huber*, 1970, 95–133.

[73] *Th. Hobbes*, De cive, Epistula dedicatoria, Opera omnia, Bd. 2, 137f.

[74] *Th. Hobbes*, De cive, c. 2, 2, aaO., 170.

[75] Vgl. *Th. Hobbes*, De cive, c. 1, 10, aaO., 164: »Natura dedit *unicuique jus in omnia*«; vgl. c. 1, 11, aaO., 165: »... quod hujusmodi habuerint *in omnia jus* commune«.

[76] Vgl. *Th. Hobbes*, De cive, c. 2, 3, aaO., 170: »Nam si retineret unusquisque suum *jus in omnia*, necesse est sequi ut *jure* alii invaderent, alii defenderent; ... *Bellum* ergo sequeretur«.

[77] *Th. Hobbes*, De cive, c. 1, 12, aaO., 166.

[78] Hobbes behauptet die *Wirklichkeit* dieser Beziehung für das Verhältnis der bestehenden Staaten, während *innerhalb* der Staaten die Bürger untereinander »sich durch Gerechtigkeit, Liebe und alle Tugenden des Friedens der Ähnlichkeit mit Gott nähern«. So sind also »beide Sätze wahr: *Der Mensch ist dem Menschen ein Gott*, und: *Der Mensch ist dem*

alles, dann würde der eine aus Selbsterhaltung den anderen angreifen, und das
eben mit Recht. Der andere aber würde aus Selbsterhaltung Widerstand leisten, und das eben ebenfalls mit Recht, so daß nach allen Seiten Mißtrauen
und Verdacht herrschen würde. Würde? Nach Hobbes *war* dies der Fall: In
dem der Staatenbildung vorangehenden asozialen Naturzustand bekämpfte
jeder, um am Leben zu bleiben, jeden: »… negari non potest, quin status hominum naturalis antequam in societatem coiretur, bellum fuerit; neque hoc
simpliciter, sed bellum omnium in omnes: Es läßt sich nicht leugnen, daß der
natürliche Zustand der Menschen, bevor sie zu Gesellschaften zusammentra-
ten, der *Krieg* schlechthin gewesen ist, und zwar der Krieg aller gegen alle«[79].

2. Der status naturae ist folglich zugleich die höchste Gefährdung des Menschen. Ja, es ist paradoxerweise sein natürlicher Selbsterhaltungstrieb, der den
Menschen im natürlichen Zustand auf das äußerste gefährdet. Der Trieb zur
und das Recht auf Selbsterhaltung wird zur Selbstgefährdung. In einer solchen Gefahr ist es wiederum nur natürlich, auf Abhilfe zu sinnen und den
Selbsterhaltungswillen in Bahnen zu lenken, die ihn nicht zwingen, sich gegen
sich selber zu kehren. Natura sanat! Sie tut es allerdings, indem sie den Menschen veranlaßt, den natürlichen Zustand zu verlassen und um des Friedens
willen ein *Kunstprodukt* hervorzubringen: den Staat. Hobbes nennt ihn ausdrücklich einen »künstlichen Menschen«[80], nämlich die künstliche Person öffentlichen Rechtes. Die Natur heilt den von ihr selbst verursachten Schaden,
indem sie die Menschen dazu veranlaßt, vom Stand der Natur zur Gesellschaft überzugehen, in der der Mensch ein Bürger unter Bürgern ist. Muß
man gar sagen: die Natur heilt, indem sie sich selber aufgibt und durch Kunst
ersetzt?
  Nach Hobbes wird man das deshalb nicht sagen können, weil zur Natur
das »Gesetz der Natur« gehört, das mit dem »Gebot der rechten Vernunft«
identisch ist[81]. Gehört doch die rechte Vernunft zur menschlichen Natur, so
daß sie ihrerseits »auch die natürliche heißt. Das natürliche Gesetz ist also,
um es genau zu definieren, das Gebot der rechten Vernunft in betreff dessen,

---

Menschen ein Wolf; jener, wenn man die Bürger untereinander, dieser, wenn man die Staaten
untereinander vergleicht: Profecto utrumque vere dictum est, *homo homini deus,* et *homo
homini lupus.* Illud, si concives inter se; hoc, si civitates comparemus. Illic justitia et charita-
te, virtutibus pacis, ad similitudinem Dei acceditur« (*Th. Hobbes,* Epistula dedicatoria,
Opera omnia, Bd. 2, 135f.).
  [79] *Th. Hobbes,* De cive, c. 1, 12, Opera omnia, Bd. 2, 166.
  [80] Vgl. *Th. Hobbes,* Leviathan, or the matter, form and power of a commonwealth ec-
clesiastical and civil, Introduction, The English Works of Thomas Hobbes, hg. von *W.
Molesworth,* Bd. 3, 1839, IX: »For by art is created that great LEVIATHAN called a COM-
MONWEALTH, or STATE, in Latin CIVITAS, which is but an artificial man«.
  [81] Vgl. *Th. Hobbes,* De cive, c. 1, 15, aaO., 167.

was zum Zwecke einer möglichst langen Erhaltung des Lebens und der Glieder zu tun oder zu lassen ist«[82].

Es ist also ein durchaus *natürlicher* Vorgang, wenn der Mensch angesichts des bellum omnium contra omnes die Folgerung zieht, »daß er nach Frieden suchen und, wo Friede nicht möglich ist, Hilfe für den Krieg suchen« muß. Dieses *Gebot* der *Vernunft* ist angesichts der destruktiven Möglichkeiten des natürlichen Selbsterhaltungstriebes sogar »das erste und grundlegende Gesetz der Natur«[83].

3. Erfüllt wird dieses erste und grundlegende Gesetz der Natur eben durch die Gründung eines künstlichen Zusammenschlusses von Menschen, die dadurch untereinander befriedet werden und gegen andere Menschen und Staaten für den Fall des Krieges zu gegenseitiger Hilfe verbunden sind. Zustande kommt dieser künstliche Zusammenschluß in der Weise eines individuellen Rechtsverzichtes zugunsten des »künstlichen Menschen«. Der einer Zauberformel gleichende Vertrag, durch den die Individuen ihr natürliches Recht auf eine einzige – künstliche – Person übertragen, lautet: »Ich gebe mein Recht auf Selbstbestimmung auf und übertrage es auf diese Person oder diese Versammlung von Personen, unter der Bedingung, daß auch Du Dein Recht auf sie überträgst und in gleicher Weise alle ihre Handlungen autorisierst«[84].

Die künstliche oder »politische« Person, die auf diese Weise entsteht, ist *der Staat*, der nun alle natürlichen Personen verkörpert. Seine Seele ist der Souverän, der in der Gestalt eines Monarchen oder einer »assembly of men« empirisch existieren kann. Seine im Rechtsverzicht des Einzelnen begründete unbegrenzte Autorität und Machtfülle, die allein den Frieden sichern und den Krieg aller gegen alle verhindern kann, hat Hobbes veranlaßt, den Staat einen »sterblichen Gott«[85] oder auch »Leviathan« zu nennen: nach jenem Tier, von dem es Hi 41,25f. heißt: »Auf Erden ist nicht seinesgleichen. Es ist gemacht, nie zu erschrecken. Doch alles, was hoch ist, fürchtet sich vor ihm. Es ist ein König über alle stolzen Tiere«. Die hochgreifenden Bezeichnungen sollen mit

---

[82] Vgl. *Th. Hobbes*, De cive, c. 2, 1, aaO., 169f.: »Est igitur *lex naturalis*, ut eam definiam, dictamen rectae rationis circa ea, quae agenda vel omittenda sunt ad vitae membrorumque conservationem, quantum fieri potest, diuturnam«.

[83] Vgl. *Th. Hobbes*, De cive, c. 2, 2, aaO., 170: »Prima autem et fundamentalis lex natura est, *quaerendam esse pacem, ubi haberi potest; ubi non potest, quaerenda esse belli auxilia*«; vgl. *ders.*, Leviathan, The English Works, Bd. 3, 117: »... it is a precept, or general rule of reason, *that every man, ought to endeavour peace, as far as he has hope of obtaining it; and when he cannot obtain it, that he may seek, and use, all helps, and advantages of war*«.

[84] *Th. Hobbes*, Leviathan, The English Works, Bd. 3, 158: »*I authorise and give up my right of governing myself, to this man, or to this assembly of men, on this condition, that thou give up thy right to him, and authorize all his actions in like manner*«.

[85] Ebd.

der unvergleichbaren Macht des Staates auch und vor allem die Segnungen der Staatsmacht zum Ausdruck bringen, die nach innen Frieden und nach außen wirksame Verteidigung garantiert. So heißt es in dem berühmten Satz, der die Entstehung des Staates feiert: »Dies ist die Erzeugung des großen Leviathan oder vielmehr – um es etwas ehrerbietiger auszudrücken – des sterblichen Gottes, dem wir nächst dem unsterblichen Gott unseren Frieden und Schutz verdanken«[86].

Der kleine Überblick über einige Gedanken des Thomas Hobbes mag hinreichen, um deutlich zu machen, zu welchen Konsequenzen ein Verständnis von Frieden führen kann, das diesen als bloßen Gegensatz zum Krieg versteht. Der Friede ist dann im Grunde die Selbstüberwindung des von Natur im Krieg aller gegen alle begriffenen Menschen. Er ist die Selbstüberwindung des natürlichen und in seiner Natürlichkeit kriegerischen Menschen. Diese Selbstüberwindung aber ist ein Akt schlechthinniger Unterwerfung unter den Staat, dem quasigöttliche Würde zuerkannt wird. Es ist ein Friede, der vom freiwilligen Verzicht auf Freiheit lebt. Friede verstanden als Überwindung der Wolfsnatur des Menschen wird dann wirklich durch die Resignation der vielen Wölfe zugunsten eines einzigen Riesenwolfes, einer mit aller Macht ausgestatteten Superbestie: des totalitären Staates. Seiner Autorität allein verdankt sich dann der Friede auf Erden.

Von Hobbes stammt die – in ihrem Kontext erträgliche – Behauptung, daß die Autorität und nicht die Wahrheit Gesetze macht: »authoritas, non veritas, facit legem«[87]. Man wird das erst recht von dem Frieden sagen müssen, den Hobbes im Blick hat: authoritas, non veritas, facit pacem. Denn diesem Frieden fehlt die Wahrheit, die frei macht. *Gegen* einen so verstandenen Frieden dürfte der Satz Jesu gerichtet sein: Ich bin nicht gekommen, Frieden zu bringen, sondern das Schwert (Mt 10,34).

IV. Der Friedens-Gruß. Zur biblischen Rede vom Frieden

1. Versteht man unter Frieden den Zustand, der dem Krieg entgegengesetzt ist, dann wird der Friede, solange es Kriege gibt, zur *Aufgabe*. Die Herstellung des aus der Opposition zum Krieg begriffenen Friedens verlangt menschliche *Anstrengungen*. Eine ursprüngliche politische Gestalt dieser

---

[86] Ebd.: »This is the generation of that great LEVIATHAN, or rather, to speak more reverently, of that *mortal god*, to which we owe under the *immortal God*, our peace and defence«.

[87] *Th. Hobbes*, Leviathan. Sive de materia, forma, et potestate civitatis ecclesiasticae et civilis, Opera philosophica quae Latine scripsit omnia, Bd. 3, 1841, 202.

Anstrengungen war paradoxerweise das Kriegführen selbst: Friede galt den
Römern nicht nur als der logische Gegensatz zum Krieg, sondern auch als
dessen Ziel und Wirkung. Insofern gehörte zum Frieden der Sieg eines Krieges. Wer sich im Krieg verdient gemacht hatte, der hatte sich um den Frieden
verdient gemacht.

Aber auch wenn der Frieden durch einen Rechtsakt bewirkt wird, der *nicht*
den Sieg eines Krieges – im Sinne des »leges pacis imponere« – fixiert, ist der
Friede die Frucht menschlicher Anstrengung. So hat ihn Hobbes verstanden,
als er den das bellum omnium contra omnes beendenden Frieden im individuellen Verzicht auf das Recht aller auf alles begründet wissen wollte. Er berief
sich dafür ausdrücklich auf ein »*Gebot* der rechten Vernunft«[88], dem es Folge
zu leisten gilt. Auch in Kants philosophischem Entwurf zu einem *ewigen*
Frieden – der allein in Wahrheit Friede genannt zu werden verdient, da jeder
nicht auf unzerstörbare Dauer angelegte Friede nur ein Waffenstillstand ist –
ist davon die Rede, daß »die Vernunft vom Throne der höchsten moralisch
gesetzgebenden Gewalt herab ... den Friedenszustand ... zur unmittelbaren
Pflicht macht, welcher doch ohne einen Vertrag der Völker unter sich nicht
gestiftet oder gesichert werden kann«[89]. Bereits der formale Umstand, daß sowohl der das bellum omnium contra omnes beendende Friede im Sinne Hobbes' als auch der alle Kriege beendende ewige Friede im Sinne Kants der *Form
des Vertrages* bedarf, um wirksam zu werden, macht deutlich, wie sehr der
Friede hier als ein menschliches Werk verstanden wird, das des Schweißes der
Edlen wert ist. Kurz: die Wahrheit, als deren Leib der auf den Krieg negativ
fixierte Friede zu gelten hat, ist die Wahrheit eines moralischen Imperativs
und einer ihm Gehorsam leistenden »außerordentliche[n] moralische[n] Anstrengung«[90]. Man braucht diese Wahrheit nur in das Element der geschichtlichen Erfahrung einzutauchen, »daß die überkommenen politischen und gesellschaftlichen Ordnungen ... nach ihrer immanenten Logik periodisch
Kriege aus sich produzieren müssen«[91] oder doch produzieren zu müssen
scheinen, um von ihr überzeugt zu sein. Ganz zu schweigen von unserer Ge-
genwartserfahrung, die die apokalyptische Vision einer ihrer eigenen techni-
schen Machtfülle nicht mehr Herr werdenden Politik beängstigend realitäts-
bezogen erscheinen läßt. Der Friede ist in demselben Maße schwieriger geworden, in dem er notwendiger geworden ist. Die Wahrheit, deren Leib er ist,

---

[88] *Th. Hobbes*, De cive, c. 1, 15, Opera omnia, Bd. 2, 167; c. 2, 1, Opera omnia, Bd. 2,
169f. u.ö.
[89] *I. Kant*, Zum ewigen Frieden, 356.
[90] *C. F. von Weizsäcker*, Bedingungen des Friedens. Mit der Laudatio von *G. Picht*,
⁶1964, 7f. 18.
[91] *G. Picht*, Ist eine Weltordnung ohne Krieg möglich? Aufgaben und Möglichkeiten
der Friedensforschung, in: Historische Beiträge zur Friedensforschung, 7–20, 8.

entscheidet über Leben und Tod der Menschheit. Es ist die Wahrheit eines kategorischen Imperativs.

2. Angesichts solcher Wahrheit mutet die biblische Rede vom Frieden geradezu – friedlich an. Ich denke dabei keineswegs nur an die idyllisch wirkende Szene des Weihnachtsevangeliums, in der die Hirten auf dem Felde zuerst den Engel des Herrn »große Freude« verkündigen und dann die Vollversammlung der Engel Gott loben hören mit den Worten: »Ehre sei Gott in der Höhe und Friede auf Erden bei den Menschen seines Wohlgefallens« (Lk 2,8–14). Auch sonst verträgt sich der neutestamentliche Begriff des Friedens mit dem der Freude – und das sehr viel ursprünglicher als mit dem der Pflicht. Zwar preist Jesus die selig, die den Frieden machen (Mt 5,9). Zwar ermahnt Paulus die Christen in Rom, sofern es möglich ist und von ihnen abhängt, mit allen Menschen Frieden zu haben (Röm 12,18). Aber sowohl jene Seligpreisung wie diese Ermahnung leuchten nur auf dem Hintergrund eines Verständnisses von Frieden ein, das sehr viel weniger negativ auf den Begriff des Krieges fixiert als vielmehr positiv mit dem der Freude verbunden ist. So erscheinen Friede und Freude zusammen mit Gerechtigkeit als definierende Bestimmungen des Reiches Gottes (Röm 14,17). Von dem Gott der Hoffnung sind Freude und Friede in Fülle zu erwarten (Röm 15,13). Und als Frucht des Geistes werden u. a. Liebe, Freude und Friede genannt (Gal 5,22). Der Friede ist mit der Freude eine feste Verbindung eingegangen, die für das Verständnis des Friedens wesentlich ist.

Die feste neutestamentliche Verbindung von Friede und Freude hat ihren Grund in dem für den christlichen Glauben elementaren Sachverhalt, daß der Friede der Inhalt des Evangeliums, also einer Freudenbotschaft ist. Bereits im Alten Testament ist von den Sieges- und Freudenboten die Rede, die Frieden verkündigen (Jes 52,7). Dieser Text wurde im Neuen Testament aufgenommen und auf Jesus Christus bezogen, so daß dessen Boten nun als die bezeichnet werden, die das »Evangelium des Friedens« verkündigen (Eph 6,15; vgl. Röm 10,15 Lesart der Koine-Handschriften; Act 10,36). Daß die Botschaft, die von Jesus Christus erzählt, Evangelium des Friedens genannt werden kann, hat seinen Grund in der für das Glaubensbekenntnis fundamentalen Wahrheit: Gott hat durch Jesus Christus das All mit sich versöhnt, indem er durch das Blut seines Kreuzes Frieden machte, und zwar auf Erden wie im Himmel (Kol 1,20).

Was an solchen und ähnlichen neutestamentlichen Aussagen überrascht, ist die indikativische und perfektische Redeweise vom Frieden. Sie steht zur existentiellen Dimension der Anstrengung, die uns im vorigen Teil unserer Überlegungen für den Frieden charakteristisch zu sein schien, in einem auffallenden Kontrast. Am markantesten ist in dieser Hinsicht wohl die lapidare

Feststellung des Epheserbriefes: »Er (Christus) ist unser Friede« (Eph 2,14). Ist? Die Wirklichkeit der Welt scheint einem solchen assertorischen Indikativ ins Gesicht zu schlagen. Ist überhaupt noch dieselbe Sache im Blick, wenn das Neue Testament vom »Evangelium des Friedens« und wenn eine vom Krieg mörderisch bedrohte Welt von »Wegen zum Frieden« redet?

Nun, es duldet in der Tat keinen Zweifel, daß die biblische Rede vom Frieden anders orientiert ist als der gängige Sprachgebrauch. War für diesen die Rede vom Frieden durchgängig auf den Gegensatz zum Krieg fixiert, so ist diese Opposition für das biblische Verständnis des Friedens gerade nicht konstitutiv. Sie klingt zwar mehrfach an, aber doch nur am Rande[92]. Die Mehrzahl der dafür in Frage kommenden alttestamentlichen Texte ist zudem spät entstanden. Sie setzen eine andere Bedeutung desselben Wortes voraus. Die *Grundbedeutung* des unserem Wort »Friede« entsprechenden »shalom« im biblischen Sprachgebrauch ist keineswegs am Gegensatz zum Krieg orientiert. Und so dürfte denn auch die *Wahrheit*, deren Leib der Friede ist, von dem die Bibel redet, nicht ohne weiteres deckungsgleich sein mit der Wahrheit eines nach menschlicher Anstrengung rufenden kategorischen Imperativs. Was ist das für eine Wahrheit, zu der der biblisch verstandene Friede gehört?

3. Man nähert sich dieser Wahrheit am besten, wenn man die Sprachformen beachtet, in denen das Wort Friede gleichsam verankert ist und die auf seinen »Sitz im Leben« verweisen. Wir haben bereits die entscheidende Sprachform kennengelernt, als an den Friedensgruß des Auferstandenen erinnert wurde. Das Wort »Friede« ist im Gruß sozusagen zu Hause[93]. »Shalom alechem«, »Friede mit Euch«, sagt man noch heute in Israel. Was sagt man da eigentlich, wenn man dies sagt: »pax vobiscum«? Was für einen Sinn hat dieser Gruß, der

---

[92] Koh 3,8 wird parallel zu konträren Begriffen wie »Weinen und Lachen«, »Schweigen und Reden« auch »Krieg und Friede« genannt. In diesem Sinn heißt es 1Sam 7,14: »Und es war Friede zwischen Israel und den Amoritern«. Vgl. auch Dtn 2,26; 20,10–12; Jos 9,15; Jdc 4,17; 11,13; 21,13; 1Reg 2,13; 5,4.26; 20,18; Hiob 15,21; Jes 33,7; Est 9,30. Doch dieser Sprachgebrauch ist »im Hebräischen ein uneigentlicher und abgeleiteter Gebrauch des Wortes«, sozusagen eine »Sonderbedeutung«, deren Entstehung von *C. Westermann* (Der Frieden *[Shalom]* im Alten Testament, in: Studien zur Friedensforschung, Bd. 1, hg. von *G. Picht* und *H. E. Tödt*, 1969, 144–177, 163f.) damit erklärt wird, daß Krieg die Störung und Zerstörung des Heilseins, also des shalom einer Gemeinschaft bedeutet, so daß jene ursprüngliche Bedeutung von shalom nun die Spezialbedeutung des Gegensatzes von »Krieg« annehmen konnte. Im Neuen Testament erinnern vor allem jene Texte an den gängigen Sprachgebrauch, in denen der Friede die Versöhnung von Feinden bzw. die Tilgung von Feindschaft impliziert: vgl. Röm 5,1 mit 5,10 und Eph 2,14f.

[93] Nach C. Westermann bilden die Texte, in denen shalom grüßend verwendet wird, eine »der wichtigsten [Gruppen], wenn nicht die wichtigste Gruppe des Gebrauchs« des Wortes (aaO., 155).

gleichermaßen im (christlichen) Gottesdienst und im alltäglichen Leben beheimatet ist?

Entscheidend für die Erfassung des Sinnes des Friedensgrußes ist die Einsicht, daß dieser Gruß nicht etwa nur ein Wunsch ist, von dem ungewiß ist, ob er sich erfüllt oder nicht. Der Friedensgruß teilt vielmehr den Frieden selber aus. Er teilt den Menschen, denen »shalom« gesagt wird, diesen shalom real mit. Es handelt sich also nicht um das, was man heutzutage pejorativ einen »frommen Wunsch« nennt: fromm, aber wirkungslos. Der Friedensgruß macht vielmehr vom Frieden selber Gebrauch. Und der Friede ist seinerseits von der Art, daß er sich mitteilen und sich ereignen will. Zum Frieden gehört das Ereignis des Friedens, und zwar hier und jetzt. Deshalb ist der Friedensgruß von *verpflichtender* Kraft für den Grüßenden. Er weiß sich für den Frieden des Menschen *verantwortlich,* dem er Frieden entbietet und damit Anteil gewährt am eigenen Wohlergehen. Der Friede ist sozusagen ein Bereich, in den der Gegrüßte aufgenommen wird und in dem er geborgen ist. Der Gruß ist verbindlich. Man kann *sich* auf das Gesagte *verlassen* und dem Redenden *vertrauen,* weil sich durch den Friedensgruß ereignet, wovon in ihm die Rede ist. Insofern könnte, was »im Alten Testament mit shalom gemeint ist, ... ohne den Gruß gar nicht existieren; ein wesentlicher Teil des Waltens des Friedens vollzieht sich im Gruß«[94]. Doch *was* geschieht nun eigentlich, wenn shalom sich ereignet? *Was* teilt sich demjenigen mit, der mit dem Friedensgruß gegrüßt wird?

Auf jeden Fall so etwas wie eine elementare Existenzberuhigung. Nicht zufällig ist mit dem Friedensgruß der – nicht etwa beschwichtigende, sondern einen Menschen elementar beruhigende – Zuspruch »Fürchte Dich nicht!« verbunden (vgl. Jdc 6,23; Gen 43,23). Der Friedensgruß nimmt den oder die derart Gegrüßten in einen Lebenszusammenhang auf, in dem der Mensch unverletzbar er selbst sein darf: ein im ursprünglichsten Sinn des Wortes – *ganzer* Mensch. Oder um es in unserer sich etwas oberflächlicher ausdrückenden Umgangssprache zu sagen: wer »im Frieden ist«, der ist »o.k.«[95]. So kann denn auch auf die Frage nach dem Wohlergehen – »Geht es Dir gut?« – geantwortet werden: »shalom« (vgl. 2Reg 4,23ff.; 5,21f.; 2Sam 20,9; Gen 43,27). Sogar nach dem shalom *des Krieges* kann in diesem Sinn gefragt werden: 2Sam 11,7 – ein besonders eindrücklicher Hinweis darauf, daß »Friede« hier »noch nicht in einem absoluten Gegensatz zu Krieg steht«[96]. Der Friede ist ein »Heilsein, das alles umfaßt, was zum heilen Leben gehört«[97].

---

[94] AaO., 158.
[95] Vgl. aaO., 152f.
[96] AaO., 163.
[97] AaO., 155.

Diese Bedeutung von shalom wird auch durch die Semantik des Wortes nahegelegt. Das Wort »shalom« ist »von einem Verb gebildet, das die Bedeutung hat: etwas vollständig machen, etwas ganz oder heil machen«[98]. Man könnte auch vom Intaktsein oder Wohlergehen reden. Wo eine Gemeinschaft intakt ist, da herrscht Friede im biblischen Sinne (vgl. Jer 38,4). Und insofern kommt als Gegenbegriff zu Frieden sehr viel eher als Krieg oder Streit der Defekt eines Lebens in Betracht: z.B. als Defekt der Gesundheit die Krankheit, die einen bitter ankommt und deshalb den Frieden in Frage stellt (vgl. Jes 38,17). »Nichts *Gesundes* ist an meinem Fleische ob Deines Grolles, nichts *Heiles* ist an meinen Gebeinen ob meiner Sünde«, klagt der Psalmist (Ps 38,4). Umgekehrt ist dem Gerechten »shalom in Fülle« verheißen (Ps 119,165). Deshalb muß es den Frommen anfechten, wenn er sieht, daß es auch den Gottlosen »o.k. geht« (Ps 73,3).

4. »Friede« ist demnach im Alten Testament zunächst einmal ein durchaus »weltlicher« Begriff. Was er zur Sprache bringt, ist etwas ursprünglich zum Dasein Gehörendes: ja, es ist »die unmittelbare Gegenwart des ganzen ungeteilten Daseins« selbst[99]. Der Mensch ist natürlicherweise auf shalom aus. Wünscht sich doch jeder, »daß es in seinem Lebenskreis heil und in Ordnung ist. Dieses Aussein auf shalom wird vorausgesetzt«[100]. Das erklärt auch die unauffällige »Selbstverständlichkeit und Natürlichkeit«, »die dem Reden von shalom eignet«[101] und die im Gruß präsent ist. Der Friedensgruß setzt ein Verhältnis selbstverständlichen Vertrauens aus sich heraus. Wer »shalom« sagt, auf den kann man sich verlassen, man »kann ihm vertrauen«[102]. Wo man hingegen einander nicht mehr grüßt, scheint die Rede vom Frieden ihren Sinn verloren zu haben[103]. Denn da fehlt die Selbstverständlichkeit des Friedens, zu der Verantwortung, Vertrauen und Geborgenheit als »die Lebenselemente des shalom« gehören[104].

Allerdings wird die Selbstverständlichkeit des Friedens als immer schon bedrohte erfahren. Man muß es wohl paradox formulieren: obwohl der Friede nur da gedeiht, wo das Selbstverständliche geschieht, versteht er sich doch

---

[98] AaO., 147.

[99] Mit einem Ausdruck von *H. Steffens*, Von der falschen Theologie und dem wahren Glauben. Eine Stimme aus der Gemeinde, 1823, 99f. (zitiert bei *F.D.E. Schleiermacher*, Der christliche Glaube nach den Grundsätzen der evangelischen Kirche im Zusammenhange dargestellt, auf Grund der 2. Aufl. und krit. Prüfung des Textes neu hg. und mit Einl., Erläuterungen und Reg. versehen von *M. Redeker*, Bd. 1, [7]1960, § 3.2, 17 Anm.).

[100] *C. Westermann*, Der Frieden im Alten Testament, 153.

[101] AaO., 161.

[102] AaO., 162.

[103] Vgl. ebd.

[104] Ebd.

nur zu oft nicht von selbst. Der Mensch und die menschliche Gemeinschaft
sind eben keineswegs immer ganz, immer heil, obwohl sie gerade das sein
wollen. Und eben weil die Selbstverständlichkeit des Friedens gestört ist, *redet* man überhaupt von Frieden. Nur wer »den Hunger und den Mangel
kennt«, für den ist »Sattsein und Wohlhabenheit … shalom«. Und die »Gesundheit kann nur der als Heilsein … erfahren, der weiß, was die Krankheit
ist«[105]. Es ist mit dem Frieden in dieser Hinsicht ähnlich wie heutzutage mit
der Frage nach dem »Sinn des Lebens«. Solange das Leben seinen Sinn hat,
spricht man nicht davon. Die sogenannte Sinnfrage stellt sich erst da, wo der
Verlust von Sinn erfahren wird. Mit dem Frieden ist es ähnlich. Im Friedensgruß spricht ein Mensch dem anderen das zu, was sich eigentlich von selbst
verstehen sollte und was doch immer wieder von neuem selbstverständlich
werden muß: nämlich die *vitale Geborgenheit* eines menschlichen Ich und einer menschlichen Gemeinschaft, durch die es zu so etwas wie der »unmittelbaren Gegenwart des ganzen ungeteilten Daseins« kommt. Ist Friede eine
solche vitale Geborgenheit menschlichen Lebens, dann wird verständlich,
daß der im Gruß und im Segen ausgeteilte Friede den Menschen auch beglei-
ten kann. Der Friede kann mitwandern und den Menschen von allen Seiten so
umgeben, daß er sicher ist. So ist es gemeint, wenn es heißt: »Ziehe hin in Frieden!« (Vgl. 1Sam 25,35; 2Reg 5,19; Ex 18,23) Mit der Wendung »in Frieden
ziehen lassen« kann deshalb auch »freies Geleit« zugesichert werden (2Sam
3,21). Sogar von dem Weg in den Tod kann gesagt werden, er vollziehe sich
»in Frieden« oder eben »nicht in Frieden« (vgl. 1Reg 2,6; Jer 34,5). Im Sterben
selbst vermag allerdings nur noch Gott jene Geborgenheit zu gewähren, die
als ein Ruhen in Frieden bezeichnet werden kann. Metaphorischer Anknüp-
fungspunkt dafür mag der Schlaf sein, in dem man in besonderem Maße darauf angewiesen ist, beschützt zu sein: »Im Frieden will ich mich niederlegen
und (ent)schlafen. Denn Du allein, Herr, hilfst mir, daß ich sicher wohne« (Ps
4,9).

5. Auch die religiöse Dimension des shalom schließt jedoch die weltliche Dimension der Ganzheit des Daseins niemals aus. Sowenig shalom einerseits ein
bloß »äußerlicher Friedenszustand (im Gegensatz zum Krieg)« ist, sowenig
ist er andererseits ein bloß »innerer Friede, bei dem das Verhältnis zur Umwelt kein heiles Verhältnis ist«[106]. Der Friede, den Gott gewährt, ist deshalb
ohne Gerechtigkeit nicht denkbar. Vielmehr heißt es, daß »Gerechtigkeit und
Friede sich küssen« (Ps 85,11). Sogar »die Berge sollen« einmal »shalom tragen und die Hügel Gerechtigkeit« (Ps 72,3). Das wäre dann freilich eine Zeit,

---

[105] AaO., 160.
[106] AaO., 162.

in der das Selbstverständliche sich wirklich von selbst verstehen wird. Es ist die Zeit des messianischen Königs, der als »mächtiger Held« und »Vater für ewig« auch der »Fürst des Friedens« sein und »dessen Frieden kein Ende« haben wird (Jes 9,5f.; vgl. Sach 9,10). Die verheißene Zeit steht jedoch im harten Gegensatz zu denjenigen Erfahrungen Israels, die das Fehlen des Friedens als Gericht Gottes identifizieren. Israel hat den Frieden verwirkt (vgl. Jer 16,5). Solche Gerichtsaussagen stehen im Gegensatz zu den politischen Heils-Weissagungen der falschen Propheten, die da sagen »Frieden, Frieden – und ist kein Frieden« (Jer 6,14; vgl. 8,11; Ez 13,10; Mi 3,5). Wirklichen Frieden verkündigt Jeremia erst wieder dem Volk im Exil, also gerade am Ort totaler Ungeborgenheit, »im ungesicherten Dasein in der Fremde unter fremder Obrigkeit und ohne heiligen Ort«. Damit gewinnt shalom eine neue Dimension. Denn »dieser neue shalom« wird bezeichnenderweise »mit dem der bisherigen Feinde Israels verkoppelt«[107]. Die Exilierten sollen den shalom des Landes suchen, in das sie von Gott verbannt worden sind (Jer 29,7). Frieden ist nun auch inmitten entgegenlaufender Bedingungen möglich, wenn Jahwe ihn will. Daß Gott »Gedanken des Friedens« (Jer 29,11; Jes 40,1ff.) über den Rest des Volkes hat (vgl. Jes 52,7; 54,10–13), das den Frieden verwirkte, wird deutlich an dem Gottesknecht, der die Strafe erleidet, »auf daß wir Frieden hätten« (Jes 53,5). Der Friede Israels wird nun also von dem Versöhnungshandeln Gottes abhängig und ist damit völlig »vom Besitz politischer Macht abgelöst«[108]. Er wird nun von Gott auch ausdrücklich als »mein Friede« (Jes 54,10) identifiziert. Es ist Jahwe selbst, der den Frieden wirkt (vgl. Jes 45,7; Ez 34,25; 37,26; Jes 57,19; 60,17; 66,12; Hag 2,9; Sach 8,12). Diese »Theologisierung« des Begriffs berührt sich mit einem anderen alttestamentlichen Sprachgebrauch von shalom (Jdc 6,24; Ps 29,11; 35,27; 147,14; Num 6,26; 25,12; vgl. Mal 2,5). In ihm kommt Gott zwar ebenfalls als der zur Sprache, der Frieden wirkt; aber eben nicht – wie bei den genannten nachexilischen Schriftpropheten – in Konkurrenz oder gar im Widerspruch zu den *weltlichen* Bedingungen der Möglichkeit von Frieden.

Ein singulärer Text ist die Aufforderung Jes 27,5, die von einem *Frieden zwischen* Mensch und Gott redet: »Man mache Frieden mit mir, mache Frieden mit mir«. Dieser im Alten Testament singuläre Gebrauch des Wortes shalom für das Verhältnis des Menschen zu Gott findet seine Fortsetzung im Neuen Testament. Er bringt zum Ausdruck, daß das Verhältnis des Menschen zu sich selbst nicht ganz und heil sein kann, solange das Gottesverhältnis lädiert ist. Die »unmittelbare Gegenwart des ganzen ungeteilten Daseins« erschließt sich dem Menschen nur da, wo ihm Gott selber gegenwärtig wird.

---

[107] AaO., 170.
[108] AaO., 171.

Und nun ist eben dies das große Geheimnis der Person Jesu Christi, daß in ihm und durch ihn Gott selbst tatsächlich gegenwärtig wird. Weil der Schöpfer sich mit dem gekreuzigten Jesus identifiziert hat, wird an seinem Kreuz Frieden geschlossen zwischen Gott und Mensch. »Da wir nun aus Glauben gerecht geworden sind, haben wir Frieden bei Gott« (Röm 5,1). Deshalb kann die älteste Christenheit den alttestamentlichen Gruß »shalom alechem« nun erweitern und zur liturgischen Formel umprägen: »Gnade sei mit Euch und Friede von Gott, unserem Vater, und dem Herrn Jesus Christus« (Röm 1,7; vgl. 1Kor 1,3; 2Kor 1,2; Gal 1,3; Phil 1,2; 1Thess 1,1; 2Thess 1,2).

V. Der Mensch als Wesen des Friedens.
Zum theologischen Verständnis des Indikativs des Friedens
als einer zuvorkommenden Wahrheit

1. Aus dem biblischen Reden vom Frieden sind Einsichten für die Formulierung eines christlichen Verständnisses vom Menschen – und von der *Menschlichkeit* des Menschen – zu gewinnen. Die Formulierung solcher Einsichten ist notwendig, wenn theologisch verantwortlich vom Menschen geredet werden soll. Theologische Anthropologie ist ihrem Wesen nach eine Anthropologie des Friedens. Sie hat im biblischen Begriff des Friedens eine über alle zu ihr gehörenden Aussagen entscheidende Kategorie, oder aber sie ist nicht *theologische* Anthropologie. Der Versuch, wenigstens einige grundlegende Einsichten in das Wesen des Menschen als eines zum Frieden bestimmten Wesens zu formulieren, soll deshalb den Abschluß dieser Überlegungen bilden.

Ausgangspunkt einer theologischen Anthropologie des Friedens muß die Erkenntnis sein, daß der biblisch verstandene Friede der Leib einer *zuvorkommenden* Wahrheit ist: Der Mensch zehrt ontologisch von dem *Indikativ* des Friedens, den Gott schafft. Der moralische *Imperativ*, selber Frieden zu machen, mag noch so dringlich sein – und er ist in der Tat ein unerhört dringlicher, ein kategorischer Imperativ. Gleichwohl darf die Notwendigkeit, Frieden zu wirken, nicht darüber hinwegtäuschen, daß der Mensch schon immer vom *Indikativ* des Friedens zehrt. Er bleibt von diesem Indikativ des Friedens selbst dann noch abhängig, wenn er sich mit ihm nicht zufrieden gibt und eben dadurch Unfrieden schafft. Was Augustinus[109] für alle irdischen Naturen behauptet hatte, gilt zumindest und auf jeden Fall von den Menschen: »nullo modo essent, si non qualicumque pace subsisterent: sie würden

---

[109] A. *Augustinus*, De civitate Dei, l. XIX, 13, CChr.SL XLVIII, 679 .

in gar keiner Weise existieren, wenn sie nicht auf irgendeine Weise in Frieden da wären«. Ohne ein Minimum von Frieden kein menschliches Dasein! Ohne ein Minimum von Frieden vermag der Mensch nicht nur nicht menschlich zu leben, sondern auch nicht menschlich zu sein. Ohne ein Minimum von Frieden wäre der Mensch dem Menschen ein Wolf. Damit der Mensch dem Menschen *kein Wolf*, sondern vielmehr *ein Mensch* sei, grüßen sich Menschen mit dem Gruß des Friedens. Im Gruß sprechen sie sich den Indikativ des Friedens zu. Im Gruß wird der Satz »homo homini lupus« falsifiziert und ersetzt durch den Satz »homo homini homo: der Mensch dem Menschen ein Mensch«[110].

Der Satz »homo homini homo« wäre freilich seinerseits jederzeit falsifizierbar, wenn seine Wahrheit von der Wirklichkeit menschlichen Verhaltens abhinge. Wie oft bleibt der Mensch dem Menschen den Friedensgruß schuldig und läßt statt dessen drohende Gebärden oder »die Instrumente« sprechen! Der Indikativ des Friedens, von dem der Mensch herkommt, von dem er zehrt und auf den er angewiesen bleibt, wird durch den Menschen selbst weder konstituiert noch garantiert. Der Satz »homo homini homo« begründet und trägt sich selber nicht. Er hat in sich selber keine axiomatische Kraft, sondern er ist darauf angewiesen, von einer anderen Wahrheit begründet und getragen zu werden.

Diese andere Wahrheit hat das Neue Testament zur Sprache gebracht, als es *Jesus Christus unseren Frieden* nannte. Der Indikativ des Friedens ist nach dem Urteil des christlichen Glaubens konstituiert und garantiert in dieser einen Person, in der *Gott* dem Menschen ein Mensch geworden ist. Wenn aber in Jesus von Nazareth Gott selbst *dem Menschen ein Mensch* geworden ist, dann ist der anthropologische Satz »homo homini homo« begründet in und dann wird er getragen von dem christologischen Satz »deus homini homo«.

Diese Argumentation impliziert allerdings, daß der Friede, den Gott schafft, nicht nur eine geistliche Dimension hat, daß es sich nicht nur um einen himmlischen Frieden für den »inneren Menschen« handelt, an dem der »äußere Mensch« und das irdische Leben keinen Anteil haben. Eine solche Trennung würde dem biblischen Begriff des Friedens geradezu ins Gesicht schlagen. Bedeutet doch Friede im Sinne des shalom das Ganzsein und Heilsein des Menschen, ja die unmittelbare Gegenwart des ganzen, ungeteilten Daseins[111]. Nichts wäre ein fataleres Mißverständnis des »Friedens«, den die

---

[110] Vgl. *E. Jüngel*, Der Gott entsprechende Mensch. Bemerkungen zur Gottebenbildlichkeit des Menschen als Grundfigur theologischer Anthropologie, in: *ders.*, Entsprechungen: Gott – Wahrheit – Mensch. Theologische Erörterungen II, ³2002, 290–317.

[111] Scheinbar entgegenstehende neutestamentliche Äußerungen wie 2Kor 4,16ff. sind doch wohl dahin zu verstehen, daß der »innere Mensch« sich von den bedrückenden Erfahrungen des »äußeren Menschen« nicht entmutigen läßt, vielmehr diesen in und trotz aller irdischen Hinfälligkeit »stark zur Tat«, und zwar durchaus eben auch zur Tat des irdischen

Glaubenden »bei Gott« haben (Röm 5,1), als die Behauptung der Bedeu-
tungslosigkeit des von Gott gewirkten Friedens für den »Frieden auf Erden«
oder auch nur die Behauptung einer hier waltenden Indifferenz. Der christologisch begründete Indikativ des Friedens will sich vielmehr in und an dieser
Welt durchsetzen. Insofern ist dieser Indikativ selber kein unbewegtes Perfectum, sondern eine sehr bewegte und bewegende Macht: kein Indikativ eines archäologischen, sondern der eines eschatologischen Friedens. Er gilt
dem *ganzen* Menschen, und er beansprucht den *ganzen* Menschen. Denn dieser Friede ist der Leib der Wahrheit, von der gilt: sie *macht* den Menschen
überhaupt erst *ganz*. Theologische Anthropologie ist in dem Maße an der
Kategorie des Friedens orientiert, in dem sie den ganzen Menschen, den totus
homo, thematisch macht.

2. Doch was ist die Ganzheit des Menschen? Was macht das Ganze zum Ganzen? Was geschieht, wenn der Friede als Leib jener Wahrheit entsteht, die einen Menschen zum Menschen macht?
    Für eine am biblischen Sprachgebrauch orientierte Anthropologie ist ent-
scheidend, daß es den ganzen Menschen nur in einem Geflecht von Beziehungen gibt. Nicht das beziehungslose Ich, sondern das beziehungsreiche Ich
kommt als ganzer Mensch in Betracht. Ohne sein Verhältnis zu anderen Menschen, ohne sein Verhältnis zur natürlichen und gesellschaftlichen Umwelt
und ohne sein Verhältnis zu Gott ist der Mensch alles andere als ganz. Denn
ohne diese Verhältnisse und ihre Wohlordnung ist das Verhältnis des menschlichen Ich zu sich selbst nicht heil. Ohne die Beziehung zu dem, was es nicht
ist, hat das menschliche Ich keinen Frieden. Ein beziehungsloses, ein verhält-
nisloses Ich, ein isoliertes und sich isolierendes Ego wäre das genaue Gegenteil eines ganzen Menschen, wäre vielmehr ein »kaputter« Mensch, der seinen
Frieden verfehlt oder selber verwirkt. Ganzheit ist in anthropologischer Hinsicht kein Substanzbegriff, sondern ein Relationsbegriff[112]. Der Mensch ist

---

Friedens, macht: »Sofern es möglich ist und von Euch abhängt, haltet Frieden mit allen
Menschen« (Röm 12,18).
    [112] Relationsbegriff hier nicht in dem Sinne, daß der Friede selber eine Beziehung zwi-
schen verschiedenen Relata darstellt, sondern so, daß der Friede eines Relatum die Unversehrtheit der Relationen meint, in denen dieses Relatum existiert. Werden diese Relationen
verletzt oder gar zerstört, verliert das Relatum seinen Frieden. Claus Westermanns Polemik
(*C. Westermann*, Der Friede im Alten Testament, 148ff.) gegen Gerhard von Rads These (*G.
von Rad*, Art. שָׁלוֹם im AT, ThWNT, Bd. 2, ²1960, 400–405, 401; vgl. *ders.*, Theologie des Alten Testaments, Bd. 1, ⁹1987, 144), daß shalom eine »Verhältnisbestimmung« sei, ist nur par-
tiell treffend. Auch wenn Friede das Heilsein einer *Gemeinschaft* sein soll, ist doch das
Heilsein der diese Gemeinschaft konstituierenden Verhältnisse gemeint. Richtig ist an
Westermanns Polemik, daß Friede nicht selber die Beziehung sein kann, deren Heilsein er
bedeutet.

heil und ganz, wenn die Verhältnisse, in denen – und aus denen – er lebt, stimmen. Aller Unfriede, jede Friedlosigkeit beginnt dementsprechend mit dem menschlichen Drang in die Verhältnislosigkeit, den die Bibel Sünde nennt. Und als eigentlicher Gegenbegriff zum Frieden erweist sich der als Inbegriff vollkommener Verhältnislosigkeit und Beziehungslosigkeit zu begreifende Tod. Im Tod ist die Ganzheit des Menschen ganz und gar zerstört. Im Tod endet der Friede. Und der Friede schließt den Tod aus sich aus.

Dementsprechend ist der Indikativ des Friedens, von dem das Menschsein des Menschen abhängt, am angemessensten durch die Angabe derjenigen Verhältnisse zu beschreiben, ohne die der Mensch kein ganzer Mensch ist. Im Anschluß an das alttestamentliche Reden vom shalom, das auch für den neutestamentlichen Sprachgebrauch maßgebend bleibt, läßt sich der Indikativ des Friedens anthropologisch in dreifacher Hinsicht bestimmen: zum Frieden gehört erstens *schöpferische Geborgenheit*, zweitens die *Fähigkeit zu vertrauen* und drittens die den Indikativ des Friedens *wahrende Verantwortung*. Zwischen diesen drei Bestimmungen des Friedens besteht ein Begründungsverhältnis, insofern schöpferische Geborgenheit die Bedingung dafür ist, überhaupt vertrauen zu können, und insofern das Vertrauen, das in einen Menschen gesetzt wird, diesen in die Verantwortung ruft. Wir gehen der Reihe nach etwas genauer auf alle drei Bestimmungen ein.

3. Der Mensch ist ein Wesen des Friedens, weil und insofern zu seinem Dasein die Angewiesenheit auf schöpferische Geborgenheit gehört.

Inbegriff schöpferischer Geborgenheit des Menschen ist in der mythischen Sprache das Paradies, das im Alten Testament als ein Garten vorgestellt wird, in dem der Mensch in ursprünglicher Weise bei sich selbst ist: im Frieden mit seinem Gott, mit seiner Welt und mit sich selbst. Das ist der ungestörte Indikativ des Friedens. Nach der biblischen Erzählung ist er jedoch durch den Sündenfall zwar nicht restlos zerstört, wohl aber zutiefst problematisiert worden. Nun *lebt* der Mensch nicht mehr aus der Fülle des Friedens, nun *zehrt* er nur noch von diesem Frieden, der sich nun nicht mehr von selbst versteht, dessen Selbstverständlichkeit nun vielmehr immer wieder neu eröffnet werden muß. Nun herrscht Entfremdung zwischen dem Menschen und seiner natürlichen Umwelt. Nun wird die Arbeit zur Leistung, zur mit Sorge und Kummer verbundenen Mühsal. Nun wird Religion der Anlaß zum Mord: nun wird Abel von Kain erschlagen. Nun ist der Mensch nicht mehr in ursprünglicher Weise bei sich selbst. Weil nicht mehr im Frieden mit seinem Gott, ist er auch nicht im Frieden mit seiner Welt und also auch nicht mehr im Frieden mit sich selbst. Er hat aufgehört, ein ganzer Mensch zu sein. Er ist »kaputt«.

Er hat aber nicht aufgehört, sich danach zu sehnen, ein ganzer Mensch zu werden[113]. Er bleibt also zutiefst auf den Indikativ des Friedens bezogen. In sehr gebrochener Weise partizipiert er auch im Zustand der Entfremdung am Frieden. Denn er bleibt elementar angewiesen auf ein Minimum an schöpferischer Geborgenheit. Er ist darauf angewiesen, daß ihm immer wieder der Indikativ des Friedens zugesprochen wird: shalom alechem, shalom alecha: Friede sei mit Euch, Friede sei mit Dir!

Ohne ein solches Minimum an schöpferischer Geborgenheit könnte der Mensch nicht aus sich selber herausgehen. Und ohne aus sich selbst herausgehen zu können, wäre das menschliche Ich nicht in der Lage, den Ansprüchen seiner Umwelt zu genügen und seine ureigensten Bedürfnisse zu befriedigen. Geborgenheit meint also nicht etwa Rückzug in ein Reservat der Problemlosigkeit. Eine schlechthin spannungslose, sozusagen keimfreie Lebensbehausung vermittelt keine Geborgenheit, sondern allenfalls die Sicherheit der Sterilität. Sie würde lähmen, statt lebenstüchtig zu machen. Weil die zum Frieden gehörende Geborgenheit gerade nicht lähmt, sondern anthropologisch so stabilisiert, daß das Ich aus sich herauszugehen und tätig zu werden wagt, reden wir von *schöpferischer Geborgenheit*.

Damit ist auch gesagt, daß der Friede eines Menschen keinesfalls Rückzug in sich selbst bedeutet. Bei sich selbst ist der Mensch wahrscheinlich am allerwenigsten geborgen. Bei sich selbst ist er eben sich selbst schutzlos ausgeliefert. Schöpferisch geborgen kann der Mensch nur bei einem anderen, nur in der Gemeinschaft, nur im Kontakt mit seiner Umwelt sein. Und er *ist* es, wenn das Verhältnis des Menschen zu sich selbst, das Verhältnis zu seiner menschlichen und natürlichen Umwelt und das Verhältnis zu Gott ihrerseits untereinander in einem *verträglichen Verhältnis*[114] stehen: so, daß sie sich gegenseitig nicht stören oder gar zerstören, sondern vielmehr einander begünstigen. Wo das Selbstverhältnis eines Ich, sein Weltverhältnis und sein Gottesverhältnis im *Verhältnis gegenseitiger Begünstigung* stehen, da ist der Mensch schöpferisch geborgen, da herrscht Friede. Denn da »küssen sich Friede und Gerechtigkeit« (Ps 85,11). Und erst wo es zu dieser intimen Verbindung des Friedens mit der Gerechtigkeit kommt, *herrscht* der Friede. Seine Herrschaft besteht nicht im Sieg über den Feind im Krieg, sondern im Sieg über die Verhältnislosigkeit des verletzten und entfremdeten Lebens[115].

---

[113] Besonders eindrücklich hat Platon diese Sehnsucht im Symposion durch den Mund des Aristophanes dargestellt.

[114] Die Bibel nennt diese Verhältnisgemäßheit *Gerechtigkeit.*

[115] Vgl. *H. Schmidt*, Frieden (Themen der Theologie, Bd. 3), 1969, 104: »Nur im rechten und rechtzeitigen Einsatz für die Lebensrechte und Lebensbedürfnisse der Menschen kann *der* Frieden heraufgeführt werden, der Menschen zum Segen gereicht … Er ist nicht im Einsatz *wider* Feinde, sondern im Einsatz *für* … zu gewinnen«. Dabei gewinnt die soziale Di-

4. *Der Mensch ist ein Wesen des Friedens, weil und insofern zu seinem Dasein Vertrauensfähigkeit und Vertrauenswürdigkeit gehört.*

Diese zweite Bestimmung der Kategorie Frieden in anthropologischer Hinsicht kennzeichnet den Menschen als ein auf Vertrauen angewiesenes Wesen. Das gilt sowohl für die Fähigkeit, anderen vertrauen zu können, als auch für die Notwendigkeit, selber vertrauenswürdig zu sein. Ohne Vertrauen wäre der Mensch kein ganzer Mensch, wäre er friedlos. Die Unfähigkeit, zu vertrauen, und die Unfähigkeit, Vertrauen zu gewähren, zerstören den Frieden: nicht nur zwischen Individuen, sondern auch zwischen den Völkern. Selbst die militärischen Supermächte sind, um eine Politik der Entspannung betreiben zu können, auf gegenseitiges Vertrauen angewiesen. Wenn es nicht wenigstens ein Minimum an gegenseitigem Vertrauen gäbe, wenn der Mensch nicht auch in dieser Hinsicht vom Indikativ des Friedens zehren würde, gäbe es keinen menschlichen Menschen. Kein Mensch kann menschlich leben, wenn er niemandem vertrauen kann. Und kein Mensch ist menschlich, wenn er nicht vertrauenswürdig ist.

Die Fähigkeit zu vertrauen läßt sich allerdings nicht fordern. Um Vertrauen kann man allenfalls bitten und werben. Befehlen läßt es sich nicht. Diese Eigenart, der gemäß Vertrauen nicht gefordert werden kann, sondern ermöglicht werden muß, macht deutlich, in welch hohem Maß der Friede der Leib einer Wahrheit ist. Ja, streng genommen ist er nicht der Leib *einer*, sondern der Leib *der* Wahrheit. Denn Vertrauen heißt: sich verlassen auf … Worauf man sich verlassen kann, ist aber nach biblischem Sprachgebrauch dasjenige, was *wahr* genannt zu werden verdient. Wahr ist, worauf man unbedingt vertrauen, worauf man sich auf jeden Fall verlassen kann. Auf die Wahrheit muß man jederzeit zurückkommen können, um dann mit ihr im Leben voranzukommen. Wo dies geschieht, da herrscht Friede. An der Wahrheit vorbei gibt es hingegen keinen Frieden, gibt es allenfalls einen faulen Eunuchen-Frieden, der in seiner Impotenz geradezu danach schreit, gebrochen zu werden.

Wenn hingegen auf etwas oder jemanden wegen seiner Wahrheit wirklich Verlaß ist, dann kann der Mensch sich darauf einlassen, ohne daran kaputt zu gehen. Im Friedensgruß sprechen sich Menschen gegenseitig diese Möglichkeit zu. Wer einem anderen Frieden verspricht, signalisiert ihm: »Auf mich ist Verlaß, Du kannst Dich also selber verlassen, Du brauchst nicht Deine eigene Festung – oder Dein eigener Kerker – zu sein. Du kannst aus Dir herauskommen, Du kannst *bei mir* zu Dir selbst kommen. Du kannst mir vertrauen, Du

---

mension besonderes Gewicht. An ihr wird empirisch ablesbar, was es heißt, auf den Indikativ des Friedens angewiesen zu sein. Der mit diesem Indikativ verbundene Einsatz für den Frieden ist deshalb vor allem ein »Einsatz *für* die Bedürftigen und Bedrängten, die Witwen und Waisen, die Armen und Kranken, die Unterdrückten und Fremden«.

kannst mir glauben … Glauben in diesem ursprünglichen Sinn des Wortes ist
in der Tat der Vollzug des Friedens. Wer glaubt, erklärt den, dem er glaubt, für
vertrauenswürdig. Und wer selber vertrauenswürdig ist, macht andere vertrauensfähig. Von daher ist es zu verstehen, daß das Neue Testament den Frieden im Glauben verankert: »Da wir nun aus Glauben gerecht geworden sind,
haben wir Frieden bei Gott« (Röm 5,1).

Der im Glauben an Gott sich einstellende Friede ist ein unübersehbarer
Hinweis auf den anthropologischen Sachverhalt, daß der Mensch seinem Wesen nach auf Vertrauen angelegt ist. Wo immer ich vertrauen oder glauben
kann, da beginnt so etwas wie eine feine Haut über die schmerzenden Wunden eines friedlosen Lebens zu wachsen. Und wenn ich selber so glaubwürdig
bin, daß man mir vertrauen kann, dann bin ich Gottes Ebenbild, nämlich ein
friedenstiftender Mensch, ein homo pacifer. Dann bin ich ein Platzhalter des
Indikativs des Friedens.

5. *Der Mensch ist ein Wesen des Friedens, weil und insofern zu seinem Dasein
die Verantwortung für den Indikativ des Friedens gehört.*

a) Wer andere Menschen grüßt, ist ihnen gegenüber im Rahmen seiner eigenen Möglichkeit für das verantwortlich, was er dem anderen grüßend zuspricht. Man kann nicht jemandem einen guten Tag wünschen und zugleich
alles tun, was geeignet ist, ihm einen miserablen Tag zu bescheren. Wer andere
Menschen mit dem Gruß des Friedens grüßt, übernimmt Verantwortung für
den Indikativ des Friedens, den er ihnen zugesprochen hat. Verantwortung
für den Frieden übernimmt aber auch derjenige, dem Frieden zugesprochen
wird. Man kann am Indikativ des Friedens nicht verantwortungslos partizipieren.

Mit der Kennzeichnung des Menschen als eines für den Frieden verantwortlichen Wesens gewinnt der Indikativ des Friedens *gebieterischen* Charakter. Er nimmt den Menschen in die Pflicht, den Frieden, von dem er schon
immer zehrt, *zu wahren* und *auszubauen*. Die Gabe des Friedens wird zur
Aufgabe. Das entspricht dem Wesen des Friedens, der den Menschen nicht
ganz macht, ohne ihn seinerseits dazu zu gebrauchen, daß andere kaputte Exi-
stenzen heil gemacht werden. Der Friede läßt sich nicht beschränken. Er will
in alle Bereiche des irdischen Lebens eindringen. Und eben dafür nimmt er
jeden in Anspruch, der Frieden hat oder braucht. Weil der Indikativ des Friedens kein perfektischer, kein archäologischer, sondern ein eschatologischer,
ein sich durchsetzender Indikativ ist und weil er sich nicht nur am Menschen,
sondern mit dem Menschen in der ganzen Welt durchsetzen will, deshalb
macht er den Menschen gebieterisch dafür verantwortlich, daß dies geschehe.

Man versteht diesen gebieterischen Charakter des Friedens und die dem
Menschen auferlegte Verantwortung für den Frieden allerdings nur dann

richtig, wenn man darin eine Auszeichnung des Menschen erkennt. Rückt doch der Mensch eben dadurch, daß ihm Verantwortung für den Frieden auferlegt wird, in die Rolle eines Mitarbeiters Gottes ein. Von daher wird verständlich, daß Jesus jeden selig preist, der ein Friedenstäter ist; denn die Friedenstäter werden Söhne Gottes genannt werden (Mt 5,9). Wenn der sich durchsetzende Indikativ des Friedens sein Ziel erreicht haben wird, dann können sie sagen, sie seien dabei gewesen. Von Nietzsche stammt der deprimierende Satz: »*Die Wüste wächst: weh Dem, der Wüsten birgt!*«[116] Der Satz hat seine Wahrheit. Aber mit ihm konkurriert das Evangelium des Friedens. Es besagt: »*Der Friede wächst: wohl dem, der Frieden wirkt!*«

Das ist wohlgemerkt ein Satz des Evangeliums. Er ist mit weltanschaulichem Optimismus auf keinen Fall zu verwechseln. Daß der Friede *wächst* und deshalb denen *Heil* zugesprochen wird, die ihrerseits Frieden wirken, ist kein Resultat weltpolitischer Analyse. Die spricht sehr viel eher für das Gegenteil. Darauf ist sofort einzugehen. Doch ist auch im Blick auf die menschliche Verantwortung für den Frieden noch einmal in Erinnerung zu rufen, daß wir den Begriff des Friedens im *biblischen* Sinn als *schöpferische Geborgenheit* und als *Vertrauensfähigkeit* und *Vertrauenswürdigkeit* zu verstehen gesucht haben, also nicht aus der abstrakten Opposition zum Begriff des Krieges. Dementsprechend besteht die *Verantwortung*, die zum Frieden gehört, in der Steigerung der anderen beiden Momente des Friedens.

b) Verantwortung für den Frieden hat sich also vor allem in der Sorge für das Wachstum schöpferischer Geborgenheit und in der Stabilisierung von Vertrauen auszudrücken. Verantwortung für den Frieden vollzieht sich in der Steigerung des Guten. Unverantwortlich wäre es hingegen, wenn man für das *Bessere* nur dadurch tätig werden zu können meinte, daß man das *Gute schlecht macht*. Der Friede wächst nicht, wenn man das Bessere nur als Feind des Guten propagiert. Verantwortung für den Frieden verwehrt es deshalb, das Gute mit Gedanken, Worten oder Werken schlecht zu machen. Des Guten ist wenig genug auf Erden. Man soll es besser machen, aber nicht schlecht.

Sorge für das Wachstum schöpferischer Geborgenheit wird erst daraufhin, dann allerdings in der Tat polemisch werden und allen jenen Tendenzen entgegenwirken müssen, die ihrerseits diesem Ziel entgegenstehen. Vor allem eine Tendenz ist hier eigens zu nennen: Schöpferische Geborgenheit droht erstickt zu werden in einer Welt, die nur noch technisch verwaltet wird und deren technische Verwaltung zu immer größerer Beschränkung persönlicher Verantwortung führt. Der Fortgang der Weltgeschichte droht um so verhängnisvoller zu werden, je weitreichender die Befugnisse der Verwaltungen sind.

---

[116] *F. Nietzsche*, Also sprach Zarathustra. Ein Buch für alle und keinen, Werke. Kritische Gesamtausgabe, hg. von *G. Colli* und *M. Montinari*, 6. Abt., Bd. 1, 1968, 376.

Und da die technologischen Möglichkeiten, die den Verwaltungen zur Verfügung stehen, diesen bereits heute eine negative Verfügungsgewalt über die Erde einräumen, die das menschliche Leben als solches bedroht, verlangt der Indikativ des Friedens gebieterisch nach politischen Organisationsformen, die der Eigendynamik unserer Weltbeherrschung durch Weltverwaltung Verantwortung entgegensetzen: Verantwortung, die uns das Herrschen beherrschen lehrt. Unbeherrschtes Herrschen macht aus der Erde ein Imperium des Menschen. Verantwortung für den Frieden besteht in der Kunst, das Herrschen so zu beherrschen, daß unsere Erde aus einem Imperium wieder zu einem Dominium wird[117]. Im Imperium bedroht der Mensch sich selbst und seine Welt mit dem Untergang. Das dominium terrae kommt der Erde zugute. Im Imperium verkrüppelt der Mensch. Das dominium terrae gibt dem Menschen die Chance, ein ganzer Mensch zu werden.

c) Die Transformation des menschlichen Imperiums über die Erde in ein dominium terrae bedeutet keineswegs eine Kapitulation vor den technologischen Möglichkeiten der heutigen Menschheit. Einem heute wieder beliebten Zivilisationspessimismus soll keineswegs das Wort geredet werden. Es spricht zwar einiges dafür, daß »kollektiver Selbstmord« wider Willen heute »wahrscheinlicher« ist »als kollektive Selbsterhaltung« (Georg Picht). Dennoch ist in dem als dominium begriffenen Umgang mit der Erde eine reelle Chance dafür gegeben, daß nicht nur Brüder und Völker »einträchtig beieinander wohnen«, sondern daß der Mensch in ein neues Einverständnis mit der Natur kommt. Verantwortung für den Frieden hat in diesem doppelten Sinn für den ganzen Menschen zu sorgen.

Sie hat einerseits das Verhältnis des Menschen zu seiner *menschlichen* Umwelt so zu verantworten, daß nicht nur das menschliche Individuum, sondern die Menschheit ihre Ganzheit findet. Der ganze Mensch ist nur als Repräsentant der ganzen Menschheit möglich. In diesem Sinn nannte der Epheserbrief Jesus Christus unseren Frieden, weil in ihm Juden und Heiden aufhörten, Repräsentanten einer geteilten Menschheit zu sein, und als Kirche eine neue geistliche Ganzheit geworden sind. Es muß lernbar sein, auch der heutigen Menschheit zu ihrer weltlichen Ganzheit zu verhelfen.

Verantwortung für den Frieden hat aber andererseits auch das Verhältnis des Menschen zu seiner *natürlichen* Umwelt so zu verantworten, daß diese das Ganzsein des Menschen nicht gefährdet, sondern begünstigt. Das kann, wie gesagt, nicht durch Verzicht auf Beherrschung der Natur, sondern nur durch eine beherrschte Beherrschung der Natur geschehen. Eben dies aber gilt es zu lernen.

---

[117] Vgl. *W. Elert*, Das christliche Ethos. Grundlinien der lutherischen Ethik, ²1961, 261ff.

d) Bei diesem doppelten Lernprozeß wird man nun allerdings nicht davon abstrahieren können, daß der Friede nach neutestamentlichem Sprachgebrauch die Frucht eines Opfers ist. Nicht indem er sein Leben zu gewinnen trachtete, sondern indem er es preisgab, wurde Jesus Christus zum Ursprung geheilten Lebens, zum Frieden der Welt. Wir relativieren die Einmaligkeit dieses Opfers nicht, wenn wir die Vermutung wagen, daß auch für unseren weltlichen Lebenszusammenhang Friede ohne Opfer nicht möglich sein wird. Rücksichtslose Selbstverwirklichung ist jedenfalls kaum ein Weg zum Frieden. Wege zum Frieden, die den Indikativ des göttlichen Friedens gedeihen lassen, werden nicht achtlos an dem Wort Jesu vorübergehen können, daß, wer das Leben rücksichtslos verwirklichen will, es gerade verwirken wird.

Um kein schwärmerisches Mißverständnis aufkommen zu lassen, sei mit aller Nüchternheit erklärt, daß die Opfer, die uns für den Frieden abverlangt werden, auch nicht von ferne so etwas wie die Wiederholung jenes einmaligen Opfers am Kreuz sein können und sein sollen. Zur Verantwortung des Friedens gehört kein größeres Opfer als dasjenige Verhalten, das uns selber vertrauenswürdig und unser Gegenüber vertrauensfähig macht. Worin dieses Opfer jeweils besteht, wird in der konkreten Situation zu entscheiden sein. Die Entscheidung aber wird ihr Kriterium darin haben, ob es *glaubwürdig* ist, wenn Menschen oder Völker einander mit jenem Gruß grüßen, in dem auch diese Überlegungen ausklingen mögen: shalom alechem – pax vobiscum – Friede mit Euch!

Ganzheitsbegriffe – in theologischer Perspektive

Was macht den Menschen zum ganzen Menschen? Was konstituiert die Ganzheit des totus homo? Wer diese Fragen beantworten will, tut gut daran, sich wenigstens grob über die Vielschichtigkeit dessen, was man *ganz* zu nennen pflegt, zu orientieren. Dies geschieht hier in ausschließlich theologischer Absicht. Es wird – mit Martin Luther – nach dem als homo theologicus verstandenen totus homo gefragt.

I

Calvi non dicuntur colobi. Glatzköpfe verdienen nicht, Krüppel genannt zu werden. Warum nicht?

Die von Thomas von Aquin[1] zitierte Alltagsweisheit macht an einem trivialen Beispiel deutlich, daß Ganzheit nicht gleich Ganzheit ist. Thomas kannte mindestens drei Totalitäten: eine an der Quantität orientierte Ganzheit, die in partes quantitatives geteilt wird (»sicut tota linea vel totum corpus«), eine am Wesen bzw. am Wesensbegriff orientierte Ganzheit, die in Begriffs- und Wesensteile zerlegt wird (»sicut definitum in partes definitionis, et compositum resolvitur in materiam et formam«), und eine an der Potenz orientierte Ganzheit (ein »totum ... potentiale, quod dividitur in partes virtutis«[2]). Mit dieser triplex totalitas überschneidet sich die Unterscheidung von *totum universale*, das seiner ganzen Wesenheit und Kraft nach in jedem Teil vorhanden ist wie »animal« in Mensch und Pferd, *totum integrale*, das nicht in jedem Teil vorhanden ist (weder der ganzen Wesenheit nach noch der ganzen Kraft nach), und *totum potentiale*, das in den einzelnen Teilen der ganzen Wesenheit nach, aber nicht der ganzen Kraft nach vorhanden ist[3].

Für den Begriff des *totum integrale* – dessen logischer Umfang sich mit dem Begriffsumfang der totalitas essentiae, dem der totalitas quantitatis und dem der totalitas virtutis (bzw. potentiae) überlagert – ist es konstitutiv, daß

---

[1] *Thomas von Aquin*, In duodecim libros Metaphysicorum Aristotelis expositio, Liber V, lectio 21, 1118, 2, 1950, 286.

[2] *Thomas von Aquin*, Summa theologiae I, q. 76, a. 8, Sancti Thomae Aquinatis Summa Theologiae, Bd. 1, ³1961, 530.

[3] Vgl. *Thomas von Aquin*, Summa theologiae I, q. 77, a. 1, ad 1, aaO., 532f.

zu seiner Unversehrtheit und Vollständigkeit alle wesentlichen Teile unab-
dingbar sind. Fehlte ein solcher Teil, so wäre das Ganze eben nicht mehr ganz.
Das mutet trivial an. Doch das *totum integrale*, dem zu seiner integralen
Ganzheit kein wesentlicher Teil fehlen darf, hat auch akzidentielle, neben-
sächliche Teile, deren Ausfall die integrale Ganzheit dieses Ganzen keineswegs problematisiert: der Haarausfall z.B. ist für die integrale Ganzheit des
Menschen ein unproblematischer Mangel, weil die menschlichen Haare ein
nicht-integraler Teil der menschlichen Ganzheit sind. Ein Glatzkopf ist keineswegs nur der Torso eines Menschen, Kahlköpfe sind keine Krüppel, *calvi
non dicuntur colobi*. Soviel zur Einübung …

II

Die bereits bei Boethius[4] anzutreffende Unterscheidung verschiedener Ganzheitsbegriffe begegnet in der theologischen Summe des Aquinaten im Zusammenhang einer Erörterung der von Thomas zustimmend zitierten, auf Plotin[5]
zurückgehenden Behauptung Augustins[6], daß die Seele im ganzen Körper
ganz und auch in jedem seiner Teile ganz sei: »anima in quocumque corpore et
in toto est tota, et in qualibet eius parte tota est«[7]. Augustinus interpretierte:
was im kleinsten Teil des Körpers geschieht, empfindet die Seele auch dann,
wenn es sich nicht auf den ganzen Körper überträgt, in ihrer Ganzheit[8]. Thomas legt allerdings Wert darauf, daß die Seele nicht im Sinne der totalitas secundum quantitatem und auch nicht im Sinne der totalitas secundum virtu-
tem, sondern im Sinne der totalitas secundum essentiam sowohl im ganzen
Körper ganz als auch in jedem seiner Teile ganz sei. Die secundum essentiam
begriffene Ganzheit der Seele tritt nun aber nicht etwa zu einem unabhängig
von ihr schon bestehenden Körper hinzu. Da die Seele nach Thomas die forma substantialis corporis ist[9], besagt die Präsenz der ganzen Seele im ganzen
Körper und in allen seinen Teilen vielmehr, daß der Körper und alle seine Tei-

---

[4] Vgl. *A. M. T. S. Boethius*, Liber de divisione, in: *ders.*, Opera omnia, Bd. 2, PL 64, 875–
892, 887f.
[5] Vgl. *Plotin*, Περὶ οὐσίας ψυχῆς αʹ (Enneade IV, 2), 1,65–67, in: Plotins Schriften, Bd. 1 a,
übers. von *R. Harder*. Neubearbeitung mit griechischem Lesetext und Anmerkungen, 1956,
92–101, 96.
[6] Vgl. *A. Augustinus*, De trinitate libri XV, l. VI, c. 6, CChr.SL L, 237.
[7] *Thomas von Aquin*, Summa theologiae I, q. 76, a. 8, Sancti Thomae Aquinatis Summa
Theologiae, Bd. 1, 529.
[8] Vgl. *A. Augustinus*, De trinitate libri XV, l. VI, c. 6, CChr.SL L, 237.
[9] Vgl. *Thomas von Aquin*, Summa theologiae I, q. 76, a. 4, Sancti Thomae Aquinatis
Summa Theologiae, Bd. 1, 523: »Anima … est forma substantialis hominis« mit crp., ebd.:
»… anima intellectiva unitur corpori ut forma substantialis«.

le von der Seele verwirklicht werden, und das heißt zugleich, daß der Körper mit allen seinen Teilen von der Seele allererst zu seiner körperlichen Ganzheit und Vollkommenheit gebracht wird. Die Ganzheit der Seele im Körper und in allen seinen Teilen macht den Körper mit allen seinen Teilen ganz. Und indem die Seele auf diese Weise im Körper und in allen seinen Teilen ganz und ganz machend ist, entsteht der als »compositum ex anima et corpore«[10] begriffene ganze Mensch.

Die ganzheitskonstituierende Funktion, die die Seele bei Thomas hat, tritt noch eindrücklicher zutage, wenn man die thomanische Ablehnung der Behauptung Platons beachtet, der Mensch sei eigentlich nichts anderes als Seele, die sich des Körpers – als eines Instrumentes – nur bedient[11]. Thomas widerspricht: »homo non est anima tantum«[12]. Ja, die Seele besitzt die Vollkommenheit ihrer eigenen Natur nur in der Vereinigung mit dem Körper[13] und ist in der Vereinigung mit dem Körper Gott ähnlicher als getrennt vom Körper[14]. »Die Seele also ist, mit dem Leibe verbunden, nicht allein menschlicher, sondern auch gottähnlicher«[15] als die vom Leib getrennte Seele. In ihrer Verbundenheit mit dem Körper aber gibt sie diesem seine körperliche und dem Menschen seine menschliche Ganzheit – wie ja auch der Tod nicht nur den Menschen in Seele und Körper auseinanderfallen läßt, sondern auch den Körper in seine Teile zerfallen und auch diese sich auflösen läßt.

Ganzheit, das läßt sich aus dieser zugegebenermaßen recht oberflächlichen Exkursion in eine scholastische Fragestellung lernen – und nur um dieser Lektion willen wurde diese Exkursion unternommen –, baut sich keineswegs nur von den Teilen eines Ganzen her auf. Das Ganze ist aber auch nicht nur ontologisch ursprünglicher als der Teil[16]. *Ganzheit baut sich vielmehr* – zumindest in bestimmten Fällen – *von einem Anderen her auf*. Für die Ganzheit des totus homo gilt das sogar in einer noch fundamentaleren Weise, als es die angedeutete thomanische Auffassung vom Zusammenhang des menschlichen Körpers mit seiner Seele erkennen läßt. Denn die Seele ist als forma substan-

---

[10] *Thomas von Aquin*, Summa theologiae I, q. 75, a. 4, crp., aaO., 508.

[11] Vgl. ebd.: »Plato … ponere potuit, quod homo esset *anima utens corpore*«. Vgl. *Platon*, Alkibiades 130c 5f.: »… ἡ ψυχή ἐστιν ἄνθρωπος« mit 129e 9 – 130a 2: »ΣΩ. Τί ποτ᾽ οὖν ὁ ἄνθρωπος; ΑΛ. Οὐκ ἔχω λέγειν. ΣΩ. Ἔχεις μὲν οὖν, ὅτι γε τὸ τῷ σώματι χρώμενον. ΑΛ. Ναί. ΣΩ. Ἦ οὖν ἄλλο τι χρῆται αὐτῷ ἢ ψυχή; ΑΛ. Οὐκ ἄλλο.«

[12] *Thomas von Aquin*, Summa theologiae I, q. 75, a. 4, Sancti Thomae Aquinatis Summa Theologiae, Bd. 1, 508.

[13] Vgl. *Thomas von Aquin*, Quaestio disputata de spiritualibus creaturis, a. 2, ad 5, in: S. Thomae Aquinatis Quaestiones disputatae, Bd. 2, ⁸1949, 367–415, 377.

[14] Vgl. *Thomas von Aquin*, Quaestiones disputatae de potentia, q. 5, a. 10, ad 5, in: aaO., 7–276, 156.

[15] *J. Pieper*, Tod und Unsterblichkeit, 1968, 58.

[16] Vgl. *Aristoteles*, Politik, 1253a 20: »τὸ … ὅλον πρότερον ἀναγκαῖον εἶναι τοῦ μέρους«.

tialis corporis doch nur in einem eingeschränkten Sinne das Andere des Körpers. Noch einmal anders stellt sich hingegen der Sachverhalt dar, wenn man
nach der Anleitung der Heiligen Schrift *das Wort Gottes* als das dem Menschen gegenüber *Andere* versteht, das diesen *in seine Ganzheit bringt*. Wir
folgen, um uns die Bedeutung des Wortes Gottes für die Ganzheit des Menschen klarzumachen, einem Hinweis Martin Luthers.

III

Martin Luther hat in seiner Thesenreihe zur *Disputatio de homine* behauptet,
die theologische Definition des Menschen sei der philosophischen darin überlegen, daß sie den homo totus et perfectus definiere[17]. Luther unterstellt damit
offensichtlich, daß die Philosophie mit ihrer Definition des Menschen als animal rationale, sensitivum, corporeum[18] oder mit ihrer Definition des Menschen im aristotelischen causae-Schema[19] genau dies eben nicht vermag: den
ganzen und vollkommenen Menschen zu definieren. Und damit ist der Philosophie im Grunde bestritten, überhaupt eine echte Definition des Menschen
geben zu können. Sie bringt mit ihren Definitionen nur Teilaspekte zur Sprache und weiß im Vergleich zur Theologie fast nichts vom Menschen: »Ideo si
comparetur philosophia seu ratio ipsa ad theologiam, apparebit nos de homine paene nihil scire.«[20] Insofern »ist die philosophische Definition gar
nicht eine Definition des Menschen, sondern gibt ein nur ganz partielles und
schattenhaftes Bild von ihm«[21].

   Uns interessiert hier nur, daß Luther die Ganzheit des Menschen bewußt
nicht von der spannungsreichen Einheit von Seele und Leib her thematisiert,

---

[17] Vgl. *M. Luther*, Die Disputation de homine. 1536, These 20 (WA 39/I, 176,5f.; zit. und
übers. nach *G. Ebeling*, Lutherstudien, Bd. II: Disputatio de homine, 1. Teil: Text und
Traditionshintergrund, 1977, 19): »Theologia vero de plenitudine sapientiae suae hominem
totum et perfectum definit: Die Theologie hingegen definiert aus der Fülle ihrer Weisheit
den ganzen und vollkommenen Menschen.«
[18] AaO., These 1 (WA 39/I, 175,4; *G. Ebeling*, Lutherstudien, Bd. II/1, 15).
[19] Vgl. aaO., Thesen 11–16 (WA 39/I, 175,24–35; *G. Ebeling*, Lutherstudien, Bd. II/1,
17f.). Dazu *G. Ebeling*, Lutherstudien, Bd. II: Disputatio de homine, 2. Teil: Die philosophische Definition des Menschen. Kommentar zu These 1–19, 1982, 432: »Während Luther
in bezug auf die causa materialis die Begrenztheit der Erkenntnis betont und in bezug auf
die causa efficiens und die causa finalis [!] schlicht der Philosophie überhaupt die Nichter-
kenntnis bescheinigt, setzt er bei der causa formalis mit dem Hinweis auf den kontroversen
Erkenntnisstand ein, der offensichtlich schon als solcher den Erkenntnisgehalt diskreditiert.« Bei Ebeling ist »formalis« auf S. 432, Z. 4 von unten in »finalis« zu korrigieren.
[20] AaO., These 11 (WA 39/I, 175,24f.; zit. nach *G. Ebeling*, Lutherstudien, Bd. II/1, 17).
[21] *G. Ebeling*, Lutherstudien, Bd. II, 3. Teil: Die theologische Definition des Menschen.
Kommentar zu These 20–40, 1989, 76f.

sondern von einem Anderen her, das als Gottes schöpferisches und rechtferti-
gendes Wort den Menschen allererst zu dem macht, was er ist. Der homo totus et perfectus ist nämlich die »creatura Dei carne et anima spirante constans,
ab initio ad imaginem Dei facta sine peccato, ut generaret et rebus dominare-
tur nec unquam moreretur … Post lapsum vero Adae subiecta potestati diaboli, peccato et morti, utroque malo suis viribus insuperabili et aeterno …
Nec nisi per filium Dei Christum Iesum liberanda (si credat in eum) et vitae
aeternitate donanda: [er ist] Gottes Geschöpf aus Fleisch und lebendiger Seele
bestehend, von Anbeginn zum Bilde Gottes gemacht ohne Sünde, mit der Bestimmung, Nachkommenschaft zu zeugen und über die Dinge zu herrschen
und niemals zu sterben; … das aber nach Adams Fall der Macht des Teufels
unterworfen ist, nämlich der Sünde und dem Tode – beides Übel, die durch
seine Kräfte nicht zu überwinden und ewig sind; … und das nur durch den
Sohn Gottes Christus Jesus zu befreien ist (sofern es an ihn glaubt) und mit
der Ewigkeit des Lebens zu beschenken.«[22] Diese »narrative Definition«
kann in einer »Kurzdefinition« rekapituliert werden, die dahin lautet, daß der
Mensch durch Glauben gerechtfertigt werde: »Paulus Rom. 3. Arbitramur
hominem iustificari fide absque operibus, breviter hominis definitionem colligit dicens: hominem iustificari fide: Paulus faßt in Rm 3: ›Wir erachten, daß
der Mensch durch Glauben unter Absehen von den Werken gerechtfertigt
wird‹ in Kürze die Definition des Menschen dahin zusammen, daß der
Mensch durch Glauben gerechtfertigt werde.«[23] Im den schuldigen Menschen freisprechenden Urteil Gottes wiederholt sich offensichtlich die schöpferische Macht des בְּרֵאשִׁית gesprochenen Gotteswortes. Die theologische
Definition des homo totus et perfectus läuft demnach darauf hinaus, daß der
Mensch durch ein *Ereignis* definiert wird, in dem ihm seine Ganzheit und damit sein Menschsein allererst *zugesprochen* wird. Dieses den Menschen definierende Ereignis unterscheidet sich von einer Definition per genus proximum et differentiam specificam fundamental. Der fundamentale Unterschied
besteht darin, daß das definierende Ereignis überhaupt erst *schafft*, was es *definiert*: den *vor Gott* gerechten, weil *durch Glauben gerechtfertigten* Menschen. Der unter Absehung seines *Seins coram deo* thematisierte Mensch wäre
gar nicht der homo totus et perfectus. Der Mensch muß *vor Gott* erscheinen,
um *er selbst*, um *ganz* er selbst zu sein. Die Ganzheit des Menschen baut sich
demnach *außerhalb seiner* auf.

---

[22] *M. Luther*, Die Disputation de homine, These 21–23 (WA 39/I, 176,7–13; zit. und
übers. nach *G. Ebeling*, Lutherstudien, Bd. II/1, 19f.).
[23] AaO., These 32 (WA 39/I, 176,33–35; zit. und übers. nach *G. Ebeling*, Lutherstudien,
Bd. II/1, 22).

In die Situation vor Gott existentiell versetzt zu werden und damit zu seiner Ganzheit zu gelangen – das vermag der Mensch indessen *allein dadurch,
daß er glaubt.* Unter *Glauben* ist dabei im Sinne der reformatorischen Theologie jene fides ekstatica zu verstehen, die den immer schon »zerstreut«́ existierenden, immer schon um seine Ganzheit gebrachten Menschen so aus sich
heraussetzt, daß er in das Zusammensein mit Gott versetzt wird: »durch den
glauben feret er uber sich yn Gott: per fidem sursum rapitur supra se in
deum«[24].

Der solchermaßen den Menschen mit Gott vereinende Glaube hat aber zugleich eine *entdeckende, erfassende* Funktion. Glaubend entdeckt und erfaßt
der Mensch seine Ganzheit, seine ihm im Zusammensein mit Gott sozusagen
zuwachsende Ganzheit. Ganzheiten können ja als solche *nicht diskursiv* erkannt und erfaßt werden. Das diskursive Denken kann das Ganze nur *Stück
für Stück* und also gerade nicht *als* Ganzes erfassen. Die scholastische Theologie hat deshalb zwischen intelligere und ratiocinari unterschieden: zwischen
einem sich als einfaches Ganzheitserfassen vollziehenden intelligere und dem
sich als diskursives Denken vollziehenden ratiocinari[25]. Für Luther hat offensichtlich der Glaube die Funktion eines solchen allem diskursiven Erkennen
zuvorkommenden einfachen Ganzheitserfassens. Er erfaßt die Ganzheit des
ganzen Menschen, zu der er diesem zuvor verholfen hat. Es gehört deshalb –
jedenfalls auch deshalb – zur vollständigen Definition des homo totus et perfectus, daß er *durch Glauben* gerechtfertigt wird: »Paulus Rom. 3. … breviter
hominis definitionem colligit dicens: hominem iustificari fide«[26].

IV

Luther kennt allerdings den Begriff des totus homo noch in einem anderen,
auf den ersten Blick geradezu entgegengesetzten Sinn. Denn auch vom ungläubigen, vom »fleischlichen« Menschen kann Luther den Begriff des ganzen Menschen prädizieren. So wie derselbe Mensch ganz spiritus sein kann,
so kann er auch ganz caro sein, wobei Fleisch nicht nur den sinnlichen Menschen bzw. seine Sinnlichkeit mit ihren Begierden meint, sondern alles, »quic-

---

[24] *M. Luther*, Von der Freiheit eines Christenmenschen, hg. von *L. E. Schmitt*, Neu-
drucke deutscher Literaturwerke, Nr. 18, c. 30, ³1954, 78f.
[25] Vgl. *G. Ebeling*, Lutherstudien, Bd. II/2, 216f.
[26] *M. Luther*, Die Disputation de homine, These 32 (WA 39/I, 176,33–35; zit. nach *G.
Ebeling*, Lutherstudien, Bd. II/1, 22).

quid est extra gratiam Christi«[27], bzw. alles, was ohne Glauben geschieht[28]. Von ein und demselben Menschen gilt: »totus caro est« und »totus spiritus est«[29], also existiert derselbe Mensch im Gegensatz zweier toti homines: »Sunt duo toti homines et unus totus homo: ita fit, ut homo sibiipsi pugnet contrariusque sit«[30]. Man wird die Pointe dieses überaus dialektischen Satzes sicherlich darin zu erblicken haben, »daß an der Einheit des Menschen eine fundamentale Zweiheit zum Austrag kommt«[31], eben die Zweiheit von Fleisch und Geist, von Unglaube und Glaube, und daß derselbe Mensch beides jeweils ganz ist: duo toti homines. Insofern kann man dann auch sagen: »An der Unterscheidung zweier Menschen zeichnet sich die Entscheidung über den ganzen Menschen ab.«[32] Aber Luther bezeichnet nun eben *jeden* der beiden Menschen als *ganzen* Menschen. Der Ausdruck *totus homo* kommt in dem Satz »sunt duo toti homines et unus totus homo« im Grunde in dreifacher Bedeutung vor. Er nimmt jeweils eine andere Bedeutung an, je nachdem, welcher der duo toti homines »über den ganzen Menschen« entscheidet. Der homo carnalis bestimmt mich ganz, und der homo spiritualis bestimmt mich ganz. Beide bestimmen mich in dem Sinne ganz, daß ich jeweils entweder durch und durch caro (»totus caro«) oder durch und durch spiritus (»totus spiritus«) bin. Aber die Ganzheit des homo carnalis ist selber eine *fleischliche* Ganzheit. Was unterscheidet sie von der Ganzheit des homo spiritualis?

Der Unterschied muß am Phänomen des Ganzseins selber zum Ausdruck kommen, und zwar so, daß dabei zugleich darüber entschieden wird, was in Wahrheit *Ganzsein* genannt zu werden verdient. In beiden Fällen geht es jeweils um eine alle »Teile« des Menschen (spiritus, anima, caro) umfassende Ganzheit: beim »fleischlichen Menschen« ist auch der Geist fleischlich, beim »geistlichen Menschen« ist auch das Fleisch geistlich. Die Ganzheit des ganzen Menschen ist aber im einen Fall völlig anders konstituiert als im anderen. Und für die jeweils andere Konstitution der Ganzheit des totus homo ist die *Beziehung* entscheidend, in der sich das Menschsein des Menschen verwirklicht. Wir versuchen uns diesen Sachverhalt im Anschluß an Luthers Ausführungen *systematisch* klarzumachen.

---

[27] *M. Luther*, Die erste Vorlesung über den Galaterbrief. 1516/17, WA 57, 77,18–20: »… ›caro‹ non est tantum sensualis homo seu sensualitas cum suis concupiscentiis etc., sed omnino, quicquid est extra gratiam Christi.«

[28] Vgl. *M. Luther*, In epistolam Pauli ad Galatas commentarius. 1519, WA 2, 509,34–36: »Quibus fit, ut omnis … doctrina et iusticia carnalis sit, ubi non fidem docent«.

[29] AaO., 585,33 – 586,8: »… ita idem homo … totus caro est … rursum … totus spiritus est«.

[30] AaO., 586,16f.

[31] *G. Ebeling*, Lutherstudien, Bd. II/2, 245.

[32] Ebd.

V

Die Ganzheit des totus homo, die sich von der caro her aufbaut, ist ganz und gar an der Beziehung des Ich zu sich selbst orientiert. Es ist die – gegenüber den anderen elementaren menschlichen Lebensbeziehungen – *rücksichtslose Verwirklichung des Selbstverhältnisses*, die den homo carnalis durch und durch bestimmt. Die anderen elementaren menschlichen Lebensbeziehungen – wie die Beziehung zu Gott und die Beziehung zur sozialen und natürlichen Umwelt – werden in diesem Fall durch die Beziehung des Ich zu sich selbst so dominiert, daß man von ihrer Gleichschaltung und damit auch schon von ihrer Vergewaltigung reden muß. Sie müssen sich fügen. Die auf diese Weise entstehende Ganzheit des totus homo ist eine *durch Gewalt* zusammengefügte Ganzheit und als solche ein ausgesprochen *totalitäres* totum. Bedenkt man, daß nicht wenige biblische Heilsverheißungen ebenfalls so etwas wie Ganzheit ansagen, so verdient das *totalitäre totum* eine *heillose Ganzheit* genannt zu werden. Sie würde, wenn die das Ganze zusammenfügende und zusammenhaltende Gewalt der Gleichschaltung ihr Ende fände, sofort auseinanderfallen. Insofern ist die *totalitäre Ganzheit* eine sich selbst problematisierende, ja eine das wahre Ganzsein verfehlende Ganzheit.

Das Gegenteil solcher heillosen, totalitären Ganzheit, für die anthropologisch der homo carnalis und dämonologisch das regnum diaboli »gut« stehen, ist die Ganzheit des von Gott in der Kraft seines schöpferischen Wortes sola fide gerechtfertigten Menschen. Für sie ist charakteristisch, daß sie sich nicht vom Selbstverhältnis des Menschen her, sondern von seinem Gottesverhältnis her aufbaut. Und auch im Gottesverhältnis konstituiert nicht die Religiosität des Menschen, sondern das schöpferische Wort Gottes die Ganzheit des ganzen Menschen. Dies aber so, daß die Gottesbeziehung den anderen elementaren menschlichen Lebensbeziehungen nicht nur ihr eigenes Recht läßt oder gibt, sondern zwischen ihnen allen ein *Verhältnis größtmöglicher gegenseitiger Begünstigung* stiftet. Das Alte Testament nennt diesen Beziehungsreichtum, in dem die elementaren menschlichen Lebensbeziehungen zueinander im Verhältnis größtmöglicher gegenseitiger Begünstigung stehen, שָׁלוֹם. Platon[33] spricht in einem – ceteris imparibus – vergleichbaren Zusammenhang von einer φιλία, die zwischen den Teilen des κόσμος kraft der alles zusammenhaltenden ἀναλογία entsteht. Die Analogie aber nennt er »das schönste aller Bänder, das aus sich selbst und aus dem durch es Verbundenen die intensivste Einheit macht: δεσμῶν δὲ κάλλιστος ὃς ἂν αὑτὸν καὶ τὰ συνδούμενα ὅτι μάλιστα ἓν ποιῇ[34]. Der שָׁלוֹם, die das Seiende im ganzen durchwaltende

---

[33] *Platon*, Timaios, 32c 1f.
[34] AaO., 31c 2f.

φιλία – beides sind andere Ausdrücke für das, was *heilvolle Ganzheit* genannt zu werden verdient. Sie wird nicht gewaltsam zusammengehalten, sondern ist ein *in Freiheit* zusammenhaltendes Ganzes. Und diese Freiheit, in der sich alle dazugehörenden Größen wie von selbst (und sozusagen mit Lust) zu einem Ganzen zusammenfügen, ist das Kriterium, an dem sich entscheidet, was in Wahrheit *ganz* zu heißen verdient.

VI

Wir folgen nun Luthers Behauptung, daß der homo totus et perfectus durch das in der Kraft des aufs neue schöpferischen Wortes Gottes sich vollziehende iustificari fide definiert werde, und verstehen sie als einen Wink, der uns auf den in eigener Verantwortung zu gehenden Weg weist, auf dem die Frage, was den Menschen zu einem *ganzen* Menschen macht, einer Antwort zugeführt zu werden vermag. Dies soll in einer Reihe von Thesen geschehen.

1. Ganzheit – was ist das? Fragen

Weiß, wer von Ganzheit redet, was er redend tut?

1. Meint er jene Ganzheit, deren *Vollkommenheit* darin besteht, daß ihr *nichts fehlt*? Doch wird die als Vollkommenheit verstandene Ganzheit nicht sehr viel mehr von dem beeinträchtigt, was *zuviel* ist? Ne quid nimis ...

2. Meint er jene Ganzheit, deren Merkmal die *numerische Vollständigkeit* ist, so daß man abzählen kann, wann Ganzheit erreicht ist? »Weißt du, wieviel Sternlein stehen / ...? / Gott der Herr hat sie gezählet, / daß ihm auch nicht eines fehlet / an der ganzen großen Zahl«[35]. Oder ist *solches* als Akt *göttlicher Fürsorge* verstandenes Zählen etwas ganz anderes als die vollständige Auflistung aller Teile eines Ganzen, ist mithin *diese* Ganzheit von allen etwas ganz anderes als die durch Abzählen feststellbare Vollständigkeit? »Gott im Himmel hat an allen / seine Lust, sein Wohlgefallen, / kennt auch dich und hat dich lieb.«[36]

3. Meint er jene Ganzheit, die sich aus Teilen zusammensetzt, so daß der Gegenbegriff zum Ganzen das Teil, zum ὅλον das μέρος, zum to-

---

[35] *W. Hey*, Weißt du, wieviel Sternlein stehen?, in: Das große Liederbuch. 204 deutsche Volks- und Kinderlieder, ges. von *A. Diekmann*, 1975, 225.
[36] Ebd.

tum die pars wäre? Oder meint er jene Ganzheit, die jede Teilbarkeit ausschließt, so daß das unteilbare Ganze zugleich das Eine wäre: ἕν καὶ πᾶν?

3.1 Wie verhalten sich Ganzheit und Einheit zueinander? Gibt es die eine Ganzheit, deren Teile ihrerseits Ganzheiten sind? Ist das Universum eine solche Ganzheit von vielen Ganzheiten: das »All-Eine« als ἕν ὅλον ὅλων ἐξ ἁπάντων τέλεον[37]?

3.2 Wie verhält sich die Vielfalt des Vielen zur Ganzheit und zur Einheit? Wie verhält sich die Aufteilung des Ganzen in viele Teile zur Vervielfältigung des Einen? So, daß man mit Christian Wolff behaupten kann: »Unum, quod idem est cum multis, dicitur *Totum:* ex adverso *Multa,* quae simul sumta idem sunt cum uno, dicuntur *Partes* ejus …«[38]? Sind πολλοί überhaupt viele ἕν? Oder ist das ἕν ebensowenig der Vervielfältigung fähig, wie es unteilbar ist?

3.3 Bedeutet die Teilung des Ganzen so etwas wie einen ontologischen Verlust, die Vereinigung zu einem Ganzen hingegen so etwas wie einen ontologischen Gewinn?

3.4 Wiederholt sich die Ganzheit des Ganzen in dessen Teilen, so daß man vom Ganzen *in* den Teilen reden müßte? Ist Augustins These, die anima sei »in unoquoque corpore, et in toto tota … et in qualibet parte eius tota«[39], die anthropologische Parallele eines kosmologischen Sachverhaltes: die Weltseele im Leib der Welt et in toto tota et in parte eius tota[40]?

4. Meint er ein Ganzes, das »keine Teile hat, bevor es geteilt wird«[41], so daß, wenn der menschliche Körper ein solches Ganzes wäre, der Kopf, solange er nicht abgeschlagen wird, auch kein Teil des Körpers ist?

5. Zu prüfen ist, ob alle möglichen Ganzheitsbegriffe hinreichend erfaßt sind, wenn man im Anschluß an die scholastische Tradition mit Johann Georg Walch[42] folgendermaßen unterscheidet:

5.1 das *uneigentliche Ganze,* das »in vier Arten getheilet« ist, nämlich in:

---

[37] *Platon,* Timaios, 33a 6–8.
[38] *Ch. Wolff,* Philosophia prima sive Ontologia, hg. von *J. Ecole,* 1736 (Nachdr. 1962), § 341, 268.
[39] *A. Augustinus,* De trinitate libri XV, l. VI, c. 6, CChr.SL L, 237.
[40] Vgl. *Platon,* Timaios, 21d 7 – 34a 7.
[41] *Th. Hobbes,* Elementa Philosophiae, Sectio prima, De Corpore, p. II, 7. De Loco et Tempore, 9, *ders.,* Opera philosophica quae Latine scripsit omnia, hg. von *W. Molesworth,* Bd. 1, 1839, 86: »Manifestum … est nihil habere partem antequam dividatur«.
[42] *J. G. Walch,* Art. [Das] Ganze, Philosophisches Lexicon, Erster Theil, ⁴1775, 1461–1463, 1461f.

5.1.1   das »*totum perfectionale*, wenn das Wesen einer Sache ihre Voll-
         kommenheit habe und ohne Theile bestehe, dergleichen Gott, die
         Engel, die vernünftige Seele wären«;

5.1.2   das »*totum potestativum*, welches aus vielen Kräften und Vermö-
         gen[,] etwas zu thun, bestünde, z. E. unsere Seele, … weil sie mehr,
         als einerley zu verrichten vermögend [sei], und die Kraft[,] etwas zu
         fassen, zu verstehen, zu begehren u. s. f. habe, so sey sie in Ansehung
         dieses unterschiedenen Vermögens ein solches Ganze«;

5.1.3   das »*totum universale*, dasjenige, was andere Dinge unter sich be-
         greife, wie das Genus die Speciem, die Species das Individuum, wel-
         ches man auch das logische Ganze … nennet«;

5.1.4   das »*totum individuale*, oder *numerale*, welches eine jegliche beson-
         dere Sache sey, die ihr Seyn und Wesen vor [= für] sich habe, z. E.
         der Engel Raphael, die Seele Lazari, Plato, Terentius, dieser Hund,
         dieser Löwe u. s. f.«;

5.2   das *eigentliche Ganze*, welches »aus seinen gehörigen Theilen« be-
         steht und als *totum vulgare* und als *totum mysticum* vorkommt:

5.2.1   das *totum vulgare*, das »zwey Arten … unter sich« faßt:

5.2.1.1 das »*totum essentiale* …, welches aus seinen wesentlichen Theilen
         bestünde, dergleichen ein jeglicher natürlicher Körper sey«; es kann
         noch einmal unterschieden werden in:

5.2.1.1.1 das *physische wesentliche Ganze*, »welches seine wesentliche[n]
          natürliche[n] Theile habe«;

5.2.1.1.2 das *logische wesentliche Ganze*, auch »*totum formale*« genannt, das
          dann gegeben ist, »wenn eine Sache ihre wesentliche[n] meta-
          physische[n] Theile, welche das Genus und die Differenz wären, an
          sich hätte«;

5.2.1.2 das »*totum integrale*, welches aus unterschiedenen ganzen Theilen
         bestünde, wie der menschliche Leib in Ansehung des Kopfs, der
         Hände, der Füsse«, und auch »das mathematische Ganze« genannt
         wird; dieses »wird wieder getheilet« in:

5.2.1.2.1 das *totum similare* oder *totum homogeneum*, um das es sich handelt,
          »wenn sich in den Theilen … eben das Wesen, so an dem Ganzen
          sey, befinde, wie … ein Faß Wein aus vielen Kannen bestünde, doch
          sey eine jede Kanne … von gleichem Wesen«;

5.2.1.2.2 das *totum dissimilare* oder *totum heterogeneum*, um das es sich han-
          delt, »wenn die Theile, daraus das Ganze bestehe, von einander un-
          terschieden« wären »und nicht gleiches Wesen unter einander hät-
          ten, als wenn man den Menschen nach den Beinen, nach den Adern,
          Musculn, Fleisch, Haut, Blut u. s. f. betrachte«;

5.2.1.3 das vom *totum integrale* noch einmal unterschiedene *totum integ-*

rum, »an welchem kein Stück ..., so eigentlich nach der Absicht der Sache da seyn müsse«, fehlen dürfe, während ein *totum integrale* auch dann gegeben ist, wenn nur einige seiner Teile da wären (calvi non dicuntur colobi!), so »daß die Ermangelung eines Theils das *totum integrum*, nicht aber *integrale* aufhebe«: »und also sey das *totum integrale* nicht gleich *integrum*; das *totum integrum* aber allezeit *heterogeneum*«;

5.2.2   das »*totum mysticum*, oder das geheime Ganze«, das unterschieden wird in:

5.2.2.1   das *totum personale*, das in der Person Jesu Christi gegeben ist, insofern sie »aus der göttlichen und menschlichen Natur, die persönlich mit einander vereiniget sind, bestehet«;

5.2.2.2   das *totum sacramentale*, das »eine irdische und himmlische Sache, die sacramentirlicher Weise vereiniget wird, in sich begreife, wovon aber die Philosophie nichts weiß«.

6.   Oder meint er die »von einem einigen[,] obersten und inneren Zwecke, der das Ganze allererst möglich macht«, her sich aufbauende Ganzheit, der gemäß das Ganze den »Umfang des Mannigfaltigen sowohl, als die Stelle der Theile untereinander a priori bestimmt«: ein Ganzes, das zwar »gegliedert (articulatio)«, aber »nicht gehäuft (coacervatio)« ist, das »zwar innerlich (per intussusceptionem), aber nicht äußerlich (per appositionem) wachsen« kann, so daß es »keine zufällige Hinzusetzung« verträgt[43]?

2. Der ganze Mensch – Bestimmungsversuche

1.   Die Ganzheit des als homo theologicus begriffenen homo totus et perfectus besteht

1.1   im gelingenden Zusammensein des Menschen mit Gott,

1.2   in dem durch das gelingende Zusammensein mit Gott ermöglichten, aber auch auf das Zusammensein mit Gott ausgerichteten gelingenden Zusammensein mit den Mitmenschen,

1.3   in der durch das gelingende Zusammensein mit Gott und mit den Mitmenschen (Bei-Anderen-Sein) ermöglichten, aber auch darauf ausgerichteten personalen Identität (gelingendes Bei-sich-selbst-Sein) des menschlichen Ich, die als personale Einheit der menschlichen Seele mit ihrem Leib und der menschlichen Person mit ihrer Geschichte zu begreifen ist.

---

[43] *I. Kant*, Kritik der reinen Vernunft, B 860f., Gesammelte Schriften, hg. von der *Königlich Preußischen Akademie der Wissenschaften*, 1. Abt., Bd. 3, 1911, 538f.

2.   Dementsprechend kann die Ganzheit des ganzen Menschen nur *in praedicamento relationis*, nicht aber *in praedicamento substantiae* ausgesagt werden[44].

3.   Die in theologischer Perspektive begriffene Ganzheit des ganzen Menschen ist teleologisch »von einem einigen[,] obersten und inneren Zwecke, der das Ganze allererst möglich macht«[45], gesteuert; doch der »innere Zweck« hat seinen Ort nicht in einem fixen Inneren des Menschen, er setzt den Menschen vielmehr, indem er sein Innerstes berührt, aus sich heraus: das Herz als »Ort äußerster Externität«[46]. Zur teleologischen Ganzheit des *totus homo* gehört dessen Exteriorität im Sinne eines *poni nos extra nos*.

4.   Indem der Zweck, der die Ganzheit des ganzen Menschen überhaupt erst möglich macht, das menschliche Ich über sich hinaus weist, ist das Verständnis des ganzen Menschen als eines *solitarium* ausgeschlossen. Das als *solitarium* begriffene Individuum ist vielmehr ein menschlicher Torso.

5.   Die *in praedicamento relationis* begriffene Ganzheit des ganzen Menschen kann der Mensch nicht selbst verwirklichen, wohl aber verfehlen und verwirken. Der im Modell des Selbstbesitzes begriffene Mensch – »Ich bin. Aber ich habe mich nicht. Darum werden wir erst«[47] – ist das Gegenteil des ganzen Menschen.

6.   In das als gelingendes Zusammensein mit Gott und mit dem Mitmenschen und als gelingendes Bei-sich-selbst-Sein zu verstehende Ganzsein des Menschen muß dieser vielmehr durch Gottes schöpferisches Wort allererst »eingesetzt« werden[48] – so wie das Element durch das Einsetzungswort zum Sakrament eingesetzt wird: »Accedit verbum ad elementum, et fit sacramentum«[49]: accedit verbum promittentis dei ad hominem et fit homo totus et perfectus.

7.   Angesichts der Wirklichkeit des sein Ganzsein verfehlenden Sünders ereignet sich das den Menschen in seine Ganzheit einsetzende schöpferische Wort Gottes als das den Sünder rechtfertigende Evangelium.

---

[44] Vgl. *M. Luther*, Enarratio Psalmi LI. 1532, WA 40/II, 354,3f.: »Nec Sanctitas est in praedicamento subtantiae sed relationis«. Vgl. auch im Blick auf die Rede von Gott *M. Luther*, Vorlesungen über 1. Mose. 1535–45, WA 42, 635,17–23.

[45] *I. Kant*, Kritik der reinen Vernunft, B 861, Gesammelte Schriften, 1. Abt., Bd. 3, 539.

[46] *G. Ebeling*, Lutherstudien, Bd. II/3, 198.

[47] *E. Bloch*, Tübinger Einleitung in die Philosophie, Gesamtausgabe, Bd. 13, 1977, 13.

[48] Zum Gedanken der »Einsetzung« vgl. *G. Ebeling*, Lutherstudien, Bd. II/2, 278ff.

[49] *A. Augustinus*, In Iohannis evangelium tractatus CXXIV, 80, 3, CChr.SL XXXVI, 529. – Im folgenden wird wie hier im gegebenen Fall das »u« des Druckes durch »v« und umgekehrt wiedergegeben.

8.   Das den Menschen in seine Ganzheit einsetzende Wort Gottes sammelt und konzentriert die menschliche Existenz, indem es die Geschichte Gottes mit dem sündigen Menschen erzählt und ihn durch solche Erzählung in diese Geschichte so verstrickt, daß er im Hören auf dieses Wort die Pointe seiner Existenz, das gelingende Zusammensein mit Gott, mit seinen Mitmenschen und das gelingende Bei-sich-selbst-Sein allererst *findet*. Indem er, vom Worte Gottes konzentriert, die Pointe seiner Existenz findet, findet er seine Ganzheit. Audiendo fit totus homo.

9.   Sich solchermaßen selber finden heißt *Glauben*. Im Glauben *erfaßt* der Mensch die Ganzheit seines Seins. Auch wenn der Glaube sich auf *besondere Ereignisse* der Geschichte Gottes mit den Menschen richtet, erfaßt er in, mit und unter dem Besonderen das Ganze der Beziehung Gottes mit ihm und so auch seine eigene Ganzheit.

10.   Unter den Bedingungen endlicher Existenz kann der Mensch sein eigenes Ganzsein immer nur synekdochisch erfassen: pars pro toto. Aber dieses Verhältnis von pars und totum ist im Sinne des *totum integrale*, genauerhin im Sinne des *totum similare* oder *homogeneum* zu begreifen, so daß der Glaubende im endlichen Teil sich des Ganzen unverbrüchlich gewiß ist.

11.   Der theologische Begriff des ganzen Menschen, derart bestimmt, ist im interdisziplinären Zusammenhang nicht mehr, aber auch nicht weniger als ein »Instrument kritischer Argumentation in integrativer Absicht«[50].

---

[50] *D. Rößler*, Art. Mensch, ganzer, HWP, Bd. 5, 1980, 1106–1111, 1106.

... unum aliquid assecutus, omnia assecutus ...

Zum Verständnis des Verstehens – nach M. Luther, De servo arbitrio (WA 18, 605)

In einem im Sommersemester 1994 gemeinsam mit Otfried Hofius und Christof Landmesser angebotenen Seminar *Theologie als Schriftauslegung: Probleme gegenwärtiger Hermeneutik – auf der Grundlage von M. Luther, De servo arbitrio (WA 18, 600–787; speziell WA 18, 600–661)* sind wir zwar in nicht wenigen, keineswegs aber in allen strittigen Interpretationsfragen, die dieser hochkomplexe hermeneutische Text aufwirft, zu demselben Ergebnis gekommen. Insofern kann keiner von uns für sich selbst behaupten, was Luther, bevor er den ersten Argumentationsgang seiner Auseinandersetzung mit Erasmus zusammenfaßte, sei es thetisch, sei es hypothetisch, folgendermaßen formuliert hatte: »... unum aliquid assecutus, omnia assecutus ...«

Auch diese Wendung gehört zu jenen Aufstellungen des Reformators, deren Sinn zweifelsfrei zu klären in jenem überaus fruchtbaren Seminar *nicht* gelungen ist. Sozusagen im Nachgang zu jener gemeinsam verantworteten Lehrveranstaltung soll hier noch einmal nach Bedeutung und Funktion dieser eigenartigen Wendung im Kontext der Argumentation Luthers gefragt werden.

I

Daß zu solcher Frage überhaupt Anlaß besteht, erklärt sich aus den gegensätzlichen Interpretationen, die diese Wendung in der Lutherforschung gefunden hat. In der Regel wird der Textabschnitt allerdings nicht exegesiert, sondern nur den jeweiligen Auffassungen zugrunde gelegt. Die Wendung selber ist ja einigermaßen unproblematisch: »... unum aliquid assecutus, omnia assecutus ...: ... wer (auch nur) eine einzige Sache (irgend etwas) verstanden hat, hat alles verstanden ...« Eines begriffen, alles begriffen. Luther fügt freilich hinzu: »puta in Deo«, nämlich in Gott[1]. Um nachvollziehen zu können, inwiefern diese im Blick auf den Wortsinn einigermaßen unproblematische

---

[1] *M. Luther*, De servo arbitrio. 1525, WA 18, 605,12f.

Äußerung zu recht gegensätzlichen Auffassungen ihrer Bedeutung Anlaß geben kann, empfiehlt sich ein erster Blick auf den Kontext.

Erasmus hatte in seiner *Diatribe de libero arbitrio* erklärt, er habe von Natur aus so wenig Freude an konfessorischen Behauptungen (»non delector assertionibus«), daß er leicht geneigt sei, sich auf die Seite der Skeptiker zu schlagen, wo immer die unverletzbare Autorität der Heiligen Schrift und die Dekrete der Kirche das gestatten; denen unterwerfe er sich überall gern, ob er nun verstehe oder nicht verstehe, was die Kirche vorschreibt (»sive assequor, quod praescribit, sive non assequor«)[2]. Luther unterstellt in seiner Auseinandersetzung mit dieser Äußerung des Erasmus, daß dieser *assequi* im Sinne von »certo apprehendere et non Sceptico more dubitare« und nicht etwa im Sinne von »perfecte nosse ac videre« gemeint habe. Denn sonst würde gelten: »unum aliquid assecutus, omnia assecutus esset, puta in Deo«[3].

Welche Funktion diese Äußerung im Gedankengang Luthers hat, darüber sind sich die Gelehrten nicht einig. Sie geben – meistens nur durch die Art ihrer Bezugnahme auf diese Textpassage – einander widersprechende Antworten.

Luther wolle sicherstellen, daß das in der Wendung »unum aliquid assecutus, omnia assecutus« zum Ausdruck kommende Verständnis von Verstehen nicht nur den von Erasmus gemeinten Sinn von *assequi* verfehle, sondern auch für das von ihm selbst geforderte Verstehen der Glaubensartikel nicht zutreffe – sagen die einen. Zu ihnen gehört die Walchsche Übersetzung von *De servo arbitrio*[4], die die Wendung »wer nur irgend eine Sache begriffen hätte, der hätte alle begriffen« als irreal und als Teil einer argumentatio ad absurdum auffaßt. Im selben Sinn gibt Otto Schumacher den Text wieder. Wenn

---

[2] *Erasmus von Rotterdam*, De libero arbitrio διατριβή sive collatio I a 4, in: *ders.*, Ausgewählte Schriften, hg. von *W. Welzig*, Bd. 4, übers., eingel. und mit Anm. versehen von *W. Lesowsky*, 1969, 1–195, 6.

[3] Vgl. *M. Luther*, De servo arbitrio, WA 18, 605,8ff.

[4] D. Martin Luthers Antwort an Erasmus von Rotterdam, daß der freie Wille nichts sei. 1525, in: *M. Luther*, Sämtliche Schriften, hg. von *J. G. Walch*, Bd. 18, Abt. 2/A, [2]1880–1910 (Nachdr. 1986), 1668–1969, 1679. – In der paraphrasierenden Übersetzung von *Justus Jonas*, der die ganze Textpassage ebenfalls als argumentum ad absurdum auffaßt, ist die Wendung »unum aliquid assecutus, omnia assecutus esset« allerdings überhaupt nicht übersetzt worden. Vgl. D. Martin Luthers sowol in Deutscher als Lateinischer Sprache verfertigte und aus der letztern in die erstere übersetzte Sämtliche Schriften, hg. von *J. G. Walch*, Achtzehnter Theil: Streitigkeiten mit den Papisten, 1746, 2064: »Denn ich halte je, daß du das heissest hie erlangen, oder verstehen, auf Latein assequi, ein Ding gewiß begreifen, daß ich nimmer, wie die Sceptici, in ungewissem Wahn stehe, sondern weiß, wovon geredt wird oder nicht. Denn, wenn du das wollest erlangen, auf Latein assequi nennen, vollkömmlich ein Ding kennen, und wissen was es sey, wie allein GOtt alle Dinge kennet und verstehet; so ist keine Creatur so gering, die wir recht erlangen oder kennen. Dieweil denn also vollkömmlich niemands einige Creatur erlangen mag, es sey denn, daß er GOtt vollkömmlich erkenne, wie GOTT an ihm selbst ist; so ists in diesem Leben nicht möglich.«

assequi im Blick auf das zu Glaubende nicht »etwas sicher erfassen«, sondern »vollkommen erkennen, vollkommen sehen« bedeuten sollte, dann »müßte … jeder, der auch nur etwas eingesehen hat, zugleich alles andere einsehen können«[5].

Ganz anders verstehen Bruno Jordahn und Hans Joachim Iwand den Zusammenhang. Jordahn übersetzt sehr ungenau. Luthers als *Alternative* zum Verständnis des *assequi* als eines »certo apprehendere et non Sceptico more dubitare« mit »Alioqui« eingeführte Deutung des *assequi* als »perfecte nosse ac videre« wird mit »somit« eingeleitet, also als *Parallele* aufgefaßt: »Denn du wirst sagen, das heiße hier ›verstehen‹, was einer gewißlich erfaßt hat und nicht so, wie es bei einem Skeptiker üblich ist, bezweifelt hat. Was ist somit in irgendeiner Kreatur, das irgendein Mensch verstehen könnte, wenn ›verstehen‹ ›vollkommen erkennen und sehen‹ ist? Dann nämlich gäbe es keine Möglichkeit, daß jemand zugleich etwas verstehen und dasselbe [sic!][6] nicht verstehen könnte, sondern hätte er nur irgendeines verstanden, hätte er alles verstanden; nämlich in Gott. Wer den nicht versteht, versteht niemals auch nur einen Teil der Kreatur«[7]. Iwand merkt zu unserer Stelle an: »Der Glaube ist also kein unendliches Fragen und Streben, sondern er lebt von dem bekannten Gott, vgl. ›sed unum aliquid assecutus, omnia assecutus esset, puta *in Deo*, quem qui non assequitur, nullam partem creaturae unquam assequitur‹ … Der Christ hat es mit dem bekannten Gott zu tun«[8]. Hier wird das »unum aliquid assecutus, omnia assecutus« als eine Wendung verstanden, die die für den christlichen Glauben angemessene Erkenntnisweise zum Ausdruck bringen soll. Leitend sind dabei offensichtlich die Wörter »puta in Deo«.

In dieselbe Richtung weist auch die Deutung, die Gunther Wenz jener Wendung gibt. Im Anschluß an Luthers Verfluchung desjenigen Christen, der sich dekretierten Glaubenswahrheiten unterwirft, ohne daß er dessen gewiß ist und ohne daß er versteht, was zu glauben ihm vorgeschrieben wird (»Christianus vero anathema sit, si non certus sit et assequatur, id quod ei praescribitur«[9]), betont Wenz, daß Luther »zufolge zwischen objektiv vorgegebenem Glaubensgehalt und subjektiver Glaubensgewißheit ein untrennbarer Zusammenhang besteht, wobei hinzuzufügen ist, daß nach Auffassung des Re-

---

[5] *M. Luther*, Vom unfreien Willen. Eine Kampfschrift gegen den Mythus aller Zeiten aus dem Jahre 1525, nach dem Urtext neu verdeutscht von *O. Schumacher*, 1937, 23.

[6] Luther schreibt: »quaedam … quaedam«, also: *einiges* verstehen und *anderes* nicht verstehen!

[7] *M. Luther*, Vom unfreien Willen, Ausgewählte Werke, hg. von *H. H. Borcherdt* und *G. Merz*, Ergänzungsreihe, Bd. 1, ³1962, 13f.

[8] *H. J. Iwand*, Erläuterungen, in: *M. Luther*, Ausgewählte Werke, Ergänzungsreihe, Bd. 1, 251–315, 269f.

[9] *M. Luther*, De servo arbitrio, WA 18, 605,6f.

formators jeder, der auch nur irgend etwas vom Sinngehalt des Glaubens, will heißen: von der Wahrheit Gottes, erfaßt hat, zugleich alles begriffen hat«[10]. Wenz folgert daraus, »daß für Luther Glaubenswissen sich nicht erfüllt in einer Summe vorgeschriebener Satzwahrheiten, welche der Glaubende zumindest approximativ zu realisieren hat, sondern daß umgekehrt alle christlichen Satzwahrheiten ihre Erfüllung finden in der Vermittlung jener einen und unteilbaren Glaubensgewißheit, in welcher der Mensch seinen beständigen Grund in Gott selbst findet. Auf solcher in Gott selbst gründender Glaubensgewißheit und auf ihr allein basieren schließlich auch das christliche Recht und die christliche Pflicht zu assertiones«[11]. Die Behauptung »eines verstanden, alles verstanden – nämlich in Gott« trägt nach dieser Interpretation also die gesamte gegen Erasmus gerichtete hermeneutische Argumentation, die Luther am Anfang von *De servo arbitrio* vorgetragen hat[12].

Zwischen beiden Deutungen schwankend äußert sich – wie so häufig sich selbstkritisch ins Wort fallend – Rudolf Hermann. Seine Bezugnahme auf unseren Text zeichnet sich freilich dadurch aus, daß er ihn zu exegesieren versucht. »Die in Betracht kommende Stelle ist« nach dem Urteil Hermanns »nicht ganz einfach und will erwogen sein«[13]. Hermann gibt zunächst eine ›Kurzinterpretation‹ der ganzen Textpassage: »Man kann nicht glauben, was man nicht versteht. Aber es ist dann auch ein *ganzes Verstehen*. Der Heilige Geist … hat uns assertiones ins Herz geschrieben, die gewisser und fester sind (certiores et firmiores) als das Leben selbst und alle Erfahrung.« Dasselbe soll mit folgenden Worten ausgedrückt sein: »*… es gibt ein Sich-Verstehen auf Wahres, das uns ins Herz geschrieben ist. Seine Gewißheit übertrifft alle ande-*

---

[10] G. *Wenz*, Martin Luther: »De servo arbitrio« – »Vom unfreien Willen«, in: Große Werke der Literatur, Bd. 2. Eine Ringvorlesung der Universität Augsburg 1990/1991, hg. von *H. V. Geppert*, 1992, 63–102, 73f. Die Interpretation, die Wenz der Wendung gibt, steht im Widerspruch zu der von ihm durchgehend zitierten Übersetzung aus der zweiten überarbeiteten Auflage der Walchschen Ausgabe. – Die Vorstellung der wohl schwierigsten Schrift des Reformators durch G. Wenz innerhalb einer Ringvorlesung für Hörer aller Fakultäten ist übrigens – unbeschadet einzelner Fehldeutungen – von einer erfrischenden interpretatorischen Kraft.

[11] AaO., 74.

[12] Ähnlich interpretiert auch *D. Kerlen*, Assertio. Die Entwicklung von Luthers theologischem Anspruch und der Streit mit Erasmus von Rotterdam (VIEG 78), 1976, 317f. Und schließlich gehört in die stattliche Reihe der Fehldeutungen auch meine eigene Bezugnahme auf diese Textpassage. Vgl. *E. Jüngel*, Quae supra nos, nihil ad nos. Eine Kurzformel der Lehre vom verborgenen Gott – im Anschluß an Luther interpretiert, in: *ders.*, Entsprechungen: Gott – Wahrheit – Mensch. Theologische Erörterungen II, ³2002, 202–251, 221.

[13] *R. Hermann*, Von der Klarheit der Heiligen Schrift. Untersuchungen und Erörterungen über Luthers Lehre von der Schrift in ›De servo arbitrio‹, 1958; wieder abgedruckt in: *ders.*, Studien zur Theologie Luthers und des Luthertums, Gesammelte und nachgelassene Werke, Bd. 2, mit einem Vorw. und einer Einf. hg. von *H. Beintker*, 1981, 170–255, 176.

re Gewißheit, weil die Inschrift vom Heiligen Geiste stammt.«[14] Doch obwohl Hermann das von Luther geforderte *assequi* als »ein *ganzes Verstehen*«
charakterisiert, wehrt Luther nach Hermann sogleich den Einwand ab, »daß
wir uns doch ein *völliges Erkennen und Schauen* nicht zusprechen können«.
An einem solchen »perfecte nosse und videre … soll sich das von Luther ge-
meinte Verstehen ja gar nicht messen. In dem Sinne versteht überhaupt kein
Mensch auch nur das Geringste an irgendeiner Kreatur. Das wäre *allemal* ein
zu gehobenes Erkennen. Es würde ja … zugleich mit einem alles verstehen
müssen, will sagen ›in Gott verstehen‹ *müssen*. Und das, so scheint Luther zu
meinen, eignet nur Gott.«[15] Doch dieser seiner dem Gedankengang Luthers
schrittweise folgenden Interpretation fällt Hermann alsbald selber ins Wort,
weil der Relativsatz, mit dem die ganze Passage schließt, »stutzig machen«
könnte. »Daß dann … der Satz gilt: … quem (sc. Deum) qui non assequitur,
nullam partem creaturae unquam assequitur (also: wer Gott nicht versteht,
versteht auch von der Kreatur keinerlei Teil) – könnte freilich stutzig machen.
Versteht auch Luther von der Kreatur keinerlei Teil?«[16] Dann folgt allerdings
noch einmal eine Volte: »Aber vielleicht soll auch hier nur der schon vorher
ausgeschlossene, vom weltlichen Verstehen hergenommene Gedanke eines
teilweise Verstehens und teilweise noch vor Rätseln Stehens zurückgewiesen
werden, eben in seiner Übertragung auf geistliches Verstehen«[17]. Und dann
wird, offensichtlich im Sinne einer neuen Erwägung, noch dies zu bedenken
gegeben: »Vielleicht handelt es sich aber auch um einen … Gedanken von *einer* Wahrheit, die alle Wahrheit enthält, bzw. von *einem* Wort, das alles
sagt«[18]. Hier finden wir also innerhalb einer einzigen – das Für und Wider
skrupulös erörternden – Interpretation die gegensätzlichsten Deutungen derselben Textstelle gleichberechtigt nebeneinander. Und obwohl das in diesem
Fall nicht gegen, sondern für das Problembewußtsein des Interpreten spricht,
wüßte man doch gern, was Luther nun eigentlich sagen wollte.

II

Was Luther sagen wollte, läßt sich noch immer am besten dadurch klären, daß
man den Gedankengang Luthers so genau wie möglich zu rekonstruieren versucht. Dabei sind der Gedankengang des Erasmus, auf den sich Luther be-

---

[14] AaO., 176f.
[15] Ebd.
[16] Ebd. Anm. 15.
[17] Ebd. Daß der »Gedanke eines teilweise Verstehens und teilweise noch vor Rätseln
Stehens« von Luther »schon vorher ausgeschlossen…« worden sei, trifft freilich nicht zu.
[18] Ebd.

zieht, und die Reaktion des Erasmus auf Luthers Argumentation sorgfältig zu berücksichtigen.

Erasmus hatte seine Diatribe mit einer Absichtserklärung eröffnet, in der er auch einige Auskünfte über sich selbst und über sein Verhältnis zu Luther mitgeteilt hat. Nur mit einem einzigen seiner *dogmata*, nämlich mit Luthers »de libero arbitrio assertio« wolle er sich auseinandersetzen[19], um durch eine Erörterung der einschlägigen Schriftstellen und Argumente für und wider den freien Willen zu größerer Einsicht in die Wahrheit zu verhelfen[20]. Für eine kämpferische Auseinandersetzung mit Luther fühle er sich allerdings wenig geeignet, weil er seinem Naturell nach vor Kämpfen zurückschrecke und an Assertionen[21] so wenig Freude habe, daß er, wo immer die unverletzliche Autorität der Heiligen Schrift und die Dekrete der Kirche dies zuließen, sich am liebsten der Auffassung der Skeptiker anschließen würde. Gleichwohl würde er sich den »ecclesiae decreta« überall völlig unterwerfen, »sive assequor, quod [ecclesia] praescribit, sive non assequor«[22]. In seiner Replik auf Luthers *De servo arbitrio* erläutert Erasmus, die *decreta* der katholischen Kirche – insbesondere diejenigen, die auf allgemeinen Konzilien definiert und durch den Konsens des christlichen Volkes gebilligt worden sind – hätten für ihn so viel Gewicht, daß er, wenn auch sein »ingeniolum« aus menschlichen Gründen nicht versteht, was die Kirche vorschreibt, diese *decreta* dennoch wie ein von Gott ausgehendes Orakel annehmen wolle[23]. Luthers Auseinandersetzung mit dem Vorbehalt »sive assequor ... sive non assequor« hat Erasmus in diesem Zusammenhang als eine Verdrehung und Verleumdung seiner Absicht beklagt[24]. Wer Luthers Einzelargumentation nachzuvollziehen versucht, kann selber entscheiden, ob und inwiefern der Vorwurf des offensichtlich tief verletzten Humanistenfürsten zutrifft.

---

[19] Vgl. *Erasmus von Rotterdam*, De libero arbitrio I a 1, Ausgewählte Schriften, Bd. 4, 2.
[20] Vgl. *Erasmus von Rotterdam*, De libero arbitrio I a 3, aaO., 4.
[21] Der Ausdruck *assertio* war längst zu einem Markenzeichen des Reformators geworden. Die gegen ihn gerichtete Schrift König Heinrichs VIII. von England *Assertio septem sacramentorum* nahm wohl bewußt einen vom Reformator gern gebrauchten Terminus auf. »Für Erasmus ist assertio fest mit Luthers Schrift ›Assertio omnium articulorum‹ ... verknüpft« (*G. Bader*, Assertio. Drei fortlaufende Lektüren zu Skepsis, Narrheit und Sünde bei Erasmus und Luther [HUTh 20], 1985, 23). Zur Geschichte des Assertiobegriffes in der lutherischen Reformation vgl. *D. Kerlen*, Assertio.
[22] *Erasmus von Rotterdam*, De libero arbitrio I a 4, Ausgewählte Schriften, Bd. 4, 6.
[23] Vgl. *Erasmus von Rotterdam*, Hyperaspistes diatribae adversus servum arbitrium Martini Lutheri, l. 1, in: *ders.*, Ausgewählte Schriften, Bd. 4, 198–675, 270; vgl. aaO., 252: Skeptiker wolle er nur im Blick auf strittige Lehrsätze (*dogmata contentiosa*) sein. Wenn die Kirche aber nach langem Überlegen definiert hat, dann höre auch er auf, ein Skeptiker zu sein, und folge der Entscheidung der Kirche.
[24] Vgl. aaO., 272.

Luther hat sich zu Beginn seiner Auseinandersetzung mit der *Diatribe* auf die skeptische Grundeinstellung des Erasmus bezogen. Zunächst legt er die Notwendigkeit dar, dem christlichen Glauben die Gestalt von *assertiones* zu geben. »Tolle assertiones, et Christianismum tulisti.«[25] Für das Verständnis des Folgenden ist es nicht unerheblich, daß Luther der Sympathie des Erasmus für die Skeptiker die Devise entgegensetzt: »Absint a nobis Christianis Sceptici et Academici, Assint vero vel ipsis Stoicis bis pertinaciores assertores: fern von uns Christen seien die Skeptiker und Akademiker; es mögen hingegen bei uns *assertores* sein, die selbst die Stoiker an Hartnäckigkeit um das Doppelte übertreffen«[26]. Die erkenntnistheoretischen Gegensätze zwischen den apostrophierten Philosophenschulen wollen beachtet sein.

Die stoische Erkenntnislehre hatte unterschieden zwischen der den Erkenntnisgegenstand ergreifenden Vorstellung (καταληπτικὰ φαντασία)[27] und der zu dieser Vorstellung hinzutretenden urteilenden Tätigkeit des Verstandes in Gestalt entweder der Zustimmung (συγκατάθεσις) oder der Verneinung (ἀνάνευσις) oder der Zurückhaltung des Urteils (ἐποχή). Die συγκατάθεσις eröffnet also die Möglichkeit des Anspruches auf Wahrheit. Die Skeptiker (Akademiker) hingegen begegneten jedem Anspruch auf wahres Wissen und jeder ihn rechtfertigenden Wissenstheorie mit dem Argument, daß der Mensch niemals in einer Situation ist, in der er sicher sein könne, daß das, was er für wahr hält, auch wirklich wahr sei. Grundsätzlich habe eine Meinung nicht mehr (οὐ μᾶλλον) Überzeugungskraft als die andere. Deshalb sei das zustimmende Urteil grundsätzlich zu verweigern. ἐποχή, Urteilsenthaltung, ist die Devise der akademischen Skepsis.

Die *assertio* ist nun ihrerseits in erkenntnistheoretischer Hinsicht ohne das, was die Stoiker συγκατάθεσις nannten, nicht möglich. Man kann deshalb Luthers Behauptung, ohne *assertiones* gäbe es kein Christentum, schon auf erkenntnistheoretischer Ebene dahin formulieren, daß ohne die Zustimmung der Urteilskraft kein christlicher Glaube möglich sei. Augustinus hat in seinem *Enchiridion ad Laurentium* genau dies gegen die Akademiker behauptet: »si tollatur assensio, fides tollitur; quia sine assensione nihil creditur«[28].

Bei Augustinus und der ihm folgenden scholastischen Überlieferung ist die *assensio* allerdings ein auf die Entscheidung der *voluntas* zurückgehender Akt, der dem als mindere Erkenntnisweise bestimmten *credere* sozusagen zu Hilfe kommen muß, um dem der Glaubenserkenntnis eigenen Mangel an Ge-

---

[25] *M. Luther*, De servo arbitrio, WA 18, 603,28f.
[26] AaO., 603,22f.
[27] Es kann allerdings als Gegenstand der καταληπτικὰ φαντασία auch der Verstand in Betracht kommen, der von der Vorstellung ergriffen und für die Anerkennung ihrer Richtigkeit gewonnen wird.
[28] *A. Augustinus*, Enchiridion ad Laurentium, c. 20, 7, PL 40, 242.

wißheit abzuhelfen. Glauben galt in gewissem Anschluß an Platon[29] als eine vom Wissen durch einen geringeren Gewißheitsgrad unterschiedene Erkenntnisweise. Volle Gewißheit gewährt nach Platon nur die ἐπιστήμη (*scientia*), während die πίστις (*fides*) als Erkenntnisweise zusammen mit der εἰκασία zu der im Gewißheitsgrad sehr viel tiefer anzusetzenden δόξα (*opinio*) gehört. Da aber im griechischen und im lateinischen Sprachraum das Wort *Glaube* zugleich Ausdruck für ein Treueverhältnis ist, kam dem Glaubensakt als Ausgleich seines erkenntnismetaphysischen Mangels an Gewißheit das der Treue eigentümliche Merkmal des Sich-seiner-Sache-gewiß-Seins zugute. Im theologischen Zusammenhang wurde dieses Sich-seiner-Sache-gewiß-Sein durch die Autorität der Offenbarung ermöglicht, die die Wahrheit der hinsichtlich des Gewißheitsgrades mangelhaften Erkenntnis zu verbürgen beansprucht und deshalb an den Willen des Glaubenden appelliert, seinen Verstand zur Zustimmung (*assensio*) zu bewegen. Die bei den Stoikern vom Erkenntnisgegenstand ausgelöste Zustimmung (συγκατάθεσις) wird hier also durch die Autorität der Offenbarung veranlaßt. In diesem Sinne hebt auch Thomas von Aquin hervor, daß im Fall des Glaubens der sonst von sich aus assentierende Verstand eigens vom Willen bewegt werden muß, den Glaubenswahrheiten zuzustimmen: »movetur enim intellectus ad assentiendum his quae sunt fidei, ex imperio voluntatis«[30]. Die Glaubenserkenntnis hat ihre Gewißheit aus der Erkenntnisquelle des Lichtes der sich offenbarenden *scientia divina*, die den Willen des Glaubenden dazu bestimmt, den Verstand zur Zustimmung zu der erkenntnistheoretisch nur unzureichenden Erfassung des Glaubensgegenstandes zu bewegen[31]. Bei allen beachtlichen innerscholastischen Unterschieden scheint darin Übereinstimmung zu bestehen, daß »die certitudo in bezug auf die fides rein autoritativ begründet bleibt«[32].

Demgegenüber vollzieht sich bei Luther eine Umorientierung, der gemäß weder der Wille noch der Verstand, sondern vielmehr *das Gewissen* der Ort ist, an dem über die dem Glauben eigene Gewißheit entschieden wird. In *De servo arbitrio* folgt unmittelbar auf die Bemerkung über Skeptiker und Stoiker eine Näherbestimmung der *assertio* durch den Gewißheitsbegriff und durch den Gewissensbegriff. Die von Paulus bemühte Glaubensgewißheit – so ist unter Verweis auf 1Thess 1,5 das Wort »πληροφορία« zu übersetzen[33] –

[29] Vgl. *Platon*, Politeia, 533e 7 – 534a 5.
[30] *Thomas von Aquin*, Summa theologiae Iᵃ-IIᵃᵉ, q. 56, a. 3, crp., Sancti Thomae Aquinatis Summa Theologiae, Bd. 2, ³1962, 347.
[31] *Thomas von Aquin*, Summa theologiae I, q. 1, a. 5, crp., aaO., Bd. 1, ³1961, 7: »[sacra doctrina] certitudinem habet ex lumine divinae scientiae, quae decipi non potest«.
[32] *G. Ebeling*, Lutherstudien, Bd. II: Disputatio de homine, 3. Teil: Die theologische Definition des Menschen. Kommentar zu These 20–40, 1989, 61.
[33] *M. Luther*, De servo arbitrio, WA 18, 603,23. Vgl. den Apparat zur Stelle in: *M. Luther*, Studienausgabe, hg. von *H.-U. Delius*, Bd. 3, 1983, 181 Anm. 40.

wird als allergewisseste und festeste Behauptung des Gewissens (*certissma ac firmissima conscientiae assertio*) bestimmt. Der Superlativ zeigt an, daß die Gewissensgewißheit durch nichts zu überbieten ist. Diese Umorientierung von der Wissensgewißheit zur Gewissensgewißheit, die für Luthers theologisches Denken charakteristisch ist[34], führt zu einem Umbau des Glaubensbegriffes und einer gegenüber der Tradition neuen Bestimmung des Verhältnisses von Glauben und Verstehen. Denn im Gewissen ist der *ganze Mensch* – und nicht etwa nur sein Erkenntnisvermögen – in die Gewißheitsproblematik einbezogen. Und im Gewissen ist sich das Ich *gleichursprünglich* seiner selbst und der Sache gewiß, um die es geht. Skeptische Urteilsenthaltung, die Luther im Blick auf *unnütze und gleichgültige dogmata* seinerseits für unproblematisch hält[35], würde im Blick auf die *notwendigen Lehren* der Heiligen Schrift mit dem Glaubensgegenstand zugleich die – im Gewissen verortete – Identität des Glaubenden problematisieren. Und umgekehrt: in der Glaubensgewißheit wird der Glaubende mit dem Glaubensgegenstand so zusammengeschlossen, daß der glaubende Mensch am Glaubensgegenstand seine Ganzheit gewinnt.

Diese Einheit von Glaubensgegenstand und *totus homo* spricht sich in der *assertio*, die Luther als »constanter adh[a]erere, affirmare, confiteri, tueri atque invictum perseverare« definiert[36], mit höchster Verbindlichkeit und mit maximaler Schwere der Behauptungskraft aus. In ihr drückt sich die Glaubensgewißheit als Gewissensgewißheit aus, der gemäß der Glaubende nicht nur den Glaubensgegenstand, sondern aufgrund des Glaubensgegenstandes mit diesem zugleich sich selbst versteht. Von daher erscheint es absurd, wenn man sich den Glaubenswahrheiten der Heiligen Schrift und den ihnen geltenden Glaubensentscheidungen der Kirche zu unterwerfen bereit erklärt, gleichgültig ob man sie versteht oder nicht versteht. Denn ein Glaubender, der nicht versteht, was er glaubt, würde sich selbst nicht verstehen. Deshalb: »Christianus vero anathema sit, si non certus sit et assequatur, id quod ei praescribitur; quomodo enim credet, id quod non assequitur: der Christ sei ver-

---

[34] Vgl. *G. Ebeling*, Lutherstudien, Bd. II/3, 224.

[35] *M. Luther*, De servo arbitrio, WA 18, 604,22–25: »Hoc si dicis de inutilibus et neutris dogmatibus, Quid novi affers? Quis non optet licentiam hic scepticae professionis? imo quis Christianus de facto non utitur libere hac licentia damnatque addictos et captivos alicuius sententiae: Wenn Du das [den Wunsch, Skeptiker sein zu dürfen] im Blick auf unnütze und gleichgültige Lehren äußerst, was bringst Du Neues vor? Wer wünscht da nicht die Freiheit zu skeptischer Einstellung? Ja, welcher Christ macht nicht faktisch von dieser Erlaubnis freien Gebrauch und verdammt die, die sich irgendeiner beliebigen Meinung überlassen und unterwerfen?«

[36] AaO., 603,13.

flucht, der nicht gewiß ist und versteht, was ihm vorgeschrieben wird; denn wie kann er glauben, was er nicht versteht?«[37]

Gewißsein (*certus esse*) und Verstehen bzw. Erkennen (*assequi*) können in diesem Anathematismus entweder als einander ergänzende oder als parallele Größen (als Hendiadyoin) gelesen werden. Im ersten Fall wäre das Verstehen die Bedingung der Möglichkeit des Gewißseins: ich muß einen Sachverhalt verstanden haben, um seiner und in bezug auf ihn auch meiner selbst gewiß sein zu können. Im zweiten Fall würde Verstehen dasselbe sein wie Gewißheit erlangen.

Nun unterstellt Luther eine ganz bestimmte Bedeutung von *assequi*, und zwar für die Verwendung des Wortes durch Erasmus, die Luther aber auch selber für die angemessene Bedeutung hält und von der er eine andere Bedeutung desselben Wortes ausdrücklich unterschieden wissen will. Erasmus habe doch wohl mit *assequi* soviel wie *certo apprehendere et non Sceptico more dubitare* gemeint und nicht etwa ein *perfecte nosse ac videre*[38]. Die Entgegensetzung von *certo apprehendere* und *Sceptico more dubitare* macht deutlich, daß das *certo apprehendere* eine bestimmte Weise *erkenntnistheoretischer* Gewißheit und nicht die Gewißheit *des Gewissens* meint. Dafür spricht auch die Unterscheidung dieser Bedeutung des Ausdrucks *assequi* von der abgelehnten Bedeutung des *assequi* als eines *perfecte nosse ac videre*. Im Blick auf die Glaubenswahrheiten kann Verstehen nur soviel heißen wie sicheres (genaues) Erfassen des Erkenntnisgegenstandes, so daß der Erkennende sich des zu erkennenden Sachverhaltes hinreichend gewiß ist. Hingegen kann es sich im Blick auf Glaubenswahrheiten nicht um ein vollkommenes Wissen (*perfecte nosse*) bzw. um ein den Erkenntnisgegenstand ganz und gar durchschauendes und überblickendes (*perfecte videre*) Erfassen handeln. Damit ist aber klargestellt, daß in Luthers Anathematismus mit *assequi* das Erreichen einer hinreichenden erkenntnistheoretischen Gewißheit (*certo apprehendere*) gemeint ist, die die Bedingung der Möglichkeit des *certus esse* im Sinne der Gewissensgewißheit ist.

Für die Gewissensgewißheit ist ein *perfecte nosse ac videre* offensichtlich nicht notwendig. Da die Gewissensgewißheit identisch mit Glaubensgewißheit ist, muß ein *perfecte nosse ac videre* sogar ausgeschlossen sein. Denn der Glaube richtet sich auf das, was man nicht sieht. Luther bezieht sich ausdrücklich auf Hebr 11,1 (»fides est rerum non apparentium«), wenn er im weiteren Gang der Auseinandersetzung mit Erasmus herausstellt, es müsse, damit überhaupt für Glauben Raum sei, alles, was geglaubt wird, verborgen werden: »Ut ergo fidei locus sit, opus est, ut omnia quae creduntur, abscon-

---

[37] AaO., 605,6–8.
[38] Vgl. aaO., 605,8–11.

dantur.«[39] Das zum Glauben gehörende Verstehen (*assequi*) kann also per definitionem kein *perfecte nosse ac videre* sein.

III

Luther bemüht im Kontext seiner Auseinandersetzung mit der Bereitschaft des Erasmus, auf das Verstehen der zu glaubenden *decreta ecclesiae* zu verzichten, allerdings ein eher scholastisch anmutendes Argument, das sich keineswegs nur auf Glaubenswahrheiten bezieht[40]. Wenn für Erasmus gegen alle Vermutung *assequi* doch ein vollkommenes Wissen und Sehen bedeuten sollte, welcher Mensch könnte dann auch nur irgend etwas von irgendeiner Kreatur verstehen (erkennen)? – argumentiert Luther. Und für seine These, daß ein derart strenger Begriff von *assequi* jegliche Erkenntnis von vornherein illusorisch erscheinen lasse, folgen dann Begründungen, die diesen Begriff von Erkenntnis ad absurdum führen sollen. So wie, wenn die Glaubensgegenstände nicht verborgen wären, für den Glauben kein Raum (*locus*) da wäre, so gäbe es, wenn mit *assequi* ein *perfecte nosse ac videre* gemeint wäre, auch keinen Raum (*locus*) für eine bloß partielle Erkenntnis. Es wäre dann ausgeschlossen, daß man zugleich einiges verstehen (erkennen) kann und anderes nicht. Vielmehr hätte man dann, falls man auch nur irgend etwas verstanden (erkannt) hätte, alles verstanden (erkannt), nämlich in Gott: »Tum enim nec locum haberet, ut aliquis simul quaedam assequi et quaedam non assequi posset, sed unum aliquid assecutus, omnia assecutus esset, puta in Deo«[41].

Daß derjenige, der Gott vollkommen (*totaliter*) zu erkennen vermöchte, damit zugleich in Gott auch alles von ihm Geschaffene erkennen würde, ist eine von Luther aus der Tradition übernommene Aufstellung. So hat z.B. Thomas von Aquin prinzipiell eingeräumt, für den *intellectus creatus* allerdings bestritten, daß der Intellekt, wenn er Gott per essentiam erkennt, in Gott alles erkennen könne. Thomas begründet die prinzipielle Möglichkeit folgendermaßen: in Gott ist alles, was nicht Gott ist, wie die Wirkung in der Ursache. Je vollkommener man also die Ursache erkennt, desto mehr vermag

---

[39] AaO., 633,7f.

[40] Vgl. *Thomas von Aquin*, In Symbolum Apostolorum scilicet ›Credo in Deum‹ expositio, Nr. 864, in: *ders.*, Opuscula theologica, Bd. 2: De re spirituali, 1954, 191–217, 194: Wenn der Mensch alles Sichtbare und Unsichtbare vollkommen per se erkennen könnte, dann wäre es töricht, zu glauben, was man nicht sieht. Im Sinne eines »perfecte per se cognoscere« könne unser Verstand noch nicht einmal die Natur einer Mücke erforschen: »nam si homo posset perfecte per se cognoscere omnia visibilia et invisibilia, stultum esset credere quae non videmus; sed cognitio nostra est adeo debilis quod nullus philosophus potuit unquam perfecte investigare naturam unius muscae«.

[41] *M. Luther*, De servo arbitrio, WA 18, 605,11–13.

man in ihr die Fülle ihrer Wirkungen zu erkennen: »Ille igitur intellectus potest in causa cognoscere omnes causae effectus et rationes effectuum, qui causam totaliter comprehendit«[42]. Doch für den *intellectus creatus* gilt dies nicht. Denn kein geschaffener Intellekt vermag Gott total zu begreifen: »Nullus autem intellectus creatus totaliter Deum comprehendere potest«[43]. Und so ist es ihm bei der ihm eigenen unvollkommenen Art der Gotteserkenntnis auch nicht möglich, mit Gott zugleich alles zu erkennen: »Nullus igitur intellectus creatus, videndo Deum, potest cognoscere omnia quae Deus facit vel potest facere«[44].

Luthers Argument verläuft parallel, wenn auch ohne erkenntnismetaphysische Begründung. Es reicht ihm, wenn er plausibel macht, daß ein *perfecte nosse ac videre* im Blick auf Glaubenswahrheiten unmöglich ist.

Doch es folgt ein weiteres *argumentum ad absurdum*, das zeigen soll, daß die Behauptung »eines begriffen, alles begriffen« de facto irreal ist. Würde die Behauptung stimmen, dann müßte jeder, der Gott nicht erkennt, überhaupt nichts erkennen können: »quem [deum] qui non assequitur, nullam partem creaturae unquam assequitur«[45]. Als bloßer Umkehrschluß wäre die logische Operation freilich wenig überzeugend. Sollte es sich also doch um einen besonders tiefsinnigen theologischen Gedanken handeln, den Luther mit diesem Nebensatz affirmativ aussagen will? Nicht wenige Auslegungen des Relativsatzes gehen in diese Richtung: ohne Gotteserkenntnis kann überhaupt nichts erkannt werden. Man könnte sich für diese Interpretation auf den Wechsel vom Konjunktiv (»assecutus esset«) zum Indikativ (»assequitur«) stützen, müßte dann allerdings für das zweifache *assequitur* im Relativsatz die Bedeutung von *certo apprehendere et non Sceptico more dubitare* unterstellen. Doch der fromm und tiefsinnig klingende Gedanke, daß man ohne Gotteserkenntnis keinen Teil der geschaffenen Welt erkennen könne, ist, wenn dabei *erkennen* im Sinne von *certo cognoscere* und nicht im Sinne von *perfecte nosse ac videre* gemeint sein soll, absurd. Er widerspricht auch allem, was Luther von der Leistungsfähigkeit der menschlichen Vernunft innerhalb ihres

---

[42] *Thomas von Aquin*, Summa theologie I, q. 12, a. 8, crp., Sancti Thomae Aquinatis Summa Theologiae, Bd. 1, 79f.

[43] Ebd. Im vorausgehenden a. 7, ad 1, aaO., 78 hatte Thomas zwei Bedeutungen von *comprehendere* unterschieden: im Sinne von *includere* und im Sinne von *attingere*. Ein *includere* ist im Blick auf Gott ganz unmöglich, ein *attingere* wird jedoch den *beati* zuerkannt. Thomas bewegt sich mit diesen Aufstellungen auf der Argumentationsebene Augustins, der behauptet hatte, daß Gott »nicht Gott ist, wenn Du ihn begreifst«. Allerdings sei mit dem Geist (*mens*) ein Stück weit an Gott heranzureichen (*attingere*) große Seligkeit (*A. Augustinus*, Sermo 117, c. 3, 5, PL 38, 663).

[44] *Thomas von Aquin*, Summa theologie I, q. 12, a. 8, crp., Sancti Thomae Aquinatis Summa Theologiae, Bd. 1, 80.

[45] *M. Luther*, De servo arbitrio, WA 18, 605,13f.

Zuständigkeitsbereiches zu rühmen vermag. Auch die Sünde, in die alle Menschen schon immer verstrickt sind, führt keineswegs dazu, daß die Vernunft »nullam partem creaturae« erkennen kann. »Die Beeinträchtigung durch das *peccatum radicale* macht sich nicht als allgemeine Schwächung der *ratio* bemerkbar ... In zeitlichen Dingen habe der Mensch an der Vernunft genug, in göttlichen Dingen hingegen sei sie stockblind« – lehrt Luther[46]. Die »positive« Interpretation des Relativsatzes übersieht zudem, daß Luther mit der Bestreitung der Möglichkeit einer vollkommenen Erkenntnis auch nur des geringsten Teils der Kreatur am Ende seiner Argumentation, die die Bedeutung von *assequi* im Sinne eines *perfecte nosse ac videre* ausschließen soll, fast wörtlich zu seiner Eröffnung der ganzen ad absurdum-Argumentation zurückkehrt: »quid est in ulla creatura, quod ullus homo assequi possit, si assequi id sit, quod perfecte nosse ac videre?«[47]

Man muß bei der Interpretation des Relativsatzes davon ausgehen, daß das doppelte *assequitur* hier hypothetisch im Sinne von *perfecte nosse ac videre* gemeint ist. Nur dann hat der Nebensatz innerhalb der Argumentation Luthers überhaupt eine Funktion. Syntaktisch handelt es sich um einen negativen Indefinitus. Der das ganze Argument Luthers abschließende Nebensatz besagt, wenn er für sich genommen wird, daß eine perfekte Kenntnis selbst des geringsten Teils der Kreatur nur aufgrund einer perfekten Kenntnis Gottes möglich ist. Diese Behauptung ist zweifellos nicht absurd, sondern im Rahmen einer bestimmten Erkenntnismetaphysik korrekt. Doch der Relativsatz bleibt als negativer Indefinitus Teil des argumentum ad absurdum. Denn ein *perfecte nosse ac videre* kommt zumindest für die *irdische* menschliche Erkenntnis Gottes nicht in Betracht[48]. Es kommt folglich auch nicht für die Erkenntnis auch nur des geringsten Teiles der Kreatur – die Mücke des Aquinaten! – in Betracht.

Es ist also unverkennbar, daß Luther mit dem die ganze Passage abschließenden Relativsatz, dem gemäß niemand jemals auch nur einen Teil der Kreatur zu erkennen vermag, wenn er Gott nicht erkannt hat, noch einmal die

---

[46] *G. Ebeling*, Lutherstudien, Bd. II/3, 216 unter Berufung auf *M. Luther*, Kirchenpostille. 1522, WA 10/I.1, 531,7–16.

[47] *M. Luther*, De servo arbitrio, WA 18, 605,9–11.

[48] Die von *Friedrich Gogarten* »in unser heutiges Deutsch übertragen[e]« Übersetzung von *Justus Jonas* kommt dieser Deutung des Relativsatzes nahe. Es handelt sich freilich eher um eine sehr freie Paraphrase: »Denn, wenn du das wolltest Erfassen ... nennen: vollkommen ein Ding kennen und wissen, was es sei, wie allein Gott alle Dinge kennt und versteht, so ist keine Kreatur, und sei es die geringste, die wir recht erfassen oder kennen. Dieweil denn also vollkommen niemand eine einzige Kreatur erfassen mag, es sei denn, daß er Gott vollkommen erkenne, wie Gott in ihm selbst ist. Aber das ist in diesem Leben nicht möglich.« (*M. Luther*, Vom unfreien Willen. Nach der Übers. von *Justus Jonas* hg. und mit Nachwort versehen von *F. Gogarten*, 1924, [372] Anm. und 12).

Auffassung zurückweisen will, daß *assequi* im theologischen Zusammenhang ein *perfecte nosse ac videre* bedeuten könne[49]. Jede positive Interpretation dieses Relativsatzes – sie mag noch so tiefsinnig und erbaulich sein – verkennt, daß Luther in sich stringente Texte zu verfassen beansprucht. Luther will argumentieren. Ob die Argumentation immer glückt, ist eine andere Frage.

---

[49] Schwierigkeiten bereitet die Replik des Erasmus (*Erasmus von Rotterdam*, Hyperaspistes, l. 1, Ausgewählte Schriften, Bd. 4, 274) auf Luthers Auseinandersetzung mit der Bereitschaftserklärung des gelehrten Mannes, sich den Lehrentscheidungen der Kirche zu unterwerfen – *sive assequor sive non assequor*. Denn Erasmus wirft Luther vor, dem Ausdruck *assequi* einen dem Kontext widersprechenden Sinn gegeben zu haben. Zudem sei Luthers Latein so schlecht nicht, daß er nicht wisse, daß *assequi* keineswegs die Bedeutung von *certum scire* habe. Das hatte Luther nun allerdings auch gar nicht behauptet, sondern ein *scire* im Sinne von *perfecte nosse ac videre* ja gerade ausgeschlossen. Will Erasmus also mit *certum scire* Luthers *certo adhaerere* wiedergeben? Doch was unterscheidet das *certo adhaerere* von der Bedeutung, die Erasmus für *assequi* unterstellt, nämlich das Erfassen eines schwer zu erkennenden Sachverhaltes mit den Kräften des Geistes und mit natürlichen Argumenten: *rem intellectu difficilem, ingenii viribus, et naturalibus argumentis percipere*? Über die Schwierigkeit oder Leichtigkeit, die Glaubenswahrheiten zu erfassen, hat sich Luther an dieser Stelle noch gar nicht geäußert. Erasmus nimmt indessen Luthers über die theologische Problematik hinausgehende allgemeine Feststellung auf, daß er, wo immer es die Schwachheit des Fleisches erlaube (»ubicunque per infirmitatem carnis liceret«), nicht nur der Heiligen Schrift stets und in allen Stücken anhängen und sich zu ihr bekennen wolle, sondern auch bei den nicht notwendigen und von der Heiligen Schrift nicht behandelten Sachverhalten so gewiß wie nur möglich sein wolle. Luther begründet seinen Wunsch mit der allgemeinen Frage: »Quid enim incertitudine miserius?« (*M. Luther*, De servo arbitrio, WA 18, 604,29–33) Erasmus bezieht sich nun auf den von Luther angebrachten allgemeinen Vorbehalt von der Schwachheit des Fleisches und behauptet, nichts anderes habe auch er mit seinem Vorbehalt *sive assequor sive non assequor* geltend machen wollen: »Quod tu vocas infirmitatem carnis, ego dico non assequi.« Denn obwohl er die diffizilen trinitarischen Glaubenswahrheiten wegen der Schwachheit seines *ingenium nicht* erfasse (»non assequor«), seien ihm diese Glaubenswahrheiten doch gewisser (»apud me certius est«) als das, was er mit Fingern betasten kann. Als Grund für diese hohe Gewißheit wird freilich der Glaube an das, was die Kirche vorschreibt, angegeben: »credere quod praescribit Ecclesia« (*Erasmus von Rotterdam*, Hyperaspistes, l. 1, Ausgewählte Schriften, Bd. 4, 274). Von Glaubensgewißheit muß man also auch bei Erasmus reden. Aber der Grund der Gewißheit ist nicht die Wahrheit des Geglaubten, sondern die die Glaubenswahrheit feststellende Kirche. Was die Kirche zu glauben vorschreibt, soll dann auch nach Erasmus fest behauptet werden. Nicht vor dem *asserere* schreckt seine Gesinnung zurück, sondern vor der Leichtfertigkeit im Definieren von Glaubenswahrheiten: »A temeritate definiendi abhorret animus, non ab asserendo« (aaO., 254). Die Notwendigkeit der *assertio* wird wiederum damit begründet, daß die Glaubensüberlieferung (»quae tradita sunt fidei nostrae« [ebd.]) nicht wieder zum Disputationsgegenstand werden dürfe: »Oportet enim aliquem esse disputandi finem« (aaO., 256). Man erinnert sich, daß genau so der Kaiser auf dem Reichstag zu Worms Luther gegenüber argumentiert hat (vgl. Verhandlungen mit D. Martin Luther auf dem Reichstage zu Worms. 1521, WA 7, 837,16–19). Während bei Luther das *asserere* den in der Schrift und vom Geist der Schrift zum Verstehen gebrachten Sachverhalten gilt und den heiligen Geist selber zum Urheber hat – der Geist selber hat die *assertiones* in unsere Herzen geschrieben (*M. Luther*, De servo arbitrio, WA 18, 605,32f.) –, richtet sich das *asserere* nach

IV

Daß man von der Glaubenserkenntnis nur per nefas sagen kann »unum aliquid assecutus, omnia assecutus«, das wird auch aus einer Reihe anderer Äußerungen Luthers deutlich. Der Reformator sagt von sich selbst: »Ich hab mein *theologiam* nit auff ein mal gelernt, sonder hab ymmer tieffer und tieffer grubeln mussen ... Ich ways aber, das ich das Vater unser noch nit kan«[50]. Von seiner Theologie behauptet er, daß sie »non facile aut subito discitur«[51]. *In re* sei die Theologie zwar »brevis in verbis et facilis«, aber wenn es um die *theologia in usu* geht – und am *usus* entscheidet sich für Luther alles –, dann gilt, daß sie »latior, longior, profundior quam totus mundus« ist[52]. Das Wort Gottes müsse meditiert und wiedergekäut werden. Denn den clandestinen Versuchen des Teufels, das Wort Gottes verächtlich zu machen, widersteht keine »doctrina, quae semel discitur«. Dagegen helfe vielmehr nur ein »continue exerceri«[53]. Es ist die *Erfahrung*, in der die Wahrheit des Glaubens ihre Bewährungsprobe bestehen muß. Und die Erfahrung bewahrt auch den größten Theologen vor der Illusion, die *theologiam* auf einmal lernen zu können. Im Prozeß der widerspruchsvollen und anfechtungsreichen Lebenserfahrungen ist es schlechterdings ausgeschlossen, daß man zu einer auf einmal alles erfas-

---

Erasmus auf die kirchlichen Lehrentscheidungen und ist durch die Autorität des kirchlichen Lehramtes als einer das letzte Wort sprechenden Instanz motiviert.

Die Replik des gelehrten Mannes macht deutlich, daß er von Luthers Argumentation entweder überhaupt nichts verstanden hat oder schlechterdings nichts verstehen will. Luther hätte jedenfalls nicht weniger Anlaß, über Entstellungen seiner Äußerungen durch den Gegner zu klagen, als Erasmus. Beide reden, so scheint es, hoffnungslos aneinander vorbei. Der Schein trügt nur insofern nicht, als Luther Erasmus zu einer Entscheidung in der strittigen Sache aufgrund eines eigenen und eigenständig zu verantwortenden Urteils nötigen will, während Erasmus eben dies tunlichst vermieden wissen will: »penes alios esto iudicium« (*Erasmus von Rotterdam*, De libero arbitrio IV 17, Ausgewählte Schriften, Bd. 4, 194). Luther verteidigt seine Sache, für die er auch Erasmus trotz härtester Auseinandersetzung, ja durch diese gewinnen will. Erasmus verteidigt seine Person und will – jedenfalls seit 1520 – weder von Luthers Sache noch von seinen eifernden Anhängern behelligt werden. Luther und Erasmus scheinen aneinander vorbeireden zu müssen. Doch beide wissen sehr genau, was sie tun. Und insofern wissen sie auch, daß sie aneinander vorbeireden. Der eine freilich weiß es und will es – »Semper solus esse volui« (*Erasmus von Rotterdam*, Hyperaspistes, l. 1, aaO., 214) –, der andere hingegen weiß es – »Erasmus est anguilla. Niemand kan yhn ergreiffen denn Christus allein. Est vir duplex« (*M. Luther*, Tischreden. Nachschriften von Veit Dietrich. 1531, WA.TR 1, Nr. 131, 55,32f.) – und will es nicht: »Dominus vero, cuius est haec caussa, illuminet te et faciat vasculum in honorem et gloriam« (*M. Luther*, De servo arbitrio, WA 18, 787,13f.).

[50] *M. Luther*, Tischreden. Nachschriften von Veit Dietrich. 1532, WA.TR 1, Nr. 352, 146,12–23.
[51] *M. Luther*, Vorlesungen über 1. Mose. 1535–45, WA 43, 472,7.
[52] *M. Luther*, Galaterbriefvorlesung. 1531, WA 40/II, 74,3f.
[53] *M. Luther*, In XV Psalmos graduum. 1532/33, WA 40/III, 192,1–11.

senden Erkenntnis der Wahrheit im Sinne eines *perfecte nosse ac videre* kommen kann, so daß gelten würde, »unum aliquid assecutus, omnia assecutus«. Luther rühmt sich: »Ego etiam sum doctor Theologiae, non minimus, attamen illam artem nondum didici«[54]. Und so gesteht der »doctor Theologiae non minimus« von sich, daß er noch täglich wie ein Kind Wort für Wort den Katechismus memoriert. »Und mus ein kind und schüler des Catechismus bleiben und bleibs auch gerne«[55]. Alle, die es ihm gleich tun, werden »mit der zeit selbs fein bekennen …, das yhe lenger und mehr sie den Catechismon treiben, yhe weniger sie davon wissen und yhe mehr dran zu lernen haben«[56].

Eindeutiger als durch dieses *je länger und mehr, je weniger* kann nicht zum Ausdruck gebracht werden, daß für Luther die Wendung »unum aliquid assecutus, omnia assecutus« einen irrealen Fall simuliert. Und dennoch gibt es für Luther ein auf das Ganze der Wahrheit des Evangeliums gehendes Verstehen, und zwar bezeichnenderweise nicht als Alternative zu derjenigen Erkenntnis, die sich als ein *continue exerceri* vollzieht. Daß beides keine Alternative darstellt, ist in der Eigenart der theologischen Erkenntnis als einer *Gewissensgewißheit* erzeugenden Erkenntnis begründet.

Schon Rudolf Hermann hatte darauf hingewiesen, daß Luther behaupten kann, ein einziges Wort Gottes würde *alles* sagen[57]. Hermann bezieht sich auf Luthers Satz: »Ni Satanas faceret, uno sermone Dei semel audito totus mundus hominum converteretur nec pluribus opus esset: wenn der Satan nicht wirken würde, wäre ein einziges Wort (eine einzige Predigt) Gottes, einmal gehört, genug, um die ganze Menschenwelt zu bekehren; mehr wäre nicht nötig«[58]. Die Behauptung ist für unseren Zusammenhang von besonderer Bedeutung, weil sie im Gegensatz zu Erasmus nicht die *imbecillitas ingenii* für das Nichtverstehen des Wortes Gottes verantwortlich macht, sondern die Nichtswürdigkeit des in dieser *imbecillitas* wie ein Regent Platz nehmenden und dem Worte Gottes Widerstand leistenden Satans. Es ist also nicht die Schwäche des menschlichen Erkenntnisvermögens, die die Menschenwelt daran hindert, durch ein einziges Wort Gottes bekehrt zu werden. Doch durch die Macht eines einzigen Wortes bekehrt zu werden – das ist ein ganz anderer Sachverhalt als der, daß mit einem einzigen Wort alles gesagt ist. Insofern führt Rudolf Hermanns Hinweis in die Irre.

Um nachvollziehen zu können, daß in der theologischen Erkenntnis jeweils das Ganze der Theologie auf dem Spiel steht, muß man zwischen dem *Ganzen* und *allem, was dazu gehört*, unterscheiden. Mit der Behauptung, daß

[54] *M. Luther*, Predigt über 1Petr 5,9. 13. Juli 1539, WA 47, 850,32f.
[55] *M. Luther*, Der große Katechismus. Neue Vorrede. 1530, WA 30/I, 126,16–21.
[56] AaO., 129,6–8.
[57] *R. Hermann*, Studien zur Theologie Luthers, 177 Anm. 15 und 226f.
[58] *M. Luther*, De servo arbitrio, WA 18, 659,31–33.

die Glaubenserkenntnis sich auf das *Ganze* der Wahrheit des Evangeliums
richtet, ist gerade nicht gesagt, daß mit einer einzigen Erkenntnis auch schon
alles erkannt worden sei. Luther weiß, daß der Theologe mit schwierigen, seine Verstehensmöglichkeiten übersteigenden Problemen konfrontiert werden
kann. Doch das macht nichts (»nihil refert«). Denn »in der Theologie ist es
uns erlaubt, manches nicht zu wissen: In theologia licet nobis quaedam ignorare«. Doch um so mehr hat sich der Theologe zu bemühen, »ut scopum et
fundamentum teneat«[59]. Wer Skopus und Fundament erfaßt, der hat das
Ganze erfaßt. Mit dem Fundament ist das Konstitutiv, mit dem Skopus die
das Ganze auf den Punkt bringende Pointe des Ganzen der Erkenntnis erfaßt.
Um das *Ganze* zu erfassen, muß man also keineswegs *alles* erfassen, was zu
diesem Ganzen gehört. Eines genügt. Denn Skopus und Fundament sind ein
und dasselbe, nämlich die Rechtfertigung allein durch den Glauben: »… in
hoc magis elaboret, ut scopum et fundamentum teneat, videlicet, quod per
solam fidem in Christum iustificetur«[60].

Luther illustriert die Differenz zwischen *alles* und dem *Einen*, das das
Ganze zur Geltung bringt, nicht nur am Gegenstand, sondern auch am Subjekt der Glaubenserkenntnis. Und er tut dies bezeichnenderweise dadurch,
daß er den Gewißheitsbegriff ins Spiel bringt. Gegen den Einwand, daß die
Person und ihre Werke doch nicht völlig voneinander getrennt werden können, mithin auch die Werke ursächlich an der Rechtfertigung beteiligt seien,
macht der Reformator geltend, daß die Frage, *wie* sich Person und Werke
voneinander unterscheiden oder trennen, zu den seine Verstehensmöglichkeit
übersteigenden Problemen gehört, die man aber getrost vernachlässigen
kann, ohne dabei das Ganze zu verfehlen. Denn: »Etsi non possum intelligere,
quomodo ab invicem separentur, tamen certo, certius et certissime scio, quod
opus non facit personam, sed persona facit opus.«[61] Die Steigerung der Gewißheit des Glaubenswissens bis in den Superlativ stellt die unüberbietbare
Rolle der Gewißheit für die Frage heraus, inwiefern mit der Erkenntnis eines
einzigen Sachverhaltes das Ganze erfaßt wird. Die Gewißheit des Glaubenswissens schließt den Glaubenden derart mit dem Gegenstand seiner Erkenntnis zusammen, daß kein ungelöstes Teilproblem mehr das Ganze des Gegen-
standsbereiches problematisieren kann. Obwohl der Glaubende längst nicht
alles weiß, was zu diesem Gegenstandsbereich gehört, gilt: »iam accepto
Christo fide omnia habemus«[62].

---

[59] *M. Luther*, Die Zirkulardisputation de veste nuptiali. 1537, WA 39/I, 284,16–21.
[60] AaO., 284,16–20.
[61] AaO., 284,33 – 285,14.
[62] AaO., 285,20f.

Zugleich gilt umgekehrt, daß man mit dieser *einen* fundamentalen und das Ganze der Theologie focussierenden Erkenntnis den *ganzen* Gegenstandsbereich verlieren würde. In der Galaterbriefvorlesung von 1531 baut Luther diese umgekehrte Argumentation vom Rechtfertigungsartikel her sogar noch radikaler auf, indem er behauptet, daß mit einem einzigen Glaubensartikel die ganze *doctrina evangelii* verlorenginge: »si unum amittimus, omnes amittimus«[63]. Die Behauptung überzeugt allerdings nur, wenn alle Glaubensartikel vom Rechtfertigungsartikel her von vornherein zu einer einzigen unteilbaren *doctrina*, eben der *doctrina evangelii* vereint werden. In diesem Sinne argumentiert Luther: wenn die Gegner das *verbum dei* kennen würden, dann wüßten sie, »omnia verba esse unum et unum omnia«[64]. Und so kann Luther die *doctrina* mit einem mathematischen Punkt vergleichen, der nicht geteilt werden kann, während das Leben einem physikalischen Punkt gleicht, der immer noch einmal geteilt werden kann, so daß Konzessionen im Leben immer möglich, in der Lehre jedoch schlechterdings unmöglich sind[65]. Deshalb wird gefordert, die Lehre müsse wie ein bruchloser goldener Ring sein, in dem es keinen Riß gibt: »Debet igitur doctrina esse unus quidam perpetuus et rotundus aureus circulus, in quo nulla sit fissura«[66]. Und wie im Ring das Ganze an jeder Stelle präsent ist, so kommt auch Gott in jedem Glaubensartikel ganz zur Sprache: »Si nego deum in uno articulo, in omnibus. Est in omni articulo totus«[67]. Auch das kann wiederum nur behauptet werden, wenn der Rechtfertigungsartikel alle Glaubensartikel zu einer ursprünglichen Einheit zusammenfügt[68] und wenn im Rechtfertigungsartikel darüber entschieden ist, wer oder was das ist: Gott. Für den sich im Evangelium von der Rechtfertigung des Sünders selber definierenden[69] Gott gilt dann allerdings, daß er – wie Gerhard Ebeling[70] im Blick auf die Zusammengehörigkeit der Glaubensartikel besonders eindrücklich formuliert hat – »entsprechend der sakramentalen Realpräsenz des Ganzen in jedem Teil« in jedem einzelnen Artikel ganz zur Stelle ist.

---

[63] *M. Luther*, Galaterbriefvorlesung, WA 40/II, 47,11.

[64] AaO., 47,12.

[65] *M. Luther*, Galaterbriefkommentar. 1535, aaO., 46,25–28.

[66] AaO., 47,17f.

[67] *M. Luther*, Galaterbriefvorlesung, aaO., 48,6f.

[68] Im Kommentar (*M. Luther*, Galaterbriefkommentar, aaO., 47,34) ist von einem Kohärenz und Kontinenz stiftenden gemeinsamen Band die Rede: »cohaerent enim et quodam communi vinculo continentur.«

[69] Vgl. *E. Jüngel*, Quae supra nos, nihil ad nos, 229f.

[70] *G. Ebeling*, Lutherstudien, Bd. II/3, 546 Anm. 4.

V

Würde man die bisher notierten Äußerungen Luthers zum Verhältnis von Einzelerkenntnis und Erfassen des Ganzen kommentarlos nebeneinander-stellen, so erweckten sie den Eindruck einer äußersten, bis zur Widersprüch-lichkeit reichenden Spannung. Einerseits wird der menschlichen Erkenntnis die Möglichkeit abgesprochen, mit der Erkenntnis irgendeines Sachverhaltes (in Gott) auch schon alles, was überhaupt erkennbar ist, erkannt zu haben. Andererseits wird ausdrücklich behauptet, daß mit dem sich im Glauben vollziehenden Erfassen Jesu Christi alles erfaßt worden ist. Einerseits wird das theologische Erkennen als ein *continue exerceri* behauptet und ausdrück-lich verneint, daß die Theologie eine *doctrina* sei, die man auf einmal (*semel*) lernen könne. Andererseits wird behauptet, daß die *doctrina* einem mathema-tischen Punkt gleiche, so daß *omnia verba unum et unum omnia* seien. Einer-seits wird gesagt, daß man in der Theologie keineswegs alles, was dazu gehört, wissen müsse. Andererseits wird die christliche Lehre mit einem bruchlosen goldenen Ring verglichen und behauptet, daß Gott in jedem Glaubensartikel ganz sei und man ihn, wenn er in einem einzigen Artikel verneint wird, in al-len Artikeln verneint hat. Die Gegensätze könnten nicht größer sein.

Doch obwohl ein »antithetische[r] Grundtenor ... Luthers Theologie ins-gesamt durchzieht«, zu dem als »Stilelement seines Denkens und seiner Spra-che« auch »ein Hang zum Paradox« gehört[71], darf man Luther keine logische Inkonsistenz unterstellen. Sorgfältige Interpretation – und darum haben wir uns hier bemüht – vermag vielmehr zu zeigen, wie das scheinbar Wider-sprüchliche zusammengehört. Daß dies der Fall ist, soll zum Abschluß dieser kleinen Untersuchung noch einmal von einem neuen Gesichtspunkt her be-leuchtet werden, nämlich von der gegen Ende der Auseinandersetzung Lu-thers mit Erasmus ins Feld geführten traditionellen Unterscheidung (*vulgata ... distinctio*) dreier *lumina* her: des Lichtes der Natur, des Lichtes der Gnade und des Lichtes der Herrlichkeit: »Tria mihi lumina pone, lumen naturae, lu-men gratiae, lumen gloriae, ut habet vulgata et bona distinctio«[72]. Die Unter-scheidung wird ausgelöst durch die unbeantwortbar erscheinende Frage nach der Güte und Gerechtigkeit eines Gottes, der Menschen wegen ihrer Gottlo-sigkeit verdammt, obwohl sie doch schon als Gottlose geboren werden und zudem unfähig sind, sich selber von ihrer Gottlosigkeit zu befreien«[73]. Luther geht auf diese Fassung der Theodizeefrage so ein, daß er ihre Beantwortbar-keit zwar nicht prinzipiell, wohl aber für die Zeit des irdischen Lebens ver-

---

[71] AaO., 554f.
[72] *M. Luther*, De servo arbitrio, WA 18, 785,26f.
[73] AaO., 784,1–4.

neint. Doch diese Verneinung wird relativiert durch einen Hinweis auf Gottes
Verheißung, mit der kommenden Offenbarung seiner Herrlichkeit allen
Menschen zur Erkenntnis seiner Gerechtigkeit zu verhelfen[74]. Die Relevanz
der Erwartung solcher eschatologischen Aufklärung wird plausibel gemacht
durch die Unterscheidung des *lumen naturae* (= *rationis humanae iudicium*)
einerseits, dem der Weltlauf erscheint, als ob es entweder keinen Gott gäbe
oder aber Gott ruchlos sei, und dem allein im Wort und im Glauben leuchten-
den *lumen Evangelii* (= *cognitio gratiae*) andererseits, welches das im Licht
der Natur undurchdringliche Dunkel dadurch erhellt, daß es ein Leben nach
dem Leben verheißt, in dem die Ungerechtigkeiten des jetzigen Lebens aus-
geglichen werden. Im Sinne eines πολλῷ-μᾶλλον-Schlusses wird dann von der
problemlösenden Kraft des Lichtes des Evangeliums (= *lumen gratiae*) auf die
noch sehr viel größere Aufklärungskraft des an die Stelle des *lumen gratiae*
tretenden Lichtes der Herrlichkeit (= *lumen gloriae*) verwiesen, in dem die im
Lichte des Evangeliums unbeantwortbar gebliebenen Fragen ihre Antwort
finden werden[75].

Die bisherigen Distinktionen, die ausschließlich dazu dienten, im Blick auf
die dem Glauben nicht lösbare Theodizeefrage die Gewißheit ihrer eschatologischen Beantwortung zu erzeugen, werden von Luther schließlich systematisch mit Hilfe der *vulgata et bona distinctio* der drei *lumina* so aufeinander bezogen, daß einerseits angesichts der sowohl im Lichte der Natur als
auch im Lichte der Gnade zu konstatierenden Aporien das *lumen naturae*
und das *lumen gratiae* gegenüber dem *lumen gloriae* zusammenrücken, daß
aber andererseits angesichts der Überlegenheit des Lichtes der Gnade gegenüber dem Licht der Natur es für den Glauben gewiß wird, wie sehr das Licht
der Herrlichkeit den jetzt in seiner Gerechtigkeit unbegreiflichen Gott als
ganz und gar gerecht erweisen wird[76]. Es besteht also – und darauf kommt es
uns in unserem Zusammenhang an – zwar auf der einen Seite ein *äußerer* Zusammenhang zwischen dem *lumen naturae* und dem *lumen gratiae*, insofern
beide Lichter nicht alles aufzuklären vermögen, sondern die Urteilskraft bestimmten, ihr jetzt nicht lösbaren Aporien überlassen. Es besteht aber auf der
anderen Seite ein *innerer* Zusammenhang zwischen dem Licht der Gnade und
dem Licht der Herrlichkeit, insofern uns das dem Licht der Natur deutlich
überlegene Licht der Gnade an die noch sehr viel größere Überlegenheit des
Lichtes der Herrlichkeit *glauben* läßt: »ut interim id credamus, moniti et con-
firmati exemplo luminis gratiae …«[77]

---

[74] AaO., 784,30–34.
[75] AaO., 784,35 – 785,26.
[76] AaO., 785,26–38.
[77] AaO., 785,37f. Gerhard Ebeling scheint mir diese innere Konnexion des *lumen gratiae* mit dem *lumen gloriae* zu gering zu veranschlagen, wenn er den Ton darauf legt, daß

Der *Glaube* ist also der Angelpunkt des Ganzen. Er weiß sich im Lichte
der Gnade dazu ermächtigt, dem Urteil der Vernunft bzw. des Lichtes der
Natur im Blick auf Gott zu widersprechen, weil er vom Lichte der Gnade
dessen *gewiß* gemacht wird, daß im eschatologischen Lichte der Herrlichkeit
alles aufgeklärt wird, was im Lichte der Natur undurchdringlich blieb. Doch
derselbe Glaube vertraut zugleich darauf, daß das Licht der Herrlichkeit auch
die Aporien lösen wird, die im Licht der Gnade ebenfalls noch nicht lösbar
sind. Und so ist denn *Erkenntnis* nicht nur im Lichte der Natur, sondern auch
im Lichte der Gnade allemal Stückwerk. Aber diese *fragmentarische Erkenntnis* vermittelt, weil sie auf das Gewissen zielende Glaubenserkenntnis

---

Luther mit der *vulgata et bona distinctio* der drei *lumina* auf »die Widerlegung des Urteils
der einen Stufe durch die nächstfolgende« abziele, so daß von Luther die »scholastische
Unterscheidung von Natur und Gnade … hier eigenwillig gegen den Strich gebürstet« werde (*G. Ebeling*, Lutherstudien, Bd. II/3, 384f.). Daß, weil auch im Lichte der Gnade die Frage nach Gottes Gerechtigkeit unlösbar bleibt (*est insolubile*), das Licht der Gnade ebenso
wie das Licht der Natur Gott schuldig erscheinen läßt, ist ja gerade aufgrund des dem Lichte
der Gnade sich verdankenden *Glaubens* an die Überlegenheit des Lichtes der Herrlichkeit
ein schon im Lichte der Gnade *relativiertes iudicium*.
  Gerhard Ebeling, den ich gebeten hatte, diese Studie gegenzulesen, antwortete – ich zitiere mit seiner Zustimmung auszugsweise aus seinem Schreiben – folgendermaßen: »Sie
werden, wie ich hoffe, durch die Feststellung nicht enttäuscht sein, daß ich an Ihren Ausführungen nichts zu beanstanden habe. Ich bin damit voll und ganz einverstanden, – womit
ich durchaus nicht den Anspruch erheben will, daß ich meinerseits im Argumentieren ebenso umsichtig und stringent verfahren wäre. Deshalb kann ich darauf verzichten, die Untersuchung noch einmal auf eigene Weise durchzuführen. Nur anhangsweise will ich zwei Fragen berühren.
  Die eine Frage haben Sie selbst am Ende (Anm. 77) aufgeworfen: ob ich nicht die innere
Konnexion des lumen gratiae mit dem lumen gloriae zu gering veranschlage, wenn ich darauf den Ton lege, daß Luther mit der vulgata et bona distinctio der drei lumina (naturae, gratiae, gloriae) auf die Widerlegung des Urteils der einen Stufe durch die nächstfolgende abziele, so daß die scholastische Unterscheidung von Natur und Gnade hier eigenwillig gegen
den Strich gebürstet werde. Ich gestehe, mich hier etwas unvorsichtig ausgedrückt zu haben. Der Sachverhalt erscheint differenzierter, wenn man die Beobachtung (LuSt II,3; 384
Anm. 363) einbezieht, daß Luther in dem betreffenden Abschnitt das Verhältnis der drei
lumina zueinander dreimal variiert. Mit der ›Widerlegung des Urteils‹ der ersten beiden Stu-
fen meine ich nicht etwa, was durch natura und gratia von Gott her zuteil wird, sondern was
der Mensch in Hinsicht auf Gott daraus macht. Was Sie am Ende Ihrer Anm. 77 zur Richtig-
stellung formulieren, bejahe ich durchaus. Nur lag es mir daran, das Verhältnis der drei lumina zueinander nicht bloß additiv als Steigerung zu verstehen, vielmehr so, daß jeweils
auch ein Bruch inkludiert ist. Das Nacheinander von lumen gratiae und lumen gloriae führt
durch Tod und Auferstehung.
  Die andere Frage, die noch zu bedenken wäre, betrifft, um bei dem thematisierten Zitat-
ausschnitt zu bleiben, die Relation von unum aliquid und omnia, sowie von assequi in philosophischem und assequi in theologischem Sinne. Das ist in Ihrer Analyse wohl berück-
sichtigt. Man gerät hier aber schließlich unausweichlich in den Streit zwischen Philosophie
und Theologie um das Wirklichkeitsverständnis. Luthers Beitrag dazu herauszuarbeiten
und in eigener theologischer Verantwortung zu vertreten, treibt mich mehr und mehr um.
In meinem Alter muß ich es aber anderen überlassen«.

ist, *Gewißheit im Blick auf das Ganze.* Die Gewißheit reicht über die Erkenntnis, der sie sich verdankt, hinaus. Sie ist ihr voraus. Denn in der Gewißheit wird der Glaubende *vom Ganzen*, das er nur *stückweise erkennt*, ganz erfaßt. Aus dem sich als Erkenntnis vollziehenden *Erfassen* wird ein als Gewißheit sich ereignendes *Erfaßt-Werden*.

Die durch Luthers Text ausgelösten Überlegungen führen ins Zentrum der Theologie. Die Frage nach dem rechten Verständnis der Wendung aus *De servo arbitrio*, um das wir uns hier – hoffentlich einigermaßen erfolgreich – bemüht haben, mag gleichwohl zu jenen Problemen gehören, im Blick auf die der Reformator – sozusagen zum Troste der ihn mißdeutenden Interpreten – bemerkt hat: »In theologia licet nobis quaedam ignorare«[78].

---

[78] *M. Luther*, Die Zirkulardisputation de veste nuptiali, WA 39/I, 284,20f.

Bekennen und Bekenntnis

Zur Zeit der alten Kirche war ein Papagei zu besonderer Berühmtheit gelangt. Das beachtliche Tier hatte die Fertigkeit, das Trishagion auf offenem Markte mit theopaschitischen Zusätzen zu singen[1]. Der Papagei gehörte also auf die Seite einer bestimmten Bekenntnisfront innerhalb des Streites um das *rechte* Bekenntnis. Der wunderliche Vogel ist ein lehrreiches Kriterium für das Verständnis dessen, was Bekennen und Bekenntnis eigentlich ist.

Einerseits macht der auf dem Marktplatz sich Gehör verschaffende Bekenntnispapagei nämlich deutlich, daß die Frage, ob das »Dreimalheilig« theopaschitische Zusätze verträgt oder gar verlangt, *nicht* allein eine Frage theologischer Schriftgelehrsamkeit sein kann, sondern als eine solche theologische Gelehrtenfrage zugleich eine die *Öffentlichkeit* bewegende und beanspruchende Entscheidungsfrage wird, an deren *allgemeiner* Bedeutung selbst ein dieser Bedeutung völlig verschlossenes Tier wie besagter Papagei beteiligt wird. Negativ formuliert: ein Bekenntnis ohne Öffentlichkeitsanspruch ist überhaupt kein Bekenntnis.

Andererseits macht der auf dem Marktplatz mit seinem Bekenntnis sich Gehör verschaffende Papagei deutlich, wovon jedes Bekenntnis bedroht ist. Denn was der Bekenntnispapagei aufzusagen hat, ist eben ein Papageienbekenntnis, mehr nicht. Der Papagei hat etwas aufzusagen; aber er hat nichts zu sagen. Der Papagei kann zwar orthodox oder häretisch zitieren; aber orthodox oder häretisch werden kann er nicht. Der Papagei kann zwar ein Bekenntnis überliefern; aber bekennen kann er nicht. Der Papagei ist zwar an sein Bekenntnis (physiologisch) gebunden; aber ein Bekenntnis *bilden* kann er nicht. Und eben davon ist jedes Bekenntnis bedroht: zum Papageienbekenntnis zu entarten. Negativ formuliert: wo die Freiheit der Bekenntnis*bildung* nicht möglich (!) ist, ist die Bekenntnis*bindung* ein Hohn auf das Bekenntnis.

---

[1] Auf dem Marktplatz zu Antiochia mit dem Zusatz des Peter Fullo. Der Papagei wurde zu Lebzeiten des Peter Fullo von Isaak von Edessa in über 2000 Versen besungen, wie *W. Wright* (A short history of Syriac literature, 1894, 54) erwähnt. Nach *E. Nestle* (Rezension von The Discourses of Philoxenus, hg. und übers. von *E. A. W. Budge*, 2 Bde., 1894, in: ThLZ 20 [1895], 495–497, 496) hat sich Wright um zwei Verse verzählt. Vgl. *W. Elert*, Der Ausgang der altkirchlichen Christologie. Eine Untersuchung über Theodor von Pharan und seine Zeit als Einführung in die alte Dogmengeschichte. Aus dem Nachlaß hg. von *W. Maurer* und *E. Bergsträßer*, 1957, 126.

Denn zum Bekenntnis gehört das *Bekennen*. Zum Bekennen gehört ein
menschlicher Mund. Zum bekennenden Mund gehört ein glaubendes Herz
(Röm 10,9). Ein glaubendes Herz ist nach biblischem Sprachgebrauch der
Ausdruck eines entschiedenen Menschen. Entschieden ist dieser Mensch in
der Kraft einer Entscheidung, die er zwar nicht selber *herbeiführen* kann, die
er aber selbst zu *verantworten* hat. Eine Entscheidung, die den ganzen Menschen (d.h. die ihn *jetzt* für die *Zukunft*) entscheidet, kann aber nur so verantwortet werden, daß sie in der Verantwortung *bleibt*. Einmal entschieden hat
gerade der *ganz* entschiedene Mensch die Entscheidung von einst stets *neu* zu
verantworten. Ohne solche Verantwortung werden Entscheidungen von
einst nur repetiert. Repetierte Entscheidungen entscheiden nichts mehr. Sie
führen in die Unentschiedenheit eines Papageienbekenntnisses, das richtig
oder falsch sein kann, aber niemals wahr, weil niemals befreiend. Ein nicht
mehr verantwortetes Bekenntnis ist vielmehr unwahr, weil es das Seufzen der
Kreatur übertönt und verdrängt. Ein nicht mehr verantwortetes Bekenntnis
entzieht sich der Anfechtung des Bekennenden[2].

　　Wir wollen uns nun den Problemen, auf die der Bekenntnispapagei aufmerksam zu machen hatte, genauer zuwenden, indem wir fragen:

1. *Als was* sind Bekenntnisse da?
2. Was *nötigt* zum Bekennen?

Wir fragen unter 1. sozusagen nach der »Struktur« des Bekenntnisses in seinem *Dasein*, in methodischer Abstraktion von seinem *Inhalt*, um dann unter
2. das methodisch (*nur* methodisch!) Zurückgestellte sofort nachzuholen.
Denn die Nötigung zum Bekennen ist allemal Nötigung zu einem *bestimmten* Bekenntnis.

1.

Als was sind Bekenntnisse da? Wir befragen die Bekenntnisse selbst. Die Bekenntnisse lassen sich danach in zweierlei Hinsicht befragen. Einmal, indem
man untersucht, was sie über sich selber sagen. Sodann, indem man untersucht, als was sie de facto da sind.

　　Was sagen die Bekenntnisse über sich selber? Zieht man die im Konkordienbuch vereinigten Bekenntnisschriften der lutherischen Kirchen zu Rate,
so überrascht, daß eine ausgeführte Lehre vom Bekenntnis ebensowenig wie
eine ausgeführte Lehre von der Schrift begegnet. Erst die Konkordienformel

---

[2] Nicht: des Bekennens! Eine tentatio confitendi gibt es nicht, wohl aber eine tentatio
confessoris.

bestimmt die altkirchlichen Symbole in *begrifflicher* Reflexion als Bekenntnisse und denkt über den »Unterschied zwischen der Heiligen Schrift Altes
und Neuen Testamentes und allen andern Schriften«[3] thematisch nach. Ansätze dazu finden sich freilich auch in der Confessio Augustana und ihrer
Apologie wie in den Schmalkaldischen Artikeln, aber erst am Ende des Konkordienbuches findet sich eine thematische Erörterung, die auch den angemessenen Kommentar für den *Titel* des Konkordienbuches abgibt.

Der Titel weist das *Ganze* der im Konkordienbuch vereinigten Schriften
als »christliche, wiederholete, einmütige Bekenntnüs« aus. Bekenntnisse sollen demnach wiederholbar sein. In der Vorrede zur Formula Concordiae wird
ausdrücklich betont, daß die Konkordienformel an der in den altkirchlichen
Symbolen »vorfaßte[n]« Lehre festhalte als einem »von der allgemeinen
rechtlehrenden Kirchen Christi geglaubten, wider viel Ketzereien und Irr-
tumben erstrittenen und *wiederholeten* Konsens«[4].

Offensichtlich genügt aber die bloße Wiederholung eines Bekenntnisses
als Bekenntnisschrift *nicht*. Sonst brauchten ja nicht *neue* Bekenntnisschriften hinzuzutreten, die nun als Kontext über die Auslegung der aufgenomme-
nen alten Bekenntnisse mitentscheiden. Die Wiederholung eines Bekenntnisses als Bekenntnisschrift bleibt ein Akt der Überlieferung. Als *Bekenntnis*
werden sie nur im *Ereignis des Bekennens* wiederholt.

In solcher Wiederholung geschieht aber schon immer eine implizite *Auslegung* des überlieferten Bekenntnisses. Diese Auslegung spiegelt sich in der
Überlieferung des Bekenntnisses als Bekenntnisschrift, insofern das Bekenntnis von einst jetzt in einem neuen Kontext anderer Bekenntnisschriften überliefert wird. Die Augsburgische Konfession z.B. hat als Schrift Melanchthons
innerhalb seines Gesamtwerkes einen anderen Kontext und deshalb eine andere Bedeutung als im Konkordienbuch, das die Confessio Augustana Variata
zwar nicht verwirft, aber doch eben ausdrücklich nicht in die Sammlung der
»christlichen, wiederholeten, einmütigen Bekenntnüs« aufnimmt.

Weiter läßt sich dem Titel des Konkordienbuches entnehmen, daß die darin gesammelten Bekenntnisse *Lehre* sein und entsprechend *belehren* wollen.
Als »Begriff und Form«, als »Summa und Fürbild« der kirchlichen Lehre
oder kurz als »forma doctrinae« versteht sie die Solida Declaratio[5]. Und der
Titel des ganzen Konkordienbuches nennt sie »zum Unterricht und Warnung
in Druck vorfertiget«[6].

Lehre sind sie und belehren können sie aber nur so, daß sie sich selbst nicht
als letzte Instanz verstehen. Es widerspricht dem Wesen des Bekenntnisses

---

[3] Konkordienformel, Epitome, BSLK 769,19–21.
[4] AaO., 742,9–13 (Hervorhebung von mir).
[5] Konkordienformel, Solida Declaratio, BSLK 833,12. 836,38f. und 838,11f.
[6] BSLK 1.

nicht, daß bei etlichen Artikeln »nach D. Martin Luthers seligen Absterben Disputation und Streit vorgefallen« ist, so daß man auf »Vergleichung« bedacht sein mußte, die sich dann als »erstrittener Konsens« auszusprechen vermag. Es widerspricht dem Wesen des Bekenntnisses viel eher, wenn das als Lehre Ausgesagte einen Streit überhaupt nicht mehr hervorzurufen vermag. Denn dann stünden die Bekenntnisse als letzte Instanz für sich selber. Sie würden zum Lehrgesetz. Daß sie so nicht verstanden werden wollen und dürfen, ergibt sich aus ihrem Verhältnis zur Schrift und aus ihrem Verständnis der Schrift.

Wir gehen im folgenden darauf ein, indem wir uns von Edmund Schlinks Verständnis der Selbstbezeichnung des Bekenntnisses als *forma doctrinae* abgrenzen. Schlink wollte den Begriff forma von der scholastisch-aristotelischen Tradition her verstanden wissen, wenn auch die Bezeichnung der Formula Concordiae »nicht in einem philosophisch prägnanten, sondern in einem abgeschliffenen Sinn gebraucht«[7] sei. Immerhin besage »diese Bezeichnung zweierlei: Wie die Form das aus der Fülle der mannigfachen Erscheinungsweisen herausgehobene und begrifflich erfaßte substantielle [!] Wesen [!] eines Gegenstandes ist, so ist das Bekenntnis die aus der Mannigfaltigkeit des Schriftzeugnisses herausgehobene und in der doctrina evangelii ›begriffene‹ ousia dieses Zeugnisses. Und wie die aristotelisch-scholastische forma die Entelechie ist, die als formendes Prinzip aktiv [!] in den Dingen wirkt, so ist das Bekenntnis gleichzeitig die formende, gestaltende energeia für alle gegenwärtige und zukünftige Predigt der Kirche, wenngleich [!] Bekenntnis – wie Predigt – Schriftauslegung, Wiederbezeugung des von der Schrift zuvor bezeugten Evangeliums ist«[8]. Gegen dieses Verständnis von forma doctrinae sind logische, philologische und theologische Einwände zu erheben. Wir beschränken uns jetzt auf die theologischen[9].

Forma doctrinae ist die lateinische Übersetzung des neutestamentlichen τύπος διδαχῆς (Röm 6,17). Man wird deshalb am besten übersetzen: Grundriß der Lehre. Luther nannte seine Erklärungen der Zehn Gebote, des Glaubens und des Vaterunsers jeweils »eyn kurcz form« der Zehn Gebote bzw. des Glaubens bzw. des Vaterunsers[10].

---

[7] *E. Schlink*, Theologie der lutherischen Bekenntnisschriften, [3]1948, 54.

[8] AaO., 54f.

[9] Dabei sei darauf hingewiesen, daß Schlink selbst mit seinen Ausführungen über *Die Struktur der dogmatischen Aussage als ökumenisches Problem* (in: *ders.*, Der kommende Christus und die kirchlichen Traditionen. Beiträge zum Gespräch zwischen den getrennten Kirchen, 1961, 24–79) die frühere Position in sehr beachtenswerter Weise modifiziert hat.

[10] *M. Luther*, Eine kurze Form der zehn Gebote, eine kurze Form des Glaubens, eine kurze Form des Vaterunsers. 1520, WA 7, 204,1–3; vgl. die Bezeichnung der Katechismusstücke als »Forme[n]« (*M. Luther*, Der kleine Katechismus, BSLK 502,36). Vgl. dazu auch *M. Luther*, Von den Konziliis und Kirchen. 1539, WA 50, 618,33–35: in die Heilige Schrift

In der Formula Concordiae klingt dieser Sprachgebrauch nach: a) in forma doctrinae; b) in der Bezeichnung der Bekenntnisse (speziell der altkirchlichen Symbole) als »kurze, runde Bekentnusse...: breves et categoricae confessiones«[11]. Die als kategorische Konfessionen verstandenen Bekenntnisse sind »Grundrisse der Lehre«, insofern sie das in der Heiligen Schrift als Wort Gottes Gesagte als es selbst anzusprechen und so verbindlich kundzugeben beanspruchen. Gerade so aber sind die Bekenntnisse »allein [nur] Zeugnis und Erklärung des Glaubens« (genitivus subiectivus) für die Lehre, während die Heilige Schrift allein »der einig Richter, Regel und Richtschnur: iudex, norma et regula«[12] ist. Die Bekenntnisse sind also Grundrisse der aus der Heiligen Schrift wahr zu *nehmenden* (nicht wahr zu *machenden*) Wahrheit. Die *Wahrnehmung* der Wahrheit im Bekenntnis geschieht als Auslegung der Schrift, »wie j[e]derzeit die Heilige Schrift in streitigen Artikuln ... vorstanden und ausgeleget ... worden« ist[13].

»J[e]derzeit« (singulis temporibus) heißt nicht: immerfort, sondern »zu Zeiten«, »je und dann«, und weist darauf hin, daß die Schrift immer wieder verstanden und ausgelegt werden muß, daß also kein »Zeugnis und Erklärung des Glaubens« endgültig ist. Bekenntnisse haben ihren Ort in der Zeit. Sie sind zeitgemäß. In ihrer Zeitgemäßheit sind sie auf die Schrift bezogen. Zeitgemäß allein sind sie schriftgemäß. Die Schrift selbst hingegen bleibt Richter, Regel und Richtschnur ihrer eigenen Auslegung: »und bleibt allein die Heilige Schrift«[14].

Die Bekenntnisse sind als Grundrisse der Lehre also gleichermaßen *schriftgemäß* und *zeitgemäß*. Zeitgemäß müssen sie sein, weil die Schrift selber der Auslegung bedarf. »Zeitgemäß« heißt dabei keineswegs nur: historisch zeitbedingt. Sondern »zeitgemäß« bringt zum Ausdruck, daß nicht zu jeder Zeit jedes an der Zeit ist. Deshalb bestand für Luther die Hauptaufgabe bei der Auslegung der Schrift in der Unterscheidung von Gesetz und Evangelium, weil es Zeit fürs Gesetz (tempus legis) und Zeit fürs Evangelium (tempus evangelii) gibt. In diesem Sinn ist die Schrift auf Auslegung und auf Bekenntnisse angewiesen. »Bene dixit ille rusticus: Der harnisch ist gut, wer in ways

---

muß, wer ein Christ sein oder werden will, denn »darin es alles ist reichlich gegeben, oder in den Catechismum, da es kurtz gegeben, und auch weit mehr weder in allen Conziliis und Vetern funden wird«. Also: im Katechismus ist das, was in der Schrift reichlich gegeben ist, kurz gegeben. Er ist »eyn kurcz form«.
[11] Konkordienformel, Epitome, BSLK 768,12f.
[12] AaO., 768,12f. und 769,22–31.
[13] AaO., 769,31–35.
[14] AaO., 769,22.

zu brauchen. Also ist scriptura sancta auch gewiss gnug, sed Got geb, das ich den rechten spruch erwissche«[15].

Schriftgemäßheit allein konstituiert also nach reformatorischer Erkenntnis kein Bekenntnis. Ein fundamentalistisch verstandenes »sola scriptura« ist ausgeschlossen. Luther hat in Auseinandersetzung mit den Schwärmern »deren *formale* Betonung der Schriftautorität geradezu bekämpft«[16]. »Man mus mit der schrifft seuberlich handlen und faren, Das wort ist ynn mancherley weise geschehen von anfang, man mus nicht allein ansehen, ob es Gottes wort sey, ob es Gott geredt hab, sondern viel mehr, zu wem es geredt sey, ob es dich treffe odder einen andern, Da scheydet sichs denn wie sommer und winter. ... Die falschen Propheten faren zu und sprechen: Liebes volck, das ist das wort Gottes. Es ist war, kuennens auch nicht leucken, Wir sind aber das volck nicht, zu den er redet«[17].

Wer also heutzutage meint, mit bloßen Schriftzitaten eine Bekenntnisbewegung hervorrufen zu sollen, sehe zu, daß er damit die Bewegung der Schrift nicht verfehlt. *Ein bloßes Schriftzitat ist niemals schriftgemäß.* Und ein bloß repetiertes »Bekenntnis«, das an den Fragen der Zeit vorbeigeht, ist eben nicht an der Zeit, ist unzeitgemäß und deshalb kein Bekenntnis mehr. Ein zeitloses Bekenntnis widerspricht dem Wesen des Bekenntnisses. Denn Bekenntnisse sollen jeweils zum Bekennen provozieren. In ein Bekenntnis muß man einstimmen können, an seinem eigenen geschichtlichen Ort einstimmen können. Sonst kann das Bekenntnis diesen geschichtlichen Ort niemals verändern. Nur als Veränderung des geschichtlichen Ortes aber verwirklicht das Bekenntnis die vom Evangelium ermöglichte »Versammlung der Heiligen«, die wir Kirche nennen. »Est autem ecclesia congregatio sanctorum, in qua evangelium pure docetur et recte administrantur sacramenta«[18].

Pure docetur – das heißt im Sinne des »Grundrisses der Lehre«, der forma doctrinae und also des Bekenntnisses gelehrt und verkündigt. Pure docetur – das heißt dann aber eben: schriftgemäß und zeitgemäß, weil zeitgemäße Schriftauslegung. Ohne solche zeitgemäß bekennende Schriftauslegung gäbe es keine Kirche in der Zeit. Würde die Schrift nicht stets aufs neue für die jeweilige Zeit bekennend ausgelegt, sondern nur in *ihrer Ausgelegtheit* durch die überlieferten Bekenntnisse unkritisch zur Geltung gebracht, so bliebe die

---

[15] *M. Luther*, Tischreden. Nachschriften von Veit Dietrich. 1532, WA.TR 1, Nr. 352, 146,24–26.

[16] *W. Elert*, Morphologie des Luthertums, Bd. 1: Theologie und Weltanschauung des Luthertums, ³1965, 160.

[17] *M. Luther*, Über das 1. Buch Mose. Predigten. 1527, WA 24, 12,14–28.

[18] CA VII, BSLK 61,3–7: Die »christliche Kirche ... ist die Versammlung aller Gläubigen, bei welchen das Evangelium rein gepredigt und die heiligen Sakrament[e] lauts des Evangelii gereicht werden«.

Wirklichkeit der Kirche *Vergangenheit.* Denn eine nicht mehr als auszulegende, sondern nur als ausgelegte existierende Bibel wäre ihrerseits nur ein Stück Vergangenheit, ein historisches Dokument mit einem mehr oder weniger treffenden historischen Kommentar, verurteilt dazu, in Lehrbüchern der Einleitung verzettelt zu werden. Es kennzeichnet das Selbstverständnis reformatorischer Bekenntnisse, daß sie die Schrift als Kirche begründendes Wort Gottes und sich selbst als Kirche verwirklichende Auslegung des Wortes Gottes verstehen. Als Kirche begründendes (ermöglichendes) Wort Gottes ist die Schrift der innere Grund des Bekenntnisses und so zugleich »einig Richter, Regel und Richtschnur« aller Lehre. Als Kirche verwirklichende Auslegung der Schrift ist das Bekenntnis der äußere Grund der Schrift und so »Zeugnis und Erklärung des Glaubens«.

Es muß nun freilich das Mißverständnis vorsorglich abgewehrt werden, als sei das Kirche durch Auslegung der Schrift verwirklichende Bekenntnis ein Werk menschlicher Auslegungskunst. Es ist das auch. Aber solange es sich hier um die unerläßliche methodische *Kunst* handelt, wird noch keineswegs Kirche ermöglicht. Solange das Bekenntnis nur als forma doctrinae menschliche Rede aus menschlicher Einsicht ist, macht es nur die Heilige Schrift als das Kirche ermöglichende Wort Gottes *deutlich.* Damit Kirche wirklich werde, muß das Bekenntnis im *Bekennen Ereignis* sein. Bekennen ist aber nicht das Aufsagen eines verstandenen (oder auch nicht verstandenen) Bekenntnisses. Bekennen ist ein Ereignis, das zwar zeitgemäß, aber nicht aus eigener Vernunft noch Kraft geschieht. – Wir wenden uns nunmehr der damit gegebenen Problematik zu, indem wir nicht mehr bei Bekenntnissen anfragen, was sie über sich selbst und damit (explizit oder implizit) über die Schrift sagen, sondern nunmehr bei der Schrift anfragen, was sie vom Bekennen sagt. Dabei wird die bisher immer schon mit erwogene Frage »Was nötigt zum Bekennen?« explizit.

2.

Im Neuen Testament werden Bekenntnisse zitiert, ausgelegt, korrigiert. Im Neuen Testament wird über das Bekennen reflektiert. Vor allem wird im Neuen Testament *bekannt.*

Der Wortsinn der zum terminus »Bekenntnis« gehörenden Verben umgreift folgende Bedeutungen: preisen, beistimmen (Röm 14,11; 15,9 in alttestamentlichen Zitaten; Mt 11,25 par.; Lk 10,21); Sünden bekennen (Mk 1,5 par.; Mt 3,6; Jak 5,16; 1Joh 1,9); akklamieren (Phil 2,11; Röm 10,9f. und die Mehrzahl aller Stellen); fest zusagen, Abmachung treffen (Lk 22,6; Mt 14,7; Act 7,17). Entscheidend für das, was heute unter »Bekennen« verstanden wird (oder doch verstanden werden sollte), sind die Stellen, in denen die Bedeutung »akklamieren« dominiert. Es handelt sich dabei durchweg um christologisch orientierte »Bekenntnisse«. In ihnen kommt eine Erfahrung des *Glaubens* als *bejahte* Wahrheit auf die Lippen. Die aus dem Glauben im Bekenntnis zur Sprache kommende Wahrheit ist nicht die Wahrheit eines Satzes (a = a), sondern die Wahrheit eines »Umsatzes«. In ihr wird die Verlorenheit menschlichen Lebens in *Heil*, die Vergangenheit menschlicher Sünde in die Zukunft der Liebe umgesetzt: »wenn Du [sprich: Du verlorener Sünder] mit Deinem Munde bekennst ... und mit Deinem Herzen glaubst ..., wirst Du Heil erfahren; denn mit dem Herzen glaubt man zur Gerechtigkeit, und mit dem Munde bekennt man zum Heil« (Röm 10,9f.).

Die sich sozusagen als Umsatz vom Minus zum Plus ereignende Wahrheit des Bekenntnisses ist aber sehr konkret das Bekenntnis der Wahrheit: »Herr ist Jesus!« Das, was geschieht, *wenn* der Mensch bekennt, weil das Herz glaubt (nämlich der Umsatz εἰς δικαιοσύνην und εἰς σωτηρίαν), entspricht genau dem, was der Mensch bekennt. Was wird bekannt? Nach Röm 19,9; Phil 2,11; 1Kor 12,3: »Herr ist Jesus!«

Dieser Satz ist nicht so sehr Aussage als vielmehr Ausruf. Er bringt die Wahrheit eines *Ereignisses* zur Sprache, das dem Bekennen selbst vorausgeht: nämlich des Ereignisses, daß der *arme* Mensch Jesus der Herr ist, daß der Tote vom Kreuz als Gekreuzigter lebt. Auch das, was das Bekenntnis sagt, ist also die Wahrheit nicht so sehr eines Satzes als vielmehr eines Umsatzes. In diesem Umsatz ereignet sich die Wahrheit Gottes.

Man mache sich das kurz an zwei Versen des Markusevangeliums deutlich, das (wie alle Synoptiker) der Glaube zwar von vorn nach hinten lesen soll, der Theologe aber von hinten nach vorn lesen muß, weil es von hinten nach vorn geschrieben ist. Angesichts des *toten* Jesus sagt dort der heidnische Hauptmann: »Wahrhaftig, dieser [tote!] Mensch war Gottes Sohn« (Mk 15,39). Das ist ein Bekenntnis. Es hat offensichtlich (vor dem österlichen Schluß!) die Funktion, jedes Bekenntnis zu Jesus als ein Bekenntnis zu diesem *Toten* auszuweisen. Hat man das begriffen, dann versteht man, was in der Taufperikope Mk 1,11 die »Stimme aus den Himmeln« eigentlich sagt mit den Worten: »Du bist mein geliebter Sohn, an Dir habe ich Wohlgefallen«. Auch das ist ein Bekenntnis; *Gottes* Bekenntnis. Das heißt auf jeden Fall: Gott hat Wohlgefallen an dem zum Tode bestimmten Jesus. Und gerade angesichts des Toten wird sich dieses Wohlgefallen so ereignen, daß der Tote als Gottes geliebter Sohn leben wird, so daß dem Toten das Bekenntnis gilt: wahrhaftig, dieser Mensch war Gottes Sohn. Jesu ganzes menschliches Dasein wird in die Wahrheit seiner Gottessohnschaft gebracht. Und diese Wahrheit ist das Ereignis des Wohlgefallens Gottes an diesem Menschen als seinem geliebten Sohn.

Zugespitzt formuliert: nicht weil Jesus Gottes Sohn ist, bekennt sich Gott zu ihm. Sondern weil Gott sich zu Jesus bekennt, ist Jesus Gottes Sohn. Aber so *ist* er es. Nicht weil Jesus der Herr ist, wird er von den Toten auferweckt, sondern als der von den Toten Auferweckte ist er der *Herr*. Aber so *ist* er es. Es geht in dem, *was* das Bekenntnis sagt, in der Tat um das *Sein* (um die Wirklichkeit) Jesu Christi. Aber dieses Sein ist das *Ereignis* der Wahrheit: Gott *als* Mensch. Als Sein Jesu Christi ereignet sich die Wahrheit, die den Menschen Jesus *als* Gottessohn wahr *macht*.

Wir können also auf die Frage »*Was* wird bekannt?« antworten: das *Ereignis* der Wahrheit Gottes. Und was geschieht, wenn das Ereignis der Wahrheit bekannt wird? Antwort: die Wahrheit dieses Ereignisses. Im Bekenntnis zu dem Jesus als Gott wahr machenden Ereignis der Wahrheit Gottes geschieht die Wahrheit des den Sünder als Gerechten und den Verlorenen als Geretteten wahr machenden Ereignisses des Seins Jesu Christi. Insofern geht es sowohl im Bekenntnis als auch im Bekennen um eine wahr machende (»umsetzende«) Wahrheit, um die Wahrheit eines »Als«: Jesus *als* Herr, der Sünder *als* Gerechter. In diesem doppelten *Als* steckt das Wesen des Bekenntnisses und das Wesen des Bekennens. Es bezeichnet die homologische Grundsituation, in der es nicht nur um »ein partielles homologisches Ereignis«, sondern um »homologische Existenz« geht. Und das ist eine Existenz, in der es um das »Offenbarwerden des Menschen im Offenbarwerden Gottes« geht[19]. Der homologischen Grundsituation soll nun im besonderen unsere Aufmerksamkeit gelten.

Ich gehe davon aus, daß das im Bekenntnis »Herr ist Jesus« Jesus als den Herrn identifizierende (bzw. wahr machende) *Als* menschlicher Aussage nicht ohne weiteres zugänglich ist. Wir wollen es als das »christologische Als« von dem »apophantischen Als«, das die sprachliche Aussage vollzieht, indem sie etwas als etwas benennt, unterscheiden. Ebenso wollen wir das den Sünder als Gerechten identifizierende (wahr machende) Als als das soteriologische »Als« vom »apophantischen Als« der Aussage unterscheiden. Denn das apophantische Als der Aussage spricht Seiendes als das an, was es schon immer ist. Das christologische und das soteriologische Als hingegen konstituieren neues Sein, indem sie menschliches Sein als das wahr machen, was es von sich aus nicht zu sein vermag.

Die Notwendigkeit dieser Unterscheidung ergibt sich aus der neutestamentlichen Behauptung, daß das, was im Bekenntnis *bekannt* wird, dem natürlichen Sprachvermögen unsagbar ist. »Niemand kann sagen ›Herr ist Jesus‹, wenn nicht im heiligen Geist« (1Kor 12,3; vgl. 1Joh 4,2: »Jeder Geist, der bekennt ›Jesus Christus ist ins Fleisch gekommen‹, der ist aus Gott«). In den Worten des Bekenntnisses steht also die Existenz des Bekennenden in Frage.

---

[19] Zur Sache vgl. *G. Ebeling*, Theologie und Verkündigung. Ein Gespräch mit Rudolf Bultmann (HUTh 1), ²1963, 83ff.

Denn was bekennend zu sagen ist, will *gekonnt* sein. Und was hier *gekonnt* wird, das ist »im heiligen Geist« *ermöglicht*. Der Geist Gottes (bei Johannes: der Geist aus Gott) ist als ein Sprachraum gedacht, innerhalb dessen menschliches Sprechen als Bekennen ermöglicht wird. Dabei ist dieser Sprachraum des Geistes nicht etwa als Begriffsraum verstanden, der die angemessenen christologischen Prädikate zur Verfügung stellt. Sondern der Sprachraum des Geistes ist nicht mehr und nicht weniger als die Erschließung des christologischen Als. Mit diesem Als erschließt sich dem Menschen die »Freiheit zum Wort«[20]. Die Worte selbst muß er *finden*. Und die gefundenen Worte müssen sich dann am »christologischen Als« messen lassen.

Wir können auch sagen: das formulierte Bekenntnis muß sich an der Offenbarung messen lassen. Denn »niemand, der im Geist Gottes redet, sagt: ›Verflucht sei [der Mensch] Jesus‹ [ich bekenne mich nur zu dem auferstandenen Christus]« (1Kor 12,3); »und jeder Geist, der den (im Fleisch gekommenen) Jesus nicht bekennt, ist nicht aus Gott« (1Joh 4,3). So wie rechtes Bekenntnis *ohne* den die Freiheit zum Wort gewährenden Sprachraum des Geistes Gottes *nicht möglich* ist, so ist falsches Bekenntnis im Sprachraum des Geistes unmöglich. Der Geist bringt also das Jesus wahr machende christologische Als so zur Geltung, daß sich in den Worten des Bekennenden die Wahrheit dieses Als wiederholt.

Die Wahrheit des »christologischen Als« wiederholt sich im Bekenntnis so, daß der Mensch in seiner Sprache wahr sein läßt, was Gottes Urteil wahr gemacht hat. Das Bekenntnis des Christen selbst *macht* Jesus nicht wahr, sondern *läßt* ihn wahr sein. Es wahrt das »christologische Als«. Aber es konstituiert dieses nicht.

Das Neue Testament bringt das dadurch zum Ausdruck, daß es das Bekenntnis als eine *Folge* der Offenbarung (und nicht etwa selbst als Offenbarung) versteht: Petrus bekennt: »Du bist Christus, der Sohn des lebendigen Gottes« und sofort wird geantwortet: »Fleisch und Blut haben Dir das nicht offenbart, sondern mein Vater in den Himmeln« (Mt 16,16f.). Das Bekenntnis zu Jesus als dem Gottessohn »gründet nach dem Hebr in dem Wort, mit dem Gott Christus zum Sohn erhebt: ›Mein Sohn bist Du, heute habe ich Dich gezeugt‹ (1,5; 5,5)«[21]. Im Hymnus des Philipperbriefes wird das Bekenntnis »Herr ist Jesus« abhängig gemacht von der Jesus *als* Herrn wahr machenden Begnadung (ἐχαρίσατο) mit dem ὄνομα τὸ ὑπὲρ πᾶν ὄνομα (Phil 2,9ff.). Das alles will sagen: Gott selbst hat wahr gemacht, was im Bekenntnis zur Sprache kommt. Was das Bekenntnis zur Sprache bringt, ist eine folgsame Entspre-

---

[20] Vgl. z.B. *E. Fuchs*, Kanon und Kerygma. Ein Referat, in: *ders.*, Wagnis des Glaubens. Aufsätze und Vorträge, hg. von *E. Grötzinger*, 1979, 21–41, 41.
[21] *G. Bornkamm*, Das Bekenntnis im Hebräerbrief, in: *ders.*, Gesammelte Aufsätze, Bd. 2: Studien zu Antike und Urchristentum, [2]1963, 188–203, 192.

chung dessen, was die Offenbarung zur Geltung gebracht hat. Das Bekenntnis läßt gelten, was die Offenbarung geltend macht.

Das Gelten-Lassen des Bekenntnisses enthält dabei durchaus ein aktives
Moment. Es geschieht in der Kraft des Geistes als *Verantwortung* dessen, was
Gott geltend gemacht hat. Das Bekenntnis verantwortet das christologische
Als. Die Verantwortung des Seins Jesu Christi, die im Bekenntnis geschieht,
ist die Verantwortung *entschiedenen Glaubens*.

Paulus setzt Röm 10,8f. dem Bekenntnis pointiert die Nähe des göttlichen
Wortes voraus (ἐγγύς σου τὸ ῥῆμά ἐστιν ... [Dtn 30,14]) und nennt dieses Wort
ausdrücklich »das Wort des Glaubens, das wir verkündigen«. Dem Sprachgebrauch des Geistes als Ermöglichung des Bekenntnisses *entspricht* also die
Verkündigung des Glaubens als Ermöglichung des *Bekennens*. Verkündigt
wird aber »das Ereignis der Jesus als den Herrn wahr machenden Wahrheit«,
und zwar wird dieses Ereignis der Wahrheit verkündigt als »die Wahrheit des
den Sünder als Gerechten wahr machenden Ereignisses«. Das »christologische Als« zielt in der Verkündigung auf das »soteriologische Als«. Die Verkündigung bringt das »christologische Als« *als* »soteriologisches Als« zur
Geltung. Wir nennen dieses »Als« das »kerygmatische Als«. Wo die Verkündigung Glauben findet und der Glaube Worte findet, da vollzieht sich am Bekennenden das »soteriologische Als«.

Insofern schließt jedes christologische Bekenntnis im Akt des Bekennens
ein Sündenbekenntnis ein. Denn ebensowenig wie sich das »christologische
Als« außerhalb des Sprachraumes des Geistes erschließt, ebensowenig vollzieht sich das »soteriologische Als« kraft menschlicher Werke. Indem der
Glaube das Sein Jesu Christi folgsam verantwortet, weiß sich der Glaubende
als gerechtfertigter Sünder von Gott verantwortet. Wo immer diese Ver-
schränkung ausfällt, fällt das Bekennen aus, ist das Bekenntnis mit alten oder
neuen Worten eine verantwortungslose Gebärde. Es gehört zum Wesen des
»christologischen Als«, daß es nur glaubend verantwortet werden kann. Und
es gehört zum Wesen der Verantwortung des Glaubens, daß die das Sein Jesu
Christi verantwortenden Worte der Ausdruck einer von Gott verantworteten
Existenz sind.

Deshalb hat der Zweifel und seine Überwindung im Bekenntnis grundsätzlich keinen Ort. Wer bekennt, zweifelt nicht. Und wer zweifelt, kann seinen Zweifel nicht dadurch überwinden, daß er bekennt. Was sich heute als
»Bekenntnisbewegung« anbietet, ist viel eher eine Bewegung des Zweifels
und das Postulat einer Überwindung des Zweifels. Der Zweifel ist ein dem
Denken notwendiger Widersacher des Denkens, aber nicht des Glaubens.
Nicht Zweifel nötigt zum Bekennen. Aber auch nicht Lüge und Häresie nötigen zum Bekennen. Sondern der das Sein Jesu Christi verantwortende Glaube
nötigt zum Bekennen, weil die von Gott verantwortete Existenz danach

drängt, ihrem Herrn zu entsprechen. Diese Entsprechung artikuliert sich im Glaubensbekenntnis.

Doch was sich im Glaubensbekenntnis als Ausruf und Aussage artikuliert, ist in der Existenz der Glaubenden schon existentiell als Zuspruch und Ansage verifiziert. Diese existentielle Verifikation ist das Wesen des *Bekennens*. Es ist existentiell früher als das Wesen des Bekenntnisses, während das Bekenntnis dem Bekennen ekklesiologisch vorausgeht. »Tota nostra operacio confessio est«[22] – das heißt: die christliche Existenz ist als solche ein Akt des Bekennens; sie bekennt sich existentiell dazu, von Gott verantwortete Existenz zu sein. Und eben darin liegt die *Nötigung*, sich zu diesem Gott so zu bekennen, daß die von Gott verantwortete christliche Existenz als eine das Sein Jesu Christi verantwortende Existenz *zur Sprache* kommt.

Weil diese Nötigung zum Bekennen dem Glauben wesentlich ist, wiederholt sich das Bekennen in Bekenntnisformeln, die sich zu breves et categoricae confessiones erweitern und schließlich in dicken Bekenntnisschriften ihren theologischen Kommentar finden. Das Bekennen ist als Akt des Einzelnen darauf angelegt, *Einverständnis* zu erzielen. Denn die von Gott verantwortete Existenz weiß sich genötigt, das Sein Jesu Christi so zu verantworten, daß dabei *mein* Gott als *Dein* Gott verbindlich zur Sprache kommt.

Hier wird der Unterschied zwischen Bekennen und Bekenntnis materialiter deutlich: im Bekennen wird Jesus als der Herr und der Herr als *mein* Gott verifiziert: »mein Herr und mein Gott« (Joh 20,28). Der dem Bekennen eigene Zug zur »Öffentlichkeit« nötigt aber dazu, das Bekennen so wiederholbar zu machen, daß andere einstimmen können. Das auf Einverständnis zielende Bekennen muß deshalb den als deus pro me wahren Menschen Jesus so wahr sein lassen, daß er als deus pro te verbindlich zur Sprache kommt. Das geschieht in der Gestalt von Bekenntnissen, die so in Gottes Wahrheit einstimmen, daß sie dazu pro-vozieren, in *sie* einzustimmen. Der existentiale Ort des Bekenntnisses ist nicht – wie üblicherweise behauptet wird – der Streit, sondern die Liebe.

Im Raum der den deus pro me als deus pro te verbindlich machenden Liebe ist dann allerdings jedes Bekenntnis Entscheidung und als Entscheidung auch Absage, Abgrenzung, Streitwort. Gerade in dieser *negativen* Funktion wird nun jedoch noch einmal deutlich, daß das Bekenntnis nicht nur zeitgemäß, sondern auch zeitgebunden zur Sprache kommt. Denn die Abgrenzungen von heute sind *nie* die von morgen, während die Wiederholung eines wahren Satzes von einst *heute* denselben Satz unwahr machen kann, weil sie den Glaubenden daran hindert, sich existierend als von Gott verantwortete Existenz zu bekennen. Wo die Wiederholung eines Bekenntnisses das Bekennen

---

[22] *M. Luther*, Hebräerbriefvorlesung. 1517, WA 57/III, 137,5.

verhindert, da wird die Wiederholung zwar nicht zur Häresie (rechte Bekenntnisse von einst werden nie häretisch, sondern höchstens antiquarisch), wohl aber zur Sünde. Die Verführung zum falschen (dem christologischen Als nicht entsprechenden) Bekenntnis ist Häresie. Die Verhinderung des Bekennens ist Sünde, weil sie das soteriologische Als nicht zur Geltung kommen läßt.

Bekenntnisse sind also kein Besitz für immer. Sie sind für die jeweilige Zeit und gehören zum *täglichen* Brot. Sie sind dem wahr machenden Worte Gottes *folgsame* menschliche Worte, die nichts anderes wollen können, als andere menschliche Worte zu derselben Folgsamkeit gegenüber dem Worte Gottes zu ermuntern und zu verpflichten. Sie sind also gerade *im Gebrauch* dazu da, sich selber überflüssig zu machen. Aber eben dazu sind sie da. Und je besser ein Bekenntnis sich selbst überflüssig und Gottes wahr machendes Wort allein notwendig macht, desto bleibender ist seine Bedeutung.

Anfechtung und Gewißheit des Glaubens

Wie bleibt die Kirche heute bei ihrer Sache?[1]

Die einfachste Antwort auf die im Thema enthaltene Frage lautet: die Kirche bleibt wie immer so auch heute bei ihrer Sache, indem sie zu ihrer Sache kommt. Darüber, wie dies geschehen kann, Einverständnis zu erzielen, ist die Absicht dieses Vortrages. Ich werde zum Thema wenig Neues sagen, sondern eher an heute vielleicht Vergessenes erinnern. Dies geschieht in Form theologischer Reflexion. Und obwohl man sich in der evangelischen Kirche in Deutschland allmählich fast schon dafür entschuldigen muß, daß Theologen theologisch denken und reden, habe ich nicht die Absicht zu kaschieren, daß ein Theologe nun einmal nichts anderes ist als eben ein Theologe. Meine dementsprechend ungeniert dogmatischen Gedanken zu dem mir gestellten Thema habe ich in zwei Teile gegliedert. Während der erste Teil danach fragt, was Anfechtung eigentlich ist, soll im zweiten Teil der angefochtene Christus als derjenige Grund der Glaubensgewißheit bedacht werden, auf den uns unsere Anfechtungen zurückwerfen. Der erste Teil ist mehr formal, der zweite mehr material orientiert:

  I. Anfechtung – was ist das?
II. Der angefochtene Christus als Grund der Glaubensgewißheit

I. Anfechtung – was ist das?

Anfechtung ist – nicht jedermanns Sache. Man wird von einem Nichtchristen kaum erwarten dürfen, daß er auch nur mit dem die Sache bezeichnenden Wort etwas anzufangen weiß. Wie der *Glaube* nicht jedermanns (sondern eben nur der Christen: 2Thess 3,2) Ding ist, so gilt von der *Anfechtung* erst recht, daß sie nicht jedermanns Sache ist. Ja, es ist sogar nicht einmal ausgemacht, daß auch nur jeder, der glaubt, deshalb auch schon aus eigener Erfahrung weiß oder wissen müsse, was Anfechtung ist. Es wäre absurd, wollte man von jedem Glaubenden eine persönliche Bekanntschaft mit jenem sehr eigenartigen Vorgang erwarten oder gar verlangen, den man *Anfechtung*

---

[1] Vortrag vor der Synode der Evangelischen Kirche der Union im Mai 1976 in Berlin-West.

nennt. Um so schwieriger wird freilich eine Verständigung über diesen Vorgang. Denn wer ihn nicht aus eigener Erfahrung kennt, wird sich erst recht fragen, was das denn überhaupt sei, was kennenzulernen ihm zumindest bisher erspart geblieben ist. Zudem wird nicht selten für Anfechtung gehalten, was in Wirklichkeit etwas ganz anderes ist. Wir haben also Grund zu der Frage: Anfechtung – was ist das?

Auf jeden Fall ein *geistlicher* Vorgang, ein Akt christlicher *Spiritualität*, wird ein einigermaßen kundiger Thebaner als erste rohe Antwort anzubieten haben. Denn angefochten wird des Menschen Herz, seine Seele, sein Geist. Anfechtung rührt den Menschen von innen her an, wühlt ihn zuinnerst auf. Damit legt sich nun aber auch schon die Vermutung, wenn nicht gar der Verdacht nahe, es solle eine hohe Synode durch eine Besinnung auf das Wesen der Anfechtung zur Frömmigkeit ermahnen und die christliche Gemeinde damit zurückgerufen werden zu ihrer ureigensten Sache, zum geistlichen Leben, zu – wie man heute gern sagt – bloßer Innerlichkeit. Zurückgerufen werden muß man aber von irgendwoher, von Wegen also, auf die man sich verirrt oder die man mutwillig zu ganz bestimmten Zwecken beschritten hat. Eine Rede über die Anfechtung gerät in unseren Tagen nur zu leicht in den Verdacht, von denjenigen Wegen zurückrufen zu wollen, die in den letzten Jahren so entschlossen beschritten wurden, um weg zu kommen von einer scheinbar weltlosen Frömmigkeit, die als Ausdruck einer unentwegt und ausschließlich mit sich selbst beschäftigten Kirche und entsprechender Selbstreflexionen ihrer Gläubigen galt. Die Wege, auf denen sich in den sechziger und siebziger Jahren vor allem das soziale und politische Engagement christlicher Gruppen und Gemeinschaften vollzog, drohen dann gar durch einen solchen Rückruf als Irrwege identifiziert und die sie legitimierenden Theorien als abenteuerliche Experimente »politischer Theologie« diskreditiert zu werden. Kurz: eine Besinnung auf die Anfechtung provoziert in der heutigen theologischen und kirchenpolitischen Situation nur gar zu leicht den Verdacht, einem ausgesprochen restaurativen, um nicht zu sagen: reaktionären Interesse das Wort zu reden.

Den Verdacht *auszusprechen* heißt nun freilich noch nicht, nur zu beteuern, daß es so ganz bestimmt nicht gemeint sei. Dergleichen Beteuerungen haben ohnehin den nicht zu entschuldigenden Fehler an sich, daß sie mehr der Imagepflege als der Wahrheit dienen. Die Kirche sollte aber kein anderes Image kennen wollen als jene imago, die ihr in Gestalt des gekreuzigten Christus vor Augen gemalt und der zu entsprechen ihre Bestimmung ist. An ihm, dem gekreuzigten Christus, haben wir auch zu lernen, was Anfechtung eigentlich ist. Sein Todesschrei, mit den Worten des 22. Psalmes zur Sprache gebracht, der aus der Gottverlassenheit nach Gott schreiende Satz »Mein Gott, mein Gott, warum hast Du mich verlassen?« ist elementarster Ausdruck von Anfechtung. In ihm drängt sich sogar alle Anfechtung der Welt zusammen. Wir werden deshalb immer wieder auf den angefochtenen Christus und die Bedeutung seines ihn anfechtenden Kreuzestodes zurückkommen müssen, wenn wir nach der Anfechtung und Gewißheit unseres Glaubens fragen. Denn unser Glaube gilt dem Gott, nach dem der von Gott verlassene Jesus Christus schreit. Angefochten wird da ein Ich. Deshalb schreit es nach Gott. Doch angefochten wird es von eben diesem Gott. Was immer also Anlaß von Anfechtung sein mag, das ursächliche Subjekt ist in den die Anfechtung auslösenden Ereignissen allemal Gott selbst, genauer der sich entziehende Gott.

Die Wirklichkeit der Anfechtung besteht also in einem eigenartigen Zirkel. Sie kommt von Gott her und führt wieder hin zu ihm. Und sie kann nur zu ihm hinführen, weil sie eben allein von ihm herkommt. Das gilt wie für den angefochtenen Christus so auch für den angefochtenen Christen und seine Kirche. Was für Vorgänge und Umstände auch immer die Kirche beunruhigen, in Bedrängnis bringen und in Frage stellen: sie verdienen nur dann *Anfechtung* genannt zu werden, wenn es *in* den die Kirche derart betreffenden Vorgängen und Umständen Gott selber ist, der die Kirche beunruhigt, in Bedrängnis bringt und in Frage stellt. Und zwar der *sich entziehende*, der *sich abwendende*, der in die *Gottverlassenheit führende Gott*, von dem wir nur gerade seine Abwesenheit erfahren. Doch auch die Erfahrung der Abwesenheit Gottes ist nur möglich, wenn Gottes Zuwendung, wenn seine Nähe, wenn sein Kommen zuvor erfahren wurde. Die Abwesenheit eines völlig Unbekannten läßt sich nicht erfahren. Sie schmerzt auch nicht. Die Erfahrung der Abwesenheit Gottes hingegen ist die schmerzlichste Form der Gottesgewißheit und also sehr genau zu unterscheiden von der Abwesenheit der Gotteserfahrung überhaupt. Aus der Abwesenheit von Gotteserfahrung überhaupt geht niemals Anfechtung hervor, sondern allenfalls Zweifel, wenn nicht gar einfach unendliche Langeweile. Anfechtung ist hingegen ein Vorgang, der den ganzen Menschen zutiefst, der ihn von innen heraus ganz und gar bestimmt. Insofern der Mensch dabei ganz und gar *von innen heraus* bestimmt wird, handelt es sich in der Tat um einen eminent geistlichen Vorgang. Aber eben: von innen heraus wird der Mensch *ganz und gar* angefochten, also bis in die äußerlichsten Bezüge seines Daseins.

Zum angefochtenen Christus gehört die Äußerlichkeit seines elenden Todes (Jesus ist verdurstend und schreiend gestorben), gehört die Kriminalisierung durch das Gesetz, gehört die moralische und politische Diskriminierung durch die öffentliche Meinung. Und deshalb wäre nun in der Tat nichts verkehrter, als die Frage nach der Anfechtung nur eben zu dem Zweck zu stellen, die Kirche aus ihrem weltlichen und scheinbar allzu weltlichen Engagement zurückzurufen zu ihrer geistlichen Verantwortung. Es gibt keine von den weltlichen Bezügen unseres Daseins emanzipierte geistliche Verantwortung.

Was geistlich genannt zu werden verdient, das ist allemal ein Stück Arbeit an
unserer Welt. Auch rechtes Verstehen des eigenartigen Vorganges Anfechtung, ja der Vorgang des Angefochtenwerdens selbst führt nicht aus den Ver-
strickungen in den Weltzusammenhang hinaus, sondern umgekehrt noch immer tiefer in diese hinein. Wer die Kategorie der Anfechtung beruft, um sie als
Stigma wahren Christentums *gegen* die gesellschaftliche Verantwortung des
christlichen Glaubens ins Feld zu führen, der mißbraucht eben jenen eigenartigen Vorgang, den ich – im doppelten Sinne des Wortes – *die geistliche Unruhe* des christlichen Lebens nennen möchte. Geistliche Unruhe ist das Ereignis
der Anfechtung, weil sie das christliche Leben zutiefst beunruhigt, gerade so
aber auch von innen heraus in Bewegung hält und neu in Bewegung setzt.
Doch über diese geistliche Unruhe läßt sich nicht verfügen. Anfechtungen
lassen sich also nicht empfehlen. Und schon gar nicht läßt sich ihr Ausbleiben
polemisch beanstanden. Ein jeder auch nur in diese Richtung zielende Versuch würde den Vorgang Anfechtung in einer Weise *prinzipialisieren*, die das
Geschehen des Angefochtenwerdens geradezu einklagbar machen und damit
von Grund auf verfehlen würde. Angefochten zu sein kann man eben niemandem wie ein Markenzeichen rechten Christentums abverlangen. Anfechtung *widerfährt* einem Menschen ohne dessen Zutun und gegen dessen Willen, oder aber es ist nicht von Anfechtung die Rede.

Man kann das gar nicht scharf genug betonen: fehlende Anfechtung läßt
sich nicht zum Vorwurf machen. Daß man es – nach Jak 1,2 – »für eitel Freude« halten soll, wenn man »in allerlei Anfechtung« gerät, und daß – nach Jak
1,12 – »der Mann« geradezu »selig« zu sprechen ist, »der Anfechtung erdul-
det«, dergleichen hochgemute Aussagen wird man doch wohl nur recht zu
würdigen verstehen, wenn man sie unter dem Vorzeichen der sechsten Vater-
unser-Bitte liest, die darum bittet, daß wir eben *nicht* in Anfechtung geführt
werden. Wir beten diese Bitte deshalb, weil Versuchungen und Anfechtungen
den Menschen tief verletzen. Nichts wäre also verkehrter als die Forderung,
der Glaube *müsse* Anfechtungen suchen. Es ist zwar bekannt, daß Luther in
Aufnahme einer älteren Sentenz neben Meditation und Gebet auch die Anfechtung zu den Konstitutiva des Theologen gezählt hat. Aber das wird sicherlich völlig falsch verstanden, wenn die Theologie nun regelrecht methodisch nach Anfechtungen suchen würde – etwa nach der Weise, daß, wenn es
keine gäbe, man sie geradezu erfinden müsse. Die emphatische Empfehlung
der Anfechtung als eines geistlichen Wertes an sich ist allen Mißtrauens wert.
Und wahrscheinlich wissen viele »Theologen … darum praktisch nicht oder
nicht so recht, was Anfechtung ist, weil sie … exegetisch, dogmatisch, auch als
Seelsorger und Lehrer Anderer theoretisch nur zu gut darum wissen«[2]. Es ist

---

[2] *K. Barth,* Die Kirchliche Dogmatik, Bd. III/4, ³1969, 460.

eine makabre Lust, die sich danach sehnt, angefochten zu werden, und die Anfechtungen sozusagen methodisch erzeugen will, um dann gar noch so lange wie möglich darin zu verweilen. Es gibt zwar nicht wenige theologische Unternehmungen, die davon geradezu leben. Doch solche Freude an geistlicher Selbstquälerei, mit der man übrigens seine lieben Nachbarn nicht weniger quält als sich selbst, ist eine schreckliche Abart von Eitelkeit und hat mit Glauben überhaupt nichts zu tun. Nein, in Anfechtung gerät man nur so, wie man unter die Räuber fällt. Das Neue Testament redet nicht zufällig von beiden Vorgängen mit demselben Ausdruck. Wer in die Hand von Verbrechern gerät, wird jedoch, wenn irgend möglich, schreien, so laut er kann, um aus ihrer Hand befreit zu werden. Und so gehört zur Anfechtung der Schrei nach Gott, nach eben jenem Gott, der selber das Subjekt der Anfechtung ist. »Mein Gott, mein Gott, warum hast Du mich verlassen?«

Wer so schreit, der tut das allerdings aufgrund einer letzten Gewißheit. Ich sage das gegen ein gerade unter Theologen und Theologiestudenten, aber wohl auch sonst verbreitetes Mißverständnis, das es auszuräumen gilt. Es besteht in der Meinung, *Anfechtung* sei ein etwas altmodisches oder genuin theologisches Wort für das, was man sonst *Zweifel* nennt. Und unter Zweifel sei wiederum das – entweder begründete oder aber unbegründete – Fehlen von Glaubensgewißheit zu verstehen, also das – sei es motivierte, sei es unmotivierte – Unvermögen zu glauben.

Gegenüber diesem weit verbreiteten Irrtum gilt nach biblischem Verständnis Anfechtung nicht als Verhinderung, sondern als Folge des Glaubens. Anfechtung gibt es da und nur da, wo es Glaubensgewißheit gibt. Und je gewisser der Glaube seiner Sache ist, desto intensiver werden seine Anfechtungen. Das unterscheidet die Anfechtung des Glaubens vom Zweifel des Intellektes. Zweifel kann man durch Aufklärung beheben oder aber als berechtigt erweisen. Anfechtungen hingegen kann man durch Aufklärung allenfalls besser verstehen lernen, niemals aber beseitigen. Gegen das *Faktum* der Anfechtung ist alle Aufklärung machtlos. Und eben darin spiegelt sich im Modus der Negation noch einmal die Gewißheit des Glaubens, als deren Näherbestimmung die Anfechtung zu gelten hat. Anfechtung, so lautet deshalb die grundlegende These, ist eine Kategorie der Glaubensgewißheit. Aus der Gewißheit der Nähe Gottes entsteht allererst die Erfahrung, von ihm verlassen zu sein. In der Anfechtung erwächst aus der Gottesgewißheit selbst eine noch größere Ungewißheit, die die vorangehende Gewißheit nicht einfach aufhebt, sondern auf ihren Ursprung hin befragt.

Aufklärung der Anfechtung kann folglich nur durch eine bessere Einsicht in die *Gewißheit* des Glaubens erfolgen. Und ihr Ziel kann nur sein, widerfahrende Anfechtung so zu verstehen, daß sie, statt unmittelbar beseitigt, vielmehr verarbeitet wird. Denn so wenig man Anfechtung durch Aufklärung der Vernunft einfach aufheben kann, so sehr läßt sie sich doch verarbeiten – durch eine Aufklärung nämlich, die ihre erhellende Kraft dem Licht des Evangeliums verdankt. Eine solche Aufklärung im Lichte des Evangeliums möchte ich mit diesem Vortrag versuchen, um so zu einer evangelischen Verarbeitung möglicher Anfechtungen unserer Kirche beizutragen. Dabei gilt es allerdings auf eine für das Wesen sowohl der Glaubensgewißheit wie der Anfechtung charakteristische Spannung zwischen Individuum und Gemeinschaft aufmerksam zu machen. Anfechtung ist kein Kollektivereignis. Angefochten wird immer ein Ich. Und doch geht die Anfechtung eines jeden Einzelnen die ganze christliche Gemeinde an – wie ja auch der angefochtene Christus in seiner Gottverlassenheit als das eine Lamm verstanden wird, das der ganzen Welt Sünde trägt (Joh 1,29). Anfechtung und Gewißheit des Glaubens sind weder exklusiv individuelle Vorgänge noch Kollektivereignisse. Sie setzen vielmehr das Individuum und die Gemeinde in eine ausgesprochen fruchtbare Spannung zueinander, auf die ich näher eingehen muß, weil sie sich mit einer für das neuzeitliche Denken charakteristischen Dialektik von individuellem Selbstbewußtsein und Kollektivbewußtsein überschneidet und daher teilweise von dieser Dialektik überlagert und entstellt wird.

Wer »Gott« sagt, kann gar nicht umhin, auch »mein Gott« und also »Ich« zu sagen. Ein Blick zum Beispiel in den Psalter erübrigt sich, weil das jeder aus ureigenster Erfahrung weiß. Aber »mein Gott« ist er als »unser Vater«. So sehr jeweils ein Ich betroffen ist, wenn sich Anfechtung ereignet, so wenig bleibt die Betroffenheit doch auf das Ich beschränkt. Wir haben zwar ganz und gar keinen Grund, der heute üblichen Diskreditierung der Kategorie des Einzelnen das Wort zu reden. Zumindest in der Theologie ist die Verächtlichmachung des Individuums unerträglich. In Sachen der Gewißheit gibt es keine Vertretung. Gewißheit läßt sich nicht delegieren, Gottesgewißheit schon gar nicht. »*Ich* bin gewiß, daß …« – zum Beispiel »weder Tod noch Leben, weder Engel noch Fürstentümer noch Gewalten, weder Gegenwärtiges noch Zukünftiges, weder Hohes noch Tiefes noch eine andere Kreatur uns scheiden kann von der Liebe Gottes, die in Christus Jesus ist, unserem Herrn« (Röm 8,38f.).

Doch die Gewißheit des Einzelnen schließt inhaltlich die Gemeinschaft der Glaubenden ein (»*ich* bin gewiß, daß *uns* nichts von Gottes Liebe trennen kann«) und erwächst formal aus der Kommunikation mit dieser Gemeinschaft. Das Ich fängt niemals mit sich selber an, das Ich des Glaubenden schon gar nicht. Ist es doch ein immer schon *angesprochenes* Ich, das dann, wenn es Gottes gewiß ist, *einstimmt* in das Bekenntnis der Gemeinde, die wiederum Gott als *unseren Vater* anruft. Wir sind es zwar gewohnt, unseren Glauben in der ersten Person singularis auszusprechen: ich glaube. Das Glaubensbekenntnis ist regelrecht unter dem Namen Credo bekannt. Doch die griechisch formulierten Bekenntnisse sprechen gern im Plural (πιστεύομεν)[3], und im Glaubenslied singen auch wir: »Wir glauben all' an einen Gott ...«

Das scheint auch dem Gefühl des neuzeitlichen Menschen näher zu liegen, der gern das kollektive Wir gebraucht, wenn er von sich selber reden will. Sagt er gleichwohl »Ich«, so schützt er sich unbewußt vor der als eine Art Nacktheit empfundenen eigenen Individualität, indem er aus dem Indikativ der Gewißheit in den Konjunktiv einer Meinung auswandert: ich meine, ich würde sagen, ich möchte meinen ... Man muß das als eine unbewußte Gegenreaktion auf das neuzeitliche Selbstbewußtsein verstehen, das im Unterschied zu vorangegangenen Epochen in einer ganz neuen Weise Ich-Bewußtsein war. Am Anfang der Neuzeit steht ja der *alles* in Frage stellende methodische Zweifel (des Descartes), aus dem allein das Ich-Bewußtsein des Zweifelnden als unerschütterliches fundamentum veritatis hervorgeht: ich zweifle – ich denke – ich bin. Was sonst noch ist, baut darauf auf. Die Ich-Gewißheit muß alle weitere Gewißheit tragen. Sie trägt die Konstruktion der modernen Welt. Das aus der Geborgenheit des immer schon vorhandenen Sinnes durch seinen Zweifel verstoßene Ich wird selber zum Sinngeber. Um so schwerer wirkt allerdings jede Erschütterung dieser Welt auf die Selbstgewißheit des menschlichen Ich zurück. In einer Zeit nicht endender Welterschütterungen wird das Ich dementsprechend in seiner Selbstgewißheit ganz empfindlich gestört. In seiner Irritation an sich selbst erfährt es die Problematisierung von so etwas wie Sinn überhaupt, so daß es sich selbst als durch Sinnlosigkeit gezeichnetes Ich verstehen lernt: »es gibt nur zwei Dinge: die Leere / und das gezeichnete Ich«[4]. In einer solchen Situation legt es sich nahe, wenigstens in der *Vielzahl* solcher gezeichneten Ichs einen Halt zu suchen. Das Kollektiv, die Gruppe verspricht wenigstens etwas von der Identität, die das Ich allein nicht mehr finden kann. Wobei die Gruppe ihre eigene Identität nur zu oft vor allem durch die Abgrenzung von anderen gewinnt. Man ist vor allem durch Negation das, was man ist.

In diesem Sinn darf nun aber das kommunikative Wir, das sich im Vaterunser oder im Glaubenslied zu Wort meldet, gerade nicht verstanden werden. Dieses Wir ist vielmehr Ausdruck einer Glaubensgewißheit, die Gott von vornherein als den Gott eines *Volkes*, einer Gemeinschaft kennt, also als ein Gemeinschaftswesen, das sogar schon in sich selber als Vater, Sohn und heiliger Geist kommunikatives Sein ist und daraufhin dann auch gegenüber seinem Geschöpf auf Gemeinschaft aus ist. Dem Sein eines solchen Gottes können Menschen in ursprünglicher Weise ebenfalls nur durch Gemeinschaft

---

[3] Vgl. dazu meinen Aufsatz: Credere in ecclesiam, ZThK 99 (2002), 177–195, 180.
[4] *G. Benn*, Nur zwei Dinge, in: *ders.*, Sämtliche Werke, hg. von *G. Schuster*, Bd. 1: Gedichte 1, 1986, 320.

entsprechen. *Mein* Gott ist er nur, insofern ich ihn auch als den Gott meines Nächsten, ja sogar meines Feindes bejahe. Das Verhältnis zu dem Gott, den wir als unseren Vater anrufen, ist niemals ein individuelles Privatverhältnis. In jedem Vaterunser, das gebetet wird, wird *die Welt vor Gott* gebracht: so wie umgekehrt der die Gottverlassenheit ertragende Christus *Gott vor eine gottlose Welt* gebracht hat, in der er sich dann eine Gemeinde als seinen Leib schafft. Dementsprechend ist die Gewißheit des Glaubens zunächst einmal eine *soziale* Tatsache, in die das Individuum von vornherein einbezogen ist. Erst innerhalb der Gemeinschaft des immer schon vorgegebenen Wir gewinnt das Ich seine nun allerdings nicht hoch genug zu veranschlagende Bedeutung. Es wird ein *freies Ich*, das sich keinem Kollektivzwang zu unterwerfen hat, sondern in seiner Freiheit gerade von der Gemeinschaft der Glaubenden gewollt wird. Der Glaube bietet dem Ich deshalb Sprachhilfen an, die ihm über soziale Sprachbarrieren und psychische Sprachhemmungen hinweg zu sich selbst zu finden helfen: zum Beispiel Psalmen, in die das um eigene Worte verlegene Ich einstimmen kann, um in der Geborgenheit schon formulierter Sprache dann die Freiheit zum eigenen Wort zu erlangen. Nur indem wir uns in der schon gesprochenen Sprache des Glaubens und seiner Überlieferungen unterbringen, lernen wir eine eigene Sprache zu sprechen, werden wir also selber des verantwortlichen Wortes mächtig, das sich dann auch durchaus kritisch gegen überlieferte Sprache von ehedem, aber auch gegen die allzu geläufige Modesprache von heute richten kann und immer wieder gegen sie richten muß. Aber um so selbständig mitreden zu können, muß das Ich zuvor *angesprochen* sein. Und als *Angesprochener* stimmt der Glaubende in eine Wir-Gemeinschaft ein, innerhalb deren er sich als Ich auszusprechen lernt und lernen muß. Von daher bekommt dann auch die Glaubensgewißheit der Christen ihre unverrechenbare individuelle Note, so daß die Einstimmigkeit des Bekennens alles andere als Uniformiertheit ist.

Ihre individuellste Gestalt gewinnt die Gewißheit des Glaubens allerdings in der Anfechtung. Sie ist das eigentliche principium individuationis der Glaubensgewißheit. Denn der angefochtene Mensch ist unverwechselbar er selbst. Zwar gilt auch im Blick auf ihn, daß alle Glieder mitleiden, wenn deren eines leidet. Doch das angefochtene Ich kann sich seine Anfechtungen von niemandem abnehmen lassen. Es muß sie selber aushalten. Der angefochtene Mensch ist aber gerade deshalb in der ganz besonderen Gefahr, sich in seiner desperaten Situation absolut zu setzen. Es wird folglich darauf ankommen, daß wir die Individualität des angefochtenen Ich respektieren, ohne sie doch sich selber zu überlassen. Die Frage nach Anfechtung und Gewißheit des Glaubens wird so zur Frage nach der rechten Verwirklichung christlicher Gemeinschaft. Denn wenn auch das angefochtene Ich sich seine Anfechtungen nicht abnehmen lassen kann, so wird doch die christliche Gemeinde ihrerseits Solidarität mit den angefochtenen Menschen üben müssen. Nicht das Ende der Gemeinschaft der Glaubenden, sondern deren Bewährungszeit ist gekommen, wenn Glaubende von Anfechtung heimgesucht werden. Denn wenn Anfechtung eine aus der Glaubensgewißheit erwachsende Infragestellung dieser Gewißheit ist, dann wirkt jedes angefochtene Ich über seine individuelle Situation in dem Sinne hinaus, daß die ganze christliche Gemeinde auf die Ursprünge ihrer Gewißheit und damit auch ihrer Gemeinschaft zurückgeworfen wird. In diesem Sinne kann man dann auch von einer angefochtenen Kirche reden.

Durch Anfechtungen gemeinsam auf die Ursprünge der Gottesgewißheit zurückgeworfen werden – das ist allerdings etwas anderes als Flucht in die Resignation oder Ausbruch frommer Larmoyanz, mit der wir uns gegenseitig in den Ohren liegen. Eine larmoyante Kirche ist alles andere als eine angefochtene Kirche, auch wenn sie sich noch so sehr für eine solche halten sollte. Denn Larmoyanz ist das Resultat unentwegter und ausschließlicher Beschäftigung mit sich selbst. Der Angefochtene hingegen ist in erster Linie mit Gott beschäftigt. Und die mit ihm solidarische Kirche praktiziert diese ihre Solidarität dann und nur dann, wenn sie mit dem Angefochtenen gemeinsam nach dem Ursprung der Gewißheit fragt, aufgrund deren die noch größere Ungewißheit der Anfechtung entstanden ist. Auf diese Weise kann jeder, auch wenn man von ihm nicht erwarten darf, daß er aus eigener Erfahrung wisse, was Anfechtung sei, an der geistlichen Unruhe partizipieren, die immer dann entsteht, wenn Gott einen Menschen so in Frage stellt, daß dieser Mensch selber zu einer einzigen großen Frage wird – zu einer Frage, die dann eben nur noch dieser Gott mit sich selbst, mit seiner eigenen Existenz zu beantworten vermag.

Und nun sei die Frage erlaubt, ob in der Kirche heute überhaupt Anfechtungen erlitten, ob wir Christen heute überhaupt noch angefochten werden. Ist nicht alles, was an unserer Kirche so maßlos traurig wirkt und traurig macht, viel eher im besten Fall ein Problem des Zweifels und im schlimmsten Fall ein Zeichen verzweifelnder Langweiligkeit? Ist das sogenannte Unbehagen an der Kirche und ihrer Theologie nicht das Unbehagen an einer Kirche, die deshalb schlechterdings nicht angefochten werden kann, weil sie einfach nicht daran interessiert ist, *Gott zu erfahren* – sei es nun seine Anwesenheit, sei es seine Abwesenheit? Ist die heute von Zweifeln und Verzweiflungen geschüttelte und morgen wieder von Aktionen und Demonstrationen aufgerüttelte Kirche nicht einfach viel zu sehr mit sich selbst beschäftigt, um ernsthaft angefochten werden zu können? Ersetzt sie die ihr fehlende Gottesgewißheit nicht einfach durch kirchliche Selbstgewißheit mit der dazugehörigen Dialektik von »himmelhoch jauchzend« und »zu Tode betrübt«? Wenn es an der innerkirchlichen Zerstrittenheit und Zerrissenheit unserer Kirche etwas zu kritisieren gibt, dann ist es eben dies, daß sich in all dem nur das Interesse spiegelt, das die Kirche an sich selber hat. Dabei ist es relativ gleichgültig, ob das unter frommen und allzu frommen oder eher forschen und allzu forschen Devisen geschieht. Ja, selbst das unter der Parole »Kirche für andere« sich vollziehende weltliche Engagement der Christen wird dann zu einem geistlichen Debakel, wenn es nichts anderes als der Versuch ist, die Kirche wenigstens auf unkirchliche Weise noch einmal interessant zu machen. Sie bleibt auch dann, wenn man den Lutherrock mit dem Blazer vertauscht, eine ecclesia incurvata in seipsam, eine im Grunde nur mit sich selbst beschäftigte, gerade deshalb aber nicht zu ihrer Sache kommende Kirche.

　　Demgegenüber fragt die angefochtene Kirche, wie sie bei ihrer Sache bleiben, wie sie wieder zu ihr gelangen könne. Und ich werte es als ein Zeichen einer uns eben doch heimsuchenden Anfechtung, wenn wir heute wieder so fragen: Wie bleibt die Kirche bei, oder vielmehr: wie kommt sie heute wieder *zu* ihrer Sache?

　　Die Antwort darauf kann nur lauten: indem sie, ohne dabei an sich selbst zu denken, sich ganz und gar für den Gott interessiert, dessen unendliches Interesse dem Menschen gilt. Kurz: indem sie *glaubt.* Denn der Glaube allein, und das heißt: allein das uneingeschränkte Interesse für den unendlich an uns Menschen interessierten Gott, gibt der christlichen Kirche das Recht einer eigenen und unverwechselbaren Existenz. Ihr uneingeschränktes Interesse an Gott allein macht dann auch die Kirche wahrhaft interessant, während eine an Gott im Grunde uninteressierte Kirche ihrerseits uninteressant ist und – sie mag sich heute rot und morgen lila schminken – nur immer noch uninteressanter wird. Das gilt für die triumphierende, aber auch für die leidende Kirche. Denn was die triumphierende Kirche sozusagen ungeniert an Interesse auf sich lenken will, das zieht die verfolgte und leidende Kirche nur zu leicht dadurch auf sich, daß sie ihrem Leiden eine besondere soteriologische Dignität zuzuerkennen in der Gefahr ist. Doch rettende Kraft hat allein der für uns leidende Gottessohn. Sich mit ihm zu identifizieren und so sich selbst Heilsqualität zuzuschreiben, ist die besondere Gefahr der ecclesia pressa, der gegenüber die Gefahr der Identifizierung einer triumphierenden Kirche mit der Herrlichkeit Christi relativ harmlos ist, weil diese Identifikation ohne weiteres falsifiziert werden kann. Protestantische Theologie und evangelische Kirchen sind jedenfalls sehr viel eher von der Gefahr bedroht, die leidende Kirche mit dem leidenden Christus zu identifizieren und dann statt seiner Passionsgeschichte ihre eigene Leidensgeschichte zu erzählen.

　　Uneingeschränktes Interesse an Gott ist der Glaube, der die Kirche zur Kirche macht, also wirklich nur in dem Sinne, daß unser Interesse eben *Gott selber* gilt. Die heute wieder wachwerdenden Fragen nach einer neuen Spiritualität, nach geistlichem Leben und existentieller Frömmigkeit werden zwangsläufig ins Leere laufen, wenn sie noch etwas anderes sein wollen als eben Fragen nach *Gott selbst.* Dann wird nämlich sehr schnell das Mittel wichtiger als der Zweck, und man pflegt – nennen wir es einmal so – den religiösen Stil auf der einen Seite und im Aufbegehren dagegen alsbald die religiöse Stillosigkeit auf der anderen Seite jeweils als einen Selbstwert, so daß die Gruppen in der Kirche an die Stelle der Kirche treten. Sie treten freilich nur an die Stelle der ecclesia incurvata in seipsam und bleiben in ihrem Engagement für spirituelle Erneuerung oder stets neue Stilbrüche und Stillosigkeiten doch nur mit sich selber beschäftigte religiöse Gruppen.

Gilt hingegen das uneingeschränkte Interesse der Kirche Gott selber, dann wird ihr auch die dafür unersetzbare Phantasie zufallen, und sie wird sich auch nicht scheuen, sich von der Natur der Sache selbst die Regel geben zu lassen, um das lebendige Interesse für Gott zu einer das Leben gestaltenden Kraft werden zu lassen. Denn wir fragen dann ja nach dem Gott, der selber an uns und unserem Leben unendlich interessiert ist. Wir fragen dann nach dem Gott, der Mensch geworden ist, weil er die Gemeinschaft von Menschen sucht. Und das heißt, wir fragen nach Jesus Christus, nach seiner Anfechtung durch Gott, den Vater, und nach seiner Wirksamkeit und Wirkungsgeschichte durch Gott, den heiligen Geist.

So zu fragen heißt allerdings, einen Akt geistlicher und theologischer *Konzentration* zu vollziehen. Wenn unsere Kirche bei ihrer Sache bleiben oder wieder zu ihr kommen will, dann wird sie der ungeheuren Zerstreutheit entfliehen müssen, die sie derzeit nur allzusehr kennzeichnet. Nicht die vielberufene Pluralität theologischer Auffassungen, sondern die unglaubliche *Zerstreutheit* kirchlichen Lebens und theologischer Arbeit dürfte als die eigentliche Gefährdung der Kirche anzusehen sein. Nicht zufällig gewinnt in einer solchen Situation die sehr viel uniformere Gestalt der »Kirche im Sozialismus« eine besondere Attraktion – jedenfalls solange man nicht selber zu ihr gehört. Man kann sich dort so etwas wie ekklesiologische Zerstreutheit sehr viel weniger oder gar nicht leisten. Man tut den Kirchen in den sozialistischen Staaten allerdings keinen Gefallen, wenn man ihre sehr besonderen Anfechtungen und Bewährungen, ihre sehr besonderen Freiheitserfahrungen und Gewissensprüfungen, ihre unverwechselbaren Schmerzen und Freuden als eine Art Ideal christlicher Existenz in die Ökumene importieren wollte. Entsprechende Bestrebungen unserer Tage sind ausgesprochene kirchliche Modetorheiten. Die in ökumenischer Offenheit existierende Kirche wird von den in anderen gesellschaftlichen und kulturellen Bindungen lebenden christlichen Gemeinden jeweils dann am meisten lernen, wenn sie, statt fremde geschichtliche Identität zu imitieren, sich durch diese dazu anregen läßt, in offener Kommunikation nun erst recht den Reichtum der eigenen geschichtlichen Situation zu suchen. So und nur so bleiben wir vor der Zerstreutheit eines

kirchlichen Provinzialismus bewahrt. Wie denn überhaupt der nicht genug zu
begrüßende ökumenische Verkehr über die Grenzen der eigenen Kirchenpro-
vinz hinaus noch nicht von selbst vor theologischem Provinzialismus bewahrt. Es gibt vielmehr auch eine Form ökumenischer Zerstreutheit und
Oberflächlichkeit, in deren Konsequenz dann an die Stelle des landeskirchli-
chen ein globaler Provinzialismus tritt. Davor behüte uns, Herre Gott!

Gott bewahre uns davor, daß wir die eigene geschichtliche Herkunft uns
gegenseitig zum Vorwurf machen, statt sie als Reichtum der »bunten Gnade
Gottes« (1Petr 4,10) zu begrüßen. Die jeweils eigene geschichtliche und kul-
turelle Identität droht zu einem gefährlichen Selbstwert zu werden, wenn sie
unter Christen zum Streitpunkt wird. Es ist zwar nur allzu verständlich, daß
die über Jahrhunderte währende Dominanz europäischer Traditionen in
nichteuropäischen Ländern als eine fremde Last empfunden wird, von der
man sich emanzipieren will. Das gilt auch für Kirche und Theologie. Doch
mich beunruhigt zutiefst, daß zur Zeit auch unter uns Christen so etwas wie
ein nationalpolitischer Gang zu den Müttern stattfindet, der das notwendige
kritische ökumenische Gespräch zu einem kalten Krieg zwischen nationalen
Theologien verkommen zu lassen droht. Die Tendenzen dahin sind unverkennbar und alarmierend genug. Es ist höchste Zeit umzukehren. Bloß kein
kalter Krieg in der Ökumene! Wir sollten die Tendenzen dahin als Kennzei-
chen einer theologischen Konfusion erkennen, der es durch geistliche und
theologische Konzentration zu begegnen gilt.

Eine solche notwendige Konzentration wird sich auf die *elementaren Lebensvorgänge* zu besinnen haben, in denen das Interesse an Gott selbst und
also an seiner Menschlichkeit lebendig ist. Solche elementaren Lebensvorgänge sind die Ursprungsorte der Gottesgewißheit. An ihnen wird deshalb auch
die Anfechtung des Glaubens aktuell. Als Ursprungsorte der Gottesgewißheit sind sie Ermöglichungen der Erfahrung der Anwesenheit Gottes, die
ihrerseits die Erfahrung seiner Abwesenheit allererst möglich macht. Und insofern sind sie allemal Entsprechungen zum Dasein des angefochtenen
Christus, der aufgrund unvergleichlicher Gottesgewißheit von der letzten
Tiefe der Gottverlassenheit angefochten wurde, um gerade so zum einzigartigen Ort der Offenbarung Gottes zu werden. Wo Menschen Gottes so gewiß
werden, daß sie deshalb zwar nicht notwendig angefochtene, wohl aber *anfechtbare* Menschen werden, da werden sie zu Gott entsprechenden Menschen, und da *sind* sie die christliche Kirche. Denn was ist die Kirche anderes
als die Gemeinschaft von hörenden, glaubenden und eben deshalb auch an-
fechtbaren Menschen? Wir werden jene elementaren Lebensvorgänge, in denen das Interesse an Gott lebendig ist und auf die sich die Kirche zu konzentrieren hat, deshalb als diejenigen Ereignisse irdischen Lebens zu identifizieren haben, in denen dem menschlichen Gott menschliche Menschen

entsprechen. Ereignisse, in denen dem menschlichen Gott menschliche Menschen entsprechen, verstehen sich aber nicht von selbst. Denn dem menschlichen Gott zu entsprechen vermag von sich aus kein Mensch. Dazu muß man vielmehr allererst befähigt werden. Und das heißt, der Geist Jesu Christi muß uns dem menschlichen Gott allererst ähnlich machen und uns ihm zur Entsprechung bringen.

Wir haben also nach denjenigen Ereignissen zu fragen, in denen der von Gott, dem Vater, angefochtene Jesus Christus durch seinen heiligen Geist uns dazu bringt, Gott entsprechende Menschen zu werden. Man könnte das gleichsam dogmatisch deduzierend tun. Ich will statt dessen, ohne damit diesen Weg zu diskreditieren, noch einmal auf dem Weg einer Besinnung auf die Anfechtungen des Glaubens diejenigen elementaren Lebensvorgänge zu bedenken versuchen, die uns Gelegenheit geben, der Menschlichkeit Gottes auf menschliche Weise zu entsprechen.

II. Der angefochtene Christus als Grund der Glaubensgewißheit

Anfechtungen sind, wie wir sahen, nicht jedermanns Sache. Man wird sie, so sagten wir, tunlichst nicht künstlich suchen. Wenn sie aber da sind, weil sie über uns herfallen, wie Banditen einen Menschen überfallen, dann muß man ihnen ins Auge sehen. Man darf ihnen nicht ausweichen.

Einer Anfechtung zumindest wird kein Christ ausweichen können: eben der Tatsache, daß der Mensch Jesus Christus, Gottes geliebter Sohn, in der Gottverlassenheit eines elenden Todes sein Ende fand. Daß der Mensch, den der Glaube als Gottes Sohn und unseren Herrn bekennt, selber der Anfechtung ausgesetzt war, daß er, in dem Gottes Anwesenheit erfahrbar geworden war, selber Gottes Abwesenheit hatte erfahren müssen, das ist eine Anfechtung, an der sich der Glaube nicht vorbeimogeln darf. Man hat das zwar schon in der Alten Kirche versucht, als man Jesus seinen nach Lk 22,44 »wie Blutstropfen zu Boden tropfenden Angstschweiß« kurzerhand von der Stirn wischte, indem man den Text – und dann auch gleich noch die Heilandstränen von Lk 19,41 – aus dem Evangelium strich. Doch solche – übrigens nach dem Zeugnis des Bischofs Epiphanius von »Orthodoxen« vorgenommenen – Manipulationen am biblischen Text bestätigen indirekt nur, wie sehr der angefochtene Christus seinerseits zum Gegenstand der Anfechtung geworden war.

Wir werden auch diese Anfechtung nicht beseitigen, sondern nur durch Glauben verarbeiten können. Und dazu gehört die Einsicht, warum Jesus Christus die angefochtene Person schlechthin ist. Er ist es als eine Konfliktperson allerersten Ranges. Angefochten werden heißt ja: in einen Konflikt erster Ordnung geraten. Und der Glaube an Jesus Christus ist nicht etwa die Verminderung, sondern die Vermehrung der Konflikte dieser Welt um den Konflikt mit Gott. In der Person des gekreuzigten Christus ist dieser Konflikt zwar zu unseren Gunsten ausgetragen. Als ausgetragener darf er jedoch nicht verschwiegen, kann er und muß er vielmehr erst recht zur Sprache gebracht werden.

Daß sich in allen Konflikten dieser Welt letztlich ein Konflikt der Welt mit Gott, unser Konflikt mit Gott verbirgt, das gilt es als den elementarsten aller Sachverhalte, die unser Leben bestimmen, zu erkennen und zu bejahen. Genauerhin gilt es zu erkennen und zu bejahen, daß und in welchem Maße sich unser Leben in einem Konflikt nicht etwa mit irgendeinem höchsten Wesen, sondern gerade mit *dem* diesen Konflikt an sich selbst zum Austrag bringenden *Gott* vollzieht, also mit dem Gott, *der die Liebe ist* (1Joh 4,8.16). Dieser Konflikt besteht aber keineswegs nur darin, daß wir einander und damit dann Gott die *Tat* der Liebe schuldig bleiben. Der Konflikt geht noch sehr viel tiefer, insofern er darin besteht, daß wir die uns begegnende Liebe, mit der wir geliebt werden, ignorieren. Wer bejaht, daß er geliebt wird, der bejaht, daß sein Leben nicht bei ihm selber anfängt. Unser Konflikt mit Gott besteht darin, daß wir seine Liebe durch Aktionen zu ersetzen trachten, die uns bestätigen sollen, daß wir mit uns selber anfangen. In solchen Versuchen demonstrieren wir unsere – Sünde. Das ist im Sinne des Neuen Testamentes Sünde: daß wir, statt uns allererst und stets neu von Gott zu empfangen, uns sozusagen selber hervorbringen, indem wir allererst etwas aus uns machen. Deshalb die johanneische Erinnerung (1Joh 4,10.19): »er hat uns zuerst geliebt«. Wir bleiben uns also selber die Liebe schuldig, die uns in Jesus Christus bereits entgegenschlägt und uns unwiderruflich gilt. Daß wir uns selber das Gute nicht gönnen, das Gott uns zugedacht hat, das ist unser Konflikt mit Gott. Diesen Konflikt mit Gott in einer konfliktreichen Welt nicht wegzuleugnen, sondern in seiner ganzen Härte freizulegen, ist die Aufgabe einer sich auf den angefochtenen Christus als die Konfliktperson schlechthin konzentrierenden Kirche. Luther hat es in diesem Sinne sogar als die Summe des Evangeliums (des paulinischen Römerbriefes) bezeichnet, »die Sünde groß zu machen: magnificare peccatum«[5]. Ohne dieses Magnificat würde der Glaube an Jesus Christus in der Tat zu einer – an sich durchaus respektablen, aber eben keineswegs christlichen – ethischen Haltung degenerieren. Und hier scheint mir die eigentliche Bedrohung unseres Christseins heute zu liegen.

Wir erinnern uns zwar in unseren Kirchen des Menschen Jesus als eines moralischen Vorbildes, als eines Lehrers. Sein Verhalten wird als ein Modell unseres Verhaltens, sein Leben als Paradigma christlichen Lebens empfohlen

---

[5] *M. Luther*, Die Vorlesung über den Römerbrief. 1515–16, WA 56, 157,6.

und eingefordert. Er ist (mit Augustinus und Luther geredet) Exempel. Aber wir kennen ihn nicht mehr oder kaum noch als die von Gott angefochtene Konfliktperson, in der unser Konflikt mit Gott zum Austrag gekommen ist. Wir kennen ihn nicht mehr oder kaum noch (wiederum mit Augustinus und Luther geredet) als das Sakrament, das nicht erst durch *unsere* Tat tätig wird, sondern von sich aus wirkt, was es darstellt. Dem fundamentalen Mangel in der Christologie korrespondiert die ethische Engführung in der Anthropologie. In dem Maße, in dem Christus nur Vorbild ist, ist der Mensch nur noch als zum Handeln verpflichteter Täter bekannt, der selber keine andere Ressource hat als sich selbst. Charakteristisch ist jenes viel zitierte, aber ganz und gar unbiblische Appell-Wort: »Christus hat keine Hände, nur unsere Hände.«

Das Wahrheitsmoment dieses falschen Satzes soll nicht geleugnet werden. Wer von Christi Händen angerührt, beschützt und gesegnet wird, dem werden die eigenen Hände stark zur Tat, der wird spontan tätig – und zwar nicht etwa nur, um so zu bezeugen, was ihm widerfahren ist, sondern vielmehr, um zu helfen, wo es nötig ist. Eben dadurch, *daß* er hilft, ist er ein Zeuge Jesu Christi. (Nicht aber hilft er, *um* damit dessen Zeuge zu sein.)

Doch das Wahrheitsmoment jenes Satzes darf nicht darüber hinwegtäuschen, daß ein Christus ohne eigene Hände eben nur ein ethisches Modell bleibt. Seine Angefochtenheit, seine Gottverlassenheit wäre dann umsonst gewesen. Sein Tod reduzierte sich auf ein – nicht ganz genau fixierbares – historisches Datum und seine Auferweckung auf die Funktion eines letztlich belanglosen Tagtraumes einiger religiöser Phantasten. Dagegen hilft nun freilich weder das Zitieren dogmatischer Formeln noch das Abhalten von Massenversammlungen. Dergleichen erweckt nur den Eindruck, als ob der Christus ohne eigene Hände nun durch einen Christus ohne eigenen Mund ersetzt werden soll. Beide Positionen gehören zusammen wie Zwillinge. Wahrscheinlich streiten sie deshalb auch so verbittert miteinander. Wir werden jedoch gut daran tun, in ihrem Streit nicht nur die beklagenswerte Demonstration kirchlicher Uneinigkeit wahrzunehmen, sondern zugleich den Ausdruck einer Frage nach Gott selbst. Daß Gott weder in unseren Formeln noch in unseren Taten ist, läßt sich nicht leugnen. Aber statt uns gegenseitig nur unentwegt vorzuhalten, wo er *nicht* ist, könnte jener Streit ja auch zu der Frage führen, wo Gott denn dann eigentlich ist. Wenn dies geschähe, dann hätte Gott selbst uns angefochten.

Wo ist Gott? Eine Antwort darauf kann die christliche Kirche nur von dem erwarten, der aus tiefster Gottverlassenheit nach Gott schrie. Und das würde bedeuten, die Osterbotschaft so zu hören, daß der Schrei des sterbenden Jesus »Mein Gott, mein Gott, warum hast Du mich verlassen?« zum Hinweis auf die Anwesenheit Gottes mitten in der Gottverlassenheit wird. Wenn die Kirche damit ernst machen würde, daß Gott nur als Abwesender anwesend, so aber wahrhaftig anwesend ist, dann wäre sie bereits im Begriff, sich auf ihre elementaren Lebensvorgänge zu konzentrieren. Sie würde dann nämlich zunächst und vor allem eine *hörende Kirche* sein. Denn zu uns redend wird der Abwesende anwesend. In seinem Wort kommt er, um mitten unter uns zu sein. Deshalb heißt Glauben: Hören.

Eben das, eine hörende Kirche, müssen wir wieder werden, wenn Jesus Christus als die Konfliktperson schlechthin unser Herr sein soll. Und das heißt, wir müssen aufhören, uns des Reichtums zu schämen, der uns in Gestalt des Gottesdienstes anvertraut ist. Der Gottesdienstbesuch mag noch so gering sein. Wir sollten davon ausgehen, daß schon das Angebot eines Gottesdienstes ein in unserer Welt sich ganz und gar nicht von selbst verstehender Reichtum ist. Von diesem Reichtum und nicht von unserem selbstverschuldeten Defizit her sollten und dürfen wir uns verstehen. Und wenn wir es tun, wird dies unbestreitbar: entscheidendes Ereignis kirchlicher Praxis ist und bleibt der christliche Gottesdienst. Von ihm her gewinnen alle anderen Aktionen und Passionen des christlichen Lebens ihre Funktion und Bedeutung, in denen dann wir Gott und Menschen zu dienen haben. Und das, so gut es nur geht! Keine Frage, daß die Abwesenheit menschlicher Gerechtigkeit, das Fehlen der Freiheit des Geistes und des Leibes, die Vergewaltigung der Wahrheit in der Ferne und in nächster Nähe dazu nötigt, mit Gott zusammenzuarbeiten zum Besten der Welt. Aber das Beste der Welt ist noch immer nicht unser Heil, das ganz allein darin besteht, daß wir uns von Gott dienen lassen und ihn, unseren Herrn, als servus servorum gelten lassen, der sich mit unserer Schuld, unserem vielfältigen Versagen, kurz: unserer Sünde beladen läßt und uns eben dadurch von uns selber befreit. Unser notwendiger Dienst an der Welt wird zum moralischen Krampf, wenn wir nicht zugleich die – ich wage das Wort – Demut haben, uns unsererseits von Gott dienen zu lassen.

Und das geschieht nun einmal vorzüglich im christlichen Gottesdienst, in dem wir auf Gott *hören* und so aus der Dimension angespannter Tätigkeit in die Dimension kreativer Empfänglichkeit versetzt werden. Dort die Ruhe zu finden, in der man von sich selber ausruhen kann, um dann neue Kraft zu gewinnen, ist zumindest eine seiner Funktionen. Wo die westliche Welt die fernöstliche Meditation übt, um sich im Einlassen auf das *Nichts* zu entspannen, da *hört* die christliche Gemeinde auf den Gott, der Liebe ist. Im Gottesdienst sind – wie im Atemholen – zweierlei Gnaden[6], ist der Rhythmus von Diastole und Systole, von entspannendem Hören und der daraus erwachsenden Spannung zur Tat. Die Grundform der christlichen Existenz ist und

---

[6] Vgl. *J. W. von Goethe*, West-östlicher Divan. Buch des Sängers. Talismane, in: *ders.*, Werke, hg. im Auftrage der Großherzogin Sophie von Sachsen, 1. Abt., Bd. 6, 1888 (Nachdr. 1987), 10–11, 11.

bleibt also die Gemeinschaft von Hörern des Wortes, das in Gottes Namen gesprochen zu sein beanspruchen darf. Denn in von ihm erzählenden Worten ist Gott als Abwesender anwesend, ist er da, betätigt er sich in der Kraft des Geistes Jesu Christi als Liebe.

Ist die Grundform christlicher Existenz die Gemeinschaft von Hörern des Wortes, dann muß die Kirche vor allem *erzählen* können. Und das heißt: die Rede der Kirche muß wieder Pointen gewinnen. Die Pointe der kirchlichen Rede ist aber allemal das Evangelium. Die ja nicht ganz unberechtigte Kritik an der Langweiligkeit unserer Gottesdienste hängt nach meiner Erfahrung damit zusammen, daß sowohl der moralische Appell wie die dogmatische Belehrung nicht der Entspannung entspringen, die da entsteht, wo das Evangelium zur Pointe unserer Rede wird, so daß sich der Hörer als von Gott bejahte Person erfährt. Die Rede der Kirche kann ihre Pointe aber nur dann gewinnen, wenn die Kirche das Erzählen jeweils neu lernt, indem sie einerseits mit geöffneten Ohren auf das Wort der Schrift hört und andererseits zugleich mit geöffneten Augen in die Welt blickt. Wer Ohren hat, zu hören, der öffnet von selbst die Augen, um zu sehen. Was Gott zu sagen hat, will sich an der Wirklichkeit der Welt bewähren. Nur so entsteht Gottesgewißheit. Es geht also nicht darum, einfach stets neue Pointen zu erfinden, die gleichsam ohne vorangehenden Witz zum besten gegeben werden. Dergleichen witzlose Pointen hat die ständig zu einer neuen Wendung entschlossene Theologie genug hervorgebracht. Erforderlich ist vielmehr eine unsere eigene Welt wahrnehmende und verarbeitende Konzentration auf die biblische Erzählung der Geschichte unseres Konfliktes mit Gott als eines in der Konfliktperson Jesus Christus *lösbar* gewordenen Konfliktes. Kurz: wir müssen, gerade damit wir die Welt besser verstehen und bearbeiten lernen, die Bibel neu entdecken. Ich halte es für sehr bedauerlich, daß mit den Gemeindebibelstunden, die weithin abgeschafft worden sind, ein besonderes geistliches Potential der evangelischen Christenheit leichtfertig preisgegeben worden ist. Wenn wir es verlernen, die Bibel zu lesen, werden wir uns am Ende auch nichts mehr zu sagen haben. Wir haben jedoch uns und nicht nur uns mehr als genug zu sagen, wenn es uns gelingt, mit Hilfe der Bibel Gott und uns als in ein und dieselbe Geschichte verstrickt zu erkennen und zur Sprache zu bringen. Im schöpferischen Nacherzählen dieser Geschichte den Hörern zu einer Art Müßiggang zu verhelfen, die statt aller Laster Anfang vielmehr aller Leistung vorläufiges Ende und heilsame Unterbrechung ist, das wäre ein wesentlicher anthropologischer Aspekt der Rechtfertigung allein aus Glauben, die da *inhaltlich* mitgeteilt werden soll, wo zwei oder drei im Namen Jesu Christi versammelt sind.

Eine zeitweilige Beendigung der Leistungsexistenz, eine heilsame Unterbrechung unseres Wirkens am Bau der Welt und am Aufbau unserer Identität ist notwendig, wenn der Mensch seiner Freiheit gewachsen sein soll. Die evangelische Kirche muß endlich aufhören, die Glaubenden nur immer *lernen* zu lassen, was zu *tun* ist. Nötiger, als dies und das zu *lernen*, dürfte es sein, einiges zu *verlernen*, zum Beispiel die unentwegte Beschäftigung mit sich selbst. Verlernen kann man aber nicht aufgrund eines eigenen Entschlusses. Dergleichen ereignet sich nur beiläufig und nebenher. Zum Lernen ist die Schule da. Die Kirche ist jedenfalls erst in zweiter Linie eine Lerngemeinschaft[7] und sollte sich von der *Diktatur* der Pädagogik, unter der sie zur Zeit zweifellos steht oder vielmehr von einem Lernziel zum anderen hastet, entschlossen freimachen. Im Erzählen der Geschichte Jesu Christi den Hörer von sich selber zu *entlasten* – das wäre ein Ereignis evangelischen Umganges mit dem Wort, von dem dann auch die Pädagogik lernen mag. Wo solche Entlastung von sich selbst geschieht, da ist Gott als Abwesender anwesend, da kommt er – nun wirklich der zündenden Pointe eines gelungenen Witzes vergleichbar – uns näher, als wir uns selber nahe zu sein vermögen. Da bin ich mir nicht mehr selber der Nächste.

Und eben dies, daß ich mir selber nicht mehr der Nächste bin, weil Gott uns selber näher kommt, als wir uns selber nahe zu sein vermögen, das verbindet die Vielzahl hörender Individuen allererst und ganz ursprünglich zu einer christlichen *Gemeinschaft*. Wie ja auch die einem gelungenen Witz zuhörenden verschiedenen Individuen aufgrund der zündenden Pointe zu einer Gemeinschaft von Lachenden werden. Im gemeinsamen Lachen drückt es sich aus, daß zwischen ihnen – nicht aufgrund ihrer Willenserklärung, sondern aufgrund eines sie gemeinsam treffenden fremden Wortes – eine qualifizierte Gemeinschaft entstanden ist. Einen entsprechenden Ausdruck verlangt auch die durch Gottes Wort entstehende christliche Gemeinschaft. Deshalb wird im Gottesdienst gemeinsam gesungen und gemeinsam gebetet. Und doch fehlt etwas Entscheidendes.

---

[7] Mit Freude notiere ich einige analoge Äußerungen des großen Schleiermacher, der wohl nicht nur gegen philosophische (Fichte!), sondern ebenso gegen theologische Aufstellungen seiner und nicht nur seiner Zeit geltend machte: »die Predigt soll kein Lehren sein. Danach haben wir also kein Recht zu sagen, die Kirche sei eine Lehranstalt.« Je mehr man der Ansicht ist, die Kirche sei eine Lehranstalt, »desto mehr« herrscht »die Ansicht[,] daß die Kirche eine politische Anstalt sei«. Dagegen müsse man »sagen, daß es eine einseitige Ansicht ist, welche wir als die Quelle aller Irrungen anzusehen haben, daß die christliche Kirche eine Lehranstalt sei. Hierin liegt die Tendenz[,] die Kirche dem Staate zu unterwerfen« (*F. D. E. Schleiermacher,* Die praktische Theologie nach den Grundsäzen der evangelischen Kirche im Zusammenhange dargestellt. Aus Schleiermachers handschriftlichem Nachlasse und nachgeschriebenen Vorlesungen, Sämmtliche Werke, 1. Abt., Bd. 13, hg. von *J. Frerichs,* 1850, 58f.). Schleiermachers Diagnose ist noch immer lehrreich: die gefährlichsten Tendenzen, »die Kirche dem Staate zu unterwerfen«, gehen nicht vom Staate, sondern vom Selbstverständnis der Kirche aus. Sie zeigen sich in der Tat besonders deutlich an der Einschätzung der Predigt und daran, wie gepredigt wird.

Man kann nämlich nicht leugnen, daß dem evangelischen Gottesdienst der *gegebene* Ausdruck jener Gemeinschaft, in der Gott einem jeden näher kommt, als er sich selber nahe zu sein vermag, weithin fehlt. Es fehlt die regelmäßige Feier des Herrenmahls, in der eben dies gefeiert wird, daß Gott in der Person Jesu Christi uns so nahe gekommen ist, daß eigentlich keiner mehr sich selber der Nächste sein darf und sein will. Und mit dem Herrenmahl fehlt ein spezifischer Ausdruck von gemeinschaftlicher Freude und Dankbarkeit in unseren Gottesdiensten, während umgekehrt die vom sonntäglichen Gottesdienst getrennte Abendmahlsfeier eine traurige Randexistenz führt und wenig davon spüren läßt, daß man doch gerade in ihr sehen und schmecken soll, wie freundlich der Herr ist. Das muß anders werden! Unsere Gottesdienste sollten die ursprüngliche Einheit von Wort und Tisch des Herrn wieder zu Ehren bringen. Damit würde meines Erachtens übrigens auch die ökumenische Annäherung zwischen der evangelischen und der katholischen Christenheit durch einen Schritt begünstigt, der die Gemeinschaft zwischen den Kirchen jedenfalls nicht auf dem Wege eines immer größer werdenden theologischen Defizits erstrebt. Die Ökumene wird auch in der gottesdienstlichen Praxis nur dann gelingen, wenn wir die gemeinsame theologische Substanz und nicht den gemeinsamen Substanzverlust zu Ehren bringen. Daß in der Reformationszeit aus kontroverstheologischen Gründen gegenüber Messen und Winkelmessen eine gewisse Zurückhaltung im Feiern des Herrenmahles entstanden ist, mag in Ordnung gehen. Heute indessen kommt die evangelische Kirche nur dann zu ihrer Sache, wenn sie den Wortgottesdienst nicht etwa zum Sakramentsgottesdienst ergänzt, wohl aber als Wortgottesdienst im Vollsinn wiederherstellt. Zum Wort Gottes gehört die *Gemeinschaft* der Hörer des Wortes als eine communio mit Jesus Christus und deshalb auch untereinander. Wir können auch sagen: zur Erzählung von Gott gehört die gemeinsame *Freude* am Erzählten. Freude aber verlangt nach weltlichem Ausdruck. Und gemeinsame Freude erst recht. Ihr angemessenster Ausdruck ist in diesem Fall das Abendmahl als Feier der Dankbarkeit, als Eucharistie. In dieser Feier nimmt ja dasjenige Wort, durch das Gott zur Pointe unserer Existenz werden will, eine elementare weltliche Gestalt an. Brot und Wein gewinnen so eine doppelte Funktion. Sie lassen uns *schmecken, wie freundlich der Herr ist*, und bezeugen insofern auf ihre Weise, daß der als Abwesender anwesende Gott wirklich *Liebe* ist. Brot und Wein führen uns aber als die ganz und gar irdischen Elemente, die sie sind, mitten im Vollzug der Gemeinschaft mit Gott noch tiefer in die weltliche Wirklichkeit hinein. Es hat seinen Sinn, daß wir die Gemeinschaft mit dem unsichtbaren Gott in, mit und unter so elementar weltlichen Gaben wie Brot und Wein genießen dürfen und sollen.

So gibt nicht zuletzt die *Feier* des Herrenmahls dem christlichen Gottesdienst einen Schwung, der die *hörende* Kirche *tätig* werden läßt. Wird Jesus

Christus auch im Abendmahl als die Konfliktperson ernst genommen, in der der fundamentale Konflikt mit Gott *eingestanden und zu unserem Besten ausgetragen* wird, dann geht aus dem Gottesdienst ein erneuerter Glaube hervor, der trotz aller sicherlich nicht ausbleibenden Schwächeanfälle den Konflikten dieser Welt nicht ausweichen, sondern sie vernünftig zu verarbeiten trachten wird[8]. Mit der Konfliktperson Jesus Christus vor und hinter sich wird der Christ zu einer Person, die das genaue Gegenteil eines konfliktscheuen Menschen ist. Nicht weil er um jeden Preis Konflikte sucht, sondern weil sie da sind und darauf warten, bewältigt zu werden. Die geistliche Konzentration des kirchlichen Lebens wird also nicht zu einem Nachlassen, sondern im Gegenteil nur zu einer Intensivierung der gesellschaftlichen, der politischen und sozialen Verantwortung der Kirche führen können. Und sie wird diese Verantwortung dann aus jener Gelöstheit und Entkrampfung heraus wahrzunehmen vermögen, die es ihr zum Beispiel erlaubt, die Angst vor parteipolitischer Vereinnahmung – von welcher Seite auch immer – zu überwinden.

Für ein Wahlkampfjahr könnte das zum Beispiel bedeuten, daß wir den Mut haben, auf jene Themen zu insistieren, die alle Parteien wohlweislich aussparen und die vielleicht sogar auch die Wähler am liebsten ausgespart sähen. Die Kirche wird nicht um jeden Preis unpopulär sein wollen. Doch wenn es um den Geist der Wahrheit und der Liebe geht, wird sie es gegebenenfalls sein müssen, um gerade so im rechten Sinne Volkskirche zu sein. So sollten wir zum Beispiel, auch wenn das inopportun zu sein scheint, die Freiheit haben, die sich um die Wählergunst bemühenden Parteien und damit auch die Wähler selbst auf die ungelösten Probleme eines humanen Strafvollzugs anzusprechen und dabei zugleich die Frage nach der ethischen Verantwortbarkeit lebenslänglicher Freiheitsstrafen zu stellen. Das Engagement für die Armen wird in unserer Kirche mit Recht großgeschrieben. Vergessen wir nicht, daß der schuldig gewordene und schuldig gesprochene Mensch in unserer Gesellschaft der Ärmste der Armen ist. Gerade eine nicht mit sich selbst beschäftigte Kirche kann es sich leisten, so viel Selbstbewußtsein zu haben, daß ihr die wechselnde

---

[8] Das gilt selbstverständlich ebenso für die Konflikte der Kirche selbst, die in ihrer institutionellen Form und in ihrer unerläßlichen Rechtsgestalt eine Fülle von Konflikten bereithält. Ich denke da zum Beispiel an die Tatsache, daß evangelische Theologen um ihre kirchliche Anstellung als Pfarrer bangen müssen, wenn sie mit einer Katholikin verheiratet sind. Ich verkenne den Konfliktcharakter eines solchen Falles keineswegs. Doch ich halte es für theologisch inakzeptabel, den Konflikt durch kirchenrechtliche Bestimmungen gar nicht erst zuzulassen. Und ich vermute, daß ein mit einer katholischen Christin glücklich verheirateter evangelischer Pfarrer noch zu den harmlosesten Konflikten gehören wird, in die der Glaube führt. Wie die christliche Dogmatik, so wird auch das kirchliche Recht dem fundamentalen theologischen Sachverhalt Rechnung tragen müssen, daß der Glaube Konflikte hervorruft, die es auszuhalten gilt.

Nähe zu heute dieser und morgen jener parteipolitischen Position oder auch die Ferne zu allen opportunen politischen Meinungen jedenfalls nicht zur Anfechtung wird. Sie wird vielmehr ausschließlich danach fragen, wie nahe sie dem Geist der Wahrheit und der Liebe bleibt, dem allein sie sich verpflichtet weiß, weil er allein Gott entsprechende Menschen schafft.

Ich kann deshalb am Ende dieser Überlegungen eine Frage nicht unterdrükken, die zu erwähnen freilich die Gefahr heraufbeschwört, daß die Diskussion sich einseitig darauf konzentriert. Obwohl ich das bedauern würde, ja in einer solchen einseitigen Rezeption des Vortrages dessen Vergeblichkeit erkennen müßte, kann ich dennoch die Frage nicht verschweigen, ob es wirklich gut getan ist, wenn wir die Mitgliedschaft in einer bestimmten Partei für kirchliche Amtsträger gleichsam unter ein Anathema stellen. Ich halte es zwar für eine einigermaßen undurchdachte Entscheidung, wenn ausgerechnet Pastoren ausgerechnet einer religionsfeindlichen Partei beitreten zu sollen meinen. Aber darf die Kirche darauf mit gesetzlichen Regelungen reagieren? Der *Staat* mag Grund haben, Verfassungsfeindlichkeit zu unterstellen, wenn jemand einer marxistisch orientierten Partei angehört, obwohl auch in dieser Hinsicht etwa an den bundesdeutschen Universitäten meines Erachtens ein Zuviel an Überprüfung geschieht. Weniger wäre mehr! Die Kirche jedenfalls hat sich auch in diesem Zusammenhang ihrer besonderen Freiheit zu erinnern, die nach Joh 6,37 in der Verheißung besteht, daß Jesus Christus *niemanden, der zu ihm kommt*, hinausstoßen werde. Wer in seinem Namen Dämonen austreibt und also nicht gegen ihn ist, ist nach Jesu eigenem Urteil für ihn (Mk 9,38–40). Auch die Kirche hat bis zum Erweis des Gegenteiles davon auszugehen. Nicht die Mitgliedschaft in einer Partei zählt, sondern das, was das Mitglied dieser oder jener Partei sagt und tut. Da wird dann allerdings darauf zu achten sein, ob etwa Teufel mit Beelzebub ausgetrieben wird und also neue Dämonen importiert werden sollen. Es wird dann Mt 12,30 Platz greifen müssen und zu gelten haben, daß, wer nicht *mit* Jesus Christus ist, *gegen* ihn ist und, wer nicht mit ihm sammelt, eben das Gegenteil bewirkt: er zerstreut. Die Synoden unserer Kirchen haben Bischöfe und Präsides durch ihr Amt mit einem gehörigen Maß an Vertrauen ausgestattet. Von diesem Vertrauen Gebrauch zu machen, scheint mir sinnvoller zu sein, als ein synodales *Gesetz* aufzurichten, das über *Fälle* urteilen würde statt über *Personen*. Wir sollten es den Bischöfen und Präsides zutrauen, im Gespräch mit betroffenen Personen ein klärendes Wort zu finden und gegebenenfalls eben auch eine klare Entscheidung zu fällen, die dann allerdings auch von allen mitzuverantworten ist. Auch hier wird sich dann noch einmal die Gemeinschaft der Glaubenden als eine Freiheit gewährende Gemeinschaft zu bewähren haben.

Hat die geistliche Konzentration auf den christlichen Gottesdienst nicht zuletzt die Funktion, dem Menschen dazu zu verhelfen, sich seiner Freiheit gewachsen zu zeigen, so wäre umgekehrt der Glaube ohne Freiheit sich selbst nicht gewachsen. Es wird sich nicht zuletzt an unserem Umgang mit der Freiheit des Andersdenkenden erweisen, ob wir uns als hörende und feiernde Kirche von Gott haben so dienen lassen, daß wir eine *Gemeinschaft* der Heiligen geworden sind, die aufgrund gemeinsamer Gottesgewißheit Anfechtungen zu verarbeiten vermag. Als Gemeinschaft von Menschen, die anfechtbar sind und geschehende Anfechtungen zu verarbeiten bereit sind, wären wir der sehr nüchterne und gerade in seiner Nüchternheit angemessene Hinweis auf das Geheimnis der Zuwendung Gottes zu einer gottlosen Welt, der mehr Freiheit zuteil wird, als sie aus sich selbst heraus zu gewähren und zu verwirklichen vermag. Ohne die Verheißung eines göttlichen Überschusses an Freiheit wäre unsere Zukunft nur die Summe unserer Anstrengungen und Überanstrengungen und also zuwenig. Und unser Leben wäre geheimnislos. Doch die Geheimnislosigkeit unseres Lebens ist nach einem sehr richtigen Wort Dietrich Bonhoeffers unser Verfall und unsere Armut. Demgegenüber erinnert eine anfechtbare Gemeinschaft von Glaubenden und ihre Bereitschaft, geschehende Anfechtung *gemeinsam* zu verarbeiten, daran, daß wir in unserer Armut reicher sind, als wir wissen: nämlich ein sehr menschlicher Hinweis auf den dreieinigen Gott als das geistlich und weltlich befreiende Geheimnis unseres Lebens.

Thesen

I.

1. Anfechtung kommt von Gott her und führt wieder zu ihm hin.

1.1. Anfechtung ist die aus der Gottesgewißheit erwachsende Erfahrung der Abwesenheit Gottes.

1.2 Die Erfahrung der Abwesenheit Gottes ist nur möglich aufgrund der Erfahrung seiner Nähe und Zuwendung.

1.3 Anfechtung ist etwas anderes als Zweifel an Gott. Sie ist vielmehr die aus der Gottesgewißheit erwachsende Problematisierung dieser Gewißheit.

1.4 Im Unterschied zum Zweifel gilt nach biblischem Verständnis Anfechtung nicht als Verhinderung des Glaubens oder als Mangel an Glauben, sondern als eine Folge des Glaubens, durch die der Mensch von innen heraus ganz und gar bestimmt wird.

1.5 Insofern der Mensch bei der Anfechtung ganz von innen heraus, von innen heraus aber ganz und gar bestimmt wird, handelt es sich um einen eminent geistlichen Vorgang, der auf keinen Fall dem weltlichen

Engagement der Kirche polemisch entgegengesetzt werden darf: was geistlich genannt zu werden verdient, ist allemal ein Stück Arbeit an unserer Welt.

1.6 Anfechtung ist eine geistliche Unruhe, die das Leben von innen heraus in Bewegung hält und neu in Bewegung setzt.

1.7 Über diese geistliche Unruhe läßt sich nicht verfügen: als ein Geschehen, das dem Menschen ohne sein Zutun *widerfährt*, kann das Fehlen von Anfechtung nicht zum Vorwurf gemacht werden.
Wohl dem, der der Anfechtung entbehrt! Aber wehe dem, der deshalb nicht anfechtbar ist, weil er sich selber unanfechtbar macht!

2. Zum Wesen der Glaubensgewißheit wie der Anfechtung gehört eine besondere Spannung zwischen Individuum und Gemeinschaft.

2.1 Anfechtung ist kein Kollektivereignis. Angefochten wird immer ein Ich.

2.2 Anfechtung ist aber ebensowenig ein exklusiv individuelles Ereignis. Denn der anfechtende Gott ist immer der Gott aller Glaubenden. Das einzelne Ich wird Gottes nicht ohne Kommunikation mit der Gemeinschaft der Glaubenden gewiß, wie es ihn denn auch zusammen mit der Gemeinde als den anruft, der »Unser Vater« ist.

2.3 Jenes kommunikative Wir, das sich wie im Vaterunser auch in anderen elementaren Äußerungen christlichen Lebens zu Wort meldet, darf dabei nicht mit der – für die Neuzeit besonders charakteristischen – Flucht in einen Konformismus verwechselt werden, durch die das in seiner Selbstgewißheit erschütterte Ich der Erfahrung der Sinnlosigkeit zu entfliehen trachtet, ohne es zu können.

2.4 Dieses Wir ist vielmehr Ausdruck einer Glaubensgewißheit, die Gott von vornherein als den Gott eines Volkes, einer Gemeinschaft kennt, wie er auch in sich selber als Vater, Sohn und heiliger Geist ein Gemeinschaftswesen ist.

2.5 Dementsprechend ist die Gewißheit des Glaubens zunächst einmal eine soziale Tatsache, in die das Individuum von vornherein einbezogen ist, um gerade so zu einer unverwechselbaren Person befreit zu werden.

2.6 Ihre individuellste persönliche Gestalt gewinnt die Gewißheit des Glaubens in der Anfechtung.

2.61 Der angefochtene Mensch ist unverwechselbar er selbst und kann sich seine Anfechtungen von niemandem abnehmen lassen.

2.7 Wenn aber Anfechtung eine aus der Glaubensgewißheit erwachsende Infragestellung der Gewißheit aller Glaubenden ist, dann wirkt jedes angefochtene Ich über seine individuelle Situation in dem Sinn hinaus, daß die ganze christliche Gemeinde durch die einem ihrer Glieder widerfahrende Anfechtung auf die Ursprünge ihrer Gewißheit und damit auch ihrer Gemeinschaft zurückgeworfen wird.

2.8   Im Gegensatz zur Larmoyanz als Resultat unentwegter Beschäftigung mit sich selbst bezieht die Anfechtung den angefochtenen Menschen und die christliche Gemeinde auf Gott.

2.9   Deshalb praktiziert eine mit dem Angefochtenen solidarische Kirche diese Solidarität nur dann, wenn sie mit ihm gemeinsam nach dem Ursprung der Gewißheit fragt, aufgrund deren die noch größere Ungewißheit der Anfechtung entstanden ist.

2.91   So kann auch der Nicht-Angefochtene an der geistlichen Unruhe der Anfechtung partizipieren.

3.   Ist die abwechselnd von Zweifel und Verzweiflung geschüttelte und dann wieder von Aktionen und Demonstrationen aufgerüttelte Kirche nicht vielzusehr mit sich selbst beschäftigt, um noch ernsthaft von Gott angefochten werden zu können?

3.1   Innerkirchliche Zerstrittenheit und Zerrissenheit spiegeln oft nur das Interesse, das eine unanfechtbare Kirche an sich selbst nimmt, statt sich für Gott selbst zu interessieren.

3.2   Demgegenüber fragt die angefochtene oder doch wenigstens anfechtbare Kirche, wie sie bei ihrer Sache bleiben beziehungsweise wieder zu ihr gelangen kann.

4.   Die Kirche bleibt bei oder kommt wieder zu ihrer Sache, indem sie, ohne dabei an sich selbst zu denken, sich ganz und gar für den Gott interessiert, dessen unendliches Interesse dem Menschen gilt – und das heißt: indem sie glaubt.

4.1   Der Glaube allein gibt der christlichen Kirche das Recht einer eigenen und unverwechselbaren Existenz.

4.2   Das uneingeschränkte Interesse an Gott allein macht auch die Kirche wahrhaft interessant, während die nur an sich selbst interessierte Kirche (ecclesia incurvata in seipsam) immer uninteressanter wird.

4.3   Eine uneingeschränkt nach Gott selbst, und das heißt: nach dem Gott, der Mensch wurde, weil er die Gemeinschaft von Menschen sucht, fragende Kirche vollzieht von selbst einen Akt *geistlicher Konzentration*.

5.   Geistliche Konzentration heißt, sich auf die elementaren Lebensvorgänge zu besinnen, in denen das Interesse an Gott selbst und also an seiner Menschlichkeit in Jesus Christus lebendig ist.

5.1   Weil solche elementaren Lebensvorgänge die Ursprungsorte der Gottesgewißheit sind, wird in ihnen auch die Anfechtung des Glaubens aktuell.

5.2   Als Ermöglichungen der Erfahrung der Anwesenheit Gottes machen sie die Erfahrung der Abwesenheit allererst möglich.

5.3   Insofern sind sie Entsprechungen zum Dasein des angefochtenen Christus, der aufgrund unvergleichlicher Gottesgewißheit von der letzten Tiefe der Gottesverlassenheit angefochten wurde, um gerade so zum einzigartigen Ort der Offenbarung Gottes zu werden.

5.4   Die elementaren Lebensvorgänge des Glaubens und der Kirche sind diejenigen Ereignisse, in denen dem menschlichen Gott menschliche Menschen entsprechen.

5.5   Dem menschlichen Gott zu entsprechen vermag kein Mensch aus eigener Kraft. Der Geist Jesu Christi muß uns dem menschlichen Gott allererst ähnlich machen und uns ihm so zur Entsprechung bringen.

5.6   Dementsprechend ist nach denjenigen Ereignissen zu fragen, in denen der von Gott, dem Vater, angefochtene Jesus Christus durch seinen heiligen Geist uns dazu bringt, Gott entsprechende Menschen zu werden.

II.

6.   Der Grund der Gewißheit des Glaubens ist die Identität der Herrlichkeit Gottes mit der Gottverlassenheit des gekreuzigten Christus.

6.1   Der gekreuzigte Christus ist diejenige Konfliktperson, in der der Konflikt der Welt mit Gott zu unserem Besten ausgetragen worden ist.

6.2   Weil unser Konflikt mit Gott in der Person Jesu Christi zu unserem Besten ausgetragen ist, hat die Kirche Jesus Christus als Erweis der Liebe Gottes darzustellen und den Menschen auf das Gute anzusprechen, das ihm mit der Liebe Gottes zuteil geworden ist.

6.3   Dementsprechend ist als Grundkonflikt des menschlichen Daseins die Sünde zur Sprache zu bringen, die darin besteht, daß wir uns das Gute nicht gönnen, das Gott uns zugedacht hat.

7.   Es ist ein fundamentales Mißverständnis des christlichen Glaubens, wenn Jesus Christus nur als moralisches Exempel für unser Verhalten bemüht und der auf ihn anzusprechende Mensch nur als ein zum Handeln verpflichteter Täter gefordert wird. Wer Gott dienen will, muß sich zuvor und vor allem von ihm dienen lassen.

7.1   Daß der gekreuzigte Christus von seiner Gottverlassenheit angefochten und nach Gott schreiend gestorben ist, läßt erkennen, daß Gott selbst die Spuren menschlicher Gottlosigkeit an sich erträgt und so seinerseits inmitten einer gottlosen Welt anwesend sein will. Nur als Abwesender ist Gott anwesend, so wie der auferstandene Christus nur als Gekreuzigter mitten unter uns ist.

8.   Die Anwesenheit Gottes ereignet sich im von ihm redenden Wort. Im Wort kommt er denen nah, die ihn hören, und denen, die auf ihn hören, näher, als sie sich selber nahe zu sein vermögen.

8.1   Hören ist folglich die Grundform christlicher Existenz.

8.2   Die christliche Kirche existiert als hörende und deshalb verkündigende Kirche. Ihr zentrales Ereignis ist der Gottesdienst. Von ihm her gewinnen alle anderen Aktionen und Passionen christlichen Lebens ihre Funktion und Bedeutung.

8.3   Im Gottesdienst imponiert sich die Bibel der Kirche als die für sie allein maßgebende, eben deshalb kritisch zu lesende Autorität.

8.4   Die gottesdienstliche Versammlung ist eine Erzählgemeinschaft, die das Erzählpotential der biblischen Geschichte im Verstehen unserer Welt pointiert zur Sprache bringt und so den Leistungsmenschen aus der Dimension angespannter Tätigkeit in die Dimension kreativer Empfänglichkeit versetzt.

8.5   Der Gottesdienst gewährt einen »Müßiggang« des Glaubens, in dem sich der Glaubende von Gott dienen und gerade so zur verantwortlichen Tat stärken läßt.

8.51   Zum Lernen ist die Schule da. Die Kirche ist erst in zweiter Linie eine Schule des Glaubens oder »Lerngemeinschaft«. Ursprünglicher ist sie eine die Geschichte Jesu Christi als Gottes Geschichte mit der Menschheit ansagende Erzählgemeinschaft.

8.511   Die Diktatur der Religionspädagogik in Theologie und Kirche muß ein Ende haben. Dann wird sich auch die Bereitschaft einstellen, statt nur das *Lernen* zu lernen, wieder *etwas* zu lernen.

8.6   Zur Erzählgemeinschaft des Gottesdienstes gehört die Abendmahlsgemeinschaft als Ausdruck gemeinsamer Freude und Dankbarkeit (Eucharistie) für den Dienst Gottes an uns.

8.7   Die ursprüngliche gottesdienstliche Einheit von Wort Gottes und Tisch des Herrn wiederherzustellen ist eine der evangelischen Christenheit auferlegte theologische Pflicht.

9.   Die geistliche Konzentration des christlichen Lebens auf den Gottesdienst führt zu einer Intensivierung der politischen Verantwortung der Christen, insofern diese Verantwortung aus einer Entkrampfung erwächst, die es erlaubt, unbeschadet der Nähe oder Ferne zu parteipolitischen Positionen allein dem Geist der Wahrheit und der Liebe zu dienen, der Gott entsprechende Menschen schafft.

Mission und Evangelisation[1]

Im Folgenden soll meditiert werden, was es mit der der Christenheit aufgetragenen Mission und Evangelisation auf sich hat. Das soll in acht Schritten geschehen. Zuerst soll auf eine peinliche Lücke in der Lehre von der Kirche (I), sodann auf eine mißverständliche Praxis (II) hingewiesen werden. Dann soll als Voraussetzung von Mission und Evangelisation die Tatsache gewürdigt werden, daß die Welt – wohlgemerkt: nicht nur die Kirche, sondern die ganze Welt – bereits im Licht der Gnade existiert (III), um anschließend auf terminologische Probleme einzugehen (IV). Ein fünfter Schritt gilt dem Ziel von Evangelisation und Mission: Der Welt sollen die Augen aufgehen (V). Wie man der Welt dazu verhilft, daß ihr die Augen aufgehen, das soll unter der Überschrift »Werben um die Welt: die theologische Kultur der Bejahung« bedacht werden (VI). Danach soll in Erinnerung gerufen werden, daß der Adressat aller Evangelisation und Mission das menschliche Ich und doch zugleich mehr als nur dieses ist (VII). Und schließlich soll die Aufmerksamkeit darauf gerichtet werden, daß es neben der primär direkten und unmittelbaren Evangelisation auch so etwas wie eine indirekte, mittelbare und dennoch ansprechende Bezeugung des Evangeliums gibt (VIII).

I. Eine ekklesiologische Lücke

Wenn die Kirche *ein Herz* hätte, ein Herz, das noch schlägt, dann würden Evangelisation und Mission den Rhythmus des Herzens der Kirche in hohem Maße bestimmen. Und Defizite bei der missionarischen Tätigkeit der christlichen Kirche, Mängel bei ihrem Evangelisieren würden sofort zu schweren Herzrhythmusstörungen führen. Der Kreislauf des kirchlichen Lebens würde hypotonisch werden. Wer an einem gesunden Kreislauf des kirchlichen Lebens interessiert ist, muß deshalb auch an Mission und Evangelisation interessiert sein. Weithin ist die ausgesprochen missionarische Arbeit zur Spezialität eines ganz bestimmten Frömmigkeitsstils geworden. Nichts gegen die auf diesem Felde bisher besonders engagierten Gruppen, nichts gegen wirk-

---

[1] Einführungsvortrag auf der Synode der Evangelischen Kirche in Deutschland am 8. November 1999 in Leipzig.

lich charismatische Prediger! Doch wenn Mission und Evangelisation nicht Sache der ganzen Kirche ist oder wieder wird, dann ist etwas mit dem Herzschlag der Kirche nicht in Ordnung.

Wenn die Christenheit *atmen* könnte, wenn sie Luft holen und tief durchatmen könnte, dann würde auch sie erfahren, daß »[i]m Athemholen … zweierlei Gnaden« sind[2]. Sie würde beides, das Einatmen-Müssen und das Ausatmen-Können, als eine Gnade erfahren, ohne die sie nicht leben könnte. Einatmend geht die Kirche in sich, ausatmend geht sie aus sich heraus. Die Bibel redet von Gottes Geist nicht selten wie von einem Wind oder einem Lufthauch, den man einatmen kann und von dem die Kirche erfüllt sein muß, um geistlich leben zu können.

Die Kirche muß mit diesem geistlichen Atemzug in sich gehen, um sich als Kirche stets aufs neue aufzubauen. Das tut sie vor allem in ihren liturgischen Gottesdiensten. Da ist sie um Gottes Wort und um den Tisch des Herrn versammelt, da ist sie gesammelt und konzentriert bei sich selbst. Doch wenn die gottesdienstlich versammelten »Glaubigen, bei welchen das Evangelium rein gepredigt und die heiligen Sakrament lauts des Evangelii gereicht werden«[3], wenn die als Gemeinde versammelten Christen also den durch Gottes Wort und Sakrament vermittelten Geist Gottes[4] nur für sich selber haben wollten, von ihm gar Besitz ergreifen, ihn nostrifizieren wollten, so würden sie an dieser göttlichen Gabe regelrecht ersticken. Im Atemholen sind nun einmal *zweierlei* Gnaden. Die Kirche muß, wenn sie am Leben bleiben will, auch ausatmen können. Sie muß über sich selbst hinausgehen, wenn sie die Kirche Jesu Christi bleiben will. Sie kann als die von seinem Geist bewegte Kirche nicht existieren, wenn sie nicht auch missionierende und evangelisierende Kirche ist oder wieder wird.

Eigentlich müßten sich Mission und Evangelisation also von selbst verstehen. Eigentlich müßten da, wo auch nur zwei oder drei im Namen Jesu Christi versammelt sind, diese zwei oder drei intensiv und leidenschaftlich darauf aus sein, daß alsbald vier oder fünf und immer noch mehr Menschen im Namen Jesu Christi zusammenkommen. Denn das ungeheure Ereignis, von dem wir alle herkommen und das uns zu Christenmenschen gemacht hat, das will mit uns über uns hinaus. Was Friedrich Nietzsche vom Tode Gottes als dem angeblich größten neueren Ereignis behauptet hat, das gilt in Wahrheit vom Tode dessen, der für alle Menschen gestorben und um ihrer Rechtfertigung willen auferweckt worden ist: »Dies ungeheure Ereigniss ist noch unterwegs

---

[2] *J. W. von Goethe*, West-östlicher Divan. Buch des Sängers. Talismane, in: *ders.*, Werke, hg. im Auftrage der Großherzogin Sophie von Sachsen, 1. Abt., Bd. 6, 1888 (Nachdr. 1987), 10–11, 11.

[3] CA VII, BSLK 61,5–7.

[4] Vgl. CA V, BSLK 58,2–10.

und wandert«[5]. Ein Christ ist von allen anderen Menschen nicht zuletzt dadurch unterschieden, er ist vor aller Welt dadurch ausgezeichnet, daß er darauf hinzuweisen, daß er dies zu bezeugen hat: Der Gekreuzigte und Auferstandene ist noch unterwegs und wandert. Eigentlich müßte dieses die Geschichte der Welt wendende Ereignis in aller Welt Munde sein. Eigentlich!

Wenn sich in unserer Welt irgendwo etwas Unerhörtes, etwas überaus Bedeutsames, aber in keiner Weise zu Erwartendes ereignet, etwas, was die Welt grundlegend verändert – so, daß sie aus den Fugen zu geraten droht –, dann *redet* auch alle Welt davon, in unserer Mediengesellschaft zumal. Als vor zehn Jahren hier in Leipzig von der Nikolai-Kirche aus die angeblich sozialistische Welt tatsächlich aus den Fugen zu geraten begann und als in der Folge dieser Vorgänge dann in Berlin die Mauer fiel, da wurde sofort nicht nur der ganzen Stadt, sondern der Stadt und dem Erdkreis, da wurde urbi et orbi davon Zeugnis gegeben. Selbst im entlegendsten Winkel Amerikas, in den ich mich damals verirrt hatte, war die Rede von Leipzig und Berlin. Damals war, wovon man allenfalls zu träumen wagte, *wahr* geworden. Und obwohl sich alsbald neue Lebenslügen einstellten, war das in der Tat zumindest für eine Stunde *die Stunde der Wahrheit: der Wahrheit, die frei macht* und von der alle Welt redete. Das war vor zehn Jahren – und heute?

Heute haben wir uns an das, was damals eine unerhörte Wahrheit war, längst gewöhnt. Sie ist selbstverständlich geworden. Uns aber beschäftigen fast nur noch die problematischen Folgen jener Stunde befreiender Wahrheit. Nichts ist für eine große, lebendige Wahrheit tödlicher als die Gewöhnung.

War es eine allzu schnelle Gewöhnung an das wieder entdeckte Evangelium, war es allzu schnelle Gewöhnung an die reine Predigt des Evangeliums und die dem Evangelium gemäße Feier der Sakramente, was die klassische protestantische Lehre von der Kirche schon in der Reformationszeit und danach erst recht dazu verführte, eine schier unüberschreitbare Grenze zwischen Kirche und Welt zu ziehen und die Kirche so zu definieren, »daß die Existenz der Kirche ... und die ihrer Glieder das Endziel der Wege Gottes« zu sein schien[6]? Wie konnte man, wenn man das Neue Testament ernst nahm, auch nur in der Theorie, nämlich bei der Definition der Kirche, darüber hinwegsehen, daß das sie konstituierende Evangelium eben nicht nur der Kirche, sondern allem Volk, aller Welt gilt, folglich also auch die als Kreatur des Evangeliums existierende Kirche schlechterdings kein Selbstzweck sein kann, sondern in die Welt hinaus muß, um dieser von ihr – noch – unterschiedenen Welt im recht verstandenen Sinne des Wortes Bescheid zu sagen über Gott und die

---

[5] *F. Nietzsche*, Die fröhliche Wissenschaft, in: *ders.*, Werke. Kritische Gesamtausgabe, hg. von *G. Colli* und *M. Montinari,* 5. Abt., Bd. 2, 1973, 11–335, 159.
[6] *K. Barth*, Die Kirchliche Dogmatik (KD), Bd. IV/3 (2. Hälfte), ²1974, 877.

Welt. War es Gewöhnung oder war es gar ein ganz und gar nicht heiliger Ego-
ismus, der die Kirche veranlaßte, ihr Selbstverständnis unter penetranter Absehung von der Welt so zu formulieren, als bilde »das ganze in Jesus Christus
geschehene ... Heilsgeschehen auf der einen – und das Dasein ... der Kirche
auf der anderen Seite einen in sich geschlossenen Kreis, eine vollkommene
Welt für sich inmitten der übrigen sehr unvollkommenen Welt«[7]? Karl Barth
hat mit Recht darauf aufmerksam gemacht, daß jenes die positive Beziehung
zur Welt ausblendende Selbstverständnis der Kirche etwas zu tun hat mit der
die ältere protestantische Kirche kennzeichnenden »ausgesprochene[n] Un-
freudigkeit, ja Unwilligkeit zur Mission«[8].

Das änderte sich allerdings zumindest in der Praxis mit der sonst theologisch so oft geschmähten »Moderne«, in der vor allem der Pietismus, aber
doch auch die Aufklärung jene Bewegung in die Kirche brachten, die die
Christen veranlaßte, wieder missionarisch und evangelisierend tätig zu werden. In der *Lehre* von der Kirche beginnt sich allerdings erst in unseren Tagen
jene Lücke zu schließen, und das auch nur sehr zögerlich, die in der überlieferten Ekklesiologie unübersehbar klaffte. Die sechste Barmer These, der gemäß es zu den Konstitutiva der Kirche gehört, die Botschaft von der freien
Gnade Gottes an *alles* Volk auszurichten, wartet noch immer auf eine hinrei-
chende ekklesiologische Rezeption. Vielleicht ist es dieser prinzipielle ekklesiologische Mangel, der den in der Neuzeit ausgebrochenen missionarischen
Eifer innerhalb der Kirche immer wieder zu ersticken droht. Ohne eine entsprechende theologische Selbstkorrektur läuft auch die *Praxis* immer wieder
Gefahr, an dem unzureichenden Selbstverständnis der Kirche zu scheitern.
Diese Gefahr droht noch immer, droht bis auf den heutigen Tag. Denn es läßt
sich ja nicht bestreiten, daß trotz des leidenschaftlichen missionarischen En-
gagements der neuzeitlichen Christenheit und trotz beachtlicher evangelisti-
scher Tätigkeiten schon die Ausdrücke *Mission* und *Evangelisation* immer
wieder unter Verdacht geraten. Was macht sie – zumindest im einstmals
christlichen Abendland – so verdächtig? Offensichtlich gibt es nicht nur einen
theoretischen Mangel in der *Lehre* von der Kirche, sondern auch eine theologische Schieflage in der missionarischen *Praxis*.

---

[7] Ebd.
[8] AaO., 878.

II. Mißverständliche Praxis

Mission, Evangelisation? Rette sich, wer kann! So höre ich schon alle diejenigen rufen, die mit beiden Begriffen nur einen Schematismus der Frömmigkeit zu assoziieren vermögen: einen Schematismus, der die Kinder der bunten Welt zwar in *Kinder des Lichtes* zu verwandeln verspricht, sie zu diesem Zwecke aber erst einmal als *Kinder der Finsternis* identifizieren muß: einer Finsternis, wie sie finsterer nicht gedacht werden kann; einer Finsternis, die so dunkel ist, daß die angestrebte Verwandlung der ihr verfallenen Menschen in Kinder des Lichtes den weiten, allzu weiten Weg bis zum reinen Licht gar nicht zu bewältigen vermag, sondern irgendwo in der Mitte zwischen beiden Extremen, bei einem scheinbar frommen, in Wahrheit aber nur elend tristen Grau in Grau endet. *Mission* und *Evangelisation* – beide Ausdrücke werden von vielen Nichtchristen und sehr viel häufiger auch noch von Christen als Schlagwörter gefürchtet, hinter denen sich eine Praxis verbergen soll, die auf eine religiöse Uniformierung hinausläuft: Jeder missionierte Mensch hat da nichts anderes zu sagen als jeder andere missionierte Mensch auch; jedes evangelisierte Ich gleicht dem anderen evangelisierten Ich wie ein Ei dem anderen.

In immer denselben formelhaften Wendungen kommt das bekehrte Ich auf seine Bekehrung zurück, so daß *Evangelisation* auf *Indoktrination* hinauszulaufen droht und *Mission* auf die *Transformation* der reichen Individualität eines menschlichen Ich *in ein stereotypes Es*. Aus Ich soll Es werden, aus einem buntscheckigen weltlichen Ich ein frommes, aber graues, ein graues, aber frommes Es – dergleichen fürchtet offensichtlich eine nicht geringe Zahl derer, die mit den Wörtern *Mission* und *Evangelisation* nur noch Klischees zu verbinden vermögen und deshalb, statt sich retten zu lassen, wenn sie so etwas wie *Mission* und *Evangelisation* auch nur von ferne zu wittern meinen, die Gegenparole ausgeben: *rette sich, wer kann!*

Das aber kann niemand. Denn *Rettung* im christlichen Sinne des Wortes, das ist des Menschen Errettung und Befreiung aus seiner selbstverschuldeten Gottesferne und aus den sie begleitenden Lebenslügen – hin zu einem gelingenden Leben mit Gott: zu einem Leben, das *wahres Leben* genannt zu werden verdient. Die Befreiung zum *wahren Leben* und also des Menschen *Rettung* ist aber ein exklusiv göttliches Werk. Rette sich, wer kann? Gott allein kann retten. »Mit unsrer Macht ist nichts getan, wir sind gar bald verloren«[9].

---

[9] Vgl. die zweite Strophe des Chorals »Ein feste Burg ist unser Gott«, in: Evangelisches Gesangbuch. Ausgabe für die Evangelische Landeskirche in Württemberg (EG), 1996, Nr. 362:
»Mit unsrer Macht ist nichts getan,
wir sind gar bald verloren;

Das werden vermutlich auch diejenigen nicht bestreiten wollen, die christliche *Mission* und *Evangelisation* für eine höchst problematische Angelegen-
heit halten. Ich weiß nicht, welchen Erfahrungen ihre Bedenken entstammen.
Ich bin meinerseits evangelisierenden Christenmenschen begegnet, denen die
referierten Klischees bitteres Unrecht zufügen. Ich habe gelegentlich mit mis-
sionierenden und evangelisierenden Mitarbeiterinnen und Mitarbeitern unserer Kirche theologisch gemeinsam gearbeitet und kann nur mit großem Respekt an diese Begegnungen zurückdenken. Aber ich bin eben auch solchen
Menschen begegnet, die bei den Versuchen einer sich selbst mißverstehenden
Frömmigkeit, sie als Kinder einer heillosen Finsternis zu identifizieren, um
sie sodann in das rettende Licht zu versetzen, zwar ihre Buntheit verloren haben, statt dessen aber in der Tat nur eben grau geworden sind.

Und das ist nun so ziemlich das Gegenteil dessen, was mit den beiden Wörtern *Mission* und *Evangelisation* ursprünglich angezeigt wurde und was mit
den derart angezeigten christlichen Aktivitäten ursprünglich intendiert war.
Wir brauchen, wenn Evangelisation gelingen soll, mehr als nur ein Sprachmuster. Wir brauchen Sprachmuster, die die ausgetretenen Wege kirchlicher
Rede zu verlassen wagen, variable und vor allem frische Sprachmuster, die
den Adressaten so ansprechen, daß gerade nicht ein – in Wahrheit ja auch gar
nicht frommes – Grau in Grau entsteht. Mit Grau, hat Hegel einmal geschrieben, läßt sich die Welt nicht verjüngen, nicht erneuern[10]. Besinnen wir uns
also auf die ursprüngliche Intention, die mit den Wörtern *Mission* und
Evangelisation angezeigt war. »Jedem Worte klingt / der Ursprung nach wo
es sich her bedingt«, hat Goethe behauptet[11]. Das gilt auch für die uns be-
schäftigenden Termini *Mission* und *Evangelisation*. Mit Hilfe der biblischen
Texte können wir die ursprüngliche Bedeutung und Funktion beider Wörter
recht genau zurückgewinnen. Und wenn das gelingt, dann wird sich zeigen,
daß durch recht verstandene *Mission* und recht verstandene *Evangelisation*
schlechterdings kein Grau in Grau erzeugt werden kann, sondern ganz im

---

es streit' für uns der rechte Mann,
den Gott hat selbst erkoren.
Fragst du, wer der ist?
Er heißt Jesus Christ,
der Herr Zebaoth,
und ist kein andrer Gott,
das Feld muß er behalten.«
[10] Vgl. *G. W. F. Hegel*, Grundlinien der Philosophie des Rechts oder Naturrecht und
Staatswissenschaft im Grundrisse, mit einem Vorwort von *E. Gans*, Sämtliche Werke. Jubiläumsausgabe in 20 Bänden, hg. von *H. Glockner*, Bd. 7, ⁴1964, 36f.
[11] *J. W. von Goethe*, Faust. Zweiter Theil, Werke, hg. im Auftrage der Großherzogin
Sophie von Sachsen, 1. Abt., Bd. 15, 1888 (Nachdr. 1987), 114.

Gegenteil jenes herrliche Farbenspiel entsteht, in dem sich die Gnade Gottes spiegelt, die nach 1Petr 4,10 bekanntlich ausgesprochen *bunt* ist.

Gewiß, das Neue Testament unterscheidet selber messerscharf zwischen den Glaubenden als Kindern des Lichtes und den Nichtglaubenden als Kindern der Finsternis (vgl. 1Thess 5,5; Joh 8,12; 12,36.40; Lk 16,8). Doch es lohnt sich, der biblischen Lichtmetaphorik auf den Grund zu gehen.

III. Die Welt im Licht der Gnade

Geht man der biblischen Lichtmetaphorik auf den Grund, dann erscheint der messerscharfe Gegensatz zwischen Licht und Finsternis noch einmal in einem neuen, in einem ganz ungewohnten Licht. Denn »Kinder des Lichtes« sind die Glaubenden deshalb, weil sie »Kinder des Tages« sind. Paulus gebraucht beide Ausdrücke mit Bedacht parallel (1Thess 5,5). Er setzt dabei allerdings voraus, daß die Nacht im Schwinden ist, und zwar deshalb im Schwinden ist, weil ein neuer Tag, ein nun nicht mehr endender Tag im Kommen, unwiderruflich im Kommen ist (vgl. Röm 13,12). Und dieser Tag, auf den keine Nacht mehr folgt, ist eben deshalb unwiderruflich im Kommen, weil (so formuliert es das Johannesevangelium) in der Person Jesu Christi »das Licht der Welt« (Joh 8,12; 9,5) zu uns gekommen ist (Joh 1,9; 12,46): das *wahre Licht* (Joh 1,9), das Licht, das *Leben* zu erzeugen verspricht.

Dieses Licht ist nun da. Es bringt die Nacht zum Schwinden, und zwar *ohne* daß ein Mensch dabei mitwirkt – so wie ja auch im natürlichen Rhythmus der Welt der Tag ohne unsere Mitwirkung der Nacht ein Ende macht. Wenn aber die Sonne aufgeht, dann geht sie über *Gute* und *Böse* auf, dann geht sie *allen* auf (vgl. Mt 5,45). Und nun ist es überaus erregend, daß nach dem Zeugnis des Johannesevangeliums in strenger Analogie zu der *allen* Menschen aufgehenden Sonne Jesus Christus das nicht nur den Glaubenden, sondern das *allen* Menschen leuchtende Licht ist: »Er war das wahrhaftige Licht, das *jedem* Menschen leuchtet« (Joh 1,9).

Das ist der *souveräne Indikativ des Evangeliums*: daß die ganze Welt bereits im Lichte der Gnade Gottes existiert, daß also auch der noch nicht »missionierte«, daß auch der noch nicht »evangelisierte« Mensch bereits vom Licht des Lebens erhellt wird. Ist dieses Licht schon da, dann ist es *für alle* da. Bricht der Tag schon an, dann bricht er *für alle* an. Der Apostel (Röm 10,20f.) zitiert den Propheten Jesaja (65,1f.), um diesen souveränen Indikativ herauszustellen: Jahwe erklärt dort: »Ich war zugänglich für die, die *nicht* nach mir fragten; ich ließ mich finden von denen, die mich *nicht* suchten; zu einem Volk, das meinen Namen *nicht* anrief, sprach ich: da bin ich, da bin ich!« In Jesus Christus spricht Gott so zu *allen* Völkern, zur *ganzen* Welt, also auch zu den sogenannten »Kindern der Finsternis«: da bin ich, ich bin da. Das Licht des Lebens ist da, es ist für *alle* da. Es ist also nicht so, daß unsere evangelisierende Tätigkeit das Licht des Lebens allererst erzeugt. Sie hat nur eben auf das schon scheinende Licht hinzuweisen, es anzuzeigen. Ganz bestimmte, den Adressaten der Evangelisation regelrecht bearbeitende Praktiken verbieten sich damit ganz von selbst. Ein missionarischer Hammer ist ein Unding. Der Apostel Paulus wendet sich *als Bittender* an die Welt, wenn er sie auf den Indikativ des Evangeliums anspricht. Wer bittet, hämmert nicht. Viel Takt, viel weltlicher und geistlicher Takt ist erforderlich, wenn Mission gelingen soll.

Allererst von diesem mit der Geschichte Jesu Christi identischen souveränen *Indikativ des Evangeliums* her werden dann auch die *Imperative* verständlich, die die Glaubenden auffordern, nun ihrerseits zu leben und tätig zu werden »als Kinder des Lichtes« (Eph 5,8; vgl. Röm 13,12f.; 1Thess 5,5ff.). Doch zwischen diese *ethischen Imperative* und jenen *souveränen Indikativ* schiebt sich sozusagen ein Zwischenglied, in dem Indikativ und Imperativ ganz dicht beieinander sind. Und in diesem »Zwischenglied« zwischen jenem souveränen Indikativ des Evangeliums einerseits und den unsere Aktivitäten herausfordernden Imperativen andererseits hat das, was zu Recht *Mission* und *Evangelisation* genannt zu werden verdient, seinen theologischen Sitz im Leben.

Da gilt *einerseits*: die *Glaubenden* leuchten nun ihrerseits einfach dadurch, daß sie als Glaubende da sind wie Lichter (Phil 2,15). Ja sie sind nach Mt 5,14 sogar – im Vergleich mit der Selbstprädikation des johanneischen Christus (Joh 8,12; 12,46) eigentlich eine Ungeheuerlichkeit! – »das Licht der Welt«. Aber sie *sind* das, weil bereits in ihrer christlichen Existenz *zur Darstellung kommt,* was sie dann auch *anderen* Menschen eigens zu *verkündigen* aufgefordert werden. Und so sind sie *andererseits* die von Gott *Beanspruchten,* die unter seinem *Befehl,* seinem *Imperativ* Stehenden. Denn genau das, was die Glaubenden indikativisch durch ihr bloßes Dasein als Glaubende bereits bezeugen, das *sollen* sie nun auch noch eigens *verkündigen*.

Dazu nämlich hat nach 1Petr 2,9 Gott Euch zum »auserwählten Geschlecht«, zur »königlichen Priesterschaft«, zum »heiligen Volk« gemacht, »*damit* Ihr die Wohltaten dessen verkündigen sollt, der Euch aus der Finsternis in sein wunderbares Licht gerufen hat«. Wer vor diesem Licht, obwohl er sogar mit Worten auf es hingewiesen wurde, erneut die Augen schließt, der bleibt in der Finsternis, in der selbstverschuldeten Finsternis. Das ist der Ernst der christlichen Botschaft. Er bleibt aber nur deshalb in der Finsternis, weil er in ihr bleiben *will*.

Doch warum muß, was doch *als Indikativ* bereits weltweites Aufsehen erzeugen müßte, noch eigens *verkündigt* werden? Warum muß auf das in die

Finsternis gekommene Licht noch eigens hingewiesen werden? Warum muß die Christenheit also missionarisch und evangelisierend tätig werden?

Bevor wir diese Frage zu beantworten versuchen, dürfte es angebracht sein, auf die terminologischen Probleme einzugehen, die mit den Ausdrücken *Mission* und *Evangelisation* zweifellos verbunden sind.

IV. Zur Terminologie

Mission und *Evangelisation*: beide Begriffe sind biblischen Ursprungs. *Missio* heißt Sendung. *Evangelisieren* bedeutet nichts anderes als das Evangelium verkündigen. Die *missio* geschieht um des Evangelisierens willen, das seinerseits aufgrund von *missio* geschieht. Auf Griechisch heißt der Gesandte der Apostel. Der ursprüngliche Gesandte, nämlich der von Gott in die Welt Gesandte, ist Jesus Christus, der im Hebräerbrief auch ausdrücklich ἀπόστολος genannt wird (Hebr 3,1). Daß er nicht *im eigenen Namen* redet und wirkt, sondern, als die Zeit erfüllt war, *von Gott* in die Welt *gesandt* wurde (Gal 4,4), wird insbesondere im Johannesevangelium stark herausgestellt (vgl. Joh 3,17; 5,36f.; 6,29.57; 8,28f. u.ö.). Doch genauso, wie er von Gott gesendet worden ist, so sendet Jesus Christus nun die Seinen in die Welt (Joh 17,18; 20,21). Als von den Toten Auferweckter hat er seinerseits ursprüngliche, authentische Gesandte, nämlich die Apostel. Als *Gesandte* weisen sie zurück auf den, den sie vertreten. Sie vertreten ihn aber mit einer Botschaft, sind als Gesandte zugleich *Botschafter*, nämlich *Botschafter des Evangeliums*.

Diese Botschaftertätigkeit der Apostel setzt die evangelisierende Kirche dann fort. Wo immer das Evangelium *sachgemäß* – und das heißt seit dem Entstehen des neutestamentlichen Kanons *schriftgemäß* – verkündet wird (»pure docetur«[12]), wo also *evangelisiert* wird, *da* (und nur da) ereignet sich apostolische Sukzession. Im Zusammenhang der kirchlichen Lebensvollzüge weist der Ausdruck *Mission* also darauf hin, daß die Kirche sich nicht im eigenen Namen und nicht in eigener Autorität an die Welt wendet, wenn sie ihr das Evangelium bekannt macht, sondern daß sie das als *Gesandtschaft Jesu Christi* tut, der alle Glaubenden dazu autorisiert, als seine *Botschafter* tätig zu werden.

Im neueren Sprachgebrauch hat man dann unter *Evangelisation* »die Ausrichtung der Botschaft in der *näheren* Umgebung der Gemeinde« verstanden[13]. Insbesondere wird so dasjenige Evangelisieren genannt, das sich an die vom Evangelium bereits irgendwie Erreichten, aber offensichtlich von ihm

---

[12] CA VII, BSLK 61,5.
[13] *K. Barth*, KD IV/3 (2. Hälfte), 1000.

noch nicht oder nicht mehr Überzeugten, ihm noch nicht oder nicht mehr Glaubenden wendet. Evangelisation wendet sich an die – paradox formuliert – »nichtchristliche Christenheit«, sie dient der »Erweckung« der »schlafenden Kirche«[14]. *Mission* meint im neueren Sprachgebrauch hingegen zunächst die über die mehr oder weniger christliche Umwelt hinausgehende Ausrichtung der christlichen Botschaft an die nichtchristliche, an die heidnische Welt. Doch die Rede von der *inneren Mission* macht bereits deutlich, daß der Ausdruck auch das abdecken kann, was man im modernen Sprachgebrauch *Evangelisation* zu nennen pflegt. Angesichts dieses unklaren Sprachgebrauches empfiehlt es sich, die ursprüngliche Bedeutung der Ausdrücke stets wach zu halten.

Eine besondere, zur Zeit besonders heftig umstrittene Frage geht dahin, ob auch der im Neuen Testament eindeutig bezeugte Apostolat an die Juden *Mission* genannt werden soll. Setzt man den neueren Sprachgebrauch voraus, so ist der Ausdruck *Mission* für die Botschaft, die die Christen auch den Juden nicht vorenthalten dürfen, ein ausgesprochen problematischer Terminus. Und der Begriff »Judenmission« ist schon deshalb nicht nur ein unglücklicher, sondern ein gänzlich unbrauchbarer Begriff, weil er das Volk Israel mit den Heidenchristen zu parallelisieren droht. Er verkennt, daß der Gott, der seinen Sohn in die Welt gesandt hat, der Gott Abrahams, Isaaks und Jakobs ist. Er verkennt, daß das Heil von den Juden stammt (Joh 4,22) und daß Israels Berufung unwiderruflich ist (Röm 11,29). Er verkennt, daß die aus den Heidenvölkern berufenen Christen als wilde Schößlinge dem edlen Ölbaum Israel eingepfropft worden sind (Röm 11,17f.). Nur als solche können sie sich Israel gegenüber bemerkbar machen mit der Botschaft, daß der aus dem Geschlechte Davids geborene Jesus von Nazareth durch seine Auferweckung von den Toten als Gottes Sohn eingesetzt, definiert worden ist (Röm 1,3f.): »Christ, der Retter, ist da!« Diese Wahrheit darf allerdings niemandem vorenthalten, muß also auch Israel gegenüber angezeigt werden. Aus der Bezeugung des Evangeliums in Israel ist ja die Kirche hervorgegangen. Sie müßte ihre eigene Herkunft verleugnen, wenn sie das Evangelium ausgerechnet Israel gegenüber verschweigen wollte. Daß das Evangelium Israels ureigenste Wahrheit ist, daran zu erinnern haben die Apostel sich verpflichtet gewußt. Der Apostel Paulus schreibt (Gal 2,7f.): »Mir wurde das Evangelium an die Heiden anvertraut, wie Petrus das Evangelium an die Juden anvertraut wurde. Denn der Gott, der in Petrus wirksam geworden ist zum Apostolat unter den Juden, der ist in mir wirksam geworden zum Apostolat unter den Heiden.« Die Bezeugung des Evangeliums gegenüber Israel ist also auch Pflicht der Christenheit. Diese Verpflichtung zu verwirklichen, das ist allerdings et-

---

[14] Ebd.

was ganz anderes als der Versuch von Christen, »Juden auf den christlichen
Glauben [zu] verpflichten«[15]. Ihren apostolischen Auftrag kann die Kirche
nur so erfüllen, daß dabei als Ziel aller Wege Gottes nicht etwa eine triumphierende Kirche in Betracht kommt, sondern nur dies, »daß *ganz Israel* gerettet werde« (Röm 11,26). Die himmlische Polis, zu der sich auch das wandernde Gottesvolk der Christen unterwegs weiß, heißt denn auch nicht etwa
Athen und schon gar nicht Rom oder gar Wittenberg, sondern *Jerusalem*. In
dieser Polis wird es dann allerdings weder einen jüdischen Tempel noch eine
christliche Kirche geben. »Einen Tempel sah ich nicht darin«, sagt der Seher in
der Apokalypse (Apk 21,22).

Muß noch eigens ausgesprochen werden, daß wir Deutsche die denkbar
schlechtesten Botschafter gegenüber Israel wären? Nachdem die Kirche in
Deutschland, als es bitter nötig war, nicht für die Juden geschrieen hat, wird
sie schon aus der ihr gebotenen Strenge gegen sich selbst heraus sich für ganz
und gar unberufen halten, Israel im Namen Jesu Christi anzusprechen. Doch
aus demselben Grund wird sie sich eben auch zu hüten haben, ihr eigenes
Unvermögen den Christen und Kirchen in aller Welt zu unterstellen. Daß wir
Deutsche zu schweigen haben, bedeutet mitnichten, daß die christliche Ökumene nichts zu sagen hätte. Auch sie hat hier allerdings nur insofern etwas *zu
sagen*, als sie mit Israel gemeinsam auf Gottes Wort *hört.*

Dem Hören auf Gottes Wort verdankt sich ja jede Evangelisation, also
auch die evangelisierende und missionierende Tätigkeit der Christen gegenüber der heidnischen Welt. Wir müssen nun allerdings auf die schon gestellte
Frage zurückkommen, warum das Hören in ein Reden und ein ihm entsprechendes Handeln übergehen muß. Warum also muß die Christenheit überhaupt missionarisch und evangelisierend tätig werden?

V. Der Welt die Augen öffnen

Eigens verkündigt werden muß die neue Wirklichkeit deshalb, weil der unwiderruflich kommende Tag erst im Anbrechen ist, so daß man noch die Augen
davor verschließen kann, daß die Nacht schon im Schwinden ist. Die Verkündigung soll der selbstverschuldeten Unfähigkeit, die Augen zu öffnen, ein
Ende machen. Das fromme Lied übertreibt zwar etwas, wenn es behauptet:
»denn das ist die größte Plage, wenn bei Tage man das Licht nicht sehen
kann«[16]. Doch das ist wahr, daß die ungläubige Welt trotz des Beginns des
Tages noch immer in die Nacht verliebt ist. Ihr müssen die Augen aufgehen

---

[15] epd-Wochenspiegel. Ausgabe Südwest, Nr. 45 vom 12. November 1999, 13.
[16] Hüter, wird die Nacht der Sünden nicht verschwinden?, EKG 266,7.

für das, was kommt. Evangelisation heißt also: aus Nichtsehenden Sehende zu machen.

»Sehet, was ihr hört« – mit diesem – im Protestantismus weitgehend vergessenen – Imperativ hatte schon der irdische Jesus seinen Jüngern die weltlichen Sinne für das geschärft, was der geistliche Sinn seiner Sendung war: Sehet, was ihr hört (Mk 4,24). Der auferstandene Christus hat auf seine Weise allen Völkern dieselbe Zielbestimmung gegeben: ihnen sollen die Augen geöffnet werden für das, was in seiner Geschichte geschehen ist. Von seiner Geschichte geht – mit Hölderlin zu reden – »allerneuende Klarheit« aus[17]. Unsere immer unübersichtlicher werdende Welt wird dann zwar nicht einfach problemlos. Es ist dann nicht einfach auf einmal – wie es in der Reklamesprache heißt – »alles klar«. Wahrhaftig nicht! Aber es entstehen Durchblicke, ungewöhnliche Durchblicke, Durchblicke, die Orientierung gewähren: Orientierung von oben her für das Leben ganz unten. Dafür gilt es evangelisierend die Augen zu öffnen.

Die Augen sollen allerdings mit Hilfe von menschlichen Worten geöffnet werden – so wie ja auch eine Mutter ihrem Kind eigens sagen kann: sieh – sieh, wie schön! oder: sieh genau hin! Oder wie der Dichter die von ihm Ansprechbaren mit Worten zum Sehen bewegt: »Komm in den totgesagten Park und schau: ...«[18] Die Sprache kommt den Augen zu Hilfe. Deshalb endet das Matthäusevangelium mit der missio, der Sendung der Jünger, die allen Völkern durch ihre Worte die Augen öffnen und sie auf diese Weise ebenfalls zu Jüngern machen und taufen sollen auf den Namen des Vaters und des Sohnes und des heiligen Geistes.

Halten wir fest: Evangelisieren heißt auf jeden Fall: mit Hilfe des Wortes etwas sehen lassen. Nein, nicht nur etwas, sondern das, was gesehen zu haben sich zeitlich und ewig lohnt.

Was sieht man da? Die Antwort ist von elementarer Einfachheit. »Siehe da, die Hütte Gottes bei den Menschen. Und er wird bei ihnen wohnen« (Apk 21,3). Das also sieht man: daß Gott mit den Menschen zusammenkommen, zusammensein und zusammenleben will. Wo dieser göttliche Wille sich vollzieht, wo er sich erfüllt, da entsteht Kirche. Doch die Kirche hat, indem sie entsteht, nun ihrerseits alle Welt sehen zu lassen, daß Gott mit allen Menschen zusammenkommen, zusammensein und zusammenleben will. Die Kirche ist »der Ort in der Welt, an dem dieser die Augen über sich selbst aufgehen«[19]. Der von der Kirche noch unterschiedenen Welt nun ihrerseits dazu zu ver-

---

[17] *F. Hölderlin*, Versöhnender der du nimmer geglaubt. Erste Fassung, in: *ders.*, Sämtliche Werke, hg. von *F. Beissner*, Bd. 2, 1951, 130–132, 130.
[18] *S. George*, Nach der Lese, in: *ders.*, Sämtliche Werke in 18 Bänden, Bd. 4: Das Jahr der Seele, 1982, 11–22, 12.
[19] *K. Barth*, KD IV/3 (2. Hälfte), 880.

helfen, daß ihr die Augen über sich selbst aufgehen – das ist der Sinn, das ist die Funktion und Intention dessen, was man Mission und Evangelisation im biblischen Sinne zu nennen pflegt: nämlich der Welt zu verstehen geben, daß Gott mit ihr zusammenkommen, mit ihr zusammensein und zusammenleben will.

Wie macht man das?

VI. Werben um die Welt: die theologische Kultur der Bejahung

Wie macht es denn ein menschliches Ich, wenn es mit einem anderen menschlichen Ich zusammenkommen, zusammensein und zusammenleben will?

Mitunter genügt, um dem anderen Menschen den eigenen diesbezüglichen Wunsch zu verstehen zu geben, schon ein Blick, freilich ein ganz besonderer Blick, ein werbender Augen-Blick, und doch von Tiefe: so tief, daß er der anderen Person zu Herzen geht und ihr dort, im Zentrum ihrer Existenz, dann ein Licht aufgeht.

Mitunter ist es auch eine körperliche Berührung, die dem derart affizierten anderen Menschen das Bekenntnis entlockt: »Wenn ich in deine Augen seh, / so schwindet all mein Leid und Weh; / Doch wenn ich küsse deinen Mund, / so werd ich ganz und gar gesund.«[20]

Oft tut auch eine Einladung zu Brot und Wein das ihre. Zusammen Essen und Trinken ist ja eine besonders intensive Weise des Zusammenlebens. Das ist übrigens auch am Rande des »akademischen Lebens« der Fall. Insbesondere aber, wenn das Leben festlich wird: dann steigern Brot und Wein die Gemeinschaft, das gemeinsame Leben.

Nicht selten schreibt man aber auch einen Brief und hofft, daß er dem Empfänger ebenso zu Herzen geht wie ein liebevoller Blick. Am häufigsten aber ist es ein mündliches, ein ansprechendes Wort, mit dem Wille und Wunsch zum Zusammenleben zum Ausdruck gebracht werden.

Doch diese zweifellos weltlichen Lebensvorgänge sind zugleich Gleichnisse für das geistliche Geschehen von Mission und Evangelisation. Im Neuen Testament stehen sie für verschiedene Möglichkeiten, mit denen Gott uns zu verstehen gibt, daß er mit dem ganzen menschlichen Geschlecht und mit jedem einzelnen Ich zusammenkommen, zusammensein und in Zeit und Ewigkeit zusammenleben will.

Daß er dies will, das glauben wir. Denn an Jesus Christus glauben heißt: an diejenige Person glauben, in der Gott und Mensch ein für allemal zusammen-

---

[20] *H. Heine*, Lyrisches Intermezzo. Buch der Lieder, in: *ders.*, Sämtliche Schriften, hg. von *K. Briegleb*, Bd. 1, 1968, 7–212, 76.

gekommen sind, damit Gott unseren Tod teilt und wir sein Leben teilen können. Das ist das Geheimnis des Glaubens und als solches das Innerste der Kirche. Doch gerade dieses »ihr Innerstes drängt unwiderstehlich nach außen«[21].
Was in der Person Jesu Christi bereits für alle Menschen wahr geworden ist,
das will und soll im Leben jedes Menschen Wirklichkeit werden und muß
deshalb aller Welt nahegebracht werden.

Jesus selber hat das durchaus auch mit einem Blick versucht, freilich keineswegs immer mit Erfolg, wie die Geschichte vom reichen Jüngling zeigt
(Mk 10,21).

Erfolgreicher war Jesus hingegen, wenn er Menschen berührte, um sie zu
heilen oder um sie von den sie beherrschenden Dämonen zu befreien. »Wenn
ich mit dem Finger Gottes Dämonen austreibe, ist da nicht die Gottesherrschaft schon unter uns?« (Lk 11,20) Auch durch solche heilenden Berührungen kann – das zeigen die synoptischen Heilungsperikopen – Glauben hervorgerufen werden. Freilich gab es auch in dieser Hinsicht Grenzen für Jesus:
in seiner Heimat, in Nazareth, »konnte er kein einziges Wunder tun« (Mk
6,4f.).

Überaus bedeutsam war das gemeinsame Essen und Trinken, bei dem Jesus
Gottes Willen zum Zusammensein mit gottvergessenen Menschen elementar
vor Augen geführt hat.

Und nach seiner Auferstehung und Erhöhung wurden dann Briefe geschrieben, apostolische Briefe. Doch der Apostel Paulus kennt nicht nur die
mit Tinte geschriebene Post. Er kann auch die von ihm missionierte Gemeinde als einen für alle Menschen lesbaren Brief bezeichnen. Man bedenke: ist die
Gemeinde in ihrem Dasein bereits ein von allen Menschen lesbarer Brief,
dann hat schon ihre Existenz eine missionarische Funktion.

Doch nach dem Zeugnis des Neuen Testaments ist es nun doch vor allem
das ansprechende mündliche Wort, durch das in menschlichen Herzen ein
Licht aufgehen soll, auf daß es zur Erkenntnis Jesu Christi komme (2Kor 4,6).
Dies ist aber eine Erkenntnis, die sich nicht primär aufgrund von mehr oder
weniger gelehrten Diskursen einstellt. Die Erkenntnis Christi ist die Erkenntnis einer Wahrheit, die das Gewissen trifft – so trifft, daß ich mein Gewissen und im Gewissen mich selber ganz neu entdecke. Und das ist stets eine
doppelte Entdeckung.

Unweigerlich entdecke ich mich da als ein in Lebenslügen und Schuld verstricktes Ich. Denn »omnis conscientia mala«, schreibt Luther, »das Gewissen
ist immer schlechtes Gewissen«[22]. Schon deshalb wäre nichts verkehrter, als
dem gottlosen Menschen allererst ein schlechtes Gewissen zu *machen* – er hat

---

[21] *K. Barth*, KD IV/3 (2. Hälfte), 903.
[22] *M. Luther*, Dictata super Psalterium. 1513–16, WA 4, 67,38.

es schon. Ihm eigens ein schlechtes Gewissen zu *machen* – das kann die Aufgabe von Evangelisation und Mission also auf keinen Fall sein. Sie hat vielmehr zur Erkenntnis Jesu Christi zu verhelfen, und das ist die Erkenntnis einer Wahrheit, die *frei macht* (Joh 8,32). Trifft diese befreiende Erkenntnis das Gewissen, dann entdecke ich mich also nicht nur als ein in Lebenslügen und in Schuld verstricktes Ich, sondern zugleich und erst recht als ein von aller Schuld und aus allen Lebenslügen *befreites* Ich, das dann für seine Befreiung nur *dankbar* sein kann und unendlich dankbar ist. Dankbarkeit aber bleibt nicht stumm. Habe ich das im Evangelium laut werdende Ja Gottes als ein mir ganz persönlich geltendes, mich befreiendes Ja vernommen, dann wird es zu einer dankbaren Antwort kommen: dann wird es zum *Gebet* kommen. Im Gebet wird die Freiheit zwingend, so bezwingend, daß das mit Gott zusammengekommene und mit ihm nun zusammenlebende Ich jetzt auch mit Gott reden will, zu ihm seinerseits Ja sagen will. Das dürfte dann auch die Pointe aller missionarischen und evangelisierenden Tätigkeit sein: nämlich dem angesprochenen Ich zur Erkenntnis derjenigen Wahrheit zu verhelfen, die zeitlich und ewig frei macht und eben deshalb *beten* lehrt.

Das derart befreite Ich kann dann übrigens auch das Ausmaß und die Schwere seiner Schuldverstrickungen und Lebenslügen noch ganz anders ermessen als der darin Gefangene. Erst im Lichte der Wahrheit vermag man die Tiefe der Finsternis zu ermessen, der man verfallen war. Erst als von Gott gerechtfertigter und also bejahter Mensch erkenne ich die ganze Strenge des meine Sünde verurteilenden göttlichen Nein. Recht verstandene Evangelisation und Mission bringen dieses nicht zu verschweigende Nein aufgrund des göttlichen Ja zur Geltung. Insofern setzen sie so etwas wie eine *Kultur der Bejahung* frei, deren elementarster Ausdruck das Gott geltende Ja, also das Gebet ist.

VII. Der Adressat: Ich und mehr als Ich

Ich habe bisher und insbesondere mit den Ausführungen über die das Gewissen treffende Wahrheitserkenntnis herausgestellt, daß die der Welt das Evangelium bezeugende und also evangelisierende und missionierende Kirche sich *dem menschlichen Ich* zuwendet, sich ihm *persönlich* zuwendet, es höchst persönlich anspricht: so, daß es einem jeden derart Angesprochenen – mit Act 2,37 formuliert – »mitten durchs Herz geht«. Insbesondere die evangelisierende Zuwendung zum Menschen wird in der Regel diese Zuspitzung haben. Aber auch die *missionarische* Tätigkeit wird das individuelle personale Moment nicht einfach überspringen können.

Doch das bisher Dargelegte wäre völlig mißverstanden, wenn man es für so etwas wie einen christlichen *Individualismus* in Anspruch nehmen wollte.

Eine individualistische Engführung von Evangelisation und Mission kommt schon deshalb nicht in Betracht, weil das sich in seinem – in der Tat immer nur individuellen – Gewissen neu entdeckende Ich ja nicht in splendid isolation existiert, sondern *zur Gemeinschaft der Glaubenden* befreit wird. Man wird aber nicht erst vom terminus ad quem, sondern schon vom terminus a quo her, man wird schon im Blick auf die für das Evangelium zu gewinnenden Adressaten des christlichen Zeugnisses nicht ignorieren dürfen, daß die evangelisierende Rede das einzelne Ich nur ernst nimmt, wenn sie es in seinem sozialen und kulturellen Kontext ernst nimmt. In diesem Kontext ist das einzelne Ich in der Regel immer ein Ich, das andere Ichs neben sich hat, und ein Ich in einem ganz bestimmten soziokulturellen Milieu. Selbst die Mitteilung der Apostelgeschichte, daß die apostolische Rede den Angesprochenen »mitten durchs Herz« gegangen sei, galt einer ganzen *Gruppe* von Menschen, die Petrus sogar als Repräsentanten des ganzen Hauses Israel angeredet hatte (Act 2,36ff.). Evangelisation und Mission haben, auch und gerade wenn sie das einzelne Ich erreichen wollen, zugleich immer eine dieses Ich transzendierende, sagen wir einmal: soziokulturelle Zeugnisfunktion. Evangelisation und Mission werden deshalb, auch und gerade wenn sie sich *direkt* und *unmittelbar* dem Menschen zuwenden, zugleich immer eine indirekte und mittelbare Zeugnisfunktion haben. Zu ihrer personalen, den Menschen als virtuellen Christen und als designiertes Glied der Kirche ansprechenden Dimension gehört zugleich immer auch eine säkulare, die Welt als Welt ansprechende Dimension.

Bei der einst so genannten äußeren Mission liegt das ja auf der Hand. Sie wendete sich zwar ebenfalls an das einzelne Ich, sprach dieses aber in der Regel als Glied seiner Gruppe, seines Clans, seines Stammes oder seines Volkes an. Mutatis mutandis wiederholte sich hier, was im Urchristentum geschah, wenn der pater familias »mit seinem ganzen Haus« getauft wurde (vgl. Act 18,8). Gruppenbezogene Mission hat zudem so etwas wie einen ganzheitlichen Aspekt. Denn zur Ganzheit eines Menschen gehört zweifellos auch seine soziokulturelle Umwelt. Jesu harte Forderung, daß man Vater, Mutter, Frau, Kinder, Brüder, Schwestern und sogar sich selbst hassen müsse, wenn man sein Jünger werden will (Lk 14,26), macht zwar deutlich, daß das Evangelium alle Plausibilitäten und alle bisherigen Bindungen in die Krise führt, also auch die bisherigen sozialen und kulturellen Kontexte. Sogar das Verhältnis des Menschen zu sich selbst gerät hier in eine elementare Krise. Doch Krisis heißt nicht Zerstörung. Aus einer solchen Krise geht niemals ein von allen gesellschaftlichen Bezügen isoliertes Ich hervor. Jesu hartes Wort, dem seine Absage an die eigene Familie (Mk 3,33–35) korrespondiert, setzt zudem das von ihm mehrfach in Erinnerung gerufene (vgl. Mk 7,10; 10,19) Gebot, Vater und Mutter zu ehren, keineswegs außer Kraft. Evangelisation hat ganz gewiß die private Sphäre ernst zu nehmen, aber immer auch zu transzendieren. Sie geschieht *publice*. Sie ist *öffentliche Rede*, und zwar nicht nur *in* der Öffentlichkeit, sondern auch *für* die Öffentlichkeit, die durch das Evangelium gleichfalls angesprochen und herausgefordert, in bestimmten Fällen auch regelrecht provoziert werden muß. Wer missioniert, hat ernst zu nehmen, daß das anzusprechende Ich in einem Ensemble gesellschaftlicher, kultureller, sozialer, politischer Verhältnisse existiert. Ja, er hat sogar den bisherigen religiösen Kontext des anzusprechenden Menschen zu respektieren – dies freilich so, daß ihm von seinem bisherigen religiösen Kontext *mit Anstand Abschied zu nehmen* ermöglicht wird – mit Anstand Abschied. Hermeneutischer Leitsatz dürfte für die hier entstehenden Probleme die Auskunft des Apostels Paulus sein, daß er um des Evangeliums willen den Juden ein Jude geworden ist, um Juden zu gewinnen, und ebenso den ohne Gesetz lebenden Heiden ein Heide geworden ist, »damit ich auf alle Weise einige rette« (1Kor 9,19–23).

Die im Zusammenhang mit der Erweckungsbewegung des 19. Jahrhunderts entstandenen, überaus verdienstvollen europäischen Missionsgesellschaften haben freilich oft eher genau umgekehrt den Menschen jener anderen Weltgegenden, die sie missionieren wollten, zugemutet, nun ihrerseits den Europäern ein Europäer zu werden. »Konzeptionell wurden in der Missionsarbeit häufig europäische Zivilisation und Evangelisierung allzu sehr gleichgesetzt« – konstatiert das – übrigens in jeder Hinsicht überaus lesenswerte – Votum des Theologischen Ausschusses der Arnoldshainer Konferenz zu Mission und Evangelisation zu Recht[23]. Die Kritik an jener missionarischen Praxis ist freilich seit langem in aller Welt Munde und droht nun ihrerseits mit negativen Pauschalurteilen die unbestreitbar positiven weltlichen Früchte jener geistlichen Arbeit zu bagatellisieren. Das apostrophierte Votum der Arnoldshainer Konferenz erinnert zum Beispiel daran, daß damals in nicht wenigen außereuropäischen Ländern »die Grundlagen für ein modernes Bildungs- und Gesundheitssystem« gelegt wurden. Nicht wenige Politiker aus den einst missionierten Ländern sind denn auch den Missionsgesellschaften dankbar verbunden geblieben – ein Tatbestand, den sich sogar die international damals noch nicht anerkannte DDR zunutze zu machen verstand: der Besuch hochrangiger Repräsentanten afrikanischer Staaten bei der in Ostberlin residierenden Berliner Missionsgesellschaft wurde nur zu gern als eine Art Staatsbesuch mit Anerkennungseffekt vereinnahmt.

Diese komplexe Problematik der so genannten äußeren Mission macht deutlich, was deren Ziel *nicht* sein kann. Es kann nicht um die Ausbreitung des eigenen Denk- und Lebensstils – auch nicht des jeweiligen kirchlichen

---

[23] Evangelisation und Mission. Ein Votum des Theologischen Ausschusses der Arnoldshainer Konferenz, 1999, 33.

Denk- und Lebensstils! – gehen und schon gar nicht um einen kirchlichen
Sukkurs für außenpolitische Interessen. Es kann aber auch nicht um kirchenpolitische Einflußnahme und schon gar nicht um die Erweiterung konfes-
sioneller Machtpositionen gehen. Der missionarische Ruf ruft zur Gemeinschaft mit Jesus Christus und nur insofern auch in die kirchliche Gemeinschaft. Das wird dann konkret immer irgendeine konfessionell geprägte
Gemeinschaft sein. Aber diese kann sich schlechterdings nicht als *Konkur-
rentin* anderer kirchlicher Gemeinschaften verstehen, der man dann missionarische Erfolge mißgönnt. Versteht sie sich dennoch so, ist sie in der missionarischen Arbeit fehl am Platz. Die Mission der Zukunft wird ökumenisch
orientiert sein müssen oder sie wird überhaupt nicht mehr sein. Zu dieser
Ökumenizität der Mission gehört nicht zuletzt die Intention, die durch Mission entstehenden neuen Gemeinden ihrerseits als missionarische *Subjekte*
ökumenisch ernst zu nehmen, sie also von jeder *abhängig machenden* Bindung zu befreien. »Man kann etwas zugespitzt sagen: der Sinn der Mission
besteht darin, durch Begründung neuer, von den vormaligen Heiden selbst zu
tragender Mission sich selber überflüssig zu machen.«[24]

VIII. Ansprechende Indirektheit

Zum Schluß unserer – weiß Gott nicht alle Dimensionen auslotenden –
Meditation über Mission und Evangelisation möchte ich noch hinweisen auf
eine unbestreitbar wirksame, aber nicht direkt und unmittelbar, sondern indirekt und mittelbar wirksame Weise, das Evangelium an den Mann und an die
Frau – und ihre Kinder – zu bringen. Das mag zwar ungewöhnlich erscheinen, sollte aber dennoch nicht unterschlagen werden.

Ich beschränke mich dabei auf unsere eigene mitteleuropäische Situation,
die allerdings eine in jeder Hinsicht nach Mission und Evangelisation geradezu schreiende Situation ist. In den neuen Bundesländern liegt das offen zutage. Weitgehend fehlen hier ja selbst die elementarsten Kenntnisse über das
Christentum und seine Geschichte und die durch das Christentum geprägte
Kultur – von katechetischem Wissen ganz zu schweigen. Doch man täusche
sich nicht: auch in den alten Bundesländern haben wir es je länger je mehr mit
einer Gesellschaft zu tun, die ihre christliche Herkunft immer mehr vergißt
und eben deshalb die Kirche gebieterisch herausfordert, in ihrer allernächsten
Umgebung evangelisierend wirksam zu werden. Und da sollte man das, was
ich indirekte Evangelisation nennen möchte und was die Alte Kirche unter

---

[24] *K. Barth*, KD IV/3 (2. Hälfte), 1004.

der Kategorie der praeparatio evangelii subsumierte, auf keinen Fall verachten. Worum handelt es sich?

Da sind zunächst die der christlichen Gemeinde ureigenen Funktionen und die dazu gehörenden Örter zu nennen, die von der nichtchristlichen Umgebung zunächst nur einfach wahrgenommen werden, die aber für sie in irgendeiner Weise »attraktiv«, anziehend werden können und de facto auch immer wieder »attraktiv« werden. Ich beschränke mich auf einige, leicht zu vermehrende Hinweise.

Da ist zunächst und vor allem das *Gotteslob,* das unweigerlich erklingt, wenn die Christen als christliche Gemeinde zusammenkommen, das aber auch am Tisch einer christlichen Familie laut zu werden vermag. Ich erinnere mich an den unvergeßlichen Tag bald nach dem Fall der Mauer, an dem ich von Tübingen aus in Magdeburg bei meinen zwar getauften, aber der Kirche doch recht entfremdeten Geschwistern eintraf. Ein mir befreundeter Assistent hatte mich, einen der Bedienung des Lenkrades schlechterdings Unfähigen, zusammen mit seiner Frau und seinen zwei kleinen Knaben in die Heimat chauffiert. Als wir dann abends zu Tische saßen und gemeinsam essen und trinken wollten, fingen die beiden Knaben mit ihren strahlenden Stimmen, als sei es ganz selbstverständlich, zu singen an: »Alle guten Gaben, alles, was wir haben, kommt, o Gott, von Dir: Dank sei Dir dafür.«[25] Meine religiös eher unmusikalischen Schwestern haben mir später immer wieder erzählt, wie sehr sie dieses für sie spontane, für die Knaben aber ganz selbstverständliche Gotteslob bewegt hat. Es hat sie zum Einstimmen bewegt. Da habe ich begriffen, daß das Gotteslob der Christen »eine im Leben der Welt klaffende Lücke auszufüllen« hat[26]. Das gilt für jede Form von Gotteslob! Nicht nur die Werke der unbestreitbar großen soli Deo gloria komponierenden musikalischen Genies, sondern eben auch das en famille ertönende und von den am Familientisch platznehmenden Atheisten wahrnehmbare Gotteslob hat eine zwar nur indirekt wirksame, aber doch nicht zu unterschätzende evangelisierende Funktion: übrigens eine Evangelisation ohne jede missionarische Absicht, aber vielleicht gerade deshalb mit einem nicht abzuschätzenden missionarischen Effekt. Im Gotteslob nämlich schwingt die Welt über sich hinaus. Im Gotteslob kann der sonst durchweg auf sich selbst bezogene Mensch über sich hinaus kommen. Und das wünscht er sich doch. Eben deshalb gehört das Loben Gottes nicht nur in die Kirche, sondern genauso in die Öffentlichkeit der Welt. Und gegebenenfalls müssen die Kirchenräume selber zu solcher weltlichen Öffentlichkeit werden.

---

[25] EG, Nr. 463.
[26] *K. Barth,* KD IV/3 (2. Hälfte), 992.

Und dann sind da die christlichen *Schulen*. In den neuen Bundesländern kann man ihre Bedeutung gar nicht hoch genug veranschlagen. Als ich vor einigen Monaten in Magdeburg in einem Taxi mit der Chauffeurin ins Gespräch kam und mich als evangelischer Pfarrer zu erkennen gab, reagierte sie sehr temperamentvoll: »Ich selbst«, sagte sie, »bin ja eine hartgesottene Atheistin. Aber meinen Sohn schicke ich trotzdem auf das Ökumenische Gymnasium. Denn da lernt er zur Zeit am besten, was man über die Welt wissen muß. Und vielleicht lernt er auch etwas über den mir unbekannten Gott. Sei's drum!«

In einer gewissen Nachbarschaft zu den christlichen Schulen existieren die evangelischen *Akademien*. Auch in ihnen geschieht, und zwar wiederum ohne jede missionarische Absicht, so etwas wie indirekte Evangelisation. Eine Repräsentantin des Deutschen Gewerkschaftsbundes hat mir erzählt, wie auf Veranstaltungen von evangelischen Akademien Prozesse des Nachdenkens ausgelöst worden sind: nicht nur über die jeweils verhandelten aktuellen Probleme, sondern auch über den Ort, an dem man mit der anderen Seite, also mit den Bossen, in einem sonst selten anzutreffenden Klima, nämlich mitten im Streit friedlich miteinander umgehen konnte: Orte von Schalom!

Der *Ort* kann auch, zumindest indirekt evangelisieren. Ein hochgelehrter Wissenschaftler, ursprünglich katholisch sozialisiert, aber seitdem seiner Kirche überaus entfremdet, erzählte mir vor wenigen Tagen, daß, wenn er dann doch einmal in eine – durch ihr mystisches Dunkel gekennzeichnete – franziskanische Kirche geriete, ihn eine Aura umfinge, die ihn im Blick auf seine eigene religiöse Entfremdung – ich sage es in meinen Worten – überaus nachdenklich mache. Für uns Protestanten sind Franziskanerkirchen mit ihrem seltsamen Dunkel wohl eher suspekt. Aber die große christliche Architektur in allen ihren Variationen ist noch immer ein zwar stummes, aber in ihrer Stummheit sehr wohl ansprechendes Zeugnis des Evangeliums. Deshalb muß man dem Staat dankbar dafür sein, daß er diese Architektur zu erhalten hilft.

Eine ebenfalls indirekte, aber überaus eindrückliche Erinnerung an das Evangelium ist der erste Satz unseres *Grundgesetzes*: »Die Würde des Menschen ist unantastbar«. Der Satz ist eine Konsequenz des Glaubensartikels von der Rechtfertigung des Gottlosen. Denn dieser Glaubensartikel besagt, daß *jeder Mensch*, also nicht nur der Christ, eine von Gott definitiv anerkannte Person ist, deren Würde unantastbar ist. Wer sie verletzt, greift Gott selber an. Wer diesen Zusammenhang begreift, mehr noch: wer etwas davon erfährt, der hat etwas vom Evangelium erfahren, auch wenn er noch gar nicht weiß, daß er da mit dem Evangelium Bekanntschaft gemacht hat.

Ganz anders orientiert sind die christlichen Werke, also alles das, was man als *Diakonie* zu bezeichnen pflegt. Wir sollten heute, nach so viel überaus schiefen Antithesen, darüber nun wirklich nicht mehr streiten, daß auch jede samaritanische Tat eine indirekte Bezeugung des Evangeliums ist: sie ist es gerade deshalb, weil sie gar nichts anderes im Sinn hat, als dem hilfsbedürftigen Nächsten zu helfen. Das Evangelium selber kann überaus selbstlos sein. Das gilt übrigens auch und gerade im Hinblick auf die Beratung schwangerer Frauen.

Und dann ist da noch der *Sonntag*, die christliche Variante des Sabbat, der Tag, der eigentlich an die Auferstehung Jesu Christi erinnern sollte, der aber auch einfach dadurch ein indirekter Zeuge des schöpferischen und sein gottloses Geschöpf rechtfertigenden Gottes ist, daß er den Rhythmus unseres *tätigen*, ständig auf *Leistungen* bedachten Lebens elementar unterbricht, so daß wir aus Leistungsmenschen wieder *Seiende* werden, *staunende Seiende*, die sich der unerhörten Tatsache freuen, daß sie überhaupt *sind* und nicht vielmehr nicht sind. Der Sonntag ist die temporale Gestalt der Rechtfertigungsbotschaft, also jenes Evangeliums, das uns darauf anspricht, daß wir mehr sind als die Summe unserer Taten und Leistungen – und natürlich erst recht mehr als die Summe unserer Untaten und Fehlleistungen. Eine sich für den Schutz des Sonntags einsetzende Kirche ist eine *evangelisierende* Kirche. Und sie sollte das nicht verschämt sein, sondern frei heraus: wenn Gott selber den Sabbat brauchte, um von seinen Werken zu ruhen, um wieviel mehr braucht die Welt dann den Sonntag!

Last not least darf ich als Professor der Theologie auch auf das Dasein der *theologischen Fakultäten* innerhalb der Universität zu sprechen kommen. Wenn diese akademischen Institutionen ihrer Sache treu bleiben, dann haben auch sie eine zwar indirekte, in ihrer Indirektheit aber überaus ansprechende evangelisierende Wirkung. Noch sehr viel mehr als die staatlich abgesicherten theologischen Fakultäten hatten übrigens die kirchlichen Hochschulen in der ehemaligen DDR diese Funktion. Waren sie doch intellektuelle Oasen in einer ideologischen Wüste und eben deshalb selbst für Atheisten überaus attraktiv.

Lassen Sie mich diese Ausführungen schließen mit einer Bemerkung zu meinem derzeitigen Lebenskontext. Ich habe zur Zeit das Privileg, als Fellow des Berliner Wissenschaftskollegs meinen eigenen theologischen Forschungen zu frönen, ohne lehren zu müssen. Das ist schön. Zu den Pflichten der Fellows gehört das gemeinsame Essen. Da sitzt dann also der Theologe mit Kolleginnen und Kollegen unterschiedlichster Fakultäten zu Tische. Und wie es sich gehört, plaudert man miteinander. Doch es vergeht kaum ein Tag, an dem ich nicht auf meine theologische Existenz angesprochen werde, und zwar so angesprochen werde, daß mein Gegenüber mehr oder weniger deutlich von Ereignissen oder Problemen erzählt, die einen mitunter versteckten, mitunter offen zutage liegenden Bezug zu der Wahrheit haben, die ich als Theologe zu vertreten habe und gern vertrete. Ich werde dabei primär *als Hörender* in Anspruch genommen. Ich muß kaum etwas sagen. Und ich frage mich und frage Sie, verehrte Zuhörer, ob es nicht auch so`etwas wie eine Evangelisation durch aufmerksames, konzentriertes Zuhören gibt.

Das alles setzt allerdings voraus, daß es eine *redende Kirche* gibt, die sich des Evangeliums nicht schämt. Alle indirekte und mittelbare Evangelisation lebt davon, daß es die direkte und unmittelbare Bezeugung des Evangeliums gibt – wie ja auch der Mond nur zu scheinen vermag, weil es das Sonnenlicht gibt. Und so sollen und dürfen denn die gegebenen Hinweise auf das, was ich indirekte Evangelisation nannte, auf keinen Fall davon ablenken, daß – ich zitiere aus Luthers 95 Thesen gegen den Ablaß – »der wahre Schatz der Kirche«, nämlich »das hochheilige Evangelium«, von der Kirche auf jede denkbare Weise in die Öffentlichkeit gebracht werden muß. Und das heißt für die Evangelische Kirche in Deutschland nun einmal zuerst und vor allem: in die deutsche, religiös ausgehungerte Öffentlichkeit! Je ärmer, je geistlich ärmer sie ist, um so mehr hat die Welt ein heiliges Recht, hat sie einen ihr selbst zwar unbewußten, aber unabweisbaren Anspruch auf den wahren Schatz der Kirche. Und das liegt ja offen zutage, daß die deutsche Christenheit vor einer missionarischen Herausforderung steht, wie sie größer kaum gedacht werden kann.

Gewiß, diese Herausforderung anzunehmen bedeutet auch: sich strapazieren zu lassen. Mission ist nun einmal auch anstrengend. Noch dazu, wenn man, um der Welt die Augen öffnen zu können, missionarischen Einfallsreichtum braucht. Doch je mehr die Kirche evangelisierend und missionierend aus sich herausgeht, desto besser lernt sie dabei auch sich selber kennen. Docendo discimus – das gilt auch für das Reden von Gott in einer gottlosen Welt. Jeder Schritt in die weltliche Öffentlichkeit hinein macht die Kirche zugleich immer vertrauter noch mit ihrem ureigensten Geheimnis. Und so gehen denn der evangelisierenden Kirche bei dem Versuch, der Welt die Augen zu öffnen, erst recht die Augen über sich selber auf. Eine Kirche, die ihren Schatz unter die Leute bringt, wird staunend entdecken, wie reich sie in Wahrheit ist. Ja, im Atemholen sind *zweierlei Gnaden*.

Zwei Schwerter – Zwei Reiche

Die Trennung der Mächte in der Reformation[1]

»Quid est imperatori cum ecclesia?: Was hat der Kaiser mit der Kirche, was hat die Kirche mit dem Kaiser zu tun?«[2] – so die bereits in der Alten Kirche gestellte und *die Einheit der Welt* zutiefst problematisierende Frage des Donatus.

»Quid … Athenis et Hierosolymis? quid academiae et ecclesiae?: Was haben Athen und Jerusalem miteinander zu schaffen, was die Akademie und die Kirche?«[3] – so die bereits in der Alten Kirche gestellte und *die Einheit der Wahrheit* zutiefst problematisierende Frage Tertullians.

Die Reichskirche hat sowohl Tertullian als auch die Donatisten als Schismatiker marginalisiert. Doch die Frage des Donatus und die Frage Tertullians markieren eine *Unterscheidung*, die dem Selbstverständnis des Urchristentums als des dieser Welt und der Weisheit dieser Welt fundamental entgegengesetzten, von der Torheit des Kreuzes lebenden (vgl. 1Kor 1,18–31), wandernden Gottesvolkes entspricht, das hier keine bleibende Polis hat, sondern die kommende, die himmlische Polis sucht (Hebr 13,14). Seit den ältesten Zeiten der Christenheit scheint die Erinnerung an solche fundamentalen Unterscheidungen notwendig gewesen und immer wieder notwendig geworden zu sein: die Kirche ist Kirche und hat als solche, so scheint es, mit dem für das weltliche Leben verantwortlichen Staat nichts zu tun – so wie der Glaube Glaube ist, der mit der das Sein der Welt erforschenden Vernunft nichts zu tun hat. »Cum credimus nihil desideramus ultra credere: wenn wir glauben, begehren wir nichts über das Glauben hinaus« – hatte Tertullian seiner eine positive Verhältnisbestimmung von Kirche und Akademie krass verneinenden, polemischen Frage hinzugefügt[4]. Und die Donatisten insistierten darauf, daß die wahre Kirche jene ist, die Verfolgung (durch den Kaiser) erleidet, und nicht jene, die (mit dem Kaiser andere) verfolgt[5]. Wir scheinen es mit zwei

---

[1] Vortrag am 15. Juni 1999 an der Theologischen Fakultät Paderborn.
[2] *Donatus*, De schismate Donatistarum adversus Parmenianum libri, in: PL 11, 883–1104, 999.
[3] *Q. S. F. Tertullian*, De praescriptione haereticorum VII, 9, in: CChr.SL I, 187–224, 193; vgl. *ders.*, Apologeticum 46, 5ff., in: CChr.SL I, 85–171, 161f.
[4] *Q. S. F. Tertullian*, De prascriptione haereticorum VII, 13, CChr.SL I, 193.
[5] *A. Augustinus*, Ad Donatistas post collationem, c. XXXI, in: PL 43, 651–690, 684.

einander entgegengesetzten Reichen zu tun zu haben, zwischen denen es offenbar nur das Verhältnis der Kontradiktion gibt. Und es scheint zudem, als würde man sich dafür auf keine geringere Autorität als die des Apostels berufen können, der in einer den Fragen des Donatus und Tertullians vergleichbaren Weise gefragt hat: »Was haben denn Gerechtigkeit und Gesetzwidrigkeit miteinander zu schaffen? Was haben Licht und Finsternis gemeinsam? Was für ein Einklang (συμφώνησις) besteht zwischen Christus und Beliar? Und was hat der Gläubige für einen Anteil am Ungläubigen? Wie verträgt sich der Tempel Gottes mit den Götzen? Wir aber sind der Tempel des lebendigen Gottes« (2Kor 6,14–16). Hier herrscht zweifellos ein Widerspruch, ein das voneinander Unterschiedene in einen einander ausschließenden Gegensatz bringender Widerspruch: *entweder – oder, aut – aut.* Ist dieses *aut – aut* die Pointe der Zwei-Reiche-Lehre?

Doch hat nicht derselbe Apostel im 13. Kapitel des Römerbriefes die Christen daran erinnert, daß die staatliche Obrigkeit von Gott selbst angeordnet ist? Und hat er nicht für den gekreuzigten Christus, der den Griechen eine Torheit ist (1Kor 1,23), in Anspruch genommen, daß eben dieser Christus für die Glaubenden die Weisheit schlechthin, nämlich Gottes Weisheit ist (1Kor 1,24)? Gibt es in Gottes Schöpfung einen Gott entzogenen Bereich des Seins oder der Erkenntnis? Hat also der Jahrhunderte später besorgt in die Zukunft blickende Schleiermacher nicht zumindest seinerseits einen Anhalt am Neuen Testament, wenn er im zweiten Sendschreiben an Lücke fragt: »Soll der Knoten der Geschichte so auseinander gehn? das Christenthum mit der Barbarei, und die Wissenschaft mit dem Unglauben?«[6] Müßte nicht ein versöhnliches *et – et* die Pointe der Zwei-Reiche-Lehre sein? Oder gar ein die Alternative von *aut – aut* und *et – et* überwindendes *non solum aut – aut, sed etiam et – et?* Fragen über Fragen?

Ich soll dazu Stellung nehmen unter dem mir vorgegebenen Titel: *Zwei Schwerter – Zwei Reiche. Die Trennung der Mächte in der Reformation.* Erwartet wird eine *systematische Erörterung* dessen, was Luther mit der Unterscheidung zweier Reiche oder Regimenter Gottes als zentrales Anliegen der Theologie geltend gemacht hat und was deshalb auch in *gegenwärtiger* theologischer Verantwortung vertreten zu werden verlangt.

Die mir gestellte systematische Aufgabe möchte ich im Folgenden so behandeln, daß ich den Fragen des Donatus und Tertullians, also der Frage nach dem konfliktreichen Verhältnis von Kirche und Staat und der Frage nach dem spannungsvollen Verhältnis von Glaube und Vernunft, unter dem Gesichts-

---

[6] *F. D. E. Schleiermacher*, Über die Glaubenslehre. Zwei Sendschreiben an Lücke. Zweites Sendschreiben, in: *ders.*, Kritische Gesamtausgabe, 1. Abt., Bd. 10, hg. von *H.-F. Traulsen*, 1990, 337–394, 347,8–10.

punkt der Unterscheidung *zweier* regna Gottes, aber eben doch zweier regna des *einen Gottes* nachdenken will. Zu diesem Zweck soll zuerst an die Zwei-Schwerter-Theorie erinnert werden, sodann die reformatorische Zwei-Reiche-Lehre knapp skizziert werden, um schließlich deren gegenwärtigen Wahrheitsgehalt unter dem – für eine pluralistische Gesellschaft besonders relevanten – Aspekt der *Öffentlichkeit*, nein: Aspekt *zweier Öffentlichkeiten* in eigener Verantwortung zu vertreten. Denn für unterschiedliche *Öffentlichkeiten* steht ja auch die Rede von den zwei Schwertern und die Rede von den zwei Reichen gut.

I. Die Theorie von den zwei Schwertern

Zwei Schwerter – Zwei Reiche: die beiden zu Signalen gewordenen Formeln deuten überaus unterschiedliche ekklesiologische Interessenlagen an. Und in der Tat: größer als der Unterschied zwischen den durch diese beiden Formeln jeweils repräsentierten ekklesiologischen Selbsteinschätzungen kann, so scheint es, der Gegensatz zwischen der »alten«, der römischen, der pontifikal strukturierten katholischen Kirche einerseits und den reformatorischen Kirchen andererseits kaum sein. Ein schlichter Blick in zwei repräsentative Lexika scheint den Gegensatz auf Anhieb zu bestätigen. Schlägt man in der zweiten Auflage des katholischen *Lexikons für Theologie und Kirche* die entsprechenden Spalten auf, so findet sich dort zwar ein instruktiver Artikel über die *Zwei-Schwerter-Theorie*[7]; aber einen Artikel über die *Zwei-Reiche-Lehre* sucht man dort vergeblich. Schlägt man hingegen das etwa zur selben Zeit in dritter Auflage erschienene evangelische Lexikon *Religion in Geschichte und Gegenwart* auf, so findet man dort zwar einen Artikel über die *Zwei-Reiche-Lehre*[8], aber keinen Artikel über die *Zwei-Schwerter-Theorie*. Das evangelische Selbstverständnis der lutherischen Kirchen kann, so scheint es, ohne eine Zwei-Reiche-Lehre nicht lutherisch sein, während es die Zwei-Schwerter-Theorie zu ignorieren oder sogar nicht einmal zu ignorieren für angemessen hält. Und das römisch-katholische Selbstverständnis muß zumindest mit der Last der Zwei-Schwerter-Theorie existieren, während es der Zwei-Reiche-Lehre am besten einfach aus dem Weg geht. *Videtur, quod ...*

Doch bevor wir ein *sed contra* wagen und dann sogar noch ein *respondeo dicendum*, dürfte es angebracht sein, wenigstens schlagwortartig zu erläutern, was mit den beiden Formeln *Zwei Schwerter* und *Zwei Reiche* eigentlich gemeint war.

---

[7] *F. Merzbacher*, Art. Zwei-Schwerter-Theorie, ²LThK, Bd. 10, 1965, 1429f.
[8] *F. Lau*, Art. Zwei-Reiche-Lehre, ³RGG, Bd. 6, 1962, 1945–1949.

Zwei Schwerter begegnen uns bereits in der Heiligen Schrift. Im Lukasevangelium ist zwischen der Ankündigung der dreimaligen Verleugnung des Herrn durch Petrus und der Gethsemane-Perikope ein Ausblick auf die für die Jünger nach dem Tod Jesu eintretende Situation der Bedrängnis eingefügt. Mußten die Jünger sich bisher um die irdischen Bedingungen ihrer Existenz nicht sorgen, so werden sie nun von Jesus darauf hingewiesen, daß sie in der kommenden Zeit der Verfolgung – gemeint ist »die Zeit der Kirche, wie sie Lukas in der Apostelgeschichte schildert«[9] – selber für das Notwendigste Sorge tragen müssen. Und um den Ernst der Situation zu unterstreichen, fordert Jesus sie auf, fortan ein Schwert bei sich zu haben. Die Jünger aber weisen darauf hin, daß sie jetzt schon nicht nur ein Schwert, sondern sogar zwei Schwerter bei sich haben. Jesus bricht darauf die Szene ziemlich abrupt ab: »es reicht« (Lk 22,35–38).

Den ursprünglichen Sinn dieses Textes völlig verfehlend, hat man im Mittelalter die Wendung von den zwei Schwertern, die die Jünger Jesu bei sich hatten, auf die bereits von Papst Gelasius I. im Jahre 494 formulierte Theorie von den Zwei Gewalten angewendet, durch die die Welt regiert wird. Papst Gelasius hatte an Kaiser Anastasius I. geschrieben: »*Zwei* sind es nämlich, erhabener Kaiser, von denen diese Welt vornehmlich regiert wird: die *geheiligte Autorität der Bischöfe* und die *königliche Gewalt*: Duo sunt quippe, imperator auguste, quibus principaliter mundus hic regitur, *auctoritas sacrata pontificum* et *regalis potestas*«[10]. Offensichtlich von der paulinischen Voraussetzung geleitet, daß die Welt mit Hilfe des Schwertes regiert wird (Röm 13,4), hat man nun – im strikten Gegensatz zu der paulinischen Auffassung, daß *nur die staatliche Gewalt* das Schwert trägt – nicht nur von einem der politischen Gewalt anvertrauten weltlichen oder zeitlichen Schwert (dem gladius temporalis), sondern auch von einem der kirchlichen Autorität anvertrauten geistlichen Schwert (dem gladius spiritualis) geredet – wobei die Erinnerung an den neutestamentlichen Vergleich der Kraft des Wortes Gottes mit der Schärfe des Schwertes (Eph 6,17; Hebr 4,12) eine Rolle gespielt haben mag.

Diese Zwei-Schwerter-Theorie existierte allerdings in sehr differenten Fassungen. Strittig war zwischen den verschiedenen Fassungen der mittelalterlichen Zwei-Schwerter-Theorie vor allem dies, ob Gott dem Papst *beide* Schwerter verliehen habe, so daß der Papst als Inhaber des gladius uterque die *Einheit* der Welt verkörpert, der Kaiser das politische Schwert also erst vom Papst *empfängt* und diesen gladius temporalis *für* die Kirche führen muß – oder ob der Kaiser sein weltliches Schwert *unmittelbar* von Gott verliehen bekommt, so daß die weltliche Gewalt zwar im Namen *Gottes*, aber unabhän-

---

[9] *W. Grundmann*, Das Evangelium nach Lukas (ThHK 3), [9]1981, 409.
[10] DH 347.

gig von irgendeiner *kirchlichen* Legitimation ausgeübt wird. Die letztere, kaiserliche Fassung der Zwei-Schwerter-Theorie hat sich im Sachsenspiegel niedergeschlagen[11]. Aber auch der »Begründer der Kanonistik, Gratian, hat der Kirche allein das geistl[iche] Schwert zuerkannt (c. 6 C. 33 q. 2): *gladium non habet, nisi spiritualem, non occidit, sed vivificat*«[12]. Das war dann auch noch Jahrhunderte später der Grund dafür, daß die Inquisition die Exekution der Ketzer nicht selber in die Hand nahm – gladius spiritualis non occidit –, sondern der staatlichen Gewalt überließ.

Das Gegenstück zur mittelalterlichen Zwei-Schwerter-Theorie stellt die in England von elisabethanischen Kronjuristen aufgestellte Formel von den *zwei Körpern des Königs* dar, die dem Monarchen nicht nur einen natürlichen, sterblichen Körper zuschrieb, sondern auch einen den Engeln vergleichbaren übernatürlichen Körper, der niemals stirbt: der König und nicht der Papst erscheint nun als Repräsentant Christi auf Erden. Wie Christus eine Person in zwei Naturen, der menschlichen und der göttlichen Natur, ist, so existiert die königliche Person mit zwei Körpern, einem sterblichen und einem unsterblichen Körper. Auch diese Theorie hat sehr viel ältere Wurzeln, die Ernst H. Kantorowicz in seinem viel beachteten Buch *Die zwei Körper des Königs. Eine Studie zur politischen Theologie des Mittelalters*[13] vorgeführt hat. Man kann sie auch an den Symbolen der alten Reichskrone identifizieren[14].

Ganz anders orientiert ist die lutherische Zwei-Reiche-Lehre, ein Titel, der seine terminologische Fixierung erst in den dreißiger Jahren unseres Jahrhunderts – im Anschluß an die Luther-Renaissance der zwanziger Jahre und im Zusammenhang des Kirchenkampfes – gefunden hat. Man kann zwar auch für diese Lehre auf ältere und sehr alte Vorstufen verweisen, die bis auf Augustins Unterscheidung von civitas Dei und civitas terrena zurückgehen. Doch was man als Luthers Lehre von den zwei Reichen zu bezeichnen pflegt, ist von ganz anderen theologischen Plausibilitäten und Notwendigkeiten bestimmt.

---

[11] »Twei swert let Got in ertrike to bescermene de kristenheit. Deme pavese is gesat dat geistleke, deme keisere dat werltleke. Deme pavese is ok gesat to ridene to bescedener tit op eneme blanken perde unde de keiser scal eme den stegerep halden, dorch dat de sadel nicht ne winde. Dit is de betekenisse: swat deme pavese wedersta, dat he mit geistlekeme rechte nicht dwingen ne mach, dat it de keiser mit werltlekeme rechte dwinge deme pavese horsam to wesene. So scal ok diu geistleke walt helpen deme werltlekeme gerichte, of it is bedarf« (Sachsenspiegel. Landrecht [MGH.F NS I/1], hg. von *K. A. Eckhardt*, [3]1973, 69f.).

[12] *F. Merzbacher*, Art. Zwei-Schwerter-Theorie, 1429.

[13] *E. H. Kantorowicz*, The King's Two Bodies. A Study in Mediaeval Political Theology, 1957; deutsch 1990.

[14] Vgl. *R. Staats*, Theologie der Reichskrone. Ottonische »Renovatio Imperii« im Spiegel einer Insignie (MGMA 13), 1976.

II. Die reformatorische Lehre von den zwei Reichen

Zunächst gilt es, sich darüber zu verständigen, daß die lutherische Lehre von den zwei Reichen oder Regimenten, den zwei regna oder potestates, gegenüber der Zwei-Schwerter-Theorie mehr als nur einen Paradigmenwechsel bedeutet. Ich lasse jetzt den *historischen Sachverhalt* gänzlich außer Betracht, daß die Theorie von den zwei Schwertern ja auch geschichtlich keineswegs von einer mit ihr konkurrierenden Theorie, eben der Zwei-Reiche-Lehre, abgelöst worden ist. Wir haben es vielmehr mit zwei *sachlich* ganz unterschiedlich orientierten Auffassungen zu tun. Die Zwei-Reiche-Lehre hat – um nur eine fundamentale Differenz sogleich anzukündigen – im Unterschied zur Zwei-Schwerter-Theorie eminent anthropologische Implikationen, ja sie bringt ein ganz anderes Verständnis von Gott und Welt zur Geltung und hängt insofern mit einer fundamentalen Neuorientierung der ganzen Theologie zusammen, die sich freilich dem Rückgang in die Heilige Schrift verdankt. Die Zwei-Schwerter-Theorie ist – in allen ihren Gestalten – ein Kapitel politischer Ethik bzw. ein Kapitel des Staatskirchenrechtes. Die Zwei-Reiche-Lehre betrifft hingegen den *dogmatischen Grund*, aus dem so etwas wie Ethik theologisch erwächst.

Die fundamentale Divergenz fällt schon ganz äußerlich jedem in die Augen, der auf die *terminologische* Differenz achtet. Das *Schwert* führt, wer sich oder das, was er zu vertreten hat, durch Machtausübung im Sinne der Androhung und Ausübung von Zwangsgewalt durchsetzen will oder muß. Die Rede vom *geistlichen Schwert* signalisiert entsprechend im Blick auf die fides christiana, im Blick auf die Gemeinschaft der Glaubenden und die sie institutionell repräsentierende Kirche den Anspruch, durch Machtausübung im Sinne der Androhung und Ausübung von Zwangsgewalt durchzusetzen, was sie zu vertreten hat. Von daher wird es auch verständlich, daß die kuriale Fassung der Zwei-Schwerter-Theorie die Überordnung der päpstlichen Gewalt über die kaiserliche Gewalt proklamierte, sich selbst also als Potenzierung der imperialen Gewalt verstand. Das eine Schwert beansprucht die Überlegenheit über das andere: Gewalt über Gewalt. Das ist allemal die Logik des Schwertes.

Jesus aber sprach zu dem ihn mit dem Schwert verteidigenden Petrus: »Stecke Dein Schwert in die Scheide, dahin, wo es hingehört: εἰς τὸν τόπον αὐτῆς« (Mt 26,52; vgl. Lk 22,49–51). Das war das Ende der Logik des Schwertes. Die reformatorische Zwei-Reiche-Lehre hat dann das geistliche Schwert auch metaphorisch in die Scheide gesteckt, für immer. Ich erinnere an die entsprechenden Aussagen aus dem 28. Artikel der Confessio Augustana: »sine vi humana, sed verbo, ohn menschlichen Gewalt, sonder allein durch Gottes Wort« soll das bischöfliche Amt seine Aufgabe wahrnehmen, nämlich »das

Evangelium predigen, Sunde vergeben, Lehr urteilen und die Lehre, so dem Evangelio entgegen, verwerfen und die Gottlosen … aus christlicher Gemein ausschließen«[15]. Und bei Luther kann man lesen, Gott habe »zweyerley regiment unter den menschen auff gericht. Eins geistlich, durchs wort und on schwerd, da durch die menschen sollen frum und gerecht werden, also das sie mit der selbigen gerechtickeit das ewige leben erlangen. Und solche gerechtikkeit handhabet er durchs wort, wilchs er den predigern befolhen hat. Das ander ist ein weltlich regiment durchs schwerd, auff das die ienigen, so durchs wort nicht wollen frum und gerecht werden zum ewigen leben, dennoch durch solch weltlich regiment gedrungen werden, frum und gerecht zu sein für der welt. Und solche gerechtickeit handhabet er durchs schwerd« bzw. durch das »ampt des schwerds«[16].

---

[15] CA XXVIII, BSLK 123,23 – 124,9.

[16] *M. Luther*, Ob Kriegsleute auch in seligem Stande sein können. 1526, WA 19, 629,14–25. Luther kennt selbstverständlich auch die Rede von den zwei Schwertern. Er *zitiert* sie (vgl. *M. Luther*, Vom ehelichen Leben. 1522, WA 10/II, 275,5f.; *ders.*, Predigt vom 21. Oktober 1522, WA 10/III, 358,30f. 360,29ff.; *ders.*, Vom Kriege wider die Türken. 1529, WA 30/II, 142,5ff.; *ders.*, Einer aus den hohen Artikeln des päpstlichen Glaubens … 1537, WA 50, 77,3–10; *ders.*, Predigt vom 13. Dezember 1545, WA 51, 98,27 – 99,4; *ders.*, Vorrede auf die Offenbarung S. Johannis. 1530, WA.DB 7, 415,1f. u.ö.), aber um sie zurückzuweisen: »Uterque gladius ist lauter dreck« (*M. Luther*, Predigt vom 13. Dezember 1545, WA 51, 99,4) und Teufelswerk; denn »es hat den teuffel vil mu kostet, eh er disen geistlichen stand hat aufgericht und inen allein dise zwey schwert zugeeignet. Solchen irrtum muszen wir nit alein beruren, sunder auch mit füszen tretten und gar verdammen« (*M. Luther*, Predigt vom 21. Oktober 1522, WA 10/III, 358,29–32). Redet der Reformator hingegen *positiv* von den zwei Schwertern, dann geschieht dies in Aufnahme des neutestamentlichen Vergleiches des *Wortes Gottes* mit einem Schwert, dem als das zweite Schwert das *Gebet* zur Seite gestellt wird: beide Schwerter sind in diesem Fall also als *verbale Akte* zu verstehen, die eine *geistliche* Funktion haben; sie sind *gegen den Satan* gerichtet, der sowohl die Predigt als auch das Gebet nicht dulden will: »Utrunque gladius ist diabolo unleidlich« (*M. Luther*, Predigt vom 21. Mai 1531, WA 34, 440,14 – 441,8 = aaO., 441,19–30). Ebenfalls in Aufnahme der neutestamentlichen Metapher kann Luther das *richtende* und *verdammende* Wort Gottes als Schwert bezeichnen, das aber vom weltlichen »Faustschwert« streng zu unterscheiden ist: »Also hat Christus das Mündliche und nicht das Feustliche Schwert, das wort Gottes ist sein Schwert und Rute, damit er die gantze Welt straft« (*M. Luther*, Auslegung des ersten und zweiten Kapitels Johannis in Predigten. 1537/38, WA 46, 731,27–29). Das »mündliche Schwert« steht hier für den usus elenchticus legis. Es gehört zum Amt des Predigers und trifft die Seele, während das »Faustschwert« in die Hand der weltlichen Regenten gehört und den Leib trifft (aaO., 737,13–18). Doch Teufel, Papst und Bischöfe »mengens unter einander, welchs gar falsch und unrecht ist« (aaO., 736,20f.). Deshalb: »Ein jeder lerne, wer nur lernen kan, Das wir die 2 schwerdt unterscheidenn« (aaO., 735,28). Im nichtmetaphorischen Sinn gehört das die Zwangsgewalt repräsentierende Schwert allein zum weltlichen Regiment. Denn man soll »niemand zwingen … zu dem glauben … Christus will es frey haben … er wolt si ziehen mit seiner süssen lieplicher predig … Nun wöllen die [falschen Propheten] mit dem schwerdt hyndurch dringen, das ist unsinnigkeit, darumb merckt wol, das man allein das lautter wort gottes geen laß … und nicht zwingen mit dem schwert« (*M.*

Doch die sich in solchen Aussagen manifestierende ekklesiologische Absage an die Logik des Schwertes ist nur ein noch relativ äußerliches Merkmal der Zwei-Reiche-Lehre. Es ist zwar ein notwendiges Merkmal, das dazu dient, »die zwei Regiment, das geistlich und weltlich, nicht in einander [zu] mengen: Non igitur commiscendae sunt potestates ecclesiastica et civilis«[17]. Die Unterscheidung der beiden Reiche wird sogar noch dadurch unterstrichen, daß jedem der die beiden Regimente Gottes ausführenden Ämter dieselbe Würde zugesprochen wird: beide sind »als die hochsten Gaben Gottes auf Erden in Ehren [zu] halten«[18], wenn auch jedes auf seine Weise. Der *Unterschied* ist entscheidend. Deshalb ist es auch der potestas Ecclesiastica untersagt, »in ein frembd Amt [zu] fallen; soll nicht Konige setzen und entsetzen, soll weltlich Gesetz und Gehorsam der Oberkeit nicht aufheben oder zurruten, soll weltlicher Gewalt nicht Gesetze machen …«[19]

Und dennoch: wollte man sich mit diesen eher äußerlichen, allein auf die Unterscheidung der weltlichen und geistlichen Regimente Gottes bedachten Aussagen zufrieden geben, so drohen schwerwiegende Mißverständnisse. Man kann dann nämlich die Unterscheidung beider Reiche im Interesse einer ungestörten Verträglichkeit derart zur Geltung bringen, daß es zu einem »jeder Konfliktsmöglichkeit entnommenen Nebeneinander zweier abgezäunter Bereiche« kommt[20]. An die Stelle des in den Fragen des Donatus und Tertullians reklamierten *Entweder – Oder* würde dann ein schiedlich-friedliches *Sowohl – Als auch* treten.

Die Berufung auf die Eigengesetzlichkeit des Politischen im Neuluthertum drohte dieses Mißverständnis noch zu intensivieren. Dabei handelt es sich allerdings keineswegs nur um ein im konservativen Luthertum gefördertes Mißverständnis, das in unserem Jahrhundert der nationalsozialistischen Diktatur zugute kam und zugute kommen sollte. Im real existierenden Sozialismus haben etliche Hoftheologen der DDR sich in einer analogen, den diktatorischen Machtmißbrauch vor kirchlicher Einrede bewahrenden Weise auf die Zwei-Reiche-Lehre berufen. Schlimmer konnte man deren Intention allerdings nicht verfehlen. Nach dieser Intention gilt es nunmehr zu fragen.

Die reformatorische Zwei-Reiche-Lehre hätte keine grundsätzliche theologische Bedeutung, wenn sie nur eine konfessionelle Sonderlehre wäre, historisch bedingt – wie alle christlichen Lehrbildungen –, aber eben *nur histo-*

Luther, Predigt vom 10. Juni 1522, WA 10/III, 175,6–23). Im nichtmetaphorischen Sinn gibt es nur *ein* Schwert, und das gehört zum weltlichen Regiment, zum usus politicus legis.

[17] CA XXVIII, BSLK 122,21–23.

[18] AaO., 123,12f.

[19] AaO., 122,26–30.

[20] G. *Ebeling*, Die Notwendigkeit der Lehre von den zwei Reichen, in: *ders.*, Wort und Glaube, Bd. 1, [3]1967, 407–428, 417.

risch bedingt und deshalb nur von historisch bedingtem Wert. *Gegenwärtige* Bedeutung hat die reformatorische Zwei-Reiche-Lehre nur, wenn sie eine für das Selbstverständnis des christlichen Glaubens unverzichtbare Kategorie ist. Dann müßte sie allerdings, wenn auch nicht notwendig unter derselben Terminologie, schon eine dem Ursprung des christlichen Glaubens zugehörige Kategorie sein. Daß dies der Fall ist, soll nunmehr zu zeigen versucht werden.

Dazu muß allerdings erst einmal jenes Mißverständnis gründlich ausgeräumt werden, das die zwei Reiche als zwei gegeneinander abgetrennte *Bereiche*, den *staatlichen* und den *kirchlichen Bereich*, beziehungslos nebeneinandersetzt. Dagegen spricht schon die Einsicht, daß es in den von Luther gemeinten zwei Reichen auf keinen Fall um zwei durch zwei unterschiedliche *Gesetze* regierte Bereiche geht. Gesetze regieren die Welt. Ginge es nur um zwei von unterschiedlichen Gesetzen regierte unterschiedliche Bereiche, dann würde die Zwei-Reiche-Lehre zwischen zwei Reichen dieser Welt unterscheiden. Doch eben das ist nicht der Fall. Die Zwei-Reiche-Lehre bringt die Einheit der Welt, die der Welt selber bisher verborgene Einheit der Welt zur Geltung. Und deshalb ist die Interpretation der Zwei-Reiche-Lehre unter dem Oberbegriff des Gesetzes – und sei es der »Lex charitatis«[21] – völlig verfehlt. Es handelt sich in den beiden Reichen vielmehr um das Gegenüber von *Gesetz und Evangelium.* Das eine Reich wird durch das Gesetz beherrscht und ist eben deshalb das *regnum mundi.* Das andere Reich wird vom Evangelium bedient und heißt eben deshalb das *regnum Christi.* Es geht also um den kategorialen Unterschied von *Gesetz und Evangelium.* Worin besteht er?

Ich erinnere, um herauszuarbeiten, worin der kategoriale Unterschied von *Gesetz und Evangelium* besteht, an einen mit dem Ursprung des christlichen Glaubens mitgesetzten elementaren Sachverhalt, nämlich an die Aufhebung der für die vorchristliche Welt des Heidentums und des Judentums grundlegenden Trennung des Bezirkes des Heiligen vom Bereich des Profanen. Beide Bereiche waren in der vorchristlichen Welt zwar streng voneinander geschieden, sogar so sehr, daß das Gesetz der Erinnyen, die das Recht der Blutrache verkörpern, an der Schwelle des Tempels endet. Jenseits dieser Schwelle herrscht ein anderes Recht, das Asylrecht, das aber wiederum ein Repräsentant des Gesetzes ist. In dessen Autorität setzt z.B. der »junge« Gott Apoll in den *Eumeniden* des Aischylos den »alten« Erinnyen eine unüberschreitbare Grenze: »Hinaus! befehle ich, dies Tempelhaus verläßt sogleich!«[22] Im Teme-

---

[21] So der Titel des Werkes von *J. Heckel,* Lex charitatis. Eine juristische Untersuchung über das Recht in der Theologie Martin Luthers, [2]1973.

[22] *Aischylos,* Eumenides, in: *ders.,* Septem quae supersunt tragoedias, hg. von *D. Page,* 1972, 245–286, 253; die Übersetzung folgt: *Aischylos,* Die Tragödien und Fragmente, übertr. von *J. G. Droysen,* durchg. und eingel. von *W. Nestle,* 1939, 301–338, 309.

nos, im heiligen Bezirk, ist der Verfolgte sicher; aber er ist es aufgrund eines göttlichen *Befehls*, also eines *Gesetzes*: eines neuen göttlichen Gesetzes, das dem alten – von den Eumeniden verkörperten – Gesetz der Blutrache Grenzen setzt. Das Asylrecht, das im Heiligtum herrscht, gibt der Welt die Chance, sich selber zu regenerieren. Im Bezirk des Heiligen regeneriert sich die im Bereich des Profanen sich selbst verfolgende und verbrauchende, sich selbst verzehrende Welt. Aber es regeneriert sich im Heiligtum eben nichts anderes als – *die Welt*. Und damit sich die Welt regenerieren kann, muß sie unterschieden werden in zwei streng voneinander getrennte Bereiche, eben den Bereich der profanen Welt und den Bereich der heiligen, die profane Welt regenerierenden Welt. Aber auch das Heilige ist nichts anderes als ein Stück Welt, ein zwar mächtiges, ja übermächtiges Stück Welt, aber ein Stück *Welt*. Und hier wie da, in der *profanen* und in der *heiligen Welt* regiert ein *Gesetz*.

Genau diese Trennung der Welt in einen profanen und in einen heiligen Bereich hat nun aber der christliche Glaube prinzipiell aufgehoben. Und nicht nur prinzipiell. Durch das Christentum wurde eine geschichtliche Entwicklung in Gang gebracht, die »binnen erstaunlich kurzer Zeit die institutionellen Wahrzeichen des Kultischen dahinschwinden ließ: Die Tempel verödeten, die Opfer hörten auf, die Priester verschwanden, die Scheidewand zwischen Heiligem und Profanem, zwischen rein und unrein und sogar zwischen Juden und Nichtjuden war im Namen Jesu Christi beseitigt.«[23] Wenn man Gott *überall* dienen kann, dann gibt es eben nur noch *eine* Welt.

Eben dies, daß man Gott *überall* dienen kann, ist aber durch die vom Evangelium eingeräumte Freiheit ermöglicht worden, der gemäß dem Glaubenden »alles rein« und eben deshalb auch »alles erlaubt« ist (vgl. Röm 14,20 und Titus 1,15 mit 1Kor 6,12 und 10,23). »Gemessen an kultischem Denken jüdischer wie heidnischer Ausprägung sind die großen panta-Formeln … geradezu Ungeheuerlichkeiten.«[24]

Das Evangelium hat nun aber die bisher in heilige und profane Bereiche getrennte Welt nicht etwa dadurch geeint, daß es innerhalb der Welt mit weltlicher Gewalt Veränderungen hervorrief, sondern dadurch, daß es dieser Welt, dem regnum mundi, ein ganz anderes Reich, ein Reich, das nicht von dieser Welt ist, sagen wir mit der biblischen Überlieferung ganz einfach: das Himmelreich, entgegensetzt. Dieses Reich aber ist das Reich der Freiheit: einer Freiheit, die durch kein Gesetz eingeräumt und garantiert wird, einer Freiheit vielmehr, die durch *Befreiung*, die durch das befreiende Wort der Wahrheit konstituiert wird. Und eben dieses Wort ist das *Evangelium*.

---

[23] *G. Ebeling*, Die Notwendigkeit des christlichen Gottesdienstes, in: *ders.*, Wort und Glaube, Bd. 3, 1975, 533–553, 544.
[24] AaO., 545.

Das unterscheidet das Evangelium vom Gesetz: daß es nicht mit Hilfe von Imperativen einen Indikativ schafft, sondern daß es einen Indikativ einräumt, gewährt, konstituiert. Es sagt nicht wie das Gesetz: du sollst ...; es sagt vielmehr: nimm hin und iß ..., es ist alles bereit.

Das durch das Evangelium konstituierte Reich steht dem Reich der Welt nun aber keineswegs beziehungslos gegenüber. Es verhält sich zu jenem auch nicht nur im Sinne eines radikalen Widerspruches. Der hier nicht zu leugnende radikale Widerspruch hat vielmehr die Funktion, einer noch größeren Entsprechung den Weg zu bereiten. Gerhard Ebeling hat mit Recht darauf bestanden, daß der Sinn der reformatorischen Zwei-Reiche-Lehre erst dann erfaßt ist, wenn man dieser doppelten Relation zwischen dem regnum Christi und dem regnum mundi gerecht wird: dem »Verhältnis des Widersprechens« *und* dem »Verhältnis des Entsprechens«[25].

Wenn es aber in der Zwei-Reiche-Lehre letztlich um das Gegenüber, um den Widerspruch, und zugleich um die – immer noch größere – Entsprechung von Gesetz und Evangelium geht, dann kann es sich bei der sie beherrschenden Fragestellung nicht nur um Probleme der Ethik, speziell der Sozialethik, dann kann es sich nicht nur um Probleme des Verhältnisses von Staat und Kirche und auch nicht nur um Probleme der Begründung des Kirchenrechts handeln. »So sehr die Zwei-Reiche-Lehre in diesen Fragenkreisen stets ihre vornehmliche Anwendung gefunden hat und finden wird, bedeutet es doch eine unstatthafte Verengung, die Besinnung auf sie von vornherein durch diese Schwerpunkte ihrer Anwendung bestimmt sein zu lassen«[26]. Geht es letztlich um das Verhältnis von Gesetz und Evangelium, dann geht es um den in beiden Worten *redenden Gott selbst*, dann ist folglich auch die ganze Theologie von der Zwei-Reiche-Lehre betroffen. Denn dann geht es um den dogmatischen Herzschlag der Theologie. Und dann ist nicht nur die das Verhältnis Staat-Kirche problematisierende Frage des Donatus, dann ist auch und erst recht die das Verhältnis von Jerusalem und Athen, die das Verhältnis von Kirche und Akademie, die das Verhältnis von Glaube und Vernunft problematisierende Frage Tertullians auf dem Plan. Ich will auf diese, den theologischen Erkenntnisvorgang betreffende Frage im Horizont der reformatorischen Zwei-Reiche-Lehre wenigstens knapp eingehen.

Luthers Einsicht, daß es in der Theologie durchgehend auf die rechte Unterscheidung von Gesetz und Evangelium ankommt, wirkt sich auf die Frage nach der Quelle theologischer Erkenntnis, also auf die Frage nach der ratio cognoscendi aus. Man macht sich die Problematik angesichts der hier gebotenen Kürze am besten durch eine – zugegebenermaßen überaus schematische –

---

[25] *G. Ebeling*, Die Notwendigkeit der Lehre von den zwei Reichen, 416.
[26] AaO., 409.

Gegenüberstellung zu einigen diesbezüglichen Aufstellungen des großen Scholastikers Thomas von Aquin klar.

Thomas hatte der Vernunft ein natürliches Wissen im Blick auf das, »was alle Gott nennen«, zugestanden[27] und dieses Wissen zu den *praeambula ad articulos fidei* gezählt, während die Offenbarungserkenntnis der Theologie zu den *articuli fidei* selber gehört[28]. Zu den Präambeln der Glaubensartikel gehört das, was die natürliche Vernunft im Blick auf Gott erkennen kann, deshalb, weil die Erkenntnisse der Vernunft im Dienst des Glaubens stehen – nicht ganz unähnlich dem Schwert des Kaisers, das dieser *für* die Kirche führen soll. Und so kann denn Thomas das Verhältnis der natürlichen Vernunft zum Glauben in strenger Analogie zum Verhältnis von Natur und Gnade bestimmen: »Da nämlich die Gnade die Natur nicht unterdrückt, sondern im Gegenteil vollendet, so gehört es sich, daß die natürliche Vernunft ganz im Dienst des Glaubens stehe: Cum igitur gratia non tollat naturam, sed perficiat, oportet quod naturalis ratio subserviat fidei«[29].

Von den hochkomplexen Ausführungen Luthers zum Verhältnis von Vernunfterkenntnis und Glaubenserkenntnis soll jetzt nur diejenige in Erinnerung gerufen werden, die der Vernunft zwar ebenfalls – in scheinbar großer Nähe zu den Aufstellungen des Aquinaten – ein Wissen um Gott zuspricht: »sie weiß, *daß* Gott ist«. Aber sie vermag gerade nicht zu identifizieren, wer oder was der wahre Gott ist: »... die vernunfft [kann] nicht ... die gotheyt recht aus teylen noch recht zu eygen [geben], dem sie alleyne geburt. Sie weys, *das* Gott ist. Aber wer odder wilcher es sey, der da recht Gott heyst, das weys sie nicht. ... Also spielt ... die vernunfft der blinden kue mit Gott und thut eytel fehl griffe und schlecht ymer neben hin, [so] das sie das *Gott* heysst[,] das *nicht Gott* ist, und widderumb [gerade das] *nicht Gott* heysst[,] das [doch in Wahrheit] *Gott* ist ... Darumb plumb[s]t sie so hereyn ... und trifft also nymer mehr den rechten Gott[,] sondern allewege den teuffel«. Denn »was odder wer Gott ist[,] ... leret alleine der heylige geyst«[30].

---

[27] *Thomas von Aquin*, Summa theologiae I, q. 2, a. 3, crp., Sancti Thomae Aquinatis Summa Theologiae, Bd. 1, ³1961, 17f.: »... et hoc omnes intelligunt Deum. ... omnes Deum nominant.«

[28] Vgl. *Thomas von Aquin*, Summa theologiae I, q. 2, a. 2, ad 1, Sancti Thomae Aquinatis Summa Theologiae, Bd. 1, 16.

[29] *Thomas von Aquin*, Summa theologiae I, q. 1, a. 8, ad 2, Sancti Thomae Aquinatis Summa Theologiae, Bd. 1, 11; Übers. nach: Die Deutsche Thomas-Ausgabe. Vollst., ungekürzte dt.-lat. Ausg. der Summa Theologica, hg. vom *Katholischen Akademikerverband*, Bd. 1, ²1933, 25.

[30] *M. Luther*, Der Prophet Jona ausgelegt. 1526, WA 19, 206,31 – 207,13 (Hervorhebungen von mir). Deshalb ist diejenige Religion, die von der Vernunft begriffen werden kann, die falsche Religion: »Das ist religio falsa, quae concipi potest a ratione« (*M. Luther*, Vorlesung über den Galaterbrief. 1535, WA 40/I, 603,5f.).

Die Vernunfterkenntnis führt demnach gerade nicht zu einem Wissen, auf dem der Glaube widerspruchslos aufbauen kann. Daß die Vernunft das Dasein von so etwas wie Gott zu erkennen vermag, macht Gott vielmehr zu einer problematischen, zu einer *strittigen* Größe. Und die Vernunft vermag diesen Streit um Gott nicht zu lösen. Ihre Erkenntnisse erweisen sich als der Glaubenserkenntnis widersprechend: sie verwechselt sogar Gott mit dem Teufel.

Und dennoch wird der Vernunft von Luther höchstes Lob zuteil: dann nämlich, wenn sie innerhalb ihrer Grenzen bleibt. Der genuine Gegenstandsbereich der Vernunft ist aber *die Welt*. Als »Erfinderin und Lenkerin aller artes [liberales], der Medizin, der Jurisprudenz« usw. ist die Vernunft sogar geradezu »etwas Göttliches«, ein »divinum quiddam«[31]. Gott selbst aber gehört nur in der Weise des Umstrittenseins zum Gegenstandsbereich der Vernunft. Ja, im Blick auf die im Rathaus zu treffenden Entscheidungen empfiehlt Luther den Christen zu Riga, die Obrigkeit möge »alles thun, was yhrem ampt gepürt«, und sich dabei »eben stellen, alls were keyn Gott da«[32]. Natürlich ist Gott auch dort da und wirkt das Seine. Aber er wirkt in dieser Welt *verborgen* in und unter den weltlichen Agenten, so daß man »wol mag sagen, der wellt laufft … sey Gottes mummerey«[33].

Doch man bemerke: es ist der *Glaube*, der der Vernunft zutraut und zumutet, ihr Geschäft zu tun, als wäre kein Gott da. Es ist der *Glaube*, der der Vernunft zutraut und zumutet, ihrem eigenen, von allen religiösen Fixierungen befreiten Gesetz zu folgen. Es ist der *Glaube*, der die Vernunft von religiösen Selbstmißverständnissen zu ihrer wahren Weltlichkeit befreit. Und insofern der Glaube die Vernunft auf ihren eigenen Gegenstandsbereich verweist, kommt es nun doch inmitten des Widerstreites gegen den Anspruch der Vernunft, auch über den Gottesbegriff noch entscheiden zu wollen, zu einer echten *Entsprechung* von Glaube und Vernunft.

Man könnte dieselbe Dialektik von Widerspruch und Entsprechung, die mit der Zwei-Reiche-Lehre gegeben ist, auch an Luthers Lehre vom Menschen zur Darstellung bringen. Seine Schrift von der Freiheit eines Christenmenschen stellt in dieser Hinsicht eine ideale Quelle dar. Zeigt sie doch, daß der innere Mensch, wenn er durch das Evangelium erst einmal aus seinem Widerspruch zu Gott und damit auch aus seinem Selbstwiderspruch befreit worden ist, nunmehr den äußeren, den tätigen Menschen sich selbst zur Ent-

---

[31] *M. Luther*, Die Diputation de homine. 1536, WA 39/I, 175,9–12; zum Text vgl. *G. Ebeling*, Lutherstudien, Bd. II: Disputatio de homine, 1. Teil: Text und Traditionshintergrund, 1977, 16.

[32] *M. Luther*, Der 127. Psalm ausgelegt an die Christen zu Riga in Liefland. 1524, WA 15, 373,1–3.

[33] AaO., 373,15f.

sprechung bringt, so daß dann so, wie der innere Mensch Gott entspricht, der äußere dem inneren entspricht, also der ganze Mensch ein Gott entsprechender Mensch wird. Doch statt diese anthropologischen Aspekte auszuführen, möchte ich nunmehr in eigener Verantwortung eine der Gegenwart verpflichtete Darlegung der Notwendigkeit der Lehre von den zwei Reichen wenigstens in Andeutungen aufzeigen.

III. Öffentlichkeit coram mundo – Öffentlichkeit coram deo: ein Aspekt gegenwärtiger Lehre von den zwei Reichen

Die in eigener Verantwortung zu vollziehende gegenwartsbezogene Wahrnehmung der Zwei-Reiche-Lehre wird sich auf einen einzigen Aspekt beschränken, der allerdings einen Einblick ins Zentrum der Theologie erlaubt. Es geht mir um die Notwendigkeit, das *Verhältnis des christlichen Glaubens zur Öffentlichkeit* zu klären, und um die dabei sich einstellende Notwendigkeit, zwischen Öffentlichkeit und Öffentlichkeit zu unterscheiden.

Wir sind es zwar gewohnt, ganz pauschal von der Öffentlichkeitsrelevanz des christlichen Glaubens zu reden. Doch daß es *die* Öffentlichkeit, die *eine homogene* Öffentlichkeit gar nicht gibt, das kommt uns allenfalls dann in den Sinn, wenn die *öffentliche Meinung* gespalten ist oder gar durch eine kirchliche Äußerung gespalten wird. Die öffentliche Meinung tritt aber *immer nur ad hoc* in eine Mehrzahl von öffentlichen Meinungen auseinander. Sie unterscheidet sich insofern von einem grundsätzlicheren, allen Meinungsbildungen vorausliegenden *Pluralismus von Öffentlichkeiten*. Die Öffentlichkeit der Universität z.B. ist eine ganz andere Öffentlichkeit als die des Fußballstadions. In jeder von ihnen mag – nicht: muß! – es dann wiederum zu einer Vielzahl von öffentlichen *Meinungen* kommen.

Doch dieser Pluralismus von Öffentlichkeiten ist theologisch einigermaßen harmlos gegenüber der von uns in der Regel überhaupt nicht bedachten Tatsache, daß es nicht nur *weltliche* Öffentlichkeit, sondern auch eine Öffentlichkeit *vor Gott* gibt. Und das ist die theologisch entscheidende, der weltlichen Öffentlichkeit von sich aus keineswegs selbstverständliche Differenz, die die Kirche geltend zu machen hat: nämlich die Unterscheidung zwischen dem, was *coram mundo*, und dem, was *coram deo* öffentlich ist. Die Unterscheidung ist scharf formuliert Mt 10,32f.: »Jeder, der sich *vor den Menschen* zu mir bekennt, zu dem werde auch ich mich bekennen *vor meinem himmlischen Vater*. Jeder, der mich *vor den Menschen* verleugnet, den werde auch ich verleugnen *vor meinem himmlischen Vater*«. Hier werden zwei grundverschiedene Öffentlichkeiten zueinander in Beziehung gesetzt. Denn daß unser (homologisches) Verhalten zu Jesus coram mundo ein *entsprechendes* Verhalten Jesu zu uns coram deo zur Folge haben wird, ist nur dann überhaupt mitteilenswert, wenn die Situation coram deo eine *grundsätzlich andere* Situation ist als die coram mundo. Wir haben es mit zwei grundverschiedenen Öffentlichkeiten zu tun.

Gemeinsam ist beiden allerdings dies, daß der Mensch in beiden Fällen zur *Verantwortung* gezogen und daß dementsprechend über ihn *geurteilt* wird[34]. Doch die Art und Weise, in der der Mensch einerseits coram mundo und andrerseits coram deo als verantwortliches Wesen existiert, und die Art und Weise, wie hier einerseits und dort andrerseits über ihn geurteilt wird, ist grundverschieden. Was vor der Welt hoch geachtet wird, ist vor Gott ein Greuel (Lk 16,15). Was vor der Welt töricht, schwach, niedrig, ja so gut wie nichts ist, das hat Gott erwählt (vgl. 1Kor 1,26–28; 1Sam 2,8; Ps 113,7f.). Diese Grunddifferenz erklärt sich aus der grundverschiedenen Weise, in der der Mensch einerseits vor der Welt und andrerseits vor Gott *öffentlich wird*. Denn die weltliche Öffentlichkeit wird konstituiert durch die *Kommunikation von Menschen mit Menschen*, und in dieser Kommunikation ist jeder Mensch immer auch der *Beobachter* des anderen, ja sogar der Beobachter seiner selbst. Die Öffentlichkeit vor Gott hingegen schließt die Beobachterperspektive prinzipiell aus: »dieser Öffentlichkeit gegenüber gibt es keine Beobachter, sondern nur Beteiligte«[35]. Und dementsprechend ist dem Menschen, gerade weil ihm vor Gott die Beobachterperspektive sei es auf andere, sei es auf sich selbst unmöglich ist, auch die Möglichkeit des Urteilens entzogen. Wer vor Gott existiert, kennt Gott allein als Urteilenden und überläßt sich seinem Gericht (vgl. 1Kor 4,4).

Das Urteil Gottes aber ist *ergangen*. Es ist *vollstreckt* worden, als Gott Mensch wurde und sich dem Urteil der weltlichen Öffentlichkeit preisgab, um in der Person Jesu Christi für uns dazusein und durch dessen Tod und Auferstehung den Gottlosen zu rechtfertigen.

Das ergangene und vollstreckte Urteil Gottes hat eine neue Wirklichkeit, hat einen souveränen *soteriologischen Indikativ* konstituiert. Wurde doch der menschgewordene Gott um unserer Sünde willen dahingegeben und um unserer Rechtfertigung willen auferweckt (Röm 4,25). In der Person Jesu Christi überkreuzen sich demgemäß die Öffentlichkeit coram mundo und die Öffentlichkeit coram deo auf höchst dialektische Weise.

Die Existenz in der Öffentlichkeit vor Gott kann deshalb auf keinen Fall zur Vergleichgültigung der weltlichen Öffentlichkeit führen[36]. Sie führt viel-

---

[34] Vgl. *G. Ebeling*, Dogmatik des christlichen Glaubens, Bd. 1, 1979, 352f.

[35] *I. U. Dalferth*, Vor Gott gibt es keine Beobachter. Öffentlichkeit, Universität und Theologie, in: *ders.*, Gedeutete Gegenwart. Zur Wahrnehmung Gottes in den Erfahrungen der Zeit, 1997, 36–56, 56; vgl. aaO., 50.

[36] Vgl. *G. Ebeling*, Dogmatik des christlichen Glaubens, Bd. 1, 354.

mehr einerseits dazu, daß der von Gottes Rechtfertigungsurteil Angesprochene mit der göttlichen Urteilskraft in die weltliche Beobachterperspektive
zurückkehrt, um jene Urteilskraft nun innerhalb der weltlichen Bezüge weltlich geltend zu machen: nicht um die Welt theokratisch zu bevormunden,
sondern um ihr zu einem Mehr an selbstkritischer Selbstwahrnehmung zu
verhelfen. Und sie führt andrerseits dazu, daß sich innerhalb der weltlichen
Öffentlichkeit eine von ihr kategorial unterschiedene Öffentlichkeit bildet,
nämlich die das *Mysterium Crucis* und das in ihm präsente Rechtfertigungsurteil Gottes feiernde christliche Kirche.

Die Investierung der göttlichen Urteilskraft in die weltliche Öffentlichkeit
ist also nur *eine*, und auch nur eine *mittelbare* Folge der Existenz in der Öffentlichkeit coram deo. *Unmittelbar* folgt aus der Existenz vor Gott für alle
diejenigen, die sich von Gottes Urteil ansprechen lassen, ihm also *glauben*,
dies: daß sie sich innerhalb der Welt als eine *Glaubensgemeinschaft* wahrnehmen, die ihrerseits eine *Öffentlichkeit sui generis* ist. *Öffentlichkeit sui generis*
ist sie, weil und insofern sie in der Feier des *Mysterium Salutis* die ganz besondere Öffentlichkeit coram deo inmitten der Welt *zur Darstellung bringt*. In
der Kirche kommt unser Zusammensein mit Gott so zur Darstellung, daß die
Christen selber zu Darstellern des Mysteriums des Zusammenseins von Gott
und Mensch werden[37].

Versuchen wir zum Schluß noch genauer zu bestimmen, wodurch sich die
Öffentlichkeit sui generis, als die die Kirche sich innerhalb der weltlichen Öffentlichkeit bemerkbar macht, auszeichnet! Blicken wir also zum Schluß
scheinbar einseitig auf das eine der beiden Reiche. Dabei wird sich immer
noch einiges an indirekter Erkenntnis über das andere Reich einstellen. Ich
beschränke mich auf eine karge Auswahl aus der Fülle der hier in Betracht
kommenden Gesichtspunkte.

---

[37] Die *Öffentlichkeit sui generis*, die die christliche Kirche bildet, ist aber von der *weltlichen Öffentlichkeit* keineswegs isoliert. Sie ist ja nichts anderes als eine in die Kehre ge-
brachte Welt. Als solche unterscheidet sie sich allerdings von der weltlichen Öffentlichkeit
und unterscheidet innerhalb dieser wiederum sehr verschiedene Öffentlichkeiten. So kennt
sie den Staat als einen von der Gesellschaft noch einmal unterschiedenen, der Wohlordnung
der Gesellschaft dienenden Öffentlichkeitsbereich. Die Öffentlichkeit der Wirtschaft wird
sie von der Öffentlichkeit kultureller Kommunikation sorgfältig unterscheiden. Und innerhalb dieser verschiedenen Öffentlichkeiten wird sie noch einmal Unterscheidungen treffen,
insofern diese nach je eigenen Differenzierungsprinzipien plural verfaßt sind. (Vgl. *W. Huber*, Öffentliche Kirche in pluralen Öffentlichkeiten, EvTh 54 [1994], 157–180, 167) Und
insofern der christliche Glaube seine Wahrheit *denkend* verantwortet, bejaht er seinerseits
die Öffentlichkeit des Denkens. Denn denkende Verantwortung verlangt »nach der Öffentlichkeit von Denkenden« (*I. U. Dalferth*, Vor Gott gibt es keine Beobachter, 50). Diese Öffentlichkeit hat in Gestalt der Universität ihre Institutionalisierung gefunden.

1. Zunächst ist der scheinbar ganz äußerliche Sachverhalt in Erinnerung zu rufen, daß die Kirche eine seltsam *konzentrierte* Öffentlichkeit ist. Sie ist es paradoxerweise dadurch, daß sie eine die Welt *ablenkende* Öffentlichkeit ist: *Ablenkung* freilich nicht in dem Sinne, daß man *zerstreut* werden soll. Das ist die Welt ohnehin. Und die pluralistische Gesellschaft ist es in gesteigertem Maße. Die Kirche lenkt die allemal zerstreute pluralistische Gesellschaft ab, indem sie ihr von ihrem ureigenen Geheimnis, indem sie ihr von Gott erzählt und sie auf dieses Geheimnis konzentriert.

So hatte es ja schon der irdische Jesus gemacht, als er Gleichnisse vom Himmelreich, Gleichnisse von Gottes Herrschaft und Reich erzählte. Mit seinen Gleichnissen konzentrierte er die *Aufmerksamkeit* und damit zugleich die *Existenz* seiner Hörer auf die Pointe der Gleichnisse, also auf ihr Verhältnis zur Gottesherrschaft hin. Das war nicht etwa eine Konzentrations*übung*. Sondern solche Konzentration, solche Sammlung vollzog sich einfach dadurch, daß der Mensch in die spannende Erzählung der Gleichnisse verstrickt wurde. Der Mensch, die Welt, das regnum mundi muß von sich selber *abgelenkt* werden, um von der die Gottvergessenheit kennzeichnenden Zerstreutheit zurückzufinden zur eigenen Geschöpflichkeit. Zu ihrer Geschöpflichkeit findet die Welt jedoch nur zurück, wenn Gott zu ihr findet. Genau das aber ist in der Verkündigung und im Verhalten Jesu und es ist definitiv im Sein der Person Jesu Christi geschehen: in ihm ist Gott zur Welt gekommen, ist das regnum dei im regnum mundi zu einer Öffentlichkeit sui generis geworden. Die Kirche feiert dieses Ereignis, sie feiert das *Mysterium Incarnationis* in jedem ihrer Gottesdienste. Und als feiernde Kirche ist sie eine ganz und gar auf den zur Welt kommenden Gott *konzentrierte* Öffentlichkeit. Als solche macht sie sich in der weltlichen Öffentlichkeit bemerkbar und lenkt diese von ihrer Zerstreutheit ab, hin auf jenes Geheimnis, das sie selber feiert. Indem die Kirche selber in höchstem Maße *konzentriert* existiert, ist sie zugleich eine die Welt *konzentrierende* Öffentlichkeit.

2. Innerhalb der weltlichen Öffentlichkeit fällt die Kirche dadurch auf, daß sie – darin dem irdischen Jesus gleichend – *aus dem Rahmen fällt* und eine Öffentlichkeit sui generis bildet. So wie die in den Gleichnissen Jesu und in seinem Verhalten zur Welt kommende Gottesherrschaft ihn zu dem königlichen, dem souveränen Menschen macht, der innerhalb der Welt aus dem Rahmen fällt, so ist es der souveräne Indikativ der Gegenwart des zur Welt kommenden Gottes, der die Kirche innerhalb der gesellschaftlichen Öffentlichkeit aus dem Rahmen fallen läßt und sie zu einer Öffentlichkeit sui generis macht. Denn die Welt kennt nur *problematische*, im besten Fall *relativ* verläßliche Indikative. Sie kennt aber keinen *absolut verläßlichen* Indikativ, auf den man sich unter allen Umständen, auf den man sich im Leben und im Sterben

verlassen kann. Die Welt wird von Imperativen (und Optativen) beherrscht. Und mit ihren Imperativen will sie, wenn sie überdies auch noch von *Ideologien* beherrscht wird, einen neuen Menschen erzwingen. Doch Imperative erzeugen niemals einen neuen Menschen. Die *nicht ideologisierte* Welt aber bringt mit ihren Imperativen, wenn denn diese Erfolg haben, immer nur unsere irdischen Indikative hervor, die allemal allesamt höchst zerbrechlich sind. Hugo von Hofmannsthal hat recht: »Es sind Euer Gnaden die irdischen Dinge sehr gebrechlich.«[38] Sie haben ihre Zeit. Und oft genug zerbrechen sie sogar vor der Zeit. Aus Imperativen gehen immer nur zerbrechliche Indikative hervor. Das *Gesetz* garantiert keine absolut verläßliche Welt.

Die christliche Existenz kennt ihrerseits zwar ebenfalls Imperative. Aber Imperative gibt es hier nur, *weil* es den souveränen Indikativ der Gnade gibt, während die weltlichen, die moralischen, die politischen Imperative die irdischen Indikative allererst erzeugen sollen. Die neutestamentlichen Imperative formulieren die aus dem *evangelischen* – durch *kein Gesetz* zu erzeugenden – *Indikativ* sich ergebenden ethischen Konsequenzen, aber sie konstituieren kein neues Sein.

3. Inhaltlich ist der souveräne Indikativ, den die Kirche feiert und der sie zu einer Öffentlichkeit sui generis macht, nichts weniger als das Sein Jesu Christi selbst. Und das heißt: es ist der Indikativ, in dem Gott und der Mensch in intensivster Gemeinschaft beieinander und aufeinander bezogen sind, und das, ohne aufzuhören, voneinander unterschieden zu sein. Es handelt sich also um eine Gemeinschaft des schöpferischen Seins des ewigen Gottes mit dem ganz anderen Sein des Geschöpfes. Das gibt diesem Indikativ ja seine Souveränität, daß hier in der Person eines Menschen der ganz andere Gott selbst präsent ist, und zwar so, daß er das Anderssein seines Geschöpfes bejaht. Wir haben es also in diesem Indikativ mit einer *Gemeinschaft gegenseitigen Andersseins* zu tun. Die christologische Vereinigung von Gott und Mensch wiederholt damit in der Relation von Schöpfer und Geschöpf, was bereits für das trinitarische Selbstverhältnis Gottes gilt. Auch Gott selber existiert ja nicht in ewiger Kommunikationslosigkeit, sondern in der Unterschiedenheit von Vater, Sohn und Geist, also in der Unterschiedenheit der trinitarischen Personen, die einander in ihrem gegenseitigen personalen Anderssein bejahen und gerade darin die *Identität des göttlichen Wesens* bewahren: nicht aliud, aber alius, alius, alius. Will heißen: Gott bejaht in sich selber bereits das Anderssein, indem Vater, Sohn und Geist sich gegenseitig bejahen, und zwar *in ihrem gegenseitigen Anderssein* (man bedenke: der Vater als Ursprung allen *Lebens*; der Sohn als

---

[38] *H. von Hofmannsthal*, Der Unbestechliche, 5. Akt, 5. Szene, Sämtliche Werke. Kritische Ausgabe, Bd. 13, hg. von *R. Haltmeier*, 1986, 112.

der den *Tod* Erleidende; der Geist als das diesen Gegensatz versöhnende *vinculum caritatis et pacis inter patrem et filium*!) sich bejahen.

Indem die Kirche das *Mysterium Incarnationis* feiert, indem sie es sogar als *Mysterium Paschale* feiert, das den Gegensatz von Leben und Tod in das göttliche Sein einbezieht, bejaht auch sie die Struktur gegenseitigen Andersseins. Und was sie im Blick auf Gott bejaht, das wird sie auch im Blick auf die Welt geltend machen. Als Öffentlichkeit sui generis bringt die Kirche innerhalb der Welt zur Geltung, daß Sein immer nur als Zusammensein möglich ist, und zwar als ein solches Zusammensein, in dem nicht nur »gleich und gleich« sich zusammengesellen, sondern in dem sich nun *auf weltliche Weise* die Bejahung gegenseitigen Andersseins ereignet: ein Anderssein, in dem an die Stelle von Feindschaft sachliche Gegnerschaft und an die Stelle »feindlicher Übernahmen« belebende Konkurrenz tritt.

4. Der souveräne Indikativ, den die Kirche feiert, ist ein *befreiender Indikativ*. Denn souverän ist dieser Indikativ, weil in ihm die *Wahrheit* auf dem Plan ist, die mit der Person Jesu Christi identische Wahrheit, von der das Johannes-Evangelium sagt: sie wird Euch frei machen.

Indem die Kirche diese Wahrheit feiert, unterbricht sie die in Lebenslügen verstrickte Menschheit, unterbricht sie auch die individuelle Existenz, die auf ihre persönliche Weise ja ebenfalls eine nur zu sehr in Lebenslügen verstrickte Existenz ist. So, den Zusammenhang der Lüge durchbrechend und von ihm befreiend, wird die Kirche dann auch von den Sünden dieser Welt, von der Schuld des menschlichen Ich sehr streng zu reden haben. Aber sie tut das, indem sie von jener Feier herkommt, in der Sünden und Schuld *vergeben* werden. Wenn die Kirche die Lebenslügen dieser Welt beim Namen nennt, wenn sie den Menschen auf seine Schuld hin anspricht, dann ist sie also alles andere als eine moralische Anstalt. *Kirchlich* ist die Rede von Sünde und Schuld nur dann, wenn sie eine befreiende Rede ist.

5. Der souveräne Indikativ, den die Kirche feiert und der seinerseits die Kirche allererst *hervorgebracht* hat und der sie im Ereignis des Feierns jeweils von Grund auf *erneuert*, ist ein *wunderbarer Indikativ*. Wunderbar ist er, weil er den Zusammenhang der zerstreuten Menschheit elementar unterbrochen hat und in jeder gottesdienstlichen Handlung erneut unterbricht. Solche Unterbrechung geschieht freilich nicht, um den ohnehin zerstreuten Menschen noch zerstreuter zu machen, sondern um ihn aus seiner Zerstreuung *heimzuholen* an den ihm gebührenden Ort: nämlich an den Ort an der Seite Gottes. Dort findet er die *Geborgenheit*, nach der er sich sehnt. Dort wird also das höchst legitime Bedürfnis, Heimat zu haben, erfüllt. Und immer wieder von neuem erweckt.

Geborgenheit, Heimat bietet dieser Indikativ aber nicht im bürgerlichen oder gar spießbürgerlichen Sinne des Wortes: also nicht so, daß, »wenn hinten, weit, in der Türkei, die Völker auf einander schlagen«, man selbstzufrieden »am Fenster« steht »und sieht den Fluß hinab die bunten Schiffe gleiten … und segnet Fried' und Friedenszeiten«[39]. Der Krieg dort beschädigt auch den Frieden hier.

An der Seite Gottes gibt es Geborgenheit nur in dem Sinne, daß man an seiner Seite zwar nie und nimmermehr *verlorengeht,* wohl aber an seiner Seite *mit ihm geht.* Gott hat sich in der Geschichte Jesu Christi selber als ein Gott offenbart, der *unterwegs* ist, unterwegs hin zum Elend, das wir zu erzeugen offenkundig nicht aufhören. Es ist also der wunderbare, Geborgenheit gewährende Indikativ der Gnade ein Indikativ *bewegter* und *bewegender* Geborgenheit. Als solcher und nur als solcher ist er wunderbar.

Als wunderbarer Indikativ aber bringt er sowohl die Kirche, die ihn feiert, als auch die Welt, der er durch solches Feiern bezeugt wird, *ins Staunen.* Platon und Aristoteles haben behauptet, alles Philosophieren beginne mit dem Staunen (θαυμάζειν), mit einem Sich-Verwundern. Doch dieses θαυμάζειν gilt einem störenden Sachverhalt, gilt einem Ding, das nicht an seinem Ort ist. Durch Philosophieren soll ihm sein rechter Ort zurückgewonnen werden, so daß man dann gerade nicht mehr *staunen* muß. Ganz anders der souveräne Indikativ, in dem wir uns an die Seite Gottes versetzt vorfinden. Er ruft ein Staunen hervor, das voller Freude über den ungewohnten Ort ist. Und dieses Staunen soll *kein Ende* finden, sondern genauso wie »des Herren Gnad und große Treu'« »all Morgen … frisch und neu«[40] sein. Von ihm gilt, was Paulus im Blick auf die die christliche Existenz kennzeichnende Bewegung mit den formelhaften Wendungen ἐκ πίστεως εἰς πίστιν (Röm 1,17) und ἀπὸ δόξης εἰς δόξαν (2Kor 3,18) andeutet: in der Feier des souveränen Indikativs der Gnade wird der Mensch von einem Staunen zum anderen geführt, gerät er immer tiefer ins Staunen hinein.

Das ist es, was aus dem *regnum dei* für das *regnum mundi* resultiert: es gilt, der Welt den in der Person Jesu Christi realpräsenten souveränen Indikativ so zu bezeugen, ihn so *darzustellen,* daß die profane Welt das zu ihrer Zerstreutheit gehörende Gaffen vergißt und in ein echtes tiefes Staunen gerät: in ein Staunen, das auch durch die schrecklichsten Erfahrungen nicht zerstört werden kann, sondern gerade an ihnen immer noch wächst. Denn es ist das Staunen einer entstellten, einer sich selbst entstellenden Welt darüber, daß sie, an

---

[39] *J. W. von Goethe*, Faust. Erster Theil, Vor dem Thor, 862–867, Werke, hg. im Auftrage der Großherzogin Sophie von Sachsen, 1. Abt., Bd. 14, 1887 (Nachdr. 1987), 48.
[40] *J. Zwick*, All Morgen ist ganz frisch und neu, in: Evangelisches Gesangbuch. Ausgabe für die Ev. Landeskirche in Württemberg, 1996, Nr. 440, 830.

Gottes Seite versetzt, ihre geschöpfliche Schönheit zurückgewinnt. Das also ist der letzte Sinn der Zwei-Reiche-Lehre: den Menschen in den souveränen Indikativ des regnum Christi zu versetzen.

Die verändernde Kraft der Versetzung an einen anderen existentialen Ort kennt auch der Mythos, der den hier und jetzt lebenden Menschen in die »starke Zeit« des Anfangs und an den Ort des Ursprungs versetzt: es war einmal … Und selbst die Trivial-Poesie kultiviert die Erinnerung an die wunderbare Kraft eines existentialen Ortswechsels. Es gibt einen jiddischen Schlager aus dem Berlin der zwanziger Jahre, in dem das singende Ich einem anderen, offensichtlich häßlichen Ich versichert: »Bei mir biste scheen, bei mir biste scheen«. Ein schöpferisches, ein kreatives Kompliment, das auf seine trivial-poetische Weise an das erinnert, was Luther in der Heidelberger Disputation dem als »amor crucis« sich ereignenden amor dei nachgerühmt hat[41].

In der Welt muß man sich *schön machen*. Der Kosmos steht auch ontologisch unter dem harten Gesetz der Kosmetik: das ungeordnete Seiende in Ordnung und Wohlordnung zu bringen. Die Welt steht unter dem harten kosmetischen Imperativ, das Seiende immer wieder aus dem Zustand der ἀταξία in den der τάξις zu versetzen. Denn das – von uns heraufbeschworene! – tohuwabohu droht immer wieder in den Kosmos einzudringen, so daß die Aufgabe des κοσμεῖν der ontologische Imperativ auch der besten aller Welten bleibt. Im regnum Christi ist – wie jeder Imperativ so auch – der kosmetische Imperativ obsolet geworden. Hier herrscht der souveräne Indikativ, den zu bezeugen und zu feiern das Wesen der Kirche ist. Und deshalb hat – genauso wie im jiddischen Schlager – die Kirche mutatis mutandis jedem sich selbst entstellenden und jedem entstellten Menschen genau eben dies *als Wort Gottes* zu bezeugen: »Bei mir bist Du schön«.

---

[41] *M. Luther*, Disputatio Heidelbergae habita. 1518, WA 1, 365,2–15: »Amor Dei non invenit sed creat suum diligibile … Ideo enim peccatores sunt pulchri, quia diliguntur, non ideo diliguntur, quia sunt pulchri. … Et iste est amor crucis ex cruce natus, qui illuc sese transfert, non ubi invenit bonum quo fruatur, sed ubi bonum conferat malo et egeno.«

Das Salz der Erde

Zum Verhältnis von Christengemeinde und Bürgergemeinde[1]

Von Jesus ist bekannt, daß er (nach Mk 12,13–17) den ihn observierenden »Pharisäern und Parteigängern des herodianischen Herrscherhauses« empfohlen hat, dem Kaiser zu geben, was des Kaisers ist – und Gott, was Gottes ist. Das war Jesu Antwort auf eine Fangfrage, mit der man ihn – ausgerechnet an seiner Stellung zur Steuer! – einer staatsfeindlichen Gesinnung überführen wollte. Jesu Antwort »verblüffte«, wie Markus notiert. Sie war verblüffend einfach und gerade so außerordentlich diplomatisch. Sie befriedigt den *ehrlichen* Fragesteller und führt doch zugleich den *Gesinnungsschnüffler* ad absurdum. Jesu verblüffende Antwort ist denn auch zur klassischen Antwort auf die Frage nach dem Verhältnis von Kirche und Staat, von Religion und Politik, von Christengemeinde und Bürgergemeinde geworden. Suum cuique, jedem das Seine: Gott, was Gottes ist, und dem Kaiser, was des Kaisers ist. Es kann der Kirche, es kann vor allem aber dem Staat gar nichts Besseres widerfahren, als beide so klar wie möglich voneinander zu *unterscheiden.* Gerade dann werden sie auch fruchtbar aufeinander *bezogen* sein. Dem Staat widerfährt eine ausgesprochene Wohltat, wenn wir ihm verweigern, was Gottes ist. Es ist bekannt, daß Christen staatsbejahende Menschen sind.

Weniger bekannt ist die Tatsache, daß Jesus (nach Lk 13,32) seinen Landesherrn »gelegentlich in aller Ruhe einen ›Fuchs‹ zu nennen«[2] wagte. Offensichtlich gehört auch eine solche Sprache, die nicht nur die Dinge, sondern auch die »Staatsmänner« beim Namen, bei dem ihnen zukommenden Namen nennt, zu dem, was ein staatstreuer und gottesfürchtiger Bürger der Staatsgewalt schuldig ist. Man würde dem Kaiser nicht geben, was des Kaisers ist, wenn man ihm das Zeugnis der Wahrheit und also eine ehrliche Sprache vorenthielte. Mit Recht bemerkt Karl Barth, Jesus wäre dann »objektiv und faktisch ein Staatsfeind gewesen, wenn er es etwa *nicht* gewagt hätte, seinen Landesherrn Herodes gelegentlich in aller Ruhe einen ›Fuchs‹ zu nennen«[3].

Wir wollen von den vielfältigen, fruchtbaren, aber auch gefährlichen Beziehungen zwischen Kirche und Staat, Christentum und Gesellschaft, Glaube

---

[1] Rede zur 900-Jahr-Feier der Stadt Tübingen 1978.
[2] *K. Barth*, Rechtfertigung und Recht (1938), in: *ders.*, Rechtfertigung und Recht / Christengemeinde und Bürgergemeinde [u.a.], 1998, 5–45, 37.
[3] Ebd.

und Politik nur einen einzigen, grundsätzlichen Aspekt bedenken, indem wir uns von jenen beiden Nachrichten über Jesu Verhältnis zur politischen Gewalt leiten lassen: von der bekannten Nachricht, der gemäß dem Kaiser zu geben ist, was des Kaisers ist; aber nicht weniger von der nicht ganz so bekannten Nachricht, daß Jesus seinen Landesherrn aus gutem Grund einen Fuchs zu nennen gewagt hat.

Der eine, grundsätzliche Aspekt, unter dem die spannungs- und folgenreichen Beziehungen von Christengemeinde und Bürgergemeinde bedacht werden sollen, ist mit dem etwas anspruchsvollen Titel angezeigt: Das Salz der Erde. Die Christen haben sich diesen Anspruch nicht selbst zugelegt. Er ist ihnen von ihrem Herrn zugesprochen worden. Und eben deshalb werden wir uns, auch auf die Gefahr hin, für unbescheiden zu gelten, um die anspruchsvolle Rolle nicht herummogeln dürfen, das Salz der Erde zu sein. Wir fragen also, was die Existenz der Christengemeinde für die Bürgergemeinde bedeutet. Es gibt auch die andere, nicht weniger wichtige Frage, was die Bürgergemeinde für die Christengemeinde, was das politische Leben für den Glauben bedeutet. Doch wir vernachlässigen für diesmal diese andere Frage, um wenigstens annähernd genau angeben zu können, was es bedeuten soll, wenn Jesus die Seinen das Salz der Erde nennt. Wohlgemerkt: Salz, nicht Pfeffer! Der Welt Pfeffer zu geben, ist nicht die Aufgabe der Christen.

Ich habe dem Titel im Anschluß an eine berühmte Schrift Karl Barths den Untertitel *Zum Verhältnis von Christengemeinde und Bürgergemeinde* hinzugefügt. Er soll deutlich machen, daß es nicht nur das Verhältnis der Institution Kirche zur Institution Staat gibt, sondern auch eine, sagen wir einmal: etwas weniger hierarchische Beziehung der christlichen Gemeinde zur Wirklichkeit des politischen Lebens. Im Folgenden ist also, wenn von Kirche und Staat die Rede ist, immer auch die nicht weniger gewichtige Beziehung der christlichen Gemeinde zum politischen Leben auf unterer Ebene mitgemeint: eben ihre Bedeutung für die Bürgergemeinde.

Ich will nun in vier Teilen die Bedeutung der Christengemeinde für die Bürgergemeinde erörtern. Am Anfang soll eine *methodische Überlegung* stehen. Dann soll von der theologischen *Auszeichnung der Bürgergemeinde*, hernach von ihrer *Gefährdung* und schließlich vom *rechtzeitigen politischen Widerstand* die Rede sein.

I. Zur Methode

Wir gedenken in dieser Veranstaltung der Gründung der Stadt Tübingen vor mehr als 900 Jahren. 900 Jahre Tübingen sind, bei allem Respekt vor einer so langen Geschichte einer so bedeutenden Stadt, eine vergleichsweise kurze

Zeit, wenn man die Geschichte der christlichen Kirche im Blick hat. Aus Anlaß eines solchen Jubiläums über das Verhältnis von Christengemeinde und
Bürgergemeinde nachzudenken, könnte deshalb sehr leicht dazu verführen,
von der Warte der so erheblich älteren Institution Kirche her Belehrungen
über Staat, Gesellschaft und Bürgergemeinde zum besten zu geben. Und in
der Tat wird es ohne dergleichen Belehrungen nicht abgehen, wenn ernsthaft
über das Verhältnis von Christengemeinde und Bürgergemeinde nachgedacht
werden soll. Nur daß es nicht die Tatsache ihres hohen Alters und der reichen
geschichtlichen Erfahrungen der Kirche ist, von der solche Belehrungen auszugehen haben, sondern daß die Christengemeinde sich vielmehr selber allererst darüber belehren lassen muß, wie sich ihr Verhältnis zur Bürgergemeinde
darstellt. Lehrmeister ist das Neue Testament – so wie es *heute* zu uns redet.
Wir werden zu jeder Zeit immer wieder neu in die Schule der Heiligen Schrift
gehen müssen, um zu lernen, was die Funktion und die Aufgabe der christlichen Gemeinde in und gegenüber dem politischen Gemeinwesen ist. Und in
solcher Lernbereitschaft werden nun Christengemeinde und Bürgergemeinde wenn auch nicht gleich alt, so doch gleichermaßen jung.

Indem wir so verfahren, bedenken wir das Verhältnis von Christengemeinde und Bürgergemeinde vom Standpunkt der Christengemeinde, von ihrem
Zentrum aus. Das ist eine Vorentscheidung. Man kann das Verhältnis von
Staat und Kirche ja nicht nur *unter* sehr verschiedenen Gesichtspunkten, sondern auch *aus* unterschiedlichen Gesichtspunkten betrachten. Und entsprechend unterschiedlich sieht dann jeweils das aus, was da als Staat und als Kirche in den Blick kommt. »Sieht man vom Markt in die Kirche hinein / Da ist
alles dunkel und düster; / Und so sieht's auch der Herr Philister« – hat Goethe
gesagt[4]. Wahrscheinlich hat er ein wenig übertrieben. Und wahrscheinlich hat
er noch mehr übertrieben, als er dann fortfuhr: »Kommt aber nur einmal her-
ein! / Begrüßt die heilige Capelle; / Da ist's auf einmal farbig helle«[5]. Schön
wäre es ja! Doch es kommt uns jetzt nicht auf mögliche Übertreibungen, sondern allein darauf an, daß es eben in der Tat ein erheblicher methodischer Unterschied ist, ob man die Kirche vom Markt aus wahrnimmt und also auch
nach den Gesetzen des Marktes versteht oder ob man sie von innen heraus,
sozusagen vom Allerheiligsten her versteht und von da aus dann auch ihr Verhältnis zum politischen Gemeinwesen bestimmt. Möglich ist beides, und
wahrscheinlich ist auch beides notwendig: je nachdem, wo man sich eben befindet.

---

[4] *J. W. von Goethe*, Gedichte sind gemahlte Fensterscheiben, in: *ders.*, Werke, hg. im Auftrage der Großherzogin Sophie von Sachsen, 1. Abt., Bd. 3, 1890 (Nachdr. 1987), 171, 171,2–4.
[5] AaO., 171,7–9.

Theologie befindet sich, auch wenn sie an der Universität Gastrecht hat, grundsätzlich im Raum der Kirche. Theologie ist nichts anderes als die selbstkritische Reflexion, mit der sich die Kirche der Wahrheit aussetzt. Eine theologische Besinnung wird also das Verhältnis von Christengemeinde und Bürgergemeinde vom Selbstverständnis der Kirche aus bestimmen müssen. Sie wird nicht schielen oder gar fasziniert zum Rathaus hinüberstarren. Sie wird sich nicht von der Frage fixieren lassen, was man dort für einen Eindruck macht. In der Regel wahrscheinlich überhaupt keinen. Eindruck wird die Kirche in der politischen Öffentlichkeit noch immer am ehesten dann machen, wenn sie – statt danach zu fragen, was für einen Eindruck sie macht – nichts anderes sein will als die Gemeinde Jesu Christi.

Gerade so, gerade in ihrer genuin geistlichen Identität ist die Christengemeinde allerdings wirklich politisch bedeutungsvoll. Sie ist das auch dann, wenn es der Bürgergemeinde verborgen bleiben sollte. Es geht also, wenn wir das Verhältnis von Kirche und Staat *theologisch* »von innen heraus«, vom »Allerheiligsten« her zu bestimmen versuchen, gewiß nicht um ein Plädoyer für das, was man seit einiger Zeit fälschlicherweise als »reine Innerlichkeit« zu bekämpfen pflegt: es geht nicht um »selbstgenügsame Frömmigkeit«. Wahre Frömmigkeit ist nie selbstgenügsam, weil wahre Frömmigkeit sich schlechterdings nicht selber genug sein kann. Aber es geht um ein Plädoyer dafür, nicht schon methodisch die spezifische Differenz zwischen Christengemeinde und Bürgergemeinde zu verwischen. Es geht nicht darum, der Christengemeinde politische Abstinenz zu predigen. Ganz und gar nicht! Aber es geht darum, daß die Kirche sich ihre politische Relevanz nicht erschleicht. Es gibt heutzutage eine geradezu obszön zu nennende Versessenheit auf politische Beachtung und ein Geilen nach »politischem« Effekt. Dergleichen kann der wahren Bedeutung der Christengemeinde für die Bürgergemeinde nur Abbruch tun. Denn es pervertiert die Gemeinde Jesu Christi letztlich zu einem epitheton ornans, zu einem religiösen Prädikat der politischen Wirklichkeit. Die Kirche ist aber nicht ein religiöses Prädikat der politischen Wirklichkeit, sondern mitten in dieser deren Gegenüber. Sie ist ein Fall für sich. Sie ist ein ganz besonderer Fall für sich, weil und insofern sie sich des *Evangeliums* nicht schämt. Denn das Evangelium ist ihr Allerheiligstes, von dem her sie sich selbst und ihr Verhältnis zum öffentlichen Leben versteht. Das Evangelium von der in Jesus Christus erschienenen Menschenfreundlichkeit Gottes macht die Kirche zu einem unverwechselbaren Fall für sich. Gerade als dieser unverwechselbare Fall für sich und nur so ist die Christengemeinde politisch relevant, hat sie für die Bürgergemeinde erhebliche Bedeutung, ist sie deren Salz.

Christen als Salz der Erde – das ist allerdings eine höchst anspruchsvolle Metapher. Bevor man sie sich zu eigen macht, ist es wohl nützlich, darauf zu

achten, daß dieser anspruchsvolle Satz »Ihr seid das Salz der Erde« in der
Bergpredigt eine seinem steilen Anspruch entsprechende schroffe Kehrseite
hat: »Wenn nun das Salz seine (Wirkung) Eigenart verliert, womit soll es (selber) gesalzen werden? Es ist zu nichts mehr nütze, als weggeworfen und von
den Menschen zertreten zu werden« (Mt 5,13). Wenn wir uns die Zumutung,
Salz der Erde zu sein, gefallen lassen, werden wir uns also vor Augen halten:
die christliche Gemeinde ist in dem Moment, in dem sie ihre spezifische Eigenart verliert, überhaupt nichts wert; sie ist dann schlechterdings bedeutungslos, so daß man über sie hinweggehen kann wie über weggeworfenes
Salz, das die Menschen, ohne es überhaupt zu bemerken, mit Füßen treten.
Nur eine Kirche, die sich ihrer Identität als Kirche nicht schämt, und das
heißt: die sich des Evangeliums nicht schämt, ist Salz für die Erde. Gerade sie
ist für das politische Leben in höchstem Maße relevant.

II. Die theologische Auszeichnung der Bürgergemeinde

Salz ist nun freilich kein Lebensmittel, das man um seiner selbst willen genießt. Es ist nicht selber Speise, sondern man fügt es den Speisen hinzu: sei es
nun, wie vor allem in früheren Zeiten, als Konservierungsmittel, sei es, wie
vor allem heutzutage, um der Speise – ihren eigenen! – Geschmack zu geben.
Wollte hingegen jemand auf den Gedanken kommen, Salz als Selbstzweck
und also selber als Speise auszugeben, so würde die Reaktion derer, die darauf
hereinfallen, alsbald jeden überzeugen, daß Salz als Speise genossen unge-
nießbar ist; man würde spucken.

Man muß das ganz uneingeschränkt auch von der Kirche, auch von der
christlichen Gemeinde sagen. Sie ist »kein Selbstzweck«[6]. Sie existiert nicht
um ihrer selbst willen. Sie ist vielmehr ausschließlich um des Evangeliums
willen da. Und das Evangelium ist für die *Welt* da. Denn es ist die rechtskräf-
tige Verkündigung der Tatsache, daß Gott in Jesus Christus *die Welt* mit sich
versöhnt hat. Evangelium heißt Rechtfertigung *des Gottlosen*. Die Christengemeinde ist das Salz der Erde, indem sie durch ihre Existenz der politischen
Welt bezeugt, was diese *in Wahrheit ist*: nämlich mit Gott versöhnt, und was
sie in Wirklichkeit sein *könnte*: nämlich in und mit sich selbst versöhnte Welt,
gerade so aber *politische* Welt. Der christliche Glaube ist in dem doppelten
Sinne Salz der Erde, daß er dieser vehement die Treue hält, daß er für ihre Erhaltung sorgt *und* daß er dabei eben die *irdische* Eigenart der Erde, die *weltliche* Eigenart der Welt und also auch die *politische* Eigenart des politischen
Lebens zur Geltung bringt.

---

[6] *K. Barth*, Rechtfertigung und Recht, 28.

Das zeigt sich vor allem darin, daß die Christengemeinde einer ewigen Zukunft entgegengeht, in der sie gerade keine Kirche, keine Religionsgemeinschaft, sondern eine ausgesprochen politische Gemeinschaft erwartet, eben
die zukünftige πόλις, das himmlische πολίτευμα, wie es im Neuen Testament
(vgl. Hebr 11,10.13ff.; 12,22; 13,14; Phil 3,20) unmißverständlich heißt. Was
die Christengemeinde im Himmel bzw. unter einem neuen Himmel auf einer
neuen Erde erwartet, das ist gerade kein Heiligtum, sondern eine neue Stadt.
»Einen Tempel«, berichtet der Visionär, der die Grundrisse und die Architektur dieser πόλις mit einem kühnen Blick in die Zukunft ausgemessen hat, »einen Tempel sah ich nicht in ihr« (Apk 21,22). Die Kirche hat spätestens im
Himmel ein Ende. Denn an die Stelle des Tempels wird dann der regierende
Gott selbst getreten sein, der aber seinerseits mit »dem Lamm« herrschen
wird.

Auch dort wird also *geherrscht* werden, aber mit dem Lamm, d.h. mit dem
geopferten Menschensohn, in dem sich alle Opfer irdischer Gewalt wiedererkennen dürfen. Es wird *regiert* werden. Die Utopie einer herrschaftsfreien
Zukunft, einer anarchistischen Gesellschaft gar, kennt der Glaube weder im
Himmel noch auf Erden. Doch er leitet, indem er Herrschaft und Lamm,
Machtausübung und Kreuz zusammenzudenken, wohlgemerkt: widerspruchslos zusammenzudenken wagt, dazu an, den Begriff der Herrschaft
neu: nämlich menschenfreundlich zu definieren. Es gibt menschenfreundliche Herrschaft und Machtausübung. Ihr Kriterium sind die Ohnmächtigen.
Wo geglaubt wird, daß Gott im Zeichen des Kreuzes herrscht, da wird alle
Macht daran gemessen werden, wie sie sich zu den Ohnmächtigen verhält. An
ihnen muß sich die Macht *als* Macht bewähren. Und das geschieht da, wo
Macht und Liebe keinen Widerspruch bilden – wie oberflächliche Brutalität,
aber ebenso seichte Sentimentalität uns einreden will. Liebe ist der Ernstfall
der Macht. Wo geglaubt wird, daß Gott im Zeichen des Lammes regiert, da
wird als der harte Kern der Macht die Macht der Liebe offenbar.

Die Christengemeinde bezeugt durch ihren Glauben der Bürgergemeinde,
daß am Ende die im politischen Leben nur zu oft nur zu sehr ignorierte und
zur Ohnmacht verurteilte Macht der Liebe sich als die wirkliche Macht her-
ausstellen wird, der gegenüber jede lieblose und gerade in ihrer Lieblosigkeit
scheinbar erfolgreiche Machtausübung sich als eine von innen heraus durch
und durch morsche Zwangsveranstaltung erweisen wird. Das christliche
Zeugnis von der Macht der Liebe soll die politische Machtausübung also
nicht etwa weniger politisch machen, sondern vielmehr noch politischer machen. Der Glaube an die Macht der Liebe will die Macht nicht kastrieren, sondern so sensibilisieren, daß sie *in Wahrheit* mächtig wird.

Gerade die großen und kleinen vom Machtmißbrauch lebenden Zwingher-
ren werden dann ihrerseits als unter Zwang Handelnde durchschaubar, die je-

nes Arztes bedürfen, der *sie* von ihrer zum Scheitern verurteilten Machtversessenheit und der das politische Leben zum Fortschritt in das wahre Zentrum der Macht befreit. Liebe ist weiß Gott etwas anderes als Sentimentalität. Die christliche Gemeinde bezeugt der Bürgergemeinde, daß das wahre Zentrum der Macht die Macht der Liebe ist. *Daß* Liebe eine Macht, daß sie das wahre Zentrum der Macht ist, zeigt sich nicht zuletzt daran, daß sie auf Wahrheit besteht. Liebe ist immer zugleich Liebe zur Wahrheit. Liebe ist in jeder Gestalt die unerbittliche Gegnerin der Macht der Lüge. Liebe und Lüge schließen sich aus. Das gilt für das intime Verhältnis genauso wie für das öffentliche Leben, in dem Liebe zwar vielleicht weniger aufregend, aber nicht weniger notwendig ist. Als Liebe zur Wahrheit läßt die Liebe schon jetzt ihre Macht erkennen. Sie erweist sich als mächtig, indem sie Licht bringt in das Halbdunkel oder gar totale Dunkel menschlicher Lebenslügen. Darin ist sie streng und hilfreich zugleich. Uns Menschen kann ja oft genug gar keine größere Barmherzigkeit widerfahren, als daß uns die Wahrheit gesagt wird. Nicht zuletzt dadurch gibt schon ein wenig Liebe – man wird sehr nüchtern immer nur auf »ein wenig« von diesem hohen Gut hoffen können – dem Leben in der politischen Gemeinde *Sinn*.

Summa: Der christliche Glaube versteht gerade die politische Gemeinde als das Modell der »bleibenden Stadt«, die die Christen auf Erden noch nicht haben, weil sie nach der zukünftigen und der mit Sicherheit kommenden Stadt unterwegs sind. Die Christengemeinde kann der Bürgergemeinde keinen größeren Dienst tun, als diese daran zu erinnern, daß sie in ihrer ganzen Profanität und Vergänglichkeit – auch Tübingen wird vergehen! – ein Gleichnis des kommenden Reiches ist. Oh, wenn unser politisches Handeln doch aus unseren Städten und Staaten wenn schon nicht einwandfreie, so doch immerhin fehlerhafte Gleichnisse der zukünftigen πόλις machen könnte und wollte. Nicht mehr als Gleichnisse, nicht mehr als Analogien! Aber immerhin Gleichnisse! Die Christengemeinde ist nicht zuletzt darin das Salz der Erde, daß sie die Städte und Staaten der Erde auf diese ihre Gleichnisfähigkeit für die zukünftige Stadt anspricht und ihnen zumutet, reale Gleichnisse der kommenden *polis* Gottes zu sein: Gleichnisse und Analogien jenes Herrschaftsbereiches, in dem sich unwiderruflich und unübersehbar als das Zentrum aller das Leben gestaltenden Macht die Macht der Liebe erweisen wird.

III. Die Gefährdung der Bürgergemeinde

Die Christengemeinde erwartet also vom Staat, daß er nicht etwa weniger Staat, sondern daß er wirklich Staat sei. Sie mutet der Bürgergemeinde zu, nicht etwa weniger politisch, sondern wirklich politisch zu sein. Nur eines soll der Staat, darf die Bürgergemeinde auf keinen Fall sein: nämlich religiös. So sehr das Neue Testament die Funktionen der Kirche in einer ausgesprochen *politischen Terminologie* darstellt, so sehr spricht sie doch umgekehrt dem Staat jede *religiöse Funktion* ab. Zwar ist er »von Gott«, zwar kann die Staatsgewalt als »Diakon Gottes«, zwar können sogar die Steuerbeamten – ausgerechnet sie! – als »Liturgen Gottes« bezeichnet werden (Röm 13,6). Aber religiöse Funktion hat der Staat ebensowenig wie das Finanzamt.

Für den Christen gehört der Staat zwar ganz zweifellos zur göttlichen Wohlordnung der Welt. Aber er ist auf keinen Fall seinerseits eine Art Kirche. Das politische Gemeinwesen und seine Regierungen haben ihre eigene und nicht zu verscherzende Würde. Der Staat hat durchaus seine Ehre, und seine Repräsentanten sollten sie auch haben. Aber religiöse Verehrung, kultische Ansprüche und was immer in deren Nähe kommt, haben im politischen Gemeinwesen nichts, aber auch gar nichts zu suchen. Im Staat ist nichts und niemand anzubeten.

Wo es dennoch geschieht, wo auch nur Ansätze dazu erkennbar sind, hat die Christengemeinde der Bürgergemeinde kompromißlos zu widersprechen. Der einzig legitime Ort für Anbetung ist – das Gebet. Und auch da sollst Du den Namen des Herrn, Deines Gottes, nicht unnützlich führen. Der christliche Glaube ist in einer Zeit entstanden, in der die Staatsgewalt religiöse Verehrung beansprucht hat. Der Glaube hat dem Staat, obwohl er ihn ausdrücklich als Gottes Anordnung zu würdigen wußte, diese Verehrung versagt. Die Christengemeinde war, indem sie Gott allein anbetete, und sie ist, insofern sie dies tut, immer wieder eine radikale Entmythologisierung, eine religiöse Entzauberung des Staates und seiner Gewalt. Der Staat soll keinen Zauber haben, und religiösen Zauber schon gar nicht. Er würde sich als Quasikirche selber dämonisieren und so sein eigenes Wesen ad absurdum führen. Und man geht wohl nicht fehl in der Diagnose, daß der Staat, daß die politische Gewalt auch in ihren profansten Entartungen allemal von einem bewußten oder unbewußten religiösen Selbstmißverständnis bestimmt ist. Das Neue Testament identifiziert den sich derart mißverstehenden Staat als Tier aus dem Abgrund, als abgründiges Tier schlechthin (vgl. Apk 13). Ihm gegenüber ist der aktive Widerstand der Christengemeinde gefordert.

Damit haben wir nun allerdings bereits das wohl heißeste Eisen angefaßt, das es in dem spannungsreichen Verhältnis zwischen Kirche und Staat, das es also für die inmitten der Bürgergemeinde existierende Christengemeinde gibt: das Problem des politischen Widerstandes. Es ist heute als Frage nach der »gerechten Rebellion« im Blick auf die afrikanischen Freiheitsbewegungen besonders aktuell und in der evangelischen Theologie heftig umstritten. Daß die Christengemeinde als solche weder Kriege führen noch Revolutionen zu machen hat, dürfte klar sein. *Heilige* Kriege sind ebenso wie *heilige*

Revolutionen seit Jesu Tod ein Anachronismus. Aber gibt es einen wenn nicht
heiligen, so doch im Urteil der Christengemeinde gerechten gewaltsamen
Aufstand gegen die Staatsgewalt? Kann die Christengemeinde die Bürgergemeinde oder Gruppen in ihr dazu im Namen Jesu Christi ermutigen?

Ich will zunächst feststellen, worüber man sich weitgehend einig ist. Einig
sind sich die Theologen fast aller Richtungen in der grundsätzlichen Bejahung
staatlicher Gewalt. *Widerstand* gegen den Staat kann immer nur *Verteidigung*
des Staates gegen den Staat sein. So sehr es einer Vergötzung staatlicher Gewalt zu wehren gilt, genausosehr ist vor einer Verteufelung der staatlichen
Gewalt zu warnen. Vergötzung und Verteufelung des Staates und allen politischen Handelns sind zwei Seiten derselben Fehlhaltung und bedingen einander oft genug gegenseitig. Wo man den Staat vergöttert, da befindet man sich
auch schon auf dem Weg zu seiner Verteufelung. Aber eben auch umgekehrt:
man verteufle den Staat – und man ist schon auf dem Weg, ihm alsbald göttliche oder doch quasigöttliche Dignität geradezu aufzudrängen. Verteufelung
ist noch immer der beste Weg zur Vergottung.

Gegen solche Fehleinschätzungen des Staates setzt die christliche Gemeinde die öffentliche Fürbitte für die Träger der Staatsgewalt. Das klingt zwar
harmlos. Doch man täusche sich nicht! Welche Bedeutung es für den Staat, für
seine Regierungen und Institutionen hat, daß für die staatlichen Entschei-
dungsträger in der christlichen Gemeinde *gebetet* wird, das wird in der Regel
zwar kaum und von den Vertretern der staatlichen Gewalt wohl am allerwenigsten ermessen. Aber das sieht sofort anders aus, wenn im öffentlichen Gottesdienst *für die Opfer* staatlicher Willkür gebetet, wenn die Namen derer für-
bittend genannt werden, die die auf Abwege geratene Staatsgewalt gerade vergessen machen will. Die christliche Gemeinde ist – nicht kraft besonderer
Tapferkeit, sondern kraft ihres ureigenen Wesens als betende und fürbittende
Gemeinde – eine unüberwindbare Instanz gegen alle Versuche, Menschen zu
Unpersonen zu machen. Wenn in Südafrika die Regierung ihr mißliebige Personen bannt, gibt die Gemeinde allein schon durch ihre Fürbitte den Gebann-
ten ihren ehrlichen Namen zurück. Und daß hier in Tübingen im letzten
Herbst in einem Fürbittgottesdienst sowohl für die Opfer der Terroristen wie
für ihre Mörder gemeinsam gebetet wurde, das ist ein in seiner die gängigen
politischen Alternativen so gründlich verfremdenden Bedeutsamkeit nur
schwer zu unterschätzender Vorgang. Und das gilt nun auch im Blick auf den
Vorgang des Gebetes für die *Träger* der staatlichen Gewalt. Indem für sie öffentlich gebetet wird, wird faktisch jedenfalls auch dies gesagt, daß ihre Tätigkeit als Träger und Exekutoren der politischen Gewalt weder göttlich noch
teuflisch, sondern eben ein der Fürbitte gar sehr bedürftiges menschliches
und oft genug nur allzu menschliches Geschäft ist. Es hat seine guten Gründe,
daß »das Gebet« der Kirche »für die Träger der Staatsgewalt ... zum eisernen

Bestand ihrer eigenen Existenz«[7] gehört. Es demonstriert geradezu, daß der Staat weder göttlich noch teuflisch, sondern eben – menschlich ist.

Menschlich soll er aber auch im qualifizierten Sinne des Wortes sein. Und eben für einen humanen Staat, für eine humane Gesellschaftsordnung, für eine humane Bürgergemeinde muß notfalls auch *gegen* diese gestritten werden. Auch mit Waffengewalt? Darüber gehen die Meinungen auseinander. Gibt es die »gerechte Rebellion«?

Meine eigene Auffassung ist die, daß eine solche Frage schlechterdings nicht theoretisch vorweg entschieden werden kann. Ob eine Rebellion, ob eine Revolution *gerecht* ist, das ist m.E. ohnehin eine völlig schiefe Frage: genauso schief wie die ältere Frage nach dem *gerechten Krieg*. *Gerecht* sind dergleichen Aktivitäten nie. Jeder Todesschrei desavouiert sie. Aber kann man statt von der gerechten Rebellion nicht wenigstens von einer gerecht-fertigten Rebellion reden? Meines Erachtens vermag auch darüber keine Theorie zu entscheiden. Ganz egal, ob man nun *ja* oder *nein* sagt: die Auskunft ist zu billig. Zu entscheiden haben das nur einzig und allein die Betroffenen. Und gerade sie werden wissen, daß man aus solchen Situationen nur schwer oder gar nicht mit unverletztem Gewissen hervorgeht. Es gibt Situationen, in denen man durch den Verzicht auf Widerstand genauso schuldig wird wie durch dessen gewaltsame Ausübung. Es gibt Situationen, in denen man gerade auf gewissenhafte Weise nur noch gewissenlos handeln kann. Wohl dem, dem das erspart bleibt. Doch im Blick auf die Betroffenen werden wir gut tun, uns klarzumachen, daß es Situationen gibt, in denen man gar nicht anders kann, als *in praxi* auf gewissenhafte Weise gewissenlos zu sein. Aber eben: in praxi! Ich halte es deshalb für eine entsetzliche Heuchelei, wenn die Christengemeinde etwa zu Tübingen politische Widerstandsgruppen in anderen Teilen der Welt darüber belehren wollte, ob sie einen »gerechten Aufstand« vollziehen oder aber nicht. *Gerecht* kann er ohnehin nicht sein, so wenig wie ein Krieg jemals *gerecht* war, ist und sein wird. Aber *notwendig* könnte er sein. Und darüber zu befinden, steht nur denen zu, die sich eben in derjenigen Not befinden, die zu wenden sie sich entschlossen haben.

Die Christengemeinde hat in solchen Fällen nur die Autorität der Bitte, mit der sie zwischen die Fronten treten kann, um für Versöhnung einzutreten. Aber sie hat nicht die Autorität zu deklarieren, was sein kann und was nicht sein darf. Solange wir *rückblickend* Aufstände wie die gegen Hitler zu feiern der Bürgergemeinde zugestehen – und wir tun gut daran! –, sollten wir uns hüten, andere Aufstandsbewegungen in anderen Weltgegenden *im vorhinein* so oder so zu qualifizieren. Ich könnte mir denken, daß ich mich sehr wohl an

---

[7] AaO., 29.

einer Rebellion beteiligen würde, wenn ich sie – sicherlich nicht als »gerecht«, wohl aber am eigenen Leibe und mit eigenem Verstand – für notwendig erachte. Doch lassen wir alles »würde« und »könnte«. Dergleichen kann, wie gesagt, ehrlich nur in praxi entschieden werden.

Doch wer sich in solcher Situation als Christ zu entscheiden hat, der wird es auf jeden Fall mit dem Eingeständnis der Schuld tun, daß man *nicht rechtzeitig* den Staat gegen den entarteten Staat verteidigt und politischen Mut gegen politischen Übermut aufgeboten hat. Rechtzeitiger politischer Widerstand – das ist es, was wir, wenn es an der Zeit ist, dem Staat um des Staates willen schuldig sind. Er fordert keine Toten, sondern fördert das Leben beizeiten. Das sollten wir auf jeden Fall aus dem schiefen Streit um gerechte Kriege, Rebellionen und Revolutionen lernen: daß der politische Widerstand sehr viel früher anfangen muß, wenn er *friedlich* ausgetragen werden soll. Und dabei hat die Christengemeinde der Bürgergemeinde nun allerdings sehr Spezifisches zu sagen.

IV. Rechtzeitiger politischer Widerstand

Ich möchte im letzten Teil wenigstens an einigen ausgewählten Punkten deutlich machen, wie sich dieser *rechtzeitige* politische Widerstand, der immer ein Kampf *für* eine bessere Ordnung zu sein hat, *von der Christengemeinde her* darstellt. Ich habe die mir theologisch wichtigsten und politisch aktuellsten Punkte ausgewählt.

1. Politischer Widerstand gegen eine Dämonisierung der politischen Gewalt beginnt zunächst damit, daß das, was *gut* ist in der Bürgergemeinde, auch ausdrücklich *gutgeheißen* wird. Kein Staat kann gedeihen, er muß vielmehr notwendig neurotisch reagieren und also auf Abwege geraten, wenn seine guten Werke schlechtgemacht werden und auch sonst kein gutes Haar an ihm gelassen wird. Es gibt Menschen, die können für das *Bessere* nur tätig sein, indem sie das *Gute – schlecht*machen. Ihre Steigerungsskala heißt: schlecht, besser, und dennoch nicht gut. Sie leben vom Tadel des Bestehenden und loben nur das, was nicht ist. Demgegenüber wird die Christengemeinde das Bessere als die Steigerung des Guten erstreben. Sie weiß, daß man *mit Worten* das Gute tatsächlich schlecht *machen* kann. Und eben dagegen leistet sie Widerstand, indem sie Gott als den Geber aller guten und vollkommenen Gabe *lobt* und im Gottesdienst öffentlich *dankt* für das, was gut ist an der Bürgergemeinde und was durch sie an Gutem geschieht.

2. Damit ist bereits ausgesprochen, daß der rechtzeitige politische Widerstand gegen die Dämonisierung der politischen Gewalt für die Christengemeinde seinen Urakt im öffentlichen Gottesdienst hat. Das gilt zunächst schon durch seinen rechten Vollzug, also dadurch, daß recht gepredigt, gebetet, gefeiert wird. Denn wo dies recht geschieht, bildet sich eine Atmosphäre der Freiheit, die gegen jede Form von Unfreiheit im politischen – und selbstverständlich erst recht im kirchlichen – Leben allergisch macht. »Wer Erfahrungen mit totalitären politischen Systemen hat, weiß, daß der christliche Gottesdienst als solcher, auch wenn kein unmittelbares politisches Wort darin laut wird, ein Politikum ersten Ranges ist, wenn … darin wirklich das Evangelium als der Ruf zur Freiheit laut wird. Hat man einmal Gelegenheit, unmittelbar aus einer politischen Kultversammlung in einen schlichten christlichen Gottesdienst zu gehen …, so kann einem etwas davon aufgehen, was es heißt, in eine Atmosphäre der Freiheit versetzt zu sein.«[8]

3. Im Zentrum des Gottesdienstes steht als das politische Urfaktum schlechthin die Verkündigung der Rechtfertigung des Sünders. Sie besagt, daß kein Mensch mit der Summe seiner Taten oder Untaten identifiziert werden darf, sondern daß jeder Mensch als eine von seinen Taten noch einmal zu unterscheidende Person anzusprechen ist.

a) Das gilt im Blick auf die *gelungenen* Leistungen, auf die wir mit Recht stolz sind. Es geht in Ordnung, daß die Bürgergemeinde Personen ehrt, die sich durch ihre Leistungen verdient gemacht haben. Aber auch große Verdienste um Land und Leute machen die Person nicht zur Summe ihrer Taten. Es kann und darf sich niemand hinter seinen Leistungen verstecken, um als Person unansprechbar zu sein.

b) Aber dasselbe gilt auch und erst recht im Blick auf die *Untaten*, die wir tun. Die Bürgergemeinde hat nur zu leicht eine Tendenz, ihre moralische Aufrüstung so weit zu treiben, daß sie die mißlungene oder gar unmenschliche Tat und den Täter definitiv identifiziert und dann von der unmenschlichen Tat schließt auf die »unmenschliche Person«. Das Evangelium von der Rechtfertigung des Sünders leistet dagegen politischen Widerstand. Es erklärt die Kategorie des Unmenschen ihrerseits zu einer unmenschlichen Kategorie und verwehrt die Identifikation der Person mit ihren Taten. Sie tut das auch dann, wenn die Person selber in ihrem Tun ganz und gar aufzugehen wünscht und sich so selber als Person unansprechbar macht – was ja bekanntlich bei allen Formen der Selbstgerechtigkeit, aber auch bei nicht wenigen Verbrechen der Fall ist. Rechtzeitiger politischer Widerstand bedeutet in dieser Hinsicht,

---

[8] *G. Ebeling*, Die Notwendigkeit des christlichen Gottesdienstes, in: *ders.*, Wort und Glaube, Bd. 3, 1975, 533–553, 551f.

aller moralischen *Aufrüstung* diejenige moralische *Abrüstung* entgegenzusetzen, die die menschliche Person ihren Taten und Leistungen gegenüber zu einem unbedingten Selbstwert macht.

c) Wie akut dieser Widerstand ist, kann man sich an der Stellung der Kinder und der Alten in unserer Leistungsgesellschaft klarmachen, die ja, weil sie für ihr Dasein noch nichts oder nichts mehr tun können, den unbedingten Vorrang der Person vor ihren Leistungen repräsentieren. Eine Bürgergemeinde, in der Kinder und Alte zu Randgruppen erklärt und gemacht werden, zerstört ihre eigene Würde. Ihr muß Widerstand entgegengesetzt werden. Wir tun aber gut daran, hier auch an die Strafgefangenen und an ihre Resozialisierung zu denken. Es gehört zu den schlimmsten Folgen der Terroristenaktivitäten, daß in der Bürgergemeinde der gute Wille zur Strafvollzugsreform seitdem im Schwinden ist. Wir sollten den Terroristen diesen traurigen Erfolg nicht zugestehen und auch gegenüber den Insassen unserer Haftanstalten daran festhalten, daß die menschliche Person ein unbedingter Selbstwert ist.

4. Der christliche Gottesdienst ist als Ruf in die Freiheit zugleich Ermutigung zu einer *Sprache der Freiheit*, die wiederum nur da möglich ist, wo eine *ehrliche Sprache* gesprochen wird. Die Existenz der Christengemeinde inmitten der Bürgergemeinde ist immer auch eine Erinnerung an die intime Verbindung zwischen dem »Dienst am Wort« und der Freiheit. Das eine ist auch in der Dimension politischer Existenz ohne das andere nicht zu haben.

a) Wir erinnern uns: Jesus hat dem Kaiser auch dadurch gegeben, was des Kaisers ist, daß er seinen Landesherrn gelegentlich in aller Ruhe einen Fuchs nannte. Das war ein freies Wort. In der Nachfolge Jesu ist es die Christengemeinde der Bürgergemeinde schuldig, diese zu einer Sprache der Freiheit zu ermutigen. Es ist im höchsten Maße alarmierend, daß heute ausgerechnet junge Menschen davor Angst haben. Dazu ist zweierlei zu sagen. Zunächst: Ich halte nichts davon, die Ursachen eines solchen Versagens immer nur bei anderen, in diesem Fall beim Staat zu suchen. Duckmäusertum muß auf jeden Fall auch bei den Duckmäusern bekämpft werden. Man tut ihnen keinen Gefallen, wenn man ihr Verhalten mit den – sei es berechtigten, sei es unberechtigten – Gründen entschuldigt, die die Sprache der Freiheit erschweren. Dergleichen würde nur dazu führen, daß dann, wenn es wirklich generell gefährlich wäre, ein freies Wort zu wagen, die Sprache der Freiheit erstürbe. Wir werden uns also zunächst an die jungen Menschen selber mit der Zumutung wenden, auch und gerade dann, wenn sie dafür Folgen befürchten, nur ja nicht ihre Freiheit zu verleugnen. Erst dann zeigt sich, daß die Sprache der Freiheit keine billige Selbstverständlichkeit ist. Hier gilt: Selbst ist der Mann! Selbst ist die Frau! Wohl dem, der für die Sprache der Freiheit etwas und mehr als etwas

zu riskieren wagt. Solche Männer und solche Frauen braucht die Bürgergemeinde. Das ist das erste, was dazu zu sagen ist.

Wir werden nun aber mit derselben Deutlichkeit *rechtzeitigen* politischen Widerstand gegen alle – sei es bewußten, sei es unbewußten – Versuche leisten, die Jugend zu einer Sprache zu erziehen, die vor der Freiheit zu-
rückschreckt. Es ist ein Skandal, wenn der – sicherlich notwendige – Verfassungsschutz bereits in den Schulen tätig wird. Wo dies geschieht, muß der
Staat mit aller Entschiedenheit gegen den Staat verteidigt werden. Man irre
sich nicht: die Schule ist wie im guten so auch im bösen Sinne die Schule der
Nation! Der freiheitliche Staat zerstört sich selbst, wenn er da, wo Vertrauen zu ihm entstehen soll, Mißtrauen sät. Ich weiß aus eigener Erfahrung,
wie schwer es ist, auf der Schule »für das Leben zu lernen«, wenn dort außer
dem Lehrer noch andere Instanzen ihren Unterricht geben. Eine Schule, in
der neben dem Lehrer zugleich der Verfassungsschutz Lehrmeister ist, er-
zieht den jungen Menschen fast zwangsläufig zum Charakterkrüppel. Weh-
ret den Anfängen!

b) Freie Sprache ist nur möglich als *ehrliche Sprache*. Die *Wahrheit* wird
uns frei machen. Die Grundbedingung eines gesunden Verhältnisses zur
Staatsgewalt ist eine ehrliche Sprache. Das politische Gemeinwesen fängt an
zu verkümmern, wenn seine Sprache verkommt. Das beginnt in der Regel mit
dem scheinbar harmlosen Mangel an sprachlicher Präzision. Doch am Ende
stehen mit Sicherheit Fratzen, die dann ihrerseits fortzeugend fratzenhaftes
und gespenstisches, nämlich an der Wirklichkeit der Geschichte vorbeileben-
des Verhalten erzeugen. Wer nicht ehrlich und präzis sagt, was der Fall ist,
verschweigt im Horizont politischer Wirklichkeit zugleich immer auch, was
an der Zeit ist.

In politischen Diktaturen werden auf diese Weise ganze Völker dazu gezwungen, an ihrer Zeit vorbeizuleben. Wer die regulierte Sprache ihrer Zei-
tungen kennt, weiß, daß ihr das Zeitbewußtsein einnebelnder Informa-
tionsstil politisch impotent machen soll – und in der Tat nur zu oft wie ein das
Nervenzentrum des Bürgers lähmendes Gift wirkt, dem man sich nur durch
radikale Entziehungskuren zu widersetzen vermag. Wir haben in der Bundes-
republik Deutschland das gar nicht hoch genug zu schätzende Gut einer frei-
en Presse. Rechtzeitiger politischer Widerstand besteht nicht zuletzt darin,
darauf zu bestehen, daß unsere Medien eine ehrliche und präzise Sprache
sprechen. Nur so können sie ihrer Aufgabe genügen und die politische Ur-
teilsbildung der Bürger fördern. Es hängt in hohem Maße auch von unseren
Medien ab, ob wir wirklich politisch urteilsfähige Bürger sind, bleiben und
werden – oder aber, ob es unserer Gesellschaft schließlich so ergehen wird wie
dem fiktiven Lord Chandos, der von sich berichtet: »... die abstrakten Worte,
deren sich doch die Zunge naturgemäß bedienen muß, um irgendwelches Ur-

teil an den Tag zu geben, zerfielen mir im Munde wie modrige Pilze.«[9] Unsere Medien sollen uns nicht dümmer, sondern einsichtiger, nicht stumpfer, sondern sensibler machen. Und sie sollen in einer parteipolitisch immer stärker fixierten Situation dazu verhelfen, daß wir zwar keineswegs unparteiisch, wohl aber auf verantwortliche Weise und nicht etwa durch Erweckung eines mehr oder weniger sublimierten Hasses parteiisch werden. »Der Haß«, schreibt Goethe, »ist parteiisch, aber die Liebe ist es noch mehr.«[10]

Gerade *die Konfliktfälle* des politischen Lebens sollten durch eine der Wahrheit verpflichtete Sprache so verarbeitet werden, daß Parteilichkeit und Ehrlichkeit einander nicht ausschließen. Dazu gehört gegebenenfalls auch, daß man Herodes einen Fuchs nennt und eine auf Abwege geratene Staatsgewalt auf ihren verkehrten Weg mit Nachdruck hinweist. Doch *ebensosehr* gehört dazu, daß man sich nicht scheut, all das, was beim politischen Konkurrenten *gut* ist, auch gut sein zu lassen. Es *besser* zu machen sollte auch hier nicht bedeuten, das Gute schlechtzumachen. Konkret: Man kann in Ehren konservativ sein, genauso, wie man in Ehren Sozialist sein kann. Es ist infam, wenn aus parteipolitischen Gründen konservatives Denken heutzutage in Deutschland so apostrophiert wird, daß man dabei die Schande der nationalsozialistischen Vergangenheit assoziieren muß. Und es ist ebenso infam, wenn aus parteipolitischen Gründen Sozialismus als Alternative zur Freiheit suspekt gemacht wird. Das ist durch und durch unehrliche Sprache. Noch einmal: man kann in Ehren konservativ sein, genauso, wie man in Ehren Sozialist sein kann. Aber man kann beides nur dann in Ehren sein, wenn man es ohne Verachtung des anderen ist. Daß darauf heute eigens wieder hingewiesen werden muß, zeigt, wie sehr die veröffentlichte Meinung bereits Fratzen zeichnet und wieviel Fratzenhaftes bereits durch unsere Sprache geistert. »Es soll nicht, liebe Brüder, also sein.« (Jak 3,10)

Die im Zusammenhang mit dem Verhalten des zurückgetretenen Ministerpräsidenten Filbinger unabweisbar gewordene politische Auseinandersetzung sowohl mit der deutschen Vergangenheit wie mit unserem demokratischen Selbstverständnis ist auch für die Presse eine einzigartige Chance, sowohl zur Ehrlichkeit der Sprache wie durch eine ehrliche Sprache zu einer Parteilichkeit zu erziehen, deren Motiv jedenfalls nicht sublimierter Haß ist. Wohl dem Land und wohl der Stadt, die eine solche Zeitung hat!

Wir haben uns nachdenkend dem hohen Anspruch ausgesetzt, den Jesus den Seinen zugemutet hat: nämlich das Salz der Erde zu sein. Eine Christen-

---

[9] *H. von Hofmannsthal*, Ein Brief, in: *ders.*, Erfundene Gespräche und Briefe, Sämtliche Werke. Krit. Ausgabe, Bd. 31, hg. von *E. Ritter*, 1991, 45–55, 48f.
[10] *J. W. von Goethe*, Die Wahlverwandtschaften. Ein Roman, Erster Theil, 13. Kap., Werke, hg. im Auftrage der Großherzogin Sophie von Sachsen, 1. Abt., Bd. 20, 1892 (Nachdr. 1987), 145.

gemeinde, die sich um diesen Anspruch nicht herummogelt, sondern mit ihm
in der Bürgergemeinde lebt und dieser also derart anspruchsvoll gegenübertritt, wird jedoch gerade deshalb gut daran tun, sich nicht nur nebenher, sondern bei allem, was sie selber denkt, sagt und tut, des schroffen Abgrundes zu
erinnern, der zu einem so hohen Anspruch gehört. Ich schließe deshalb, indem ich noch einmal den ganzen Text zitiere, der diese Überlegungen geleitet
hat: »Ihr seid das Salz der Erde. Wenn nun das Salz seine Eigenart und Wirkung verliert, womit soll man es selber salzen? Es ist zu nichts mehr nütze, als
daß man es wegwirft und von den Menschen zertreten läßt.«

Zum Verhältnis von Kirche und Staat nach Karl Barth

Das Verhältnis von Glaube und Politik bzw. der Institutionen Kirche und Staat hat die Aufmerksamkeit Karl Barths in allen Phasen seiner theologischen Existenz auf sich gezogen. Wenn auch mit unterschiedlicher Intensität, mit unterschiedlichen Konsequenzen für die dogmatische Theoriebildung, mit unterschiedlichen Reaktionen in der politischen Praxis und in unterschiedlichen begrifflichen Fassungen hat ihn doch die Frage, was die Tatsache der zwiefachen Existenz der Christen im kirchlichen wie im staatlichen Gemeinwesen theologisch bedeutet, immer wieder beschäftigt. Eine unabweisbare Dringlichkeit gewann diese Frage allerdings erst im sogenannten Kirchenkampf. Sie verlangte nun mit peinlicher Penetranz nach einer Antwort, und zwar nach einer Antwort, die zu den neu freigelegten Grundlagen der Theologie nicht im Verhältnis der Beliebigkeit stehen durfte. Die Theologie des Wortes Gottes stand vor der Aufgabe, nicht nur die Kirche als creatura verbi, sondern auch ihre Beziehung zum Staat und folglich auch dessen Existenz von der schöpferischen Macht des Wortes Gottes her zu begreifen. Es ging wohlgemerkt nicht nur darum zu ermitteln, was das Wort Gottes in der Gestalt der Heiligen Schrift über den Staat zu sagen hat. Schon die fünfte These der Barmer Theologischen Erklärung hat sich nicht damit begnügt. Die einleitende Formulierung »Die Schrift sagt uns, daß der Staat ...« gewinnt ihre eigentliche theologische Funktion erst dann, wenn ihr die abschließende Feststellung korrespondiert, daß die derart angesprochene Kirche »der Kraft des Wortes, durch das Gott alle Dinge trägt«, vertraut und gehorcht[1]. In der Folgezeit hat sich für Barth die Aufgabe, das Verhältnis von Kirche und Staat zu bestimmen und auf diese Weise ein theologisches Verständnis der Existenz und Funktion des Staates zu gewinnen, immer deutlicher als eine fundamentaltheologische Aufgabe gestellt, über deren Lösung bereits im Zusammenhang der Lehre vom Wort Gottes – und nicht etwa erst in der theologischen Ethik – entschieden wird.

Barth hat denn auch, bevor er das Verhältnis von Kirche und Staat in einer besonderen Schrift thematisch erörterte, sein Verständnis des Wortes Gottes als Evangelium und Gesetz eigens dargelegt. Und dies so, daß die über die Richtung des theologischen Denkens entscheidenden Weichen (nicht nur ge-

---

[1] Die Barmer Theologische Erklärung. Einführung und Dokumentation, mit einem Geleitwort von *K. Engelhardt*, hg. von *A. Burgsmüller* und *R. Weth*, ⁶1998, 40.

genüber der lutherischen Tradition) neu gestellt wurden. Die programmatische Bedeutung der 1935 publizierten Schrift »Evangelium und Gesetz« ist besonders hoch zu veranschlagen angesichts der Tatsache, daß Barth im zwei Jahre zuvor erschienenen ersten Teilband seiner »Kirchlichen Dogmatik« die Lehre vom Worte Gottes (in ihrem ersten Teil) noch hatte vortragen können, ohne auf die Unterscheidung von Gesetz und Evangelium einzugehen[2]. Die Schrift »Evangelium und Gesetz« stellt insofern eine wichtige Ergänzung der Prolegomena der »Kirchlichen Dogmatik« dar.

Die Intention der kleinen Schrift ist allerdings nicht weniger mißverstanden worden als Barths Aussagen über das Verhältnis von Kirche und Staat und über die politische Existenz der Christen. Dazu mögen das literarische Genus und wohl auch die gewisse, unverkennbare Hast, mit der der Autor seine Gedanken über Evangelium und Gesetz zu Papier gebracht hat, beigetragen haben. Das Mißverständnis ist gleichwohl vermeidbar. Und es hat mich alarmiert, daß es dennoch nicht ausgeblieben ist, daß vielmehr gerade diese Gedanken Barths sowohl den Unwillen einseitiger Kritik als auch den Mutwillen einseitiger Rezeption hervorgerufen haben. Les extrêmes se touchent. Mit dieser höchst seltsamen Übereinstimmung im falschen Verständnis entscheidender Grundlagen der Theologie Karl Barths wird nicht nur die Theologiegeschichte des 20. Jahrhunderts entstellt – das wäre zur Not zu ertragen –, sondern auch der theologische Orientierungssinn kommender Generationen irregeleitet. Das gilt es zu verhindern. Insofern sind die folgenden Ausführungen nicht nur der Versuch, einen theologischen Autor von Rang wenigstens annähernd so gut zu verstehen, wie er sich selbst verstanden hat, sondern implizit zugleich ein Beitrag zur Klärung der derzeitigen Situation von Theologie und Kirche.

Die Untersuchung ist so angeordnet, daß der Leser zuerst mit einem ausgesprochenen Reizwort bekannt gemacht wird, das Barth anläßlich eines Exkurses innerhalb seiner Gotteslehre bei einer Äußerung über das Verhältnis

---

[2] Die Unterscheidung wird in der Kirchlichen Dogmatik (KD), Bd. I/1, [9]1975, 186f. eher beiläufig aufgenommen, um die »doppelte Bewegung des Wortes« Gottes als Verhüllung und Enthüllung Gottes zu charakterisieren. Der Ansatz der späteren Schrift ist allerdings bereits deutlich erkennbar: »Das Wort Gottes ist *eines*: ... Indem der Mensch wirklich und ernstlich unter das Gesetz getan wird, kommt er zum *Evangelium*[,] und indem er durch Offenbarung und Glauben zum Evangelium kommt, wird er wirklich und ernstlich unter das *Gesetz* getan. Gottes Zorn und Gericht ist nur die harte Schale, das *opus alienum* der göttlichen *Gnade*, aber gerade wer um Gnade, um das *opus Dei proprium* weiß, der und nur der weiß, was Gottes *Zorn und Gericht* ist.« Eine gewisse Abgrenzung gegen »das Luthertum« und seine Auffassung von Gesetz und Evangelium bahnt sich bereits an in: *K. Barth*, Die christliche Dogmatik im Entwurf. Erster Band: Die Lehre vom Worte Gottes. Prolegomena zur christlichen Dogmatik. 1927, hg. von *G. Sauter*, Karl Barth-Gesamtausgabe, hg. von *H. Stoevesandt*, 2. Abt.: Akademische Werke. 1927, 1982, 424–426.

von Glaube und Politik verwendet hat. Auf die Interpretation des Kontextes dieses Reizwortes folgen dann Darstellung und kritische Erörterung der Hauptgedanken Barths zum Thema in den einschlägigen kleinen Schriften. Es handelt sich ausschließlich um Texte, die nach der Theologischen Erklärung von Barmen entstanden sind[3]. Die unvollendet gebliebene Kirchliche Dogmatik hat kein eigenes Lehrstück über den Staat. Es hätte wohl in der für den fünften Band vorgesehenen Ethik der Eschatologie seinen dogmatischen Ort gefunden.

Daß auch ein der Intention Barths angemessenes Verständnis seiner Aussagen zu kritischen Rückfragen führt, wird dem Leser nicht verborgen bleiben. Ich wage zu hoffen, daß solche Kritik davor bewahrt, sich unfruchtbaren Alternativen auszuliefern, ja daß sie dazu anregt, sich von dem unbestreitbar Weiterführenden in der Theologie Barths nun eben auch – weiterführen zu lassen. Man wird dabei schnell genug in die Lage versetzt, auf eigenen Beinen stehen und in eigener Verantwortung seinen eigenen Denkweg gehen zu müssen.

I

Schnurgerade – so kann man inmitten der 1940 erschienenen Lehre von den göttlichen Vollkommenheiten in der »Kirchlichen Dogmatik« Karl Barths lesen[4] – »folgt aus dem Glauben an die Gerechtigkeit Gottes … eine sehr bestimmte *politische* Problematik und Aufgabe«. Und da der Glaube an die Gerechtigkeit Gottes der den Sünder *rechtfertigende* Glaube ist, gibt es für Barth einen »Zusammenhang von Rechtfertigung und Recht«, den »in seiner ganzen Relevanz für den [Zusammenhang] von Kirche und Staat«[5] einsichtig zu machen nach Barth eine notwendige Aufgabe der Theologie ist. Schon zwei Jahre zuvor hatte Barth in seiner Studie »Rechtfertigung und Recht« bemerkt, daß diese Aufgabe in der reformatorischen Theologie nicht hinreichend wahrgenommen worden sei: »das Interesse« an der Frage nach jenem Zusammenhang von Glaube und Politik »fängt dort an, wo das Interesse der reformatorischen Bekenntnisschriften und überhaupt der reformatorischen Theologie aufhörte oder doch erlahmte«. Zwar habe man durchaus erkannt und eingeschärft, daß »es Beides gebe«: »den Auftrag der Kirche und den Auftrag des Staates, das verborgene Leben des Christen in Gott und nun doch auch

---

[3] Meine Studie: Mit Frieden Staat zu machen. Politische Existenz nach Barmen V (KT 84), 1984 (jetzt auch in: *E. Jüngel*, Indikative der Gnade – Imperative der Freiheit. Theologische Erörterungen IV, 2000, 161–204), setze ich im Folgenden voraus.
[4] *K. Barth*, KD II/1, [5]1975, 434.
[5] AaO., 434f.

seine Bürgerpflicht«, und »daß Beides einander nicht widerspreche«, sondern »sehr wohl nebeneinander bestehen und gelten könne«. Aber »daß und inwiefern denn Beides *zusammengehört*« – das haben die Reformatoren nicht – oder nur »in Form dürftigster Andeutung« dargetan. »Es ist ... mit Händen zu greifen, daß sie uns hier ... etwas schuldig geblieben sind.«[6] Barth wußte sich – nicht zuletzt aufgrund der Erfahrungen des deutschen Kirchenkampfes – aufgerufen, diese reformatorische Schuld endlich einzulösen, also den *positiven* Zusammenhang zwischen der göttlichen Rechtfertigung und dem menschlichen Recht, zwischen dem Glauben an Jesus Christus und dem Amt und der Autorität der Obrigkeit darzulegen, und das *schnurgerade*.

Das Wort ist dem Verständnis der Theologie Barths nicht gerade bekömmlich gewesen. Man hat einerseits daraus gefolgert, daß »eine *pura doctrina* und ... ein *recte docere* nur in der politischen Entscheidung zu erzielen« sei[7]. Und man hat andererseits Barths Behauptung, daß »aus dem Glauben an die Gerechtigkeit Gottes schnurgerade eine sehr bestimmte *politische* Problematik und Aufgabe« folge, sozusagen mit spitzen Fingern hervorgehoben und dieses *schnurgerade* als Symptom einer höchst gefährlichen theologischen Krankheit identifizieren zu können, ja zu müssen gemeint. Denn »eine... Theologie, die von Christus her ›schnurgerade‹ politische Folgerungen zieht«, laufe wohl oder übel auf eine »Transformation des Evangeliums in das Ethische« hinaus, wie denn der christologische Grundansatz des theologischen Denkens Karl Barths auch im Zusammenhang anderer Problemstellungen »die Ethisierung des Christlichen« und »die Überführung der Dogmatik in die Ethik« zur Folge habe. Ja, es wird die Sorge geäußert, Barths »prädestinatianisch interpretierte... Christologie«, »zum bestimmenden Vorzeichen des Gottesbegriffs erklärt ..., könnte sich als ein unwirksamer Schutz gegen die Gefahr erweisen, daß der Gottesbegriff zu einem ethischen Ideal der Menschheit pervertiert« wird. Als eigentliche Ursache solcher überaus problematischer Implikationen und Konsequenzen der Barthschen Theologie wird eine – jedenfalls gemessen an Luther – unangemessene Bestimmung des Verhältnisses von Gesetz und Evangelium diagnostiziert, bei der »das Verständnis des Evangeliums ... letztlich nur ethisch vermittelbar« erscheint. »Die Transformation des Evangeliums in das Ethische als eine sich anbahnende Verwirklichung des Reiches Gottes – das ist der Skopus ... von Barths Offenbarungsverständnis« (wie es in der 1935 veröffentlichten Schrift »Evangelium und Gesetz« expliziert worden sei) – behauptet Gerhard Ebeling in einer

---

[6] *K. Barth*, Rechtfertigung und Recht (1938), in: *ders.*, Rechtfertigung und Recht / Christengemeinde und Bürgergemeinde [u.a.], 1998, 5–45, 5f. (Hervorhebung von mir).
[7] *F.-W. Marquardt*, Martin Luther und Karl Barth: in tyrannos, BThZ 1 (1984), 275–296, 289.

»Karl Barths Ringen mit Luther« betitelten, aber doch wohl eher Gerhard
Ebelings Ringen mit Barth dokumentierenden umfangreichen Studie[8].

Das sind kühne Aufstellungen, harte Vorwürfe. Bestehen sie zu Recht?
Dafür scheint auf den ersten Blick immerhin die Tatsache zu sprechen, daß ja
auch die Barthinterpretation Friedrich-Wilhelm Marquardts, die doch von einer dem »erkenntnisleitenden Interesse« Gerhard Ebelings ziemlich entgegengesetzten Absicht bestimmt ist, auf die These hinauslief, die Barthsche
Bestimmung des Verhältnisses von Gesetz und Evangelium besage, daß »eine
pura doctrina und … ein *recte docere* nur in der politischen Entscheidung zu
erzielen« sei[9]. Ebeling zitiert denn auch Marquardts Behauptung mit der
Feststellung, Marquardts Barthinterpretation lasse »wie durch ein Vergröße-
rungsglas – oder wie durch einen Zerrspiegel? – erkennen, worauf sich die
Differenz zwischen Barth und Luther zuspitzt«[10]. Sollte das wahr sein, dann
ist Barths Theologie allerdings als ein in sich gescheitertes Unternehmen zu
beurteilen[11]. Denn *gegen* »die Ethisierung des Christlichen«, *gegen* »die
Überführung der Dogmatik in die Ethik«, *gegen* »die Gefahr, … daß der Gottesbegriff zu einem ethischen Ideal der Menschheit pervertiert« wird, *gegen*
»die Transformation des Evangeliums in das Ethische als eine sich anbahnende Verwirklichung des Reiches Gottes« ist Barth mit seinem Versuch einer
theologischen Neuorientierung einst angetreten. Im Vorwort zum ersten
Band seiner »Kirchlichen Dogmatik« seufzt er »über das Banausentum, das
überall, wo es seinen Ethizismus nicht wiedererkennt[,] über ›Spekulation‹
meint jammern zu dürfen«[12]. Gegen die Tendenz einer bestimmten Auffassung von Ethik, die dahin zielt, »sich selbst als theologische Grundwissen-
schaft an die Stelle der Dogmatik zu setzen, bzw. … die Dogmatik in eine

---

[8] *G. Ebeling*, Karl Barths Ringen mit Luther, in: *ders.*, Lutherstudien, Bd. III: Begriffs-
untersuchungen – Textinterpretationen – Wirkungsgeschichtliches, 1985, 428–573, 567. 551.
557. 552. 550f. Ich habe Zweifel, ob es in der Entwicklung Barths jemals so etwas wie ein
»Ringen mit Luther« gegeben hat. Und daß sich, wie Ebeling (aaO., 428) vermutet, in der –
die Übereinstimmung freilich nicht widerrufenden – Kritik an Luther »die Hauptintention
der Barth'schen Theologie« verraten soll, ist m.E. eine die Bedeutung Luthers für Barth
maßlos überschätzende Hypothese. Ja, man läuft Gefahr, der Hauptintention der Barthschen Theologie überhaupt nicht ansichtig zu werden, wenn man im Verhältnis Barths zu
Luther den Schlüssel ihres Verständnisses gefunden zu haben meint. Der Gedanke mag
grauenvoll sein, aber es kommt vor, daß in einer Theologie von Rang Martin Luther keine
andere Rolle spielt als die eines – sehr – großen Theologen unter anderen großen Theologen.

[9] *F.-W. Marquardt*, Martin Luther und Karl Barth, 289.

[10] *G. Ebeling*, Karl Barths Ringen mit Luther, 551 Anm. Gerhard Ebeling und Friedrich-Wilhelm Marquardt als Barthinterpreten vereint – ein par nobile fratrum!

[11] Und man darf wohl fragen, ob Ebelings umfangreiche Studie trotz des mehrfach aus-
gedrückten »respektvollen Dank[es]«, den er »Barth dennoch weiterhin schulde« (aaO.,
431; vgl. aaO., 573), nicht eben darauf hinausläuft, vor Barths Theologie als einem verfehl-
ten theologischen Unternehmen zu warnen.

[12] *K. Barth*, KD I/1, IX.

christlich begründete Ethik zu verwandeln«, hat er geltend gemacht, daß damit »die Dogmatik selbst und die ganze Theologie« in »angewandte Anthropologie« transformiert würde und daß die »Kirche, die diese Theologie guthieß, … sich … unter eine ihr ursprünglich fremde Hoheit gestellt« habe[13]. Gegen jede Transformation des Evangeliums in das Ethische als eine sich anbahnende Verwirklichung des Reiches Gottes hat Barth mit der lapidaren Behauptung polemisiert: »Es ist nicht wahr, daß der glaubende Mensch am Kommen des Reiches Gottes mitzuarbeiten habe«[14].

Man kann solche Äußerungen im Œuvre Barths immer wieder lesen. In dieser Hinsicht ist sein sich so häufig korrigierendes Denken seit dem Bruch mit dem sogenannten Neuprotestantismus unbeirrbar. Noch gegen Ende seines Lebens schärft der alte Barth seinen Hörern im Kolleg ein: »Wie das Reich Gottes in seinem Kommen als Tat Gottes selbst und so als das ganz Neue sich jeder *intellektuellen* Systematik entzieht, nur eben als Wirklichkeit und Wahrheit sui generis, eigener Art, eigener Macht zur Kenntnis genommen werden kann, so ist und bleibt es auch von des Menschen *Wollen* und *Tun* unabhängig, von allen menschlichen Werken und Vollbringungen, in deren Bereich es hineintritt, verschieden: Gottes eigenes, selbständiges, die ganze menschliche Geschichte von außen begrenzendes, ihr gegenüber souveränes und so sie bestimmendes und beherrschendes Handeln. Der Mensch kann und mag Vieles in Griff bekommen – das Reich Gottes niemals. … Es ist vielmehr Gottes eigenes Tun, das als solches auch in dem besten menschlichen Tun, z.B. auch in dem Tun des christlichen Glaubens und der christlichen Kirche nicht aufgeht, sich auch nicht mit ihm vermischt, geschweige denn identifiziert … Und so ist es umgekehrt kein solches göttliches Werk, zu dessen Anheben, Fortgang und Vollendung irgendwelche menschliche Mitwirkung in Frage käme und postuliert werden müßte … Es ist vielmehr ganz allein Gottes Werk«[15]. So also urteilt der Mann, dessen Theologie nach der Analyse Gerhard Ebelings auf eine »Transformation des Evangeliums in das Ethische als eine sich anbahnende Verwirklichung des Reiches Gottes« hinauslaufen soll.

---

[13] *K. Barth*, KD I/2, ⁶1975, 875f.

[14] AaO., 884f.

[15] *K. Barth*, Das christliche Leben. Die Kirchliche Dogmatik IV/4. Fragmente aus dem Nachlaß. Vorlesungen 1959–1961, hg. von *H.-A. Drewes* und *E. Jüngel*, Karl Barth-Gesamtausgabe, 2. Abt.: Akademische Werke. 1959–1961, ²1979, 409–411. Vgl. *K. Barth*, Das Geschenk der Freiheit. Grundlegung evangelischer Ethik (ThSt[B] 39), 1953, 14: »Die Errettung des Menschen … ist das Werk des freien Gottes ganz allein. … Keine Rede davon, daß es, um wirksam, mächtig und dem Menschen bekannt zu sein, erst auch des Menschen eigene Tat … werden müßte.« Barth betont auch hier, daß das »Werk menschlicher Freiheit dem der göttlichen gegenüber wie seinen eigenen Anfang, so auch seinen eigenen Gang und seine eigenen vorläufigen und relativen Ziele« habe, »die *nicht* zusammenfallen und *nicht* zu verwechseln sind mit dem Ziel der Heilsgeschichte« (aaO., 7).

Was nun? Daß Ebeling die zitierten Aussagen Barths, die sich bequem und reichlich vermehren ließen, nicht kennt, erscheint angesichts der beispielhaften Gründlichkeit und akademischen Gewissenhaftigkeit, die die sonstigen Untersuchungen dieses Forschers auszeichnen, ausgeschlossen[16]. Dann aber bleibt kaum eine andere Deutung als die, daß Barth die Implikationen und Konsequenzen seiner eigenen Theologie nicht durchschaut habe. Und was Ebeling maliziös als Fazit der Lutherdeutung Barths formuliert, scheint nun genauso für das Bild, das Ebeling von dem Theologen Karl Barth gezeichnet hat, zuzutreffen: »Luther«, nein: Barth, »so gewinnt man den Eindruck, ist wohl ein wirrer Geist gewesen, daß er weder bei seiner Rechtfertigungslehre noch bei seiner Christologie merkte, wohin die Reise geht«[17].

Doch vielleicht kann man die Texte Barths auch noch anders lesen und verstehen, als Gerhard Ebeling es uns jetzt nahegelegt hat? Vielleicht kann man sie in methodischer Hinsicht so lesen, wie Ebeling die Texte Martin Luthers oder Friedrich Daniel Ernst Schleiermachers zu lesen und zu verstehen uns gelehrt hat: mit demselben bohrenden, vor dem Mißverständnis des ersten Eindrucks warnenden, immer die interpretatio in optimam partem suchenden, den Autor von seiner Intention her begreifenden Verstehenswillen? Vielleicht bewährt sich auch im Falle Barths, was sich nicht nur beim Versuch, die Heilige Schrift zu verstehen, sondern auch als allgemeine hermeneutische Regel bei dem Versuch, einen Autor zu verstehen, bewährt hat: daß nämlich dessen Werk zunächst und vor jedem Versuch, einen Autor besser zu verstehen, als dieser sich selbst verstanden hat, als sui ipsius interpres ernstgenommen werden will? Vielleicht gewinnt dann auch jenes ominöse *schnurgerade,* mit dem Barth inmitten seiner Lehre von den göttlichen Eigenschaften oder Vollkommenheiten einen sachlichen theologischen Zusammenhang von Rechtfertigung und Recht und damit auch von Kirche und Staat behauptet hatte, einen akzeptablen Sinn?

Barths Lehre von den Vollkommenheiten Gottes ist als Teil seiner Gotteslehre im Band II/1 der »Kirchlichen Dogmatik« 1940 veröffentlicht worden. Ihre Konzeption ist zwischen den 1935 und 1938 entstandenen kleinen programmatischen Schriften »Evangelium und Gesetz« und »Rechtfertigung und Recht« einerseits und der die Problematik jener Schriften wieder aufnehmenden und fortführenden, 1946 veröffentlichten Studie »Christengemeinde und Bürgergemeinde« andererseits entstanden. Wir dürfen also davon ausgehen, daß der Ansatz jener ersten beiden unsere Problematik verhandelnden Schriften hier vom Autor selbst interpretiert bzw. präzisiert wird.

---

[16] Daß Ebeling die entsprechenden Aussagen Barths notorisch nicht aufführt, nimmt allerdings wunder.

[17] *G. Ebeling*, Karl Barths Ringen mit Luther, 519.

II

Eine genauere Beachtung des Kontextes jener Behauptung, es folge »aus dem Glauben an die Gerechtigkeit Gottes schnurgerade eine sehr bestimmte *politische* Problematik und Aufgabe«, muß sowohl alle jene, die hier eine theologische Anweisung zum Vollzug des pure docere in Gestalt politischer Entscheidungen finden zu können meinen, als auch alle diejenigen, die der Theologie Barths eine »Ethisierung des Christlichen« zum Vorwurf machen, stutzig werden lassen. Der Kontext ist nämlich eine einzige Warnung vor einem *abstrakten* Verständnis jener schnurgeraden Folgerung, das in der Tat auf eine ideologische Ethisierung oder Politisierung des Christlichen hinausliefe. Sehen wir genauer zu!

Die besagte Behauptung ist eingerahmt von der Warnung, die im Alten Testament bezeugte Forderung nach »Herstellung des Rechtes zugunsten der bedrohten Unschuldigen, der unterdrückten Armen, Witwen, Waisen und Fremdlinge« nur ja nicht dadurch zu erklären, »daß man *in abstracto* von dem politischen Zug und speziell von dem Rechtscharakter der alttestamentlichen und überhaupt der biblischen Botschaft redet«. Es wird dann zwar eingeräumt, daß die biblische Botschaft in der Tat diesen Rechtscharakter und politischen Zug hat. »In der Tat folgt aus dem Glauben an die Gerechtigkeit Gottes schnurgerade eine sehr bestimmte *politische* Problematik und Aufgabe. Aber *in abstracto* gesehen und verstanden könnte diese (könnte der Zusammenhang von Rechtfertigung und Recht in seiner ganzen Relevanz für den von Kirche und Staat!) nicht wirklich einsichtig und notwendig werden.«[18] Wirklich einsichtig und notwendig wird der Zusammenhang des Glaubens an die Gerechtigkeit Gottes mit einer sehr bestimmten politischen Problematik und Aufgabe nur da, wo der Mensch als *Mensch vor Gott* und damit auch schon als ein ganz und gar auf die Gnade des rechtfertigenden Gottes angewiesener *Sünder* erkannt wird: »In der Begegnung mit Gottes Gerechtigkeit sind wir Alle das völlig bedrohte, mit seinen eigenen Kräften ganz verlorene Volk Israel, sind wir Alle Witwen und Waisen, die sich selbst nicht Recht schaffen können. In *diesem* Gegenüber sind doch offenbar alle jene Psalmworte von Gottes Gerechtigkeit, von dem glaubenden Menschen und seiner Gerechtigkeit vor Gott gesprochen. ... Die Gerechtigkeit des Glaubenden besteht darin, daß Gott für ihn eintritt, und zwar ganz eintritt ... An dieses völlige Eintreten Gottes glaubt der Glaube, der eben darum *eo ipso* der Glaube an Gottes Erbarmen und also der Glaube der vor Gott Armen und Elenden ist. Aus dieser [!] Natur des Glaubens folgt nach dem Lukasevangelium und nach dem Jakobusbrief ebenso wie nach [den] Propheten eine politische Hal-

---

[18] *K. Barth*, KD II/1, 434f.

tung, die entscheidend dadurch bedingt ist, daß der Mensch allen denen gegenüber verantwortlich gemacht ist, die vor seinen Augen arm und elend sind,
daß er seinerseits aufgerufen ist für das Recht ... derer einzutreten, die Unrecht leiden. Warum? Weil ihm in ihnen sichtbar gemacht wird, was er selber
vor Gott ist«[19], nämlich der, der sich »notwendig als *Sünder* erkennen und
bekennen muß. Eben der seine Sünde erkennende und bekennende Mensch
ist ja recht eigentlich der Arme, dessen Sache Gott in seiner Gerechtigkeit zu
seiner eigenen macht.«[20]

Das ist also der Sinn jenes ominösen Wörtleins *schnurgerade*. Man mag
einwenden, daß die metaphorische Schnur in diesem Fall nicht gerade den
kürzesten Weg nimmt, sondern eben an mehreren Punkten sehr sorgfältig
festgemacht worden ist, damit nur ja nicht »*in abstracto*«, und das heißt unter
Absehung von der Situation des sündigen Menschen vor Gott, von einem
»politischen Zug« des Glaubens an Gottes Gerechtigkeit geredet wird. Es
hieße jedoch die Dinge auf den Kopf stellen, im Blick auf solche Ausführungen zu behaupten, daß das Evangelium von der Rechtfertigung des Sünders
»letztlich nur ethisch vermittelbar erscheint«. Vielmehr wird man, wenn man
denn schon pointiert reden will, umgekehrt behaupten müssen, daß hier die
ethische und damit auch die politische Inanspruchnahme des Glaubenden
letztlich nur durch das Evangelium vermittelbar erscheint. »Wer im Glauben
davon lebt, daß das wahr ist« – nämlich daß »alle Menschen vor Gott dastehen
als solche, denen nur durch ihn selbst Recht verschafft werden kann« –, »der
steht als solcher in der politischen Verantwortung. Er weiß, daß das Recht,
daß jeder wirkliche Anspruch[,] den ein Mensch dem Andern und den Andern gegenüber hat, unter dem besonderen Schutz des gnädigen Gottes steht.
... Er kann sich der Frage nach dem menschlichen Recht nicht entziehen. Er
kann nur den Rechtsstaat wollen und bejahen. Mit jeder andern politischen
Haltung würde er die göttliche Rechtfertigung von sich stoßen.«[21]

Es liegt Barth alles daran, daß diese »sehr bestimmte *politische* Problematik
und Aufgabe« *eine Folge* und nicht etwa *der Grund* – und sei es auch nur der
Erkenntnisgrund (ratio cognoscendi) – des Glaubens an die den Sünder rechtfertigende Gerechtigkeit Gottes ist. Das wird bestätigt durch den größeren
Zusammenhang, in den die zitierten Sätze gehören und der hier wenigstens
kurz rekapituliert werden soll.

Barth hat jene Sätze im Zusammenhang seiner Ausführungen über die
göttliche Vollkommenheit der Gerechtigkeit aufgestellt. Die ganze Lehre von
den Vollkommenheiten Gottes expliziert den Grundsatz über die Wirklich-

---

[19] AaO., 435.
[20] AaO., 436.
[21] AaO., 435.

keit Gottes, der besagt, daß Gottes Sein ein »Sein als der Liebende in der Freiheit« ist[22]. Mit dieser Bestimmung ist umfassend ausgesagt, was Gott ist, so daß sie als Inbegriff des göttlichen Wesens zu gelten hat. Die »beiden Grundzüge des Wesens Gottes: Gottes Liebe und Gottes Freiheit in ihrer Einheit und Unterschiedenheit«[23] zur Sprache zu bringen, ist die Aufgabe der Lehre von den Vollkommenheiten oder Eigenschaften Gottes[24]. Barth unterscheidet dementsprechend und bezieht aufeinander: eine Reihe von Vollkommenheiten des göttlichen Liebens und eine Reihe von Vollkommenheiten der göttlichen Freiheit. Dabei ist es für ihn entscheidend, daß erst von den Vollkommenheiten des göttlichen Liebens her die Vollkommenheiten der göttlichen Freiheit angemessen zur Sprache gebracht werden können. Denn »Gottes Offenbarung ist zuerst und zuletzt Evangelium«[25], das Wort von der *Liebe* Gottes. Nota bene: Nicht nur zuerst, sondern »zuerst und zuletzt« ist Gottes Offenbarung *Evangelium*! Gottes Offenbarung geschieht aber, »nicht ohne daß das Evangelium uns zum Gesetz und zum Gericht wird... Jetzt erst, in der Kraft des Evangeliums, gibt es für uns ein als göttlich bindendes und verpflichtendes Gesetz, gibt es Erkenntnis unserer Sünde und damit und daraufhin unserer Kreatürlichkeit, unseres Abstandes von Gott und so Erkenntnis der Hoheit Gottes in sich selbst«, kurz: seiner Freiheit. Nur »als der Liebende ist er der Freie«[26]. Und deshalb ist es für das Verständnis der Vollkommenheiten der göttlichen Freiheit entscheidend, daß man bei ihrer Bestimmung von der Erkenntnis der Vollkommenheiten des göttlichen Liebens herkommt.

Innerhalb beider Reihen werden wiederum jeweils Paare von göttlichen Vollkommenheiten aufgestellt, deren jedes innerhalb der ersten Reihe dafür sorgen soll, daß Gottes Sein als der Liebende nicht gedacht werden kann, ohne seine Freiheit schon hier mitzubedenken, und deren jedes innerhalb der zweiten Reihe wiederum dafür sorgen soll, daß wir, »seine Freiheit bedenkend, seine Liebe« auch dann noch »ständig *mit*zubedenken haben«[27]. Und so ist denn als zweites Paar innerhalb der ersten Reihe der Vollkommenheiten des göttlichen Liebens von »Gottes Barmherzigkeit und Gerechtigkeit« die Rede. Der Begriff der göttlichen Gerechtigkeit gehört für Barth also zu den Vollkommenheiten des göttlichen Liebens, dies aber so, daß schon dabei auch Gottes Freiheit zur Geltung kommt.

---

[22] AaO., 288.
[23] AaO., 387.
[24] Eine Neuinterpretation der Lehre von Gottes Eigenschaften bietet *W. Krötke* an: Gottes Klarheiten, 2001.
[25] *K. Barth,* KD II/1, 392.
[26] AaO., 393.
[27] AaO., 395.

Schon aufgrund dieser systematischen Architektur der Lehre von den göttlichen Eigenschaften ist deutlich, daß der Begriff der Gerechtigkeit Gottes als eine Näherbestimmung des göttlichen Liebens aufzufassen ist. Man kann nach Barth »von der in der Bibel so hervorgehobenen Gerechtigkeit Gottes überhaupt nicht reden, ohne ... von Gottes Barmherzigkeit her zu kommen«. Nur so, indem das Verhältnis der beiden Vollkommenheiten »von der notwendig vorangehenden Barmherzigkeit Gottes her seine Bestimmung empfängt«, wird es möglich, daß dann auch die Gerechtigkeit Gottes als »eine Bestimmung« der »Liebe, Gnade und Barmherzigkeit« Gottes zur Sprache gebracht werden kann[28].

Barth bringt demgemäß die reformatorische Auffassung der Gerechtigkeit Gottes als einer den Sünder rechtfertigenden Gerechtigkeit und insbesondere Luthers Polemik gegen die Entgegensetzung von Gerechtigkeit und Barmherzigkeit Gottes kräftig zur Geltung: »Gott braucht seiner Gerechtigkeit nichts zu vergeben, indem er barmherzig ist. Gerade indem er barmherzig ist, ist er *gerecht.*«[29] Denn das »ist Gottes eigene Gerechtigkeit, daß der Mensch im Bunde mit ihm zum Gerechten wird«[30]. Und eben damit, daß er den Sünder aus Gnade rechtfertigt, tut Gott »das im höchsten Sinn Rechte, nämlich das, womit er sich selbst gerecht wird«[31]. Gott ist – wie es später in der Versöhnungslehre heißen wird – »in seiner Gnade im *Recht*«[32].

Vorausgesetzt ist dabei allerdings immer, daß Gott, wenn er gnädig und barmherzig ist, sich selbst nicht widerspricht, sondern »sich selber treu ist, mit sich selbst übereinstimmt«[33]. Von *da aus* ergeben sich Barths Vorbehalte gegenüber – nicht jeder, wohl aber – einer bestimmten Rede vom »verborgenen Gott«, vom »deus absconditus«. Daß Gott sich im Ereignis seiner Offenbarung anders zur Geltung bringt, als er in Wahrheit ist, daß er sich im Ereignis seiner Offenbarung anders verhält, als er sich, für uns verborgen, in seinem eigenen Sein zu sich selbst verhält – das ist nach Barth ein dem Zeugnis der Heiligen Schrift widersprechender Gedanke. Deshalb betont er, daß Gottes Offenbarung »zuverlässige *Offenbarung*« ist, daß »kein *Deus absconditus hinter* seiner Offenbarung zurück« bleibt, »mit dessen Existenz und Wirksamkeit wir dann über sein Wort und seinen Geist hinaus gelegentlich *auch* noch zu rechnen, den wir *hinter* seiner Offenbarung *auch* noch zu fürchten und zu verehren hätten«[34].

---

28   AaO., 423.
29   AaO., 431.
30   AaO., 433.
31   AaO., 432.
32   *K. Barth*, KD IV/1, ²1960, 592.
33   Ebd.
34   *K. Barth*, KD II/1, 236f.

Barth bestreitet dabei keineswegs, daß Gott auch in seiner Offenbarung in einem präzisen Sinne verborgen ist. Die Theologie Barths ist ja durchweg gegen das Mißverständnis gerichtet, daß Gott sich in dieser Welt *unmittelbar* offenbare. Auch in der Person Jesu Christi geschieht das nicht, weil sich auch in ihr das göttliche Wesen nicht unmittelbar im menschlichen Wesen enthüllt[35]. Und insofern gehört gerade zur Glaubenserkenntnis die Erkenntnis der Verborgenheit Gottes. »Die Verborgenheit Gottes ist der Inhalt eines *Glaubens*satzes.«[36] Gerade »indem wir Gott in *Jesus Christus* denken sollen und möchten«, müssen wir »Gottes Verborgenheit *erkennen* und *bekennen*«[37]. Aber diese Verborgenheit Gottes ist nach Barth nur als eine Näherbestimmung des Ereignisses der Offenbarung, in der Gott sich dem Sünder zuwendet, und auf keinen Fall als deren Problematisierung zu begreifen[38].

---

[35] Das ist der Grund, weshalb Barth bestimmte christologische Spitzensätze der lutherischen Orthodoxie äußerst kritisch beurteilt: vgl. KD IV/2, ³1978, 71–74.

[36] *K. Barth*, KD II/1, 206.

[37] AaO., 212f.

[38] Daß *Barth* (KD II/1, 610) an Luther die kritische Frage richtet, ob denn »der richtige Hinweis auf den *Deus revelatus* genügen« könne, »wenn es nicht feststeht, daß eben dieser *Deus revelatus* als solcher auch der *Deus absconditus*, daß der *Deus absconditus* in allen seinen Möglichkeiten, in seinem ganzen Können auch in allen uns unzugänglichen Bezirken und Dimensionen kein Anderer als eben der *Deus revelatus* ist« – das wird man doch wohl kaum mit *Ebeling* (Karl Barths Ringen mit Luther, 478) dahin verstehen können, daß sich für Barth »der zentrale Glaubensgehalt von Luthers Theologie … als Verrat am Evangelium« darstelle. Ebelings eigener Versuch, die Notwendigkeit einer offensichtlich anders orientierten Rede vom Deus absconditus gegen Barths Auffassung zu verteidigen, wirft leider mehr Probleme auf, als er klärt. Ebeling stellt im Anschluß an Luther heraus, daß es dem Glauben zugemutet ist, »in allem, was geschieht, auch dem Fürchterlichsten, Gott am Werke zu sehen … und dennoch diesen völlig unbegreiflichen Deus absconditus als den in Christus offenbaren Gott zu glauben«. Ja, »die Zusage, ihn als solchen glauben zu dürfen, das ist gewissermaßen der Abglanz des Glaubens an den Gekreuzigten. … Verliert das Evangelium diesen Widerpart der Erfahrung des Deus absconditus …, dann wird es gegenstandslos« (aaO., 571). Hier ist von *Gott selbst* als Deus absconditus die Rede. Es ist offensichtlich *Gott selbst* gemeint, wenn von »der Erfahrung des Deus absconditus« gesprochen wird. Doch für den Glauben gilt, so teilt Ebeling wenige Sätze später mit, daß er angesichts der Erfahrung des Deus absconditus, die er im Bereich des Politischen machen muß, »trotzdem … sich daran hält, daß der Gott, der in Christus offenbar geworden ist, die ganze Welt in seinen Händen trägt. So geglaubt, ist der Deus absconditus … gewissermaßen die Nebelschwaden in der Welt, die den Deus revelatus, den verkündigten Gott, verfinstern.« (AaO., 572) Die Auskunft verwirrt. Soll nun eine bestimmte menschliche Erfahrung, die es mit Gott selbst zu tun zu haben meint, oder soll *Gott selbst* »gewissermaßen die Nebelschwaden in der Welt« sein, mit denen Gott verfinstert wird bzw. mit denen er sich selbst verfinstert? Ebelings Rede vom Deus absconditus läßt ungeklärt, ob »Deus absconditus« Ausdruck für eine Erfahrung sein soll, in der das uns schlechthin verborgene Wirken Gottes »gewissermaßen« hypostasiert wird, so daß von einem opus Dei absconditum illegitimerweise auf ein verborgenes göttliches Subjekt geschlossen wird – oder ob »Deus absconditus« Ausdruck für Gott selbst sein soll, so daß man sowohl von Gottes Offenbarungshandeln als auch von seinem verborgenen Handeln auf Gott selbst verwiesen wird, der dann

Dabei ist die von lutherischer Seite häufig als wichtiges, wenn nicht sogar wichtigstes Moment der Verborgenheit Gottes herausgestellte *Schrecklichkeit* der Erfahrung des verborgenen Gottes von Barth keineswegs – wie im-

---

allerdings zweierlei Willen zu haben scheint: Gott gegen Gott. Gegen die zweite Seite dieser Alternative spricht die Behauptung: »So geglaubt, ist der Deus absconditus … gewissermaßen die Nebelschwaden in der Welt, die den Deus revelatus … verfinstern.« Gegen die erste Seite der Alternative spricht, daß Ebeling ohne Vorbehalt von einer »Erfahrung des Deus absconditus« spricht. Was gilt nun? Man wird gewiß respektieren, daß Ebeling einem Überspielen von Erfahrungen durch theologische Begriffe wehren will. Aber umgekehrt darf das theologische Pathos der Erfahrung nicht dazu führen, daß in einer so zentralen Frage des christlichen Glaubens nur noch Antworten möglich sind, die ihrerseits – Nebelschwaden erzeugen. Wer Barth gegenüber in dieser Sache eine theologisch tiefer gegründete und geistlich weiter führende Erkenntnis zu haben beansprucht, der ist es seinen lernwilligen Lesern schuldig, diese Erkenntnis in einer auch dem Denken anderer nachvollziehbaren Weise auszudrücken. Ich habe Zweifel, daß das im Blick auf die Rede vom Deus absconditus überhaupt möglich ist. Vielleicht ist der intendierten Sache wirklich besser gedient, wenn man auf den Begriff eines Deus absconditus im Sinne eines zum offenbaren Gott notwendigerweise in Widerspruch geratenden göttlichen Subjektes verzichtet und sich darauf beschränkt, von einem *opus Dei absconditum* zu reden, das es im Glauben auszuhalten gilt, das aber im Glauben auch ausgehalten werden kann, weil der Glaube dessen gewiß ist, daß Gott Liebe – und nicht auch noch deren Gegenteil – ist. Von der Erfahrung dieses *opus Dei absconditum* kann man dann auch sagen, daß sie der »Widerpart des Evangeliums« sei, ohne den das Evangelium »gegenstandslos« würde.

Im übrigen ist es schwer verständlich, daß Ebeling offensichtlich gegen Barth meint geltend machen zu müssen, es könne, wenn die Erfahrung des Deus absconditus theologisch angemessen zur Geltung gebracht werde, »das Politische … nicht Sinn und Ziel des christlichen Glaubens sein. … Es wird nicht zum Quellort der Offenbarung« (aaO., 572). Genau dies hatte Barth ja seinerseits im Kirchenkampf den Deutschen Christen gegenüber reklamiert. Man muß wohl nicht eigens an die Barmer Theologische Erklärung erinnern.

Davon bleibt unberührt, daß Barth, unter »politisch« offensichtlich noch etwas anderes versteht als Ebeling, unter Berufung auf die biblische Rede vom himmlischen πολίτευμα der Christen der »Existenz der Christengemeinde« eine »gerade allerletztlich hochpolitische… Bedeutung« zuerkennt (*K. Barth*, Christengemeinde und Bürgergemeinde [1946], in: *ders.*, Rechtfertigung und Recht / Christengemeinde und Bürgergemeinde [u.a.], 47–80, 51). Denn von hochpolitischer Bedeutung ist die Existenz der christlichen Gemeinde nach Barth deshalb, weil die Christen schon jetzt »in der von Gott gebauten, vom Himmel auf die Erde kommenden polis« Bürgerrecht haben (ebd.). Das ist ein sehr anderer Begriff vom Politischen als der, den Ebeling vor Augen hat, wenn er »das Politische« als Ort der Erfahrung des Deus absconditus behauptet und bestreitet, daß »das Politische« zum Quellort der Offenbarung werden kann. Aber auch wenn es um die Bestimmung des Verhältnisses von Christengemeinde und Bürgergemeinde geht, trifft Ebelings Bedenken, »der Antagonismus der Geschichte, in die der Leib Christi eingegangen ist, könnte hier illusionär unterschätzt sein« (*G. Ebeling*, Karl Barths Ringen mit Luther, 558), die Theologie Barths genausowenig wie der Verdacht, »das Politische« sei hier »zum Quellort der Offenbarung« geworden. Hatte Barth doch unmißverständlich erklärt: »Die Bürgergemeinde als solche ist geistlich blind und unwissend. Sie hat weder Glauben noch Liebe noch Hoffnung. Sie hat kein Bekenntnis und keine Botschaft. In ihr wird nicht gebetet« (*K. Barth*, Christengemeinde und Bürgergemeinde, 48). Wie sollte sie dann »zum Quellort der Offenbarung« werden können? Noch in seiner letzten Ethik-Vorlesung hatte Barth – weit entfernt, das Reich Gottes

mer wieder behauptet – ignoriert oder überspielt worden. Sie wird allerdings nicht als »Widerpart des Evangeliums« aufgefaßt, sondern es wird das Evangelium als das die Schrecklichkeit des Gegensatzes, ja des Konfliktes zwischen Gott und der Kreatur erst voll und ganz offenbar machende Ereignis verstanden. Daß es schrecklich ist, in die Hände des lebendigen Gottes zu fallen (Hebr 10,31), dieses Wort und seine Wahrheit will Barth als Ausdruck der Heiligkeit Gottes verstanden wissen, die mit der Gnade Gottes offenbar wird und die ihrerseits offenbar macht, daß Gottes Liebe und Gnade sich innerhalb des Gegensatzes ereignen, in dem der Mensch Gott gegenüber de facto existiert. »Nur in diesem Gegensatz wird Gott gerade in seinem Wesen als Liebe und Gnade erkannt.« Und in diesem Gegensatz den gnädigen Gott als den Heiligen erfahren zu müssen – »*das ... ist furchtbar.* Hier kommt es zum *Konflikt* zwischen Gott und der Kreatur«[39].

Es liegt Barth allerdings auch im Blick auf diesen Konflikt zwischen Gott und der Kreatur daran, daß er nicht zu einem »nackte[n], abstrakte[n] Gegensatz« und also nicht zu einer – sit venia verbo – abstrakten Gegensatzerfahrung theologisch stilisiert wird. Die Erfahrung eines schlechthin verborgenen Gottes ist für Barth ein hölzernes Eisen. Wie sollte man *erfahren*, daß man es überhaupt mit Gott zu tun hat – eben: mit dem verborgenen Gott –, wenn dieser sich in einem bestimmten Werk (das man als das der göttlichen Weltregierung bezeichnen mag) verbergende Gott sich nicht so offenbart hätte, daß man weiß, wovon man spricht, wenn man Gott sagt? Eine Erfahrung des ver-

---

als »das Ziel geschichtlichen Handelns« (*G. Ebeling*, Karl Barths Ringen mit Luther, 558) zu behaupten – der Weltgeschichte nachgesagt, »daß ihr Verhältnis zu Gott *kein* prinzipiell und teleologisch geordnetes« ist und daß man deshalb »von keiner der Unternehmungen und von keinem der Werke der Weltgeschichte sagen« kann, »daß sie notwendig, ordnungs- und strukturmäßig auf Gott ... bezogen seien. Dem Leben der Welt als Welt ist vielmehr wesensmäßig eigentümlich ... ein im Verhältnis zu Gott *ungeordnetes* und *unbestimmtes* Verhältnis. ... Notwendig ist der Welt als Welt vielmehr die *Ambivalenz* ... ihres Verhältnisses zu Gott.« (*K. Barth*, Das christliche Leben, 192f.) Zu dieser Ambivalenz rechnet Barth, der nicht daran denkt, den Antagonismus der Geschichte illusionär zu überspielen, sehr illusionslos auch »die böse Tatsache, daß wir Menschen ... einander ebensowohl Alles wie Nichts, ebensowohl Mitmenschen wie Wölfe sein können und wirklich sind. Da, in diesem wüsten Widerspruch wird der heilige Name Gottes in der Welt entscheidend und aufs höchste entheiligt.« (AaO., 218f.)

Daß Barths Theologie sich in anderen Denkformen, wohl auch in einem anderen theologischen Gefälle bewegt als Luthers Theologie, hat Ebeling noch einmal in Erinnerung gerufen. Daß dabei auch sachliche Gegensätze aufbrechen, darf nicht verschleiert werden. Barth hat einige von ihnen selber markiert, obwohl er eben dabei ja nun Luther immer wieder mehr oder weniger kräftig mißverstanden haben soll. Man sollte aber bei der Erörterung solcher Gegensätze nicht der Gefahr erliegen, die Theologie Barths auf eben diese Gegensätze zu reduzieren. Man muß dann wohl notwendig all das überlesen, was Barth, ohne mit Luther zu ringen, gedacht und geschrieben hat. Und das Ringen mit Barth droht dann wohl zwangsläufig in schiefen Alternativen zu verenden.

[39] *K. Barth*, KD II/1, 406.

borgenen Gottes – besser: des verborgenen Werkes Gottes – ist nur demjenigen möglich, dem sich Gott offenbart hat. Nur unter der Voraussetzung der
Offenbarung Gottes gibt es so etwas wie das Leiden an seiner Verborgenheit.
Oder mit Barth formuliert: wir erfahren »die Heiligkeit Gottes nicht neben,
sondern *in* seiner Gnade, seinen Zorn nicht neben, sondern *in* seiner Liebe«[40].
Gott »ist der in seiner Verborgenheit nicht abwesende, sondern anwesende,
nicht versteckte, sondern offenbare Gott. Er ist also kein Anonymus. Er hat
einen Namen. Er hat sich einen Namen gemacht und hat ihn … *bekannt* gemacht.«[41]

Kann man in diesem Sinne davon ausgehen, daß Gottes Offenbarung *verläßlich* ist und daß zur Verläßlichkeit der Offenbarung ein *sich selbst treuer*
Gott gehört, dann kann in der Tat die *Gnade* Gottes seinem *Recht* nicht widersprechen, dann ist Gott, gerade indem er *barmherzig* ist, *gerecht*, dann ist
Gott mit seiner Gnade im Recht.

Läßt Gott aber, wenn er den Sünder allein aus Gnade rechtfertigt, nicht
etwa »Gnade vor Recht« ergehen, sondern übt er im Akt der Rechtfertigung
des Sünders allein aus Gnade *Recht*, dann ist Gottes den Sünder rechtfertigende Gerechtigkeit zugleich auch fordernde, ja strafende Gerechtigkeit. Nur so
wird verständlich, daß der Sünder durch den Tod Jesu Christi gerechtfertigt
wird, daß das Evangelium das Wort vom Kreuz (1Kor 1,18) ist, an dem der
Sohn Gottes für den Sünder gestorben ist. Ist also die den Sünder rechtfertigende Gerechtigkeit *aufgrund* der durch sie ins Recht gesetzten Gnade und
Barmherzigkeit – und nicht etwa *trotz* seiner Gnade und Barmherzigkeit! –
zugleich auch fordernde Gerechtigkeit, dann ist »der Glaube an die Gerechtigkeit Gottes zugleich die Quelle alles *Trostes* und der Inbegriff strengster
Inanspruchnahme des Menschen«[42]. Eben diese Inanspruchnahme läßt die
Glaubenden erkennen, daß sie vor Gott keine eigene Gerechtigkeit haben,
sondern »als die ihrer eigenen Gerechtigkeit Entblößten« nur von sich selber
weg »zu Gott fliehen« können[43]. Sie sind die vor Gott Armen, jeder eigenen
Gerechtigkeit Entblößten, die ganz von seiner Gerechtigkeit und insofern als
allein aus Glauben Gerechte leben.

Das also ist nach dem Urteil Barths der nicht *in abstracto*, sondern *in con-
creto* verstandene »politische Zug« der biblischen Botschaft. Und in diesem
konkreten Sinn, dem gemäß gerade die, »die sich selbst nicht Recht schaffen
können«[44], von Gottes Gerechtigkeit leben, »folgt aus dem Glauben an die
Gerechtigkeit Gottes schnurgerade eine sehr bestimmte *politische* Problema-

---

[40] AaO., 407.
[41] *K. Barth*, Das christliche Leben, 188.
[42] *K. Barth*, KD II/1, 433.
[43] AaO., 434.
[44] AaO., 435.

tik und Aufgabe«, die den Glaubenden nun seinerseits auch *coram mundo* in Anspruch nimmt und politisch für das *menschliche* Recht verantwortlich macht. »Er kann nur den Rechtsstaat wollen und bejahen. Mit jeder andern politischen Haltung würde er die göttliche Rechtfertigung von sich stoßen.«[45]

Soviel zu jenem so arg strapazierten Wörtlein *schnurgerade*! Es mußte, um sein abstraktes Verständnis, vor dem Barth schon im Augenblick der Niederschrift ausdrücklich und nachdrücklich gewarnt hatte, zu destruieren, etwas weiter ausgeholt werden. Es mußte insbesondere die Abwegigkeit der These aufgewiesen werden, Barths theologischer Ansatz laufe auf eine »Transformation des Evangeliums in das Ethische als eine sich anbahnende Verwirklichung des Reiches Gottes« hinaus, so daß »das Verständnis des Evangeliums ... letztlich nur ethisch vermittelbar« erscheine. Das Gegenteil ist der Fall.

Ist die Intention der Barthschen Verhältnisbestimmung von Glaube und Politik erst einmal hinreichend klar, dann können Barths verschiedene Argumentationsgänge, in denen er das thematische Verhältnis genauer zu fassen sucht, im einzelnen geprüft und der Kritik ausgesetzt werden. Ich gehe zu diesem Zweck nunmehr auf die kleineren programmatischen Schriften ein, in denen Barth sich der Frage gestellt hat, inwiefern aus dem Glauben an die Gerechtigkeit Gottes eine sehr bestimmte politische Problematik und Aufgabe – und sei es denn: *schnurgerade* – folgt.

III

»Wir wären stumme Hunde, wenn wir ein reformiertes Bekenntnis aufstellen würden und nichts sagten über den ›totalen‹ Staat« – hatte Barth auf der Freien reformierten Synode zu Barmen-Gemarke im Januar 1934 erklärt[46]. Damit hatte Barth zum Ausdruck gebracht, daß das Verhältnis des Glaubens zur politischen Dimension unseres Lebens dem Glauben nicht nur äußerlich ist, sondern so sehr zum Wesen des christlichen Glaubens gehört, daß es das Bekenntnis tangiert. Die Frage nach der Politik, die Frage nach dem Staat kann zur Bekenntnisfrage werden. Ja, Barth war wohl schon damals der Auffassung, daß die das politische Leben gestaltende und regulierende göttliche Anordnung des Staates grundsätzlich – also auch ohne daß von dieser Seite Gefahr für die Wahrheit des Glaubens droht – ein Gegenstand des Bekenntnisses sei. Darin meint Barth auch, wie der Schrift »Rechtfertigung und Recht«, aber

---

[45] Ebd.

[46] *K. Barth,* Erklärung über das rechte Verständnis der reformatorischen Bekenntnisse in der Deutschen Evangelischen Kirche der Gegenwart auf der Freien reformierten Synode zu Barmen-Gemarke am 3. und 4. Januar 1934, in: *J. Beckmann,* Rheinische Bekenntnissynoden im Kirchenkampf. Eine Dokumentation aus den Jahren 1933–1945, 1975, 34–46, 45.

auch schon der Ethik von 1928/29 (1930/31) zu entnehmen ist, mit den Reformatoren im Konsensus zu sein. Haben doch auch sie bei der Erörterung der christlichen Lehre von der *politica administratio* bzw. von *weltlicher Obrigkeit* oder von *menschlicher Gerechtigkeit* gehandelt. Für *Calvin* gehört die politica administratio sogar neben der Kirche und ihren Sakramenten zu den »äußeren Mitteln oder Beihilfen, mit denen uns Gott zur Gemeinschaft mit Christus einlädt und in ihr erhält«[47]. Und »bei *Zwingli*« können wir, wie Barth konstatiert, »den starken Satz lesen, die weltliche Gewalt habe ›Kraft und Befestigung aus der Lehre und Tat Christi‹«[48]. Barth vermißt jedoch bei den Reformatoren eine »evangelische … Begründung« dieses reformatorischen Bekenntnisses zur göttlichen Anordnung einer politica administratio und fragt sich, ob und inwiefern sie bei ihrem Bekenntnis zur göttlichen Anordnung weltlicher Obrigkeit »der Richtschnur folgten, an die sie sich sonst für gebunden hielten, ob sie nämlich auch das Recht auf die Rechtfertigung, auch die politische Gewalt auf die Gewalt Christi begründet oder ob sie hier nicht heimlich auf einem anderen Grund gebaut« haben[49]. Barth meint, diese Frage negativ beantworten zu müssen, und will deshalb »den Mangel an einer evangelischen und das heißt im strengen Sinn: christologischen Begründung dieses Teils ihres [sc. des reformatorischen] Bekenntnisses«[50] nun seinerseits endlich beheben.

Schon in der fünften These der *Barmer Theologischen Erklärung* hatte Barth in dieser Hinsicht einen Vorstoß gemacht, als er im Blick auf den Staat formulierte, die »Kirche … vertraut und gehorcht der Kraft des Wortes, durch das Gott alle Dinge trägt«[51]. Der Satz ist ein indirektes Zitat aus Hebr 1,3 – einem Text, der besagt, daß es Jesus Christus ist, der alle Dinge durch sein mächtiges Wort trägt. Demnach trägt Jesus Christus auch den Staat, hat auch die politica administratio in der Person Jesu Christi und in seinem Wort ihren Grund. Das schließt nicht aus, sondern bringt vielmehr erst richtig zur

---

[47] *J. Calvin*, Institutio Christianae religionis. 1559, l. IV: De externis mediis vel adminiculis, quibus Deus in Christi societatem nos invitat, et in ea retinet, Opera Selecta, hg. von *P. Barth* und *W. Niesel*, Bd. 5, ²1962, 1.
[48] *K. Barth*, Rechtfertigung und Recht, 7; *H. Zwingli*, Auslegen und Gründe der Schlußreden, Art. 35, in: *ders.*, Sämtliche Werke, Bd. 2 (CR 89), 1908, 1–457, 304,8f.: »Aber der weltlich [gewalt] hat krafft unnd bevestigung uß der leer und that Christi.« In der Ethik-Vorlesung hatte Barth dargelegt, daß »die Anerkennung der weltlichen Obrigkeit in der Reformationszeit … mit Recht zum Gegenstand des kirchlichen Bekenntnisses gemacht worden ist« (*K. Barth*, Ethik II. Vorlesung Münster Wintersemester 1928/29, wiederholt in Bonn, Wintersemester 1930/31, hg. von *D. Braun*, Karl Barth-Gesamtausgabe, 2. Abt.: Akademische Werke. 1928/29, 1978, 333).
[49] *K. Barth*, Rechtfertigung und Recht, 7.
[50] Ebd.
[51] Die Barmer Theologische Erklärung, 40.

Geltung, daß Staat und Kirche zweierlei sind und daß ihre Funktionen und Aufgaben auf keinen Fall verwechselt werden dürfen. Die Verwerfungen der fünften Barmer These haben sowohl die Gefahr eines religiösen Selbstmißverständnisses des Staates wie die Gefahr eines politischen Selbstmißverständnisses der Kirche deutlich beim Namen genannt. Doch während die Reformatoren sich nach Barths Urteil damit begnügten, daß – wie Calvin formuliert hatte – »das geistliche Reich Christi und die bürgerliche Ordnung zwei völlig verschiedene Dinge sind«[52], will Barth gerade auch die strenge Unterscheidung von Kirche und Staat durch ein zwar *unterschiedliches Begründungsverhältnis* beider Größen zu einem beiden gemeinsamen Grund, aber eben durch ein jeweils anderes Begründungsverhältnis zu *ein und demselben christologischen Grund* erklärt und gesichert wissen. Und das heißt, daß von dem ihnen gemeinsamen Grund her dann die wohl unterschiedenen Größen Kirche und Staat in ihrer Unterschiedenheit nicht gleichgültig gegeneinander sein können, sondern vielmehr inmitten ihrer Unterschiedenheit *positiv aufeinander* bezogen sind. Eben deshalb wären die an Jesus Christus Glaubenden 1934 »stumme Hunde« gewesen, wenn sie bei ihrem Versuch, ein Bekenntnis aufzustellen, »nichts« gesagt hätten »über den ›totalen‹ Staat«[53].

Die positive Beziehung zwischen Kirche und Staat durch deren zwar jeweils anderes Begründungsverhältnis zu dem doch beiden gemeinsamen christologischen Grund hat Barth zunächst durch eine Näherbestimmung dieses christologischen Grundes selbst zu klären versucht. Barth hat sich zu diesem Zwecke von der in der ersten Barmer These formulierten Erkenntnis her, daß »Jesus Christus, wie er uns in der Heiligen Schrift bezeugt wird, … *das eine Wort Gottes*« ist, »das wir zu hören, dem wir im Leben und im Sterben zu vertrauen und zu gehorchen haben«[54], mit der reformatorischen *Unterscheidung des Wortes Gottes in Gesetz und Evangelium* auseinandergesetzt. Ist Jesus Christus wirklich »das eine Wort Gottes«, dann darf die Unterscheidung von Gesetz und Evangelium die Einheit des Wortes Gottes auf keinen Fall problematisieren. Ist Jesus Christus wirklich »das eine Wort Gottes«, dann muß Gottes Wort seinem Sachgehalt nach auf jeden Fall ein *Wort der Gnade* und also zuerst und zuletzt *Evangelium* sein. Barth hat deshalb die »unter uns fast selbstverständlich gewordene… Formel« *Gesetz und Evangelium*, ohne dieser traditionellen Reihenfolge ihr *relatives* Recht bestreiten zu wollen, umgekehrt und behauptet: wer zu diesem »Thema recht reden will, der muß zuerst

---

[52] *J. Calvin*, Institutio Christianae religionis. 1559, l. IV, c. 20, n. 1, Opera Selecta, Bd. 5, 472: »spirituale Christi regnum et civilem ordinationem res esse plurimum sepositas«.
[53] Vgl. *J. Beckmann*, Rheinische Bekenntnissynoden im Kirchenkampf. Eine Dokumentation aus den Jahren 1933–1945, 1975, 45.
[54] Die Barmer Theologische Erklärung, 36 (Hervorhebung von mir).

vom *Evangelium* reden«[55]. Seine programmatische Schrift – die er 1935 in
Barmen vortragen wollte, aber nicht durfte[56] – trägt folglich den Titel: *Evangelium und Gesetz.*

Die Schrift unterscheidet zwischen »der *Wahrheit* des Evangeliums und
des Gesetzes in ihrem gegenseitigen Verhältnis« einerseits und »ihre[r] *Wirklichkeit*« andererseits. Die von der Wahrheit so unterschiedene Wirklichkeit
beider Gestalten des Wortes Gottes besteht darin, daß Gott sein Wort in »der
Sünder Hände gegeben« hat. Die Wirklichkeit des Evangeliums und des Gesetzes besteht also darin, daß der Mensch Gottes Wort *gebraucht* und dabei
immer schon *mißbraucht*. Sie besteht im *usus humanus evangelii ac legis*, der
immer schon ein *abusus* ist. Gerade deshalb behauptet Barth, daß man genauso, wie man zuerst vom Evangelium reden müsse, um angemessen vom Gesetz reden zu können, nur von der *Wahrheit* beider her »ihre *Wirklichkeit ...*
einzusehen« vermag[57].

Daraus läßt sich schließen, daß das Evangelium eine besondere Affinität
zur Wahrheit hat. Ja, die Wahrheit des Wortes Gottes und die Wahrheit des
Evangeliums sind recht eigentlich identische Begriffe (so wie auch das Evangelium und die Wahrheit des Evangeliums recht eigentlich identische Begriffe
sind), so daß das Evangelium sowohl sein eigenes Wesen wie das Wesen des
Gesetzes zu erkennen gibt. Denn die Wahrheit des Evangeliums hat für Barth
eine gegenüber der Wirklichkeit überlegene Bedeutung und Kraft. Sie kann
zwar in der Wirklichkeit entstellt werden – sie wird es laufend! –, aber sie vermag sich aus ihrer entstellten Wirklichkeit selber wiederherzustellen. Sie ist
eine *siegreiche Wahrheit*: »Siegt das Evangelium, dann stellt es ... sich selbst
wieder her«. Eben dies vermag das Gesetz jedoch nicht. Auch das Gesetz
Gottes kann zwar in der Wirklichkeit entstellt werden und wird in der Tat
laufend entstellt. Aber es kann sich nicht selbst wiederherstellen. Es *wird* viel-

---

[55] *K. Barth*, Evangelium und Gesetz (1935), in: *ders.*, Rechtfertigung und Recht / Christengemeinde und Bürgergemeinde [u.a.], 81–109, 81.

[56] Der Text wurde dann in Anwesenheit Barths verlesen. Barth selber wurde anschließend, von einem Gestapo-Mann eskortiert, über die Grenze abgeschoben und hat Deutschland erst nach Kriegsende wieder betreten können.

[57] *K. Barth*, Evangelium und Gesetz, 93. *G. Ebelings* (Karl Barths Ringen mit Luther,
550) Deutung, daß das Gesetz von Barth »ohne Rücksicht auf den Adressaten ..., gewissermaßen als Wort an sich, als Idee«, bestimmt wird und daß das Evangelium »als reiner Gedankengehalt, unter Absehen von dem, an den es ergeht und wozu es ergeht, bestimmbar«
sein soll, verkennt diesen für Barth fundamentalen Gesichtspunkt. Barths »Supralapsarismus« läßt keinen Augenblick aus dem Blick, daß Gott »den *homo labilis*« will, »nicht damit
er falle, wohl aber damit er als gefallener Mensch der Zeuge seiner ganzen Herrlichkeit sei«
(*K. Barth*, KD II/2, [5]1974, 153). In diesem Sinne will Barth den traditionellen Supralapsarismus – unter Beachtung des relativen Rechts der Infralapsarier! – korrigiert wissen. Siehe
unten S. 200! Zu Barths Auseinandersetzung mit der Alternative Supralapsarismus – Infralapsarismus vgl. *K. Barth*, KD II/2, 136–157.

mehr durch das sich selbst wiederherstellende Evangelium »*wiederherge-stellt*«[58]. Insofern kommt der Wahrheit des Evangeliums nach Barth sozu-sagen *axiomatische* Bedeutung und Kraft zu. Sie ist einer Begründung weder fähig noch bedürftig. Sie setzt sich selber durch – nämlich innerhalb der sie entstellenden Wirklichkeit und gegen diese. Und indem sie sich selber durch-setzt, setzt sie zugleich die Wahrheit des Gesetzes gegen die es entstellende Wirklichkeit und in dieser durch.

Von daher wird Barths viel kritisierte und in der Tat problematische be-griffliche Bestimmung des Verhältnisses von Evangelium und Gesetz ver-ständlicher, der gemäß das Evangelium ein *Inhalt* ist, der die Form des Geset-zes hat: »Man kann also wohl allgemein und umfassend sagen: das Gesetz ist nichts anderes als die notwendige *Form des Evangeliums*, dessen Inhalt die Gnade ist.«[59] Die Unterscheidung von Inhalt und Form läßt sich allerdings zur Kennzeichnung des Verhältnisses von Evangelium und Gesetz nicht ohne erhebliche logische Schwierigkeiten verwenden. Barths Schrift macht das schon dadurch deutlich, daß sie einerseits das Evangelium als Inhalt des (als Form dieses Inhaltes begriffenen) Gesetzes bezeichnet, andererseits aber auch dem Evangelium noch einmal einen Inhalt zuspricht, wenn sie davon redet, daß die Gnade der Inhalt des Evangeliums sei.

Am Anfang der Schrift redet Barth zunächst im Bilde davon, daß »das Gesetz im Evangelium … ist«[60]. Man würde von da aus eher vermuten, daß das *Evangelium* als die *Form des Gesetzes* zu denken sei. Doch schon im nächsten Satz wird als »*Inhalt* des Evangeliums … Gottes *Gnade*« angegeben[61]. Also muß die bildliche Rede vom im Evangelium zu findenden Gesetz anders gemeint sein. Sie knüpft an die alttestamentlichen Erzählungen von der Bundeslade an, die für Barth das Evangelium und die ihm vorausgehende Verheißung symbolisiert. Das Gesetz, das nach Gal 3,17 der Verheißung folgte und dem als Erfüllung der Verheißung und damit auch des Gesetzes wiederum das Evangelium folgt, ist in heilsge-schichtlicher, zeitlicher Hinsicht von den beiden Bundeszusagen Gottes, von Ver-heißung und Evangelium, umschlossen. Diese heilsgeschichtlich-temporale Überordnung des Evangeliums (als Erfüllung der Verheißung) über das Gesetz wird dann lokal mit dem Bild ausgedrückt, daß das »Gesetz … nicht das Gesetz« wäre, »wenn es nicht geborgen und verschlossen wäre in der Lade des *Bundes*«. Damit wird aber sofort auch die Umkehrung verbunden, daß »auch das Evange-lium … nur dann das Evangelium« ist, »wenn das Gesetz … in ihm, als in der Bundeslade[,] *geborgen* und *verschlossen* ist«[62]. Sinn dieser Aussagen ist es, das Evangelium als *Erkenntnisgrund* des Gesetzes zu behaupten. Man muß das Evan-gelium verstanden haben, um das Gesetz verstehen zu können.

[58] *K. Barth*, Evangelium und Gesetz, 107.
[59] AaO., 89.
[60] AaO., 81.
[61] AaO., 82.
[62] AaO., 81.

Doch dann wird diese Redeweise umgekehrt: es kommt zu einem Gedankengang, an dessen Ende die Behauptung steht, »daß das *Evangelium* immer ... *im
Gesetz* ... ist«[63]. Was gilt nun? Ist das Gesetz im Evangelium? Oder ist das Evangelium im Gesetz? Man muß, wenn nicht alles auf einen logischen Widerspruch
hinauslaufen soll, sich streng von der inhaltlichen Argumentation Barths leiten
lassen.

Barth greift zunächst auf den Oberbegriff des *Wortes Gottes* zurück, um herauszustellen, daß Gottes Wort zwar in der »Zweiheit« und »Entgegenstellung«, ja
sogar im »Streit« von Evangelium und Gesetz ergeht, daß aber »größer als ihre
Zweiheit und ihr Streit ... ihr Frieden in dem einen Wort« Gottes ist, welches immer und in allen seinen Gestalten ein Wort der *Gnade* ist. Denn schon die Tatsache des göttlichen Redens als solche ist, weil Gott sich in seinem Wort aus Freiheit
dem Menschen zuwendet, »freie, ungeschuldete und unverdiente göttliche Güte,
Barmherzigkeit und Herablassung ... *Daß* Gott mit uns redet, das ist unter allen
Umständen schon an sich Gnade.«[64] Dies, daß Gottes Wort immer und unter allen Umständen *Gnade* ist, nennt Barth die Form des Wortes Gottes, die dadurch
»bewährt« wird, »daß es auch inhaltlich, was es auch sage, eigentlich und letztlich
Gnade ist«[65]. Auch das Gesetz ist deshalb, selbst wenn es »Gericht, Tod und Hölle bedeuten«[66] sollte, Gnade. Weil nun aber »das *Evangelium* die Gnade zu seinem *besonderen direkten* Inhalt hat, der ... auch den Inhalt des Gesetzes in sich
schließt, erzwingt es sich die *Priorität* vor dem Gesetz«[67]. Das Evangelium ist also
nicht nur Erkenntnisgrund (ratio cognoscendi), sondern auch Seinsgrund (ratio
essendi) des Gesetzes. Es hat demnach das Wort Gottes einen *Inhalt,* der in *unmittelbarer* und *unzweideutiger* Weise auch der Inhalt der einen der beiden Gestalten des Wortes Gottes, des Evangeliums ist: Gottes Gnade. Aber auch die andere Gestalt des Wortes Gottes, das Gesetz, hat dieselbe Gnade Gottes zum *Inhalt,* wenn auch offensichtlich *nicht unmittelbar,* so daß nur vom Evangelium her
eindeutig erkannt werden kann, was der Inhalt des Gesetzes ist: nämlich nichts
anderes als der Inhalt des Evangeliums. Das Gesetz hat also immer und unter allen Umständen den Inhalt des Evangeliums – und insofern das Evangelium selbst
– zu seinem Inhalt. Von daher ist es »nichts anderes als die ... *Form des Evangeliums,* dessen Inhalt die Gnade ist«[68].

Barth behauptet nun allerdings nicht nur, daß das Gesetz nichts anderes als
bloß die Form des Evangeliums ist. Er behauptet auch, daß das Gesetz »die *notwendige* Form des Evangeliums« ist und daß der Inhalt des Evangeliums diese
Form »*erzwingt*«[69]. Demnach ist das Evangelium überhaupt nicht gegeben ohne
die Form des Gesetzes, dessen »Sinn und Inhalt« es ist[70]. Barth unterstreicht diese
unlösbare Konnexion dadurch, daß er das Gesetz als Form des Evangeliums

---

[63] AaO., 89f.; vgl. aaO., 98, wo vom Evangelium behauptet wird, daß es »des Gesetzes
Sinn und Inhalt ist«.

[64] AaO., 82.

[65] Ebd.

[66] Ebd.

[67] AaO., 83.

[68] AaO., 89.

[69] Ebd. (Hervorhebungen von mir).

[70] AaO., 98.

durch die Funktion der Form näherbestimmt: es hat die Funktion, den Menschen anzugehen, und zwar in der Weise der Forderung und des Anspruches anzugehen und gerade so die Gnade Gottes zu bezeugen[71]. Insofern ist – Barth verwendet für die umgekehrte Verhältnisbestimmung, der gemäß nunmehr das Evangelium im Gesetz ist, wiederum ein biblisches Bild – »das *Evangelium* immer ... als den Menschen angehendes *im Gesetz,* in der Krippe und in den Windeln der Gebote, des Gebotes und Gebietens Gottes«[72].

Will man die Barthsche Verwendung des Form-Begriffs nicht gänzlich mißverstehen, so wird man ihn auf keinen Fall im Sinne der aristotelischen Relation von forma und materia auffassen dürfen. Denn für Aristoteles ist es die forma, die das Wesen eines jeden Dinges konstituiert: εἶδος δὲ λέγω τὸ τί ἦν εἶναι ἑκάστου καὶ τὴν πρώτην οὐσίαν[73]. Es kann aber keine Rede davon sein, daß das Gesetz nach Barth das Evangelium überhaupt erst zu dem macht, was es ist. »Das Gebot [Gottes] ist ja *nur* die Form des Evangeliums Gottes«[74]. Barth folgt also dem neuzeitlichen Sprachgebrauch, für den gilt, was Hegel bemerkt: Form und Inhalt sind Bestimmungen, »deren sich der reflektirende Verstand sehr häufig bedient, und zwar vornehmlich in *der* Art, daß der Inhalt als das Wesentliche und Selbstständige, die Form dagegen als das Unwesentliche und Unselbstständige betrachtet wird«[75]. Barth würde zwar nicht sagen, daß die Form des Gesetzes etwas gegenüber dem Evangelium »Unwesentliches« ist. Aber er will schon sagen, daß das Evangelium »das Wesentliche und Selbständige« ist. Es stellt sich ja auch gegen seine Entstellung selbst wieder her. Das Gesetz hingegen ist »*nur* die Form des Evangeliums«.

Doch nun wurde von dieser Form ausdrücklich behauptet, daß sie eine *notwendige,* eine vom Inhalt des Evangeliums, von der Gnade selbst *erzwungene* Form sei. Damit soll die Untrennbarkeit von Gesetz und Evangelium ausgesagt werden. Ist das Gesetz ohne das Evangelium überhaupt nicht als Gesetz Gottes zu erkennen, so wird das Evangelium offensichtlich ohne das Gesetz überhaupt nicht wirksam. Es hat das Gesetz immer schon bei sich. Während nach Luther das Gesetz immer schon mit der Wirklichkeit menschlichen Lebens gegeben ist, zu der das Evangelium als das – auch das immer schon anwesende Gesetz allererst eindeutig machende und aus seinem Mißbrauch den rechten Gebrauch des Gesetzes wiederherstellende – Wort Gottes *hinzukommt,* ist nach Barth das Gesetz immer schon – im Blick auf Luthers Sprachgebrauch muß man sagen: immer erst – mit der Wahrheit des Evangeliums gegeben. Ja, es ist »das Evangelium selbst, sofern es [sc. das Evangelium] die Form eines an uns gerichteten Anspruchs hat«[76]. Das Evangelium gibt sich selbst diese Form, weil und insofern es den Menschen, indem es

---

[71] AaO., 89: Das Gesetz *bezeugt* ja die Gnade Gottes; darin ist es die »*Form des Evangeliums«.*

[72] AaO., 89f. Der Satz kehrt KD II/2, 625 fast wörtlich wieder, so daß man gut tut, die Ausführungen des § 37 der »Kirchlichen Dogmatik« als genauere Ausführung unserer Schrift zu berücksichtigen.

[73] *Aristoteles,* Metaphysik, 1032b 1f.

[74] *K. Barth,* KD II/2, 653 (Hervorhebung von mir).

[75] *G. W. F. Hegel,* System der Philosophie. Erster Teil. Die Logik, mit einem Vorwort von *L. von Henning,* Sämtliche Werke. Jubiläumsausgabe in 20 Bänden, hg. von *H. Glockner,* Bd. 8, [4]1964, 302.

[76] *K. Barth,* KD II/2, 619.

ihn seiner Erwählung durch Gott gewiß macht und dem Sünder seine Rechtfertigung durch Gott zuspricht, zugleich auch beansprucht und fordert. Barth formuliert überscharf: »Gnade heißt, wenn sie offenbar, wenn sie bezeugt und verkündigt wird, Forderung und Anspruch an den Menschen«[77]. Man hätte erwartet, daß die Gnade *auch* »Forderung und Anspruch an den Menschen« ist, daß sie *auch* »die gesetzliche Form« hat[78]. Aber Barth meint offensichtlich, wenn er *Evangelium* sagt, immer die Rede von *Gottes schon geschehenem Gnadenhandeln* – Gottes »Gnadenwahl ist« bereits »das ganze Evangelium, das Evangelium *in nuce*«[79] –, während er, wenn er *Gesetz* sagt, das *menschliche Sein und Handeln* im Blick hat, das dem göttlichen Sein und Handeln aufgrund und in der Kraft dessen, was Gott für uns getan hat, *konform* werden und so dem Evangelium »Raum … in unserem menschlichen Raum und uns Menschen« Raum im Evangelium geben soll[80]. Deshalb erzwingt sich die Gnade als Inhalt des Evangeliums »die Form, die nach Gleichform ruft, die gesetzliche Form«[81]. Insofern »das eine Wort Gottes« es notwendig darauf abgesehen hat, daß es zu einer »Konformität unseres Seins und Handelns mit dem« Sein und Handeln Gottes kommt, wird der Indikativ des Evangeliums von der Gnadenwahl und Rechtfertigung des sündigen Menschen notwendig zum Imperativ des Gesetzes. »Indem der evangelische Indikativ *gilt*, wird der Punkt, mit dem er schließt, ein *Ausruf*zeichen, wird er selbst zum *Imperativ*.«[82]

Die Stringenz der Konsequenz, mit der der evangelische Indikativ zum Imperativ wird, und die Ausschließlichkeit, mit der die Gnade als Inhalt des Evangeliums sich die Form des Gesetzes als die offensichtlich einzige diesem Inhalt gemäße Form erzwingt, wird einerseits von derjenigen christologischen Voraussetzung her verständlich, die Christus als Herrn seines Reiches begreift und dementsprechend dem Wort dieses Herrn grundsätzlich gebietenden Charakter zuerkennt. Sie wird aber andererseits und vor allem von der anthropologischen Voraussetzung her verständlich, daß Barth das Sein des Menschen – in Analogie zum Sein Gottes – prinzipiell als ein »Sein in der Tat« denkt, und zwar als ein Sein in der *Tat der Selbstbestimmung*[83]. Das Evangelium redet davon, daß und wie Gott, indem er sich selbst zum erwählenden Gott bestimmt, den Menschen bestimmt: nämlich zum von Gott erwählten Bundespartner. Das Gesetz redet noch einmal davon, indem es »die Frage nach der dieser Bestimmung entsprechenden menschlichen *Selbst*bestimmung« stellt[84]. Ja, als Gesetz ist das eine Wort Gottes die »Vorentscheidung über des Menschen Selbstbestimmung«[85]. Ist der Mensch aber wesentlich in der Tat seiner Selbstbestimmung, dann muß das ihn auf ihn selbst ansprechende Wort Gottes notwendig die Form eines an ihn gerichteten

---

[77] *K. Barth*, Evangelium und Gesetz, 89.
[78] Ebd.
[79] *K. Barth*, KD II/2, 13.
[80] *K. Barth*, Evanglium und Gesetz, 90.
[81] AaO., 89.
[82] *K. Barth*, KD II/2, 567.
[83] Vgl. dazu *E. Jüngel*, Evangelium und Gesetz. Zugleich zum Verhältnis von Dogmatik und Ethik, in: *ders.*, Barth-Studien (ÖTh 9), 1982, 180–209, 205f.
[84] *K. Barth*, KD II/2, 566.
[85] AaO., 567.

Anspruchs annehmen, dann versteht der Mensch den evangelischen Indikativ nur, wenn er ihn als *Bestimmung zur Selbstbestimmung*, und zwar *zu einer diesem evangelischen Indikativ entsprechenden Selbstbestimmung* versteht.

Man hat aus diesen Gedanken Barths gefolgert, daß der Glaube bei Barth »nur noch … den Effekt des Christusgeschehens zu rezipieren« habe, daß er »im Grunde der personalen Relation eines Glaubens *an* Christus« entbehre[86]. Denn der glaubende Mensch verhalte sich nach Barths Auffassung zu der extra nos vollbrachten Tat Gottes nur »erkennend und bejahend …, um diese Tat Gottes nun auch in menschliches Tun zu überführen«, während nach Luther »umgekehrt« der glaubende Mensch durch den in Wort und Sakrament präsenten Christus »in Christus hinein versetzt und dadurch in seinem Personsein neu bestimmt wird. Der Glaube erhält hier notwendig am Christusgeschehen selbst teil.«[87]

Zu diesem Urteil, das sich einer tiefer schürfenden Interpretation freilich als groteskes Fehlurteil erweist, hat gewiß Barths Rede vom Gesetz als der – im Grunde einzigen – Form des Evangeliums beigetragen. Und diese Rede ist in der Tat zu kritisieren. Sie ist theologisch unbrauchbar. Sie ist auch für die Intention der Theologie Barths unbrauchbar. Denn sie bringt nicht zur Geltung, sondern scheint geradezu zu bestreiten, daß das Evangelium auch eine ihm genuin eigene »Form« hat, die gerade nicht die der Beanspruchung durch eine Forderung, sondern die »Form« eines Zuspruchs ist, der den Menschen in die existentiale Dimension *kreativer Passivität* versetzt. Aus dieser *genuinen* – oder wenn man will: *primären* – »Form« des Evangeliums geht dann allerdings mit Notwendigkeit als – wenn man so will: *sekundäre* – »Form« des Evangeliums die »Form« des den Menschen beanspruchenden Gesetzes hervor.

Daß damit auch der Intention der Theologie Barths besser als durch seine eigene Begriffsregelung entsprochen wird, zeigt schon Barths Urteil, daß man das Gesetz gar nicht hören kann, bevor man das Evangelium gehört hat: »Kann man das Gesetz hören, bevor man das Evangelium gehört hat?«[88] Es gibt also ein dem geforderten menschlichen Tun vorausgehendes Sein, in dem der Mensch nichts anderes als der Hörer des Evangeliums ist. Aber auch das Gesetz selber erinnert in der Form des Sabbatgebotes daran, daß das geforderte Tun des Menschen von einem Nicht-tun herkommt. Das »Gebot des Feiertages … redet von einer Begrenzung des Handelns des Menschen, sofern dieses … sein eigenes Werk, seine Unternehmung und Leistung, seine Arbeit zur Erhaltung seines Lebens und im Dienst der menschlichen Gemeinschaft ist«. Das Werk des Menschen wird durch die Ruhe, in der er »zur Ehre Gottes feiern, sich freuen, frei sein« soll, elementar unterbrochen. »Diese Unterbrechung ist der Feiertag.« Das Sein des Menschen bleibt nach Barth zwar auch im Ereignis dieser Unterbrechung ein »Sein in der Tat«. Aber es ist das »Tun des Menschen« am Feiertag »im Verhältnis zu dem, was er an den anderen Tagen tut, ein *Nicht-tun*«[89].

Von diesem Nicht-tun sagt Barth nun genau das aus, was er angeblich nicht sagen kann: nämlich daß es eine die ganze Person betreffende *Entsagung* bedeutet, die vom alten Menschen »nur als Preisgabe seiner menschlichen *Natur* und

---

[86] *G. Ebeling*, Karl Barths Ringen mit Luther, 557.
[87] AaO., 556f.
[88] *K. Barth*, KD III/4, ³1969, 55.
[89] AaO., 54.

Existenz« verstanden werden kann. Das Gebot des Feiertages mutet dem Menschen zu, »daß er sich selbst gerade nur noch im Glauben an *Gott* erkenne … und es darauf ankommen lasse, … eine neue Kreatur, ein neuer Mensch zu sein«[90]. Dementsprechend geschieht es im – wiederum das arbeitende Tun des Menschen elementar unterbrechenden – *Gebet*, daß der Mensch als Mensch erneut »mit dem Anfang anfangen« kann, daß er betend »aus der Rolle fallen« darf und soll, um, statt »eine *persona* darzustellen«, wirklich *er selbst* (also »Person« im Sinne von »Selbstsein«) zu sein. Im Gebet geht es darum, »daß *der Mensch selbst* … vor Gott kommt«[91] und gerade dadurch allererst er selbst wird. Noch deutlicher erklärt Barth im Zusammenhang seiner Gotteslehre, daß der Mensch gerade nicht unabhängig von dem ihm zugesprochenen Sein Gottes Person ist, »sondern er *wird* es auf Grund dessen, daß er von Gott geliebt wird und Gott wieder lieben darf. Der Mensch findet das, was Person ist, wenn er es findet in der Person Gottes und sein eigenes Personsein in der Gabe der ihm von Gott in Person gewährten Gemeinschaft.«[92] Gott selbst ist hier also als »die *personifizierende* Person«[93] begriffen, der an ihn glaubende Mensch als – wenn man so sagen will – personifizierte Person.

Auch die immer wieder gerügte Herausstellung der *Erkenntnisqualität* des Glaubens ist bei Barth keineswegs so gemeint, als trete zum immer schon als animal rationale begriffenen Menschen nur noch die Erkenntnis der schon vollbrachten Tat Gottes hinzu, um diese Tat Gottes dann in menschliches Tun zu überführen. Die Erkenntnis des Glaubens wird vielmehr als »Erkenntnis unserer selbst *in Christus*« beschrieben, und zwar so, daß es dabei »um Selbsterkenntnis … nicht in uns, sondern außer uns« geht[94]. In der Kraft des heiligen Geistes erweist sich Jesus Christus als der, der in den Menschen »selbst *hineingeht*« und so zum »Prinzip seines spontanen Daseins«[95] wird. Und insofern geschieht – sehr präzis im Sinne der von Ebeling für Barth aus ich weiß nicht welchen Gründen bestrittenen »personalen Relation eines Glaubens *an* Christus« – im Glauben (indem er auf Jesus Christus »als seinen Gegenstand ausgerichtet und indem er von ihm als seinem Gegenstand her begründet ist«) »die Konstituierung des *christlichen Subjektes*«[96]. Es ist dem Ereignis des »Glaubens insofern ein *kreatorischer* Charakter nicht abzusprechen«[97]. Ja, es hat der Glaube nach Barth präzis jenen Charakter, den Ebeling als das Barth gegenüber geltend zu machende Verständnis des *extra nos* des Heilsgeschehens bei Luther zu beschreiben hatte: »Nach Luther dagegen« [sc. gegen Barths Verständnis des extra nos im Sinne »der Abtrennung eines fertigen, an sich bestehenden Gotteswerkes«, »zu dem sich der Mensch gegebenenfalls erkennend und bejahend verhält«] »tritt das, was in Jesus Christus vollbracht ist, durch die Präsenz Christi in seinem Wort und, aufs äußerste ver-

---

[90] AaO., 63.
[91] AaO., 107.
[92] *K. Barth*, KD II/1, 319.
[93] AaO., 320.
[94] *K. Barth*, KD IV/2, 313.
[95] *K. Barth*, KD IV/3 (2. Hälfte), ²1974, 618.
[96] *K. Barth*, KD IV/1, 837.
[97] AaO., 840.

dichtet, im Sakrament so in das Leben des Menschen ein, daß dieser – umgekehrt – in Christus hinein versetzt und dadurch in seinem Personsein neu bestimmt wird«[98]. Bei Barth lesen wir: »Im Glauben hört der Mensch auf, einfach *bei sich* zu sein: er kann es nur noch so sein, daß er es in der Richtung auf Jesus Christus auch *nicht*, und zwar gerade entscheidend, gerade in der Mitte seines Daseins, gerade mit dem, was die Bibel sein ›Herz‹ nennt, auch *nicht* ist«. Barth gebraucht »zur Bezeichnung dieses Verhältnisses … den Begriff des ›Ekzentrischen‹ … Es geht im Glauben darum, daß der Mensch gerade in seinem Zentrum nicht bei sich, man kann auch sagen: daß er nur außerhalb seiner selbst in seinem Zentrum und also bei sich selbst ist … Er befindet sich dann in der Mitte seines Daseins nicht da oder dort, sondern an diesem ganz *bestimmten*, mit keinem anderen zu verwechselnden *Ort* außerhalb seiner selbst. … Glaubt einer, so heißt das, daß er in dem lebendigen Jesus Christus … die wirkliche, außerhalb seiner selbst befindliche Mitte seiner selbst gefunden hat«[99].

Das mag genügen, um die Karikaturen, die der Barthschen Theologie aufgrund der unglücklichen Bestimmung des Gesetzes als Form des Evangeliums zuteil geworden sind, zurechtzurücken. Ich habe Verständnis dafür, daß man sich den Texten Barths nicht mit derselben exegetischen Sorgfalt zuwenden mag wie den Texten Luthers. Aber dann täte man wohl auch besser, sich mit Urteilen über die Theologie Barths zurückzuhalten. Sowenig es hilfreich ist, die Differenz zwischen Luther und Barth, »wie es überwiegend geschieht, zu verharmlosen und zu harmonisieren«[100], sowenig ist der gegenwärtigen und zukünftigen Theologie damit gedient, diese Differenz auf Kosten der Theologie Barths groß zu machen. Die Theologiegeschichte des 20. Jahrhunderts darf nicht in Gestalt von Mißverständnissen ihrer bedeutendsten Gestalt geschrieben werden.

Wir kehren nun zum Grundanliegen der Schrift »Evangelium und Gesetz« zurück. Es dürfte deutlich geworden sein, daß Barth in seiner eigentümlichen und unbefriedigenden Begriffsregelung zweierlei geltend machen wollte:

1) daß das Evangelium ratio cognoscendi und ratio essendi des Gesetzes ist, das deshalb als im Evangelium geborgen und verschlossen vorgestellt wird;

2) daß das Gesetz die mit Notwendigkeit aus dem Evangelium hervorgehende Beanspruchung des Menschen als eines Täters des Wortes ist und deshalb als eine, ja die Form vorgestellt wird, in der das Evangelium als Inhalt dieser Form wirksam ist.

Deutlich geworden ist aber auch, daß es entgegen der Begriffsbestimmung Barths seiner sachlichen Intention widerspricht, wenn dem Evangelium eine von der »Form« des Gesetzes unterschiedene genuin evangelische »Form« abgesprochen wird. Das Evangelium »Dir sind Deine Sünden vergeben« hat unbestreitbar eine andere Form als die des Gebotes »Sündige hinfort nicht mehr«.

Was Barth über die *Wahrheit* des Evangeliums und damit auch des Gesetzes ausführt, wird nicht relativiert, wohl aber überlagert von Aussagen über die *Wirklichkeit* des Evangeliums und damit auch des Gesetzes, die darin besteht,

---

[98] *G. Ebeling*, Karl Barths Ringen mit Luther, 556.
[99] *K. Barth*, KD IV/1, 830f.
[100] *G. Ebeling*, Karl Barths Ringen mit Luther, 555.

daß beide »in *unsere*, der *Sünder* Hände gegeben sind«[101]. Im Grunde hatte
Barth schon bei seinen Ausführungen über die *Wahrheit* des Evangeliums
und damit auch des Gesetzes den Sünder im Blick. Denn daß das Evangelium
Gottes Gnade zum »Inhalt« hat, wurde *in der Person Jesu Christi* als dem
Fleisch gewordenen Wort Gottes begründet und an ihr expliziert: an dem
ewigen Wort Gottes, das, indem es Fleisch wurde, »die Not, den Fluch, die
Strafe, die den Menschen als Fleisch stempelt und charakterisiert« und damit
»Gottes Antwort auf des Menschen Sünde« ertragen hat[102]. Und daß das Gesetz Gottes gnädigen Willen offenbart, hat Barth letztlich darin begründet
wissen wollen, daß »*Jesus Christus* ... dem Gesetz genug getan, das Gesetz
erfüllt, das heißt durch Gehorsam gegen seine Gebote gehalten hat«[103]. Man
kann also nicht gut behaupten, daß die Ausführungen über die *Wahrheit* des
Evangeliums und damit auch des Gesetzes rein supralapsarisch orientiert sei-
en und daß sich »[i]m Ergebnis« diese »supralapsarische Bestimmung von
Evangelium und Gesetz« dann »in der christologisch erfaßten postlapsari-
schen Situation unverändert« fortsetze[104]. Die Wahrheit des Evangeliums und
damit auch des Gesetzes besteht für Barth vielmehr darin, daß das *Wort* Gottes von seinem göttlichen Autor und Sprecher her bestimmt wird, dies aber
durchaus so, daß der göttliche Sprecher und Autor des Wortes Gottes nur im
Ereignis der Fleischwerdung des Wortes Gottes, also von der unter das Gesetz getanen Person Jesu Christi her erkannt wird. In den Ausführungen über
die Wahrheit des Evangeliums und damit auch des Gesetzes werden Evangelium und Gesetz *secundum dicentem deum* verstanden. Die Ausführungen
über die Wirklichkeit beider Gestalten des Wortes Gottes bringen hingegen
den *Gebrauch* zur Sprache, den der *Sünder* von Gottes Wort macht und der
faktisch ein *Mißbrauch* ist.

Von diesem menschlichen *abusus* des Wortes Gottes ist nach Barth »vor allem« das Gesetz betroffen. Denn wenn der Sünder den Anspruch des Gesetzes vernimmt, »bedient sich« seine Sünde »des Gesetzes wie eines Sprung-
brettes« und liefert »mit dem Mißbrauch ... des Gesetzes sozusagen ihr Mei-
sterstück«[105]. Der Mißbrauch des Gesetzes durch den Sünder besteht aber
darin, daß er im Interesse seiner Selbstbehauptung sich »das Entscheidende
im Gesetz, den Inhalt, dessen Form es nur ist, die heilende und heiligende
Gnade« verdeckt, um sich mit Hilfe der »göttliche[n] Buchstaben« des Gesetzes selbst zu rechtfertigen: »aus dem göttlichen Du wirst! des Gesetzes« hat
der Sünder »das menschlich-allzumenschliche Du sollst! gemacht«, mit dem

---

[101]   *K. Barth*, Evangelium und Gesetz, 93.
[102]   AaO., 83.
[103]   AaO., 86f.
[104]   *G. Ebeling*, Karl Barths Ringen mit Luther, 550.
[105]   *K. Barth*, Evangelium und Gesetz, 94f.

er um Gott eifert, um gerade so der Sünde zum Triumph zu verhelfen[106]. »Es gibt dann tausend Werke des Gesetzes – des in tausend Fetzen zerrissenen Gesetzes, … tausend Buchstaben, an deren jedem sich irgend ein Menschlein oder auch viele zugleich anklammern können, ihre eigene Gerechtigkeit daraus zu schlürfen.«[107] Der bei Paulus im Zentrum seiner Rede vom Gesetz stehende Gegensatz von Rechtfertigung aus Gesetzeswerken und aus Glauben allein wird von Barth also ganz unter dem Gesichtspunkt des abusus legis verhandelt. Es ist die Feindschaft des Sünders gegen den *gnädigen* Gott, durch die das Gesetz »mißbraucht, geschändet, verkehrt« wird[108].

Davon wird dann aber zwangsläufig auch das Evangelium betroffen, das ja in direkter Weise Gottes Gnade zum Inhalt hat: »mit der Form fällt und verdirbt auch der Inhalt, mit Gottes Gesetz auch Gottes Evangelium«[109]. Dem Evangelium wird »das heilsame Ärgernis des Kreuzes« genommen (Gal 5,11); es wird zum Wort billiger Gnade und begünstigt nun »geradezu Feindschaft gegen das Kreuz (Phil. 3,18)«[110]. Kurz: der Sünder verweigert dem Wort vom Kreuz und damit Gott selbst den Glauben. Er setzt sein Vertrauen auf keinen Fall auf den Gekreuzigten, sondern in jedem Fall auf sich selbst.

Und nun macht erst das derart entstellte Evangelium deutlich, daß das entstellte Gesetz sich *gegen* den Sünder wendet, indem es ihn bei seiner Verweigerung des Glaubens behaftet und als Verweigerer des Glaubens richtet. Die Forderung des Gesetzes richtet sich nun gerade auch gegen den Täter der guten Werke, die, weil ohne Glauben getan, gleichwohl Manifestationen seiner Sünde sind. Das Gesetz fordert und verurteilt den Menschen ganz. Es ist in den Händen des Menschen zu einem gnadenlosen Gesetz geworden. Und es bleibt doch selbst als das derart mißbrauchte Gesetz das Gesetz Gottes, das von Gott gebrauchte, nun allerdings *gegen* den Menschen gerichtete Gesetz.

Und wenn der Mensch *diese* Erfahrung mit dem Gesetz macht »- dann ist die Anfechtung da«. Denn dann ist »aus dem Gesetz Gottes in unseren Händen … das ›Gesetz der Sünde und des Todes‹ (Röm. 8,2), der Vollstrecker des göttlichen Zornes (Röm. 4,15)« geworden, »vor dessen Dienst, vor dessen Werken, vor dessen Gerechtigkeit und vor dessen Knechtschaft und Fluch« Paulus »seine Gemeinden nur aufs eindringlichste warnen kann. … Dies ist das Gesetz, von dem … gesagt werden muß: Entweder ganz das Gesetz und dann den Tod oder ganz das Evangelium und dann das Leben«[111]. Denn »das durch den Betrug der Sünde *entehrte* und *entleerte* Gesetz« bleibt »mit der

---

[106] AaO., 96.
[107] AaO., 98.
[108] Ebd.
[109] AaO., 99.
[110] AaO., 100.
[111] AaO., 103.

Kraft des *Zornes* Gottes dennoch *sein* Gesetz … Dienen wir *diesem* Gesetz, dann gibt es vor Gottes Gericht kein Entlaufen und in der Anfechtung, in der uns dieses Gericht offenbar wird, keinen Rat, keinen Trost, keine Hilfe.«[112]

Doch nun wird an genau diesem Punkt, an dem uns »das mißbrauchte und doch gültige Gottesgesetz« in »das *Gericht* … stellt«, das Gesetz sozusagen zur Voraussetzung des Evangeliums. »Jetzt wird diese Reihenfolge: ›Gesetz und Evangelium‹ legitim und sinnvoll!« Denn die Gnade Gottes in der Person Jesu Christi »macht gerade das *Gericht* … zu unserer *Rechtfertigung*«. Das heißt aber, daß die »Reihenfolge: Gesetz-Evangelium … identisch ist mit der Reihenfolge: Tod-Leben«. Als solche ist sie uns »ganz uneinsichtig. Sie kann nur Ereignis und *Tatsache* sein und … geglaubt werden[,] und in diesem Glauben werden wir uns selbst ein Wunder sein.«[113]

Wenn jedoch *diese* Reihenfolge sich für uns ereignet, »wenn das Gesetz uns also zum Zuchtmeister wird« auf Christus hin, der für uns den Tod, den das Gesetz wirkt, gestorben ist und der auferstanden ist von den Toten, dann hat sich *das Evangelium* ereignet, und zwar als das »trotz unserer sündigen, unreinen Hände *siegreiche* Evangelium«[114]. Dann hat sich das Evangelium aus seiner Entstellung durch den Mißbrauch, den der Mensch von ihm macht, selbst wiederhergestellt, und dann wird eben damit »auch das *Gesetz*, die Form des Evangeliums, *wiederhergestellt* aus den Buchstaben zur Ganzheit seiner Worte, seines einen einzigen Wortes, aus der Forderung: Du sollst! zu der Verheißung: Du wirst sein!, aus dem Anspruch auf unser Vollbringen zum Anspruch auf unser Vertrauen«[115]. Dieses Vertrauen aber gewährt das Evangelium in der Kraft des heiligen Geistes, damit unsere in Christus »vollbrachte Rechtfertigung und Befreiung auch in uns selbst Wirklichkeit sei«[116].

Man wird also bei allem, was Barth sonst noch über das dem menschlichen Tun geltende heilige, gerechte und gute Gesetz Gottes sagt, dies als die Grundlage in Erinnerung behalten müssen: daß das Gesetz zuerst und zuletzt *das Vertrauen* in Gottes Gnade beansprucht, das das Evangelium in uns durch die Kraft des heiligen Geistes erzeugt. Das Gesetz fordert nichts als das, was Gott im Evangelium durch den heiligen Geist schon gegeben hat.

---

[112] Ebd. Es ist mir unverständlich, inwiefern *G. Ebeling* (Karl Barths Ringen mit Luther, 562) behaupten kann, daß »für Barth gar nicht Gott als Subjekt des Umgangs mit dem Gesetz in Betracht kommt, sondern nur der Mensch«, daß folglich die »Frage, wozu sich Gott des Gesetzes bedient … überhaupt nicht in Barths Konzept« paßt. Man beachte auch, daß wiederum an Barths Theologie vorbeigeredet wird, wenn man ihr nachsagt, daß für sie die Anfechtung keine theologische Bedeutung habe.
[113] *K. Barth*, Evangelium und Gesetz, 105f.
[114] AaO., 106.
[115] AaO., 107.
[116] AaO., 108.

Nimmt man Barths Schrift »Evangelium und Gesetz« als ganze, fragt man nach ihrer theologischen Absicht, so dürfte es primär die Programmatik des Titels und erst sekundär die Durchführung, die sie in dieser als Vortrag konzipierten Schrift gefunden hat, sein, mit der Barth Aufsehen erregen wollte. Der Vorgang hat einen sehr konkreten politischen Hintergrund. Er spricht in eine bestimmte kirchenpolitische und politische Situation hinein, ohne sie selbst auch nur mit einem Wort zu erwähnen. Doch man braucht nur an die theologische Reaktion auf die Barmer Theologische Erklärung zu erinnern, um zu verstehen, daß Barths Schrift einem gegen die »Confessio Barmensis«[117] und damit zugleich gegen ihn gerichteten Einwand begegnen und einer auf diesen Einwand begründeten kirchenpolitischen, ja politischen Option ihre theologische Berechtigung bestreiten wollte.

Gegen die Barmer These, daß Jesus Christus das eine Wort Gottes sei, dem wir zu vertrauen und *zu gehorchen* haben, hatte man eingewendet, daß diese These und die zu ihr gehörende Verwerfung der falschen Lehre, als könne und müsse die Kirche neben diesem einen Wort Gottes auch noch andere Ereignisse und Mächte, Gestalten und Wahrheiten als Gottes Offenbarung und als Quelle ihrer Verkündigung anerkennen, auf eine »Verwerfung der Autorität des göttlichen Gesetzes *neben* der des Evangeliums« hinauslaufe[118]. Gibt es nämlich eine solche Autorität des göttlichen Gesetzes *neben* der des Evangeliums und »begegnet uns« diese Autorität des göttlichen Gesetzes »in der Gesamtwirklichkeit unseres Lebens« so, daß sie uns »verpflichtet … auf die natürlichen Ordnungen, denen wir unterworfen sind, wie Familie, Volk, Rasse (d.h. Blutzusammenhang)«[119], dann existiert neben dem Evangelium eine zweite, und zwar eine über die konkrete Existenz des Menschen in individueller und politischer Hinsicht entscheidende Offenbarungsquelle.

Und es nimmt nicht wunder, daß es im »Ansbacher Ratschlag« heißt: »In dieser Erkenntnis« aus der Quelle der unabhängig vom Evangelium sprudelnden Offenbarungsquelle des »in der Gesamtwirklichkeit unseres Lebens« begegnenden Gesetzes »danken wir als glaubende Christen Gott dem Herrn, daß er unserem Volk in seiner Not den Führer als ›frommen und getreuen Oberherren‹ geschenkt hat und in der nationalsozialistischen Staatsordnung ›gut Regiment‹, ein Regiment mit ›Zucht und Ehre‹ bereiten will«[120].

---

[117] So hatte Elert die Barmer Theologische Erklärung spöttisch genannt: *W. Elert*, Confessio Barmensis, AELKZ 67 (1934), 602–606.

[118] AaO., 603.

[119] So *W. Elert* in dem von ihm formulierten »Ansbacher Ratschlag« (in: *G. Niemöller*, Die erste Bekenntnissynode der Deutschen Evangelischen Kirche zu Barmen, Bd. 1: Geschichte, Kritik und Bedeutung der Synode und ihrer Theologischen Erklärung [AGK 5], 1959, 143–146, 144).

[120] Nach aaO., 145.

Barth hat in solchen Ausführungen nicht nur eine kirchenpolitische Ent-
gleisung, sondern die Folgen einer prinzipiellen theologischen Fehlorientierung wahrnehmen zu müssen gemeint. Und eben dieser prinzipiellen theologischen Fehlorientierung hat Barth mit seiner Schrift »Evangelium und Gesetz« widersprochen, indem er positiv und konstruktiv das Verhältnis von
Evangelium und Gesetz so bestimmte, daß sich für den Christen alle Worte,
die Gottes Gesetz und also die Offenbarung des gebietenden Willens Gottes
zu sein beanspruchen, am Evangelium als ihrem Wahrheitskriterium messen
lassen müssen. Wenn das Gesetz als die dem Evangelium gemäße Weisung
Gottes verstanden wird, dann und nur dann ist die theologische Rede vom
Gesetz nach Barths Urteil eine biblisch gerechtfertigte Rede.

Was der Vortrag »Evangelium und Gesetz« prinzipiell oder formaliter geklärt hatte, wird in der Schrift »Rechtfertigung und Recht« in Gestalt einer
biblischen Studie zwar noch immer prinzipiell, nun aber materialiter als Problem des Verhältnisses von Kirche und Staat verhandelt. Die Schrift »Christengemeinde und Bürgergemeinde« wird dann dieselbe Problematik systematisch und mit bestimmten konkreten Folgerungen zur Sprache bringen.

IV

Die Frage nach dem sachlichen Zusammenhang von Rechtfertigung und
Recht will klären, ob und inwiefern es eine solche Beziehung zwischen beiden
Größen gibt, »durch die mit der göttlichen Rechtfertigung auch das menschliche Recht in irgend einem Sinn zum Gegenstand des christlichen Glaubens
und der christlichen Verantwortung und damit auch des christlichen Bekenntnisses wird«. Gibt es sie – und Barth will genau das zeigen –, dann gibt
es »auch so etwas wie einen politischen Gottesdienst, ... der, allgemein gesagt,
... in irgend einer Anerkennung, Förderung, Verteidigung, Verbreitung
menschlichen Rechtes nicht trotz, sondern gerade wegen der göttlichen
Rechtfertigung bestehen würde«[121]. Daß Barth das Verhältnis von Kirche und
Staat 1938 als Verhältnis von Rechtfertigung und Recht thematisch macht,
hängt sicherlich damit zusammen, daß in Deutschland damals der Unrechtsstaat unter Berufung auf das angeblich »in der Gesamtwirklichkeit unseres
Lebens« begegnende Gesetz Gottes theologisch ausdrücklich gerechtfertigt
wurde[122]. Biblische Imperative wie der, daß jedermann der übergeordneten
politischen Gewalt untertan sein sollte, weil jede übergeordnete Gewalt von

---

[121] *K. Barth*, Rechtfertigung und Recht, 5.
[122] Vgl. die Bemerkung, daß »die eigentümliche Dynamik unserer Zeit« (aaO., 9) die
Frage nach jenem Zusammenhang notwendig macht.

Gott angeordnet ist (Röm 13,1f.), schienen zudem dafür zu sprechen, daß der Glaube genau das als »Recht« zu respektieren hat, was das Gesetz des Staates dafür erklärt. Barth fragt hingegen danach, was in Wahrheit *Recht* genannt zu werden verdient. Und ganz im Duktus seiner Bestimmung des Verhältnisses von Evangelium und Gesetz bestimmt er nun von der im Evangelium offenbar werdenden göttlichen Rechtfertigung des Sünders her, was in Wahrheit menschliches Recht genannt zu werden verdient.

Barth wendet sich damit ausdrücklich gegen die Tradition, die auf »die Erkenntnis der göttlichen Rechtfertigung ... eine sehr spirituale Botschaft und Kirche« begründet hat, »die in großer Innerlichkeit Alles von Gott und von Gott Alles zu erwarten vorgab, und die dieses ›Alles‹ nun doch faktisch bestritt, indem sie zu der ganzen Welt des menschlichen Fragens nach Recht und Unrecht vor lauter Reich Gottes, Sündenvergebung und Heiligung keinen Zugang mehr suchte und fand«. Barth wendet sich aber ebenso wie gegen diese »pietistische Unfruchtbarkeit« auch gegen die »aufklärerische« Unfruchtbarkeit, die eine von der Frage nach der Rechtfertigung des Sünders völlig losgelöste »säkulare Botschaft ... des Menschenrechts« proklamiert, die selbst dann, wenn sie sich emphatisch »auf ›Gott‹« beruft, mit der biblischen Botschaft von der Gerechtigkeit Gottes nichts gemein hat[123].

Gegenüber beiden Irrwegen – die für Barth die beiden naheliegenden alternativen Konsequenzen jenes Mangels der reformatorischen Theologie sind, auf eine ausdrückliche christologische Begründung der Lehre vom Recht und vom rechten Staat verzichtet zu haben – will die Schrift »Rechtfertigung und Recht« zeigen, daß zwischen den beiden Bereichen, dem Bereich der die Kirche bestimmenden Rechtfertigung des Sünders und dem Bereich des den Staat konstituierenden Rechtes, nach dem Urteil des Neuen Testaments ein *positiver Zusammenhang* besteht und worin er besteht. Zu diesem Zweck wird zunächst das »Gegenüber von Kirche und Staat als solches«, dann das »Wesen des Staates«, daraufhin die »Bedeutung des Staates für die Kirche« und schließlich die »Leistung der Kirche für den Staat« erörtert[124].

Daß Barth, obwohl er doch nach dem *positiven Zusammenhang* von Kirche und Staat fragt, mit einer Erörterung des *Gegenübers* beider Größen – repräsentiert durch das Gegenüber von Jesus und Pilatus – einsetzt[125], mag überraschen, hat aber seinen sachlichen Grund. Barth will einsichtig machen, daß auch der dämonisierte Staat »seinem Dienst nicht entlaufen« kann. Auch

---

[123] AaO., 8.
[124] AaO., 11.16.23.34.
[125] Barth folgt dabei der Basler Antrittsvorlesung von *K. L. Schmidt*, Das Gegenüber von Kirche und Staat in der Gemeinde des Neuen Testaments, ThBl 16 (1937), 1–16 = *ders.*, Neues Testament – Judentum – Kirche. Kleine Schriften, hg. von *G. Sauter* (TB 69), 1981, 167–191.

der den Gerechten dem Henker ausliefernde Pilatus-Staat mußte doch durch
dieses sein ungerechtes Verhalten, das zur Kreuzigung Jesu führte, den gnädigen Willen Gottes vollstrecken. Gerade indem er »dem Unrecht seinen Lauf
ließ, war er ja das menschlich geschöpfliche Werkzeug der durch diese Kreuzigung ein für allemal zu vollziehenden Rechtfertigung des sündigen Menschen«[126].

Es wiederholt sich hier die uns bereits aus dem Vortrag »Evangelium und
Gesetz« vertraute Argumentation, daß Gott, auch wenn der Mensch Gottes
Gesetz mißbraucht, Herr des Verfahrens bleibt, daß Gott selbst vom menschlichen *Mißbrauch* der göttlichen Gabe noch einen seinem eigenen Willen dienenden *Gebrauch* zu machen vermag. *Er* regiert die Welt, auch wenn die Staaten der Welt schlecht regiert werden. »Gerade der dämonisierte Staat kann
wohl das Böse wollen, um dann doch in eminenter Weise das Gute tun zu
müssen. ... Eben darum kann dem Staat seine Ehre nicht verloren gehen.
Eben darum muß seinen Vertretern nach dem Neuen Testament unter allen
Umständen Ehre erwiesen werden (Röm 13,8; 1Petr 2,17).«[127]

Die Ehre gilt nicht etwa dem Unrecht, das der dämonisierte Staat seinem
göttlichen Auftrag zum Trotz ins Werk setzt. Die Ehre des Staats besteht vielmehr ausschließlich darin, daß er seine Macht, selbst wenn er sie mißbraucht,
von Gott hat. So hatte auch Pilatus, wie ihm nach Joh 19,11 von Jesus ausdrücklich bestätigt wird, seine Macht, Jesus freizusprechen oder zu kreuzigen,
»von oben«. Am Mißbrauch dieser Macht, der in diesem Fall der Welt zum
Heil gereichte, wird nach Barth deutlich, was prinzipiell gilt: der Staat bleibt,
auch wenn er seinen Auftrag verfehlt, an die »Erlösungsordnung« gebunden.

Damit wird der Mißbrauch der staatlichen Macht selbstverständlich nicht
entschuldbar. Er wird es genausowenig, wie die Tatsache, daß da, wo die Sünde sich mehrte, die Gnade sich noch mehr mehrte (Röm 5,20b), die Sünde entschuldbar macht. Der Mißbrauch der staatlichen Macht wird vielmehr eben
dadurch, daß es der Mißbrauch einer von Gott gegebenen Macht ist, in aller
Schärfe identifizierbar: als ein Selbstwiderspruch des Staates, durch den dieser
sich selbst, mag er sich auch im Exzeß mächtigen Machtmißbrauchs zum
Götzen dämonisieren, in Wahrheit als Staat depotenziert. Jeder staatliche
Machtmißbrauch bleibt hinter der dem Staat »von oben« gegebenen Macht
zurück. »Der *dämonisierte* Staat ist offenbar gerade in diesem Gegenüber [sc.
von Jesus und Pilatus] nicht etwa der Staat, der zu viel, sondern der zu *wenig*
Staat ist, der im entscheidenden Augenblick sich selber treu zu sein *unter-
läßt*.«[128] Man beachte, daß Barth diese Sätze *angesichts* des nationalsozia-

---

[126] *K. Barth*, Rechtfertigung und Recht, 13.
[127] Ebd.
[128] AaO., 15.

listischen Staates schrieb. Er antwortete auf den »totalen Staat« mit einem
theologischen Plädoyer nicht für weniger, sondern für mehr Staat!

Das war freilich nur möglich, weil er *das Wesen des Staates* theologisch so
definierte, daß damit auch klargestellt war, was »mehr Staat« zu bedeuten hatte: nämlich mehr Gebrauch der dem Staat von Gott gegebenen Macht, für
Recht und Frieden zu sorgen[129]. Mehr Staat kann nur heißen: ein Mehr an
Rechtsstaatlichkeit und ein Mehr an Friedensordnung. Besteht doch das Wesen des Staates nach Barth – der sich bei der exegetischen Begründung dieser
These allerdings weitgehend der inzwischen als unhaltbar erwiesenen Hypothese bediente, daß der Staat eine »politische Engelmacht«[130] sei – darin, daß
er »ursprünglich und endlich zu Jesus Christus gehört, daß er in seiner relativ
selbständigen Substanz, Würde, Funktion und Zielsetzung der Person und
dem Werk Jesu Christi und also der in ihm geschehenen Rechtfertigung des
Sünders zu dienen hat«[131]. Er hat das zu tun, ohne um diese Zielsetzung zu
wissen. Der Staat ist vielmehr »in der Wahrheitsfrage« religiös »neutral«[132].
Aber als ein Staat, der »Recht sprechen und das Recht schützen« soll, kann er
»- gewollt oder ungewollt, sehr indirekt aber tatsächlich – der Botschaft von
der Rechtfertigung freie, gesicherte Bahn geben«[133]. Zeigt aber der Staat nur
»als Rechtsstaat sein wahres Gesicht«, dann kann es »von der Kirche her
wirklich keinen Sinn haben, zu tun, als befände sie sich dem Staat … gegenüber in einer Nacht, in der alle Katzen grau sind«[134]. Die Kirche weiß, daß der
Staat mit ihr zusammen, zwar »auf einer anderen Ebene, … aber in eigentüm-
licher Parallele und Beziehung« zur Kirche, in ein und denselben Bereich[135],
in den Herrschaftsbereich Jesu Christi gehört. Der Staat dient, indem er als
Rechtsstaat existiert, *de facto* der Herrschaft Jesu Christi. Und weil die Kirche
um diese Bestimmung und damit um das Wesen des Staates weiß, wird sie jeden Staat daran messen, ob er in seinem Umgang mit dem Recht seinem Wesen als Staat gerecht wird oder ob er sich selbst widerspricht.

Die für das christliche Verständnis des Staates grundlegende Erkenntnis
seiner Zuordnung zur Person und zum Werk Jesu Christi wird von Barth ausgeführt, indem er *die Bedeutung des Staates für die Kirche* thematisch macht.
Die christologische Begründung der theologischen Aussagen über den Staat
wird nun präzisiert durch die neutestamentliche Rede vom *himmlischen Politeuma* bzw. von der *himmlischen Polis*, in der die Christen schon jetzt Bürger-

---

[129] So hatte es die fünfte Barmer These formuliert.
[130] AaO., 18.
[131] AaO., 19.
[132] AaO., 12.
[133] AaO., 19.
[134] AaO., 20.
[135] Ebd.; vgl. aaO., 20f.

recht haben (Phil 3,20; Hebr 11,10.13–16; 12,22; 13,14; Apk 21). Barth spricht recht provozierend von einer »Politisierung von oben, vom Eschaton her«[136] und legt äußersten Wert darauf, daß die Kirche die Vorläuferin einer künftigen *Polis* – und nicht die Vorläuferin einer künftigen Religionsgemeinschaft! – ist. Kirche und Staat sind also je auf ihre Weise irdische Vorläufer einer himmlischen Polis, bei der es sich »um den allein wahrhaft seienden Staat handelt«[137]. Weil sie zu dieser Polis unterwegs sind, haben die Christen auf Erden keine *bleibende* Polis, stehen sie zu allen irdischen Staaten in einem – nicht ablehnenden, wohl aber – distinkten Verhältnis. Jeder *irdische* Staat gehört zu den *vorletzten* Dingen: nicht, weil die *politische* Form und Struktur des Gemeinschaftslebens durch eine *andere* ersetzt werden wird und insofern relativiert ist, sondern weil die *irdische* Gestalt der politischen Form und Struktur gemeinschaftlichen Lebens durch die himmlische, durch die wahre Gestalt politischer Existenz ersetzt werden wird und insofern relativiert ist. »Eine Vergötterung des Staates ist von da aus … unmöglich … Unmöglich ist aber … auch das Gegenstück solcher Vergötterung, das gewissermaßen in einer Verteufelung des Staates bestehen würde.«[138] Denn die Relativierung des irdischen Staats entspringt ja einer *positiven* Relation. Kirche und Staat sind ja beide nur zwei zwar sehr unterschiedliche, aber eben doch aufeinander bezogene Vorläufer des einen und allein wahren himmlischen Politeuma.

Dieser himmlische Staat ist und bleibt der »nicht von Menschen, sondern von Gott aufgerichtete Staat«[139] und ist als solcher auch von der Kirche nicht zu verwirklichen. Die Kirche hat folglich unter keinen Umständen das Recht, sich »als ein Staat im Staate oder gar als Staat über dem Staat« aufzuführen. Barth weist einen solchen Anspruch – den er einerseits als »Anspruch der römischen Papstkirche«, andererseits als Anspruch »aller grober und feiner Schwärmereien« identifiziert – streng zurück[140]. Doch so wenig die Kirche »selber Staat« werden darf, so wenig darf »umgekehrt der Staat … selber Kirche werden«[141].

Dies einzuschärfen ist nötig, weil Staat und Kirche es, wenn auch auf unterschiedliche Weise, jeweils mit *allen* Menschen zu tun haben. »Der Staat … hat immer schon alle in seinem Bereich lebenden Menschen in sich versammelt und hält sie … zusammen durch seine mit Gewalt aufgerichtete und aufrecht erhaltene Ordnung.«[142] Aber auch »die Kirche wendet sich … höchst grund-

---

[136] AaO., 25.
[137] AaO., 23.
[138] AaO., 25.
[139] AaO., 26.
[140] AaO., 27.
[141] AaO., 30.
[142] AaO., 30f.

sätzlich an alle Menschen«. Doch während der Staat dies mit Gewalt tut, tut es die Kirche »mit dem Wort ihrer Verkündigung« und indem sie »zum Glauben« ruft: »sie sammelt sie also in Form von freien Entscheidungen, hinter denen Gottes noch ganz anders freies Erwählen steht«[143]. Wollte der Staat, der »als Staat ... nichts von Geist, nichts von Liebe, nichts von Vergebung« weiß, »Kirche werden«, so »müßte« er »sich selbst aufgeben« und »könnte« doch »nur eine Götzenkirche werden. Und erst recht müßte die Kirche sich selbst aufgeben, wollte sie Staat werden und also durch Gewalt Recht setzen, wo es ihre Aufgabe ist, die Rechtfertigung zu verkünden. Sie könnte ... nur Pfaffenstaat werden, mit bösem Gewissen wegen ihrer vernachlässigten Aufgabe«[144].

Die klare Unterscheidung von Kirche und Staat, die schon die fünfte Barmer These eingeschärft hatte, ist allerdings, wie wir sahen, eine durch den jeweiligen Bezug der Kirche und des Staates auf das himmlische Politeuma *wohl begründete* Unterscheidung. Und weil beide, weil sowohl die Kirche wie der Staat auf je ihre Weise dem kommenden himmlischen Politeuma dienen müssen und insofern die vergehenden Vorläufer der kommenden und bleibenden Polis sind, sind Staat und Kirche inmitten ihrer klaren Unterschiedenheit *wesentlich aufeinander bezogen.* Sie sind es wohlgemerkt kraft ihrer je eigenen Beziehung zum himmlischen Staat, der als solcher das Reich Gottes ist, in dem Jesus Christus regiert. Aufgrund dieser der Kirche und dem Staat eigenen Beziehung zu demselben himmlischen Staat sind sie jedoch *wesentlich* miteinander verbunden. Sie sind es so sehr, daß Barth recht provozierend von einer »gewissen notwendigen Politisierung der Kirche« reden kann, der »ebenso notwendig eine gewisse Verkirchlichung, in der von der Kirche aus [!] der Staat gesehen, gewürdigt und angeredet wird«, entspricht[145]. Wer töricht genug dazu ist, mag sich auf solche Formulierungen stürzen und sie als »Beweis« aufführen für die hoffnungslose Vermengung der von Luther so scharf und streng unterschiedenen beiden Reiche oder Regimenter Gottes. Er hätte freilich gar nichts verstanden. Die provozierenden Formulierungen Barths ergeben nur Sinn unter Voraussetzung des zuvor über die *unaufhebbare Unterscheidung* von Kirche und Staat Gesagten. Gerade in ihrer Unterschiedenheit sind beide Größen nun aber so wesentlich aufeinander bezogen, daß es zwischen dem irdischen Staat und der irdischen Kirche sogar so etwas wie eine »gegenseitige Garantie« gibt[146]. Barth bestimmt diese »gegenseitige

---

[143] AaO., 30.
[144] AaO., 31.
[145] AaO., 32. In der Ethik-Vorlesung (*K. Barth*, Ethik II, 326) hatte Barth noch sehr viel unvorsichtiger formuliert: »der Staat ist ganz und gar auch Kirche, er ist aber in *seiner* Weise Kirche, und er ist nicht die ganze Kirche«.
[146] *K. Barth*, Rechtfertigung und Recht, 29.

Garantie« näher dahin, daß die Kirche »durch ihr Gebet die Existenz der irdischen Polis garantieren muß«, während diese durch das Recht, das sie »nach dem Maß menschlicher Einsicht und menschlichen Vermögens« – wie es in der fünften Barmer These hieß[147] – zu finden, aufzurichten und zu schützen hat, der Kirche »die… Freiheit … garantiert«, die sie zur Verkündigung der Rechtfertigung des Sünders braucht[148]. Die Kirche braucht diese *Freiheit zum Wort* – mit Ernst Fuchs zu reden[149] –, weil sie *allen* Menschen zu verkündigen hat, daß Jesus Christus für *alle* Menschen gestorben ist. *Deshalb* ist mit der Fürbitte für den Staat 1 Tim 2,1–7 die Konsequenz verbunden, daß die Glaubenden unter dem Schutz des Staates »›ein ruhiges und stilles Leben führen können in aller Frömmigkeit und Ehrbarkeit‹«. Nicht »um die Erhaltung irgend eines Weide-Glücks« beten die Christen, wenn sie so beten. Denn »das ›ruhige und stille Leben‹ unter dem Regiment des Staates … ist gerade kein Selbstzweck«, sondern das Mittel zum Zweck, das die Kirche »zur Ausübung … ihrer wesensmäßig alle Menschen angehenden Funktion« der Verkündigung braucht[150]. Und deshalb gehört im wohlverstandenen eigenen Interesse der Kirche deren »Gebet für die Träger der Staatsgewalt … zum eisernen Bestand ihrer eigenen Existenz«[151]. Die Kirche wird dem Staat das Gebet deshalb auch dann nicht schuldig bleiben, wenn dieser ihr die Garantie irdischer Freiheit zur Verkündigung »nur mangelhaft leisten oder … überhaupt verweigern« sollte[152].

Barth kommt auf diese Möglichkeit des *Konflikts* zwischen Kirche und Staat, der im Grunde immer ein Konflikt des Staates mit sich selbst ist, am Schluß seiner Schrift zurück. Die Bedeutung des Staats für die Kirche wird von diesem Konflikt jedoch nicht eigentlich berührt. Sie besteht nach Barth letztlich darin, daß das menschliche Recht einfach dadurch, daß es geschieht, den irdischen Raum für die Verkündigung der göttlichen Rechtfertigung des gottlosen Menschen zu gewähren hat. Wo das geschieht, erfüllt der Staat gewiß auch alle seine anderen Funktionen gegenüber jedermann.

Daß auch die Kirche, wenn sie vom Staate Recht erwartet, sich selber eine Rechtsordnung zu geben hat und ihre eigenen »Ämter und Ordnungen, Arbeitsteilungen und Gemeinschaftsformen« durch ein sogenanntes *Kirchenrecht* zu gestalten hat, merkt Barth gegen die berühmte Auffassung Rudolph Sohms, »der in dem Entstehen von Kirchenrecht, das nach ihm erst im 2. Jahr-

---

[147] Die Barmer Theologische Erklärung, 40.
[148] *K. Barth*, Rechtfertigung und Recht, 29.
[149] Vgl. z.B. *E. Fuchs*, Kanon und Kerygma. Ein Referat, in: *ders.*, Wagnis des Glaubens. Aufsätze und Vorträge, hg. von *E. Grötzinger*, 1979, 21–41, 41.
[150] *K. Barth*, Rechtfertigung und Recht, 28 f.
[151] AaO., 29.
[152] Ebd.

hundert stattgefunden hätte, den großen Sündenfall der alten Kirche gesehen hat«[153], ausdrücklich an. Doch wichtiger als die Notwendigkeit des Kirchenrechts ist Barth die grundsätzliche Einsicht in das Verhältnis von Kirche und Staat, der gemäß es ein »von der himmlischen Polis auf die irdische Ecclesia *herab*fallende[s]« Licht gibt, das sich »reflektiert … in einem von der irdischen Ecclesia auf die irdische Polis *hinüber*fallenden Licht«, und daß in diesem Licht jene zwischen Kirche und Staat »stattfindende… Wechselbeziehung«[154] erkennbar wird, deren Struktur nun, wenn auch nicht erschöpfend, so doch hinreichend beschrieben worden ist.

Daß die beschriebene Struktur der Wechselbeziehung zwischen Kirche und Staat in konkreter Hinsicht von erheblicher Explosivkraft ist, läßt erst der letzte Teil der Schrift »Rechtfertigung und Recht« deutlich erkennen. Unter der harmlos anmutenden Überschrift *Die Leistung der Kirche für den Staat* geht Barth von der zuvor bereits herausgearbeiteten Notwendigkeit der Fürbitte der Kirche für den Staat aus, um von dieser priesterlichen Funktion der Kirche gegenüber dem Staat her das von Paulus Röm 13,1ff. gebotene Sich-Unterordnen unter die Staatsgewalt als Akt der *Verantwortung* der Christen für den Staat zu interpretieren. Das bedeutet, daß die Christen auch dann, wenn sie von der Recht in Unrecht verkehrenden Staatsgewalt daran gehindert werden und auf die Gefahr hin, dem Unrechtsstaat zum Opfer zu fallen, sich dem Staat gegenüber gerade dadurch verantwortlich wissen und erweisen, »daß die Predigt von der Rechtfertigung unter allen Umständen weitergeht … Nicht *gegen* den Staat, sondern als Leistung der Kirche *für* den Staat wird auch das geschehen!«[155] Denn damit bringt die Kirche zum Ausdruck, daß sie vom Staat erwartet, das Recht zu schützen und also rechter Staat zu sein. Die Anordnung Gottes, die Staatsgewalt und ihre Repräsentanten zu ehren, kann in einem solchen Falle gar nicht besser befolgt werden »als durch diese, die *kritische* Form des ihr unter allen Umständen zu leistenden Respektes«. Würden die Christen hingegen sich zur »Verkehrtheit der Staatsgewalt bejahend« verhalten, dann würden sie »zu Verrätern an ihrer eigenen Sache«[156] und in eins damit zu Staatsverrätern – im tiefsten Sinne des Wortes – werden. Indem die Kirche den Unrechtsstaat kritisiert, »verteidigt« sie »den Staat gegen den Staat« und bleibt eben damit ganz im Horizont der ihr durch die *Fürbitte* für den Staat zugewiesenen *priesterlichen* Funktion. Sie ist also, gleichgültig ob sie es mit einem Rechts- oder mit einem Unrechtsstaat zu tun hat, auf jeden Fall die Verteidigerin des Staates und so in derselben Weise »*das*

---

[153] AaO., 31.
[154] AaO., 33.
[155] AaO., 37.
[156] Ebd.

politische Kontinuum«, in der »die göttliche Rechtfertigung *das* rechtliche Kontinuum ist«. Denn nur in der um das himmlische Politeuma wissenden Kirche ist »ein grundsätzliches *Wissen* um die Berechtigung und Notwendigkeit des Staates vorhanden«[157]. Und indem sie dieses Wissen einfach dadurch, daß sie, die Rechtfertigung des Gottlosen verkündigend, in rechter Weise *Kirche* ist, öffentlich macht, vollzieht sie »ihre erste und grundlegende Leistung für den Staat. ... Der Staat aber empfängt diese Leistung und lebt heimlich davon, ob er darum weiß und dafür dankbar ist oder nicht, ob er es so wahrhaben oder nicht wahrhaben will.«[158]

Im Anschluß an diese grundsätzliche Garantie, die die Kirche dem Staat durch ihre bloße Existenz als wahre Kirche gibt, fragt Barth im einzelnen nach jenen Pflichten, deren Erfüllung die Kirche von ihren Gliedern mit höchster Autorität verlangt und »von deren Leistung« zwar »nicht die Güte oder Schlechtigkeit eines Staates, wohl aber der Bestand jedes Staates als solchen abhängig ist«[159]. Dabei erörtert er nicht eigens diejenigen Pflichten, über die – wie Barth jedenfalls 1938 noch voraussetzen konnte – Konsens herrscht (Steuer- und Zollpflichtigkeit, Einhaltung der Gesetze, Anerkennung der Vertreter des Staates »in Furcht und Ehrerbietung«), sondern geht sogleich auf die auch unter Christen umstrittenen Bürgerpflichten ein.

Gibt es eine *Pflicht der Eidesleistung*? Barth will die Frage, wenn überhaupt, dann im Unterschied zu den Reformatoren nur mit Einschränkung bejaht wissen. Ein »Totalitätseid« im Sinne einer »Verpflichtung auf einen Namen, der faktisch den Sinn und die Kraft eines Gottes[namens] hat«[160], kommt für ihn auf keinen Fall in Betracht. Der Kundige wird sich dabei der Tatsache erinnern, daß Barth selbst wenige Jahre zuvor den so verstandenen Führereid auf den Namen Hitlers verweigert und deshalb seine Bonner Professur verloren hatte.

Gibt es eine *Pflicht zum Militärdienst*? Barth hat, obwohl er es nicht ohne eine gewisse Hemmung tat, diese Pflicht grundsätzlich – und für die damalige Schweiz sehr konkret und sehr entschieden – bejaht. »Der von außen oder von innen ... bedrohte Staat wird sich wohl ... rüsten müssen, Gewalt mit Gewalt abzutreiben, um fernerhin Staat sein zu können. ... Ein grundsätzliches christliches Nein kann es hier unmöglich geben, weil es das grundsätzliche Nein zum irdischen Staat als solchem sein müßte, das als solches unmöglich christlich sein kann.«[161] Barth hat später sehr viel zurückhaltender in die-

---

[157] AaO., 38.
[158] Ebd.
[159] AaO., 39.
[160] Ebd.; der offensichtliche Fehler im Text: »Gottesmannes« wurde korrigiert.
[161] AaO., 40.

ser Frage geurteilt[162]. Er hat aber immerhin schon damals eingeräumt, daß es, wenn »sehr gewichtige Mißtrauensgründe gegen ihn vorliegen«, dem Staat gegenüber auch eine legitime Verweigerung des Militärdienstes geben kann[163].

Gibt es so etwas wie *weltanschauliche Pflichten* des Bürgers gegenüber seinem Staat? »Diese Frage ist vom Neuen Testament her rundweg zu verneinen.«[164] So steht es dem Staat auch nicht zu, die Liebe seiner Bürger für sich zu fordern. »Wenn der Staat anfängt, Liebe zu fordern, dann ist er immer schon im Begriff, zur Kirche eines falschen Gottes und damit zum Unrechtsstaat zu werden. Der Rechtsstaat braucht keine Liebe, sondern nüchterne Taten«[165].

Daß solche Taten Ausdruck »einer entschlossenen Verantwortlichkeit« sein müssen und nicht etwa verantwortungslos getan werden dürfen, führt zu der Frage, inwiefern zu den Pflichten, deren Erfüllung die Christen dem Staat garantieren, die *Pflicht zu aktiver Teilnahme an der politischen Verantwortung* gehört. Das Neue Testament wirft, da es nur den Obrigkeitsstaat und die Christen nur als Untertanen zu kennen scheint, diese Frage gar nicht erst auf. Sie stellt sich aber angesichts des modernen Staats unausweichlich. Und sie »muß« nach Barth »eindeutig bejaht werden«. Denn schon mit ihrer Fürbitte für den Staat beginnt ein höchst »verantwortliches Eintreten der Christen für den Staat«. Und deshalb ist es nach Barth kaum »ein Zufall …, daß es gerade im Bereich der christlichen Kirche im Laufe der Zeit gerade zu ›demokratischen‹, d.h. auf der verantwortlichen Betätigung aller Bürger sich aufbauende[n] Staaten gekommen ist«. Denn »ein ernsthaftes Gebet« kann unmöglich »auf die Länge ohne die entsprechende Arbeit bleiben«[166]. In diesem Sinn sind die Christen verpflichtet, »den irdischen Staat nicht nur« zu »erhalten«, sondern ihn aktiv »als *Rechtsstaat*« zu »wollen«, so daß jeder Christ »für den Charakter des Staates als *Rechtsstaat* … mit *haftbar* ist«[167]. »Politische

---

[162] Vgl. *K. Barth*, KD III/4, 534–536. Es heißt nun ausdrücklich, daß die »Würde eines unübertretbaren göttlichen *Gebotes* … der Militärdienstpflicht nun allerdings nicht zukommen« kann (aaO., 534). Und es wird nun die Legitimität der Verweigerung des Militärdienstes nicht mehr von der Qualität des einzelnen Staates, sondern von der Qualität der Entscheidung gegen diesen Dienst, die auf jeden Fall ein Akt der Treue zum Staat sein muß, abhängig gemacht. Im Alter kamen Barth zunehmend Zweifel, ob unter den Bedingungen des Atomzeitalters der Militärdienst überhaupt noch eine christliche Möglichkeit ist.

[163] *K. Barth*, Rechtfertigung und Recht, 40.

[164] Ebd.

[165] AaO., 41.

[166] Ebd. Barth hat später die Ethik der Versöhnungslehre auf dieser prinzipiellen Konnexion von *orare et laborare* aufgebaut: vgl. z.B. Das christliche Leben, 282: lex orandi lex *agendi*.

[167] *K. Barth*, Rechtfertigung und Recht, 42.

Pflichterfüllung« heißt dann sehr konkret: »Verantwortliches Wählen der Obrigkeit, verantwortliches Entscheiden über die gelten sollenden Gesetze, verantwortliches Achten auf ihre Durchführung, mit einem Wort aktives politisches Handeln, das dann wohl auch politischen Kampf bedeuten kann und muß«[168]. Die damit implizit ausgesprochene Bejahung der Gewaltenteilung macht zusätzlich deutlich, daß Barth die Pflicht des Bürgers gegenüber dem Staat als Pflicht zur aktiven politischen Verantwortung für einen *demokratischen* Staat versteht. Für Barth ist also die »Phrase von der gleichen Affinität bzw. Nichtaffinität aller möglichen Staatsformen dem Evangelium gegenüber … nicht nur abgenützt, sondern falsch. Daß man in einer Demokratie zur Hölle fahren und unter einer Pöbelherrschaft oder Diktatur selig werden kann, das ist wahr. Es ist aber nicht wahr, daß man als Christ ebenso ernstlich die Pöbelherrschaft oder die Diktatur bejahen, wollen, erstreben kann wie die Demokratie.«[169]

---

[168] AaO., 41.

[169] AaO., 41f. Anm. Die *theologisch begründete* Privilegierung der Demokratie ist in dieser Klarheit von Barth m.W. zuvor nicht ausgesprochen worden. Es ist aber unverkennbar, daß Barth »einen inneren Zusammenhang von ›Rechtfertigung und Recht‹« *nicht* »erst sieben Jahre nach dem Ende einer liberalen, rechtsstaatlichen Demokratie in Deutschland entdeckt« hat. Diese These von *F. W. Graf* (»Der Götze wackelt«?, 441) widerspricht dem Text der Ethik-Vorlesung, auf die sich Graf beruft, aus der er aber dem Leser alle jene Sätze vorenthält, die seine These ad absurdum führen. Der Staat wird von Barth in jener Vorlesung (*K. Barth*, Ethik II, 331f.) ausdrücklich von der Rechtfertigung – Barth sagt »Versöhnung« – her als Rechtsstaat definiert. »Er ist das durch Gottes Offenbarung aufgerichtete Zeichen der konkreten, sichtbaren Lebensordnung, durch die und in der die Menschen auf Grund der vollbrachten Versöhnung zum Dienst am Nächsten berufen werden. … Der Staat erfüllt seinen Sinn und Zweck, indem er Alle für Jeden und Jeden für Alle verantwortlich macht durch Aufrichtung und Aufrechterhaltung des öffentlichen Rechtes und durch die Leitung und Unterstützung der öffentlichen Erziehung. … Jeder konkrete bestehende Staat unterliegt also der Frage, ob er, um wirklich Staat zu sein, Rechtsstaat, Kulturstaat und darin und darüber hinaus christlicher Staat im Sinne der Kirche ist.« Auch Barths Behauptung, daß »es der freie Akt der göttlichen Gnade ist, denn sowohl ein Rom Neros wie ein Genf Calvins *allein* … zu dem *machen* kann, was der Staat als Lebensordnung der Versöhnung sein soll« (aaO., 333), bedeutet mitnichten, was *Graf* (»Der Götze wackelt«?, 441) aus diesem Satz herausliest: »Zwischen verschiedenen Regierungsformen ethisch zu unterscheiden, lehnt Barth ausdrücklich ab«. *Barth* (Ethik II, 334f.) verlangt vielmehr ausdrücklich, entsprechend der von ihm aufgestellten *theologischen* Definition des Staates als eines Rechts- und Kulturstaates – zu dessen Aufgaben übrigens auch »die äußere Sorge für die Existenz einer freien wissenschaftlichen Forschung« (aaO., 338) gehört –, zwischen verschiedenen Staatsformen zu unterscheiden: »Man kann den Menschen nur im Gehorsam gegen Gott gehorchen. Man darf ihnen also nicht im Ungehorsam gegen Gott gehorchen. Es kann also sein, daß man ihnen im Gehorsam gegen Gott nicht gehorchen darf. Die konkrete Bejahung des Staates muß also u.U. in der Mitarbeit an einer die Verbesserung bzw. Veränderung der Staatsform anstrebenden Partei bestehen, wobei man sich klar sein wird darüber, daß eine revolutionäre Veränderung der Staatsform sowohl wegen der dabei wahrscheinlich nicht zu vermeidenden Gewaltanwendung als auch und vor allem wegen der da-

Und deshalb gehört es zu den Pflichten, die der Christ dem Staat gegenüber hat, gegebenenfalls auch entschlossen zu sein, »tyrannidem opprime-
re«[170] und die untreuen Machthaber, die »usser der schnur Christi faren«[171],
mit Gott zu entsetzen[172].

Zum Schluß seiner Erörterungen über den sachlichen und notwendigen
Zusammenhang von Rechtfertigung und Recht stellt Barth noch einmal heraus, »daß die entscheidende Leistung der Kirche für den Staat schlicht darin
besteht, daß sie ihren Raum als Kirche behauptet und ausfüllt. ... Indem sie
die göttliche Rechtfertigung verkündigt, wird aufs Beste auch der Aufrichtung und Erhaltung des menschlichen Rechtes gedient. Keine direkte Aktion,

---

mit sicher verbundenen zeitweiligen Aufhebung des Staates überhaupt ... eine ultima ratio
bedeutet«. Weiter (ebd.): »verantwortlich für das Handeln des Staates und berufen zum
Handeln im Staate ist grundsätzlich jeder. In diesem Sinne geht alle Staatsgewalt vom Volke
aus.« Warum unterschlägt Graf diese Sätze, die seiner Behauptung (*F.W. Graf*, »Der Götze
wackelt«?, 440), »die Demokratie-Thematik« spiele »für Barth noch keine prominente Rolle«, nur zu widersprechen, um statt dessen die – nur unter Voraussetzung jener Sätze
sinnvollen – Ausführungen Barths über das Problem der politischen Führung vorzuführen?
Wie kann Graf (aaO., 440f.) dem Leser einreden wollen, Barth halte »politische Realitäten
wie Verfassung, Parlament, Gewaltenteilung, Parteien und Menschenrechte ... für ethisch
irrelevant«, obwohl man bei *Barth* (Ethik II, 337) lesen kann: »Die entscheidenden Elemente der Gemeinschaftsbildung durch den nationalen Rechts- und Kulturstaat sind: a) die *Ver-
fassungsgebung*, d.h. die wenn nicht des ausdrücklichen Willens und der Mitwirkung, so
doch (auch im Fall der Diktatur einer Minderheit oder Mehrheit) des freien Vertrauens der
Staatsangehörigen bedürftige grundsätzliche Regelung des Verhältnisses der gesetzgebenden, regierenden und richterlichen Gewalt; b) die *Gesetzgebung*, d.h. die Regelung des Gemeinschaftslebens ... im Sinn der bestmöglichen Sicherstellung der Einigkeit, des Rechtes
und der Freiheit; c) die eigentliche *Regierung* ...; d) die *Gerichtsbarkeit* als die über die Anwendung der Gesetze im Konfliktsfall unabhängig (auch von der jeweiligen Regierung) entscheidende Instanz.« Soll hier eine theologische Dolchstoßlegende etabliert werden? – Graf
polemisiert gegen eine »Barth-Literatur«, die »stärker hagiographisch als historisch orientiert ist« (*F.W. Graf*, »Der Götze wackelt«?, 435), und plädiert »für eine *Historisierung der
Barth-Interpretation*«, die »Fragestellungen der allgemeinen Zeit- und Wissenschaftsge-
schichte« aufzunehmen habe (aaO., 422). Bene, bene, optime! Es ist verdienstvoll, wenn –
wieder einmal – auf die gefährlichen Implikationen des theologischen Antiliberalismus
Barths hingewiesen wird. Es steuert in der Tat einer »hagiographischen« Barth-Interpretation, wenn der Finger darauf gelegt wird, »daß Barth sich zum Thema Nationalsozialismus
öffentlich erst *relativ* spät geäußert hat« (aaO., 436). Doch warum muß das mit derselben
Einseitigkeit geschehen, die der hagiographischen Barth-Interpretation zu Recht zum Vorwurf gemacht wird? Hat die »Historisierung der Barth-Interpretation« kein – historisches
Gewissen? Muß die Kritik der Liberalismuskritik so – illiberal ausfallen? Der munter geschriebene und in vieler Hinsicht ermunternd zu lesende Aufsatz von Friedrich Wilhelm
Graf läßt Qualitäten erkennen, die den Vf. davor sollten bewahren können.

[170] Confessio Scotica, Art. 14, Bekenntnisschriften und Kirchenordnungen der nach
Gottes Wort reformierten Kirche, hg. von *W. Niesel*, ³1948, 97,23.

[171] *H. Zwingli*, Auslegen und Gründe der Schlußreden, Art. 42, in: *ders.*, Sämtliche Werke, Bd. 2, 342,26f.

[172] *K. Barth*, Rechtfertigung und Recht, 42.

die sie, in wohlmeinendem Eifer selber halb oder ganz politisch handelnd, unternehmen und durchführen könnte, könnte auch nur von ferne mit der positiven Relevanz *derjenigen* Aktion verglichen werden, in der sie, ganz apolitisch, ganz ohne Eingriff in die staatlichen Belange, das kommende Königreich Christi und also die Rechtfertigung allein durch den Glauben verkündigt ... Es mag merkwürdig klingen, aber es ist so: darin erschöpft sich das, was ... zu der Frage und zu den Fragen des menschlichen Rechtes zu sagen ist: die Kirche muß die Freiheit haben, die göttliche Rechtfertigung zu verkündigen. ... Dieses Freiheitsrecht bedeutet die Begründung, die Erhaltung, die Wiederherstellung alles – wirklich alles Menschenrechtes. ... Das ist's, was die Kirche dem Staate anzubieten hat, indem sie ihrerseits nichts anderes als Freiheit von ihm haben will. ... Was kann ... ihm dienlicher sein als dies: so unerbittlich ernst genommen zu werden?«[173]

Indem die Kirche dadurch, daß sie nichts anderes als Kirche sein will und vom Staat erwartet, daß er sie Kirche sein läßt, dem Staat zumutet, wirklich Staat zu sein, macht sie deutlich, daß die »Rechtfertigung des sündigen Menschen in Jesus Christus« *jedem das Seine* gibt. Die alte Formel für die iustitia distributiva, die Calvin[174] als »Zusammenfassung der Funktionen des rechten Staates« zitiert hatte, die Friedrich der Große sich zur Maxime gewählt hatte, die den preußischen Schwarzen Adler Orden zierte und die die Machthaber des Dritten Reiches – was Barth offensichtlich 1938 noch unbekannt war – in schrecklicher Perversion ihrer Wahrheit über ein KZ setzen ließen – dieselbe Formel ist auch die durch die Rechtfertigung des Sünders wohlbegründete Summe der Barthschen Schrift über Rechtfertigung und Recht: suum cuique.

V

Die *Barmer Theologische Erklärung* (1934), der Vortrag *Evangelium und Gesetz* (1935) und die Schrift *Rechtfertigung und Recht* (1938) sind während des Dritten Reiches, aber noch vor dem Zweiten Weltkrieg verfaßt worden. In der zunächst als Vortrag in fünf deutschen Städten bekanntgemachten Schrift *Christengemeinde und Bürgergemeinde* (1946) nimmt Barth die in den genannten Texten implizit oder explizit verhandelte Problematik von Kirche und Staat erneut auf, nun aber unter dem Eindruck des zu Ende gegangenen Weltkrieges und der in ihm so ganz und gar unrühmlich untergegangenen faschistischen Staaten. Die Erfahrungen dieser schlimmen Zeit haben Barth of-

---

[173] AaO., 43f.
[174] Vgl. *J. Calvin*, Institutio Christianae religionis. 1559, l. IV, c. 20, n. 3, Opera Selecta, Bd. 5, 474.

fensichtlich veranlaßt, das Verhältnis von Kirche und Staat noch einmal, und zwar noch prinzipieller und konkreter zugleich, zu erörtern. Zu diesen Erfahrungen gehört augenscheinlich auch dies: daß Barth mit den schrecklichen Möglichkeiten und Wirkungen des pervertierten Staates nun jedenfalls praktisch noch ganz anders vertraut war als vor dem Zweiten Weltkrieg. Die in der Schrift »Christengemeinde und Bürgergemeinde« mehrfach begegnende Argumentation mit der Möglichkeit des Chaos und die nunmehr gewonnene Erkenntnis, daß eine Vernichtung der Menschheit menschenmöglich ist, sprechen eine erfahrungsreiche Sprache[175]. Wie stellt sich auf dem Hintergrund dieser Erfahrungen für Barth das Verhältnis von Kirche und Staat bzw. von Christengemeinde und Bürgergemeinde, wie der Basler Theologe in Aufnahme helvetischer Terminologie nun gern sagt, theologisch dar?

Überraschenderweise so, daß das beide Größen Verbindende, daß der positive Zusammenhang zwischen Kirche und Staat nicht etwa zurückgestellt, sondern nun noch stärker herausgestellt wird als 1938. Die Erfahrungen mit dem Dritten Reich hätten eigentlich eher zur Betonung der Diastase zwischen Kirche und Staat Anlaß geben können. Hätte es nicht nahe gelegen, daß Barth sich von der während des Zweiten Weltkriegs in Deutschland immer krasser sichtbar werdenden Selbstentstellung des Staates zu jenem Apk 13 geschilderten vom Drachen autorisierten, den Cäsarenkult fordernden, die Heiligen bekämpfenden und Gott lästernden, eroberungslüsternen Tier aus dem Abgrund zu einer Revision gerade der positiven Bestimmung des Verhältnisses von Kirche und Staat veranlaßt gesehen hätte? Doch das Gegenteil ist der Fall. Das Besondere der neuen, nach Kriegsende veröffentlichten Schrift zur Sache besteht im Grunde ausschließlich darin, daß nunmehr – schon terminologisch durch die »Verwendung des einen Begriffs ›Gemeinde‹ zur Bezeichnung beider Größen« – mit einer besonderen Denkfigur und mit unbeirrbarer Konsequenz »die zwischen den beiden … Größen bestehende positive Beziehung und Verbindung« herausgearbeitet wird[176]. Diese Denkfigur ist die – auch sonst im Denken Barths immer beherrschender gewordene – *Analogie.*

Die äußerlich nur locker in 35 Abschnitte oder Kapitel gegliederte Schrift trägt zunächst grundsätzliche Erörterungen über die zwischen Kirche und Staat bestehende Analogie vor (Kap. 1–14), versucht dann an einigen Beispielen die politische Tragfähigkeit und Reichweite dieser Analogie zu verdeutlichen (Kap. 15–26), kommt im Anschluß an diese Beispiele noch einmal anmerkungsweise auf die Grundsatzproblematik zurück (Kap. 27–29) und

---

[175] Vgl. *K. Barth*, Christengemeinde und Bürgergemeinde, 51: Die Christengemeinde kennt den Menschen »als das Wesen, das beständig im Begriff steht, die Schleusen zu öffnen, durch die, wenn ihm nicht gewehrt würde, das Chaos, das Nichts hereinbrechen und seiner Zeit ein Ende setzen müßte«.
[176] AaO., 47.

schließt mit Erwägungen über die praktische Verwirklichung der per analogiam gewonnenen Erkenntnisse, über die möglichen und notwendigen christlich-politischen Entscheidungen (Kap. 30–34). Als Schlußstein des Ganzen wird (Kap. 35) die fünfte These der Theologischen Erklärung von Barmen zitiert, als deren konsequente Exegese Barth seine Schrift »Christengemeinde und Bürgergemeinde« verstanden wissen will. Ich beschränke mich auf die Wiedergabe derjenigen Aussagen, deren Kenntnis unerläßlich ist, um die Vorzüge und Aporien der Konzeption Barths erörtern zu können.

Die Bestimmung des Verhältnisses von Christengemeinde und Bürgergemeinde geht diesmal von der Definition beider Größen aus: einer Definition, die bereits das Programm der Schrift sichtbar macht. Beide Größen fallen nämlich unter dasselbe genus proximum: sie sind jeweils ein Gemeinwesen, das Menschen eines Ortes, einer Gegend, eines Landes vereint. Doch während im Staat *alle* Menschen seines Bereichs unter einer für *alle* in gleicher Weise gültigen und verbindlichen, durch Zwang geschützten und durchgesetzten Rechtsordnung beieinander sind[177], sind in der Kirche nur diejenigen Menschen desselben Bereichs beieinander, die aus der Menge aller anderen »als ›Christen‹ durch die Erkenntnis und zum Bekenntnis Jesu Christi ... herausgerufen und vereinigt sind«[178]. Entsprechend dieser differentia specifica bestimmen sich auch »Sache, ... Sinn und Zweck« beider Gemeinwesen unterschiedlich. Die politische Aufgabe, die die Bürgergemeinde kennzeichnet, »ist die Sicherung sowohl der äußeren, relativen, vorläufigen Freiheit der Einzelnen als auch des äußeren, relativen, vorläufigen Friedens ihrer Gemeinschaft und insofern die Sicherung der äußeren, relativen, vorläufigen Humanität ihres Lebens und Zusammenlebens«. Die Gestaltung dieser Sicherung vollzieht sich in den drei voneinander unterschiedenen Gewalten der »Gesetzgebung« (Legislative), der »Regierung und Verwaltung« (Exekutive) und der »Rechtspflege« (Justiz)[179]. Sache, Sinn und Zweck der Kirche ist »das gemeinsame Leben ... in einem, dem Heiligen Geiste, d.h. im Gehorsam gegen das eine Wort Gottes in Jesus Christus, ... ihr Leben als Glieder des Leibes, dessen Haupt Jesus Christus ist«[180]. Das gemeinsame Leben vollzieht sich innerlich in den Gestalten des Glaubens, der Liebe und der Hoffnung, äußerlich im gemeinsamen Bekenntnis, in der gemeinsamen Verantwortung für die Verkündigung des Namens Jesu Christi an alle Menschen und als gemeinsames Gebet. Diese Gemeinsamkeit des innerlichen und äußerlichen Lebens einer Christengemeinde macht sie öku-

---

[177] Vgl. aaO., 48.
[178] AaO., 47.
[179] AaO., 48.
[180] AaO., 47f.

menisch »bis zur Einheit solidarisch mit den Christengemeinden aller anderen Orte, Gegenden und Länder«[181].

Die Definitionen lassen die Unterschiede zwischen Christengemeinde und Bürgergemeinde klar erkennen. Barth erörtert sie, indem er von denjenigen Eigenarten der Christengemeinde ausgeht, die der Bürgergemeinde abgehen. Das bürgerliche Gemeinwesen hat »kein allen gemeinsames Bewußtsein ihres Verhältnisses zu Gott«, so daß das Gottesverhältnis auch kein Element der staatlichen Rechtsordnung bilden kann. »Die Bürgergemeinde als solche ist geistlich blind und unwissend.«[182] Statt dessen, vielmehr: eben deshalb ist sie »auch belastet und verunziert durch das, was die Christengemeinde wesensmäßig entbehren darf: die physische Macht, den ›weltlichen Arm‹ ... Eben darum fehlt ihr, was der Christenheit wesentlich ist: die ökumenische Weite und Freiheit. Die polis hat Mauern. Es hat jedenfalls bis auf diesen Tag faktisch immer nur mehr oder weniger ... miteinander konkurrierende und kollidierende Bürgergemeinden (Staaten) gegeben.«[183]

Und dennoch sind nach Barth »die konstitutiven Elemente der Bürgergemeinde auch der Christengemeinde eigentümlich und unentbehrlich ... Was im staatlichen Leben die Legislative, die Exekutive, die Justiz ist, das hat, ... wie ›geistlich‹ es hier begründet und gemeint sein mag, seine deutlichen Parallelen auch im kirchlichen Leben.«[184] Vor allem aber – und damit nimmt Barth einen entscheidenden Gedanken von »Rechtfertigung und Recht« wieder auf – ist die Kirche *allen* Menschen die Botschaft schuldig, daß Gott *allen* Menschen helfen will, weshalb sie denn auch »für alle Menschen und insbesondere für ... die, die im staatlichen (alle Menschen umfassenden) Bereich Träger besonderer Verantwortlichkeit sind, zu beten« hat. »Nicht apolitisch, sondern politisch existiert in diesem Sinn auch die Christengemeinde.« Sie existiert in dem allgemeinen Sinne politisch, daß sie *für alle Menschen* da ist, *allen* Gottes Wort verkündigend, *für alle* betend. Sie ist aber über diese allgemeinste Bedeutung politischer Existenz hinaus auch kraft ihrer eschatologischen Zielbestimmung eine eminent politische Größe. Denn weil die Kirche gerade nicht auf eine *ewige Kirche* hofft, sondern als Gegenstand der Verheißung Gottes eine von Gott selbst gebaute zukünftige *Polis* erhofft, wird man nach Barth »von einer gerade allerletztlich hochpolitischen Bedeutung der Existenz der Christengemeinde reden dürfen und müssen«[185].

Doch nicht nur die Existenz der Kirche, sondern auch die Existenz der irdischen Staaten muß nach Barth von dieser Zielbestimmung des irdischen Le-

---

[181] AaO., 48.
[182] Ebd.
[183] AaO., 49.
[184] AaO., 50.
[185] AaO., 51.

bens her verstanden und gewürdigt werden. »Die Bürgergemeinde hat mit der
Christengemeinde sowohl den Ursprung als auch das Zentrum gemeinsam.
Sie ist [eine] Ordnung der göttlichen *Gnade*, sofern diese – in ihrem Verhältnis zum sündigen Menschen als solchen, im Verhältnis zu der noch unerlösten Welt – immer auch *Geduld* ist.«[186] Der Staat ist also kein Produkt der Sünde,
sondern »ein Exponent« des der Sünde widersprechenden und entgegenwir-
kenden Reiches Christi[187]. Und deshalb kann die Kirche dem Staat ihrerseits
nicht apolitisch gegenüberstehen. Sie »*beteiligt* sich« vielmehr »gerade in Erfüllung ihrer *eigenen* Aufgabe auch an der Aufgabe der Bürgergemeinde«[188].
Sie tut das mit struktureller Notwendigkeit. Denn Staat und Kirche sind
– nach Barth – zwei durch ihr gemeinsames Zentrum konstituierte Kreise,
von denen »die Bürgergemeinde den äußeren Kreis bildet, innerhalb dessen
die Christengemeinde mit dem Geheimnis ihres Bekenntnisses und ihrer Botschaft der innere ist«[189]. Was immer also in der Kirche als Kirche geschieht,
das geschieht zugleich in der weiteren Dimension des Staates und hat insofern
auf jeden Fall politische Relevanz.

Das Modell von den beiden konzentrischen Kreisen bringt beides zur Geltung: den Unterschied und die Zusammengehörigkeit von Staat und Kirche.
Die »Kirche muß *Kirche bleiben*. Es muß bei ihrer Existenz als *innerer* Kreis
des Reiches Christi sein Bewenden haben. … Sie verkündigt die Herrschaft
Jesu Christi und die Hoffnung auf das kommende Reich Gottes«[190] und *unterscheidet* sich damit vom Staat. Wenn der Staat aber kraft göttlicher Anordnung als äußerer Kreis mit der Kirche als innerem Kreis das Zentrum gemeinsam hat, dann gibt es »auch keine christliche Indifferenz gegenüber den verschiedenen politischen Gestalten und Wirklichkeiten«[191]. Zwar hat die Kirche
keine eigene politische Theorie und in diesem Sinne durchaus keine politische
Theologie. Sie wird »sich also wohl hüten, *ein* politisches Konzept – und
wenn es das ›demokratische‹ wäre – als *das* christliche gegen alle anderen aus-
zuspielen. Sie hat, indem sie das Reich Gottes verkündigt, allen politischen
Konzeptionen gegenüber ihre Hoffnungen, aber auch ihre Fragen geltend zu
machen. Und das gilt auch und erst recht von allen politischen Verwirkli-
chungen.«[192] Aber die Kirche *unterscheidet*. Gerade indem sie sich dem Staat

---

[186] AaO., 52.
[187] AaO., 53.
[188] AaO., 54.
[189] AaO., 63. Genau umgekehrt hatte Barth in der Ethikvorlesung (*K. Barth*, Ethik II,
326) behauptet, es existiere »als äußerer, umfassender Kreis die Ordnung der Kirche« und
als »innerer und engerer Kreis die Ordnung des Staates«.
[190] *K. Barth*, Christengemeinde und Bürgergemeinde, 54.
[191] AaO., 57.
[192] AaO., 56f.

gemäß Röm 13,1ff. unterordnet, »*unterscheidet*« sie »zwischen dem rechten und dem unrechten Staat«[193]. Und nur so, zwischen rechtem und unrechtem Staat unterscheidend, ordnet sich die Kirche dem Staat unter. Insofern ist die Kirche ein eminent kritisches Potential innerhalb der politischen Dimension menschlicher Existenz. Das Verhältnis der Kirche zum Staat findet nicht urteilslos, sondern urteilend und dem jeweiligen Urteil gemäß wählend und wollend, verwerfend und nicht-wollend statt. »Und diesem Wählen und Nicht-Wählen, Wollen und Nicht-Wollen gemäß wird sie sich hier *einsetzen*, dort sich *entgegensetzen*.«[194]

Für die Erkenntnis, Vorbereitung und Ausführung dieser »im politischen Raum zu vollziehenden christlichen Entscheidungen« gibt es nach Barth »zwar keine Idee, kein System, kein Programm, wohl aber eine unter allen Umständen zu erkennende und innezuhaltende *Richtung* und *Linie*«[195].

Diese Richtung und Linie ergibt sich aus der Entsprechung oder Analogie, die mit der Konzentrik jener beiden Kirche und Staat symbolisierenden Kreise gegeben ist. Sie ergibt sich also »*nicht* aus einem Rückgriff auf die« für Barth überaus »problematische Instanz des sogenannten *Naturrechts*«[196]. Die Grundlagen, die in dem Vortrag über »Evangelium und Gesetz« gelegt worden sind, müssen sich jetzt bewähren: das Gesetz des christlichen Handelns kann auf keinen Fall ein vom Evangelium absehendes, ein vom *gnädigen* Willen Gottes abstrahierendes Gesetz sein. Die sich als Anwältin des Naturrechts verstehende katholische Kirche wird von Barth in dieser Hinsicht genauso kritisch beurteilt wie der Neuprotestantismus und wie bestimmte lutherische Optionen der Gegenwart.

Barth bestreitet freilich nicht, daß es auch naturrechtlich begründete politische Erkenntnisse und Entscheidungen gibt. Ja, der Staat ist sogar »darauf angewiesen, aus [diesem] löcherigen Brunnen … zu schöpfen«[197]. Und dabei kann es durchaus zu Erkenntnissen kommen, die sich »an mehr als einem Punkt in der Sache« mit den Erkenntnissen und Entscheidungen berühren, die auf dem Wege der zwischen Reich Christi, Kirche und Staat waltenden Analogie zu gewinnen sind. Aber Barth erklärt diese Berührungen damit, daß die aus »der trüben Quelle« des Naturrechts schöpfende »Polis sich auch da im Reiche Jesu Christi befindet, wo ihre Träger diesen Sachverhalt nicht kennen … und darum von der dem Menschen von daher nahegelegten Erkenntnis ihres Wesens keinen Gebrauch zu machen wissen«[198]. Man fragt sich dann je-

---

[193] AaO., 58.
[194] Ebd.
[195] Ebd.
[196] Ebd.
[197] AaO., 64.
[198] AaO., 73.

doch, ob Barth nicht eigentlich auch das Naturrecht selber in jene Analogie hätte einbeziehen müssen und also vom Naturrecht als einem *ius naturaliter christianum* hätte reden müssen.

Doch wie dem auch sei, die Kirche kennt als Quelle ihrer Erkenntnisse und Entscheidungen auch im politischen Raum die Verheißung des kommenden Reiches Gottes und die Botschaft vom schon jetzt über Kirche und Staat herrschenden Christus. Sie kann deshalb aus der »trüben Quelle« des Naturrechts unmöglich schöpfen. Sie fragt vielmehr danach, was dem Reiche Gottes in der noch unerlösten Welt – in der eine *Identifikation* mit dem Reich Gottes theologisch prinzipiell ausgeschlossen ist – politisch zu *entsprechen* vermag. Die politischen Reiche dieser Welt zu *Gleichnissen* des Reiches Gottes zu gestalten – das muß die Richtschnur der christlichen Entscheidungen im politischen Raum sein, und zwar – so wird man Barth ergänzen dürfen – auch dann, wenn die Erfahrung lehrt, daß solche Gleichnisse in der Regel mehr oder weniger schief ausfallen oder sogar gänzlich mißglücken. Das setzt aber voraus, daß der Staat seinem Wesen nach im Blick auf das Reich Gottes sowohl *gleichnisfähig* als auch *gleichnisbedürftig* ist. Mit der These von der so verstandenen »*Gleichnis*fähigkeit und *Gleichnis*bedürftigkeit des politischen Wesens« hat Barths Schrift »Christengemeinde und Bürgergemeinde« ihren systematischen Höhepunkt erreicht. Der Staat ist *gleichnisfähig* für die Wirklichkeit und Wahrheit des Reiches Gottes, weil er kraft göttlicher Anordnung seinem Wesen nach in Analogie zu diesem Reich existiert, in dem Jesus Christus schon jetzt herrscht. Und er ist *gleichnisbedürftig*, weil der so existierende Staat konkret immer wieder »aufs höchste gefährdet« ist und deshalb der Erinnerung an Gottes Reich durch die christliche Kirche und deren »politische[r] Mitverantwortung« bedarf[199].

Die Kirche vollzieht allerdings, indem sie ihre »politische Mitverantwortung« wahrnimmt, eine »metabasis eis allo genos«, freilich eine ihr »gebotene und notwendige metabasis eis allo genos«[200]. Doch insofern sie dabei »unter den sich … bietenden politischen Möglichkeiten … immer diejenigen« wählt, »in deren Realisierung ein Gleichnis, eine Entsprechung, eine Analogie, das Spiegelbild dessen sichtbar wird, was den Inhalt ihres Bekenntnisses und ihrer Botschaft bildet«[201], ist sie auch im »allo genos« ganz bei ihrer Sache, »legt sie auch mit ihrem politischen Unterscheiden, Urteilen, Wählen und Wollen ein implizites, ein indirektes, aber doch reales *Zeugnis* ab. So ist auch ihr politisches Handeln Bekenntnis.«[202]

---

[199] AaO., 63f.
[200] AaO., 64.
[201] Ebd.
[202] AaO., 65.

Man sagt nicht zu viel, wenn man diesen Satz Barths als den theologischen Spitzensatz seiner Ausführungen über »Christengemeinde und Bürgergemeinde« bezeichnet. Als solcher will er gewürdigt, muß er aber auch *kritisch diskutiert* werden. Denn in ihm kommt – wie es sich für einen Spitzensatz schickt – die Größe und die Problematik des ganzen Entwurfs zum Ausdruck.

Der Satz hat es in sich. Ist auch das politische Handeln der Kirche *Bekenntnis*, dann kann es auch auf der Ebene politischer Entscheidungen dahin kommen, daß es um Treue zum Bekenntnis oder um Verrat des Bekenntnisses geht. Dann kann auch auf der Ebene politischer Entscheidungen der *status confessionis* gegeben sein. Dann kann also die politische Option von Christen der Grund dafür sein, daß andere Christen ihnen das Christsein absprechen zu müssen meinen. Die Brisanz der Barthschen Behauptung, daß auch das politische Handeln der Kirche Bekenntnis sei, kann also in dieser Hinsicht gar nicht hoch genug veranschlagt werden.

Und doch scheint mir die Behauptung in anderer Hinsicht noch brisanter zu sein. Wenn nämlich das politische Handeln, das dem *Glauben* an die Herrschaft Jesu Christi – nicht nur über die Kirche, sondern über alle Bereiche unseres Lebens – entspringt, selber Bekenntnischarakter hat, dann muß eigentlich das politische Handeln aller Glaubenden *einmütig* sein, dann muß ein *politischer Dissens* unter Christen eigentlich *unmöglich* sein. Doch wird damit nicht genau das preisgegeben, was jedenfalls in einer Demokratie die politische Entscheidung überhaupt erst zur politischen macht: nämlich die freie Wahl zwischen verschiedenen Optionen? Soll auch dem politischen Handeln der Christen Bekenntnischarakter zukommen, dann wären jene Hirtenbriefe und Bischofsworte, die das den Christen politisch Gebotene und Verbotene in Erinnerung zu rufen beanspruchen, eigentlich nur konsequent. Und es wäre überaus naheliegend, daß sich zumindest innerhalb eines demokratischen Staates die Christen zu einer christlichen Partei zusammenschließen, um ihren mit dem Ernst eines Bekenntnisses versehenen politischen Aktivitäten diejenige Einmütigkeit zu garantieren, ohne die ein Bekenntnis aufhörte, Bekenntnis zu sein.

Doch genau diese Möglichkeit »der *praktischen Verwirklichung* der christlich-politischen Entscheidungen«[203] hat Barth ausdrücklich ausgeschlossen. Obwohl er daran festhält, daß »die christliche Gemeinde … alle ihre Glieder mit dem gleichen letzten Ernst für ihre eigene politische Richtung und Linie in Anspruch nehmen« muß[204], bestreitet Barth dennoch, daß die Christenge-

---

[203] AaO., 74.
[204] AaO., 75.

meinde in Gestalt einer christlichen Partei »der Bürgergemeinde das politische Salz … sein« kann, »das zu sein sie ihr schuldig ist«[205].

Dabei spielt Barths Mißtrauen gegen das Parteienwesen zwar auch eine, aber doch nur eine untergeordnete Rolle. Es lohnt gleichwohl, sein Urteil festzuhalten, daß »die Parteien ohnehin eines der fragwürdigsten Phänomene des politischen Lebens« sind: »keinesfalls seine konstitutiven Elemente, vielleicht von jeher krankhafte, auf jeden Fall nur sekundäre Erscheinungen«[206]. Für das politische Handeln der Christen kommt nach Barth allerdings darüber hinaus die Organisationsform einer besonderen christlichen Partei deshalb nicht in Frage, weil »die Christen sich im politischen Raum, wo sie die alle Menschen angehende christliche Botschaft im Gleichnis ihrer von daher begründeten Entscheidungen zu vertreten und hörbar zu machen haben, … gerade als die zeigen« müssen, die »nicht *gegen* Irgendwelche, sondern schlechterdings *für* Alle, für die gemeinsame Sache der ganzen Bürgergemeinde sind«[207].

Doch, so wird man erneut erwidern, beansprucht das nicht auch jede Partei – nur eben mit der Versicherung, daß gerade sie *besser* »für die gemeinsame Sache der Bürgergemeinde« und insofern »*für* Alle« eintritt? Ob dieser Anspruch zu Recht besteht, wird sich indessen kaum an den *Begründungen* der politischen Entscheidungen ablesen lassen, sondern allein daran, wer faktisch die bessere Politik macht. Genau so argumentiert Barth nun aber auch seinerseits im Blick auf das politische Handeln derer, die in der Christengemeinde als Glaubende, Liebende und Hoffende vereint sind. Es kann, so gesteht Barth ohne Vorbehalt ein, das Christliche des Handelns der Christen im politischen Raum »gar nicht direkt, sondern eben nur im Spiegel ihrer politischen Entscheidungen sichtbar« gemacht werden. Es können folglich auch diese Entscheidungen selber »nicht dadurch, daß sie christlich begründet, sondern allein dadurch, daß sie politisch besser, zur Erhaltung und zum Aufbau des Gemeinwesens faktisch heilsamer sind, einleuchtend gemacht und zum Sieg geführt werden«[208]. Daß dieses politisch bessere Handeln ein christliches Zeugnis und Bekenntnis ist, erweist sich also nicht durch die Versicherung, daß es dies sei, sondern ausschließlich – sit venia verbo – ex opere operato.

Das bedeutet freilich, daß die Christen im politischen Raum »mit ihrem Christentum nur *anonym* auftreten« können[209]. »Sie werden in jeder Partei

---

[205] AaO., 76.
[206] AaO., 74f.
[207] AaO., 75.
[208] Ebd.
[209] AaO., 76. Vgl. aaO., 79: »… in jener Anonymität, in der sie im politischen Raum allein auftreten können«.

gegen die Partei für das Ganze … sein«[210], ohne sich eigens als Christen zu identifizieren. Denn auf die »eigentlich politischen … Fragen können sie nur in Form von Entscheidungen antworten, die nach Form und Inhalt auch die anderer Bürger sein könnten«. Nach Barth müssen die Christen sogar wünschen, daß ihre politischen Entscheidungen »auch die aller anderen Bürger werden möchten«, und dabei haben die Christen keinerlei »Rücksicht« auf das »Bekenntnis« der anderen Bürger zu nehmen[211].

Nimmt man diese Aussagen Barths so ernst, wie sie gemeint sind, dann wird nun allerdings erst recht problematisch, was Barths Spitzensatz behauptet hatte und was die Ausgangsthese für alle diese Überlegungen war: daß nämlich auch das »politische… Handeln« der Christengemeinde »Bekenntnis« sei und daß die Kirche, indem sie mit diesem ihrem politischen Handeln »ein indirektes, aber doch reales *Zeugnis*« ablegt, »die Bürgergemeinde aus der [sc. religiösen] Neutralität, aus der Unwissenheit [sc. in geistlichen Dingen], aus dem Heidentum … in die Mitverantwortung vor Gott« herausruft[212]. Wie soll das möglich sein, wenn die politischen Entscheidungen von Menschen ganz anderen Bekenntnisses oder von ausgesprochenen Bestreitern des christlichen Bekenntnisses mit den politischen Entscheidungen, die das christliche Handeln bestimmen, »nach Form und Inhalt« identisch sein sollen und wenn die Christen genau dies »geradezu wünschen müssen«[213]?

Sinnvoll kann jene These vom indirekten Zeugnis- und Bekenntnischarakter – wenn man die begriffliche Problematik der Rede vom *indirekten* Zeugnis und *indirekten* Bekenntnis durch das menschliche Tun überhaupt tolerieren will, wofür immerhin einige neutestamentliche Texte sprechen dürften – des politischen Handelns nur dann sein, wenn es auch als *indirektes* christliches Zeugnis und Bekenntnis auf keinen Fall Ausdruck eines *anonymen* Christentums ist. Der christlich verstandene Zeugnis- und Bekenntnischarakter menschlichen Handelns schließt per definitionem Anonymität aus. Ist das politische Handeln – und sei es denn: ein indirektes – Zeugnis für die Wahrheit des Evangeliums von Jesus Christus, ist es und wirkt es als – und sei es denn: als indirektes – Bekenntnis zu Jesus Christus, dann wird *dieser* Name dabei zu Gehör kommen müssen, dann ist es eben ein Handeln *in seinem Namen*. Oder aber es ist weder Zeugnis von noch Bekenntnis zu Jesus Christus, weder direkt noch indirekt.

Das Dilemma, in das Barths Spitzensatz offensichtlich führt, läßt sich m.E. nur dann beheben, wenn man – sei es im Sinne der Intention Barths, sei es ihr

---

[210] AaO., 79.
[211] AaO., 76.
[212] AaO., 65.
[213] AaO., 76.

zuwider – auf das genaueste *unterscheidet*: zwischen einerseits dem politischen Handeln der Christengemeinde als solcher, also als Versammlung der Gläubigen, die in dieser Versammlung darstellen, was sie sind: nämlich Christi Leib, und andererseits dem politischen Handeln der einzelnen Glieder dieses Leibes, also der einzelnen Christen.

Es ist ein tiefgreifender Unterschied, ob die Kirche um ihres Bekenntnisses willen als Kirche im politischen Raum tätig wird oder ob ihre einzelnen Glieder, ob die einzelnen Christen im politischen Raum tätig werden. Selbstverständlich hört der Einzelne auch dann nicht auf, Christ zu sein. Selbstverständlich ist ihm auch dann geboten, christlich zu handeln. Aber dieses christliche Handeln des Einzelnen kann sich gerade *als christliches* in dem von Barth beschriebenen Sinne nur *anonym* vollziehen. Es unterscheidet sich von dem Handeln der Kirche im politischen Raum sehr präzis dadurch, daß es in der Verantwortung des Einzelnen geschieht, während die Kirche nur handeln kann, wenn Menschen als Christen »durch die Erkenntnis und zum Bekenntnis Jesu Christi aus den Übrigen im besonderen herausgerufen und *vereinigt* sind«. Genauso hatte Barth[214] ja die Kirche definiert. Von den *anonym* tätigen, »in jeder Partei, gegen die Partei, für das Ganze« des politischen Gemeinwesens tätigen einzelnen Christen kann man dies aber gerade nicht sagen: daß sie im Vollzug dieses ihres politischen Handelns »zum Bekenntnis Jesu Christi ... *vereinigt* sind«. Sie marschieren und agieren getrennt. Ihre Zugehörigkeit zum Leibe Jesu Christi ist hier in noch ganz anderer Weise unsichtbar, als es der Leib Christi ohnehin ist. Denn die wahre Kirche ist immerhin in dem präzisen Sinn verborgen, daß man sagen kann: wenn irgendwo, dann muß sie da sein, wo das Evangelium rein verkündigt wird und die Sakramente recht gereicht werden. Eben das geschieht aber in keiner Weise, wenn die einzelnen Christen im politischen Raum tätig werden. Die Christlichkeit ihres politischen Handelns ist *schlechthin unsichtbar.* Sie mögen zwar anonym und ohne es zu wissen durch ihr Handeln miteinander verbunden sein. Aber sie sind durch dasselbe Handeln genauso mit allen möglichen Nichtchristen verbunden, um das ins Werk zu setzen, was nach ihrer christlichen Erkenntnis, aber eben doch auch nach der ganz und gar nicht christlichen Erkenntnis der genauso handelnden Nichtchristen »politisch besser« ist[215].

Die politische Verantwortung des Einzelnen schließt indessen nicht aus, sondern setzt voraus, daß es zumindest in allen grundsätzlichen, richtungweisenden Entscheidungen eine *materiale, sachliche Übereinstimmung* im politischen Handeln der Christen und der Kirche als solcher geben müßte. Denn was »politisch besser« ist, wird sich für den einzelnen Christen durchaus *nach*

[214] AaO., 47 (Hervorhebung von mir).
[215] AaO., 75.

denselben Kriterien entscheiden, nach denen auch die als Christengemeinde vereinten, durch Gottes Wort und um es versammelten Christen zu entscheiden haben, wenn sie *als Kirche* politisch handeln. Barth hatte als *das fundamentale Kriterium* des politischen Handelns der Christengemeinde angegeben: *die Entsprechung oder Analogie* dessen, was das politische Handeln bewirken soll, zur himmlischen Polis, wie sie als das von Jesus Christus beherrschte Reich Gottes von der Christengemeinde geglaubt und verkündigt wird. Das leuchtet ein – jedenfalls dann, wenn man mit der fünften Barmer These der Auffassung ist, daß die Kirche Regierende und Regierte an ihre Verantwortung dadurch erinnert, daß sie »an Gottes Reich, an Gottes Gebot und Gerechtigkeit« erinnert[216]. Doch die besagte Entsprechung oder Analogie ist ethisch nur dann relevant, wenn sie sich in einer Reihe von genauer angebbaren Exempeln so präzisieren läßt, daß sich »eine stetige Richtung, ... eine kontinuierliche Linie ... von Explikationen und Applikationen«[217] des genannten einen großen Kriteriums ergibt.

Barth hat zu diesem Zweck eine Reihe solcher »Beispiele von Gleichnissen, Entsprechungen, Analogien des ... Reiches Gottes im Raum der ... Fragen des Lebens der Bürgergemeinde« mitgeteilt[218]. Sie haben teils eher allgemeinen und prinzipiellen, teils mehr aktuellen programmatischen, aber immer einen für die konkrete politische Entscheidung richtungweisenden Charakter.

So wird aus dem Glauben an die Menschwerdung Gottes der Satz gewonnen: »Nachdem Gott selbst Mensch geworden ist, ist der Mensch das Maß aller Dinge«. Aus dem Glauben an die Rechtfertigung des Sünders wird gefolgert, daß der »Grundsinn« des Staates die Begrenzung und Bewahrung des Menschen »durch Rechtsfindung und Rechtssetzung« ist[219]. Aus der Verkündigung der Selbsterniedrigung und Zuwendung Gottes zum verlorenen Menschen ergibt sich die politische Orientierung an denen, die »unten« sind, und damit der politische »Kampf für die soziale Gerechtigkeit«[220]. Die Berufung zur Freiheit der Kinder Gottes soll ihre Entsprechung im politischen »Grundrecht der Freiheit« und im Widerstand gegen jede den Menschen prinzipiell entmündigende Diktatur haben: »Der mündige Christ kann nur ein mündiger Bürger sein wollen[,] und er kann auch seinen Mitbürgern nur zumuten, als mündige Menschen zu existieren.«[221] Aus der mit der Freiheit eines Christenmenschen notwendig verbundenen Verpflichtung und Verantwortung gegenüber Gott und dem Nächsten folgt die – »sowohl den Indivi-

[216] Die Barmer Theologische Erklärung, 40.
[217] *K. Barth*, Christengemeinde und Bürgergemeinde, 72.
[218] Ebd.
[219] AaO., 66.
[220] AaO., 66f.
[221] AaO., 67.

dualismus als auch den Kollektivismus« überbietende – politische »Grund-
pflicht der Verantwortlichkeit«[222], eine *Grundpflicht*, ohne die menschliche
Grundrechte nicht zu haben sind. Aus der *Einheit* der Kirche in einem Geist
und in einem Glauben ergibt sich im politischen Raum das Postulat der
Gleichheit aller – von Barth insbesondere gegen die Ungleichbehandlung der
Frauen geltend gemacht[223]. Der »*Verschiedenheit* der Gaben und Aufträge des
einen Heiligen Geistes« soll die politische *Gewaltenteilung* entsprechen[224].
Der Offenbarungscharakter des ewigen Lichtes, das in Jesus Christus aufge-
leuchtet ist, ruft per analogiam fidei – man hat boshaft von einer besonders fi-
delen Analogie gesprochen – nach Absage an alle »Geheimpolitik und Ge-
heimdiplomatie«[225]. Und so werden denn weiter als Ziele und Kriterien des
christlichen Handelns per analogiam fidei erschlossen: die Freiheit zum Wort,
die Bejahung des Dienens als einzig legitime Form von Herrschaft[226], der
Grundsatz »[p]acta sunt concludenda«[227], die Vorordnung des Friedens –
nicht »um jeden Preis«, aber um fast jeden Preis – vor gewaltsamen Konflikt-
lösungen[228].

Barth hat diese Reihe von Beispielen nicht nur als »nach allen Seiten ergän-
zungsbedürftig« bezeichnet, er hat auch ausdrücklich eingeräumt, daß es »im
Wesen der hier genannten oder sonst zu nennenden Vergleichs- und Entscheidungspunkte« liegt, wenn sie »im Einzelnen immer diskutabel, mehr oder
weniger einleuchtend« sind und »den Charakter von unverbesserlichen Beweisen« nicht haben können[229]. Genau damit ist aber noch einmal *das Problem* bezeichnet, das diese Verdeutlichungen des einen, fundamentalen Kriteriums in Gestalt einer Reihe von Kriterien für das politische Handeln der
Christen aufwerfen. Nach Barth verlangt der Weg, der durch diese Kriterien
gewiesen werden soll, »auf der ganzen Linie ... prophetische Erkenntnis«[230].
Doch kann »prophetische Erkenntnis« im Ernst »diskutabel, mehr oder weniger einleuchtend« sein? Hier wiederholt sich das bereits konstatierte Dilemma. Und auch in dieser Hinsicht wird man es nur beheben können, wenn
man sich zu einer *fundamentalen Unterscheidung* versteht.

Wenn die angegebenen »Vergleichs- und Entscheidungspunkte ... im Einzelnen immer diskutabel, mehr oder weniger einleuchtend sein werden«, bedeutet das für die politische Praxis zweifellos dies, daß es auch für die Chri-

---

[222] AaO., 68.
[223] Vgl. ebd.
[224] AaO., 68.
[225] AaO., 69.
[226] AaO., 70.
[227] AaO., 71.
[228] Ebd.
[229] AaO., 72.
[230] Ebd.

sten, sofern es um die concretissima des politischen Geschäfts geht, zu sehr unterschiedlichen Entscheidungen kommen kann. Und das, ohne daß dadurch das Bekenntnis zu Jesus Christus problematisiert wird. Die prinzipielle Möglichkeit unterschiedlicher Optionen christlichen Handelns im Bereich der Politik schließt freilich nicht aus, daß es andererseits, und zwar durchaus auch bei den concretissima des politischen Geschäfts, solche Entscheidungsfälle gibt, in denen der christliche Glaube nur eine einzige Dezision kennt. Das dürften diejenigen Fälle sein, in denen das politische Handeln der Christen tatsächlich den Charakter eines Bekenntnisses hat und haben muß. Und in solchen Fällen dürfte neben den immer schon anonym in irgendeiner – oder in gar keiner – Partei politisch agierenden einzelnen Christen das politische Handeln *der Kirche, der Christengemeinde als solcher,* gefordert sein. Mit diesem Handeln aber muß sich dann jeder einzelne Christ auch im politischen Raum, nunmehr aus seiner Anonymität bewußt hervortretend, *identifizieren* können und wollen. Er kann und muß es wollen, wenn er im Handeln der Kirche nicht nur eine mögliche, sondern die eine einzig mögliche und notwendige irdische Entsprechung zum Reiche Gottes erkennt, wenn er also auch im politischen Handeln der Kirche die gebietende Stimme Jesu Christi vernimmt. Dann wird auch das politische Handeln der einzelnen Christen erkennbar den Charakter eines christlichen Zeugnisses und Bekenntnisses annehmen.

Barth hat mit der herausgearbeiteten Unterscheidung zumindest ansatzweise auch selber argumentiert. Er hat als eine besondere Weise christlichen Handelns im politischen Raum ausdrücklich diejenigen Aktionen der Christengemeinde gekennzeichnet, in denen »sie durch den Mund ihrer presbyterialen und synodalen Organe in wichtigen Situationen des politischen Lebens durch besondere *Eingaben* an die Behörden oder durch öffentliche *Proklamationen* sich zu Worte meldet. Sie wird diese Situationen gut auswählen … und sehr bestimmt setzen müssen, um gehört zu werden.«[231] Barth warnt davor, diese Situationen einfach mit Hilfe des Lackmus der herrschenden (bürgerlichen oder unbürgerlichen) Moralvorstellungen zu identifizieren oder so auszuwählen, daß die Kirche mit ihren politischen Entscheidungen regelmäßig zu spät und deshalb ohne Risiko auf den Plan tritt. Und schon gar nicht soll sich das politische Handeln der Kirche »in den Dienst irgendwelcher christlicher Schrullen« stellen[232]. Vielmehr muß das politische Handeln der Kirche in dieser neben die politische Verantwortung des einzelnen Christen tretenden Gestalt das Wesen der Kirche zum Ausdruck bringen. Und deshalb hat ein solches Handeln nur dann Wert und Bedeutung, wenn die Kirche in

---

[231] AaO., 77.
[232] AaO., 78.

ihrem ureigenen Raum das christliche Leben so gestaltet, daß sie »*exempla-risch*« existiert und so »durch ihr einfaches Dasein und Sosein auch die Quelle der Erneuerung und die Kraft der Erhaltung des Staates ist«. Wenn »sie ihre eigene Existenz, ihre Verfassung und Ordnung« so gestaltet, daß der »rechte Staat ... in der rechten Kirche sein Urbild und Vorbild« haben kann, dann ist sie als bekennende Kirche unmittelbar politisch relevant. Darin werden Barth auch die hartnäckigsten Widersacher – und er hat heute deren noch mehr als zu Lebzeiten – zustimmen: »Die Christengemeinde ... redet gerade in der Bürgergemeinde am unmißverständlichsten durch das, was sie *ist*.«[233]

Und so führt denn die *ethische* Problematik, die mit der Frage nach dem Verhältnis von Kirche und Staat und der politischen Verantwortung der Christen aufgeworfen ist, ganz von selber zur *dogmatischen* Aufgabenstellung zurück. Weit entfernt davon, einer »Transformation des Evangeliums in das Ethische als eine sich anbahnende Verwirklichung des Reiches Gottes« das Wort zu reden, plädiert die Theologie Barths vielmehr dafür, auch in dieser Hinsicht jedem das Seine zu geben bzw. zu lassen: der Ethik die untergeordnete, der Dogmatik die übergeordnete Rolle, der menschlichen Tat die Würde des Zeugnisses, dem zu bezeugenden Gott aber die Ehre des ersten *und* des letzten Wortes.

---

[233] Ebd.

Nemo contra deum nisi deus ipse

Zum Verhältnis von theologia crucis und Trinitätslehre

Daß niemand und nichts gegen Gott sein kann, daß jedenfalls niemand gegen Gott erfolgreich sein kann, es sei denn Gott selbst – das ist eine Behauptung, die den bedrängenden, verletzenden und am Ende allemal in den Tod führenden Erfahrungen der Gegensätze und Widersprüchlichkeiten unseres irdischen Daseins Trost entgegensetzt: den Trost, durch einen letzten und tiefsten Gegensatz relativiert zu werden, der als Widerspruch Gottes gegen Gott allen anderen Widersprüchen und Gegensätzen den Charakter des Vorläufigen, Vorletzten oder Scheinbaren gibt.

Zugleich aber scheint die Behauptung, daß niemand und nichts gegen Gott sein kann als allein Gott selbst, die Verheißung zu enthalten, daß Gott selbst und nur Gott selbst diesen tiefsten und letzten aller Widersprüche, den Gegensatz Gottes gegen Gott, zu versöhnen vermag. Nemo contra deum nisi deus ipse.

Der Satz steht bekanntlich als Motto vor dem vierten Teil und dann noch einmal im Text des zwanzigsten Buches von Goethes »Dichtung und Wahrheit«. Neuere Forschungen haben wahrscheinlich gemacht, daß der Satz *als Motto* nicht von Goethe selbst, sondern erst nachträglich von Eckermann und Riemer gewählt worden ist. Aber im Text des zwanzigsten Buches hat er von Goethes eigener Hand einen präzisen Ort bekommen, der über seine Bedeutung Auskunft gibt.

> Die Herkunft des von Goethe als »Spruch« bezeichneten Satzes ist allerdings bis heute nicht zufriedenstellend geklärt. Der Spruch beschäftigt die Goethe-Forschung seit langem und fasziniert auch für sich genommen immer wieder nachdenkliche Geister. Ich will die Hypothesen über die *Herkunft* des von Goethe zitierten Spruches jetzt nicht vermehren, sondern unsere Aufmerksamkeit sofort auf den Satz selber lenken. Die historische Forschung hat zwar einige Mitteilungen Riemers zu diesem Spruch problematisiert, ihn dadurch aber eher noch rätselhafter gemacht. Friedrich Wilhelm Riemer hatte den Spruch mehrfach mit Zincgrefs Sprichwörtersammlung in Verbindung gebracht. In einer nicht datierten »Mitteilung«[1] im Kapitel über die »Reisen« Goethes hatte er notiert: »Ebenso lasen wir *Zinkgräfens* Apophthegmata, und ich erinnere mich, daß unter Hunder-

---

[1] *F. W. Riemer*, Mitteilungen über Goethe. Auf Grund der Ausgabe von 1841 und des handschriftlichen Nachlasses hg. von *A. Pollmer*, 1921, 188.

ten von Sprüchen und Sentenzen keiner einen solchen Eindruck auf mich machte, als der Spruch:

Nihil contra Deum nisi Deus ipse.

Mit einem Male ahndete ich eine grenzenlose Anwendung, und der Spruch blieb mir so tief eingeprägt, daß ich ihn nicht nur öfters bei Gelegenheit anführte, sondern ihn auch, als Goethe wegen eines Mottos für den dritten [sc. vierten] Teil seiner Biographie in Ungewißheit war, in Vorschlag brachte. Er kam ihm so anwendbar vor, daß er ihn sowohl als Denkspruch dem Buche voransetzte, als auch im Laufe der Erzählung namentlich zu deuten und auszulegen suchte.« Indessen, an dieser »Mitteilung« stimmt einiges nicht. *Siegfried Scheibe*[2] hat nachgewiesen, daß der Spruch erst posthum und nach einigem Hin und Her von den Nachlaß- verwaltern – Eckermann, Riemer und Kanzler von Müller – aufgrund einer Ent- scheidung Eckermanns *als Motto* für den vierten Band von »Dichtung und Wahr- heit« gewählt wurde. An der Quelle, der Goethe den Spruch entnommen haben soll, bestanden längst Zweifel. Nach *F. W. Riemers* »Mitteilungen über Goethe«[3] stammt der Spruch aus *Julius Wilhelm Zincgrefs* »Apophthegmata«, in denen man ihn jedoch nicht finden konnte. In seinen Tagebüchern notiert Riemer unter dem 16. Mai 1807: »Späße aus dem Zincgräf … Aus Zincgräfs Apophthegmen: … Ein anderes führte Goethe an: *Nihil contra Deum, nisi Deus ipse.*«[4] Goethe hat seiner- seits in seinen Tagebüchern unter dem 16. Mai 1807 festgehalten: »Zincgrefs Apophthegmen«[5], die er am 9. Mai zum ersten Mal erwähnt hatte[6]. Die herzog- liche Bibliothek in Weimar weist aus, daß Goethe Zincgrefs Apophthegmata am 9. Mai 1807 entliehen hat. Es läßt sich jedoch nicht entnehmen, welche der beiden in der Bibliothek vorhandenen Ausgaben Goethe entliehen hat: die 1628–31 unter dem Titel »Der Teutschen Scharfsinnige kluge Sprüch Apophthegmata genannt« in Straßburg erschienene Ausgabe oder die 1653 unter dem Titel »Teutscher Na- tion Klug ausgesprochene Weisheit … von Griechen Apophthegmata genannt« in Frankfurt und Leipzig erschienene Ausgabe. Alle bisherigen Versuche einer historischen Klärung der Herkunft des Spruches sind unbefriedigend.

Wenig überzeugend ist auch die – von *Eduard Spranger*[7], zuletzt von *Carl Schmitt* und *Hans Blumenberg*[8] vertretene – Meinung, »daß entweder Goethe

---

[2] Vgl. *S. Scheibe*, »Nemo contra deum nisi deus ipse«. Goethes Motto zum vierten Teil von Dichtung und Wahrheit?, Goethe. Viermonatsschrift der Goethe-Gesellschaft 26 (1964), 320–324.

[3] Vgl. *F. W. Riemer*, Mitteilungen über Goethe, 188.

[4] AaO., 272. Nach *Arthur Pollmer* freilich gehört die Bemerkung »Aus Zincgräfs Apophthegmen: … Ein anderes führte Goethe an: Nihil contra Deum, nisi Deus ipse« zum 13. Mai (vgl. *A. Pollmer*, Friedrich Wilhelm Riemer und seine »Mittheilungen über Goethe« [Probefahrten 30], 1922, 68). Der 13. Mai ist jedoch in keiner der gedruckten Fassungen der Riemerschen Tagebücher erwähnt, so daß nicht recht verständlich ist, inwieweit nach der Tagebuchhandschrift Goethes Bemerkung zum 13. Mai gezogen werden sollte.

[5] *J. W. von Goethe*, Tagebücher, Bd. 3: 1801–1808, Werke, hg. im Auftrage der Großher- zogin Sophie von Sachsen, 3. Abt., Bd. 3, 1889 (Nachdr. 1987), 210.

[6] Vgl. aaO., 208.

[7] *E. Spranger*, Nemo contra Deum nisi Deus ipse, Goethe. Viermonatsschrift der Goethe-Gesellschaft 11 (1949), 46–61, hier 48.

[8] *C. Schmitt*, Politische Theologie II. Die Legende von der Erledigung jeder Politischen Theologie, 1970, 123. Vgl. *H. Blumenberg*, Arbeit am Mythos, 1979, 569f. und 578.

oder Riemer den Ausspruch geprägt und für alt ausgegeben hätten« (Spranger) bzw. daß Goethe die ihm als christologische Sentenz auf deutsch vertraute Wahrheit »wohl selbst in lateinischer Sprache formuliert« habe (Schmitt). Dagegen spricht, daß sowohl Riemer wie Goethe den Satz als »Spruch« kennzeichnen, daß Riemer ihn mit einer Sprichwortsammlung in Verbindung bringt und daß Goethe ausdrücklich eine Mutmaßung über die Erfahrungen (»Beobachtungen«) anstellt, aus denen »wohl jener sonderbare, aber ungeheure Spruch entstanden sein« mag[9]. Dieselben Kriterien sprechen auch gegen die Vermutung *Momme Mommsens*[10], Goethe habe das bei Zincgref aufgeführte Paradoxon Sebastian Francks »Christus sey der Welt wider Christ« umgeformt zur allgemeineren Aussage deus ipse (= Christus) contra deum (Antichrist), und gegen die Mutmaßung von *Harold Jantz*[11], Goethe habe den *ersten Teil* des Spruches tatsächlich den Apophthegmata von Zincgref (in der Gestalt »Niemand kann Gott widerstreben«) entnommen und den *zweiten Teil* der Astronomia des Manilius entlehnt, wo es heißt: »Quis caelum posset nisi caeli munere nosse, / et reperire deum, nisi qui pars ipse deorum est«[12]. Diesen Vers hatte Goethe 1784 in das Gästebuch des Brockens eingetragen. Er habe ihn sich so angeeignet, daß er ihm in den »Weissagungen des Bakis« eine eigene dichterische Form gab: »›… Denn es vermag nur ein Gott, Kegel und Kugel zu sein.‹«[13] Goethe habe aus beiden Einsichten dann wohl den Spruch »Nemo contra deum nisi deus ipse« entwickelt. Nach Schmitt stammt der Gehalt des Spruches »aus den Fragmenten ›Catharina von Siena‹ von Jakob Michael Lenz, in denen Catharina, auf der Flucht vor ihrem Vater, klagt:

> Mein Vater blickte wie ein liebender,
> Gekränkter Gott mich drohend an.
> Doch hätt' er beide Hände ausgestreckt –
>
> Gott gegen Gott
>   (sie zieht ein kleines Kruzifix aus ihrem Busen und küßt es)
> Errette, rette mich
> Mein Jesus, dem ich folg, aus seinem Arm! …
> Errette, rette mich von meinem Vater
> Und seiner Liebe, seiner Tyrannei.«[14]

Carl Schmitt meint »sicher« sein zu können, »daß das vielbehandelte Rätsel jenes Goetheschen Spruches hier seine Entzifferung findet«[15]. Indessen: Der Vater, vor dem Catharina auf der Flucht ist, blickt sie »*wie* ein … Gott« an. Er ist ihr

---

[9] *J. W. von Goethe*, Dichtung und Wahrheit, Vierter Theil, Zwanzigstes Buch, Werke, hg. im Auftrage der Großherzogin Sophie von Sachsen, 1. Abt., Bd. 29, 1891 (Nachdr. 1987), 177.

[10] Vgl. *M. Mommsen*, Zur Frage der Herkunft des Spruches »Nemo contra deum nisi deus ipse«, Goethe. Viermonatsschrift der Goethe-Gesellschaft 13 (1951), 86–104.

[11] Vgl. *H. Jantz*, An Enigma in Goethe's Autobiography. Baroque and Earlier Backgrounds, in: Rezeption und Produktion zwischen 1570 und 1730 (FS Günther Weydt), hg. von *W. Rasch/H. Geulen/K. Haberkamm*, 1972, 621–633, bes. 623–625.

[12] *M. Manilius*, Astronomica, l. II, 115f., hg. von *G. P. Goold*, 1985, 33.

[13] Zitiert nach *H. Jantz*, An Enigma in Goethe's Autobiography, 624.

[14] *C. Schmitt*, Politische Theologie II, 123 (bei Schmitt teilweise hervorgehoben).

[15] Ebd.

menschlicher Vater. Die Wendung *Gott gegen Gott* setzt hier Jesus gegen einen als Über-Ich auftretenden Quasi-Gott. Von der Pointe vollends, daß *niemand anders* gegen Gott erfolgreich streiten kann als Gott selbst, weiß dieser Text gar nichts.

Bisher nicht erwogen wurde die Möglichkeit, daß es sich um einen Münz- oder Medaillenspruch handeln könnte. Für diese Möglichkeit spricht immerhin, daß wenige Wochen vor der von Riemer bezeugten erstmaligen Erwähnung des Spruches in Goethes Tagebuch (23. April 1807) zu lesen ist: »Kamen die Medaillen von Geh.R. Wolf, worunter ein Cellini; clauduntur belli portae«[16]. Und unter dem 5. Mai lesen wir: »Kamen chinesische Münzen und russische Academie Jetons von Lodern an«[17]. In einem Brief vom 8. Mai heißt es: »Für die letzte Sendung [Münzen und Medaillen] von Rom habe ich nur noch im Allgemeinen gedankt. [...] vielleicht war sie unter allen die vorzüglichste«[18]. Am 16. Mai finden wir schließlich direkt neben »Zincgrefs Apophthegmen« die Notiz: »Zuletzt Hrn. v. Hendrichs Münzen besehen«[19]. Für denselben Tag hatte Riemer »Späße aus dem Zincgräf« erwähnt[20]. Insofern wäre es denkbar, daß Goethe neben den Apophthegmata aus dem Zincgref »ein anderes«[21] Sprichwort, eben unseren Spruch angeführt hat, den er auf einer der Münzen des Herrn von Hendrich gelesen hat.

Der Satz, für sich genommen, ist vieldeutig. Er enthält zwei Elemente, die schon für sich genommen Sinn machen: 1) nemo (nihil) contra deum: Niemand kann Gott widerstreben – eine alte Sprichwortweisheit, die z.B. in Henrich Goettings »Niemandt ...« zu lesen ist[22]; und in den Adagia des Erasmus ist als Übersetzung aus der Antigone des Sophokles (θεοὺς μιαίνειν οὔτις ἀνθρώπων σθένει[23]) der Satz »Deo nemo potest nocere« angeführt[24]. 2) Deus (ipse) contra deum: Gott (selbst) gegen Gott – eine vielfältig deutbare Aussage über einen höchsten metaphysischen oder religiösen Gegensatz, wie man ihn z.B. aus dem Gedankengut Jacob Böhmes kennt: »... es war GOtt wi[e]der GOtt, ein Starcker wi[e]der einen Starcken«[25]. Erst die Verbindung dieser beiden je für sich bereits sinnvollen Aussagen ergibt allerdings den

---

[16] *J. W. von Goethe*, Tagebücher, Bd. 3, 206.

[17] AaO., 207f.

[18] Goethes Leben von Tag zu Tag. Eine dokumentarische Chronik von *R. Steiger,* Bd. 5: 1807–1813, 1988, 58.

[19] *J. W. von Goethe*, Tagebücher, Bd. 3, 210.

[20] Zur Datierung vgl. freilich oben Anm. 4.

[21] *F. W. Riemer*, Mitteilungen über Goethe, 272.

[22] *H. Goetting,* Niemandt: Wie fast Jedermann an ihm wil Ritter werden ..., 1585: »Niemand kan Gott wider streben« (zitiert nach *H. Jantz,* An Enigma in Goethe's Autobiography, 624).

[23] *Sophokles,* Antigone, 1044, in: *ders.,* Fabulae, hg. von *H. Lloyd-Jones* und *N. G. Wilson,* 1990, 181–238, 225.

[24] *Erasmus von Rotterdam,* Adagiorum chiliades iuxta locos communes digestae, pars ultima, centuria I, 95, Opera omnia, 2. Abt., Bd. 8, hg. von *A. Wesseling,* 1997, 311; vgl. Index rerum et verborum: »Deus nec iuvari nec laedi potest«.

[25] *J. Böhme,* Aurora, oder Morgenröthe im Aufgang, c. 14, 72, Sämtliche Schriften. Faksimile-Neudruck der Ausgabe von 1730, hg. von *W.-E. Peuckert,* Bd. 1, 1955, 200 (vgl. *Ch.*

pointierten Sinn, daß niemand gegen Gott (siegreich) zu sein vermag als allein Gott selbst: nemo contra deum nisi deus ipse. Man kann sowohl die Elemente des Spruches wie diesen selbst im Sinne heidnischer Religiosität, aber auch im Sinne religionsphilosophischer Reflexion verstehen. Läßt sich der Spruch auch im Sinne des christlichen Glaubens, läßt er sich auch theologisch verstehen? Dieser Frage gelten die folgenden Überlegungen.

Sie gliedern sich in eine Reihe von Gedankenschritten. Zunächst soll – wenigstens kurz – auf den Gebrauch geachtet werden, den Goethe selbst von jenem (bisher nur aus seiner [und seines Mitstreiters Riemer] Feder [bzw. aus seinem Mund] bekannt gewordenen) Satz macht. Sodann soll – wiederum knapp – an einige Aspekte der aristotelischen Erörterung der Frage erinnert werden, ob das höchste oder erste Prinzip, das die Welt regiert, selber ein Gegensatz sein könne oder aber Eines und nichts als Eines sein müsse. Von dieser Problematik aus soll dann – etwas ausführlicher – versucht werden, den Begründungszusammenhang zwischen dem christlichen Glauben an den gekreuzigten Christus und dem Bekenntnis zu dem dreieinigen Gott so nachzuvollziehen, daß in einem der Wahrheit des Evangeliums entsprechenden Sinne behauptet werden kann: Nemo contra deum nisi deus ipse.

I. Der sich selbst widersprechende Gott – ein humoristisches Wesen. Der Kontext Goethes

Gott gegen Gott – das ist ein Thema mit vielen Variationen. Religionswissenschaftler können ein Lied davon singen, und die Historiker der Philosophie, der platonisch-neuplatonischen zumal, könnten einen, freilich sehr intrikaten, Fortsetzungsroman darüber schreiben. Gott gegen Gott – das könnte uns an Descartes' philosophische Konstruktion eines deus deceptor und seiner Ausschaltung durch den deus optimus erinnern und an den scholastischen Hintergrund dieser Konstruktion – und *ganz* im Hintergrund gar an Marcions Entgegensetzung des aus der Ferne kommenden Gottes des Evangeliums zum Demiurgen, dem Gott dieser Welt. Gott gegen Gott – das könnte aber auch an neuplatonische Spekulationen über das Eine, das gegen sich selbst in Aufruhr ist[26], und ihre Wirkungsgeschichte in Theologie und Philosophie erinnern: an die Definition Gottes als »oppositorum oppositio« und als »contrariorum contrarietas«[27], an Jacob Böhmes und Schellings Un-

---

Janentzky, Noch einmal: Nemo contra deum, Goethe. Viermonatsschrift der Goethe-Gesellschaft 28 [1966], 307–309, 309).

[26] Vgl. *Gregor von Nazianz*, Oratio XXIX Theol. III, 2, in: PG 36, 73–104, 76: ἔστι γὰρ καὶ τὸ ἓν στασιάζον πρὸς ἑαυτὸ πολλὰ καθίστασθαι.

[27] *Johannes Scotus Eriugena,* De divisione naturae, l. I, 72, in: PL 122, 439–1022, 517.

terscheidung eines dunklen göttlichen (Ur- oder Ab-)Grundes in Gott vom lichten Selbst Gottes und an Böhmes Rede vom »ewigen Contrarium« in Gott[28].

Gott gegen Gott – das könnte freilich auch ganz unphilosophisch, jedoch religiös elementar heißen: Zeus gegen Kronos, aber auch: Jahwe gegen Baal und ebenso: Jesus Christus gegen das ganze Pantheon und zugleich gegen den als Gott verehrten und göttliche Verehrung fordernden Kaiser. Gott gegen Gott – das kann ein tiefsinniger metaphysischer Grundsatz, ein prophetisch-polemischer Kampfruf und ein die staatliche Gewalt entmythologisierender Satz von erheblicher politischer Brisanz sein. Celsus hatte den Christen wegen ihrer exklusiven Entgegensetzung des einen, im Alten und Neuen Testament bezeugten Gottes gegen die vielen Götter (φύσει μὴ ὄντες θεοί – Gal 4,8) Aufruhr (στάσις) vorgeworfen[29].

Doch unser Satz setzt nicht nur Gott gegen Gott. Er schließt zugleich aus, daß etwas anderes als Gott in einen wirklichen Gegensatz zu Gott treten könnte. *Nemo* (es kann auch *nihil* heißen) *contra deum nisi deus ipse.* Was ist gemeint?

Bevor wir die Möglichkeit eines genuin christlichen Verständnisses dieses Satzes erwägen, ist auf den Zusammenhang zu achten, in dem er belegt ist. Der Satz steht in *Dichtung und Wahrheit*, und zwar einmal als Motto vor dem vierten Teil und dann noch einmal im Text des zwanzigsten Buches[30]. Als Motto für den vierten Teil von *Dichtung und Wahrheit* ist der Satz erst nach Goethes Tod von Eckermann und Riemer gewählt worden[31]. Aber im Text des zwanzigsten Buches hat er von des Dichters eigener Hand einen präzisen Ort bekommen, der über die Goethesche Bedeutung des Satzes Auskunft gibt.

Goethe hat den von ihm als »Spruch« gekennzeichneten Satz nach dem Zeugnis Friedrich Wilhelm Riemers zwar schon 1807 (und dann mindestens noch einmal 1810) – in der Form »*nihil contra Deum, nisi Deus ipse*« – angeführt[32]. Doch methodisch empfiehlt es sich, bei der Frage nach dem Sinn des

[28] *J. Böhme*, Christosophia, oder Der Weg zu Christo, III, c. 2,10, Sämtliche Schriften. Faksimile-Neudruck der Ausgabe von 1730, Bd. 4, 1957, 98. Von Lucifer heißt es bei Böhme: »es stund nicht ein Mensch oder Thier vor GOtt; sondern es war GOtt wieder GOtt, ein Starcker wieder einen Starcken« (*ders.*, Aurora, oder Morgenröthe im Aufgang, c. 14, 72, 200; vgl. *Ch. Janentzky*, Noch einmal: Nemo contra deum, 309). Vgl. *F. W. J. Schelling*, Philosophische Untersuchungen über das Wesen der menschlichen Freiheit und die damit zusammenhängenden Gegenstände, in: *ders.*, Werke, hg. von *M. Schröter*, Bd. 4, 1927 (Nachdr. 1965), 223–308.
[29] Vgl. *Origenes*, Contra Celsum libri VIII, l. VII, 68, in: PG 11, 637–1632, 1516 und l. VIII, 2, aaO., 1522 (nach *E. Peterson,* Der Monotheismus als politisches Problem, in: *ders.*, Theologische Traktate, 1951, 45–147, 79).
[30] *J. W. von Goethe*, Dichtung und Wahrheit, Vierter Theil, 1 und 177.
[31] Vgl. *S. Scheibe*, »Nemo contra deum nisi deus ipse«.
[32] *F. W. Riemer*, Mitteilungen über Goethe, 272.319.

Spruches in seiner Verwendung durch Goethe von dem Text auszugehen, der eindeutig des Dichters eigene Bezugnahme auf diesen Spruch belegt.

> Vorarbeiten zum zwanzigsten Buch von *Dichtung und Wahrheit* reichen bis in das Frühjahr 1813 zurück. In den Tagebüchern ist unter dem Datum des 4. April 1813 notiert: »Biographisches. Conception des Dämonischen und Egmonts. Schweizerreise Schema«[33]. Johann Peter Eckermann berichtet unter dem Datum des 15. März 1831, das siebzehnte, neunzehnte und zwanzigste Buch seien »als vollendet anzusehen, bis auf einige Kleinigkeiten, die bei einer letzten Durchsicht sehr leicht werden abzutun sein«[34].

Das zwanzigste Buch erzählt zunächst von der Frankfurter Begegnung Goethes mit dem Maler Melchior Kraus im Jahre 1775[35], kommt dann auf Goethes Versuche, »sich auf verschiedenen Wegen dem Übersinnlichen zu nähern«[36], zu sprechen, die in »höhere Betrachtungen«[37] über das Dämonische übergehen[38], um schließlich in sein »kleines Leben« zurückzukehren mit der Schilderung des Abbruchs der geplanten Italienreise (Flucht vor Lili Schönemann) bis zum Aufbruch nach Weimar.

Die Passage über das Dämonische wird eingeleitet durch autobiographische Bemerkungen darüber, »wie das Kind, der Knabe, der Jüngling sich auf verschiedenen Wegen dem Übersinnlichen zu nähern gesucht«. Die Entwicklung sei von (1) einer »Neigung nach einer natürlichen Religion« über (2) einen Anschluß »an eine positive« Religion, gefolgt von (3) einer »Zusammenziehung in sich selbst« mit der Absicht, »seine eignen Kräfte« zu erproben, zur (4) freudigen Hingabe an den »allgemeinen Glauben« verlaufen. Darüber hinaus aber sei ihm »manches« begegnet, »was zu keiner von allen« diesen religiösen Optionen »gehören mochte«[39], nämlich das von ihm »nach dem Beispiel der Alten« so genannte[40] *Dämonische*.

Goethe beschreibt es als »etwas …, das sich nur in Widersprüchen manifestirte«, und zwar in »der belebten und unbelebten, der beseelten und unbeseelten« Natur[41]. Wegen der Selbstwidersprüchlichkeit seiner Manifestationen könne es »unter keinen Begriff, noch viel weniger unter ein Wort gefaßt

---

[33] *J. W. von Goethe*, Tagebücher, Bd. 5: 1813–1816, Werke, hg. im Auftrage der Großherzogin Sophie von Sachsen, 3. Abt., Bd. 5, 1893 (Nachdr. 1987), 30.

[34] *J. P. Eckermann*, Gespräche mit Goethe in den letzten Jahren seines Lebens. Sämtliche Werke. Briefe, Tagebücher und Gespräche, 2. Abt., Bd. 12, hg. von *Ch. Michel* und *H. Grüters*, 1999, 463.

[35] *J. W. von Goethe*, Dichtung und Wahrheit, Vierter Theil, 167–173.

[36] AaO., 173.

[37] AaO., 177.

[38] AaO., 173–177.

[39] AaO., 173.

[40] AaO., 174: »Dieses Wesen … nannte ich dämonisch«.

[41] AaO., 173.

werden«: »nicht göttlich, ... nicht menschlich, ... nicht teuflisch, ... nicht eng-
lisch«, »dem Zufall« gleichend und doch »der Vorsehung« ähnelnd, alle Grenzen durchdringend, mit dem Notwendigen willkürlich schaltend, die Zeit
kontrahierend, den Raum ausdehnend, schien es »nur im Unmöglichen ...
sich zu gefallen und das Mögliche mit Verachtung von sich zu stoßen«[42].

Auf das Dämonische kommt Goethe anschließend bei seinem Bericht über
die poetische Verwandlung des historischen Egmont in den tragischen Helden des gleichnamigen Trauerspiels gleich noch einmal zu sprechen: »Das
Dämonische« ist in dem Konflikt zwischen dem tapferen Helden und den ihn
zugrunderichtenden Kräften »von beiden Seiten im Spiel«[43]. Goethe führt
den Erfolg des *Egmont* nicht zuletzt auf diese dämonische Spannung des
Stückes zurück. Das gibt ihm Veranlassung, jene »höheren Betrachtungen«[44]
über das »Dämonische«[45] anzuschließen, die mit der Zitation »jenes sonderbaren, aber ungeheuren Spruches« enden.

Obwohl das Dämonische sich in allen Kreaturen manifestieren kann, und
»bei den Thieren sich auf's merkwürdigste ausspricht«, steht es doch »vorzüglich mit dem Menschen im wunderbarsten Zusammenhang«. Und da erweist es sich als »eine der moralischen Weltordnung, wo nicht entgegengesetzte, doch sie durchkreuzende Macht«[46]. »Während meines Lebensganges«,
schreibt der Dichter, »habe ich mehrere« solche Menschen »theils in der
Nähe, theils in der Ferne beobachten können. Es sind nicht immer die vor-
züglichsten Menschen, weder an Geist noch an Talenten, selten durch Her-
zensgüte sich empfehlend; aber eine ungeheure Kraft geht von ihnen aus, und
sie üben eine unglaubliche Gewalt über alle Geschöpfe, ja sogar über die Elemente ... Alle vereinten sittlichen Kräfte vermögen nichts gegen sie; ... die
Masse wird von ihnen angezogen. Selten oder nie finden sich Gleichzeitige
ihres Gleichen, und sie sind durch nichts zu überwinden, als durch das Universum selbst, mit dem sie den Kampf begonnen; und aus solchen Bemerkungen mag wohl jener sonderbare, aber ungeheure Spruch entstanden sein:
Nemo contra deum nisi deus ipse.«[47]

Die *Logik* der Ausführungen Goethes über das Dämonische ist einigermaßen verzwickt. Das Dämonische wurde als »nicht göttlich« und als »nicht
menschlich« beschrieben. Aber es soll doch in solchen Menschen hervortre-
ten, die »den Kampf« mit dem Universum »begonnen« haben. Von ihnen
heißt es, daß sie »durch nichts zu überwinden« sind »als durch das Universum

---

[42] AaO., 174.
[43] AaO., 175.
[44] AaO., 177.
[45] AaO., 176.
[46] Ebd.
[47] AaO., 176f.

selbst«, das offenbar mit der Gottheit gleichgesetzt wird. Dann muß aber auch, wenn nur Gott selbst gegen Gott zu sein vermag, im dämonischen Menschen die Gottheit am Werk sein.

Der Spruch kann in diesem Kontext doppelt gelesen werden. Entweder so, daß nur ein dämonischer Mensch, weil in ihm Gott selbst am Werke ist, gegen das Universum, unter dem wiederum Gott zu verstehen ist, *kämpfen* kann. Die Pointe des Spruches wäre dann, daß nur Gott gegen Gott zu *streiten* vermag. Der Spruch kann aber auch so verstanden werden, daß nur die als Universum zu begreifende Gottheit selber den dämonischen Menschen, in dem ebenfalls die Gottheit am Werke ist, *überwinden* kann. Diese Deutung ist wahrscheinlicher, weil der Spruch unmittelbar an die Behauptung anschließt, daß nur das Universum selbst die Manifestation des Dämonischen zu überwinden vermag. Die Pointe des Spruches wäre dann, daß nur Gott gegen Gott *siegreich* zu sein vermag. Für diese Lesart spricht zudem die von Riemer bezeugte Goethesche Paraphrasierung des Spruches von 1807: »Ein Gott kann nur wieder durch einen Gott balanziert werden«[48].

1810 soll Goethe an diesem »herrlichen Diktum« die Möglichkeit »unendlicher Anwendung« gerühmt[49] und hinzugefügt haben: »Gott begegnet sich immer selbst; Gott im Menschen sich selbst wieder im Menschen«. Das entspricht sehr genau dem Kontext des Diktums in *Dichtung und Wahrheit*, zu dem auch die Behauptung paßt, daß Goethe es auf Napoleon angewendet habe[50].

---

[48] *F. W. Riemer*, Mitteilungen über Goethe, 266.

[49] AaO., 319. An anderer Stelle in seinen »Mitteilungen über Goethe« nimmt Riemer das allerdings für sich selber in Anspruch: »Mit einem Mal ahndete ich eine grenzenlose Anwendung« (aaO., 188).

[50] Vgl. aaO., 319: »3. Juli. Abends nach Tische. Nihil contra Deum, nisi Deus ipse. ›Ein herrliches Diktum, von unendlicher Anwendung. Gott begegnet sich immer selbst; Gott im Menschen sich selbst wieder im Menschen. Daher keiner Ursache hat, sich gegen den Größten geringzuachten. Denn wenn der Größte ins Wasser fällt und nicht schwimmen kann, so zieht ihn der ärmste Hallore heraus. – Napoleon, der den ganzen Kontinent erobert, findet es nicht unter sich, sich mit einem Deutschen über die Poesie und die tragische Kunst zu unterhalten, einen artis peritum zu konsultieren. – So göttlich ist die Welt eingerichtet, daß jeder an seiner Stelle, an seinem Ort, zu seiner Zeit alles übrige gleichwägt (balanziert).‹« – Vgl. den Apparat zu *J. W. von Goethe*, Dichtung und Wahrheit, Vierter Theil, 198 und: Goethes Gespräche. Eine Sammlung zeitgenössischer Berichte aus seinem Umgang auf Grund der Ausgabe und des Nachlasses von Flodoard Freiherrn von Biedermann, hg. von *W. Herwig*, Bd. 2: 1805–1817, 1969, Nr. 2458, 221; Nr. 2461, 222; Nr. 3213, 543. Die Tatsache, daß Riemer am 7. Mai 1833 notierte, er – Riemer – habe den Spruch »im Stillen immer auf den Napoleon angewendet«, muß nicht gegen Goethes eigene entsprechende »Anwendung« des Spruches mißtrauisch machen (so *R. Fischer-Lamberg*, Aus dem Riemernachlaß, Goethe. Viermonatsschrift der Goethe-Gesellschaft 16 [1954], 345f.). Wichtig jedoch der Hinweis, daß Riemers Notiz – Heinrich Heine (in seiner Schrift »Zur Geschichte der neueren schönen Literatur in Deutschland«, 1833) »wendet diesen Gedanken, ohne den Spruch

Der Spruch redet in Goethes Verständnis also mehr noch als vom *Kampf* Gottes gegen Gott von der ihre eigenen Wirkungen selber wieder *korrigierenden* oder gar *aufhebenden* und insofern *in Gegensätzen* sich manifestierenden *göttlichen Allmacht*:

»Und umzuschaffen das Geschaffne,
Damit sich's nicht zum Starren waffne,
Wirkt ewiges lebendiges Thun.
…
Das Ewige regt sich fort in allen:
Denn alles muß in Nichts zerfallen,
Wenn es im Sein beharren will.«[51]

Das Dämonische steigert diesen Prozeß, dem alles Geschaffene unterworfen ist, sozusagen ins Extrem und macht ihn dadurch als einen solchen Prozeß bewußt, in dem das Ewige gegen sich selbst tätig wird. Aber der so gegen sich selber einschreitende Gott hat für Goethe keineswegs tragische Züge. Es ist kein tragischer, sondern ein höchst produktiver Gegensatz Gottes gegen Gott. Indem Gott sich in Polaritäten auseinandersetzt, potenziert er sich zugleich. Wenn man von einem *Kampf* reden will, dann ist es ein solcher, in dem Gott sich selber schöpferisch und insofern siegreich bekämpft. Dazu paßt ein Brief an den Kanzler von Müller vom 24. Mai 1828, in dem Goethe (im Rückblick auf eine frühere Stufe seiner Einsicht) diesen Gott zwar »ein unerforschliches, unbedingtes … sich selbst widersprechendes Wesen« genannt hat, das »den Welterscheinungen … zum Grunde gedacht ist«, das aber nun doch gerade in seinem Selbstwiderspruch als ein »humoristisches« Wesen gekennzeichnet wird[52]. Ein in seiner Unerforschlichkeit, Unbedingtheit und Selbstwidersprüchlichkeit *humoristisches* Wesen als Grund aller Welterscheinungen zu denken, diese »Art von Pantheismus« will Goethe denn auch »als Spiel, dem es bitterer Ernst ist, gar wohl gelten« lassen[53].

Man sollte deshalb gar nicht erst versuchen, Goethes Verständnis des *Gott gegen Gott* mit dem christlichen Gottesverständnis und speziell mit dem Luthers in einen historischen Zusammenhang zu bringen, obwohl ein solcher Zusammenhang von lutherischen Theologen mehrfach behauptet wurde.

---

nahmhaft zu machen[,] eben so an« (aaO., 346) – den Satz eindeutig als Sprichwort kennzeichne.

[51] *J. W. von Goethe,* Eins und Alles, in: *ders.,* Werke, hg. im Auftrage der Großherzogin Sophie von Sachsen, 1. Abt., Bd. 3, 1890 (Nachdr. 1987), 81.

[52] *J. W. von Goethe,* Erläuterung zu dem aphoristischen Aufsatz »Die Natur« (Brief an Kanzler von Müller vom 24. Mai 1828), in: *ders.,* Werke, hg. im Auftrage der Großherzogin Sophie von Sachsen, 2. Abt., Bd. 11, 1893 (Nachdr. 1987), 10–12, 10f.

[53] Ebd.

Es ist keineswegs so, wie z.B. Werner Elert in seiner *Morphologie des Luthertums* behauptet hatte: daß »hier eine Verwandtschaft … zwischen Goethe und Luther« bestehe. Elert meint: »*Goethe* … pflückt Früchte von einem Baum, der auf dem Boden des lutherischen Gottesglaubens gewachsen ist«[54]. Der Theologe beteuert zwar, es sei »ein ebenso törichtes Unterfangen, *Goethe* zum Heiligen des Luthertums wie zum ›Christen‹ zu machen«, fügt freilich hinzu, es sei »[v]ielleicht das erste nicht ganz so töricht wie das zweite«[55] – was allerdings zu der Paradoxie führt, daß man zum »Heiligen des Luthertums« avancieren kann, ohne ein ›Christ‹ geworden zu sein. Doch Scherz beiseite! Elert meint es ernst. Er meint im Ernst, »bei dem ›Selbstwiderspruch‹« Gottes, von dem Goethe redet, »an die Spannung zwischen Zorn und Liebe Gottes, die Jacob *Böhme* mit Luther verbindet«, denken zu müssen, und hält Goethes Rede vom »unerforschliche[n], unbedingte[n] … Wesen« für »eine letzte Erinnerung an den *Deus absconditus*« Luthers[56].

Wie sich das freilich mit Goethes Auffassung von dem in seiner Unerforschlichkeit und Unbedingtheit und in seinem Selbstwiderspruch *humoristischen* Wesen verträgt, das erörtert Elert nicht. Doch gerade dieses eine Attribut »humoristisch« zeigt, wie weit Goethes Verständnis des *Gott gegen Gott* entfernt ist von Luthers Unterscheidung des »Deus praedicatus«, der von Sünde und Tod errettet, und des »Deus absconditus in maiestate«, der unterschiedslos Leben und Tod und alles in allem wirkt[57]. Ganz zu schweigen von Goethes fröhlicher Abneigung gegen die ganze reformatorische Theologie, im Blick auf die er unmißverständlich bemerkt: »Denn, unter uns gesagt, ist an der ganzen Sache nichts interessant als Luthers Charakter und es ist auch das Einzige, was der Menge eigentlich imponirt. Alles Übrige ist ein verworrener Quark, wie er uns noch täglich zur Last fällt.«[58]

Führt also von Goethes Gebrauch des Diktums *Nemo contra deum nisi deus ipse* kein historischer Weg zum christlichen Verständnis Gottes, so ist nunmehr zu fragen, ob nicht umgekehrt vom christlichen Gottesverständnis ein sachlicher Weg zu jenem »sonderbaren, aber ungeheuren Spruch« und einem – bei allem Respekt vor dem Weimarer Genius! – tieferen Verständnis

---

[54] *W. Elert,* Morphologie des Luthertums, Bd. 1, [3]1965, 392f.

[55] AaO., 391.

[56] AaO., 392.

[57] *M. Luther,* De servo arbitrio. 1525, WA 18, 685,20f.; vgl. aaO., 685,18–24. Zum Verständnis dieser Unterscheidung vgl. *E. Jüngel,* Quae supra nos, nihil ad nos. Eine Kurzformel der Lehre vom verborgenen Gott – im Anschluß an Luther interpretiert, in: *ders.,* Entsprechungen: Gott – Wahrheit – Mensch. Theologische Erörterungen II, [3]2002, 202–251, 229f.

[58] *J. W. von Goethe,* Brief an C. von Knebel vom 22. August 1817, in: *ders.,* Werke, hg. im Auftrage der Großherzogin Sophie von Sachsen, 4. Abt., Bd. 28, 1903 (Nachdr. 1987), 226–228, 227.

seiner Wahrheit führt. Philosophische und theologische Interpreten des Spruchs wie Eduard Spranger und Kurt Leese haben mit Recht gefordert, das Diktum auch unabhängig von Goethes Verständnis allein seinem »sachlichen Gehalt« nach zu begreifen[59]. »Läßt sich nicht eine Auslegung des Spruches denken«, fragt Leese, »die ... noch reiner und ausschließlicher den Spruch auf sich selbst stellt«[60], als die Goethe-Forscher das bisher getan haben?

Wir suchen im folgenden also nicht den historischen Ursprung des »sonderbaren, aber ungeheuren Spruchs«, sondern wir suchen nach dem Sinn, den ihm der christliche Glaube zu geben vermag. Dies soll durch eine systematische Besinnung auf den Ursprung des Bekenntnisses zum dreieinigen Gott im Glauben an den gekreuzigten Christus geschehen. Dabei schlagen wir allerdings einen Umweg ein, insofern wir uns zuvor den Auseinandersetzungen des Aristoteles mit denjenigen metaphysischen Konzeptionen vom Göttlichen zuwenden, die einen ursprünglichen, alles bestimmenden und beherrschenden Gegensatz postulieren. Wir erarbeiten uns damit das Minimum desjenigen Problembewußtseins, ohne das der Zusammenhang von theologia crucis und Trinitätslehre jedenfalls vor dem Forum der antiken Welt, in der das trinitarische Dogma formuliert wurde, kaum begreifbar wird.

II. Einer sei Herr! Der aristotelische Widerspruch gegen einen sich selbst widersprechenden Gott

Daß Götter gegen Götter kämpfen, ist ein dem Mythos vertrautes Motiv. Hesiods Theogonie erzählt von der Kastration des – seinen eigenen Kindern das Himmelslicht vorenthaltenden – Uranos durch den jüngsten seiner Söhne, den Krummes sinnenden Kronos[61]. Kronos wiederum wird von seinem Sohn Zeus entmachtet. In einem gewaltigen, die Welt in Brand setzenden Kampf zwischen den Titanen-Göttern (Τιτῆνές τε θεοί) und den olympischen Göttern erringt Zeus seine Herrschaft über alle anderen Götter[62]. Und im Kampf gegen das Ungeheuer Typhoeus festigt der Olympier seine königliche Stellung und Macht[63].

---

[59] Vgl. *E. Spranger*, Nemo contra Deum nisi Deus ipse, 50.

[60] *K. Leese*, Nemo contra deum nisi deus ipse. Leitspruch *Goethes* zum IV. Teil von *Dichtung und Wahrheit* (20. Buch) (SGV 234), 1961, 20f. (bei Leese hervorgehoben). Leese gibt einen Überblick über die wissenschaftliche Diskussion des Satzes.

[61] Vgl. *Hesiod*, Theogonie, 154–182, in: *ders.*, Theogonie/Werke und Tage, hg. und übers. von *A. von Schirnding*, 1991, 6–81, 16–19.

[62] Vgl. aaO., 617–725, in: *ders.*, aaO., 52–59.

[63] Vgl. aaO., 836–886, in: *ders.*, aaO., 68–73.

Es liegt nahe, in solchen Kämpfen von Göttern mit Göttern zumindest auch ein Spiegelbild der mit sich selber streitenden Wirklichkeit menschlichen Lebens zu sehen. Hesiod gibt in der Theogonie selber ein Beispiel für die konfliktgeladene Wirklichkeit des menschlichen Lebens, wenn er beschreibt, wie der von Prometheus hinter das Licht geführte, hochdonnernde Zeus aus Rache das Urweib erschuf und »den sterblichen Männern als Übel die Frauen bestimmt[e]«, und zwar als »*schöne[s]* Übel«, so daß ohne Frau zu leben dem Mann genauso qualvoll ist wie das Leben mit ihr. »Und nicht zu heilen ist dies Übel«[64]. Nun, es gibt schmerzlichere Widersprüche ... Und doch ist schon dieser eine fundamentale Gegensatz von Mann und Frau dem Mythos offensichtlich ein hinreichender Grund gewesen, auch die Gottheit als bis zum Widerspruch gesteigerte Polarität zur Sprache zu bringen. Die Überlistung des Vater-Gottes Uranos mit Hilfe der Mutter-Göttin Gaia ist nur ein Beispiel für viele aus allen möglichen Religionen.

Was der Mythos auf seine Weise ausspricht, versucht die Philosophie auf ihre Weise zu denken. Nach Aristoteles, der auch den φιλόμυθος »irgendwie« für einen φιλόσοφος hält (καὶ ὁ φιλόμυθος φιλόσοφός πώς ἐστιν)[65], hat es denn auch Philosophen gegeben, die die These vertraten, es sei die Wirklichkeit aus ersten ursprünglichen Gegensätzen aufgebaut: τἀναντία ἀρχαὶ τῶν ὄντων[66]. Und Heraklit hat bekanntlich den Kampf (πόλεμος) zum Vater aller Dinge erklärt[67].

In seiner sogenannten *Theologie*, dem Buch Λ der Metaphysik, kommt Aristoteles auf diese These zurück mit der doxographischen Bemerkung, »alle (ernsthafteren Philosophen) lassen alles, was ist, aus Gegensätzen hervorgehen: πάντες ... ἐξ ἐναντίων ποιοῦσι πάντα«[68]. Gegensatz ist dabei allerdings nicht notwendig mit Kampf oder Streit identisch. Ja, für Empedokles bildet der Streit (νεῖκος) mit der Freundschaft (φιλία) noch einmal einen – alles bestimmenden – Gegensatz[69]. Und Hesiod hatte – offensichtlich in Selbstkorrektur der einseitig negativen Qualifikation des Streites (ἔρις) als »gewalttätig: καρτερόθυμος« und »schaurig: στυγερή« in der *Theogonie*[70] – in den *Erga* sogar zweierlei Streit unterschieden: »Den einen wird loben, wer ihn ge-

---

[64] AaO., 585.600.612, in: *ders.*, aaO., 48f.50; vgl. aaO., 570–612, in: *ders.*, aaO., 48–51 (Übersetzung nach *Hesiod*, Sämtliche Gedichte. Theogonie. Erga. Frauenkataloge, übers. und erl. von *W. Marg*, ²1984, 59f.).
[65] *Aristoteles*, Metaphysik, 982b 18f.
[66] AaO., 986b 3.
[67] Vgl. *Heraklit*, Frgm. 53, in: *H. Diels*, Die Fragmente der Vorsokratiker, hg. von *W. Kranz*, Bd. 1, ¹⁸1989, 22 B, 162.
[68] *Aristoteles*, Metaphysik, 1075a 28.
[69] Vgl. *Empedokles*, Frgm. 17 mit Frgm. 20 und Frgm. 22, in: *H. Diels*, Die Fragmente der Vorsokratiker, 31 B, 316.318.321.
[70] Vgl. *Hesiod*, Theogonie, 225f., in: *ders.*, Theogonie/Werke und Tage, 22f.

wahr wird, / Tadelnswert ist der andere. Entgegengesetzt ist ihr Trachten«[71]. Alle diese theo-onto-logischen Entwürfe scheinen darauf hinauszulaufen, die Erfahrung von Gegensatz und Widerspruch auf einen metaphysischen Fundamentalgegensatz zurückzuführen, der das Seiende als solches im Ganzen beherrscht und bestimmt. In Gestalt der Gnosis wurde das junge Christentum mit ähnlichen Entwürfen konfrontiert.

Es gab allerdings schon früh philosophische Kritik an solchen – letztlich Gott gegen Gott setzenden – Konzeptionen. Schon Parmenides hat zumindest im ersten Teil seines Lehrgedichts das Sein penetrant als reine – gegensatzlose – Identität zu denken gefordert: »Sein ist, Nicht-Sein ist nicht«[72]. In gründlicher Auseinandersetzung mit den Theorien, die alles auf erste oder höchste Gegensätze zurückführen, hat dann Aristoteles selbst die These vertreten, daß es für das Erste schlechterdings *keinen* Gegensatz gibt: οὐ γάρ ἐστιν ἐναντίον τῷ πρώτῳ οὐδέν[73]. Gegenüber all den »Theologen« und »Physikern«, die für jedes Prinzip immer noch ein entgegengesetztes Prinzip (ἀεὶ τῆς ἀρχῆς ἀρχή) postulieren[74], argumentiert Aristoteles mit dem – wenn man so will: monarchistischen – Axiom: »Das Seiende hat nicht den Willen,

---

[71] *Hesiod*, Erga, 12f.; vgl. aaO., 11–24 (Übersetzung nach *Hesiod*, Sämtliche Gedichte. Theogonie. Erga. Frauenkataloge, 307f.):
»Falsch wars, daß eins nur des Streites Geschlecht sei; nein, auf der Erde
Gibt es zwei. Den einen wird loben, wer ihn gewahr wird,
Tadelnswert ist der andre. Entgegengesetzt ist ihr Trachten:
Der mehrt nämlich den Krieg, den bösen, mehret den Hader,
Roh und verrucht, kein Mensch hat ihn gern, doch gibt man gezwungen
Nach der Unsterblichen Willen dem drückenden Streit seine Ehren.
Doch ist der andre zuvor von der Nacht, der finstren, geboren,
Und es setzte ihn Zeus, hochthronend, himmelbewohnend,
Tief in die Wurzeln der Erde, und vielmals besser den Menschen;
Auch einen hilflosen Mann, wie die andern, weckt er zur Arbeit;
Denn auf den Nächsten blickt einer hin und drängt nun zum Wirken,
Auf einen Reichen, der emsig sich rührt beim Pflügen und Pflanzen
Und beim Bestellen des Hauses. Den Nachbarn stachelt der Nachbar,
Wenn er nach Wohlstand strebt. *Der* Streit ist gut für die Menschen!«
[72] *Parmenides*, Frgm. 6, in: *H. Diels*, Die Fragmente der Vorsokratiker, 28 B, 232 (Übersetzung von mir); vgl. *ders.*, Frgm. 7, in: aaO., 28 B, 236.
[73] *Aristoteles*, Metaphysik, 1075b 21f.
[74] AaO., 1075b 26; vgl. aaO., 1075b 26f.

schlecht regiert zu werden: ›nicht gut ist die Herrschaft von vielen, einer sei Herr‹«[75]. Deshalb muß Gott als in sich gegensatzlos und erst recht als in sich widerspruchslos begriffen werden: als reine Energie, die als sich selber denkendes Denken (νοήσεως νόησις) reine Identität und deshalb uneingeschränkt ewiges Leben ist[76].

Der so konzipierte Gottesgedanke wird freilich erkauft mit dem Eingeständnis, daß der in ihm gedachte Gott niemanden und nichts lieben kann – als allein sich selbst. Neminem amat deus nisi deum ipsum. Denn würde dieser Gott etwas anderes als sich selber lieben, dann wäre er ja auf etwas bezogen, was er begehrt, was er also als Liebender noch entbehrt. Dann wäre er aber nicht vollkommen. Und so gilt denn – noch Spinoza wird es hart und deutlich sagen – »Deus ... neminem ... amat«[77]. Genau das Gegenteil bekennt hingegen der christliche Glaube von dem Gott, der sich am Kreuz des Menschen Jesus von Nazareth als Liebe offenbart hat. Ihm gilt es nunmehr nachzudenken.

III. Entsprechung im Widerspruch.
Das Kreuz Jesu Christi als Grund des Glaubens
an den dreieinigen Gott

1. Das christliche Bekenntnis zur Einheit und Einzigkeit Gottes

Der christliche Glaube bekennt sich emphatisch zur Einheit und Einzigkeit Gottes. Das »Höre Israel, der Herr unser Gott ist ein einziger Gott« (Dtn 6,4) wird weder von dem die Nähe der Herrschaft Gottes verkündigenden Jesus noch von dem eben diesen Menschen Jesus als (den Christus und) Sohn Gottes verkündigenden Glauben der Christenheit in Frage gestellt. Es wird vielmehr bekräftigt (vgl. Mk 12,29; 1Kor 8,4.6). Insofern könnte dem christlichen Glauben eine spezifische Nähe zu der metaphysischen Position des Aristoteles nachgesagt werden. Der christliche Glaube ist pointiert monotheistisch, und gegen alle gnostischen Versuchungen (die in Gestalt des marcionitischen Evangeliums vom gegenüber dem für die elende Welt verantwortlichen Demiurgen anderen, fremden Gott besonders verführerisch waren) hatte der

---

[75] AaO., 1076a 3f. (Übersetzung von mir): τὰ δὲ ὄντα οὐ βούλεται πολιτεύεσθαι κακῶς. »οὐκ ἀγαθόν πολυκοιρανίη· εἷς κοίρανος ἔστω.« Vgl. *Homer*, Ilias, Zweiter Gesang, 204, übertr. von *H. Rupé*. Mit Urtext, Anhang und Registern, ²1961, 50.

[76] Vgl. *Aristoteles*, Metaphysik, 1072b 14–30.

[77] *B. de Spinoza*, Ethica Ordine Geometrico demonstrata, pars V, prop. 17, crp., in: *ders.*, Opera. Werke, lateinisch und deutsch, hg. von *K. Blumenstock*, Bd. 2, 1980, 84–557, 528. Vgl. *W. Bröcker*, Aristoteles (PhA 1), ⁵1987, 226.

Glaube an den in Jesus von Nazareth definitiv offenbar gewordenen Gott in der Tat eine Affinität zur aristotelischen These, daß Gott konkurrenzlos Einer, daß er als Gott einzig ist. Auch der aristotelische Rückschluß von der *Funktion* Gottes als des Herrschers, der, nur wenn er *allein* regiert, das Seiende *gut* zu regieren vermag, auf das *Sein* eines einzigen, von jedem Gegensatz und Widerspruch freien Gottes, konnte vom christlichen Glauben rezipiert werden. In diesem Sinne hat z.B. *Gregor von Nazianz* von der *Monarchie* Gottes geredet. In seiner dritten Oratio theologica[78] referiert er drei Hauptmeinungen über Gott, die er mit den Begriffen Anarchie, Polyarchie und Monarchie kennzeichnet und von denen er nur die dritte als christlich gelten läßt. Denn die »beiden ersten Annahmen verlegten Unordnung und Aufruhr in Gott und letzthin Auflösung. Die Christen dagegen bekennten sich zur Monarchie Gottes. Freilich nicht zur Monarchie einer einzigen Person in der Gottheit, … sondern zu einer solchen des dreieinigen Gottes.«[79] Und damit scheidet sich das christliche Gottesbekenntnis vom metaphysischen Gottesgedanken nun allerdings wie Feuer und Wasser. Nicht der abstrakte Monotheismus, sondern nur der Gott von Gott unterscheidende und ihn dennoch als Einheit und Einzigkeit denkende Glaube an den dreieinigen Gott ist gegenüber Anarchie und Polyarchie wirklich überlegen, so überlegen, daß er sich in Wahrheit zur Alleinherrschaft, zur Monarchie Gottes bekennen kann. Gregor von Nazianz gibt seiner Präzisierung des Bekenntnisses zur Monarchie Gottes im Sinne des trinitarischen Gottesbegriffes eine bedeutsame *philosophische* Begründung, die ihm wohl aus neuplatonischer Überlieferung vertraut war: es sei auch das (abstrakte) Eine immer schon im Aufstand gegen sich selbst und damit im Begriff, Vielheit zu etablieren[80]. Folgt man diesem Argument, dann würde gerade ein abstrakter Monotheismus sich selber ad absurdum führen, während umgekehrt der Glaube an den dreieinigen Gott die strengste Fassung eines konkreten Monotheismus wäre. Die Monarchie Gottes wäre in sich selber nicht das Ereignis abstrakter Fremdbestimmung aller durch einen, sondern das Ereignis konkreter trinitarischer Mitbestimmung und gerade so die Garantie dafür, daß Gott und nur Gott das Seiende regiert und gut regiert.

Wir haben es bei solchen Aussagen freilich mit hochreflektierten Theologumena zu tun. Sie setzen bereits voraus, daß der eine und einzige Gott als Vater, Sohn und heiliger Geist von sich selbst unterschieden und auf sich selber bezogen ist. Sie setzen voraus, daß Gott zwar nicht *das* Andere seiner selbst (aliud) sein kann (»In deo … non est aliud« wird im Anschluß an Tertullian noch

---

[78] Vgl. *Gregor von Nazianz*, Oratio XXIX Theol. III, 2, in: PG 36, 73–104, 76.
[79] Vgl. *E. Peterson*, Der Monotheismus als politisches Problem, 103.
[80] Vgl. *Gregor von Nazianz*, Oratio XXIX Theol. III, 2: ἔστι γὰρ καὶ τὸ ἕν στασιάζον πρός ἑαυτὸ πολλὰ καθίστασθαι.

Meister Eckhart behaupten[81]), daß er aber in sich selber – alius, alius, alius – die Gemeinschaft gegenseitigen personalen Andersseins ist.

Doch eben diese Voraussetzung will *begründet*, und zwar nicht philoso-phisch, sondern *theologisch begründet* sein. Und das heißt: diese Voraus-setzung will auf der Basis des Glaubens an den Gott begründet sein, der *um un-seres Heils willen* Mensch geworden ist und in der Person Jesu Christi gelebt und gelitten hat, gestorben und von den Toten auferstanden ist, so daß man mit Martin Luther bekennen kann: »Ich gläube, daß Jesus Christus, wahrhaf-tiger Gott ... und auch wahrhaftiger Mensch ... sei mein HERR, der mich verlornen und verdammpten Menschen erlöset hat, erworben, gewonnen ... von allen Sunden, vom Tode und von der Gewalt des Teufels nicht mit Gold oder Silber, sondern mit seinem heiligen, teuren Blut und mit seinem unschül-digen Leiden und Sterben, auf daß ich sein eigen sei und in seinem Reich unter ihme lebe und ihme diene in ewiger Gerechtigkeit, Unschuld und Seligkeit«[82].

Der Begründung des Bekenntnisses zum dreieinigen Gott aufgrund des Glaubens an den gekreuzigten Christus gelten die nun noch folgenden, aus-schließlich systematisch orientierten Überlegungen.

2. Der liebe Gott – als Einheit von Leben und Tod zugunsten des Lebens

In seiner Genesis-Vorlesung (1535–45) interpretiert Martin Luther das chri-stologische Dogma mit der Behauptung, daß »der Gott, der alles geschaffen hat und über allem ist, sowohl der Höchste als auch der Niedrigste ist«. Des-halb müsse man von jenem gegeißelten, getöteten und dem Zorn Gottes aus-gelieferten Menschen Jesus sagen: »er ist der höchste Gott«. Denn, so begrün-det Luther diese scheinbare Paradoxie, »es sind in derselben Person die größ-ten Gegensätze vereint: sunt enim in eadem persona maxime contraria«[83].

Luthers Satz bringt pointiert den neutestamentlichen Sachverhalt zum Ausdruck, daß der gekreuzigte Jesus als Sohn Gottes geglaubt und bekannt wird. Der Glaube an die Identität Gottes mit diesem Menschen nötigt zur Unterscheidung von Gott und Gott – derart, daß der deus summus zugleich der infimus ist. Oder in umgekehrter Formulierung: derart, daß der unter dem Zorn Gottes (sub ira dei) existierende Gekreuzigte zugleich der summus deus ist. Es ist die Identität Gottes mit der geschichtlichen Wirklichkeit Jesu von Nazareth, die den von Gott Verfluchten (Gal 3,13) als Gottes Sohn zu bekennen nötigt.

---

[81] *Meister Eckhart*, Sermo XXIX, in: *ders.*, Die deutschen und lateinischen Werke. Die lateinischen Werke, Bd. 4, hg. von E. Benz/B. Decker/J. Koch, 1956, 263–270, 270,7f.

[82] *M. Luther*, Der kleine Katechismus. 1529, BSLK 511,23–36.

[83] *M. Luther*, Vorlesungen über 1. Mose von 1535–45, WA 43, 580,3.6.14 (Übersetzung von mir); vgl. aaO., 580,3–14.

Damit ist allerdings eine äußerste Spannung im Blick auf Gott selbst behauptet. Und es gilt, eben diese extreme Spannung, die maxime contraria, zur Geltung zu bringen, wenn wir zwischen Gott Vater, Sohn und Geist unterscheiden und gleichwohl bekennen, daß in dieser dreifachen Unterscheidung Gottes von Gott der eine und einzige Gott ausgesagt wird. Gegenüber der geläufigen *harmlosen* Auffassung von der göttlichen Trinität gilt es, sich auf den neutestamentlichen Ursprung des Glaubens an den dreieinigen Gott zu besinnen. Und der besteht – wie der aus der Greifswalder theologischen Tradition hervorgegangene Bernhard Steffen treffend bemerkte – nicht in den spärlichen trinitarischen Formeln des Neuen Testaments, sondern im Zeugnis vom Kreuz, so daß gilt: »der kürzeste Ausdruck für die Trinität ist die göttliche Kreuzestat, in welcher *der Vater den Sohn sich durch den Geist opfern läßt*«[84]. Der Glaube an den dreieinigen Gott hat seinen konkreten Grund im Glauben an das Sühnopfer, in dem Gott gegen Gott aufgeboten wird.

Ist aber das im Tod Jesu Christi vollbrachte Sühnopfer der Grund und ist die göttliche Kreuzestat der Inbegriff des Glaubens an den dreieinigen Gott, dann ist das Sein des dreieinigen Gottes als ein äußerster Gegensatz, eben als der Gegensatz des ewig lebenden und lebendig machenden Gottes einerseits und des den Tod erleidenden Gottes andererseits zu denken. Zu Gott selbst gehört dann der äußerste aller Gegensätze: der Gegensatz von Leben und Tod. Und im Sinne dieses Gegensatzes steht Gott gegen Gott: »Es war ein wunderlich Krieg , / da Tod und Leben 'rungen«[85].

Doch nun kommt alles darauf an, daß man zwei hier drohende theologische Gefahren tunlichst vermeidet. Die erste hier drohende Gefahr besteht in der Verharmlosung dieses Gegensatzes im Sinne einer *Entspannung*, die von Gott jede Weise der Differenz oder des Andersseins ausschließen will. Die Philosophie und Theologie der Aufklärung ist dieser Verharmlosung Gottes verfallen und hat denn auch weder mit der theologia crucis noch mit der Trinitätslehre etwas Rechtes anfangen können. Ihr gegenüber gilt es festzuhalten, daß Gott nicht nur so, sondern auch anders ist: nicht nur so – will heißen: so wie ihn der erste Artikel des Glaubensbekenntnisses zu denken nahelegt; sondern auch anders – will heißen: so wie ihn der zweite Artikel des Credo zu denken nötigt! Gott ist nicht nur der ewig lebende Schöpfer, der das Nichtseiende ins Sein ruft, sondern er ist auch der sich dem Nichtsein Aussetzende, der in der Person seines Sohnes Jesus Christus für die Welt gestorben ist. Und

---

[84] *B. Steffen*, Das Dogma vom Kreuz. Beitrag zu einer staurozentrischen Theologie, 1920, 152.

[85] So die vierte Strophe von Luthers Choral »Christ lag in Todesbanden«, in: Evangelisches Gesangbuch. Ausgabe für die Evangelische Landeskirche in Württemberg, 1996, Nr. 101 (vgl. WA 35, 444,6f.).

er ist eben darin, daß er beides ist und kann, allererst Gott. Leben und Tod zusammen erst machen das Sein Gottes aus.

Hier lauert nun jedoch die andere, entgegengesetzte Gefahr, die den Glauben an den in Jesus Christus offenbar gewordenen Gott bedroht. Sie besteht in der *Absolutsetzung* des *Gegensatzes* von Leben und Tod bzw. in der Verabsolutierung dieses Gegensatzes zu einer letzten metaphysischen Größe, so daß Gott nicht mehr *als Herr* des Gegensatzes von Leben und Tod gedacht werden kann. Ich könnte auch sagen, der hier lauernde Irrtum besteht in einer *abstrakten* theologia crucis. Ihr logisches Signet ist das absolut gesetzte Paradox. Man kann dann das Zentrum des christlichen Glaubens, dem gemäß der ewig lebende Gott in der Person des Menschen Jesus für uns gelitten hat und gestorben ist, nur als einen Widerspruch begreifen, dem sich das göttliche Wesen ausliefert, um die Welt mit sich zu versöhnen. Es käme dann der gekreuzigte Gott gegen den ewigen Gott, es käme der den Tod erleidende Gott gegen den allmächtigen Gott zu stehen, und das Bekenntnis zu diesem Paradox – Gott gegen Gott! – wäre das letzte Wort des Glaubens.

In diesem Sinn hat man denn auch Jacob Böhmes und Martin Luthers Gottesverständnis aufgefaßt und als den sachlichen Ursprungsort des Spruches *Nemo contra deum nisi deus ipse* behauptet[86]. Wir lassen den historischen Aspekt des Problems hier, wie gesagt, auf sich beruhen und begnügen uns mit dem systematischen Hinweis, daß die *paradoxe Fixierung* des Gegensatzes zwischen dem ewig lebenden und doch einen zeitlichen Tod sterbenden Gott, zwischen dem allmächtigen Schöpfer und dem für uns gekreuzigten Gott, zwischen Gottes Zorn und Gottes Liebe zu einer *abstrakten theologia crucis* gerät, die dem durch das Neue Testament bezeugten Glauben an den in Jesus Christus offenbar gewordenen Gott nicht entspricht. Es ist nach Paulus zwar wahr, daß der ewige Gott in der Person des Sohnes Gottes den Kreuzestod erlitten hat und für uns gestorben ist; aber die *Auferstehung Jesu Christi von den Toten* bezeugt, daß Gott in diesem äußersten aller Gegensätze nicht etwa aufhört, er selbst zu sein, sondern daß Gott sich vielmehr gerade in diesem äußersten aller Gegensätze – im Austragen des Gegensatzes von Leben und Tod! – allererst als Gott offenbart, definiert. Das ist der Sinn der *Osterbotschaft*, ohne die es keine *rechte*, keine *konkrete theologia crucis* gibt. Die Auferstehung des Gekreuzigten von den Toten besagt, daß Gott den Gegensatz von Leben und Tod *erträgt* und gerade dadurch, daß er auch den Tod zu ertragen vermag, sich selbst als die *konkrete Einheit von Leben und Tod zugunsten des Lebens* erweist. Das Neue Testament nennt diese *konkrete Einheit von Leben und Tod zugunsten des Lebens* beim Namen, wenn es Gott als *Liebe* verkündigt. Daß Gott den Gegensatz von Leben und Tod erträgt – das besagt

---

[86] Vgl. *K. Leese*, Nemo contra deum nisi deus ipse, 21–26.

nichts anderes als: Gott ist Liebe. Denn *darin* ist die Liebe Gottes bei uns offenbar geworden, daß Gott seinen eingeborenen Sohn in die Welt gesandt
(und das heißt: dem Tod ausgeliefert) hat, damit wir durch ihn leben (1Joh
4,8f.). Nur »wer nicht liebt, bleibt im Tod« (1Joh 3,14). Der Verfasser des ersten Johannesbriefes will damit sagen, daß nicht erst die Toten, sondern schon
ein *Leben*, das *lieblos* ist, *im Tode* ist. Es ist, wie der Tod selbst, beziehungslos;
während die göttliche Liebe unendlicher Beziehungsreichtum ist: ein Beziehungsreichtum, der selbst in der öden und totalen Beziehungslosigkeit des
Todes *neue Beziehungen* und eben damit *neues*, nicht mehr veraltendes *Leben*
schafft. Als schöpferische Liebe ist Gottes Wesen *eines* und als solches nicht
im Widerspruch mit sich selber. Gott *ist* diese Liebe. Er ist als Liebe der unendlich beziehungsreiche, der »ewig reiche Gott«.

3. Die trinitarische Gemeinschaft gegenseitigen Andersseins

Man kann denselben Sachverhalt auch in der – bereits von den Theologen der
Alten Kirche rezipierten – philosophischen Terminologie von *Selbstsein und
Anderssein* ausdrücken. Es gilt dann freilich sorgfältig zu unterscheiden.

Von einem Anderssein, von einer alienatio Gottes wird auch der christliche
Glaube reden müssen, wenn er die von Luther zurecht betonte extreme Spannung zwischen den maxime contraria in der Person Jesu Christi nicht verharmlosen und entspannen will. »Ibi est Deus et Homo: summus et infimus,
infinitus et finitus in una persona, evacuans et implens omnia: Da ist Gott und
Mensch: der Höchste und der Niedrigste, der Unendliche und der Endliche in
einer Person, die sich aller Dinge entäußert und alle Dinge in sich enthält«[87].
Der christliche Glaube an Gott glaubt in Gott die extremsten aller Gegensätze derart vereint, daß Gottes Gottheit *so und auch anders* ist. Es ist noch eines
der harmlosesten Beispiele, wenn Luther (in mystischer Tradition) sagt:
»Nichts ist so klein, Gott ist noch kleiner, Nichts ist so gros, Gott ist noch
grösser«[88].

Doch nun kommt alles darauf an, dieses Anderssein richtig zu bestimmen.
Was hier schlechterdings nicht in Betracht kommt, ist die Meinung, Gott
würde in diesem seinem Anderssein seine Gottheit alterieren. Bestünde diese
Meinung zu Recht, dann hätten wir es im Grunde mit zwei sich gegenseitig
problematisierenden Göttern zu tun: dem offenbaren und dem verborgenen
Gott, dem lieben Gott und einem Gott, der die Liebe Gottes jederzeit zu relativieren vermag und von Ludwig Feuerbach deshalb als »dunkler Hinter-

---

[87] *M. Luther*, Vorlesungen über 1. Mose von 1535–45, WA 43, 580,23f. (Übersetzung
von mir).
[88] *M. Luther*, Vom Abendmahl Christi, Bekenntnis. 1528, WA 26, 339,39f.

grund der Liebe« apostrophiert wurde: »ein Subjekt, das *auch ohne Liebe noch Etwas für sich* ist, ein *liebloses Ungeheuer*«[89]. Nicht Luther selbst, wohl aber eine ganze Wolke von lutherischen Theologen droht mit der angeblich lutherischen Lehre vom deus absconditus diese Konsequenz heraufzubeschwören. Sie ist unchristlich. Denn sie tut genau das, was die Väter der Alten Kirche aus gutem Grund verworfen hatten, als sie bestritten, daß in Gottes Sein ein *aliud* anzunehmen sei. Gott hört nicht auf, Gott zu sein, wenn er Mensch wird und als Mensch leidet und stirbt. Gott hört nicht auf, Gott zu sein, wenn er sich dem Tode, dem Fluchtod des Sünders aussetzt und im Ereignis von Kreuz und Auferstehung Jesu Christi Leben und Tod zugunsten des Lebens in sich vereint. Gottes Gottsein kann also durch kein Anderssein alteriert, es kann sich selbst nicht entfremdet werden. Gottes Wesen ist *eines* und als solches nicht im Widerspruch zu sich selbst: »Una est enim Patris et Filii et Spiritus sancti essentia …, in qua non est aliud«[90]. Und doch haben die Väter dem Sein Gottes ein Anderssein Gottes zugesprochen: nicht ein sein Wesen *alterierendes*, sondern ein sein Wesen *personalisierendes Anderssein.* Fulgentius von Ruspe formuliert überaus treffend, daß das göttliche Wesen, obwohl in ihm kein *aliud* ist, dennoch »personaliter sit *alius* Pater, *alius* Filius, *alius* Spiritus sanctus«[91]. Gott ist als Vater, Sohn und Geist die *personale Gemeinschaft gegenseitigen Andersseins.* Als solches Sein vereint und erträgt er – er und nur er! – die maxime contraria. Als Vater, Sohn und Geist ist Gott *der Herr* aller Gegensätze und bleibt er mitten im Gegensatz dessen *Herr.* Als personale Gemeinschaft gegenseitigen Andersseins widerspricht Gott sich nicht, sondern entspricht Gott sich selbst. Was sich unserer Erfahrung als reiner Widerspruch darstellt – Leben und Tod, Allmacht und Kreuz –, das ist in der trinitarischen göttlichen Gemeinschaft von Gott dem allmächtigen Vater, Gott dem ἐξ ἀσθενείας gekreuzigten Sohn (2Kor 13,4) und Gott dem lebendig machenden Geist von einer immer noch größeren Entsprechung überboten, so daß man, wenn man denn von einem Widerspruch Gottes gegen Gott reden muß, von *einer inmitten noch so großen Widerspruchs immer noch größeren (tieferen) Selbstentsprechung Gottes* reden muß. Denn indem sich die trinitarischen Personen in ihrem maximalen gegenseitigen Anderssein aneinander hingeben, konstituieren sie das göttliche Wesen als das beziehungsrei-

---

[89] *L. Feuerbach*, Das Wesen des Christentums, Gesammelte Werke, hg. von *W. Schuffenhauer*, Bd. 5, 1973, 107.

[90] *Fulgentius von Ruspe*, De fide ad Petrum seu de regula fidei, c. 5, in: CChr.SL XCI A, 709–760, 714f. Vgl. *Gregor von Nazianz*, Epistola CI, in: PG 37, 175–194, 180 und das Vierte Laterankonzil, c. 2, DH 803.

[91] *Fulgentius von Ruspe*, De fide ad Petrum, 715 (Hervorhebungen von mir). Vgl. *Gregor von Nazianz*, Epistola CI, 180: Ἐκεῖ μὲν γὰρ ἄλλος καὶ ἄλλος, … οὐκ ἄλλο δὲ καὶ ἄλλο und das Vierte Laterankonzil, c. 2, DH 805.

che, jeden Widerspruch versöhnende Wesen der Liebe[92]. Und nur weil Gott in der trinitarischen Gemeinschaft gegenseitigen Andersseins nichts anderes als Liebe ist, kann nichts gegen Gott siegreich sein, kann sich weder unsere Sünde noch irgend eine teuflische oder höllische Rebellion gegen Gott behaupten. Denn der Gott, der die Liebe ist, *erleidet* das Böse, das er nicht will, und *besiegt* es gerade eben dadurch, daß er es *erleidet*.

Nie und nirgends ist die Liebe siegreicher als im Leiden. Weil die Liebe leidend zu siegen versteht und weil der dreieinige Gott das Ereignis der im Leiden siegreichen Liebe ist, deshalb *gilt* jener Spruch, den Goethe sonderbar und ungeheuer nannte. Er setzt in der Tat den bedrängenden, verletzenden und am Ende allemal in den Tod führenden Erfahrungen der Gegensätze und Widersprüchlichkeiten unseres irdischen Daseins göttlichen Trost, ja den »Gott allen Trostes« (2Kor 1,3) selbst entgegen. Im Lichte des Evangeliums wird das *wahr* und bleibt doch nichtsdestoweniger sonderbar und ungeheuer: *Nemo contra deum nisi deus ipse.*

---

[92] Die Aufgabe, die der Dogmatik in dieser Hinsicht gestellt ist, besteht darin, das eine göttliche Wesen *aufgrund* der Gemeinschaft gegenseitigen Andersseins, die die göttlichen Personen des Vaters, des Sohnes und des heiligen Geistes im Ereignis gegenseitiger Hingabe (das als solches bereits das Ereignis gemeinsamen Sich-Verschenkens an das erwählte Geschöpf ermöglicht) bilden, in seiner Einheit zu denken. Während die Tradition die Einheit des göttlichen Wesens – aus welchen Quellen auch immer es erkannt wurde: natürliche Gotteskenntnis (notitia dei naturalis) und Gotteserkenntnis aufgrund von Offenbarung (cognitio dei revelata) pflegten sich hier zu überlappen – voraussetzte und die drei göttlichen Personen als konkrete Subsistenzweisen dieses Wesens gleichsam hinzufügte, müßte eine konsequent offenbarungstheologische Konzeption des Gottesgedankens das eine göttliche Wesen als Inbegriff der Gemeinschaft gegenseitigen Andersseins des Vaters, des Sohnes und des heiligen Geistes begreifen lernen. Es wäre dann davon auszugehen, daß *Gott der Vater* der Ursprung allen Lebens (und doch der sich dem Nichts Aussetzende, am Tod des Sohnes Mitleidende sowie dessen Auferweckung durch den heiligen Geist Initiierende) ist, *Gott der Sohn* der den Tod Erleidende (und gerade so der dem Vater Gehorsame, das von ihm herkommende Leben mit dem Tod Vereinende sowie den heiligen Geist in die Hände des Vaters Befehlende) ist und *Gott der heilige Geist* der die Einheit von Tod und Leben *zugunsten* des Lebens Wendende und Entscheidende (und eben damit den Sohn von den Toten Auferweckende und den Vater Verherrlichende) ist. Es ist der heilige Geist die die *Einheit* des göttlichen Wesens als *Gemeinschaft* gegenseitigen Andersseins *verifizierende* Person und als solche der *Garant* für die Wahrheit, daß niemand und nichts gegen Gott zu sein vermag als allein Gott selbst, daß aber Gott selbst eben dies zugunsten seines Geschöpfes zu sein vermag und sein will. Als Vater ist Gott Inbegriff des Ursprungs und Anfangs, fons et principium divinitatis et omnium rerum. Als Sohn ist Gott das Ziel, auf das Gott sowohl in sich wie außer sich zielt: der Andere seiner selbst. Als Geist ist Gott auch am Ziel nicht am Ende, sondern ebenda ein *neuer* Anfang, in dem der Ursprung und Anfang verherrlicht wird, der der Vater ist von Ewigkeit zu Ewigkeit.

Thesen zum Verhältnis von Existenz,
Wesen und Eigenschaften Gottes

1.   Eine dem Evangelium verpflichtete Theologie setzt die Sprache des christlichen Glaubens voraus, wenn sie nach der Möglichkeit einer Gott entsprechenden menschlichen Rede fragt.

1.1   Indem die Theologie die Sprache des christlichen Glaubens voraussetzt, geht sie davon aus, daß Gott selbst im Ereignis seiner Offenbarung gleichermaßen zur Welt und zur Sprache gekommen ist.

1.2   Die Grenzen unserer Sprache wären nur dann die Grenzen unserer Welt, wenn die Wörter dieser Sprache ausschließlich in einem univoken Sinne weltliches Seiendes zu benennen und nicht auch in einem analogen Sinne (μεταφορὰ κατ' ἀνάλογον) den Schöpfer der Welt zur Sprache zu bringen vermöchten. Im analogen Gebrauch der Wörter unserer Sprache vermögen diese die Grenzen unserer Welt zu überschreiten und deren Schöpfer anzusagen. Ein solcher analoger Gebrauch der Wörter unserer Sprache impliziert eine sich im μεταφέρειν vollziehende Erzählung.

1.3   Die Theologie geht der Möglichkeit christlicher Rede von Gott hermeneutisch auf den Grund, indem sie auf die Offenbarung Gottes zurückkommt. Dieser hermeneutische Rückgang in den Grund der Sprache des Glaubens vollzieht sich als Erörterung der Unterscheidbarkeit des einen und einfachen Seins des dreieinigen Gottes in Existenz, Wesen und Eigenschaften (= Wesensweisen oder Wesenszüge).

1.31 Die traditionelle Bestimmung der schlechthinnigen Einfachheit Gottes (»Essentia divina est simplicissima, omnis realis compositionis expers: das göttliche Wesen ist das allereinfachste, frei von jeder Zusammensetzung«[1]) sollte zwar den Polytheismus abwehren und das Sein Gottes von dem – immer zusammengesetzten – Sein der Welt fundamental unterscheiden, drohte jedoch das göttliche Wesen *unsagbar* zu machen: die immer nur differenziert redende Sprache müßte vor der schlechthinnigen Einfachheit des göttlichen Wesens verstummen.

1.311 *Verstummen müssen* ist etwas anderes als *still werden können*. Es ist der *Reichtum* Gottes, der uns *still werden* und *staunen* läßt, um *stau-*

---

[1] *D. Hollaz*, Examen theologicum acroamaticum universam theologiam thetico-polemicam complectens, p. I, c. I, q. 21, 1707 (Nachdr. 1971, Bd. 1), 333.

nend von ihm zu *reden*, während es das in seiner Unverständlichkeit schrecklich anmutende *opus dei absconditum* ist, das uns *verzweifeln* und *verstummen* – oder aber *verzweifelt klagen* – läßt. Solche Klage ist ein letztes Wort vor dem Verstummen.

1.312   Im Gegensatz zum metaphysisch orientierten Begriff der Einfachheit Gottes ist die Einfachheit des göttlichen Wesens als die des göttlichen Selbstverhältnisses und insofern als »simplex multiplicitas vel multiplex simplicitas«[2] zu begreifen: *Einfachheit* ist relational zu denken als die lebendige Konzentriertheit der unerschöpflich vielen Wesenszüge Gottes – vergleichbar dem in unzählig vielen Flammen brennenden Wesen des Feuers.

1.4   Jede Rede von Gott, die das Dasein Gottes isoliert von seinem trinitarischen Selbstverhältnis, seinem Wesen und seinen Eigenschaften (Wesenszügen) zur Sprache zu bringen versucht, verfehlt das Sein Gottes und abstrahiert in illegitimer Weise von der Sprache des Glaubens.

1.41   Die Aussage »Gott existiert« hat als emphatische Aussage des christlichen Glaubens ihr gutes Recht, wenn sie die Existenz als zur Herrlichkeit des ewigreichen Gottes gehörend eigens herausstellt; das ist die als particula veri zu würdigende Intention des ontologischen Gottesbeweises.

1.42   Die Aussage »Gott existiert« verfehlt das Sein Gottes, wenn sie als Schluß-Satz eines Gottesbeweises behauptet wird, der Gottes Existenz remoto deo revelato zu beweisen beansprucht.

1.43   Um von der Existenz des Gottes, den der Glaube als Gott bekennt, reden zu können, muß Gott selbst in seinem trinitarischen Selbstverhältnis und damit in seinem Wesen erkennbar sein.

1.5   Das göttliche Wesen ist nicht ohne die Vielfalt seiner Wesenszüge (Eigenschaften) aussagbar.

1.6   Jede Rede von Gott, die Gott isoliert von der Situation des Redenden zur Sprache bringt, verfehlt das Sein Gottes und die Sprache des Glaubens.

1.7   Die Aussagen von der Existenz, dem Wesen und den Wesenszügen (Eigenschaften) Gottes sind in dem Maße *Gott entsprechende* Rede, in dem sie das Sein des dreieinigen Gottes (vgl. 5.52) und die Situation des von Gott Redenden (vgl. 2.2) zur Sprache bringen.

2.   Die Behauptung der *Existenz* Gottes bedeutet im Zusammenhang des christlichen Glaubens:

---

[2] A. *Augustinus*, De trinitate libri XV, l. VI, c. 4, 6, CChr.SL L, 234.

2.01 sich dem *Streit* um die Wahrheit des Satzes »Gott ist« auszusetzen;

2.02 sich mit dem Satz »Gott ist« zu Gott selbst zu bekennen;

2.03 den Satz »Gott ist« als die einfache Wahrheit anzuerkennen, von der der christliche Glaube lebt und mit der er steht und fällt.

2.1 Der Streit um die Wahrheit des Satzes »Gott ist« ist in Wahrheit ein Streit um die Bedeutung des Wortes *Gott*. Der Streit um die *Existenz* Gottes ist nur austragbar als ein Streit um den *wahren Gottesbegriff*: wer und was ist Gott?

2.11 Die Wahrheit des Satzes »Gott ist« kann bestritten werden durch die Gegen-Sätze:

2.111 es ist kein Gott;

2.112 ob ein Gott ist, ist ungewiß;

2.113 Gott ist »jenseits des Seins« (ἐπέκεινα τῆς οὐσίας).

2.12 Auch die Gegen-Sätze des Satzes »Gott ist« können mit diesem Satz nur dann einen sinnvollen Streit führen, wenn sie zu sagen vermögen, was *Gott* (bzw. *so etwas wie Gott*) genannt zu werden verdient.

2.13 Der Streit um die Existenz Gottes ist im Grunde ein Streit darüber,

2.131 wie von Gott geredet werden muß;

2.132 ob von Gott sinnvoll geredet werden kann.

2.14 Die *atheistische Behauptung*, daß Gott nicht existiere und die Rede von Gott deshalb *sinnlos* sei, ist in die *sprachlogische Frage* zu transformieren, *ob* es und *welchen Sinn* es habe, von Gott zu reden. Die *theologische* Gestalt dieser Frage lautet: ob und wie *Gott entsprechende Rede* von der Existenz Gottes möglich ist.

2.2 *Gott entsprechende* Rede von der Existenz Gottes ist nur solche Rede, die die Situation des von Gott Redenden als von Gott selbst bestimmte Situation mit zur Sprache bringt.

2.21 Eine von der konkreten Situation des Redenden *absehende* Behauptung der Existenz Gottes wäre ebenso atheistisch wie die Bestreitung der Existenz Gottes[3].

2.22 *Immanuel Kants* Reduzierung des Satzes »*es ist* moralisch gewiß, daß ein Gott sei etc.« auf den Satz »*ich bin* moralisch gewiß etc.«[4] wäre legitim, wenn sie die Gewißheit der Existenz Gottes statt durch die *Subjektivität moralischer Selbstvergewisserung* durch die *Externität Gottes selbst* begründen und die Externität Gottes als *die Bestimmung der Subjektivität* dessen, der die Existenz Gottes behauptet, zur Sprache bringen würde.

---

[3] Vgl. *R. Bultmann*, Welchen Sinn hat es, von Gott zu reden? (1925), in: *ders.*, Glauben und Verstehen, Bd. 1, ⁹1993, 26–37, 27.

[4] *I. Kant*, Kritik der reinen Vernunft, B 857, Gesammelte Schriften, hg. von der *Königlich Preußischen Akademie der Wissenschaften*, Bd. 3, 1911, 537.

2.3   *Gott entsprechende* Rede von der Existenz Gottes ist nur solche Rede, die das Wesen Gottes und die Existenz Gottes als identisch zur Sprache bringt.

2.31   Eine vom offenbar gewordenen Wesen und damit von Gott selbst absehende Behauptung seiner Existenz wäre genauso atheistisch wie die Bestreitung seiner Existenz[5].

2.4   Die sogenannten Gottesbeweise sind darin, aber auch nur darin ernst zu nehmen, daß sie den die *Existenz* Gottes Bestreitenden daran erinnern wollen, *wer und was* es eigentlich ist, dessen Existenz bestritten wird: weißt Du eigentlich, von wem Du redest, wenn Du sagst: »es ist kein Gott«?

2.41   Als Frage nach dem wahren Gottesbegriff wirft die Frage nach der Existenz Gottes die Frage auf, woher der Glaube die Prädikate und Attribute nimmt, mit denen er überhaupt sagbar macht, wer und was Gott eigentlich ist.

2.5   Die sogenannten Gottesbeweise setzen entweder voraus, wer oder was Gott eigentlich ist (so der ontologische Beweis), oder sie führen von einer ohne Gotteserfahrung zu machenden Welterfahrung remoto deo zur Behauptung der Existenz eines Etwas, das dann als Gott identifiziert wird bzw. das man als Gott identifizieren zu können meint.

2.6   Die von der Welterfahrung ausgehenden Gottesbeweise führen, um die Welt als Welt verstehen zu können, remoto deo über die Welt hinaus zur Behauptung eines notwendig existierenden Etwas, welches schlechterdings keinem mit einer weltlichen Größe identifizierbaren logischen Subjekt als dessen Prädikat zukommt und deshalb mit Gott identifiziert zu werden verlangt.

2.61   Mit diesem Verfahren führt *Thomas von Aquin*[6] auf fünf Wegen von der elementaren Welterfahrung

2.611 der Bewegung (ex parte motus) zur *Existenz eines ersten unbewegten Bewegers*, der *Gott* genannt wird und – doch mit welchem Recht? – genannt zu werden verdient;

2.612 der Verursachung alles Entstehenden (ex ratione causae efficientis) zur *Existenz einer ersten Wirkursache*, die *Gott* genannt wird und – doch mit welchem Recht? – genannt zu werden verdient;

2.613 des Unterschiedes zwischen dem Möglichen und Wirklichen (ex possibili et necessario) zur *Existenz eines durch sich selbst notwendigen*

[5] Vgl. *P. Tillich*, Systematische Theologie, Bd. 1, [3]1956, 274f.
[6] Vgl. *Thomas von Aquin*, Summa theologiae I, q. 2, a. 3, Sancti Thomae Aquinatis Summa Theologiae, Bd. 1, [3]1961, 17–19.

Seienden, das *Gott* genannt wird und – doch mit welchem Recht? – genannt zu werden verdient;

2.614   des Mehr und Weniger an Sein (ex gradibus qui in rebus inveniuntur: gemeint ist nicht ein Mehr oder Weniger an *essentia*, sondern an Bestimmtheit des Seienden durch die sogenannten Transzendentalien des *unum, verum et bonum*) zur *Existenz eines* (als Inbegriff des Vollkommenen, Wahren und Guten zu verstehenden) *höchsten Seienden*, das *Gott* genannt wird und – doch mit welchem Recht? – genannt zu werden verdient;

2.615   der Zielgerichtetheit auch der vernunftlosen natürlichen Dinge (ex gubernatione rerum) zur *Existenz einer alle natürlichen Dinge auf ihr Ziel hinordnenden höchsten Intelligenz*, die *Gott* genannt wird und – doch mit welchem Recht? – genannt zu werden verdient.

2.62   Am Ende aller fünf Wege ist nicht Gott, sondern die Existenz eines nichtweltlichen Etwas bewiesen, das (schon immer) *Gott* genannt wird und nach *Thomas* auch so genannt zu werden verdient. Statt »Gott existiert« muß man eigentlich sagen: »Etwas Existirendes ist Gott«[7]. Gott wird als *Prädikat* eines Etwas eingeführt, das remoto deo als existierend bewiesen wurde.

2.63   Ein als Prädikat eines anderen ausgesagter »Gott« ist nicht Gott selbst.

2.64   Alle Gott als Prädikat eines anderen einführenden Gottesbeweise verfehlen das Selbstverständnis des christlichen Glaubens so sehr, daß die derart bewiesene Existenz »Gottes« die Existenz des Glaubens zutiefst problematisiert. Die Existenz Gottes remoto deo beweisen heißt: den Glauben an den existierenden Gott aufheben.

2.65   Die Gott zum Prädikat herabsetzenden Gottesbeweise sind der aus der Sprache griechischer Religiosität geborenen Metaphysik entwachsen.

2.651   Für die griechische Religiosität ist es spezifisch, ϑεός als Prädikatsbegriff zu verwenden[8] und ϑεός als Prädikat weltlicher Ereignisse wie »eine im Nominativ ausgerufene Feststellung« höchster Werte auszurufen[9].

2.66   Gegenüber dem in der griechischen Religion und Metaphysik prädikativ und als Wort des Ausrufes zur Begrüßung höchster Werte gebrauchten ϑεός kennt die biblische Sprache *Gott* nicht als Prädikatsbegriff, sondern nur als Subjektsbegriff.

---

[7] *I. Kant*, Der einzig mögliche Beweisgrund zu einer Demonstration des Daseins Gottes, in: *ders.*, Gesammelte Schriften, Bd. 2, 1912, 63–163, 74.

[8] Vgl. *U. von Wilamowitz-Moellendorff*, Der Glaube der Hellenen, Bd. 1, ²1955, 17.

[9] *K. Kerényi*, Theos und Mythos, in: Kerygma und Mythos, Bd. VI/1, 1963, 28–37, 32.

2.661   Der logische Status des Wortes *Gott* als Subjektsbegriff soll zum
          Ausdruck bringen, daß Gott nicht als Prädikat weltlicher Werte ver-
          standen und mißbraucht werden darf, sondern sich selbst als Gott er-
          schließt: Gott ist kein Teil seiner Welt, sondern er kommt zur Welt,
          um sich in ihr als ihr Schöpfer, Versöhner und Erlöser zu offenbaren.

2.662   Als zur Welt Gekommener hat Gott sich in demjenigen Teil der Welt
          offenbart, das als Gegenteil aller anerkannten Werte verstanden wur-
          de: in einem hingerichteten Menschen. Für den »antiken Ge-
          schmack« bedeutete »›Gott am Kreuze‹ … eine Umwerthung aller
          antiken Werthe«[10].

2.67   Die Theologie hat den Sprachgebrauch, der *Gott* zum Prädikat her-
          absetzt, indem er ihn zum Inbegriff höchster Werte erhebt, als den
          sprachlichen Ausdruck für den religiösen Grundzug des natürlichen
          Menschen – auch in seiner atheistischen Gestalt! – ernst zu nehmen
          und an ihn anzuknüpfen, indem sie ihrerseits bestätigt: »Worauf Du
          … Dein Herz hängest und verlässest, das ist eigentlich Dein Gott«[11].

2.68   Die Theologie nimmt den sich in diesem Sprachgebrauch ausdrük-
          kenden religiösen Grundzug des natürlichen Menschen ernst und
          knüpft daran an, indem sie ihm widerspricht: »Mit dem Herzen aber
          an ihm hangen, ist nichts anders, denn sich gänzlich auf ihn verlassen.
          Darümb will er uns von allem andern abwenden, das außer ihm ist,
          und zu sich ziehen«[12].

2.681   Die Behauptung der Existenz Gottes ist theologisch nur sinnvoll als
          Existenzbehauptung des sprachlich als logisches Subjekt eingeführ-
          ten Gottes, dem der Glaube aus gutem Grund Existenz zuspricht.

2.7   Der sogenannte ontologische Gottesbeweis in seiner Anselmischen
          Gestalt hat gegenüber den von der Welterfahrung ausgehenden Be-
          weisen den Vorzug, daß er

2.71   nicht von der Situation des Gottes Existenz Denkenden absieht, son-
          dern Gott selbst *anredet* und um das Verstehen des Glaubens (fides
          quaerens intellectum) bittet: »Ergo, domine, qui das fidei intellectum,
          da mihi, ut … intelligam, quia es sicut credimus, et hoc es quod credi-
          mus«[13];

2.72   Gottes Existenz nicht ohne Gottes Wesen verstehen will. Der Glaube
          identifiziert den mit dem Namen »Gott« Angeredeten mit dem, was

---

[10] *F. Nietzsche*, Jenseits von Gut und Böse, in: *ders.*, Werke. Kritische Gesamtausgabe,
hg. von *G. Colli* und *M. Montinari*, 6. Abt., Bd. 2, 1968, 1–255, 65.

[11] *M. Luther*, Der große Katechismus, BSLK 560,22–24.

[12] AaO., 563,8–12.

[13] *Anselm von Canterbury*, Proslogion, c. 2, in: *ders.*, Opera omnia, hg. von *F. S. Schmitt*,
Bd. 1, 1984, 89–122, 101.

mit der unbestimmten Kennzeichnung »etwas, worüber hinaus nichts Größeres gedacht werden kann« gemeint ist: »Et quidem credimus te esse aliquid quo nihil maius cogitari possit.«

2.73   Der Beweis fügt nicht dem, was mit der bestimmten Kennzeichnung »id quo maius cogitari nequit« bezeichnet wird, die Existenz erst hinzu, sondern will vielmehr zeigen, daß wir gar nicht »aliquid quo nihil maius cogitari possit« denken, wenn wir es als nicht existierend denken.

2.74   Das entscheidende Problem des ontologischen Argumentes liegt in der Identifikation Gottes mit »aliquid quo nihil maius cogitari possit«. Woher weiß der Glaube, daß er (erst dann) Gott denkt, wenn er ihn als »aliquid quo nihil maius cogitari possit« denkt?

2.75   *Thomas von Aquin*[14] hat nicht ohne Grund gegen das ontologische Argument eingewendet,

2.751   daß es nur einleuchtet, wenn wir das Wesen Gottes *erkennen* könnten;

2.752   daß *nicht jeder* unter Gott etwas versteht, über das hinaus Größeres nicht gedacht werden kann.

2.753   *Thomas* teilt jedoch unbeschadet seiner Bestreitung ihrer Beweisbarkeit die These *Anselms*, daß Existenz notwendig zum Wesen Gottes gehört: deus est suum esse.

2.754   Die Einwände des Aquinaten weisen darauf hin, daß die Existenz nur dann aus dem Wesen Gottes herausgestellt werden kann, wenn Gottes Wesen sich selbst offenbart. Denn von uns aus »können wir von Gott nicht wissen, ›was er ist‹«, sondern nur, was er nicht ist[15].

2.76   *Immanuel Kants* Kritik des ontologischen Gottesbeweises bestreitet, daß Existenz (Sein) ein »reales Prädicat« ist: »Denke ich mir … ein Wesen als die höchste Realität (ohne Mangel), so bleibt noch immer die Frage, ob es existire, oder nicht«[16].

2.761   Kants Begriff von Realität folgt der Schulsprache und hat mit der heutigen Bedeutung von Realität so gut wie nichts zu tun. Realität

---

[14] Vgl. *Thomas von Aquin*, Summa theologiae I, q. 2, a. 1f., Sancti Thomae Aquinatis Summa Theologiae, Bd. 1, 15–17; vgl. Summa contra gentiles I, c. 10f., S. Thomae Aquinatis Liber de Veritate Catholicae Fidei contra errores Infidelium seu »Summa contra gentiles«, Bd. 2, hg. von *C. Pera/P. Marc/P. Caramello*, 1961, 13–15; Quaestiones disputatae de veritate, q. 10, a. 12, S. Thomae Aquinatis Quaestiones disputatae, Bd. 1, hg. von *R. M. Spiazzi*, [10]1964, 218–221; Sentenzenkommentar, l. I, d. 3, q. 1, a. 2 ad 4, S. Tommaso D. Aquino Commento alle Sentenze di Pietro Lombardo, Bd. 1: Distinzioni 1–21, hg. von *R. Coggi*, 2001, 282.

[15] *Thomas von Aquin*, Summa theologiae I, q. 1, a. 7 ad 1, Sancti Thomae Aquinatis Summa Theologiae, Bd. 1, 10.

[16] *I. Kant*, Kritik der reinen Vernunft, B 626.628, Gesammelte Schriften, Bd. 3, 401f.

meint nicht etwa Existenz, sondern Sachheit bzw. Sachbestimmtheit: »Real ist, was zur res gehört«[17].

2.762   Ist Sein kein reales Prädikat, dann kann das höchste Wesen auch ohne Existenz gedacht werden. Selbst wenn es als existierend gedacht werden müßte, würde das Wesen nicht mehr »Realität« haben, als wenn es nicht als existierend gedacht werden müßte: »Hundert wirkliche Thaler enthalten nicht das Mindeste mehr, als hundert mögliche«[18].

2.763   Existenz (Sein) ist für Kant »bloß die Position eines Dinges«, durch die ein Gegenstand »als in dem Context der gesammten Erfahrung enthalten gedacht« wird. Denn »unser Bewußtsein aller Existenz … gehört ganz und gar zur Einheit der Erfahrung«[19].

2.764   Die Annahme einer Existenz außer dem Felde der Erfahrung ist zwar nach Kant nicht unmöglich, bleibt aber »eine Voraussetzung, die wir durch nichts rechtfertigen können«[20].

2.765   Die Annahme einer solchen Existenz kann nur durch diese Existenz selber gerechtfertigt werden. Wenn dies geschieht, dann erweist diese Existenz sich selbst jedoch als identisch mit dem göttlichen Wesen, von dem allein behauptet werden kann, daß es mit seinem Dasein identisch ist: *deus est suum esse*. Insofern ist *Existenz* zwar auch im Blick auf Gott kein »reales Prädicat« (dessen Fehlen die Vollkommenheit Gottes mindern würde), wohl aber *der Selbstvollzug seines Wesens*, der (im Gegensatz zur traditionellen Auffassung) als *der Selbstvollzug des trinitarischen Selbstverhältnisses* zu denken ist.

2.77   In der Nachfolge und Radikalisierung Kants wurde sowohl zur höheren Ehre Gottes (*Fichte*) als auch zum Zwecke seiner Verneinung (*Feuerbach*) die Möglichkeit bestritten, von Gott Existenz auszusagen. Denn: »*Raum* und *Zeit* sind die Existenzformen alles Wesens. Nur die Existenz in Raum und Zeit ist *Existenz*«[21].

2.771   Während *Feuerbach* mit Hilfe dieses Existenzverständnisses auf *atheistische* Weise zum *prädikativen* Gottesbegriff zurücklenkt und, indem er Gott die Existenz abspricht, der weltlichen Existenz Göttlichkeit zuspricht, hat *Fichte* sich auf die Verneinung der Möglichkeit beschränkt, den Begriff Gottes durch Existentialsätze zu bestimmen. Gottes »Beziehungen zu uns sind es, die sich unmittelbar ergeben

---

[17] *M. Heidegger*, Die Grundprobleme der Phänomenologie, Gesamtausgabe, 2. Abt., Bd. 24, 1975, 45.

[18] *I. Kant*, Kritik der reinen Vernunft, B 627, Gesammelte Schriften, Bd. 3, 401.

[19] AaO., B 626.629, Gesammelte Schriften, Bd. 3, 401f.

[20] AaO., B 629, Gesammelte Schriften, Bd. 3, 402.

[21] *L. Feuerbach*, Vorläufige Thesen zur Reformation der Philosophie, in: *ders.*, Gesammelte Werke, hg. von *W. Schuffenhauer*, Bd. 9, 1970, 243–263, 252.

und von diesen muss angefangen werden. Das ›Daseyn‹ findet sich dann ganz von selbst, und nur inwiefern es sich von selbst … entwikkelt hat, wird es *wirklich* geglaubt«[22].

2.772 Die Existenz Gottes kann nur als im Subjektbegriff *Gott* impliziert emphatisch herausgestellt werden.

3. Die Frage nach der *Existenz* Gottes nötigt zur Frage nach der *Situation*, in der die Rede von der Existenz Gottes ihren *Sitz im Leben* hat, und zur Frage, woher der Glaube die das göttliche Wesen *identifizierenden Prädikate* hat, die das *Wesen* Gottes so *beschreiben*, daß seine Existenz »sich von selbst findet«.

3.1 Die Rede von der Existenz Gottes hat ihren ursprünglichen Sitz im Leben im *Gebet*. Das Gebet sieht von dem *Streit* um die Existenz Gottes nicht ab, sondern spricht Gott die umstrittene Existenz aus gutem Grund emphatisch zu[23].

3.2 Die Situation des Gebetes erinnert als solche daran, wovon und von wem in der Behauptung »Gott existiert« eigentlich die Rede ist: Gott ist der, den man *anrufen* und zu dem man *seine Zuflucht nehmen* kann, den *zu loben*, dem *zu danken* und dem *klagend* – ja, *anklagend* – *sich anzuvertrauen* man allen Grund hat.

3.21 Die Fatalität der von einer allgemeinen Welterfahrung ausgehenden Gottesbeweise besteht darin, daß sie nur durch den Rekurs auf eine in ihrer von Gott selbst absehenden Allgemeinheit *abstrakte* Situation klarzumachen vermögen, wer oder was in dem Satz »Gott existiert« *Gott* genannt zu werden verdient, und dabei *Gott*, indem sie ihn zum höchsten Wert erheben, zum Prädikat eines existierenden Etwas herabsetzen.

3.22 Auch der ontologische Gottesbeweis behaftet den von der Existenz Gottes Redenden bei einer unangemessen abstrakten Situation, wenn er Gott als aliquid quo nihil maius cogitari possit und insofern als ens perfectissimum oder summum ens oder ens necessarium einführt.

3.3 Das Gebet ist menschliche Antwort auf die Offenbarung, in der Gott sich selber als existierend erweist. Es bleibt auch als de profundis laut werdender Schrei der Gottverlassenheit (Ps 22,2; Mk 15,34) Antwort auf den seine Existenz selber rechtfertigenden Gott.

3.4 Die Situation des Gebetes identifiziert Gott als den, »dazu man sich versehen soll alles Guten und Zuflucht haben in allen Nöten«[24], weil

---

[22] *J. G. Fichte*, Rückerinnerungen, Antworten, Fragen, in: *ders.*, Sämtliche Werke, hg. von *I. H. Fichte*, Bd. 5 (2. Abt., Bd. 3), 1845 (Nachdr. 1965), 337–373, 371.

[23] Vgl. *G. Ebeling*, Dogmatik des christlichen Glaubens, Bd. 1, ³1987, § 9, 192–244.

[24] *M. Luther*, Der große Katechismus, BSLK 560,11–13.

und insofern sich Gott selbst im ersten Gebot als *der rettende Herr* und in Jesus Christus als *die Liebe* offenbart hat (Ex 20,2 par. Dtn 5,6; 1Joh 4,8f.).

3.41   Weil der Glaube Gott als den allmächtigen Herrn, der die Liebe ist, erfahren hat, ruft er Gott an und spricht er ihm Existenz zu.

3.42   Im Gebet spricht der Mensch Gott zu, was er Gott aus gutem Grund zutraut. Dies geschieht in der *Gewißheit* des Betenden, daß *Gott existiert*.

3.5   Gott hat sich selber als existierend erwiesen, indem er in der Person Jesu Christi sein Leben in den Tod gab und sich in der Auferstehung Jesu Christi von den Toten als die »Einheit von Leben und Tod zugunsten des Lebens« offenbarte, die *Liebe* genannt zu werden verdient[25].

3.51   In der Auferweckung Jesu Christi von den Toten erweist sich der heilige Geist als die Gottes Existenz bezeugende und rechtfertigende Macht, der der Wille zum Gottesbeweis widerspricht.

3.52   Der Wille zum Gottesbeweis ist der Wille zur Rückversicherung der Gottesgewißheit durch deren *weltliche* Begründung und insofern Widerwille gegen den heiligen Geist.

3.53   Gegenüber der Gottlosigkeit, die Gott die Existenz abspricht, kann die noch ärgere Gottlosigkeit des Gottesbeweises nichts, wohl aber das gut begründete Zutrauen, das Gott das Seine zuspricht, etwas ausrichten. Der gottlose Wille, Gottes Existenz beweisen zu wollen, identifiziert Gott mit dem jeweils *höchsten* Wert. Mit der Abwertung dieses *höchsten* Wertes wird dann sofort auch die Existenz Gottes in Frage gestellt.

3.6   Der im Gebet als *Einheit von Leben und Tod in der Liebe* erfahrbar werdende Gott ist die Infragestellung aller als religiöse Selbstverständlichkeiten geltenden Werte.

3.61   Zur Kategorie des Wertes gehört eine durchaus tyrannische Hierarchie der Werte, in der der höhere Wert über den geringeren Wert *herrscht*, indem er ihn als »weniger wert« oder gar »wertlos« *entwertet* und sich selbst zum »Mehrwert« oder gar zum »höchsten Wert« *aufwertet*.

3.62   Gott und die Liebe haben keinen Wert und sind keine Werte, sondern die Infragestellung der Tyrannei der Werte und die Sprengung des Wertedenkens im Horizont von Theologie und Ontologie.

---

[25] Vgl. *E. Jüngel*, Gott als Geheimnis der Welt. Zur Begründung der Theologie des Gekreuzigten im Streit zwischen Theismus und Atheismus, [7]2001, §§ 13. 19. 20.

3.7 Die im Gebet sich ausdrückende Sprache des Glaubens *identifiziert* Gottes Wesen als Liebe, indem sie mit Hilfe der das Wesen Gottes *beschreibenden* Prädikationen (»Nomina … quaedam ipsam exprimunt Essentiam DEI«[26]) Gottes Sein als Geschichte *erzählt*.

3.71 Jede Prädikation Gottes ist als Beschreibung (»declarare … per descriptionem aliquam«[27]) des göttlichen Wesens eine Kurzerzählung, die das göttliche Selbstverhältnis aufgrund seines Verhaltens zu uns zur Sprache bringt.

3.72 Die Prädikationen Gottes *identifizieren, wer* Gott ist, indem sie *beschreiben, was* Gott ist. So *erzählen* sie, *wer und was* Gott ist: Gott ist als Vater, Sohn und heiliger Geist die Gemeinschaft gegenseitigen Andersseins, die *Liebe* genannt zu werden verdient.

3.721 Die Einheit von Identifikation und Beschreibung geschichtlichen Seins ist das Wesen der Erzählung.

3.73 Indem der Glaube Gottes Sein als Geschichte erzählt, kommt er auf seine eigenen Ursprungserfahrungen zurück.

3.74 Der Glaube kommt auf seine eigenen Ursprungserfahrungen zurück, um deren Wahrheit zu verkündigen und deren Geltung zu bezeugen. Dadurch ermöglicht der sich derart *überliefernde* Glaube anderen Menschen, sich im Horizont des je eigenen Erfahrungshorizontes auf die Wahrheit der überlieferten Ursprungserfahrungen einzulassen. Das ist der Sinn der *predigenden* Kirche.

4. Die Identität von Wesen und Existenz Gottes läßt die Behauptung der Existenz Gottes nur aufgrund der das Wesen Gottes identifizierenden Prädikationen sprachlogisch sinnvoll und theologisch gerechtfertigt erscheinen und wirft deshalb die Frage auf, *woher* der Glaube die Prädikationen für Gott hat.

4.1 Die das Wesen Gottes erzählenden und so Gott selbst identifizierenden Prädikationen sind Wörter unserer Sprache, die sich als solche zunächst auf weltliches Seiendes beziehen.

4.2 Weil und insofern Gott selbst, indem er zur Welt kommt, auch zur Sprache kommt, gewinnen die das Zur-Welt-Kommen Gottes erzählenden Wörter unserer Sprache die *analogische* Kraft, Gott selbst zu entsprechen.

4.3 Versteht man allerdings die auf Gott übertragenen Wörter nur signifikationshermeneutisch vom *Benennungscharakter* unserer Sprache her als *identifizierende Benennungen*, die als solche *nicht* auch

---

[26] *D. Hollaz*, Examen, p. I, c. 1, q. 12, Nachdr. 1971, Bd. 1, 309.
[27] *F. Suárez*, Disputationes metaphysicae II, sect. IV, 1, Opera Omnia, hg. von *Ch. Berton*, Bd. 25, 1866 (Nachdr. 1965), 87.

das Zur-Welt-Kommen Gottes *erzählen*, dann rückt die analogia nominum unter den Vorbehalt *uneigentlicher* Rede, der gemäß »zwischen Schöpfer und Geschöpf keine noch so große Ähnlichkeit festgestellt werden kann, ohne daß eine noch größere Unähnlichkeit zwischen ihnen festgestellt werden müßte: inter creatorem et creaturam non potest tanta similitudo notari, quin inter eos maior sit dissimilitudo notanda«[28].

4.31   Die unter dem Vorbehalt immer noch größerer Unähnlichkeit geltend gemachte Analogie bringt den qualitativ unendlichen Unterschied zwischen Schöpfer und Geschöpf als eine unüberbrückbare unendliche Kluft zur Geltung, durch die Schöpfer und Geschöpf auf ihr Getrenntsein voneinander *fixiert* werden.

4.32   Unter dem Vorzeichen der *so* verstandenen Analogie kann Gott nach der *via triplex* des *Pseudo-Dionysius Areopagita*[29], via negationis, via eminentiae und via causalitatis, methodisch als das eigentlich unsagbare »Jenseits von allen« zur Sprache gebracht werden:

4.321   *via negationis*, indem von Gott ferngehalten wird, was immer bei den Kreaturen eine Unvollkommenheit impliziert, und ihm die dieser Unvollkommenheit entgegengesetzte Vollkommenheit zugeschrieben wird;

4.322   *via eminentiae*, indem das, was immer bei den Geschöpfen als überaus vollkommen erkennbar ist, in seine Höchstform gesteigert und im alles überragenden Sinne Gott zugeschrieben wird;

4.323   *via causalitatis*, indem aus dem als Wirkungen begriffenen zielgerichteten Weltzusammenhang auf Gott als erste Wirkursache (prima causa efficiens), als Schöpfer und als allmächtigen, allgütigen und allwissenden, höchst intelligenten Erhalter und Lenker der Welt geschlossen wird.

4.33   Die scharfsinnigste Kritik der via triplex hat *Schleiermacher*[30] gegeben: mit dem allerdings problematischen Resultat, daß nur die via causalitatis als ein selbständiges Verfahren zur Prädikation Gottes gelten könne.

4.34   Die unter dem Vorbehalt immer größerer Unähnlichkeit geltend gemachte analogia nominum versteht

---

[28]   Lateranum IV, DH 806.

[29]   *Ps.-Dionysius Areopagita*, De divinis nominibus, c. 7, 3, Corpus Dionysiacum, Bd. 1, hg. von *B. R. Suchla* (PTS 33), 1990, 197f.

[30]   Vgl. *F. D. E. Schleiermacher*, Der christliche Glaube nach den Grundsätzen der evangelischen Kirche im Zusammenhange dargestellt, auf Grund der 2. Aufl. und krit. Prüfung des Textes neu hg. und mit Einl., Erläuterungen und Reg. versehen von *M. Redeker*, Bd. 1, [7]1960, § 50, 255–263.

4.341   das *eine göttliche Wesen* letztlich als *unsagbar*,

4.342   die Prädikation Gottes hingegen als *uneigentliche Attribution*, durch
         die Gott eine *Vielzahl von Eigenschaften* zugelegt wird,

4.343   die sich vom göttlichen Wesen und untereinander *nur* im Sinne einer
         distinctio rationis (*cum fundamento in re*), nicht aber im Sinne einer
         distinctio realis unterscheiden lassen.

4.4   Versteht man die Analogie der von Gott redenden Wörter vom *Anre-*
         decharakter und nicht nur vom Benennungscharakter der Sprache
         her und verbindet man mit dem Anredecharakter die *Erzählstruktur*
         der menschlichen Sprache, dann wird das sprachliche Geschehen als
         eine Bewegung erkennbar, die den Angeredeten einholt und ihn über-
         haupt erst dadurch *anspricht*, daß sie sich als ein unentwegtes minu-
         tiöses μεταφέρειν von Bedeutung vollzieht.

4.41   Die Rede von Gott wird dann als eine von Gott erzählende und den
         Menschen ansprechende Rede Gott selbst als den zur Sprache brin-
         gen, der von sich aus bereits zur Sprache gekommen ist und dadurch
         den qualitativ unendlichen Unterschied zwischen Schöpfer und Ge-
         schöpf so eingeholt hat, daß dieser Unterschied nunmehr als *eine in-*
         mitten noch so großer Unähnlichkeit immer noch größere Ähnlichkeit
         konkret ist.

4.42   Die so verstandene Analogie soll im Unterschied zur Analogie des
         Vorbehaltes (analogia nominum – analogia entis) *Analogie des Ad-*
         vents heißen.

4.43   Die Analogie des Advents ist nur möglich, weil Gott sich selber
         sprachlich eingeführt hat, indem er Menschen auf sein eigenes Sein als
         Liebe und auf ihr Sein als von Gott Geliebte angeredet hat.

4.44   Der die Analogie des Advents konstituierende Advent Gottes macht
         eigentliche Gott entsprechende Rede in den Grenzen unserer Sprache
         möglich, die

4.441   das *Wesen* Gottes als Liebe *sagbar* macht;

4.442   die *Attribute* Gottes als unerschöpfliche *Vielfalt göttlicher Wesenszü-*
         ge versteht;

4.443   die differenzierte Vielfalt der *Attribute* Gottes als im Sinne einer di-
         stinctio realis voneinander unterschieden, gerade so aber als Aus-
         druck der *konkreten Einfachheit* Gottes begreift.

4.45   Die als Ereignis einer inmitten noch so großer Unähnlichkeit immer
         noch größeren Ähnlichkeit von Gott und Welt verstandene Analogie
         erlaubt es, den für die alte Theologie und Metaphysik grundlegenden
         Widerspruch zwischen der als *undifferenziert* gedachten *Einfachheit*
         des göttlichen *Wesens* (simplicissima essentia divina) und der immer
         konkret *differenzierend* redenden *Sprache* zugunsten der konkreten

Sagbarkeit des gerade in der unerschöpflichen Differenziertheit seiner Wesenszüge einfachen Wesens Gottes zu überwinden.

4.451   Jeder Wesenszug Gottes verweist auf bestimmte andere göttliche Wesenszüge und auf deren unerschöpfliche Fülle insgesamt.

4.452   Da wir die Wesenszüge Gottes keineswegs nur als Ausdrücke *schlechthinniger Ursächlichkeit*, sondern auch als die Fähigkeiten des *Erleidens* und *Empfangens* zu verstehen haben, wird selbst der für die alte Theologie klassische metaphysische Grundsatz fraglich: »In Deum non cadit accidens«.

4.46   Gleichermaßen erledigt sich die für die alte Theologie bezeichnende Schwierigkeit, die göttlichen Attribute nicht nur auf Gottes Verhältnis zur Welt, sondern auch auf Gottes Selbstverhältnis zu beziehen.

4.461   Gegenüber der nominalistischen Tradition, die in *Schleiermachers* Behauptung gipfelt, alle Gott beigelegten »Eigenschaften … sollen nicht etwas Besonderes in Gott bezeichnen, sondern nur etwas Besonderes in der Art, das schlechthinnige Abhängigkeitsgefühl auf ihn zu beziehen«[31], verbietet es die Analogie des Advents, Gott selbst ohne Eigenschaften zu denken.

4.47   Gleichermaßen erledigen sich die für die weniger radikal nominalistisch orientierte Tradition kennzeichnenden Unterscheidungen zwischen negativen und positiven, inkommunikablen und kommunikablen, immanenten und transzendenten, absoluten und relativen, ontologischen und moralischen, ruhenden und wirkenden Attributen.

4.471   Die besondere Fatalität dieser Unterscheidungen zeigt sich darin, daß die absoluten Attribute die relativen Attribute noch einmal einer Differenzierung unterwerfen können: z.B. differenziert das absolute Attribut der göttlichen Freiheit das relative Attribut der göttlichen Allmacht in eine potentia absoluta und eine potentia ordinata und problematisiert damit die Gewißheit, daß wir es in Gottes Verhältnis zu uns wirklich mit Gott selbst zu tun haben.

4.472   Die Analogie des Advents macht *alle* Attribute Gottes als *attributa communicabilia* verständlich: Gott teilt sich in seiner Liebe so mit, daß er uns, ohne uns zu vergöttlichen, an seinen Wesenszügen teilgibt. Der Mensch darf auf menschliche Weise sein, was Gott auf göttliche Weise ist, ein freier Herr über alle Dinge und niemandem untertan; ein dienstbarer Knecht aller Dinge und jedermann untertan.

5.   Die unmittelbare Sprache des Glaubens kennt Gott selbst im unerschöpflichen Reichtum seiner Attribute, der seine *Herrlichkeit* aus-

---

[31]   AaO., 255.

macht. Der Glaube entspricht diesem Reichtum Gottes, indem er sprachschöpferisch wird und Gott immer wieder auf neue Weise zur Sprache bringt.

5.1 Die sprachschöpferische Tätigkeit des Glaubens wird von dem zur Welt und zur Sprache kommenden Gott selbst hervorgerufen, der zur Bildung immer neuer Metaphern und Erzählweisen provoziert.

5.2 Dennoch: »Es gibt Vieles, was Gott nicht ist«[32].

5.3 Die Theologie hat deshalb aus der unerschöpflichen Fülle göttlicher Wesenszüge diejenigen namhaft zu machen, die als repräsentative Auswahl besonders geeignet erscheinen, um die *Sprache* des Glaubens bei der *Wahrheit* des Glaubens zu behaften. Von diesem Minimum göttlicher Attribute her ist jede weitere Attribution zu regulieren.

5.4 Kriterium der Wahrheit des Glaubens ist die auf Gott selbst zurückzuführende *konkrete Unterscheidung von Gott und Welt* im Sinne der Analogie einer inmitten noch so großer Unähnlichkeit immer noch größeren Ähnlichkeit zwischen Schöpfer und Geschöpf. Inhaltlich wird die auf Gott selbst zurückzuführende Unterscheidung von Schöpfer und Geschöpf im Rechtfertigungsartikel ausgesagt.

5.41 Am konkretesten wird der *Unterschied* von Gott und Welt durch das Ereignis des *Zusammenseins* von Gott und Welt bestimmt, in dem sich Gott selbst als Liebe offenbart hat.

5.411 Je intensiver das Zusammensein, desto notwendiger und desto konkreter die Differenz!

5.42 Die Gott zugesprochenen Attribute haben keine andere Funktion als die, den Gott, der die *Liebe* ist, so *präzis* wie möglich zur Sprache zu bringen.

5.5 Die die Wahrheit des Glaubens wahrende Auswahl göttlicher Attribute ist methodisch am korrektesten zu gewinnen, indem

5.51 einerseits aufgrund der Grundsituationen der in sich vielfältigen Geschichte Gottes mit seinen Geschöpfen die Grundzüge der Gottheit Gottes auf Begriffe gebracht werden (vgl. 2.2),

5.52 andererseits die (als solche inkommunikablen) proprietates personales des Vaters, Sohnes oder heiligen Geistes als durch die proprietates personales der jeweils anderen trinitarischen Personen relativiert gedacht und so als proprietates essentiales Gottes begreifbar (vgl. 1.7), aber nur im Zusammenhang mit den Grundsituationen der Begegnung von Gott und Mensch (vgl. 5.51) plausibel werden.

---

[32] *K. Barth*, Die Kirchliche Dogmatik, Bd. II/1, [5]1975, 363.

5.6   Diese gegenüber der Tradition neue Methode theologischer Begriffs-bildung erlaubt es, statt die weltlichen Bedeutungen der von Gott re-denden Attribute im Sinne der via triplex des Areopagiten auf Gott zu übertragen, die Bedeutungen der Gott zugesprochenen Attribute neu zu konstituieren und gegenüber ihren weltlichen Bedeutungen kritisch zur Geltung zu bringen.

5.7   Insofern Gott als Vater der von sich aus und nur mit sich Anfangende ist, ist er der Allmächtige und Freie; die göttliche Allmacht und Frei-heit wird in der trinitarischen Gemeinschaft gegenseitigen Anders-seins so relativiert, daß sie als *Allmacht der Liebe* und als *Freiheit zur Liebe* konkret ist.

5.8   Insofern Gott als Logos die Selbstmitteilung des Vaters und als Sohn sich selber Ziel ist, als Ziel jedoch niemals am Ende, sondern durch die ursprüngliche Tiefe der fons divinitatis und die erneuernde Kraft des heiligen Geistes relativiert ist, ist Gott der *Weise.* Insofern der Sohn sein ihm vom Vater mitgeteiltes Sein nicht für sich selbst behält und gerade darin dem Willen des Vaters entspricht, ist Gott der *Ge-rechte,* dessen Gerechtsein durch den schöpferischen Willen des Va-ters und die erneuernde Kraft des Geistes zur – anderes Sein – *recht-fertigenden Gerechtigkeit* relativiert wird.

5.9   Indem Gott als heiliger Geist ein unerschöpflicher Prozeß der Er-neuerung ist und als solcher von dem sich selbst Ursprung (Vater) und Ziel (Sohn) seienden trinitarischen Selbstverhältnis relativiert wird, ist Gott der *Ewige* und in seiner durch nichts Veraltendes ge-trübten Ewigkeit der *Heilige* und als der sich im ewigen Prozeß der Erneuerung selbst Gegenwärtige der sich selber *Treue* und für sich selber *Bürgende* und insofern der Inbegriff von *Wahrheit.*

6.   So ergeben sich die die *Herrlichkeit* des ewigreichen Gottes ausdrük-kenden Wesenszüge

6.1   der sich selbst begrenzenden *Allmacht* der Liebe,

6.2   der sich selbst bindenden *Freiheit* der Liebe,

6.3   der sich selbst mitteilenden und die Liebe zum Ziel bringenden *Weis-heit,*

6.4   der die Gnade ins Recht setzenden und die Liebe durchsetzenden *Gerechtigkeit,*

6.5   der sich als Geschichte der Liebe ereignenden *Ewigkeit,*

6.6   der sich dem Nichts aussetzenden und das Nichtige nichtenden *Hei-ligkeit* der Liebe,

6.7   der die Herrlichkeit der Liebe offenbarenden *Wahrheit.*

6.8   Gott existiert *im Lichte* seines eigenen Seins und ist eben darin *herr-lich.*

6.81   Daß Gott die dem Licht seines eigenen Seins widersprechende Finsternis des Todes zu ertragen vermag, ohne selber ein »dunkler Gott« zu werden, macht die *Tiefe seiner Herrlichkeit* aus.

7.   Gott ist *allmächtig*, weil und insofern er kann, was er will, und eben darin *herrlich* ist.

7.1   Daß Gott alles kann, was er will, besagt *nicht*, daß er *alles Mögliche* will.

7.2   Zur Allmacht Gottes gehört konstitutiv die *Macht zur Selbstbegrenzung*, die die göttliche Allmacht als *Allmacht* der *Liebe* kennzeichnet.

7.3   Die *ewige Hoheit* der sich selbst begrenzenden Allmacht der Liebe schließt die *Demut* der Selbsterniedrigung nicht aus sich aus, sondern begreift sie in sich.

7.4   Als Allmächtiger, der sich selbst begrenzt, ist Gott das Gegenteil (= Evangelium) und deshalb die Kritik (= Gericht) eines unbegrenzten Willens zur Macht, der sich entweder in Gestalt *brutaler Machtausübung* realisiert oder in Gestalt *verzweifelter Resignation* seiner Grenzen bewußt wird und sich so jeweils ad absurdum führt.

7.41   Sowohl die brutale Ausübung als auch die verzweifelte Resignation der Macht verfehlen das Wesen der Macht.

7.5   Die göttliche Allmacht ist ein kommunikables Attribut, insofern der allmächtige Gott der *Bevollmächtigende* ist.

8.   Gott ist *frei,* weil und insofern er sich selbst bestimmt und eben darin *herrlich* ist.

8.1   Daß Gott sich selbst bestimmt, besagt *nicht*, daß er sich *nicht bestimmen lassen* kann.

8.2   Zur Freiheit Gottes gehört konstitutiv die *Freiheit zur Selbstbindung*, die die göttliche Freiheit als *Freiheit zur Liebe* kennzeichnet.

8.3   Die *souveräne Selbstbestimmung* der sich selbst bindenden Freiheit schließt die *Treue* und die Bereitschaft zur *Gebetserhörung* nicht aus, sondern begreift sie in sich.

8.4   Als Freier, der sich im Akt souveräner Selbstbestimmung selber bindet, ist Gott das Gegenteil (= Evangelium) und deshalb die Kritik (= Gericht) einer ungebundenen Willkür, die sich entweder in Gestalt *unberechenbarer Despotie* realisiert oder in Gestalt *unzurechnungsfähiger Beliebigkeit* (Launenhaftigkeit) lächerlich macht und sich so jeweils ad absurdum führt.

8.41   Sowohl die unberechenbare Despotie als auch die unzurechnungsfähige Beliebigkeit, die alles Mögliche will, verfehlen das Wesen der Freiheit.

8.5   Die göttliche Freiheit ist ein kommunikables Attribut, insofern der freie Gott der *Befreiende* ist.

9.   Gott ist *weise*, weil und insofern er in seiner *Allwissenheit* der Liebe
       zum Sieg verhilft und eben darin *herrlich* ist.

9.1   Daß Gott allwissend ist, besagt *weder*, daß Gott *nichts Neues* will,
       noch, daß Gott sein Wissen als *Herrschaftswissen* verschweigt.

9.2   Zur unendlichen Tiefe der göttlichen Weisheit gehört konstitutiv die
       Klarheit des Zur-Sprache-Kommens Gottes.

9.3   Die *unendliche Tiefe* der Weisheit Gottes schließt die *Sprachlichkeit
       des Anredens* und *Sich-Mitteilens* nicht aus sich aus, sondern begreift
       sie in sich.

9.4   Als Weiser, der die Liebe zum Ziel bringt, ist Gott das Gegenteil
       (= Evangelium) und deshalb die Kritik (= Gericht) diabolischer Intel-
       ligenz, die sich entweder in Gestalt *herrschsüchtiger Berechnung* zum
       Zwecke unbegrenzter Machbarkeit oder in Gestalt *untätiger Alles-
       wisserei und Besserwisserei* (πολυμαθίη νόον ἔχειν οὐ διδάσκει[33]!) rea-
       lisiert und sich so jeweils selber ad absurdum führt.

9.41   Sowohl die berechnende Praxissucht einer alles für machbar halten-
       den Intelligenz als auch die untätige Polymathie einer schweifenden
       Intelligenz verfehlen das Wesen des im Dienste der Weisheit stehen-
       den Wissens und der im Dienste der Weisheit sich betätigenden Intel-
       ligenz.

9.5   Die göttliche Weisheit ist ein kommunikables Attribut, insofern der
       weise Gott es ist, der *klug macht*.

10.   Gott ist *gerecht*, weil und insofern er das Rechte will und tut und
       eben darin *herrlich* ist.

10.1   Daß Gott das Rechte will und tut, besagt *nicht*, daß Gott den Unge-
       rechten *nicht zu rechtfertigen* vermag.

10.2   Zur Gerechtigkeit Gottes gehört konstitutiv, daß Gott *mit seiner
       Gnade im Recht* ist und damit seine Gerechtigkeit als *die seine Liebe
       durchsetzende Macht* kennzeichnet.

10.3   Die *unerbittliche Strenge* der göttlichen Gerechtigkeit schließt die
       Barmherzigkeit nicht aus sich aus, sondern begreift sie in sich.

10.4   Als Gerechter, der mit seiner Gnade im Recht ist, ist Gott das Gegen-
       teil (= Evangelium) und deshalb die Kritik (= Gericht) einer unbarm-
       herzigen und unbilligen Gerechtigkeit, die sich entweder in Gestalt
       einer die Welt zugrunde richtenden *maßlosen und verhältnislosen
       Rechtsausübung* (fiat iustitia et pereat mundus – summum ius, sum-
       ma iniuria) oder in Gestalt einer die eigenen Werke mißbrauchenden

---

[33] *Heraklit*, Frgm. 40, in: *H. Diels*, Die Fragmente der Vorsokratiker, hg. von *W. Kranz*,
Bd. 1, [18]1989, 22 B, 160.

Selbstgerechtigkeit oder in Gestalt elender, weil selbstbezogener *Rechthaberei* realisiert und sich so jeweils selbst ad absurdum führt.

10.41 Sowohl die maßlose und verhältnislose Rechtsausübung als auch die werkgerechte Selbstgerechtigkeit als auch die selbstbezogene Rechthaberei verfehlen das Wesen der Gerechtigkeit.

10.5 Die göttliche Gerechtigkeit ist ein kommunikables Attribut, insofern der gerechte Gott der *Gerechtmachende* ist.

11. Gott ist *ewig*, weil und insofern er ohne Anfang und Ende aus sich selber, durch sich selber und für sich selber lebt und als der das Leben Erneuernde unerschöpflich ist. Eben darin ist Gott *herrlich*.

11.1 Daß Gott ohne Anfang und Ende aus sich selber, durch sich selber und für sich selber lebt und der das Leben Erneuernde ist, besagt *nicht*, daß Gott in seinem Für-sich-Sein *nicht für uns zu sein* und daß Gott sich *dem Tod nicht auszusetzen* vermag.

11.2 Zur Ewigkeit Gottes gehört konstitutiv, daß Gottes ewiges Sein sich *als Geschichte*, also nicht unter Ausschluß von Zeit und Raum, sondern als *simul tota possessio temporum* (Allzeitlichkeit) und als *Allgegenwart* ereignet und damit seine Ewigkeit als die Zeit und Raum konzentrierende *Geschichte seiner Liebe* kennzeichnet.

11.3 Die *unausschöpfliche Lebendigkeit* der göttlichen Ewigkeit schließt die *Selbsthingabe* des eigenen Lebens nicht aus sich aus, sondern begreift sie in sich.

11.4 Als Ewiger, dessen Sein sich als Geschichte seiner Liebe ereignet, ist Gott das Gegenteil (= Evangelium) und deshalb die Kritik (= Gericht) des Willens zum Selbstbesitz, der sich in der Gestalt *des Willens zu grenzenloser Selbstverlängerung* oder in der Gestalt der letztlich zur *Selbstzerstörung führenden Ignorierung des Rechtes anderer Lebewesen auf Leben* realisiert und sich so jeweils ad absurdum führt.

11.41 Sowohl die unbegrenzte Selbstverlängerung (= leere Unendlichkeit) als auch die letztlich zur Selbstzerstörung führende Ignorierung des Rechtes anderer Lebewesen auf Leben verfehlt das Wesen der Ewigkeit.

11.5 Die göttliche Ewigkeit ist ein kommunikables Attribut, insofern der ewige Gott der *Verewigende* ist.

12. Gott ist *heilig*, weil und insofern er das Nichtige richtet und nichtet und eben darin *herrlich* ist.

12.1 Daß Gott das Nichtige richtet und nichtet, besagt *nicht*, daß Gott sich *dem Nichts nicht auszusetzen* vermag.

12.2 Zur Heiligkeit Gottes gehört konstitutiv, daß Gottes das Nichtige nichtende Sein ein *a se in nihilum ek-sistere* ist und damit seine Heiligkeit als das *Feuer seiner überströmenden Liebe* kennzeichnet.

12.3   Die *richtende* und *nichtende* Kraft der göttlichen Heiligkeit schließt die *Versöhnung* nicht aus sich aus, sondern begreift sie in sich.

12.4   Als Heiliger, dessen Heiligkeit das Feuer seiner Liebe ist, ist Gott das Gegenteil (= Evangelium) und deshalb die Kritik (= Gericht) des rigorosen Willens zur Ausschließlichkeit, der sich entweder in der *moralistischen* Gestalt des »*Terrors der Tugend*« oder in der *esoterischen* Gestalt einer sich der Profanität der Welt verweigernden *Scheinheiligkeit* realisiert und sich so jeweils ad absurdum führt.

12.41   Sowohl der moralistische Terror der Tugend als auch die esoterische Scheinheiligkeit der Weltverneinung verfehlen das Wesen der Heiligkeit.

12.5   Die göttliche Heiligkeit ist ein kommunikables Attribut, insofern der heilige Gott der *Heiligende* ist.

13.   Gott ist *wahr (und wahrhaftig)*, weil und insofern er schon in seinem innertrinitarischen Leben sich selber gegenwärtig, sich selber treu, in seiner Treue unbedingt verläßlich, in seiner Verläßlichkeit der im Gegenüber von Vater, Sohn und Geist für sich selber bürgende Zeuge seines eigenen Seins und in allen Dimensionen seines Wahrseins *herrlich* ist.

13.1   Daß Gott in sich selber sich selber gegenwärtig, treu, verläßlich und der für sich selber bürgende Zeuge seines eigenen Seins und darin herrlich ist, besagt *nicht*, daß er sich *nicht* in seiner Herrlichkeit *zu offenbaren* vermag.

13.2   Zur Wahrheit Gottes gehört konstitutiv, daß er aus der Verborgenheit im Lichte seines Seins *heraustritt* und den in seiner eigenen Wirklichkeit sich selbst verborgenen *homo mendax* (Röm 3,4) *wahr macht* und damit seine Wahrheit als die *die Herrlichkeit seiner Liebe offenbarende* Macht kennzeichnet. Es ist *Liebe*, daß Gott uns bei der *Wahrheit* behaftet und nicht dem Trüben überläßt.

13.3   Die *irresistible Majestät* der göttlichen Wahrheit schließt die *Toleranz* protestierenden *Erleidens* nicht aus sich aus, sondern begreift sie in sich.

13.4   Als Wahrer, der die Herrlichkeit seiner Liebe offenbart, ist Gott das Gegenteil (= Evangelium) und deshalb die Kritik (= Gericht) eines lieblosen Willens zum tötenden Buchstaben, der sich entweder in Gestalt eines *intoleranten Fanatismus* oder in Gestalt eines belanglose Richtigkeiten zelebrierenden *leidenschaftslosen Positivismus* realisiert und sich so jeweils ad absurdum führt.

13.41   Sowohl der intolerante Fanatismus als auch der leidenschaftslose Positivismus verfehlen das Wesen der Wahrheit.

13.5   Die göttliche Wahrheit ist ein kommunikables Attribut, insofern der wahre und wahrhaftige Gott, indem er die Herrlichkeit seiner Liebe offenbart, der *Wahrmachende und Verherrlichende* ist.

14.   Weil alle göttlichen Attribute göttliche Vollkommenheiten sind, verhält Gott sich zu ihnen und darin zu sich selbst, indem er sich seiner freut.

14.1   Gottes Freude hat den Schmerz überwunden.

14.2   Wenn Gott sich freut, dann auf jeden Fall so, daß auch wir uns Gottes freuen können.

Sakrament und Repräsentation

Wesen und Funktion der sakramentalen Handlung[1]

Das sakramentale Handeln der Kirche ist der ökumenische Ernstfall für ein gemeinsames Verständnis des articulus iustificationis, mit dem nach evangelischer Auffassung die Kirche steht und fällt. Die folgenden Ausführungen wollen als ein Test dafür verstanden werden, ob sich die römisch-katholische Kirche und die evangelische Kirche am Beginn des neuen Millenniums aufgrund einer weitgehenden Übereinstimmung in der Rechtfertigungslehre auch über Wesen und Funktion der sakramentalen Handlung zumindest an den entscheidenden Punkten verständigen können. Die mir speziell gestellte Aufgabe einer phänomenologischen Deskription des sakramentalen Seins hat sich dabei insofern als hermeneutisch überaus fruchtbar erwiesen, als sie die theologisch grundlegende Unterscheidung zwischen dem Sein der Welt und dem Zur-Welt-Kommen Gottes eindrücklich vor Augen führt.

Die folgenden Ausführungen werden in einem ersten Teil nach der ontologischen Eigenart des sakramentalen Seins, das immer ein sakramentales *Ereignis* ist, und nach seiner phänomenologischen Beschreibbarkeit fragen. Dies wird so geschehen, daß die für das Sakrament wesentlichen Bestandteile des verbum und des elementum thematisiert werden. In einem zweiten Teil soll dann nach der ontologischen Eigenart der sakramentalen Handlung und nach der theologischen Funktion der für diese Handlung unentbehrlichen handelnden Person gefragt werden.

A. Wort und Element im sakramentalen Ereignis

I

Das Philosophieren beginnt nach Aristoteles mit dem θαυμάζειν[2]. Der Anlaß dieses philosophischen Staunens ist freilich ein Ärgernis, ein ἄτοπον: es ist etwas nicht an seinem Ort. Deshalb wird gedacht – und zwar solange, bis die

---

[1] Vortrag am 28. April 2000 an der Päpstlichen Lateranuniversität im Rahmen der Tagung L'eucaristia e il sacramento alle soglie del terzo millennio.
[2] Vgl. *Aristoteles*, Metaphysik, 982b 12f.

Erkenntnis alles wieder richtig lokalisiert hat und die Phänomene gerettet sind. Dann staunt niemand mehr. Die philosophische Grundbewegung vollzieht sich also vom θαυμάζειν zum μηδὲν θαυμάζειν.

Die Theologie beginnt ihrerseits mit dem Staunen. Doch das Staunen wird durch etwas Unvordenkliches ausgelöst, das in dieser Welt zunächst überhaupt keinen τόπος hat, sondern sich einen solchen allererst schaffen muß. Wenn das geschieht, wird ein Mysterium offenbar, das der Welt nicht immanent ist, sondern allererst *zur Welt kommt*. Ein solches Mysterium ist ein *sakramentales Ereignis*, über das der Mensch zunächst einmal staunt und dann erneut und immer wieder staunt. Alles Verstehen dieses Ereignisses führt nicht zu einem μηδὲν θαυμάζειν, sondern immer tiefer in das Staunen hinein. Nach der ontologischen Eigenart dieses sakramentalen Ereignisses soll im Folgenden gefragt werden. Was ereignet sich, wenn Sakramente gefeiert werden? Läßt sich der ontologische Charakter des sakramentalen Ereignisses phänomenologisch beschreiben? Und wenn ja, wie?

Wenn man den *theologischen* Begriff des Sakramentes zugrunde legt, der sich aus der Übersetzung des neutestamentlichen, sich auf christologisch-eschatologische Zusammenhänge beziehenden Ausdrucks μυστήριον durch das lateinische *sacramentum* ergibt, so wird sich die Frage nach der ontologischen Eigenart des sakramentalen Ereignisses nur mit erheblichen Einschränkungen *phänomenologisch* beantworten lassen. Denn Phänomenologie – verstanden als »Methode der Ontologie«, also als Methode, die das Seiende in seinem eigenen Sein zu erfassen sucht[3] – ist auf das *weltlich* Seiende gerichtet. Das neutestamentliche μυστήριον aber signalisiert allemal ein Ereignis, das sich aus dem Zusammenhang weltlichen Seins schlechterdings nicht ableiten läßt. Ich exemplifiziere das am christologischen *mysterium incarnationis* und am eschatologischen *mysterium* des *iudicium postremum*. An beiden Ereignissen wird deutlich, daß die geheimnisvolle Begegnung des nichtweltlichen Gottes mit der Welt, daß die Begegnung des Schöpfers mit dem Geschöpf *der Geschöpfwelt zugute* kommt. (Denn auch wenn die Welt gerichtet wird, kommt das der Welt zugute.) Wenn aber Gott der Welt so begegnet, daß es dieser zugute kommt, dann ereignet sich *Gnade*. Es geht also bei der Bestimmung des im neutestamentlichen Sinne zu begreifenden μυστήριον und folglich bei der Bestimmung des sakramentalen Ereignisses um die Beantwortung der Frage, wie sich Gnade ereignet und ob sich dieses Ereignis phänomenologisch erfassen läßt.

---

[3] Vgl. *M. Heidegger*, Die Grundprobleme der Phänomenologie, Gesamtausgabe, 2. Abt., Bd. 24, 1975, 26ff.

II

Beim *mysterium incarnationis* handelt es sich um das Zur-Welt-Kommen Gottes, das weder aus der Wirklichkeit der Welt hervorgeht noch aus deren Möglichkeiten erklärbar ist. Es bringt seine eigene Möglichkeit mit sich, die gegenüber den Möglichkeiten der Welt allemal eine potentia aliena ist. Insofern ist das Inkarnationsmysterium jedem phänomenologischen Zugriff entzogen. Und das gilt genauso für das *iudicium postremum*: das eschatologische Kommen des Richters der Welt bringt deren *Ende* mit sich. Und das ist wiederum kein sich *aus* der Geschichte der Welt ergebendes Ende – vergleichbar dem aus dem Leben selber sich ergebenden Tod –, sondern es ist ein ihr *gesetztes* Ende. Der »Tag des Herrn« ist kein Tag der Weltgeschichte, sondern der aus der Ewigkeit auf sie zukommende Tag, an dem die Weltgeschichte und jede einzelne Lebensgeschichte gerichtet wird. Insoweit ist das Kommen dieses Tages ebenfalls dem phänomenologischen Zugriff entzogen. In gleicher Weise ist jedes sakramentale Ereignis, insofern sich in ihm die Ankunft göttlicher Gnade manifestiert, aus dem Zusammenhang der Weltwirklichkeit heraus ontologisch nicht erklärbar. Denn aus dem Zusammenhang *der Welt* ergibt sich mitnichten die Anwesenheit von Gnade in ihr. Doch wie kann man dann überhaupt von ihr reden? Kann dann unser Reden von Gottes Gnade mehr als nur ein letztes – und auch dann nur ein uneigentliches – Wort vor dem Verstummen[4] sein?

Sed contra: der im Menschen Jesus zur Welt gekommene Gott ist nun doch gerade aufgrund seiner Herkunft »von weither« – nämlich von sich selbst und nur von sich selbst her – dieser Welt nicht nur nahe gekommen, sondern sogar näher gekommen, als diese sich selber nahe zu sein vermag. Sein Kommen hat einen – sit venia verbo – metaphysischen Schwung, der der Wirklichkeit der Welt und des Menschen *zugute* kommt. Es ist ein *gnadenreiches Ereignis*. Anthropologisch (und im Anschluß an Augustinus) formuliert: der »deus superior summo meo« wird kraft des sakramentalen Geschehens zum »deus interior intimo meo«[5]. Die Wirklichkeit der Welt und des Menschen wird durch die in ihr sich verwirklichende potentia aliena nicht zerstört. Selbst das ihr gesetzte Ende impliziert einen neuen Anfang. In diesem Sinne gilt: *gratia non tollit naturam*. Ob deshalb auch schon ein *perficit naturam* zu behaupten ist, ist umstritten. Indessen, auch wenn es zu bestreiten wäre, daß die Gnade die Natur vollendet, läßt sich doch nicht bestreiten, daß das mysterium incarnationis und das Geheimnis des Jüngsten Tages ein der *Geschöpfwelt* widerfah-

---

[4] Vgl. *K. Rahner*, Grundkurs des Glaubens, Sämtliche Werke, Bd. 26, hg. von *K. Lehmann, J.B. Metz* u.a., 1999, 50.

[5] *A. Augustinus*, Confessionum libri XIII, l. III, c. 6, 11, CChr.SL XXVII, 33.

rendes Ereignis ist. Es imponiert sich der Welt. Und *insofern* ist es phänomenologischer Deskription *nicht schlechthin* entzogen. Die phänomenologische Aufgabe besteht dann darin, das aus dem Zusammenhang der Geschöpfwelt nicht Ableitbare und also auch nicht Erklärbare, aber gleichwohl in den Zusammenhang der Geschöpfwelt mit schöpferischer Souveränität Eintretende an der Wirklichkeit der Geschöpfwelt phänomenologisch auszuweisen. Wie läßt sich das, was nicht von dieser Welt ist, als in diese Welt kommend an dieser Welt ausweisen? Welche Kategorie bietet sich dafür an? Nach welcher Kategorie verlangt eine phänomenologische Deskription des sakramentalen Ereignisses?

III

Bei meiner Antwort beziehe ich mich auf Friedrich Schleiermachers Bestimmung des christlichen Gottesdienstes als eines Unterbrechungsgeschehens[6]. Was *sakramental* genannt zu werden verdient, ist allemal eine *elementare Unterbrechung* des weltlichen Lebenszusammenhanges. Dabei ist entscheidend, daß diese Unterbrechung ein *Widerfahrnis* ist. Die Welt unterbricht sich nicht selber, um Gott Einlaß zu gewähren. Könnte sie das, dann könnte sie sich auch selber begnadigen. Das aber ist ausgeschlossen. Die Welt *wird* vielmehr unterbrochen. Der unentwegt mit sich selbst beschäftigte homo peccator unterbricht sich nicht selbst, um der Gnade teilhaftig zu werden. Er *wird* unterbrochen. Und das ist ein alle bisherigen Selbstverständlichkeiten zutiefst in Frage stellendes Geschehen. Das Ereignis elementarer Unterbrechung ist immer eine Krisis für diejenige Wirklichkeit, der sie widerfährt. Die Welt ist danach nicht mehr dieselbe, die sie bisher war.

Doch die Kategorie der elementaren Unterbrechung ist nur eine erste Bestimmung des sakramentalen Ereignisses. Sie ist als Kategorie ein Rahmenbegriff, der weiterer Bestimmung bedarf. Es muß genauerhin geklärt werden, *wie* das den Wirklichkeitszusammenhang der Welt elementar unterbrechende sakramentale Ereignis sich *an der unterbrochenen Wirklichkeit der Welt* auswirkt.

Die Frage muß in zweierlei Hinsicht gestellt werden. *Einerseits* ist zu klären, in welcher Weise die weltliche, ganz und gar profane Wirklichkeit im Akt ihres Unterbrochenwerdens von der sich in diesem Akt mitteilenden Gnade *in Gebrauch, in Dienst genommen* wird, damit die Selbstmitteilung der Gnade gelingt. Anthropologisch pointiert formuliert: kann das unheilige Leben

---

[6] Vgl. *F. D. E. Schleiermacher*, Die praktische Theologie nach den Grundsäzen der evangelischen Kirche im Zusammenhange dargestellt, aus Schleiermachers handschriftlichem Nachlasse und nachgeschriebenen Vorlesungen hg. von *J. Frerichs*, Sämmtliche Werke, I. Abt., Bd. 13, 1850, 69f.

zum Instrument des Heiligen werden? Und wenn ja, wie? *Andererseits* ist zu
klären, in welcher Weise das den weltlichen Lebenszusammenhang unterbrechende sakramentale Ereignis dem weltlichen Leben *zugute* kommt. Wie
wirkt sich Gnade am Begnadeten aus? Welche Vorzüge unterscheiden ihn
vom nicht begnadeten Menschen?

IV

Die erste dieser beiden Fragen ist seit Augustinus immer wieder mit dem Hinweis auf die *Analogie* zwischen Schöpfer und Geschöpf, zwischen Gnade und
Natur, zwischen dem Ereignis des Heils und dem Sein der Welt beantwortet
worden. Die Antwort geht in Ordnung, wenn es um eine *Analogie* geht, die
entsteht, wenn Gott zur Welt *kommt.* Von einer *immer schon bestehenden
Analogie* zwischen dem Sein des Schöpfers und dem Sein des Geschöpfes ist
hier also nicht die Rede. Insofern kommt auch die vom Vierten Laterankonzil
gegebene Interpretation der Analogie als einer inmitten noch so großer Ähnlichkeit immer noch größeren Unähnlichkeit zwischen Schöpfer und Geschöpf[7] hier nicht in Betracht. Denn diese Bestimmung ist hermeneutisch
ausschließlich am Gegenüber von Schöpfer und Geschöpf orientiert, nicht
aber daran, daß Gott *zur Welt gekommen* ist. So viel aber wird man in jedem
Fall sagen dürfen, ja sagen müssen, daß die Geschöpfwelt für das Kommen
ihres Schöpfers analogie*fähig*, gleichnis*fähig* ist. Doch a posse ad esse non valet consequentia. Die Welt bringt sich nicht von sich aus dem zur Welt kommenden Gott zur Entsprechung. Es ist vielmehr der zur Welt kommende
Gott selbst, der die Welt zu seinem Gleichnis macht. Und auch das nicht so,
daß die *ganze* Welt zu seinem Gleichnis wird, sondern vielmehr so, daß ganz
bestimmtes, erwähltes weltliches Sein in Dienst genommen wird, um den zur
Welt kommenden Gott weltlich kommunikabel zu machen: Wasser in dem
sakramentalen Ereignis der Taufe, Brot und Wein im sakramentalen Ereignis
der Eucharistie.

»Wasser tut's freilich nicht«[8]. Wasser ist schon im Blick auf das rechte *Verständnis* seiner Funktion im sakramentalen Ereignis wegen der dem weltlichen Element eigenen Vieldeutigkeit darauf angewiesen, durch eine es allererst eindeutig machende Instanz zum Gleichnis für das zu werden, was im sakramentalen Ereignis der Taufe geschieht. Für Brot und Wein gilt dasselbe.
Deshalb hat Thomas von Aquin, den Satz Augustins[9] »[a]ccedit verbum ad

---

[7] Vgl. DH 806.
[8] *M. Luther*, Der kleine Katechismus. 1529, BSLK 516,13.
[9] *A. Augustinus*, In Iohannis Evangelium Tractatus CXXIV, tr. LXXX, 3, CChr.SL
XXXVI, 529.

elementum, et fit sacramentum« rezipierend, behauptet, daß das »verbum« als
»forma sacramenti« diejenige Instanz sei, die die »materia sacramenti« eindeutig mache[10]. Tritt ein das weltliche Element eindeutig machendes Wort zu
diesem hinzu, dann ist das Element innerhalb des sakramentalen Ereignisses
eine dessen Verständnis ermöglichende eindeutige *res significans.* Aber es ist
auch nur eben das. Es *stellt dar*, was im sakramentalen Ereignis geschieht, aber
es *bietet nichts dar.* Thomas hat deshalb der *hermeneutischen* Funktion des
Wortes eine *verursachende* Funktion desselben zur Seite gestellt, auch hierin
Augustin folgend. Auch Martin Luther hat erklärt, daß erst durch »das Wort
Gottes, so mit und bei dem Wasser ist«, das Taufwasser »ein gnadenreich
Wasser des Lebens« wird. Dem Wort Gottes muß allerdings, damit die Taufe
bewirken kann, was sie darstellt, »der Glaube, so solchem Wort Gottes im
Wasser trauet«, korrespondieren[11]. Denn das Wort konstituiert das Sakra-
ment nicht schon dadurch, daß es gesprochen wird, sondern erst dadurch, daß
es geglaubt wird: »faciente verbo, non quia dicitur, sed quia creditur«[12].

V

Seine das Heil sakramental vermittelnde Funktion hat das zum Element hin-
zutretende Wort jedoch nur, weil es *kein forderndes* Wort, *kein Gesetz, kein
Imperativ* ist, sondern das den Menschen mit der Gegenwart des gnädigen
Gottes *beschenkende* Wort *des Evangeliums.* In ihm teilt sich der Mensch gewordene Gott selber mit. Insofern kann man mit Thomas von Aquin sagen,
daß das verbum sacramenti dem verbum incarnatum gleichgestaltet wird[13].
Konstitutiv für das sakramentale Ereignis ist also das die Gegenwart des gnädigen Gottes vermittelnde Wort, so daß das Sakrament treffend als »visibile
verbum«[14] oder mit dem Württembergischen Katechismus als ein »Sakrament und göttlich Wortzeichen«[15] bezeichnet werden kann.
    Ich unterstreiche noch einmal, daß dieses sichtbare Wort *kein forderndes
Wort, kein Imperativ*, sondern ein *Indikativ* ist: der souveräne Indikativ der

---

[10] *Thomas von Aquin*, Summa theologiae III, q. 60, a. 6 und a. 7, Sancti Thomae Aquinatis Summa Theologiae, Bd. 4, ³1964, 466–468.
[11] *M. Luther*, Der kleine Katechismus, BSLK 516,13–19.
[12] *A. Augustinus*, In Iohannis Evangelium Tractatus CXXIV, tr. LXXX, 3, CChr.SL
XXXVI, 529.
[13] *Thomas von Aquin*, Summa theologiae III, q. 60, a. 6, crp., Sancti Thomae Aquinatis
Summa Theologiae, Bd. 4, 467.
[14] *A. Augustinus*, In Iohannis Evangelium Tractatus CXXIV, tr. LXXX, 3, CChr.SL
XXXVI, 529.
[15] Spruch- und Liederbuch und Katechismus für die christliche Unterweisung in der
Evangelischen Landeskirche in Württemberg, 1951, 76 und 86.

Gnade. Indikative der Gnade unterbrechen die Herrschaft der unsere Welt durchgehend bestimmenden Imperative. Ohne die sakramentalen Indikative der Gnade droht die Herrschaft der Imperative zur Tyrannei zu entarten. Zumindest in unserer Weltgegend liegt diese Gefahr auf der Hand. Der abendländische Mensch, der *sein* Menschentum zu globalisieren versucht, ist je länger je mehr der sich unter den Druck von Imperativen setzende, der sich selber necessitierende Mensch geworden. War es früher die *Wirklichkeit* – man nannte sie *Natur* –, die ihr entsprechend zu leben verlangte, so sind es längst die von uns erzeugten *Imperative* und die ihnen gehorchenden *Taten*, denen sich die Wirklichkeit verdankt, in der wir leben oder doch zu leben meinen. Diese Wirklichkeit droht zusammenzubrechen, wenn die sich fast von selbst fortsetzende Kette von Befehlen, mit denen sich der abendländische Mensch unter Druck setzt, abrisse. Sie liefe ins Leere – und der sie garantierende Mensch mit ihr. Spätestens dann würde sich zeigen, daß ein sich selbst nur noch fordernder Mensch überfordert ist. Der die Welt schulternde Atlas der Neuzeit ist in Wahrheit überaus hilfsbedürftig. Die sakramentalen Indikative der Gnade bieten ihm Hilfe. Sie tun es auch dadurch, daß sie ihn zumindest auf Zeit von seiner Atlasfunktion entlasten.

Bisher wurde das sakramentale Ereignis nur erst im Blick auf die für das Sakrament wesentlichen Bestandteile des Elementes und des Wortes bedacht. Doch das Wort muß *gesprochen* und das Element muß *gehandhabt* werden. Und beide Akte, der Sprechakt und die Handhabung des Elementes, bilden eine einzige Handlung, zu der notwendigerweise eine *handelnde Person* gehört. Das Konzil von Florenz hat denn auch im Dekret für die Armenier (im Anschluß an Thomas von Aquin) als wesentliche Bestandteile des Sakramentes neben der »materia sacramenti« und der »forma sacramenti« die »persona ministri conferentis sacramentum cum intentione faciendi, quod facit Ecclesia« genannt[16]. Ich habe von dieser für das sakramentale Ereignis wesentlichen Dimension der Handlung und der zur Handlung gehörenden Person bisher abgesehen. Das hatte den Vorteil, daß sich kontroverstheologische Probleme zunächst gar nicht einstellten. Sie pflegen ja vor allem bei der Erörterung der sakramentalen Handlung und der Funktion der persona ministri bei dieser Handlung aufzubrechen. Ich werde im nächsten Teil meiner Ausführungen darauf eingehen. Noch harrt jedoch die Frage, inwiefern das sakramentale Ereignis dem weltlichen Leben, das es unterbricht, *zugute* kommt, der Beantwortung. Darauf soll zum Abschluß des ersten Teils dieser Darlegungen nun noch eingegangen werden.

---

[16] DH 1312.

VI

Daß das weltliche Leben, wenn es sich selbst überlassen bliebe, ein trostloses Leben wäre; daß der rücksichtslos sich selbst verwirklichende homo peccator ohne elementare Unterbrechung seiner Selbstverwirklichungsversuche hoffnungslos sich selbst ausgeliefert und also verloren wäre: ein Mensch in seiner eigenen Wirklichkeit, aber ohne die ihm von Gott zugedachten Möglichkeiten; daß die Natur, wenn sie nur eben φύσις bliebe und sich nicht als κτίσις wiedererkennen würde, eine gnadenlose Unnatur wäre und an ihrer Gnadenlosigkeit zugrunde ginge – das ist das Motiv, das Gott (das göttliche Herz und damit zugleich den intellectus divinus und die voluntas divina) zu der *gnadenreichen Urentscheidung* bestimmt hat, das menschliche Geschöpf nicht sich selber zu überlassen, sondern innerhalb der geschaffenen Welt mit dem unheiligen Menschen, diesen rechtfertigend und heiligend, zusammenzukommen, um in alle Ewigkeit mit ihm zusammenzusein. Im Ereignis der Menschwerdung Gottes, in der Person Jesu Christi ist diese *gnädige Urentscheidung* Gottes innerhalb der Welt realisiert worden. Das Neue Testament versteht dieses Ereignis, es versteht die Geschichte Jesu Christi als das *Mysterium schlechthin*. Und insofern *sacramentum* die Übersetzung des neutestamentlichen μυστήριον ist, hat Jesus Christus als das *Ursakrament* zu gelten, in dem die *gnädige Urentscheidung* Gottes zugunsten des homo peccator und seiner Welt *offenbar* und *wirksam* geworden ist und die in der Kraft seines heiligen Geistes in jedem dieses Ursakrament darstellenden und darbietenden Handeln neu *offenbar* und *wirksam* zu werden verheißt. Dies geschieht im Ereignis des im Namen Jesu Christi sprechenden *Wortes* und des diesem Wort sichtbare Gestalt gebenden *Sakramentes*. Die existentielle Verifikation dieser Offenbarung und ihrer Wirksamkeit ist der *Glaube*.

Aus dem Dargelegten dürfte deutlich geworden sein, daß es das Zusammenkommen und Zusammensein Gottes mit seinem menschlichen Geschöpf ist, was diesem und damit dem weltlichen Leben zugute kommt. Ohne mit seinem Gott zusammenzusein, wäre der Mensch ein Torso, und auch das nur so, daß der Torso sich immer mehr noch von der Ganzheit entfernt, deren Torso er ist. Und ohne mit seinem Gott zusammenzukommen, bliebe der Mensch in seiner rücksichtslosen Selbstverwirklichung und der zugrundeliegenden rücksichtslosen Selbstbezogenheit ein Gefangener seiner selbst, und auch das nur so, daß er sich immer tiefer in seine eigene Unfreiheit verstrickt: »ich fiel auch immer tiefer drein«[17]. Das Zusammenkommen und Zusammensein mit Gott beendet die Torso-Existenz des Menschen und befreit ihn aus seiner selbstverschuldeten Unfreiheit. Im sakramentalen Ereignis geschieht

---

[17] Vgl. die zweite Strophe von Luthers Choral »Nun freut euch, lieben Christen

dementsprechend die *Befreiung* des sich seinem Gott anvertrauenden Menschen, und mit seiner Befreiung stellt sich zugleich die durch den Sünder verwirkte »unmittelbare Gegenwart des ganzen ungeheilten Daseins« ein[18]. Das also ist es, was dem sich selbst mit seinen Selbstpotenzierungsversuchen zugrunde richtenden weltlichen Leben *zugute* kommt, wenn Gott zur Welt kommt und wenn das Zur-Welt-Kommen Gottes im sakramentalen Ereignis so dargestellt und dargeboten wird, daß sich der Mensch glaubend in dieses Heilsgeschehen verstricken läßt: *des Menschen Befreiung zur Ganzheit.*

In der *Taufe* geschieht die Befreiung des Menschen zu seiner Ganzheit so, daß er aufgrund der göttlichen Zusage durch seine Behandlung mit Wasser das Zur-Welt-Kommen Gottes als seine ihn von der Sünde reinigende *Eingliederung* in das wandernde Gottesvolk und damit als seinen eigenen *Aufbruch in die Freiheit* erfährt. In der *Eucharistie* ereignet sich dieselbe Befreiung des Menschen zu seiner Ganzheit so, daß er aufgrund der Selbstzusage des zur Welt gekommenen Gottes mit diesem unter Brot und Wein zusammenkommt und die Verheißung ewigen Zusammenseins mit ihm erfährt, dabei der unmittelbaren Gegenwart des ganzen ungeteilten Daseins inne wird und mit dieser Erfahrung die für seine eschatologische Wanderschaft *notwendige Wegzehrung* erhält.

B. Handlung und Handelnder im sakramentalen Ereignis

I

Das sakramentale Ereignis zielt darauf ab, den durch seinen Glauben in das sakramentale Geschehen einbezogenen Menschen mit Gottes heilsamer Gegenwart zu beschenken. Insofern macht es den Menschen zum *Empfangen-*

---

g'mein«, in: Evangelisches Gesangbuch. Ausgabe für die Evangelische Landeskirche in Württemberg, 1996, Nr. 341:

> »Dem Teufel ich gefangen lag,
> im Tod war ich verloren,
> mein Sünd mich quälte Nacht und Tag,
> darin ich war geboren.
> Ich fiel auch immer tiefer drein,
> es was kein Guts am Leben mein,
> die Sünd hatt' mich besessen.«

[18] Formulierung im Anschluß an *H. Steffens,* Von der falschen Theologie und dem wahren Glauben. Eine Stimme aus der Gemeinde, 1823, 99f. (zitiert bei *F. D. E. Schleiermacher,* Der christliche Glaube nach den Grundsätzen der evangelischen Kirche im Zusammenhange dargestellt, auf Grund der 2. Aufl. und krit. Prüfung des Textes neu hg. und mit Einl., Erläuterungen und Reg. versehen von *M. Redeker,* Bd. 1, [7]1960, § 3.2, 17 Anm.).

den. Sein Glaube ist nichts anderes als empfangendes Ergreifen bzw. ergreifendes Empfangen: fides apprehensiva. Er hat prinzipiell dieselbe Struktur wie der Glaube Marias: fiat mihi secundum verbum tuum (Lk 1,38). Das ist die Pointe des sakramentalen Ereignisses.

Doch um empfangen zu können, muß gegeben, muß also gehandelt werden. Deshalb hat sich unsere Aufmerksamkeit nunmehr der sakramentalen Handlung, dem sakramentalen Akt zuzuwenden.

II

Daß der zur Welt kommende und die Glaubenden mit seiner Gegenwart beschenkende Gott, daß Jesus Christus nicht nur die sakramentale Gabe, sondern zuallererst der sakramentale Geber ist, wird hier vorausgesetzt. Darüber dürfte zwischen allen christlichen Kirchen Einverständnis bestehen. Dann sollte aber auch darüber Einverständnis zu erzielen sein, daß Jesus Christus in der sakramentalen Handlung *der primär Handelnde,* daß er im sakramentalen Ereignis *der eigentliche Agent* ist. Ihn als den eigentlichen Agenten und primär Handelnden zu bezeugen ist eine wesentliche Funktion der sakramentalen Handlung. Sie muß deutlich vor Augen führen, daß er in der Taufhandlung das taufende Subjekt ist, daß er in der eucharistischen Handlung der sich selber Vergegenwärtigende und sich in, mit und unter Brot und Wein selber Mitteilende ist. Mit den Formulierungen der Liturgiekonstitution des Zweiten Vaticanums: »Praesens adest in Missae Sacrificio … Praesens adest virtute sua in Sacramentis, ita ut cum aliquis baptizat, Christus ipse baptizet. Praesens adest in verbo suo«[19]. Im selben Sinne hatte schon Martin Luther erklärt, daß »in Gottes Namen getauft werden« identisch ist mit »von Gott selbs getauft werden«[20]. Der zur Welt kommende Gott ist also der Herr des Verfahrens und muß als dieses souveräne Subjekt in der sakramentalen Handlung durch diese bezeugt werden.

Doch wie kann das geschehen, ohne daß die zu diesem Zwecke in der sakramentalen Handlung ihrerseits tätig werdenden Menschen durch diese ihre Tätigkeit nun doch als die eigentlich Handelnden erscheinen, sich gar selber so verstehen und damit sich und die ganze sakramentale Handlung total mißverstehen würden? Wie kann ausgeschlossen werden, daß die an der sakramentalen Handlung beteiligte menschliche Person so etwas wie ein sakramentaler Täter wird und ihre unerläßliche *actio* als ein von ihr vollbrachtes

---

[19] DH 4007.
[20] *M. Luther*, Der große Katechismus. 1529, BSLK 692,40–42.

opus (*Werk*) mißverstanden wird? Wie kann sichergestellt werden, daß in der heiligen Liturgie alles, was zur actio gehört, auf die contemplatio hingeordnet und ihr untergeordnet wird – so wie »ea quod humanum est ordinetur ad divinum eique subordinetur: das, was menschlich ist, auf das Göttliche hingeordnet und ihm untergeordnet wird«[21]? Wie muß die sakramentale Handlung strukturiert sein, damit unmißverständlich deutlich wird, daß alles *gottesdienstliche Handeln* nur dem *Empfang des Heils* zu dienen hat?

III

Die in der katholischen und evangelischen Theologie sich anbietende Antwort ist wiederum der phänomenologische Hinweis auf die *Analogie,* diesmal nun allerdings auf ein *analoges Handeln,* auf eine dem primär handelnden Jesus Christus *entsprechende Aktion.* Ein solches Handeln darf nichts anderes als ein *darstellendes Handeln*, ein *repraesentare* sein. Und wie im weltlichen Theater die besten Darsteller diejenigen sind, die nichts für sich selber sein wollen, sondern ganz im Dienst des Darzustellenden agieren, so hat auch das darstellende Handeln im sakramentalen Ereignis keine höhere Zweckbestimmung als die, dem Darzustellenden zu dienen und ihn allein zur Geltung zu bringen. Der Darzustellende aber ist der in der Geschichte Jesu Christi offenbar gewordene gnadenreiche dreieinige Gott.

So muß doch wohl schon die Definition des Sakramentes durch Petrus Lombardus verstanden werden: »Sacramentum enim proprie dicitur, quod ita signum est gratiae Dei et invisibilis gratiae forma, ut ipsius imaginem gerat et causa exsistat: im eigentlichen Sinne wird das Sakrament genannt, was *auf solche Weise* Zeichen der Gnade Gottes und Gestalt der unsichtbaren Gnade ist, daß es *das Abbild derselben trägt und als deren Ursache existiert*«[22]. Die verursachende Funktion muß dabei allerdings streng auf die einzige causa der Rechtfertigung und Heiligung des Menschen, nämlich auf den Tod Jesu Christi zurückbezogen werden. In diesem Sinne hat denn auch Thomas von Aquin den Lombarden interpretiert: »una sola est causa sanctificationis humanae, scilicet sanguis Christi«[23]. Die Sakramente bewirken nur in nobis, was extra nos schon gewirkt ist. Und sie bewirken das schon Gewirkte, indem sie es darstellen: significando causant.

---

[21] DH 4002.

[22] *Petrus Lombardus*, Sententiae in IV libris distinctae, l. IV, d. 1, c. 4, hg. vom *Collegium S. Bonaventurae ad Claras Aquas*, Bd. 2, ³1981, 233.

[23] *Thomas von Aquin*, Summa theologiae III, q. 60, a. 3, Sancti Thomae Aquinatis Summa Theologiae, Bd. 4, 462.

Darf man so auch die Behauptung des in Trient verabschiedeten Dekretes über das Meßopfer verstehen, daß nach dem Willen des in den Tod gehenden Christus durch das Meßopfer jenes am Kreuz dargebrachte blutige Opfer repräsentiert werden, sein Gedächtnis bis zum Ende der Zeit fortdauern und dessen heilbringende Kraft für die Vergebung der Sünden, die wir täglich begehen, zugewendet werden sollte: »relinqueret sacrificium, quo cruentum illud semel in cruce peragendum repraesentaretur eiusque memoria in finem usque saeculi permaneret, atque illius salutaris virtus in remissionem eorum, quae a nobis quotidie committuntur, peccatorum applicaretur«[24]? Und ist es ebenso zu verstehen, wenn ein katholischer Theologe unserer Tage behauptet: »Die katholische Kirche ... will nach ihrem eigenen Selbstverständnis Gottes Heil in dieser Welt geschichtlich repräsentieren«[25]? Dann müßte das *repräsentierende Handeln* der Kirche allerdings vor dem Mißverständnis bewahrt werden, als ob es in ihm zugleich um so etwas wie *kirchliche Selbstdarstellung* ginge und als ob das *repräsentierende Handeln* der Kirche das *Handeln Christi* in irgendeiner Weise *soteriologisch ergänzte*. Ist dessen Werk in irgendeinem Sinne ein »*opus perficiendum*«, dann geschieht das, was hier noch zu vollenden ist, allein durch die Selbstvergegenwärtigung Jesu Christi – ganz im Sinne des Zweiten Vaticanums: »Ad tantum vero opus perficiendum, Christus Ecclesiae suae semper adest, praesertim in actionibus liturgicis.«[26]

Außerordentlich hilfreich für diese theologische Präzisierung des Repräsentations-Gedankens ist Schleiermachers kategoriale Unterscheidung von dem im alltäglichen Arbeitsleben sich vollziehenden »wirksamen Handeln«, das der aristotelischen ποίησις vergleichbar ist, und dem »darstellenden Handeln«, in dem nur das Darzustellende zur Wirkung kommt[27]. Ist Jesus Christus in der sakramentalen Handlung virtute sua so präsent, daß diese Handlung seiner Geschichte *entspricht*, dann kann man sogar im Anschluß an Schleiermacher von der im gottesdienstlichen Handeln sich vollziehenden *Selbstdarstellung Jesu Christi* sprechen[28].

---

[24] DH 1740.
[25] *O. H. Pesch*, Das katholische Sakramentsverständnis im Urteil gegenwärtiger evangelischer Theologie, in: Verifikationen (FS Gerhard Ebeling), hg. von *E. Jüngel/J. Wallmann/W. Werbeck*, 1982, 317–340, 334.
[26] DH 4007.
[27] *F. D. E. Schleiermacher*, Die praktische Theologie, 71.
[28] *F. D. E. Schleiermacher*, Die christliche Sitte nach den Grundsätzen der evangelischen Kirche im Zusammenhange dargestellt, aus Schleiermacher's handschriftlichem Nachlasse und nachgeschriebenen Vorlesungen hg. von *L. Jonas*, Sämmtliche Werke, 1. Abt., Bd. 12, ²1884, 512 Anm.

IV

Der Begriff der Selbstdarstellung Jesu Christi impliziert, daß in der durch das
darstellende Handeln der Kirche sich einstellenden Analogie Jesus Christus
der *analogans,* das darstellende menschliche Handeln hingegen das *analoga-*
tum ist. Er bringt die agierenden menschlichen Personen sich zur Entsprechung. Er beruft sie, und er macht sie zu Darstellern seiner Geschichte. Noch
einmal an die neutestamentliche Herkunft des Sakramentsbegriffs vom christologischen Mysterium erinnernd, kann man diese Bestimmung auch als *das*
Feiern dieses Mysteriums kennzeichnen – wenn nur klar ist und klar bleibt,
daß die Kirche im sakramentalen Ereignis nicht sich selber feiert, sondern den
in der Person Jesu Christi sich offenbarenden und sich selbst mitteilenden
dreieinigen Gott.

Inwiefern dabei das allgemeine Priestertum aller Gläubigen auf den verbi
divini minister, der als solcher rite vocatus sein soll, bezogen ist und ob es von
dessen Priestertum kategorial unterschieden ist, kann hier unerörtert bleiben,
ist aber ein für die ökumenische Verständigung höchst ponderables Problem.
In unserem Zusammenhang kam es nur darauf an, Wesen und Funktion der
sakramentalen Handlung phänomenologisch und theologisch angemessen zu
bestimmen und sicherzustellen, daß »in allen … sacramenten« kein Mensch
»gott ettwas gibt, … sondern nympt ettwas«[29]. Das ist ja die eigentliche Pointe des darstellenden Handelns im sakramentalen Ereignis: daß es Gottes Werke *wirken läßt*[30]. Gottes Werke auf sich wirken lassen – das heißt *glauben.* Im
Glauben kommt der Mensch genau so mit Gott zusammen, wie es das sakramentale Handeln darstellt.

Durch sein Zusammenkommen mit Gott geistlich ernährt und gestärkt,
wendet sich der – durch das sakramentale Ereignis in seinem weltlichen Leben elementar unterbrochene – Mensch, seinen Glauben in die Liebe zum
Mitmenschen investierend, dem unterbrochenen Leben der Welt aufs neue
zu, um *nun* seinerseits zum *Gebenden* zu werden: suum cuique und mehr als
das. Nun fordert er sich selbst, gibt er sich selber Imperative, die der Welt zugute kommen: *Imperative der Freiheit.* So macht ihn die sakramentale Feier
für den vernünftigen Gottesdienst im Alltag der Welt (Röm 12,1) tüchtig, und
er wird in der täglichen Arbeit zum Wohle der Welt noch einmal, nun aber als
weltlich wirksam Handelnder, zum überaus profanen Darsteller des *geben-*
den Gottes. In diesem Sinne, allerdings auch nur in diesem Sinne läßt sich

---

[29] *M. Luther,* Ein Sermon von dem neuen Testament, das ist von der heiligen Messe.
1520, WA 6, 364,27f.
[30] *M. Luther,* Das Magnificat verdeutschet und ausgelegt. 1521, WA 7, 595,34f.

vom Christenmenschen dasselbe sagen, was Conrad Ferdinand Meyer im Blick auf die Marmorschalen eines römischen Brunnens festgestellt hat:

»Und jede *nimmt* und *gibt* zugleich
Und strömt und ruht«[31].

---

[31] *C. F. Meyer*, Der römische Brunnen, in: *ders.*, Sämtliche Werke. Historisch-kritische Ausgabe, Bd. 1, hg. von *H. Zeller* und *A. Zäch*, 1963, 170 (Hervorhebungen von mir).

Auf dem Weg zur Eucharistiegemeinschaft[1]

Kommt, denn es ist alles bereit! Schmecket und sehet, wie freundlich der Herr ist! So lauten die Worte, mit denen im evangelischen Gottesdienst zur Kommunion eingeladen wird.

Kommt, denn es ist alles bereit? Die kirchliche Wirklichkeit sieht anders aus. Zumindest die beiden noch immer einigermaßen großen christlichen Kirchen Deutschlands sind nur erst *auf dem Weg* zur Eucharistiegemeinschaft. Immerhin, *auf dem Weg*: die einen an der Spitze voranstürmend, die anderen sozusagen als umsichtige Nachhut und mitunter auch nur als energische Bremser. Und die hinten, am Ende des wandernden Gottesvolkes, das sind keineswegs immer nur die Vertreter der sogenannten Amtskirche. Auch unter den Bischöfen – beider Kirchen! – gibt es solche und solche: solche, die auf dem Weg zur Abendmahlsgemeinschaft ihr Gesicht stracks nach – nein: nicht nach Jerusalem, sondern nach – Trient gerichtet haben, aber eben auch solche, die mit großer theologischer Kompetenz und viel seelsorgerlicher Sensibilität an der Spitze zu finden sind. Deshalb: verachtet mir die Bischöfe nicht! Sie haben's schwer. Sie sollen – wie man in meiner Kirche sagt – »zusammenhüten«. Und müssen doch selber »zusammengehütet« werden. Da hat der liebe Gott einiges zu tun …

Von uns aber, die wir es nicht ganz so schwer haben, weil wir keine Bischöfe sind, von uns erwartet man auf dem Weg zur Eucharistiegemeinschaft ganz gewiß einen *klaren Kopf*: einen klaren Kopf, der zu unterscheiden versteht zwischen dem, was möglich, was sinnvoll und was notwendig ist. Auf dem Weg zur Eucharistiegemeinschaft brauchen wir indessen nicht weniger *brennende Herzen*: brennende Herzen, die leidenschaftlich danach verlangen, daß alle Christen wieder gemeinsam am selben Tisch des Herrn das Mahl des Herrn feiern können. Auf dem Weg zur Eucharistiegemeinschaft brauchen wir aber vor allem das *Sakrament der Wegzehrung*, brauchen wir die *Stärkung durch das heilige Abendmahl* selbst: die *Stärkung durch die* die Einheit des Leibes Christi erfahrbar machende *Eucharistie*. Zu ihr lädt Jesus Christus ein, dem ins Wort zu fallen keinem von uns zusteht.

Von mir, einem evangelischen Professor der Theologie, wird jetzt wohl vor allem der klare Kopf verlangt. Ich will tun, was ich kann. Da der Professor der Theologie jedoch zugleich auch ein evangelischer Pastor und vor allem einer

---

[1] Vortrag auf dem Deutschen Katholikentag 1998 in Mainz.

von den vielen aus der Gemeinschaft der Glaubenden – der Heiligen! – ist, wird sein klarer Kopf sein brennendes Herz nicht verleugnen können, wird er vor allem aber die Einladung Jesu Christi nicht unterdrücken können: *Kommet her zu mir alle, die Ihr mühselig und beladen seid! Ich will Euch erquikken.* (Mt 11,28)

Der hoffentlich wenigstens halbwegs klare Kopf, der nun zu Ihnen spricht, gliedert seine Ausführungen in fünf Teile:

    I. Gegenseitige ökumenische Bereicherung
   II. Eucharistischer Jubel
 III. Das Abendmahl als Selbstrepräsentation Jesu Christi
 IV. Das Abendmahl als Ende des Opferkultes
   V. Der Herr am Tisch des Herrn und seine Diener.

I. Gegenseitige ökumenische Bereicherung

Es gab Zeiten – sie sind noch gar nicht so lange her –, da wurde das Abendmahl nur bei Todesgefahr über die Konfessionsgrenzen hinweg gespendet. Vor allem im Kriege auf dem Schlachtfeld haben katholische Priester sterbenden evangelischen Soldaten und evangelische Pfarrer vom Tode bedrohten Katholiken das Sakrament gereicht.

Dann kamen bessere Zeiten, in denen zumindest die evangelische Kirche den in Mischehen lebenden katholischen Ehepartnern das Abendmahl nicht mehr verweigern mochte.

Und in der Zeit des stürmischen ökumenischen Aufbruchs im Zusammenhang des Zweiten Vaticanums haben sogar in allerlei – zum Teil nicht unbedenklichen – Variationen Katholiken und Protestanten gemeinsam das Abendmahl bzw. die Eucharistie gefeiert. Dabei war und blieb man sich sehr wohl seiner konfessionellen Identität bewußt. Konversionsabsichten spielten bezeichnenderweise keine Rolle. Mit dieser neuen Abendmahlspraxis wurde ein bisher sowohl von der römisch-katholischen als auch von der lutherischen Kirche (von ihr freilich weniger konsequent) befolgter altkirchlicher Grundsatz durchbrochen, der besagt, daß die Grenzen der Kirchenzugehörigkeit und die Grenzen der Abendmahlsgemeinschaft sich decken[2]. In diesem Zusammenhang kam es zwar auch zu mancherlei Auswüchsen wie zum Beispiel zur Vermischung von Eucharistiefeier und Agapemahl – ein für beide Kirchen inakzeptabler Vorgang. Doch erheblich bedeutsamer war die enorme

---

[2] Vgl. *W. Elert*, Abendmahl und Kirchengemeinschaft in der alten Kirche hauptsächlich des Ostens, 1954, 136.

geistliche Bereicherung, die die praktische Teilhabe an der Abendmahlsgemeinschaft der jeweils anderen Konfession ermöglichte. Insbesondere die
christliche Jugend machte hier Entdeckungen, die sie ihrer jeweiligen Konfes-
sionskirche weitervermittelte. In meiner, der evangelischen Kirche kam es zur
Wiederentdeckung der Einheit von Wort und Sakrament; die Häufigkeit der
Abendmahlsfeiern und die Zahl der Teilnehmer nahmen in überraschender
Weise zu. Und die evangelische Theologie begann wiederzuentdecken, daß
das Vertrauen *allein in Gottes Wort* die Hochschätzung des Sakramentes als
leibhafter Gestalt des Wortes Gottes einschließt.

Die Kirchenleitungen haben auf jenen *ökumenischen Schwung* – man kann
durchaus auch von einem *ökumenischen Enthusiasmus* im besten Sinne des
Wortes reden – unterschiedlich reagiert. Ich berichte über die evangelischen
Kirchen, die sich mit der katholischen Kirche zwar darin einig waren, daß die
Praktizierung von Abendmahlsgemeinschaft »als [bloßer] Demonstration
zur Überwindung der Konfessionsgrenzen« abzulehnen ist. Aber, so erklär-
ten die evangelischen Kirchen – und damit unterschieden sie sich von der rö-
misch-katholischen Kirche –, nicht nur, wer aufgrund einer »leibliche[n] oder
geistliche[n] Notlage«, sondern auch, wer aufgrund »besonderer geistlicher
Erfahrung« das Abendmahl in der jeweils anderen konfessionellen Gemeinschaft zu feiern begehrt, darf sich dessen gewiß sein, »daß der Zugang zum
Tisch des Herrn im Grundsatz jedem getauften Christen offensteht, der im
Vertrauen auf Christi verheißendes Wort hinzutritt«[3]. »[U]nser Herr Jesus
Christus selbst ist es, der zu seinem Tisch einlädt«[4].

Der entscheidende Grund für diesen zweifellosen Fortschritt »auf dem
Weg zur Eucharistiegemeinschaft« ist für die evangelischen Kirchen der, daß
die im Glaubensbekenntnis bekannte und geglaubte eine heilige katholische
und apostolische Kirche, »der letztlich auch die Abendmahlsgemeinschaft
zugehört, umfassender als die Grenzen unserer Konfessionskirchen« ist[5].

Die Aufgabe, die sich aus dieser ökumenischen Situationsbeschreibung für
mich auf diesem Katholikentag ergibt, verstehe ich so, daß ich theologisch zu
prüfen habe, ob und inwiefern wir in unseren Abendmahlsfeiern und Abend-
mahlslehren diese eine heilige katholische und apostolische Kirche, für deren
Einheit Gott selbst gut steht, sichtbar machen oder aber entstellen.

Je sichtbarer sie in Lehre und Praxis wird, desto weiter kommen wir auf
dem Weg zur Eucharistiegemeinschaft voran, während jede Problematisie-

---

[3] Pastoraltheologische Handreichung zur Frage einer Teilnahme evangelisch-lutheri-
scher und römisch-katholischer Christen an Eucharistie- bzw. Abendmahlsfeiern der anderen Konfession vom 20. Oktober 1975, Texte aus der VELKD 15 (1981), 6 und 8.

[4] AaO., 6.

[5] Ebd.

rung der wahren einen Kirche durch die sichtbaren Konfessionskirchen auch die Eucharistiegemeinschaft zumindest in Frage stellt.

Ich will diese Prüfung so vollziehen, daß ich nach dem in der Heiligen Schrift bezeugten Wesen des Abendmahls frage und von der dabei gewonnenen Erkenntnis aus auf mir wichtig erscheinende Äußerungen beider Kirchen eingehe[6]. Was also feiern wir, wenn wir das Herrenmahl feiern?

II. Eucharistischer Jubel

Mit jubelnder Freude (ἐν ἀγαλλιάσει) feierte die älteste Gemeinde das Mahl des Herrn (Act 2,46). Der eucharistische Jubel ist wesentlich für die Feier des Abendmahls. Er ist nicht etwa nur eine liturgische Zutat, sondern er entspringt dem eucharistischen Mysterium selbst. Er entspringt der sich in dieser Feier ereignenden geheimnisvollen Gegenwart des gekreuzigten, auferstandenen und zur Rechten des Vaters erhöhten Jesus Christus. Die Glaubenden jubeln über Christi geheimnisvolle Gegenwart im Brot, das während dieses Mahles gegessen wird, und im Wein, der während dieses Mahles getrunken wird. Die Gemeinde Jesu Christi jubelt darüber, daß der Gekreuzigte lebt und daß sie *mit ihm*, mehr noch: daß sie *von ihm* leben darf. Die Abendmahlsgemeinde jubelt darüber, daß der in dieser Welt Abwesende jetzt *anwesend* ist, daß der dieser Welt durch seinen Tod, durch seine Auferstehung und durch seinen Heimgang zum Vater in jeder Hinsicht Entzogene sich uns in diesem Mahl auf neue Weise zugänglich macht: er ist da, er ist für uns da. Die christliche Kirche jubelt darüber, daß Jesus Christus zum Festmahl einlädt, um die Mühseligen und Beladenen zu erquicken, und daß er jeden, der nach der Lebensgemeinschaft mit Gott hungert und den nach menschlicher Gemeinschaft dürstet, zu sättigen verspricht: *Nimm hin und iß ... Nimm hin und trink!*

Es geht also darum, etwas *zu nehmen*, etwas *zu sich zu nehmen*: so, wie man Lebensmittel zu sich nimmt. Es geht darum, Jesus Christus als elementarstes Lebensmittel zu sich zu nehmen. Es geht, wohlgemerkt, nicht darum, etwas *zu geben*. Es geht ausschließlich darum, etwas zu nehmen: *Nimm hin und iß ... Nimm hin und trink!* Im Herrenmahl jubeln Menschen, die schmecken und sehen, wie freundlich der Herr ist.

Für eine theologische Besinnung auf das Herrenmahl ist es entscheidend, daß dieser Jubelcharakter der Abendmahlsfeier zur Geltung gebracht wird. Denn er stellt unübersehbar heraus, daß wir allemal geforderten und nur zu

---

[6] Die sogenannten ökumenischen Konsenserklärungen spielen dabei wegen ihres unbefriedigenden Reflexionsniveaus eine untergeordnete Rolle.

oft sogar überforderten Menschen in der Eucharistiefeier zu Personen werden, die weder Gott noch der Welt gegenüber irgend etwas zu tun oder gar irgend etwas zu leisten haben. Das genaue Gegenteil ist der Fall: der ständig geforderte und nur zu oft überforderte Mensch wird hier, wird in der Feier des Abendmahls nicht auf eine von ihm *geforderte Tat,* er wird hier nicht auf von ihm *erwartete Leistungen*, sondern er wird auf sein *Dasein* angesprochen, auf sein *neues Dasein als Glaubender.*

Das neue Dasein als Glaubender verdankt der Mensch aber allein dem *göttlichen Wort der Gnade,* dem für das Sakrament konstitutive Bedeutung zukommt. Das wird auch in der neueren katholischen Theologie durchweg so gesehen, so daß von einem Gegensatz zwischen einer (evangelischen) »Kirche des Wortes« und einer (katholischen) »Kirche des Sakramentes« eigentlich nicht mehr die Rede sein sollte. Bezeichnend genug, daß nach dem Urteil des großen katholischen Theologen Karl Rahner die Eucharistie geradezu »der Absolutfall des Wortes überhaupt« ist[7]. Und dieses Wort ist *das Evangelium*, das mich armen, elenden Sünder von meiner Sünde befreit und dadurch unendlich reich macht, daß es mich mit Gott zusammenkommen und zusammensein läßt.

Das Dasein der Glaubenden ist nun aber niemals ein bloß individuelles, es ist vielmehr per definitionem ein gemeinschaftliches Dasein, ist Sein als Zusammensein, und zwar als Zusammensein mit Jesus Christus selbst und als Zusammensein mit allen, die an ihn glauben, als Zusammensein also mit der Gemeinschaft der Glaubenden, die seine *Kirche* ist. Um unser Sein als Zusammensein mit Gott und um nichts sonst geht es, wenn wir zur Feier des Herrenmahls zusammenkommen. Im Abendmahl wird keine Forderung laut, die Taten von uns fordert. Hier schweigt das gebietende Gesetz. Hier regiert allein der Gnade ausströmende Indikativ des Evangeliums. Und das ist ein Indikativ, der uns aus Tätern zu Empfangenden, der uns aus Geforderten und Überforderten wieder zu Seienden macht: zu Seienden, die sich dessen freuen, daß sie dasein und mit Jesus Christus und so auch untereinander zusammensein können. Im Abendmahl regiert schon jetzt der evangelische Indikativ des Friedens, der das Leben in Gottes himmlischem Reich bestimmen wird. Deshalb: *sursum corda – erhebet Eure Herzen!*

Der eucharistische Jubel bewegt etwas: selber vom heiligen Geist in Bewegung gesetzt, bewegt er unsere Herzen, bewegt er das Zentrum unserer Existenz. Und er bewegt das Zentrum unserer Existenz so, daß wir bei unserem Herrn überhaupt erst richtig zu uns selbst kommen: *sursum corda – erhebet*

---

[7] *K. Rahner*, Wort und Eucharistie, in: *ders.*, Schriften zur Theologie, Bd. 4, ³1962, 313–355, 351.

Eure Herzen! Es ist der Ausdruck jubelnder Gewißheit, wenn die Gemeinde darauf antwortet: *habemus ad Dominum – wir haben sie beim Herrn.*

III. Das Abendmahl als Selbstrepräsentation Jesu Christi

Daß die Feier des Abendmahls von allen in die theologische Kategorie des *Gesetzes* fallenden Verhaltensweisen frei gehalten werde, daß im Ereignis der Feier des Herrenmahls nicht das menschliche Tätigkeiten und menschliche Werke fordernde *Gesetz* herrscht, sondern daß da allein das Evangelium, nämlich das das im Tod Jesu Christi vollbrachte göttliche Werk darstellende und uns die heilsame Wirkung dieses göttlichen Werkes darbietende Evangelium, herrscht – das ist der entscheidende Gesichtspunkt rechter Lehre vom Abendmahl. An ihm hat sich nicht nur im Blick auf die katholische Lehre, sondern auch im Blick auf die verschiedenen protestantischen Lehrmeinungen zu entscheiden, ob *recht* gelehrt wird. Denn das macht (nach den lutherischen Bekenntnisschriften) die Kirche zur Kirche: daß in der »Versammlung aller Gläubigen ... das *Evangelium* rein gepredigt und die heiligen Sakrament *lauts des Evangelii* gereicht werden«[8].

Vom Evangelium her muß also auch *die gottesdienstliche, die agendarische Handlung* verstanden werden, die wir in Gestalt der Abendmahlsfeier vollziehen. Es muß folglich geklärt werden, wie beides zusammenstimmt: *der Ausschluß jeder* als Werk des Gesetzes bzw. als Leistung zu verstehenden menschlichen *Tätigkeit* einerseits und die dem Evangelium entsprechende *sakramentale Handlung* andrerseits. Wie kann der unentwegt tätige Mensch ausgerechnet durch eine Handlung als Handelnder zur Ruhe gebracht werden? Denn jede gottesdienstliche Handlung und so auch die sakramentale Handlung des Abendmahls muß ja von Menschen vollzogen werden, ist also ein ganz spezifisches *menschliches Tun.* Im Abendmahl aber soll der Mensch nun doch gerade aus einem Täter zu einem *Empfangenden,* aus einem Geforderten und Überforderten zu einem *Seienden,* zu einem mit Jesus Christus und den Seinen Zusammenseienden werden. Wie also muß diese sakramentale Handlung verstanden werden, wenn doch durch sie der Mensch als Handelnder gnädig überholt und in einen Empfangenden verwandelt wird? Das ist die Frage. An ihrer Beantwortung entscheidet sich, ob wir dasselbe Fest feiern, wenn wir das heilige Abendmahl oder die Eucharistie feiern.

Nach der biblischen Abendmahlsüberlieferung soll dem Willen Christi gemäß das Essen des Brotes und das Trinken des Weines geschehen »zu meinem Gedächtnis«. Gemeint ist nicht nur eine historische Erinnerung, die an eine

---

[8] CA VII, BSLK 61,4–7 (Hervorhebungen von mir).

vergangene Begebenheit *zurückdenkt*, sondern gemeint ist ein die vergangene Begebenheit *vergegenwärtigendes Eingedenksein*. Dieses *vergegenwärtigende Eingedenken* vollzieht sich, wenn die Gemeinde Jesu Christi dessen Einsetzungsworte nachspricht und sich ihnen entsprechend verhält.

Das Handeln der Abendmahlsgemeinde ist also eine *vergegenwärtigende Darstellung* der Geschichte Jesu Christi. Das Handeln der Abendmahlsgemeinde ist ein, wie Schleiermacher es genannt hat, *darstellendes* Handeln und als solches genau zu unterscheiden von einem Handeln, das etwas *hervorbringt* oder *bewirkt*. *Darstellendes* Handeln hat mit der produktorientierten arbeitenden Tätigkeit, zu der uns der Alltag nötigt, nichts zu tun. Darstellendes Handeln ist frei von der Mühsal der Arbeit. Darstellendes Handeln ist *spielerisches* Handeln, dem die *Freude am Spiel* wesentlich ist. Im Spiel erholt sich der Mensch bekanntlich von seiner Arbeit. Im Spiel hört er auf, ein *Geforderter* zu sein. Im Spiel wird der Leistungsmensch ein sabbatlicher Mensch. In diesem präzisen Sinne ist das Handeln der Abendmahlsgemeinde ein spielerisches, ein *sabbatliches* Handeln, durch das wir *von uns selbst entlastet* werden. Und genau das geschieht, wenn wir im Abendmahl das Handeln Jesu Christi darstellen: wir werden von uns selbst entlastet und dadurch fähig, die Lasten anderer tragen zu helfen.

Vergegenwärtigende Darstellung ist das deutsche Wort für das lateinische *repraesentatio*. In der Feier des Abendmahls wird Jesus Christus repräsentiert. Für das angemessene Verständnis dieser Repräsentation ist es nun aber entscheidend, daß Jesus Christus im Handeln der Abendmahlsgemeinde sich selber zur Darstellung bringt. *Er* ist das Subjekt der Darstellung, *er* repräsentiert sich selber, wenn der der Abendmahlsfeier Vorstehende die Einsetzungsworte spricht und in Brot und Wein den Leib und das Blut Christi darbietet. Jesus Christus ist aber auch dann das Subjekt der Darstellung, er präsentiert sich selbst auch dann, wenn die am Tisch des Herrn Versammelten in Brot und Wein den Leib und das Blut Jesu Christi zu sich nehmen. Die Abendmahlsfeier ist das Ereignis der Selbstpräsentation Jesu Christi.

Sowohl die evangelische als auch die katholische Kirche verwenden in ihren Lehrentscheidungen für die sakramentale Handlung diesen Begriff der Repräsentation, wenn allerdings auch beschränkt auf die berufenen Diener der Kirche. In den lutherischen Bekenntnisschriften wird von denen, die das Evangelium verkündigen und die Sakramente dem Evangelium gemäß vollziehen, behauptet: sie repräsentieren nicht sich selbst (ihre eigenen Personen) – man könnte auch übersetzen: sie spielen keine eigene Rolle –, sondern sie repräsentieren die Person (die Rolle) Christi. An Christi Stelle und Statt bieten sie Wort und Sakramente dar[9].

---

[9] ApolCA VII, BSLK 240,42–47: »repraesentant Christi personam ..., non repraesen-

Aber auch in den römisch-katholischen Lehrentscheidungen des Konzils von Trient heißt es (in den Aufstellungen über das Meßopfer), Jesus Christus habe der Kirche in Gestalt der Messe »ein sichtbares Opfer hinterlassen, durch das jenes blutige (Opfer), das einmal am Kreuze dargebracht werden sollte, repräsentiert werden ... sollte«[10]. Und auch für die Konzilsväter scheint sich die sakramentale Repräsentation so zu vollziehen, daß Jesus Christus selber das Subjekt der Repräsentation ist, daß er sich im Handeln des Priesters selber zur Darstellung bringt.

Von diesen Aussagen über die Jesus Christus repräsentierende Eigenart der sakramentalen Handlung her müßte sich zwischen den lutherischen Kirchen und der römisch-katholischen Kirche grundsätzliches Einverständnis darüber erzielen lassen, daß Jesus Christus sich im Abendmahl selber vergegenwärtigt, daß also er *der eigentlich Handelnde* in der sakramentalen Handlung ist, der uns zu *Empfangenden* macht. Er selber spricht, wenn es heißt: *Nimm hin und iß ... Nimm hin und trink!* Er selber macht sich gegenwärtig, wenn es heißt: *Das ist mein Leib ... Das ist mein Blut.* Er selber macht uns zu seinen Darstellern, wenn es heißt: *Solches tut zu meinem Gedächtnis.*

Man wird in dieser sakramentalen Selbstrepräsentation Jesu Christi aber auch, sozusagen hinter seinen Tod zurückgehend, die Vergegenwärtigung der Mahlzeiten impliziert sehen dürfen, die Jesus während seiner irdischen Wirksamkeit nicht nur mit seinen Jüngern, sondern auch mit Zöllnern und Sündern gehalten hat, um ihnen durch diese Mahlgemeinschaft einen Vorgeschmack auf die Gemeinschaft in Gottes kommendem Reich zu gewähren. In diesem Sinne kann man die Abendmahlsfeier sogar ein »Hoffnungsmahl im Modus der Erinnerung« nennen[11].

Wenn die sich hier einstellende tiefe Gemeinsamkeit zwischen der evangelischen Abendmahlsfeier und der römisch-katholischen Eucharistiefeier dennoch bedroht erscheint, dann deshalb, weil nach römisch-katholischer Auffassung die in der Eucharistiefeier handelnde Kirche *ihrerseits* ein Opfer darbringt und dieses *ihr* opferndes Handeln in einer Weise begreift, die nach evangelischem Verständnis der Einmaligkeit des Opfers Jesu Christi Abbruch tut und die das sakramentale Handeln nun doch als ein frommes menschliches Werk erscheinen läßt, das der eigentlichen Bestimmung des Herrenmahls, uns aus Tätigen zu Empfangenden zu machen, zuwiderläuft. Wir müssen also fragen, was das Abendmahl mit einem Opfer zu tun hat.

---

tant proprias personas ... Cum verbum Christi, cum sacramenta porrigunt, Christi vice et loco porrigunt«.

[10] DH 1740: »visibile ... relinqueret sacrificium, quo cruentum illud semel in cruce peragendum repraesentaretur eiusque memoria in finem usque saeculi permaneret«.

[11] So die Formulierung in: Abendmahl und Abendmahlsgemeinschaft. Gemeinsamer Bericht über die Arbeit der Münchner Ökumenischen Seminare [im Wintersemester 1970/71] (abgedruckt in: Theologisches Jahrbuch 1973, hg. von *S. Hübner*, 520–544, 533).

IV. Das Abendmahl als Ende des Opferkultes

Die Reformation ist nicht zuletzt deshalb entstanden, weil sie in der damaligen gottesdienstlichen Praxis und insbesondere bei den Meß-Feiern eine unerträgliche Vermischung menschlicher Opfertätigkeit mit dem Selbstopfer Jesu Christi erkannte und bekämpfte. Die Reformatoren haben den Kreuzestod Jesu Christi als das eine, ein für allemal geschehene, die Welt mit Gott versöhnende Opfer so hoch geschätzt, daß sie daneben keine weitere Opferhandlung zu akzeptieren vermochten. Der evangelische Osterchoral (von Michael Weiße aus dem Jahr 1531) bringt es jubelnd zum Ausdruck:

>»Gelobt sei Gott im höchsten Thron
>samt seinem eingebornen Sohn,
>der für uns hat genug getan.
>Halleluja, Halleluja, Halleluja!«[12]

Mit dem Selbstopfer Jesu Christi ist für uns genug und mehr als genug getan. Einmal und ein für allemal. Als das ein für allemal geschehene vollkommene Opfer hat der Tod Jesu Christi das kultische Opferinstitut grundsätzlich außer Kraft gesetzt: *kein Opfer mehr für die Sünde* – diesen Grundsatz des Hebräerbriefes (Hebr 10,18) haben die Reformatoren auch auf die Eucharistie bezogen und deshalb das Verständnis der *Messe als Opfer* entschieden abgelehnt. Sie wußten sich dabei in der Schule des Neuen Testamentes. »Wo steht geschrieben, das die Meß eyn opffer ist, odder wo hatts Christus gelernt [= gelehrt], das man gesegnet brott und weyn gott opffern soll? ... Christus hatt eyns [= einst] sich selbst geopffert, er wil von keym andern hynnfurt werden geopffert. Er wil, das man seyns opffers gedencken soll. Wie seytt yhr denn ßo küne, das yhr auß dem gedechtniß eyn opffer macht?«[13]

  Gedächtnis heißt allerdings auch für Luther nicht nur die Erinnerung an einen Abwesenden, sondern die *Vergegenwärtigung* des Gekreuzigten. Im Abendmahl wird der, dessen Leib für uns in den Tod gegeben und dessen Blut für unsere Sünde vergossen wurde, *präsent*. Und mit der Realpräsenz der *Person* des Gekreuzigten ist auch das *Ereignis* seines Opfertodes *präsent*[14]. Eben deshalb verbietet es sich nun aber, das sakramentale Handeln der Kirche ebenfalls als Opfer zu verstehen.

---

[12] EG 103,1.
[13] *M. Luther*, Vom Mißbrauch der Messe. 1521, WA 8, 493,20–24.
[14] Das hat unter Berufung auf bisher vernachlässigte Aspekte der Abendmahlslehre Luthers Peter Brunner geltend gemacht. Vgl. *P. Brunner*, Zur Lehre vom Gottesdienst der im Namen Jesu versammelten Gemeinde, in: Leiturgia. Handbuch des Evangelischen Gottesdienstes, hg. von *K. F. Müller* und *W. Blankenburg*, Bd. 1, 1954, 83–361, 220ff.

Wenn *nach* dem ein für allemal vollbrachten Opfer Jesu Christi gleichwohl noch von *menschlichen Opferhandlungen* die Rede ist, dann gerade nicht im *kultischen* Sinne. Opfer ist nunmehr ein metaphorischer Ausdruck für die das ganze Leben des Christen kennzeichnende Hingabe. In diesem Sinne ermahnt Paulus die Christen, sich selbst als »lebendiges, heiliges, Gott wohlgefälliges Opfer« darzubringen – und das bezeichnenderweise gerade *nicht* im liturgischen Gottesdienst, sondern in jenem »vernünftigen Gottesdienst«, der sich im *Alltag der Welt* vollzieht (Röm 12,1f.). Der Opferbegriff kann nun metaphorisch auf jeden Lebensakt bezogen werden, mit dem der Christ Gott dient. Speziell im liturgischen Gottesdienst hat das »Lobopfer«, das den Namen Gottes preist (Hebr 13,15), und ebenso das »Dankopfer« (insbesondere in Gestalt der »Kollekte«) seinen Sitz im Leben. Bei allen solchen »Opferhandlungen« (im metaphorischen oder – wie es 1Petr 2,5f. heißt – geistlichen Sinne) handelt es sich aber um vom kultischen Opfer streng zu unterscheidende Vollzüge des christlichen Lebens, handelt es sich um Vollzüge des allgemeinen Priestertums aller Gläubigen[15].

Die katholische Theologie hat auf die reformatorischen Einwände so reagiert, daß sie deutlich zu machen versuchte, die Messe sei nicht ein *neues* Opfer neben dem Kreuzesopfer, sondern dessen sakramentale Gegenwärtigsetzung. Nach Kardinal Cajetan[16] wird denn auch in der Messe »nicht das Opfer [Christi] wiederholt, sondern in wiederholter Feier wird das fortbestehende Opfer [Christi] Gegenwart ... Im Neuen Testament gibt es, wie Cajetan betont, nur einen Priester: Christus. Er ist der eigentliche Opferer in der Messe. Der Priester am Altar ist sein Diener. Er konsekriert ... in persona Christi. Deshalb sagt er ja auch: ›Dies ist *mein* Leib‹ und nicht: ›Dies ist der Leib Christi‹«[17].

Auf dieser Linie bewegen sich dann auch – wenn man sie in optimam partem interpretiert – die einschlägigen Aussagen des Konzils von Trient, deren wichtigste ich im vorigen Abschnitt bereits in Erinnerung gerufen habe.

Mißlich bleibt freilich, daß die römisch-katholische Kirche im Gefolge des Tridentinums dennoch weiterhin von einem *opfernden Handeln* des Priesters bzw. der Kirche spricht. Das wird auch noch dadurch unterstrichen, daß die Bereitung von Brot und Wein ebenfalls – wenn nun auch in einem wieder ganz anderen Sinn – als Darbietung und Opfer (offertorium) bezeichnet wird. Bezeichnend, daß der katholische Theologe Michael Schmaus *im Blick auf die*

---

[15] Vgl. *M. Luther*, Vom Mißbrauch der Messe, WA 8, 493,13–15: »Es gehort und gebürt allen ..., wilche unter dem creutz leben, ... alßo, das diß opffer des lobiß sey wie eyn rauch und roch des vorigen opffers«.

[16] *Th. Cajetan*, De missae sacrificio et ritu adversus Lutheranos, 1531.

[17] *E. Iserloh*, Art. Abendmahl III/3.2, TRE, Bd. 1, 1977, 122–131, 126,38–47 (Hervorhebungen von mir).

Eucharistie sagen kann: »Christi Tun führt ... nicht dazu, daß wir nicht mehr tätig zu sein brauchen. Sein Tun ruft vielmehr unser Tun. Es ermöglicht unser Tun, indem es unseren Glauben und unsere gläubige Hingabe an den Vater im Himmel ermöglicht«[18]. Damit wird verkannt, daß der Glaubende als Glaubender nach Paulus (Röm 4,5) gerade ein »Nicht-Handelnder« ist: nämlich ein *Nehmender*, ein *Empfangender*. Doch Christi Selbstopfer ruft gerade nicht unser *Opfer*, ruft überhaupt nicht unser *Tun*, sondern unser *Empfangen*, aus dem dann allerdings das christliche Tun – wie aus der kreativen Passivität des Sabbats die neue Arbeitswoche – hervorgeht[19].

Aus demselben Grund ist es für das evangelische Verständnis des Abendmahls auch schwer nachvollziehbar, wenn der Apostolische Stuhl in einer Stellungnahme zu den – unter Mitwirkung von zwölf Delegierten der römisch-katholischen Kirche entstandenen – Konvergenzerklärungen der Kommission für Glauben und Kirchenverfassung des Ökumenischen Rates der Kirchen *Taufe, Eucharistie und Amt* (Lima 1982) kritisch bemerkt, es müsse die in diesem Papier vollzogene »Beschreibung des Handelns der Kirche in der Eucharistie als Danksagung und Fürbitte vervollständigt werden durch einen Hinweis auf das Selbstopfer der Teilnehmer an der Eucharistie, die in Einheit mit dem ›ewigen Selbstopfer‹ Christi geschieht«[20]. Es müsse »unmißverständlich« zum Ausdruck gebracht werden, »daß die Eucharistie in sich selbst ein wahres Opfer« sei, in welchem Christus »sich jetzt opfert«, um den Glaubenden »die Möglichkeit zu geben, sich ihrerseits mit seinem Selbstopfer an den Vater zu vereinen«[21]. Mit solchen Forderungen droht der bereits erreichte, weitgehende ökumenische Konsens in der Lehre vom

---

[18] *M. Schmaus*, Das eucharistische Opfer im Kosmos der Sakramente, in: Opfer Christi und Opfer der Kirche. Die Lehre vom Meßopfer als Mysteriengedächtnis in der Theologie der Gegenwart, hg. von *B. Neunheuser*, 1960, 13–27, 15.

[19] Es ist bedrückend, daß ein evangelischer Dogmatiker die zitierten Sätze von M. Schmaus mit der Bemerkung anführt: »M. Schmaus hat ja durchaus Recht«. So *U. Kühn*, Art. Abendmahl IV, TRE, Bd. 1, 1977, 145–212, 171,26f. Hier sind offensichtlich grundlegende Erkenntnisse reformatorischer Theologie und mit ihr zugleich fundamentale Basissätze der Theologie des Apostels in Vergessenheit geraten.

[20] Eine katholische Stellungnahme zu den Konvergenzerklärungen der Kommission für Glauben und Kirchenverfassung des Ökumenischen Rates der Kirchen *Taufe, Eucharistie und Amt* vom 21. Juli 1987, Verlautbarungen des Apostolischen Stuhls Nr. 79, hg. vom *Sekretariat der Deutschen Bischofskonferenz*, 1988, 28. Auf derselben Linie liegen Behauptungen des »Europäischen Kongresses über die Berufungen zum Priestertum und Ordensleben in Europa«, in der Eucharistiefeier trete »jeder Christ ... ein in die Eigenart der Gabe Jesu, indem er selbst, wie dieser, zum Brot wird, das als Opfer für den Vater und für das Leben der Welt gebrochen wird«. Die eucharistische »Memoria« schließe ein, daß der Glaubende aufgerufen sei, »den eigenen Leib zu brechen und das eigene Blut zu vergießen wie der Sohn« (Verlautbarungen des apostolischen Stuhls Nr. 131, hg. vom *Sekretariat der Deutschen Bischofskonferenz*, 1998, 37f.).

[21] Eine katholische Stellungnahme zu den Konvergenzerklärungen, 29.

Abendmahl noch einmal von Grund auf in Frage gestellt zu werden. Hier wird derselbe Begriff des Opfers bzw. Selbstopfers in einer dem Zeugnis des Neuen Testaments widersprechenden Weise sowohl von Christus als auch von den Christen ausgesagt. Das ist ein ökumenischer Rückschritt, den allenfalls der katholisierende Flügel innerhalb der evangelischen Christenheit begrüßen kann. Eucharistischer Jubel kann jedenfalls über eine solche schriftwidrige Behauptung, die unterstellt, in der Abendmahlsfeier geschehe ein »Selbstopfer der Teilnehmer« und das auch noch »in der Einheit mit dem ›ewigen Selbstopfer‹ Christi«, nicht ausbrechen. Hier ist vielmehr theologischer Widerspruch angezeigt.

Es mag dann weiter geprüft werden, ob die zu bestreitende Behauptung des Apostolischen Stuhls nur eine Hypertrophie darstellt, die die Substanz der Sache nicht beschädigt, so daß ein evangelischer Christ dennoch und mit Freuden an einer römisch-katholischen Eucharistiefeier teilzunehmen vermag, oder ob mit jener Behauptung das Wesen des Abendmahls tangiert wird. Auf jeden Fall macht der Vorgang deutlich, daß ökumenische Fortschritte auch hier nur durch einen unzweideutigen Rückgang in die Abendmahlstexte des Neuen Testamentes zu erreichen sind. Dann wird sich allerdings auch zeigen, daß das Abendmahl selber eine die Differenzen im Abendmahlsverständnis überbietende Wirkung hat und insofern nicht nur *Ausdruck* der – irgendwann einmal – zu gewinnenden sichtbaren Einheit der Kirche ist, sondern diese Einheit selber *bewirkt*. Denn – so lehren mit Recht Vertreter der orthodoxen Christenheit – nicht nur da, wo die Kirche ist, kann die Eucharistie vollzogen werden. In gleicher Weise gilt vielmehr auch die Umkehrung: wo die Eucharistie vollzogen wird, da ist die Kirche. Und was lesen wir in der neuesten Ausgabe des Codex Iuris Canonici? Wir lesen auch dort, daß das eucharistische Opfer »die *Einheit* des Volkes Gottes« nicht nur »bezeichnet«, sondern auch »*bewirkt*«[22]. Das Abendmahl führt also die kirchliche Einheit, die es darstellt, auch selber herbei – behauptet der Codex des kanonischen Rechtes. Wer aber, der katholisch genannt zu werden verdient, wollte dem *Codex Iuris Canonici* widersprechen?

V. Der Herr am Tisch des Herrn und seine Diener

Die unterschiedliche Einschätzung des Opfercharakters der Abendmahlsfeier schlägt auch auf das Verständnis des Priestertums und demgemäß auf die Bedeutung und Funktion, die dem Geistlichen bei der Eucharistiefeier zuerkannt wird, durch. Der neue Codex Iuris Canonici verbietet es denn auch ka-

---

[22] CIC can. 897, ⁴1994, 408: »… quo significatur et efficitur unitas populi Dei«.

tholischen Priestern ausdrücklich, »zusammen mit Priestern oder Amtsträgern von Kirchen oder kirchlichen Gemeinschaften, die nicht in der vollen Gemeinschaft mit der katholischen Kirche stehen, die Eucharistie zu konzelebrieren«[23]. Solche »Konzelebration« ist freilich nicht die einzige Gestalt, in der Abendmahlsgemeinschaft zwischen den Kirchen möglich ist. Auf jeden Fall stellt sich jedoch die Frage nach der Bedeutung der Amtsperson für die gültige Feier der Eucharistie.

Evangelische Lehre geht davon aus, daß Jesus Christus der eine und einzige Hohepriester ist, der sein priesterliches Werk der opfernden Selbsthingabe zum Heile der Menschheit ohne jede menschliche Mitwirkung vollbracht hat und *daraufhin* sein priesterliches Amt so vollzieht, daß er alle an ihn Glaubenden zu (solchen) Priestern macht, die der Menschheit das vollbrachte Werk Christi bezeugen und ihr das durch dieses Werk Christi bewirkte Heil zusprechen und darbieten. Wie das kultische *Opferinstitut*, so beendet Jesus Christus folglich auch das *kultisch* verstandene *Priestertum* und setzt an dessen Stelle das *allgemeine Priestertum aller Gläubigen*[24]. Der Glaube selbst ist nun der rechte Gottesdienst[25]. Innerhalb der christlichen Kirche ist deshalb die kategoriale Unterscheidung von Priestern und Laien zu verwerfen[26].

Auch die apostolische Sukzession begründet einen solchen *kategorialen* Unterschied zwischen Priestern und Laien nicht. Denn unter apostolischer Sukzession verstehen die evangelischen Kirchen die Sukzession in der Bezeugung der Wahrheit des Evangeliums, wie es im Kanon der Heiligen Schrift identifizierbar ist. An die Stelle des Apostels ist nicht der Bischof, sondern der Kanon getreten. Apostolische Sukzession meint also die Sukzession in der schriftgemäßen Verkündigung und in der ihr entsprechenden Sakramentspraxis.

---

[23] CIC can. 908, 412: »Sacerdotibus catholicis vetitum est una cum sacerdotibus vel ministris Ecclesiarum communitatumve ecclesialium plenam communionem cum Ecclesia catholica non habentium, Eucharistiam concelebrare.«

[24] Vgl. *M. Luther*, Von der Freiheit eines Christenmenschen. 1520, c. 14–16, WA 7, 26,32 – 28,25. CHelvP, Art. 18, Bekenntnisschriften und Kirchenordnungen der nach Gottes Wort reformierten Kirche, hg. von *W. Niesel*, 1938 (Nachdr. 1985), 202.

[25] Vgl. Apol.CA XV, BSLK 300,8f.: »… und wußten nichts vom höchsten Gottesdienste, der da heißt Glaube«.

[26] *M. Luther*, De captivitate Babylonica ecclesiae praeludium. 1520, WA 6, 563,28–31. Vgl. *F. D. E. Schleiermacher*, Der christliche Glaube nach den Grundsätzen der evangelischen Kirche im Zusammenhange dargestellt, auf Grund der 2. Aufl. und krit. Prüfung des Textes neu hg. und mit Einl., Erläuterungen und Reg. versehen von *M. Redeker*, Bd. 2, [7]1960, § 104.6, 135: »Wie nun … Christus der Gipfel des Priestertums ist, … so ist er auch zugleich das Ende alles Priestertums … Das Hohepriestertum Christi aber ist zugleich auf die Gemeine der Gläubigen übergegangen, so daß die Christen insgesamt ein priesterliches Volk heißen«.

Damit jedoch die Bezeugung und Darbietung des durch Jesus Christus be-
wirkten Heils, zu der grundsätzlich *alle* Glaubenden *befähigt* sind, *geordnet*
vollzogen wird, hat Gott auch nach evangelischer Lehre innerhalb des allgemeinen Priestertums aller Gläubigen *das kirchliche Amt* gestiftet, das vor allem das »Amt der Evangeliumsverkündigung und der Sakramentsverwal-
tung« ist[27]. Und deshalb soll »niemand in der Kirchen offentlich lehren oder
predigen oder Sakrament reichen ... ohn ordentlichen Beruf [= ohne ordent-
liche Berufung in dieses Amt]«[28]. Doch die berufenen Amtsträger haben gegenüber allen anderen Glaubenden weder eine besondere Vollmacht (potestas) noch einen sogenannten unverlierbaren Charakter (character indelebi-
lis), der ihnen in einem besonderen Weihesakrament (ordo) zugeeignet wird.
Auch die gemeindeübergreifenden (episkopalen) Ämter haben *kein Mehr* an
potestas.

Die Stiftung eines kirchlichen Amtes durch Gott soll also nicht einem
Mangel des allgemeinen Priestertums aller Glaubenden *abhelfen,* sondern
umgekehrt den *geistlichen Reichtum* des allgemeinen Priestertums aller Glaubenden in geordnete Bahnen lenken und dadurch öffentlich kommunikabel
machen. Nicht weil das christliche Leben zu arm oder zu schwach ist, sondern weil es zu reich ist, braucht es ein es ordnendes kirchliches Amt. Die
kirchlichen Amtsträger vollziehen stellvertretend den der ganzen Gemeinde
anvertrauten und befohlenen Dienst[29]. Indem sie ihn vollziehen, treten sie allerdings in der Gemeinde dieser gegenüber und verweisen damit auf das *Gegenüber* von Evangelium und Kirche, das auch und gerade dann zur Geltung
kommt, wenn das Evangelium *in* der Gemeinde verkündigt und gehört wird.

Für die Abendmahlsfeier folgt aus diesem Amtsverständnis, daß es zur
Wohlordnung des kirchlichen Lebens gehört, diese Feier unter dem Vorsitz
eines ordinierten Christen zu vollziehen, daß aber die Gültigkeit der Abendmahlsfeier nicht in Frage gestellt wird, wenn aus zu verantwortenden Gründen ein nicht ordinierter Christ die Funktion des verbi divini minister übernimmt. Aus demselben Grund wird die Gültigkeit der von einem Amtsträger

---

[27] Vgl. CA V, BSLK 58,2–8.

[28] CA XIV, BSLK 69,2–5.

[29] Vgl. die Theologische Erklärung von Barmen, These IV: »[Jesus Christus spricht:] ›Ihr
wisset, daß die weltlichen Fürsten herrschen und die Oberherren haben Gewalt. So soll es
nicht sein unter euch; sondern so jemand will unter euch gewaltig sein, der sei euer Diener.‹
(Mt 20,25.26.) Die verschiedenen Ämter in der Kirche begründen keine Herrschaft der einen über die anderen, sondern die Ausübung des der ganzen Gemeinde anvertrauten und
befohlenen Dienstes. Wir verwerfen die falsche Lehre, als könne und dürfe sich die Kirche
abseits von diesem Dienst besondere, mit Herrschaftsbefugnissen ausgestattete Führer geben oder geben lassen.« (Die Barmer Theologische Erklärung. Einführung und Dokumentation, mit einem Geleitwort von *K. Engelhardt,* hg. von *A. Burgsmüller* und *R. Weth,*
[6]1998, 39).

der römisch-katholischen Kirche geleiteten Eucharistiefeier von der evangelischen Kirche nicht in Frage gestellt. Trotz einiger gewichtiger Unterschiede in der Abendmahls*lehre* ist für die evangelische Kirche schon jetzt *Abendmahlsgemeinschaft* möglich.

Und das trotz erheblicher Bedenken gegen einige Aspekte des Amtsverständnisses der römisch-katholischen Kirche. Zwar haben auch die deutschen katholischen Bischöfe erklärt, daß das Priestertum Jesu Christi einmalig und endgültig ist und daß es der »Dienst am Evangelium« ist, durch den »in der Weise des Wortes das Opfer Christi für uns gegenwärtig« wird[30]. Doch in den Festlegungen des Trienter Konzils über das Weihesakrament klang es noch sehr anders, nämlich so: »Opfer und Priestertum sind nach Gottes Anordnung so verbunden, daß es in jedem Bunde beides gibt. Da also die katholische Kirche im Neuen Testament das heilige Opfer der Eucharistie aufgrund der Einsetzung des Herrn sichtbar empfangen hat, muß man auch bekennen, daß es in ihr ein neues sichtbares und äußeres Priestertum gibt«. Dementsprechend soll Jesus Christus »den Aposteln und ihren Nachfolgern im Priestertum die Vollmacht (potestas) übergeben« haben, »seinen Leib und sein Blut zu konsekrieren, darzubringen und auszuteilen sowie auch die Sünden zu vergeben und zu behalten«[31].

In der Tradition dieser Aussagen erklärt auch der neue Codex Iuris Canonici, daß »nur der gültig geweihte Priester« der Diener ist, »der an Christi Statt das Sakrament der Eucharistie zu vollziehen vermag«[32]. Doch es fällt auf, daß in diesem Zusammenhang nicht eigens von einer durch das Sakrament der Priesterweihe verliehenen *Vollmacht* (*potestas*) die Rede ist. Das dürfte eine Folge des Zweiten Vaticanums sein, das »die Verengungen der nachtridentinischen Amtstheologie« (aber doch wohl auch der tridentinischen selbst) aufgebrochen hat[33]. Zwar hat auch das Zweite Vaticanum behauptet, daß sich das gemeinsame Priestertum aller Glaubenden und das

---

[30] Schreiben der Bischöfe des deutschsprachigen Raumes über das priesterliche Amt. Eine biblisch-dogmatische Handreichung, 1970, 25.
[31] Tridentinum. Lehre und Canones über das Sakrament der Weihe, c. 1, DH 1764: »Sacrificium et sacerdotium ita Dei ordinatione coniuncta sunt, ut utrumque in omni lege exstiterit. Cum igitur in Novo Testamento sanctum Eucharistiae sacrificium visibile ex Domini institutione catholica Ecclesia acceperit: fateri etiam oportet, in ea novum esse visibile et externum sacerdotium, in quod vetus translatum est. Hoc autem ab eodem Domino Salvatore nostro institutum esse, atque Apostolis eorumque successoribus in sacerdotio potestatem traditam consecrandi, offerendi et ministrandi corpus et sanguinem eius, nec non et peccata dimittendi et retinendi«.
[32] CIC can. 900, § 1, 410: »Minister, qui in persona Christi sacramentum Eucharistiae conficere valet, est solus sacerdos valide ordinatus.«
[33] Vgl. *B. J. Hilberath*, »Ich bin es nicht«. Grundlegendes zur Aufgabe des priesterlichen Dienstes, Diakonia 29 (1998), 173–181, 177.

Dienstpriestertum »dem Wesen und nicht nur dem Grade nach« unterscheiden. Doch nicht wenige Ausleger sehen die *Intention* des Zweiten Vaticanums in der sogleich folgenden Feststellung, daß nicht nur das Weihepriestertum, sondern auch das allen Glaubenden gemeinsame Priestertum am Priestertum Christi teilhat[34]. In vielen Passagen der Konzilstexte wird zudem der Dienst des Amtes von der Verkündigung her bestimmt, so daß man den Dienst des priesterlichen Amtes jedenfalls nicht auf den kultischen, »den priesterlichen-sacerdotalen Bereich einschränken« darf[35].

Wohl wissend, daß es auch ganz andere Interpretationen des Zweiten Vaticanums gibt und daß Äußerungen des Vatikans aus jüngster Zeit dazu gehören, zitiere ich voller Hoffnung die Forderung Karl Lehmanns, es müssen »die sakramentalen Vollmachten der Eucharistiefeier und der Sündenvergebung ... von einer tieferen Wurzel ... her« verstanden werden: einer Wurzel, die es erlaubt, das »*eine* Amt von den in der Kirche gegebenen Aufgaben und Strukturen her auf viele Teilämter oder Personen« zu verteilen[36]. In dieser Forderung Karl Lehmanns deutet sich eine der Eucharistiegemeinschaft zugute kommende echte Annäherung im Amtsverständnis beider Kirchen an.

Gänzlich unbegründet ist diese Hoffnung nicht. Kann man doch immerhin sogar im neuen Codex Iuris Canonici lesen, daß »in der eucharistischen Versammlung das Volk Gottes unter der Leitung des Bischofs oder des unter seiner Autorität stehenden Priesters, der an Christi Statt handelt, *zur Einheit zusammengerufen wird* und daß alle anwesenden Glaubenden, seien es Kleriker oder Laien, zusammenwirken, indem jeder auf seine Weise gemäß der Verschiedenheit der Weihen und der liturgischen Dienste teilnimmt«[37].

Ein Letztes! Daß die erwähnten Differenzen im Amtsverständnis und im Opferverständnis die Eucharistiegemeinschaft nicht behindern *müssen* – da-

---

[34] Vaticanum II. Constitutio Dogmatica de Ecclesia »Lumen gentium«, c. 2 a. 10, LThK, ErgBd. 1, ²1966, 137–347, 182: »Sacerdotium autem commune fidelium et sacerdotium ministeriale seu hierarchicum, licet essentia et non gradu tantum differant, ad invicem tamen ordinantur; unum enim et alterum suo peculiari modo de uno Christi sacerdotio participant.«

[35] Zitiert nach *B. J. Hilberath*, »Ich bin es nicht«, 179.

[36] *K. Lehmann*, Das dogmatische Problem des theologischen Ansatzes zum Verständnis des Amtspriestertums, in: Existenzprobleme des Priesters, hg. von *F. Henrich*, 1969, 121–175, 165; vgl. außerdem die überaus ausgewogenen Darlegungen von *K. Lehmann*, Dogmatische Vorüberlegungen zur »Interkommunion«, in: *J. Höfer/K. Lehmann/W. Pannenberg/E. Schlink*, Evangelisch-katholische Abendmahlsgemeinschaft? Veröffentlichung des Ökumenischen Arbeitskreises evangelischer und katholischer Theologen, hg. von *G. Krems* und *R. Mumm*, 1971, 77–141.

[37] CIC can. 899, § 2, 410: »In eucharistica Synaxi populus Dei in unum convocatur, Episcopo aut, sub eius auctoritate, presbytero praeside, personam Christi gerente, atque omnes qui intersunt fideles, sive clerici sive laici, suo quisque modo pro ordinum et liturgicorum munerum diversitate, participando concurrunt.«

für kann die Taufe beispielgebend sein. Denn die Taufe führt eindrücklich vor
Augen, daß das Ereignis ihres Vollzuges Vorrang vor der die Wahrheit dieses
Ereignisses interpretierenden Lehre hat. Gibt es doch in der Christenheit weder eine gemeinsame Tauflehre noch eine gemeinsame Taufliturgie, ja nicht
einmal unbedingt dieselbe Taufformel. Und doch wird die vollzogene Taufe
durch die getrennten Kirchen fast durchweg anerkannt – und das trotz des
auch hier nicht gegebenen deckungsgleichen Verständnisses des kirchlichen
Amtes[38].

Um so unverständlicher ist es, daß die durch die Taufe für die getrennten
Kirchen geöffneten Türen ausgerechnet durch das Abendmahl wieder geschlossen werden sollen. Dem Willen Jesu, wie er in den offenen Tischge-
meinschaften mit Zöllnern und Sündern anschaulich geworden ist, entspricht
das zweifellos nicht. Deshalb möchte ich zum Schluß noch einmal auf eine
trotz aller Differenzen fundamentale Gemeinsamkeit im Verständnis des
kirchlichen Amtes zurückkommen.

Entscheidend ist meines Erachtens, daß trotz aller Differenzen zwischen
dem Amtsverständnis hier und dort nach der Lehre sowohl der evangelischen
Kirchen wie der römisch-katholischen Kirche die Amtsperson »an Christi
Statt (personam Christi gerente)« handelt. Jesus Christus als den Herrn am
Tisch des Herrn zu bezeugen ist ihr Amt. Dieser Herr will nun aber gerade
darin *Herr* sein, »daß er *diene* und sein Leben dahingebe als Lösegeld für viele« (Mk 10,45). »Ich aber bin unter Euch als der Diener« sagt er selber zu den
an seinem Tisch Versammelten (Lk 22,27c par.). Die Kirchen haben keine andere Aufgabe, als diesen seinen Willen zur Darstellung zu bringen. Indem sie
dies tun, ereignet sich aber bereits *die Einheit der Kirche*.

Die ausformulierte und auszuformulierende *Lehre* hat diese Einheit dann
nachzuvollziehen. Die dafür notwendigen theologischen Anstrengungen
müssen allerdings einer gemeinsamen eucharistischen Praxis auf dem Fuße
folgen. Das Evangelium selbst muß der kirchlichen Lehre *Beine machen*.
Denn wenn die sich in der Mahlgemeinschaft bereits *ereignende Einheit* nicht
pünktlich durch *die kirchliche Lehre* eingeholt wird, würde die gewonnene
eucharistische Gemeinschaft paradoxerweise erst recht in die Zerrissenheit
der Christenheit führen.

Die aber ist und bleibt ein ekklesiologischer Skandal, den es durch das einzige *legitime* theologische Skandalon, nämlich das Wort vom Kreuz, zu beenden gilt. Das den Tod des Herrn verkündende Wort vom Kreuz ist ja konsti-
tutiver Bestandteil der Eucharistiefeier. Indem sie vollzogen wird, verkündet

---

[38] Vgl. dazu *E. Schlink*, Das Problem der Abendmahlsgemeinschaft zwischen der evan-
gelisch-lutherischen und der römisch-katholischen Kirche, in: *J. Höfer/K. Lehmann/W.
Pannenberg/E. Schlink*, Evangelisch-katholische Abendmahlsgemeinschaft?, 143–187,
165ff.

die Gemeinde den Tod des Herrn, bis daß er kommt. Verheißt er gleichwohl, daß er schon jetzt, wo zwei oder drei versammelt sind in seinem Namen, mitten unter ihnen sein werde (Mt 18,20), dann ist er ganz gewiß in jeder Eucharistiefeier gegenwärtig – und das auch dann, wenn die zwei oder drei, die da versammelt sind, verschiedenen Konfessionen angehören. Während also die *kirchliche Lehre* auf dem Weg zur Eucharistiegemeinschaft die nächsten Schritte noch vor sich hat, ist die Kirche Jesu Christi in jeder Abendmahlsfeier, in der an Christi Statt gehandelt wird, bereits am Ziel dieses Weges und hat Grund, sich dessen mit eucharistischem Jubel zu freuen.

Der Geist der Hoffnung und des Trostes

Thesen zur Begründung des eschatologischen Lehrstücks vom Reich der Freiheit[1]

1. Die Eschatologie bringt in Gestalt eines Lehrstückes vom *Reich der Freiheit* die Soteriologie (Pneumatologie) zum Abschluß, die im Lehrstück vom *befreienden Gott* grundlegend und im Lehrstück vom *befreiten Menschen* ekklesiologisch erörtert wird.

1.1 Als Lehrstück vom befreienden Gott ist Soteriologie Lehre vom Geist der Wahrheit.

1.2 Als Lehrstück vom befreiten Menschen ist Soteriologie Lehre vom Geist der Liebe.

1.3 Als Lehrstück vom Reich der Freiheit ist Soteriologie Lehre vom Geist der Hoffnung und des Trostes.

1.31 Zum befreiten Menschen gehört eine befreite Menschheit und eine erlöste Welt, in der das Werk des befreienden Gottes zur Vollendung kommt.

2. Die theologisch übliche Kennzeichnung der Struktur eschatologischer Aussagen durch die Dialektik von *Schon Jetzt* und *Noch Nicht* des Heils hat nur dann ihr Recht, wenn das spannungsvolle Verhältnis von *Schon Jetzt* und *Noch Nicht* nicht von der Defizienzerfahrung gegenwärtigen Mangels her, sondern von der Verheißung zukünftiger Vollendung her begriffen wird.

2.1 Die Struktur eschatologischer Aussagen reflektiert nicht die Bedrohung der schon jetzt ermöglichten Heilserfahrung durch die Ungewißheit einer noch nicht eingetretenen und deshalb *ambivalenten* Zukunft, sondern die Gewißheit einer im Sein Jesu Christi schon jetzt verbürgten, aber noch ausstehenden *eindeutigen* Zukunft.

---

[1] Die folgenden Thesen setzen – als soteriologischen Kontext – die in der Festschrift für *Eduard Schweizer* (Die Mitte des Neuen Testaments. Einheit und Vielfalt neutestamentlicher Theologie, hg. von *U. Luz* und *H. Weder*, 1983, 97–118) veröffentlichten Thesen zum *Geist der Wahrheit* und die in der Festschrift für *Karl Lehmann* (Weg und Weite, hg. von *A. Raffelt*, 2001, 549–562) publizierten Thesen zum *Geist der Liebe* und – für die Klärung dessen, was *ewig* genannt zu werden verdient – die in der ZThK 97 (2000), 80–87 (vgl. in diesem Aufsatzband S. 345–353) publizierten Thesen zur *Ewigkeit des ewigen Lebens* voraus.

2.2	Die Gewißheitserfahrung einer im Sein Jesu Christi schon jetzt verbürgten eindeutigen Zukunft unterscheidet die christliche Hoffnung von dem Zukunftsbezug des »natürlichen Menschen«.
2.3	Nur unter Voraussetzung dieses spezifischen Begriffs christlicher Hoffnung ist die neutestamentliche Identifikation der Heiden als solcher Menschen, »die keine Hoffnung haben« (1 Thess 4,13; Eph 2,12), verständlich und gerechtfertigt.
2.31	»Keine Angst und keine Hoffnung zu haben, heißt in gleicher Weise unmenschlich zu sein«[2]. In Angst und Hoffnung meldet der Mensch sein Recht auf Zukunft an.
2.32	Als rein formale Struktur menschlicher Existenz ist Hoffnung Reklamation zukünftigen Daseins und darüber hinaus Hoffnung auf – *nichts*.
2.321	Erst indem sie an schon verwirklichte Existenz anknüpft, richtet sich die Hoffnung auf *etwas*: das zukünftige Hoffnungsgut ist extrapolierte Vergangenheit.
2.322	Als Hoffnung auf etwas kann Hoffnung enttäuscht werden. Die Erfahrung enttäuschbarer Hoffnung gibt dem Existential Hoffnung zwielichtige Züge: »Hoffnung« ist im vorchristlichen griechischen Sprachgebrauch Ausdruck für die Erwartung *guter und schlechter* Ereignisse.
2.323	Hoffnung kann, indem sie Zukunft zu erschließen verspricht, die Gegenwart verschließen. Sie kann, indem sie auf die Zukunft hin vertröstet, »die Gegenwart verderben«[3]. Sie kann, indem sie zur Flucht aus der Gegenwart in eine angeblich bessere Zukunft verführt, zum Opiat werden.
2.3231	Daß dem Menschen, statt ihn auf die Strenge seines eigenen Gewissens zu verweisen, auf einen zu erweichenden künftigen Richter »Hoffnung gemacht wird«, heißt nach *Immanuel Kant*, dem Menschen »gleichsam Opium fürs Gewissen zu geben«[4].

---

[2] *W. Jens* in: Angst und Hoffnung in unserer Zeit. Darmstädter Gespräch 1963, hg. von *K. Schlechta*, 1965, 157–165, 165.

[3] *F. D. E. Schleiermacher*, Der christliche Glaube nach den Grundsätzen der evangelischen Kirche im Zusammenhange dargestellt, auf Grund der 2. Aufl. und krit. Prüfung des Textes neu hg. und mit Einl., Erläuterungen und Reg. versehen von *M. Redeker*, Bd. 2, [7]1960, § 158.3, 416.

[4] *I. Kant*, Die Religion innerhalb der Grenzen der bloßen Vernunft, in: *ders.*, Gesammelte Schriften, hg. von der *Königlich Preußischen Akademie der Wissenschaften*, Bd. 6, 1907, 1–202, 77f.

2.3232 Die Hoffnung der Religion ist nach *Karl Marx*, indem sie »der Seuf-
zer der bedrängten Kreatur, das Gemüth einer herzlosen Welt, ... der
Geist geistloser Zustände ist[,] ... das *Opium* des Volks«[5].

2.324 Der ambivalente Charakter des Existentials Hoffnung, der sich in der
schwankenden Überlieferung der Fabel von der Büchse der Pandora
(Hesiod – Babrius) spiegelt, zwingt zu der über die Beantwortung der
Frage »*Was ist der Mensch?*« mitentscheidenden, prinzipiell von der
Religion zu beantwortenden Frage: »*Was darf ich hoffen?*«[6]

2.4 Der eindeutig positive Begriff der Hoffnung im Neuen Testament ist
von der Gewißheit des Hoffnungsgutes her konstituiert, die durch
den heiligen Geist aus dem Glauben an das schon jetzt gegenwärtige
Heil hervorgerufen wird: ἡμεῖς ... πνεύματι ἐκ πίστεως ἐλπίδα
δικαιοσύνης ἀπεκδεχόμεθα (Gal 5,5; vgl. Röm 4,18; 5,1; 15,13; Hebr
11,1); ohne *Glauben* keine (christliche) *Hoffnung*!

2.41 Der lebendige Glaube hat die Hoffnung als individua comes bei sich:
»fides fundamentum est, cui spes incumbit: spes fidem alit ac susti-
net«[7]. Der Glaube gibt der Hoffnung ihre Gewißheit. Die Hoffnung
gibt dem Glauben seine Lebendigkeit.

2.5 Christliche Hoffnung ist eine durch den Geist der Hoffnung und des
Trostes ermöglichte Zukunftserfahrung mit den Erfahrungen der
Nichtigkeit des menschlichen Daseins, die auch der »natürliche
Mensch« macht und in Gestalt »natürlicher Theologie« mit selbst
entworfenen eschatologischen Gegenwelten zu verarbeiten sucht.

2.51 Christliche Eschatologie kann in den eschatologischen Gegenwelten,
mit denen der »natürliche Mensch« seine Nichtigkeitserfahrungen zu
verarbeiten sucht, die Ambivalenz der menschlichen Existenz ken-
nenlernen, der der Geist der Hoffnung und des Trostes ein Ende
macht.

2.52 Was das menschliche Dasein nichtig macht, ist für die christliche
Hoffnung erst aufgrund der Zukunftserfahrung des Geistes der
Hoffnung und des Trostes entscheidbar.

2.53 Der Geist der Hoffnung und des Trostes bejaht die Begrenzung des
menschlichen Daseins durch Anfang und Ende, indem er dem so begrenzten Menschenleben ewige Zukunft verheißt, und identifiziert
den Zwang zum Drang des Menschen in die Verhältnislosigkeit als

---

[5] *K. Marx*, Zur Kritik der Hegelschen Rechtsphilosophie, Einleitung, in: *ders.*, Gesamtausgabe, 1. Abt., Bd. 2, 1982, 170–183, 171.

[6] *I. Kant*, Logik. Ein Handbuch zu Vorlesungen, in: *ders.*, Gesammelte Schriften, Bd. 9,
1923, 1–150, 25.

[7] *J. Calvin*, Institutio Christianae religionis (1559), l. III, c. 2, n. 42, Opera selecta, Bd. 4,
hg. von *P. Barth* und *W. Niesel*, [2]1959, 53.

die das Nichts über Gottes gute Schöpfung heraufbeschwörende Sünde.

2.531 Nicht die Grenzen des Menschseins machen das menschliche Dasein nichtig, sondern der grenzenlose Drang des Menschen zur Selbstverwirklichung, der als solcher das menschliche Dasein verhältnislos und beziehungslos macht, ist der Grund der Nichtigkeit des menschlichen Daseins. Die Sünde qualifiziert das Lebensende zum Fluchtod, der das Leben als nichtig erfahren läßt.

2.532 Der wahre Grund der Nichtigkeit des menschlichen Lebens wird erst mit der Überwindung des als der Sünde Sold zu verstehenden Todes in der Auferstehung Jesu Christi erkennbar.

2.533 Der Geist des Jesus Christus von den Toten auferweckenden Gottes verbürgt den von diesem Geist erfaßten Glaubenden die eigene Auferstehung als Hoffnungsgut (Röm 8,10f.): der Geist der Hoffnung und des Trostes erweist sich als »Angeld« (2Kor 1,22; 5,5) und »Unterpfand« (Röm 8,23; vgl. Eph 1,13f.; Hebr 6,4f.; Barn 1,7) der zukünftigen Herrlichkeit.

2.6 Christliche Hoffnung hofft nicht auf eine dem *schon jetzt* gegebenen Angeld des Geistes fremde, ganz andere Zukunft, sondern auf die verheißene und als solche *noch nicht* verwirklichte Selbstüberbietung des heiligen Geistes.

2.61 Die erhoffte Selbstüberbietung des heiligen Geistes impliziert die Selbstüberbietung der nach Röm 5,5 durch den Geist schon jetzt in die Herzen der Glaubenden ausgegossenen Liebe Gottes.

2.62 Gottes Liebe kann durch nichts überboten werden. Gottes Liebe kann sich nur selber überbieten.

2.63 Indem die Liebe Gottes sich selbst überbietet, steigert sie sich selbst, ohne ihr Wesen zu alterieren.

2.64 Die eschatologische Selbstüberbietung des heiligen Geistes führt als Selbstüberbietung der Liebe Gottes den in Christus schon jetzt versöhnten und befreiten Menschen in das ihn und seine Welt erlösende Reich der Freiheit.

3. Die Struktur aller eschatologischen Aussagen der Dogmatik hat die eschatologische Selbstüberbietung des schon jetzt als ἀρραβών gegenwärtigen und am Sein Jesu Christi Anteil gebenden Geistes der Hoffnung und des Trostes zu reflektieren.

3.1 Alle eschatologischen Aussagen haben demgemäß geltend zu machen, »daß der Mensch« von der »wirklich ausständigen Zukunft das und nur das ... weiß, was davon prospektiv *aus* und *an seiner* heilsgeschichtlichen Erfahrung in seiner *Gegenwart* ablesbar ist. ... Eschatologie ist ... nicht die antizipierende Reportage später erfolgender

Ereignisse ..., sondern der für den Menschen ... notwendige Vorblick *aus* seiner durch das Ereignis Christi bestimmten ... Situation *heraus* ... auf die endgültige Vollendung dieser seiner eigenen, schon escha- tologischen Daseinssituation ... Sein Wissen um die Eschata ist nicht eine zusätzliche Mitteilung zu der dogmatischen Anthropologie und Christologie, sondern nichts anderes als eben *deren* Transposition in den Modus der Vollendung«[8].

3.2   Alle eschatologischen Aussagen müssen die Struktur pneumatologi- scher Relationsaussagen haben,

3.21   die die erhoffte Zukunft als das *sichtbare* Zur-Welt-Kommen des in Jesus Christus verborgen zur Welt gekommenen und als heiliger Geist unsichtbar zu den Glaubenden kommenden Gottes so aussa- gen,

3.211   daß sie die Gegenwart der glaubend Hoffenden auf die als Selbstüber- bietung des heiligen Geistes verheißene Zukunft beziehen, mithin

3.212   auch die verheißene Zukunft als Advent des sich zur Welt in Bezie- hung setzenden Gottes aussagen, so daß Gott (adventus dei) und Welt (futurum mundi) auf das strengste unterschieden und gerade so unüberbietbar aufeinander bezogen werden, »ut sit spes purissima in purissimum deum«[9].

3.3   Alle eschatologischen Aussagen haben als pneumatologische Rela- tionsaussagen ihr Kriterium im Geist des Herrn und seiner Freiheit und insofern darin, »daß sie auf das Evangelium bezogen sind«[10].

3.31   Eschatologische Aussagen haben die die Gegenwart der Welt bestim- mende *Angst vor der Zukunft* auf keinen Fall zu potenzieren, son- dern deren Verwandlung in diejenige *Gottesfurcht* zur Sprache zu bringen, die das Gericht Gottes als definitiven Erweis seiner Liebe erwartet.

3.4   Als am Evangelium orientierte Zukunftsaussagen haben alle eschato- logischen Aussagen die Vollendung des schöpferischen Wirkens Got- tes zur Geltung und so das irdische Sein des Geschöpfes als durch Gott selbst begrenztes und auf seine noch nicht verwirklichten Mög- lichkeiten hin zu entgrenzendes diesseitiges Dasein zu Ehren zu brin- gen.

---

[8] *K. Rahner*, Schriften zur Theologie, Bd. 4, [4]1964, 414f.
[9] *M. Luther*, Operationes in Psalmos. 1519–21, WA 5, 166,18.
[10] *G. Ebeling*, Dogmatik des christlichen Glaubens, Bd. 3, [2]1982, 403; vgl. *Ch. Schütz*, Allgemeine Grundlegung der Eschatologie, in: Mysterium Salutis. Grundriß heilsge- schichtlicher Dogmatik, hg. von *J. Feiner* und *M. Löhrer*, Bd. 5: Zwischenzeit und Vollen- dung der Heilsgeschichte, 1976, 553–700, 645.

3.41   Eschatologische Aussagen haben geltend zu machen, daß der Christ nicht *negativ* »auf eine Erlösung *aus* der Diesseitigkeit, Endlichkeit und Sterblichkeit seiner Existenz« zu hoffen berufen und berechtigt ist, »sondern *positiv*: auf die Offenbarung ihrer in Jesus Christus schon vollendeten Erlösung … gerade seines diesseitigen endlichen und sterblichen Wesens«[11].

3.5   Alle eschatologischen Aussagen haben nichts anderes als ein Vorverständnis der mit der Parusie Jesu Christi verheißenen unmittelbaren und universalen – und deshalb unüberbietbaren – Offenbarung zu entwickeln.

3.6   Die materiale dogmatische Eigenart eschatologischer Aussagen qualifiziert diese zu *analogen* Aussagen, die im Modell einer *Analogie des Adventes* aufgrund des in Jesus Christus bereits zur Welt gekommenen und als heiliger Geist auch jetzt zu uns kommenden Gottes dessen erneutes Kommen in Herrlichkeit zur Sprache bringen und das mit ihm kommende Reich der Freiheit in Gleichnissen des Himmelreiches auf legitime Weise anschaulich machen.

3.61   Als analoge Aussagen reden eschatologische Aussagen nicht uneigentlich, sondern in derselben Weise eigentlich, in der Jesu Gleichnisse vom Himmelreich eigentliche Rede sind.

3.7   Alle eschatologischen Aussagen müssen mit der von ihnen zur Sprache gebrachten Zukunftserfahrung, die ihrerseits eine Erfahrung mit den gegenwärtigen Nichtigkeitserfahrungen ist, auf die Gegenwart der angefochtenen Gemeinde so zurückkommen, daß sie deren irdischem Zukunftsbezug zugute kommen.

3.71   Eschatologische Aussagen haben eine den gegenwärtigen Menschen tröstende, zur Hoffnung berufende und zum Handeln aufrufende parakletische und ethische Funktion. Indem sie in der gegenwärtigen Welt aufdecken, was im Reich der Freiheit nicht mehr sein wird und deshalb schon jetzt nicht mehr sein sollte, gewinnen sie eine gegenüber der Gegenwart der Welt eminent kritische Funktion.

4.   Indem die christliche Gemeinde den Tod Jesu Christi in der Kraft seiner Auferstehung von den Toten verkündigt, hofft sie auf und bittet sie um sein erneutes Kommen in Herrlichkeit am Tag des Herrn.

4.1   Der Gebetsruf der christlichen Gemeinde, der um das baldige Kommen des Herrn bittet (Apk 22,20; 1 Kor 16,22; Did 10,6), ist Ausdruck der Leidenschaft der Hoffnung.

4.2   Zur christlichen Hoffnung gehört wesentlich die durch die Freude auf die zukünftige herrliche Freiheit der Kinder Gottes konstituierte

---

[11] *K. Barth*, Die Kirchliche Dogmatik (KD), Bd. III/2, [4]1979, 771.

und für die Leiden und die Unfreiheit in der gegenwärtigen Welt sen-
sibilisierende (Röm 8,18–24) Leidenschaft der Hoffnung, in der der
Glaubende von Tag zu Tag erneuert wird (2Kor 4,16).

4.21   Als der Erfüllung ihres Begehrens gewisse, aber eben deshalb an der
Unerfülltheit ihres eigenen Begehrens leidende Leidenschaft ist es
auch der Leidenschaft der Hoffnung »höchste Potenz …, ihren eignen Untergang zu wollen«[12].

4.22   In der Leidenschaft der Hoffnung wird die menschliche Existenz ek-
zentrisch, und zwar so, daß es zu einer sowohl die Ruhe als auch die
Unruhe der gegenwärtigen Existenz eschatologisch erschütternden
Ek-stasis aus der Gegenwart hin zur Zukunft kommt.

4.23   Mit der Leidenschaft der Hoffnung ist zugleich die Gefahr gegeben,
im Ereignis der Ek-stasis die Gegenwart zu überspringen und von
deren Leiden unangefochten schon jetzt die noch nicht gekommene
zukünftige Herrlichkeit zu antizipieren. Eine solche – illusorische! –
Antizipation macht die Hoffnung trostlos.

4.24   In der Leidenschaft der Hoffnung steht der Mensch zu sich selbst im
Verhältnis der Exterritorialität (2Kor 5,4–9), durch die es allererst ermöglicht wird, daß wir durch die Leidenschaft »in uns selbst Fuß fassen und hellsichtig … werden«[13].

4.25   Indem sie die Leidenschaft der Hoffnung als für diese wesentlich zur
Sprache bringt, widerspricht die christliche Eschatologie dem stoi-
schen Ideal der Leidenschaftslosigkeit[14] ebenso wie der pythago-
reischen Warnung μήτε πάθος ἐγείρηται[15] und der Behauptung *Immanuel Kants*, daß »Leidenschaften … ohne Ausnahme *böse*«[16] sind.

4.3   Die Leidenschaft der Hoffnung führt mit sachlicher Notwendigkeit
zu der Erwartung, daß die Ankunft Jesu Christi in Herrlichkeit und
damit der der Unerlöstheit der Kreatur ein Ende machende Tag des
Herrn *nahe herbeigekommen* sei.

4.31   Die negative Erklärung der urchristlichen Naherwartung (vgl.
1Thess 4,15; 1Kor 15,51; Röm 13,11f.; Mk 13,24ff.; Mt 24,3 usw.) als
eines die ganze futurische Eschatologie desavouierenden Irrtums ver-

---

[12] *S. Kierkegaard*, Philosophische Brocken oder ein Bröckchen Philosophie, übers. von *E. Hirsch*, Gesammelte Werke, 10. Abt., 1952, 35.
[13] *M. Heidegger*, Nietzsche, Bd. 1, Gesamtausgabe, 1. Abt., Bd. 6/1, 1996, 45.
[14] Vgl. Stoicorum veterum fragmenta, hg. von *J. von Arnim*, Bd. 3, 1903 (Nachdr. 1964), Nr. 448, 109.
[15] *Pythagoras*, Frgm. 9, § 233, *H. Diels*, Die Fragmente der Vorsokratiker, hg. von *W. Kranz*, Bd. 1, [18]1989, 58 D, 478.
[16] *I. Kant*, Anthropologie in pragmatischer Hinsicht, in: *ders.*, Gesammelte Schriften, Bd. 7, 1917, 117–333, 267.

fehlt das Wesen der Naherwartung ebenso wie jede positive Erklärung der Parusieverzögerung (vgl. 2Petr 3,4ff.; Mt 25,5; Lk 12,45; 1Clem 23,3; 2Clem 11,2f.), die durch die Positivität ihrer Erklärung *die Verlegenheit* beseitigt, die das Problem der Naherwartung aufwirft und aufwerfen muß.

4.32 Im Unterschied zu der auch in der alttestamentlichen Prophetie und in der jüdischen Apokalyptik bezeugten Naherwartung und der durch sie aufgeworfenen Frage (vgl. Jes 5,19; Hes 12,12; Dan 8,13; 12,5ff.; 4Esra 4,33f.; 6,59; syrBar 26; 81,3; äthHen 97,3–5; 104,3 u.ö.) stellt die urchristliche Naherwartung insofern einen Fall sui generis dar, als sie nicht das noch nie dagewesene Neue, sondern das neue Kommen des schon Gekommenen erwartet.

4.321 Die christliche Gemeinde blickt auf Jesu Christi Leben, Tod und Auferstehung zurück, wenn sie seine baldige Ankunft in Herrlichkeit herbeisehnt. Dieser Rückblick konstituiert die Gewißheit, daß die Nacht vorgerückt und der Tag nahe herbeigekommen ist (Röm 13,12).

4.322 Gegenüber einer negativen (Rudolf Bultmann) oder positiven (Karl Barth) Wegerklärung des Problems der Naherwartung und Parusieverzögerung kommt es dogmatisch darauf an, die theologische Verlegenheit wach zu halten, die mit jenem Problem gegeben ist, und die Leidenschaft der Hoffnung ins Recht zu setzen, die jenes Problem mit sachlicher Notwendigkeit erzeugt.

4.323 Die mit dem Problem der Naherwartung und Parusieverzögerung gegebene theologische Verlegenheit behaftet die christliche Eschatologie bei ihrer Aufgabe, den Tag des Herrn anzusagen. Die Verlegenheit, die die christliche Hoffnung angesichts der weitergehenden Weltgeschichte stets aufs neue bereitet und bereiten muß, kann zwar getröstet und so zu einer getrosten Verlegenheit werden; sie muß aber auch als solche eine lebendige Verlegenheit bleiben, an der die Lebendigkeit der Hoffnung auf den lebendigen Herrn ihr Kriterium hat.

4.324 Die Leidenschaft der christlichen Hoffnung wird allerdings durch eine *chronologische Fixierung* der Naherwartung ebenso problematisiert wie durch die Beseitigung der mit ihr gegebenen Verlegenheit. Jede chronologische Fixierung der nach Lk 17,21 u.ö. nicht objektivierbaren Nähe des Reiches der Freiheit pervertiert die Naherwartung existentiell zur Fernerwartung.

4.325 In der Beziehung der Gegenwart auf die Zukunft des Tages des Herrn läßt sich weder Maß nehmen noch Maß halten.

4.4 Die Leidenschaft der Hoffnung und mit ihr die drängende Erwartung des Tages des Herrn hat ihren eschatologischen Sitz im Leben in der das Kommen der ἡμέρα κυρίου feiernden κυριακὴ ἡμέρα (Apk 1,10; Did 14,1; IgnMagn 9,1).

4.41   Im die Auferstehung Jesu Christi und seinen kommenden Tag feiernden (Barn 15,9; IgnMagn 9,1) ersten Tag der Woche (1Kor 16,2; Act 20,7; vgl. Mk 16,2 par.) ist der die Woche beendende alttestamentliche Sabbat aufgehoben und intensiviert.

4.42   Der dies dominicus unterbricht die »ewige« Wiederkehr des Gleichen und sagt deren Ende an. Als solcher hat er eschatologische Bedeutung[17].

4.43   Der dies dominicus unterbricht das Gen 3,17–19 formulierte Gesetz der Tage und das Ps 104,23 und Ps 90,10 formulierte Gesetz des werktätigen Lebens, indem er sich als Zeit zum Gottesdienst ereignet.

4.44   Im Gottesdienst kommt der Herr selber so zu Wort (Predigt) und zur Anschauung (Taufe, Herrenmahl), daß seine Gegenwart ein Vorverständnis ihrer Selbstüberbietung am Tage des Herrn erzeugt.

4.5   Der Tag des Herrn wird von der christlichen Hoffnung als die Zeit erwartet, die ganz und gar und ausschließlich durch das Ereignis des Adventes Jesu Christi qualifiziert ist.

4.51   Als *Tag* wird die Zeit der Ankunft Jesu Christi deshalb erwartet, weil der Tag im Gegensatz zu »der Nacht, da niemand wirken kann« (Joh 9,4), die *Zeit zur Tat* ist. Der Tag des Herrn wird als die Zeit erwartet, in der Jesus Christus allein handelt und in sichtbarer Konkurrenzlosigkeit über die Welt entscheidet.

4.52   Die mit der Hoffnung auf den Tag des Herrn verbundene Erwartung eines *Verlöschens der Lichter der Welt* (vgl. Am 5,18; Jes 13,10; 34,4; Mk 13,24 par.) qualifiziert diesen Tag negativ zum *Ende aller menschlichen Tätigkeit*, die dann nicht mehr nur unterbrochen, sondern beendet und beurteilt werden wird.

4.53   Die mit der Hoffnung auf den Tag des Herrn verbundene Erwartung der Erscheinung Jesu Christi im Lichte seines eigenen Seins (vgl. Act 2,20 mit Joel 3,4; Mk 13,26 par.; Lk 17,23f.; 2Thess 2,8; 1Tim 6,14; 2Tim 4,1.8; Tit 2,13) qualifiziert diesen Tag (und damit auch seine negative Qualifikation) positiv zur Zeit der *Tat Jesu Christi* und *nur der Tat Jesu Christi*, die dem Ende aller menschlichen Tätigkeit einen positiven Sinn gibt.

4.54   Die eschatologische Tat Jesu Christi am Tage des Herrn ist im Grunde nichts anderes als die Tat seines Kommens in Herrlichkeit.

---

[17] Vgl. *K. Barth*, KD III/4, ³1969, 60ff.

4.55 Die Tat seines Kommens in Herrlichkeit bedeutet die *unmittelbare Gegenwart* Jesu Christi und insofern das Ende jener Mittelbarkeit, der gemäß Gott (z.B. in Wort und Sakrament) nur als Abwesender anwesend ist.

4.6 Der Advent Jesu Christi im Lichte seines eigenen Seins ist die Tat der *unmittelbaren und universalen Offenbarung* des Seins und der Werke des dreieinigen Gottes und als solche die irresistible Aufklärung, die nichts anderes als die Vollendung der mit der Auferstehung Jesu Christi anhebenden Aufklärung im Lichte des Evangeliums ist.

4.61 Die Universalität der Offenbarung Gottes in der Erscheinung Jesu Christi wird sich heilsgeschichtlich darin erweisen, daß der gekreuzigte Jesus Christus dann zugleich mit der »Fülle der Heiden« auch von Israel erkannt und als der Messias Israels anerkannt werden wird, der »ganz Israel erlösen« wird (Röm 11,25f.; vgl. Act 2,36).

4.611 Die eschatologische Gewißheit, daß Jesus Christus sich ganz Israel als Messias unmittelbar offenbaren und durch solche Offenbarung ganz Israel erretten wird, verbietet es der Kirche, einen vom alttestamentlichen Zeugnis absehenden sogenannten christlichen Gottesgedanken zu konzipieren und damit das Neue Testament als metaphysisches oder moralisches Lesebuch philosophisch usurpierbar zu machen.

4.612 Die eschatologische Gewißheit, daß Jesus Christus sich ganz Israel als Messias unmittelbar offenbaren und durch solche Offenbarung ganz Israel erretten wird, gebietet es der Kirche, die bleibende Erwählung Israels zu bezeugen.

4.613 Die eschatologische Gewißheit, daß Jesus Christus sich ganz Israel als Messias unmittelbar offenbaren und durch solche Offenbarung ganz Israel erretten wird, läßt die Kirche an ihrer Selbstunterscheidung von der Synagoge und an deren Selbstunterscheidung von der christlichen Gemeinde das Elend einer die Einheit der Kinder Gottes verwirkenden, noch nicht erlösten Menschheit erleiden.

4.62 Die Universalität der Offenbarung Gottes in der Erscheinung Jesu Christi bedeutet, daß am Tage des Herrn das Evangelium als das Wort vom Kreuz triumphieren und Gott als der in seiner Göttlichkeit menschliche Gott herrlich sein wird.

4.63 Die Universalität der Offenbarung Gottes in der Erscheinung Jesu Christi bedeutet, daß die Wahrheit dann nicht mehr der Liebe zur Wahrheit bedarf, weil Wahrheit und Liebe dann als ein und dasselbe Ereignis erfahren werden. Die Universalität der Offenbarung impliziert die Unmittelbarkeit der Offenbarung.

4.64 Die Unmittelbarkeit der Offenbarung Gottes in der Erscheinung Jesu Christi beendet die Furcht vor der Erkenntnis der Wahrheit, weil sie Gott so als Liebe zu erkennen gibt, daß sich der Erkennende zugleich als von Gott Geliebter erkennt.

4.65 Die Unmittelbarkeit der Offenbarung Gottes in der Erscheinung Jesu Christi besteht in der Einheit von Gotteserkenntnis und Selbsterkenntnis.

4.66 Die Einheit von Gotteserkenntnis und Selbsterkenntnis vollzieht sich insofern, als Jesus Christus sich im Lichte seines eigenen Seins so zur Erscheinung bringt, daß in demselben Lichte auch der Mensch in neuer Weise zur Erscheinung kommt.

4.67 Die Erkenntnis des im Lichte seines eigenen Seins erscheinenden Jesus Christus verändert den Erkennenden, indem sie ihn in das von ihm erkannte herrliche Sein *verwandelt* (Röm 8,17–19; Phil 3,21; Kol 3,4; 1Joh 3,2f.) und so die die menschliche Selbsterkenntnis behindernde objektive Selbstentstellung des Menschen beendet.

4.7 Die Verherrlichung des Menschen, die diesen in die Herrlichkeit Jesu Christi verwandelt, besteht in des toten Menschen Auferstehung und in der mit ihr sich vollziehenden Erhöhung zu Gott.

4.71 Die Auferstehung von den Toten ist das eine Ereignis der allen Menschen widerfahrenden Erhöhung zum Gericht.

4.711 Die apokalyptische Unterscheidung der Auferstehung der Toten in zwei voneinander unterschiedene Ereignisse, die durch ein dazwischenliegendes tausendjähriges Reich getrennt sein sollen (Apk 20,1–15), bedarf ebenso christologischer Sachkritik[18] wie die mit ihr verbundene Rede vom zweiten Tod.

4.72 Die Auferstehung der Toten ist die universale und unmittelbare Offenbarung des in Tod und Auferstehung Jesu Christi errungenen Sieges Gottes über den Tod. Unmittelbarer und universaler als durch die Auferweckung aller Toten kann dieser Sieg nicht offenbart und nicht erfahren werden.

4.73 Im Ereignis der Auferstehung der Toten offenbart Gott, daß er der totalen Verhältnislosigkeit und Beziehungslosigkeit des Todes seine neue Beziehungen schaffende Liebe entgegengesetzt und so den Tod überwunden hat.

4.74 Die Definition des Todes als Trennung der Seele vom Leib[19] ist theologisch ebenso inakzeptabel wie die Lehre von der Unsterblichkeit der Seele.

4.741 Die im 5. Laterankonzil definierte Lehre von der Unsterblichkeit der Seele hatte die Funktion, die Identität des im Tode endenden irdi-

---

[18] Vgl. CA XVII, BSLK 72 und CHelvP XI, BSRK 182–186.
[19] Vgl. *Platon*, Phaidon, 64c 4f.

schen Lebens mit dem von den Toten auferweckten Ich sicherzustellen. Die Sicherstellung der Identität geschah durch Sicherstellung der
Kontinuität des Ich in Gestalt der Behauptung der Unzerstörbarkeit
der Seele.

4.742 Die christliche Rezeption der Lehre von der Unsterblichkeit der Seele ist nur unter der Voraussetzung eines zu überbrückenden Hiatus
zwischen dem persönlichen Tod und der universalen Auferstehung
am Tage des Herrn sinnvoll.

4.743 Der theologische Grundirrtum der Lehre von der Unsterblichkeit
der Seele besteht in dem Fehler, die Beantwortung der Frage nach
dem Sein des Menschen post mortem von der menschlichen Sorge um
die eigene, in der Beziehungslosigkeit des Todes endende Identität
her statt von der Fürsorge des auch im Tode beziehungsreichen Gottes her leiten zu lassen.

4.75 Der mit dem Tod gegebene Ewigkeitsbezug ist ganz und gar und ausschließlich im Sein des seine Ewigkeit und Unsterblichkeit dem Tod
aussetzenden Gottes begründet.

4.751 Ewigkeit und Unsterblichkeit sind Gottesprädikate. Es gibt *daneben*
keine Ewigkeit und Unsterblichkeit des Menschen.

4.752 Ewigkeit und Unsterblichkeit sind – wie alle göttlichen Attribute –
kommunikable Attribute. So wie Gott in seinem trinitarischen
Selbstverhältnis das kommunikable Wesen ist, so ist er es auch in seinem Verhältnis zu uns.

4.76 In der Auferstehung der Toten am Tage des Herrn wird universal evi-
dent und an der Welt anschaulich, daß Gott den Tod auf sich genommen hat und in der Einheit von Leben und Tod zugunsten des Lebens
nichts anderes als Liebe ist.

4.77 Der zur Rechten Gottes des Vaters erhöhte Jesus Christus ist die To-
tenauferstehung in Person und läßt den an seiner Person Teilhaben-
den wie im Glauben so auch im Augenblick des Todes an seinem Leben als Auferstandener partizipieren. Sein ewiges Leben ist jeder To-
desstunde unmittelbar gegenwärtig, indem es das gelebte Leben des
Gestorbenen *rettend begrenzt* und *schöpferisch verewigt*.

4.78 Indem Gott den Menschen im Tode nicht dem durch die Sünde heraufbeschworenen Nichts überantwortet, sondern mit seinem ewigen
Sein rettend begrenzt, kommt es zur schöpferischen *Verewigung* des
gelebten Lebens, die eine Zeitdifferenz zwischen der Sterbestunde
und dem Tag des Herrn ebenso ausschließt wie eine Raumdifferenz
zwischen dem Ort der Toten und ihrem Sein vor Gott[20].

---

[20] Vgl. *G. Ebeling*, Dogmatik des christlichen Glaubens, Bd. 3, 461.

4.781   Das Sein der Toten ist als verewigtes Sein unmittelbar zur Auferstehung der Toten. »Was dazwischen ist, das ist vom Übel!«[21]

4.8   Die Auferstehung der Toten ist als *Auferweckung des Leibes* die Erhöhung des Menschen in seine *Ganzheit*. Der Mensch erscheint als totus homo coram deo.

4.81   Die irdische Existenz des Menschen ist in doppelter Weise ein Zurückbleiben hinter der Ganzheit des menschlichen Lebens:

4.811   der Mensch existiert als Sünder im Antagonismus von Seele und Leib, Geist und Fleisch, Wille und Tun, Person und Werk, Gottesverhältnis, Weltverhältnis und Selbstverhältnis;

4.812   der Mensch existiert als Geschöpf in der Nicht-Identität von Person und Lebensgeschichte, von Dasein im Augenblick und Lebensverlauf.

4.82   Die Erhöhung des Menschen in seine Ganzheit bringt den Menschen sowohl in der Einheit von Gottes-, Welt- und Selbstverhältnis als auch in der Identität von Person und Lebensgeschichte vor Gott.

4.83   In die Ganzheit seines Daseins erhöht, partizipiert der Mensch an der Herrlichkeit Jesu Christi, indem er die vom heiligen Geist gewirkte Freiheit, sich selber ganz und gar gegenwärtig und so für andere dazusein, als σῶμα πνευματικόν realisiert.

4.84   Mit der Ganzheit des Menschen wird, insofern diese dessen Gottes-, Welt- und Selbstverhältnis umfaßt, zugleich die Ganzheit des kreatürlichen Seins offenbar. »Da denkt mein Geist, mit Preis und Dank, / Die Schickung im Zusammenhang«[22].

4.9   Die Auferstehung der Toten ist die Erhöhung aller Menschen zum *Jüngsten Gericht*.

4.91   Das Jüngste Gericht geschieht im Lichte des Seins Jesu Christi und rückt alles in dieses Licht. Als Gericht des im Lichte seines eigenen Seins erscheinenden Richters Jesus Christus ist das Jüngste Gericht das Ziel der Auferstehung der Toten und nicht etwa deren Problematisierung. Der Mensch wird des Gerichtes *gewürdigt*: er wird zum Gericht *erhöht*.

4.92   Das Jüngste Gericht hat seine Eigenart darin, daß Jesus Christus der dieses Gericht vollziehende Richter ist, der alles in sein Licht und damit ins rechte Licht rückt. Das die Welt und jeden Menschen ins Licht Jesu Christi rückende Jüngste Gericht ist insbesondere:

4.921   des Menschen Erlösung von der selbst verschuldeten Notwendigkeit, richten zu müssen;

---

[21] *P. Althaus*, Die letzten Dinge, [9]1964, 159.

[22] *Ch. F. Gellert*, Trost des ewigen Lebens, in: *ders.*, Gesammelte Schriften, hg. von *B. Witte*, Bd. 2, 1997, 189–191, 190.

4.922   die universale Offenbarung und Aufklärung dessen, was der Mensch und die Menschheit aus sich und der Welt gemacht haben: quaestio facti;

4.923   die unmittelbare Offenbarung und Aufklärung des Verhältnisses, in dem das, was getan worden ist, zu dem steht, was hätte getan werden sollen: quaestio iuris;

4.924   die universale und unmittelbare Offenbarung und Aufklärung dessen, was Gott in Jesus Christus für uns getan hat;

4.925   das Ergehen des Urteils über den derart offenbar gewordenen Menschen und die derart offenbar gewordene Menschheit.

4.93   Das Jüngste Gericht ist als Aufklärung dessen, was der Mensch getan hat und hätte tun sollen, die Offenbarung der Sünde und die Verurteilung des Sünders zu seiner wohlverdienten Schande.

4.931   Es wäre ein Akt der Unbarmherzigkeit, wenn die Sünde nicht offenbar und der Sünder nicht zu seiner wohlverdienten Schande verurteilt werden würde.

4.94   Das Jüngste Gericht ist als Aufklärung dessen, was Gott in Jesus Christus für uns getan hat, die Offenbarung des Zuspruches der dem Sünder geltenden, aber von ihm ganz und gar nicht verdienten Ehre und Herrlichkeit Jesu Christi und insofern die Vollendung der Gerechtmachung des Sünders.

4.941   Es wäre ein Akt der Ungerechtigkeit gegenüber dem Gott, der mit seiner Gnade im Recht ist, wenn dem Sünder die ihm geltende, aber ganz und gar nicht verdiente Ehre und Herrlichkeit Jesu Christi vorenthalten würde.

4.95   Das Jüngste Gericht ist als Vollendung der Gerechtmachung des Menschen durch den barmherzigen und gerechten Richter *die Erlösung* des Menschen von seiner mit ihrer Verurteilung vernichteten Sünde und der durch sie über die Welt heraufbeschworenen Nichtigkeit des geschaffenen Seins.

4.96   Als Erlösung des Menschen von seiner Sünde und der durch sie über die Welt heraufbeschworenen Nichtigkeit des geschaffenen Seins ist das Jüngste Gericht die Befreiung des Menschen zur herrlichen Freiheit der Kinder Gottes (Röm 8,21) und insofern die gnädige Bedeckung seiner wohlverdienten Schande.

4.97   Als Erlösung des Menschen von seiner Sünde und der durch sie über die Welt heraufbeschworenen Nichtigkeit ist das Jüngste Gericht die Befreiung des servum arbitrium, das den Menschen zwingt, sich selbst zu rechtfertigen oder aber sich selbst zu verurteilen und zu verdammen und so oder so zu sündigen. Im Jüngsten Gericht wird es für jeden Menschen zum ersten Mal im Vollsinn des Wortes *Entscheidungsfreiheit* geben.

4.98   Als vom Zwang zur Sünde Erlöster ist der Mensch *frei*, dem Urteil
        des barmherzigen und gerade in seiner Barmherzigkeit gerechten
        Richters zu glauben oder nicht zu glauben und dementsprechend mit
        der ihm zugesprochenen unverdienten Ehre und Herrlichkeit Jesu
        Christi ewig zu leben oder mit seiner eigenen wohlverdienten Schan-
        de für immer zu vergehen.

4.99   Das Jüngste Gericht offenbart, indem es den Sünder von seiner Sünde
        durch göttlichen Rechtsakt erlöst und die Sünde zum Vergehen ver-
        urteilt, die Sünde als den vom ewigen Leben ausgeschlossenen hoff-
        nungslosen Fall.

4.991   Ein sich im Jüngsten Gericht trotz seiner Erlösung mit seiner Sünde
        für immer identifizierender Mensch würde sich selber, weil zum
        trostlosen Fall, zum hoffnungslosen Fall machen.

4.992   Im Jüngsten Gericht erweist sich die Sünde als des Menschen selbst-
        verschuldete Trostlosigkeit und Hoffnungslosigkeit, die, statt sich
        von Gott selbst trösten zu lassen und auf ihn alle Hoffnung zu setzen,
        den Menschen abstrakt auf sich selbst und nur auf sich selbst bezieht.

4.993   Hoffnung für den hoffnungslosen Fall besteht allein darin, daß Gott
        selbst die Einheit von Leben *und Tod* zugunsten des Lebens und in
        dieser Einheit *Liebe* ist.

5.   Die leidenschaftlich hoffende Gemeinde der Glaubenden vertraut in-
        mitten aller Anfechtung darauf, daß der dreieinige Gott seine Verhei-
        ßungen erfüllen und sein schöpferisches und versöhnendes Handeln
        durch die seine Geschöpfe verherrlichende und alles Seiende wahr,
        gut und schön machende Aufrichtung des Reiches der Freiheit *voll-
        enden* wird, um mit dem von Ewigkeit her erwählten, durch den Tod
        Jesu Christi gerechtfertigten und durch den heiligen Geist geheiligten
        Menschen in herrlicher Weise ewig zusammen zu sein, zusammen zu
        leben und zusammen zu bleiben:

5.1   im den Frieden des Reiches Gottes feiernden *gemeinsamen Anfangen*
        ohne Ende;

5.2   im die Wahrheit des Reiches Gottes – als *Zusammensein* von Schöp-
        fer und Geschöpf – feiernden gegenseitigen *Sich-Unterscheiden*;

5.3   im die Gerechtigkeit des Reiches Gottes feiernden *gegenseitigen Ge-
        ben und Nehmen*;

5.4   im die Freiheit des Reiches Gottes feiernden *Wort-Wechsel*, in dem
        niemand das letzte Wort hat;

5.5   im die Liebe, die Gott selber ist, feiernden *Leben voller Freude*, in
        dem jedes Lebewesen dem anderen *zur Freude* da ist.

5.6   Ewig leben heißt: uneingeschränkt mit Christus und so mit dem dreiei-
        nigen Gott zusammen sein, zusammen leben und zusammen bleiben.

5.61 Das ewige Leben ist als Verewigung des mit seinem gelebten irdischen Leben unmittelbar identischen menschlichen Subjekts durch die schöpferische Anrede des dreieinigen Gottes die Erfüllung der Seligpreisungen Jesu. Als menschliche Teilnahme an Gottes eigenem Leben ist es vollendete Gemeinschaft mit Gott im Reich der Freiheit. Als vollendete Gemeinschaft mit Gott läßt das ewige Leben die Schande der Gottlosigkeit für immer hinter sich.

5.62 Das ewige Leben ist als Leben am von keiner Nacht begrenzten Tag des Herrn (Apk 21,25; 22,5) ein gemeinsames Anfangen ohne Ende. Als solches läßt es die Schande des Veraltens für immer hinter sich.

5.63 Das ewige Leben ist als Teilnahme des gelebten Lebens am Leben des dreieinigen Gottes ein kommunikatives und darin getröstetes Leben. Als solches läßt es die Schande trostloser Kommunikationslosigkeit für immer hinter sich.

5.64 Das ewige Leben ist als Teilnahme am Abendmahl des Lammes (Apk 19,9) ein Leben in uneingeschränkter Freude an dem in Brot und Wein anschaulich werdenden, jeden Hunger und Durst stillenden Wort Gottes. Als solches läßt es die Schande, einander die elementaren Lebensmittel der Seele und des Leibes zu verweigern, für immer hinter sich.

5.65 Das ewige Leben ist als Teilnahme an der gerechten Herrschaft des Lammes ein eminent politisches Leben im Reich der Freiheit und Gerechtigkeit. Als solches läßt es die Schande eines unpolitischen Lebens in Anarchie oder Diktatur ebenso wie die Schande der Unfreiheit und Ungerechtigkeit für immer hinter sich.

5.66 Das ewige Leben ist als aus sich selbst leuchtendes Geistesleben die Entgrenzung des verwirklichten Lebens auf seine nicht verwirklichten Möglichkeiten und so auf seine ureigenste Freiheit hin. Als solches läßt es die Schande der die Möglichkeiten des Seins verachtenden Geistlosigkeit für immer hinter sich.

5.67 Das ewige Leben ist als Teilnahme am Frieden Gottes »die unmittelbare Gegenwart des ganzen ungeteilten ... Daseins«[23]. Als solches läßt es die Schande des Krieges, der Zerstörung, Trennung und Verfolgung für immer hinter sich.

5.68 Das ewige Leben ist als Teilnahme am Leben des ewigreichen Gottes, der Liebe ist, ein von Liebe erfülltes Leben, das nicht aufhören wird, sich selbst zu überbieten, um gerade in dieser Selbstüberbietung der

---

[23] *H. Steffens*, Von der falschen Theologie und dem wahren Glauben. Eine Stimme aus der Gemeinde, 1823, 99f. (zitiert nach *F.D.E. Schleiermacher*, Der christliche Glaube, Bd. 1, ⁷1960, § 3.2, 17 Anm.).

Vollzug des Selbstverständlichen zu sein: einfaches Leben. Als solches läßt es die Schande des Ungeliebtseins und der Lieblosigkeit für immer hinter sich.

5.69 Das ewige Leben hat als Teilnahme am Leben des dreieinigen Gottes sich selbst niemals hinter sich, sondern immer aufs neue vor sich. Als solches ist es ein Leben aus Gott – in Gott – zu Gott.

»Die Weltgeschichte ist das Weltgericht« aus theologischer Perspektive[1]

Daß die Weltgeschichte das Weltgericht sei, ist eine Behauptung, die zwar nur *auf dem Hintergrund* biblischer Texte möglich, zugleich aber *gegen die Intention* dieser Texte gerichtet ist. Die Identifikation des Weltgerichtes mit der Weltgeschichte stellt folglich eine Herausforderung der christlichen Theologie – aber auch der jüdischen Schriftauslegung – dar. Ich will versuchen, mich dieser Herausforderung zu stellen. Zu diesem Zweck soll (I.) zunächst eine Begriffsklärung angestrebt werden: was besagt die Rede vom *Weltgericht*? Sodann soll (II.) der Sinn der Identität von Weltgericht und Weltgeschichte in jenem Gedicht Friedrich Schillers, in dem sie meines Wissens zum ersten Mal behauptet wurde, geklärt werden. Danach soll (III.) auf Hegels Rezeption des Schillerschen Satzes geachtet werden. Und schließlich wird (IV.) der Theologe fragen: was sollen wir nun dazu sagen?

Der Theologe ist allerdings nicht nur ein Professor der Dogmatik und Religionsphilosophie. Er ist zugleich auch ein Pastor seiner Kirche. Und insofern sind seine Überlegungen auch von pastoralen, will heißen: von seelsorgerlichen Gesichtspunkten bestimmt. Das mag diejenigen Philosophen, die in einem – mit Hegel geredet – *abstrakten* Sinne Philosophen sind, befremden. *Konkrete* Philosophie darf hingegen vom Theologen erwarten, daß er nicht, »wie der Minister in der Komödie, das ganze Spiel hindurch im Ueberrocke« herumgeht, um »erst in der letzten Scene« den theologischen Überrock »auf[zu]knöpfen und den Stern der Weisheit herausblitzen [zu] lassen«[2]. *Konkrete* Philosophie wird vielmehr *bejahen*, daß christliche Theologie immer auch eine ekklesiologische Funktion hat. Sie wird also dies *bejahen*, daß eine Theologie, die nicht auch die pastoralen Aufgaben der *Kirche* verträte, ihrerseits eine *abstrakte* und d.h. eine *erbärmliche* Theologie wäre. »Das sei ferne!«

---

[1] Abendvortrag auf dem Internationalen Hegel-Kongreß 1999 in Stuttgart.
[2] G. W. F. *Hegel*, Wer denkt abstrakt?, in: *ders.*, Sämtliche Werke. Jubiläumsausgabe in 20 Bänden, hg. von *H. Glockner*, Bd. 20, [5]1971, 445–450, 446.

I. Der Sinn der Rede vom Weltgericht

Gericht – wenn das Wort ernst gemeint ist und ehrlich gebraucht wird und wenn die seine Bedeutung realisierende Institution des ernsten Sinnes und des ehrlichen Gebrauches dieses Wortes würdig ist, dann besagt *Gericht* auf jeden Fall dies: daß (1.) *Recht gesprochen* und daß (2.) mit der dafür notwendigen Gewalt das für Recht Erkannte *durchgesetzt* wird. *Rechtsprechung* ist zwar schon für sich allein ein gar nicht hoch genug zu veranschlagendes Gut – inmitten einer das Recht beugenden Diktatur ist ein gerechter Richter eine Wohltat, die der im Rechtsstaat lebende Bürger kaum angemessen zu würdigen vermag –, aber das hohe Gut der *Rechtsprechung* verlöre seinen Sinn, wenn ihr nicht die *Durchsetzung des Rechtes* zur Seite träte. Deshalb gehört – mit Immanuel Kant formuliert – »zum Richteramt nothwendig« auch dies, daß man den »Gesetzen den ihnen angemessenen Effect verschaffen« kann[3]. Soll nun nicht nur von irgendeinem, sondern vielmehr vom *Weltgericht* die Rede sein, so müßte dieses, da es nicht nur über *Einzelfälle* nach dem jeweils geltenden positiven Recht (und nur in gewissen Ausnahmefällen nach den Menschenrechten), sondern über *alle* Fälle nach *universal verbindlichen* Gesetzen zu richten hätte, anerkanntermaßen *allzuständig* sein und nach *allverpflichtenden*, also jeden Menschen bindenden Gesetzen Recht sprechen, zugleich aber, um den »Gesetzen den ihnen angemessenen Effect verschaffen« zu können, »alle Gewalt (im Himmel und auf Erden) haben«. Da aber – wir folgen noch immer Kants Metaphysik der Sitten – »ein solches über alles machthabende« moralisch richtende »Wesen … *Gott* heißt«[4], so wird man sich ein solches *Weltgericht* als ein *göttliches Gericht* vorzustellen haben.

Genau so hat man sich in verschiedenen Kulturkreisen denn auch das *Endgericht* gedacht, das in der Regel als ein dem *Individuum nach dessen Tod* bevorstehendes Gericht vorgestellt wird. So zeigen die aus dem alten Ägypten stammenden Illustrationen eines Totenbuches den in einer unterirdischen »Halle der Wahrheit« über die Verstorbenen Gericht haltenden Gott Osiris, dem 42 weitere, furchterregende Gottheiten assistieren, von denen eine jede für das Aufdecken einer speziellen Sünde zuständig ist. Auch die angeblich »schöne«, von den Göttern »an der Freude leichtem Gängelband« regierte Welt der Griechen kennt nach dem Zeugnis Platons ein Gericht über die To-

---

[3] *I. Kant*, Die Metaphysik der Sitten, in: *ders.*, Gesammelte Schriften, hg. von der *Königlich Preußischen Akademie der Wissenschaften*, Bd. 6, 1907, 203–493, 439. Bei Hegel wird die richterliche Gewalt sogar – zusammen mit der »*polizeylichen*« Gewalt – der *Exekutive* zugeschlagen (*G. W. F. Hegel*, Philosophie des Rechts. Nach der Vorlesungsnachschrift von H. G. Hotho 1822/23, Vorlesungen über Rechtsphilosophie 1818–1831, hg. von *K.-H. Ilting*, Bd. 3, 1974, § 287, 775).

[4] *I. Kant*, Die Metaphysik der Sitten, 439.

ten, und das heißt ein Gericht über die durch den Tod vom Körper getrennten Seelen, das von den Halbgöttern Ῥαδάμανθυς, Μίνως und Αἰακός, den drei Söhnen des Zeus, abgehalten wird. Rhadamanthys richtet die Seelen aus Asien, Aiakos jene aus Europa, während Minos für besonders schwierige Fälle zuständig ist[5]. Das Ziel solcher Totengerichte ist allemal die *Scheidung*, nämlich der Gerechten einerseits, die – bei Platon – zu den Inseln der Seligen gelangen, von den Ungerechten andererseits, die zum Aufenthalt in den Tartaros – oder[6] zur allemal peinlichen Reinkarnation – verurteilt werden.

Ein solches über die menschlichen Individuen ergehende Gericht wird *nach dem Tode* angesetzt, weil das irdische Leben abgeschlossen sein muß, um definitiv *als Ganzes* beurteilt werden zu können. Denn der das Leben beendende Tod erst konstituiert die definitive Ganzheit des (irdischen) Lebens. Und eben deshalb wird ein solches den Toten widerfahrendes Gericht häufig als *Endgericht* bezeichnet.

Doch ein solches *Endgericht* ist noch keineswegs ein *Weltgericht*. Die Rede vom *Weltgericht* hat nur dann einen Sinn, wenn die Welt in einer dem Leben des Individuums vergleichbaren Weise ihre definitive Ganzheit findet. Das ist aber denkbar nur unter der Voraussetzung, daß das Leben der *Welt* sich *geschichtlich* ereignet und daß so, wie das Leben des Individuums im Tode sein irdisches Ende findet, auch die *Weltgeschichte* einem *Ende* entgegenläuft, durch das die vielen scheinbar heterogenen Geschichten zu einer einzigen Geschichte, eben der *Weltgeschichte*, integriert werden. Die Erwartung eines *Weltgerichtes* setzt die *Einheit* der Geschichte voraus, wenn sie nicht sogar das Konzept von der Einheit der Weltgeschichte allererst hervorbringt. Die Rede vom *Weltgericht* müßte dann aber auch, soll sie sinnvoll sein, nicht nur über das (irdische) Leben aller menschlichen *Individuen*, sondern auch über deren *Gemeinschaften* und *soziale Institutionen* ergehen. Es müßte, summarisch ausgedrückt, sich als Gericht über die Völkerwelt und deren Geschichte vollziehen. In diesem Sinne redete pointiert erst die vehement an einer geschichtlichen Zukunft interessierte jüdisch-christliche Überlieferung von einem Weltgericht am »Tag des Herrn«, der das Ende der Weltgeschichte heraufführt: es kommt »ein Tag, vorherbestimmt, da alle Welt ihr Urteil nimmt«[7].

---

[5] Vgl. *Platon*, Gorgias, 523ff.
[6] So *Platon*, Politeia, 614ff.
[7] Wir glauben Gott im höchsten Thron, EG 184,4.
Im Alten Testament ist die Ankündigung des *Tages Jahwes* terminologisch allerdings nicht mit dem *Gerichtsgedanken* verbunden. Das liegt wohl an der ursprünglichen Verbindung der Vorstellung vom *Tag Jahwes* mit der Überlieferung vom *heiligen Krieg* (vgl. *G. von Rad*, Theologie des Alten Testaments, Bd. 2, ⁹1987, 129–133). Im Neuen Testament ist dann vom *Tag des Gerichts* die Rede (Röm 2,16; 1Kor 3,13; Act 17,31; 1Joh 4,17), der eintre-

Im Alten Testament vorbereitet, reden vor allem die (pseudepigraphischen) jüdischen Apokalypsen nicht nur vom Gericht über alle Völker (vgl. z.B. TestBenj 10; 4Esr 7,33ff.), sondern auch ausdrücklich vom »Weltgericht« (Sib IV,40ff.). Erst in dieser jüdischen apokalyptischen Literatur dürfte der terminus »Weltgericht« geprägt worden sein, obwohl die mit diesem Ausdruck bezeichnete Sache zweifellos bereits im Alten Testament vorbereitet ist (vgl. Ps 9,9; 96,13; 110,6; Mi 4,3; Jes 24,1–3; 26,7–12; Dan 7,26f.) und dann im Neuen Testament wiederkehrt (vgl. Act 17,31; 24,25; Mt 25,31–33; Apk 20,11–15; in präsentischer Hinsicht spricht vom Weltgericht Joh 12,31). Schon im Alten Testament *verbindet* sich allerdings der Gedanke des Gerichtes über die Völker mit dem Gedanken des Gerichtes über die Einzelnen. Erst im späteren Judentum wird dann die Erwartung eines Weltgerichtes immer stärker »durch die individuelle Jenseitsstimmung ersetzt« (vgl. äthHen 103). In dem Maße, in dem der Gedanke an das eigene Lebensende stärker wird als der an das Weltende, kommt es zu einer »Auflösung der Theorie vom Weltgericht«[8].

Im Christentum bleibt jedoch die eschatologische Erwartung eines Weltgerichts sowohl in der kirchlichen Lehre wie in der Frömmigkeit lebendig. »Er kommt zum Weltgerichte« singt die Adventsgemeinde. Und die kirchliche Dogmatik spricht von einem »judicium universale et oecumenicum«, das »am letzten Tag der Welt über alle Menschen« und – entsprechend der neutestamentlichen Ankündigung Act 17,31 – über den Erdkreis (»in quo iudicaturus est orbem in iustitia«) ergehen wird[9]. Der Gedanke des *Völkergerichts* tritt zwar im christlichen Abendland zurück (er korrespondiert wohl der Selbsteinschätzung Israels als eines erwählten Volkes), aber die Rede vom *Weltgericht* bleibt erhalten. Auch der nichtkatholische Christ kennt aus dem *Requiem* die (auf Zeph 1,7–18 zurückgehende) Sequenz *Dies irae, dies illa*, in der es heißt:

> »Liber scriptus proferetur,
> In quo totum continetur,
> Unde mundus iudicetur:

---

ten wird, wenn der Herr kommt (1Kor 4,5), und deshalb auch *der Tag Jesu Christi* (Phil 1,6; 1Kor 1,8; 2Thess 2,2) heißt.

[8] *P. Volz*, Die Eschatologie der Jüdischen Gemeinde im neutestamentlichen Zeitalter. Nach den Quellen der rabbinischen, apokalyptischen und apokryphen Literatur, 1934 (Nachdr. 1966), 132f.

[9] So *D. Hollaz*, Examen theologicum acroamaticum universam theologiam thetico-polemicam complectens, p. III, sect. II, c. 10, q. 3, 1707 (Nachdr. 1971, Bd. 1), 400.

Und ein Buch wird aufgeschlagen,
in das alles eingetragen,
um *die Welt* dann anzuklagen.«[10]

Es war diese jüdisch-christliche Tradition, aus der der im Tübinger Stift theologisch geschulte Philosoph Georg Wilhelm Friedrich Hegel die Vorstellung vom Weltgericht übernommen hat. Dasselbe gilt für Friedrich Schiller, den Hegel zitiert. Beide haben allerdings die christliche Rede vom Weltgericht grundlegend verändert. Denn nun soll die Weltgeschichte nicht mehr *Gegenstand* des sie *beendenden* Weltgerichtes, sondern dessen *Vollzug* sein: das Weltgericht ereignet sich nicht am Ende der Zeit, sondern jederzeit in der Zeit. Dabei haben der Dichter Schiller und der Denker Hegel allerdings sehr unterschiedliche Auffassungen darüber, in welchem Sinne sich das Weltgericht in Gestalt der Weltgeschichte vollzieht. Achten wir zunächst darauf, was *der Dichter* sagen wollte, als er Weltgericht und Weltgeschichte identifizierte! Was ist die Pointe dieser Identifikation?

II. Der Satz des Dichters

»Die Weltgeschichte ist das Weltgericht« – der Satz steht in einem »vermutlich nicht vor Ende 1784« entstandenen[11] Gedicht mit dem Titel »Resignation«. Das Gedicht ist häufig mißverstanden worden und wird noch immer mißverstanden. Das Mißverständnis hebt bereits beim Titel an, den man im Blick auf das im Gedicht zu Worte kommende Ich als Hinweis auf eine »resignative« Stimmung lesen zu müssen meint: »resignativ« in der heutigen umgangssprachlichen Bedeutung des Ausdrucks. »Resignation« meint dann die Grundhaltung eines Menschen, der sich widerspruchslos, ja willenlos in eine aussichtslose Lage schickt. Die ersten Verse des Schillerschen Gedichtes scheinen für eine solche Deutung des Gedichtes zu sprechen. »Et in Arcadia ego« – das geflügelte lateinische Wort unbekannter Herkunft[12] aufgreifend, läßt Schiller das resignierende Ich klagen:

---

[10] *Th. de Celano*, De die iudici, in: Laudate Dominum. Hymnos sacros antiquiores latino sermone et vernaculo, hg. von *R. Zoozmann*, 1928, 330–335, 330 (Hervorhebung von mir).
[11] Vgl. *F. Schiller*, Werke. Nationalausgabe, Bd. 2, Teil II/A, hg. von *G. Kurscheidt* und *N. Oellers*, 1991, 143.
[12] Die Wendung »findet sich ursprünglich auf Gemälden der italienischen Maler Guercino … (1591–1666), … Bartolommeo Schidone (um 1570–1615) und des französischen Malers Nicolas Poussin (1593/94–1665)« (aaO., 144).

»Auch ich war in Arkadien geboren,
   Auch mir hat die Natur
An meiner Wiege Freude zugeschworen,
Auch ich war in Arkadien geboren,
   Doch Thränen gab der kurze Lenz mir nur.
Des Lebens Mai blüht einmal und nicht wieder,
   Mir hat er abgeblüht.
…

Ich weiß nichts von Glückseligkeit.«[13]

Wer wollte da nicht »resignieren«, nämlich im heute geläufigen Sinne des
Wortes? Schillers Gedicht läßt immerhin ein *glückloses* Ich zu Worte kommen: glücklos, weil es in Hoffnung auf einen jenseitigen Lohn das diesseitige
Glück bewußt ausgeschlagen und diesen Verzicht für die tugendhafte Erfüllung einer göttlichen Anweisung gehalten hat:

»Ich nahm die Weisung auf das andere Leben,
   Und meiner Jugend Freuden gab ich ihr.«[14]

Entsprechend fordert dieses Ich auf der Schwelle zur Ewigkeit dann seinen
Lohn:

»All meine Freuden hab’ ich dir geschlachtet,
   Jetzt werf’ ich mich vor deinen Richterthron.
Der Menge Spott hab’ ich beherzt verachtet,
Nur *deine* Güter hab’ ich groß geachtet,
   Vergelterinn, ich fo[r]dre meinen Lohn.«[15]

Doch statt des Lohnes wird das fordernde Ich von einem Genius in herber
Strenge abgefertigt[16]:

»›Mit gleicher Liebe lieb’ ich meine Kinder
   Rief unsichtbar ein Genius,

<hr>

[13] *F. Schiller*, Resignation, in: *ders.*, Werke. Nationalausgabe, Bd. 2, Teil 1, hg. von *N. Oellers*, 1983, 401–403, 401,1–15.
[14] AaO., 402,34f.
[15] AaO., 403,71–75.
[16] Schiller spricht selber in seinen späteren Erläuterungen von »jene[r] strenge[n] Abfer-
tigung« durch den Genius (*F. Schiller*, Zu Rapps Kritik der ›Resignation‹, in: *ders.*, Werke,
Bd. 22, hg. von *H. Meyer*, ²1991, 178).

Zwei Blumen, rief er – hört es Menschenkinder –
Zwei Blumen blühen für den weisen Finder,
   Sie heißen *Hoffnung* und *Genuß.*

›Wer dieser Blumen Eine brach, begehre
   Die andre Schwester nicht.
Genieße[,] wer nicht glauben kann. Die Lehre
Ist ewig wie die Welt. Wer glauben kann, entbehre.
   Die Weltgeschichte ist das Weltgericht.«[17]

Das ist nun allerdings eine Erkenntnis, die das betroffene Ich geradezu zur Resignation zu zwingen scheint, zu unendlicher Resignation:

»Du hast *gehofft*, dein Lohn ist abgetragen,
   Dein *Glaube* war dein zugewog'nes Glück.
Du konntest deine Weisen fragen,
   Was man von der Minute ausgeschlagen
Giebt keine Ewigkeit zurück.«[18]

Was bleibt dem Glaubenden und Hoffenden angesichts dieser harten Wahrheit anderes übrig, als zu »resignieren« – das Wort noch immer im heute geläufigen Sinne genommen?

   Doch das sich derart zu Worte meldende Ich *hatte* bereits »resigniert«, und zwar in der alten, sowohl aus der Rechtssprache wie aus der Sprache der mittelalterlichen und protestantischen Mystik vertrauten Bedeutung des Wortes[19]. Und nach dieser Bedeutung ist *Resignation* keineswegs ein widerspruchsloses, ja willenloses Sich-Schicken in eine Lage, in der man nichts mehr machen zu können meint, sondern vielmehr ein pointierter Willensakt, durch den das resignierende Ich freiwillig und rechtsgültig Verzicht leistet auf ein ihm zustehendes Recht – z.B. auf eine ihm zustehende Pfründe oder auf

---

[17] *F. Schiller*, Resignation, Werke, Bd. 2, Teil 1, 403,76–85.
[18] AaO., 403,86–90.
[19] Auch Goethe gebraucht den Begriff der Resignation durchaus positiv. In einem Brief an Schiller vom 25. März 1801 schreibt er: »Beim Nachdenken über's Beharrende im Menschen, worauf sich die Phänomene der Cultur beziehen ließen, habe ich bis jetzt nur vier Grundzustände gefunden:

des Genießens
des Strebens
der Resignation
der Gewohnheit«

(in: *J. W. von Goethe*, Werke, hg. im Auftrage der Großherzogin Sophie von Sachsen, 4. Abt., Bd. 15, 1894 [Nachdr. 1987], 203).

einen Bischofsstuhl, von dem der Bischof einst rechtmäßig »Besitz ergriffen« hatte. Das katholische Kirchenrecht hat seit dem Mittelalter die näheren Umstände der *resignatio* bzw. *renuntiatio* – so das sich später durchsetzende Synonym – genau geregelt. Noch im neuesten *Codex Iuris Canonici* von 1983 finden sich in den Canones 187–189 entsprechende Angaben.

Mit der rechtlichen Bedeutung von *Resignation* berührt sich aufs engste die mystische Bedeutung des Wortes. Nur daß man nun resignierend nicht ein Amt oder einen Besitz zurückgibt, abgibt, sondern vielmehr sich selbst hingibt, sich selber seinem Gott übergibt. »Si vis Deo digne vivere: debes te ipsum illi resignare« erklärt Thomas von Kempen: »Wenn Du Gottes würdig leben willst, mußt Du Dich selbst ihm hingeben«[20]. Durch solche *resignatio* wird man »Herr über die Welt und Erbe des Himmels«[21]. Man beachte: durch Resignation ein Erbe des Himmels werden – das ist der Hintergrund, auf dem Schillers Gedicht verstanden werden will.

Des jungen Luthers Gedanke einer »resignatio ad infernum«, die sogar um Gottes willen auf das eigene Heil Verzicht leistet, ist zwar vom späteren Luther zurückgenommen worden, hat aber auch im Protestantismus einer Resignations-Mystik den Weg gebahnt. Im Halleschen Pietismus kommt es zu einem mystisch-*asketischen* Verständnis von Resignation, das dann in der philosophischen Ethik rezipiert wird. Immanuel Kant erläutert den in Alexander Gottlieb Baumgartens *Ethica* vorgefundenen Begriff der Resignation als »Entsagung (Resignation) in Ansehung des göttlichen Willens« und gibt solche Entsagung als »unsre Pflicht« aus[22].

Pflichten aber werden um ihrer selbst willen erfüllt und nicht um irgendeines Lohnes willen. Und genau das ist der Skopus des »Resignation« betitelten Gedichtes. Schiller hat einige Jahre nach der Entstehung dieser Verse so etwas wie einen »Schlüssel« zu diesem Gedicht nachgereicht. Er schreibt:

»Der Inhalt desselben sind die Anforderungen eines Menschen an die andere Welt, weil er die Güter der Zeit für die Güter der Ewigkeit hingegeben hat. Um des Lohnes willen, der ihm in der Ewigkeit versprochen wurde, hat er auf Genuß in dieser Welt resigniert. Zu seinem Schrecken findet er, daß er sich in seiner Rechnung betrogen hat, und daß man ihm einen falschen Wechsel an die Ewigkeit gegeben.

---

[20] *Thomas a Kempis*, De bona pacifica vita cum resignatione propria, in: *ders.*, Opera omnia, hg. von *M. J. Pohl*, Bd. 2, 1904, 395.
[21] *Thomas a Kempis*, Libellus de recognitione propriae fragilitatis, 6, in: *ders.*, Opera omnia, Bd. 2, 369.
[22] *C. L. Collins*, Moralphilosophie nach den akad. Vorlesungen des Herrn Prof. Kant, in: *I. Kant*, Gesammelte Schriften, hg. von der *Akademie der Wissenschaften der DDR*, Bd. 27/1, 1974, 237–473, 320.

So kann und soll es jeder Tugend und Resignation ergehen, die bloß *deswegen* ausgeübt wird, weil sie in einem andern Leben gute Zahlung erwartet. Unsere moralischen Pflichten binden uns nicht kontraktmäßig, sondern unbedingt. … Die Tugend hat *innere* Notwendigkeit, auch wenn es kein anderes Leben gäbe«[23].

Und eben deshalb darf das Weltgericht nicht erst am Ende der Weltgeschichte erwartet, muß es vielmehr als in jedem Augenblicke sich vollziehend gedacht werden. Daß *bereits* die Weltgeschichte das Weltgericht ist, diese idealistische Variante einer realized eschatology, gibt jedem Augenblick der Weltgeschichte den Wert einer einmaligen Gelegenheit, einer einmaligen Gelegenheit mit Ewigkeitsrang. Friedrich Daniel Ernst Schleiermacher wird wenige Jahre später dieselbe Ansicht folgendermaßen formulieren: »Mitten in der Endlichkeit Eins werden mit dem Unendlichen und ewig sein in einem Augenblick, das ist die Unsterblichkeit der Religion«[24] – das und nichts anderes. Dann aber kann das Weltgericht der Weltgeschichte nicht mehr folgen, dann vollzieht es sich in jedem Augenblick derselben.

III. Der Gedanke des Denkers

Hegel, der auch sonst gern auf Schiller Bezug nimmt und dessen in der Regel eher an die Diktion eines Tübinger Stiftsrepetenten erinnernde, schwer genießbare Sprache immer dann ihre große Form findet, wenn sie den Begriff ins Bild bringt[25], bringt seine Auffassung von der sich als Rechtsprozeß vollziehenden Geschichte, die selber »der Fortschritt im Bewußtsein der Freiheit« sein soll, ins Bild, wenn er im Anschluß an Schiller die Weltgeschichte mit dem Weltgericht identifiziert. Doch während Schiller den Satz »Die Weltgeschichte ist das Weltgericht« auf das einzelne menschliche Ich hin entworfen hatte, ist für Hegels Verständnis dieses Satzes das menschliche Ich eher bedeutungslos. Der alttestamentliche Gedanke des Gerichtes über die Völker

---

[23] *F. Schiller*, Zu Rapps Kritik der ›Resignation‹, Werke, Bd. 22, 178.

[24] *F. D. E. Schleiermacher*, Über die Religion. Reden an die Gebildeten unter ihren Verächtern (1. Aufl. 1799), in: *ders.*, Kritische Gesamtausgabe, 1. Abt., Bd. 2, hg. von *G. Meckenstock*, 1984, 185–326, 247,9–11.

[25] Ich denke z.B. an »die Nacht, worin die Substanz verrathen ward, und sich zum Subjecte machte« (*G. W. F. Hegel*, Phänomenologie des Geistes, Gesammelte Werke, Bd. 9, hg. von *W. Bonsiepen* und *R. Heede*, 1980, 377) oder an das »Grau in Grau«, das die Philosophie malt, wenn »eine Gestalt des Lebens alt geworden« ist, denn »die Eule der Minerva beginnt erst mit der einbrechenden Dämmerung ihren Flug« (*G. W. F. Hegel*, Die ›Rechtsphilosophie‹ von 1820, Vorlesungen über Rechtsphilosophie 1818–1831, hg. von *K.-H. Ilting*, Bd. 2, 1974, 74) oder an die Vernunft als »Rose im Kreuze der Gegenwart« (aaO., 73) oder an das Gewissen als »Heiligthum, welches anzutasten Frevel wäre« (aaO., 486) usw.

ist für sein Verständnis des sich als Weltgeschichte vollziehenden Weltgerichtes leitend.

Hegel bemüht das Bild am Ende seiner »Grundlinien der Philosophie des
Rechts« – also jenes Buches, das nach dem Urteil eines seiner marxistischen
Erben und Kritiker Hegels »reaktionärste Schrift«[26] sein soll. Erst recht
»reaktionär« müßte dann die Hegelsche Absicht jener Identifikation von
Weltgeschichte und Weltgericht sein. Und in der Tat, wenn Geschichte nichts
anderes ist als »Lesung der über die jeweiligen Staaten bereits ergangenen Ge-
richtsurteile, vollzogen in Niederlage oder Sieg, Untergang oder Aufgang«,
also ein »Entscheid, gegen den es keine Berufung gibt«[27], dann hat die Vergangenheit keinerlei Zukunft mehr. Wer der Vergangenheit jedwede Zukunft abspricht, der denkt allerdings reaktionär.

Doch derselbe Hegelerbe und Hegelkritiker vermag den Meister auch gegen den angeblich reaktionären Strich zu bürsten, und das mit beachtenswer-
ten Argumenten. So mit dem Hinweis, daß Hegels enge Verbindung von Ge-
schichtsphilosophie und Rechtsphilosophie ein *Kantisches* Motiv aufnimmt,
das auf den Fortschritt setzt.

»Man kann« – so Kant in seiner *Idee zu einer allgemeinen Geschichte in
weltbürgerlicher Absicht* von 1784 – »die Geschichte der Menschengattung
im Großen als die Vollziehung eines verborgenen Plans der Natur ansehen,
um eine innerlich- und *zu diesem Zwecke* auch äußerlich-vollkommene
Staatsverfassung zu Stande zu bringen, als den einzigen Zustand, in welchem
sie alle ihre Anlagen in der Menschheit völlig entwickeln kann«[28].

Das weist *nach vorn*. Und das macht verständlich, warum für Hegel die
Geschichte weitgehend politische Geschichte, und zwar Fortschritts-Ge-
schichte, ist; »denn wenn Geschichte als ›der Fortschritt im Bewußtsein der
Freiheit‹ abläuft, muß sie am Staatsleben orientiert sein, in dem nach Hegel
die Freiheit zur objektiven Bestimmtheit gelangt«[29].

Die *Weltgeschichte* ist für Hegel dementsprechend zuerst und zuletzt die
Geschichte *der Staaten*, deren Rechtsstellung der Philosoph auf keinen Fall
mit der von *Privatpersonen* verglichen wissen will. Gegen die Theorie, die das
Verhältnis der Staaten zueinander als ein privatrechtliches (und moralisches)
begreift, wendet Hegel ein, daß »Privatpersonen … über sich ein Gericht haben, das ›,‹ was an sich Recht ist, realisirt«[30], während »ein Staat … gegen den

---

[26] *E. Bloch*, Subjekt – Objekt. Erläuterungen zu Hegel, 1952, 230.
[27] AaO., 217.
[28] *I. Kant*, Idee zu einer allgemeinen Geschichte in weltbürgerlicher Absicht, in: *ders.*,
Gesammelte Schriften, Bd. 8, 1923, 15–31, 27.
[29] *E. Bloch*, Subjekt – Objekt, 218.
[30] *G. W. F. Hegel*, Philosophie des Rechts. Nach der Vorlesungsnachschrift von H. G.
Hotho 1822/23, § 330, 833.

andern in souverainer Selbstständigkeit« existiert und als solcher »die absolute Macht auf *Erden*« ist – eine Macht, die zwar von den anderen Staaten *anerkannt* zu werden verlangt, die aber die Möglichkeit ausschließt, daß sie – wie
die Privatperson – *ein Gericht über sich* haben könnte, welches im Streitfall
über die Staaten ein Urteil zu fällen das Recht hätte: »Es giebt keinen Prätor
… zwischen Staaten«[31].

Kommt es zwischen souveränen Staaten *zum Streit*, dann kann dieser,
wenn er nicht durch eine gegenseitige Übereinkunft beigelegt wird, nicht
durch ein ihnen übergeordnetes Gericht, sondern »nur durch *Krieg* entschieden werden«[32], durch Krieg, der freilich, weil es das Wesen souveräner Staaten ist, sich gegenseitig anzuerkennen, nur »als ein Vorübergehensollendes«
zu gelten hat und deshalb immer »die Möglichkeit des Friedens« in sich enthalten muß. Mitten im Krieg muß »die Möglichkeit des Friedens erhalten«
bleiben[33]. Eben deshalb werden – so Hegel vor mehr als anderthalb Jahrhun-
derten – die »neueren Kriege … menschlich geführt, es ist nicht Person gegen
Person im Haß gegen einander«[34]. Angesichts der Kriege unseres Jahrhunderts besteht wahrhaftig kein Anlaß, die Hegelschen Auffassungen als »reaktionär« zu verschreien.

Freilich, es gab auch damals bereits zukunftsträchtigere Auffassungen.
Dazu gehört Immanuel Kants »philosophischer Entwurf« *Zum ewigen Frieden*, dem Hegel ausdrücklich widerspricht. Gegen die »*Kantische* Vorstellung
eines *ewigen Friedens* durch einen Staatenbund, welcher jeden Streit schlich-
tete«, wendet Hegel abermals ein, daß die *Souveränität* des Staates die Möglichkeit eines Prätors über ihn ausschließt[35]. Der Gedanke wiederholt sich
und zeigt damit seine Ponderabilität an: »es ist kein Praetor vorhanden[,] der
da schlichtet, der höhere Praetor ist« vielmehr »der Weltgeist«[36].

Dieser aber, von Hegel auch »*Geist der Welt*« genannt, *bringt sich selbst*
zwar aus der in der Geschichte der Völker und Volksgeister erscheinenden
Dialektik ihrer Endlichkeit *hervor*, *übt* aber zugleich an diesen Völkern und
den Staaten, in denen sie ihre politische Existenz haben, *sein Recht aus*. Der
Weltgeist tut dies sozusagen ex opere operato, nämlich einfach durch den

---

[31] *G. W. F. Hegel*, Die ›Rechtsphilosophie‹ von 1820, §§ 331–333, 798 und 800.
[32] AaO., § 334, 801.
[33] AaO., § 338, 803.
[34] *G. W. F. Hegel*, Philosophie des Rechts nach der Vorlesungsnachschrift K. G. v. Gries-
heims 1824/25, in: *G. W. F. Hegel,* Vorlesungen über Rechtsphilosophie 1818–1831, hg. von
K.-H. Ilting, Bd. 4, 1974, 67–752, § 338, 743.
[35] *G. W. F. Hegel*, Die ›Rechtsphilosophie‹ von 1820, § 333, 800.
[36] *G. W. F. Hegel*, Philosophie des Rechts nach der Vorlesungsnachschrift K. G. v. Gries-
heims 1824/25, § 339, 744.

Gang der Geschichte. Mit Hegels eigenen Worten: Der Weltgeist übt sein Recht aus »in der *Weltgeschichte*, als *dem Weltgerichte*«[37].

Gegen ein geläufiges Mißverständnis der Hegelschen Identifikation von Weltgeschichte und Weltgericht soll hier ausdrücklich daran erinnert werden, daß es nicht einfach die sich in der Geschichte durchsetzende *stärkere Macht* ist, die Recht behält. Denn dann wäre es die »vernunftlose Nothwendigkeit eines blinden Schicksals«, die die Weltgeschichte zum Weltgericht macht[38]. Doch es geht nach Hegel in den weltgeschichtlichen Machtkämpfen darum, »daß *Gott* Recht behält«[39]. Und da Gott *Geist*, der Geist aber *frei ist* und diese seine Freiheit zu verwirklichen »das Bestreben des Weltgeistes in der Weltgeschichte« ist[40], ist es nichts anderes als die dem Begriffe der *Freiheit* verpflichtete »Entwickelung der *Momente* der Vernunft«, die die Weltgeschichte zum Weltgericht macht[41]. Dadurch wird nun allerdings jeweils demjenigen Volk, das der »Träger der gegenwärtigen Entwickelungsstufe des Weltgeistes« ist, für diese seine Epoche ein »absolutes Recht« zugesprochen, demgegenüber alle anderen Völker – die vergangenen sowohl wie die gegenwärtigen – »rechtlos« sind: sie »zählen nicht mehr in der Weltgeschichte«[42].

Das Weltgericht besteht demnach in der schlichten Feststellung dessen, was zählt. Doch es zählt in der Weltgeschichte eben nur, was im Dienst am Fortschritt der Freiheit geschieht. Dazu gehören nun freilich nicht oder nur bedingt die menschlichen Individuen. Sie zählen nicht. »Es kann« beim Fortschritt im Bewußtsein der Freiheit »auch sein, daß dem Individuum Unrecht geschieht; aber das geht die Weltgeschichte nichts an, der die Individuen als Mittel in ihrem Fortschreiten dienen«[43]. Man bemerke: Hegel begreift das menschliche Individuum als bloßes Mittel zum Zweck. Die marxistischen Theoretiker und Praktiker hatten insofern so unrecht nicht, als sie sich als Hegels Erben verstanden.

Dabei ist es nicht der Begriff des Individuums als solcher, gegen den sich die philosophische Brutalität Hegels richtet. Denn auch die Weltgeschichte kennt ein Individuum, das aber nicht Mittel zum Zweck, sondern für sich selber Zweck, ja sogar der Endzweck ist: »ihr Individuum ist der Weltgeist«[44]. Vor *diesem* Individuum (das sich zwar »im menschlichen Bewußtsein expli-

---

[37] *G. W. F. Hegel*, Die ›Rechtsphilosophie‹ von 1820, § 340, 804.
[38] AaO., § 342, 805.
[39] *G. W. F. Hegel*, Die Vernunft in der Geschichte, hg. von *J. Hoffmeister*, [5]1955, 77 (Hervorhebung von mir).
[40] AaO., 73.
[41] *G. W. F. Hegel*, Die ›Rechtsphilosophie‹ von 1820, § 342, 805.
[42] AaO., § 347, 808.
[43] *G. W. F. Hegel*, Die Vernunft in der Geschichte, 76.
[44] AaO., 33.

ziert«, dem gegenüber aber die menschlichen Individuen nur Mittel zum Zweck sind) »verschwinden« die konkreten menschlichen Individuen[45]. Diese Individuen kommen und gehen, der Weltgeist aber benutzt sie und – bleibt, nein: er *wird* mit ihrer Hilfe, was er sein soll. Er geht durch sie hindurch, aber dabei zugleich über sie hinweg.

In der Weltgeschichte sind es freilich die menschlichen Individuen selber, es sind die »welthistorischen Individuen«, die die menschliche Individualität mit Füßen treten: »eine große Gestalt, die da einherschreitet, zertritt manche unschuldige Blume, muß auf ihrem Wege manches zertrümmern«[46]. Hegel hat in diesem Zusammenhang bekanntlich von der »List der Vernunft« gesprochen, »die sich eben darin listig erweist, daß sie die Individuen mit ihren besonderen Interessen und subjektiven Leidenschaften in die Geschichtsschlacht schickt, wo sie sich gegenseitig ihre Partikularität aneinander abkämpfen, während sie selbst sich ›unangefochten‹ und ›unbeschädigt‹ aus dem Streit heraushält und«, so das harte Urteil Peter Cornehls, »hinter den Kulissen – mit kaum zu leugnender Infamie – zusieht, wie das Individuelle in diesem Kampf zugrunde geht und – wunderbar genug – das Allgemeine aus dem Untergange des Besonderen resultiert«[47].

---

[45] AaO., 60.

[46] AaO., 105.

[47] *P. Cornehl*, Die Zukunft der Versöhnung. Eschatologie und Emanzipation in der Aufklärung, bei Hegel und in der Hegelschen Schule, 1971, 159; vgl. *G. W. F. Hegel*, Die Vernunft in der Geschichte, 105: »Nicht die allgemeine Idee ist es, welche sich in Gegensatz und Kampf, welche sich in Gefahr begibt; sie hält sich unangegriffen und unbeschädigt im Hintergrund und schickt das Besondere der Leidenschaft in den Kampf, sich abzureiben. Man kann es die *List der Vernunft* nennen, daß sie die Leidenschaften für sich wirken läßt, wobei das, durch was sie sich in Existenz setzt, einbüßt und Schaden leidet. Denn es ist die Erscheinung, von der ein Teil nichtig, ein Teil affirmativ ist. Das Partikuläre ist meistens zu gering gegen das Allgemeine; die Individuen werden aufgeopfert und preisgegeben. Die Idee bezahlt den Tribut des Daseins und der Vergänglichkeit nicht aus sich, sondern durch die Leidenschaften der Individuen. Cäsar mußte das Notwendige vollbringen, die morsche Freiheit umzustoßen; er selbst kam in diesem Kampfe um, aber das Notwendige blieb doch: die Freiheit lag nach der Idee unter dem äußern Geschehen.« – Im Zusammenhang mit den Leidenschaften, ohne die die welthistorischen Individuen nichts Großes vollbringen, fällt Hegels Bonmot über die Dialektik von Held und Kammerdiener. »Welcher Schulmeister hat nicht von Alexander dem Großen, von Julius Cäsar vordemonstriert, daß diese Menschen von solchen Leidenschaften getrieben worden und daher unmoralische Menschen gewesen seien? woraus sogleich folgt, daß er, der Schulmeister, ein vortrefflicherer Mensch sei als jene, weil er solche Leidenschaften nicht besitze und den Beweis dadurch gebe, daß er Asien nicht erobere, den Darius, Porus nicht besiege, sondern freilich wohl lebe, aber auch leben lasse. – Diese Psychologen hängen sich dann vornehmlich auch an die Betrachtung von den Partikularitäten, welche den großen, historischen Figuren als Privatpersonen zukommen. … Für einen Kammerdiener gibt es keinen Helden, ist ein bekanntes Sprichwort; ich habe hinzugesetzt, – und Goethe hat es zwei Jahre später wiederholt – nicht aber darum, weil dieser kein Held, sondern weil jener der Kammerdiener ist. Dieser zieht dem Helden

Man mag über Hegels nicht gerade menschenfreundliche *List der Vernunft* denken, wie man will, man sollte dabei aber auf keinen Fall übersehen, daß Hegel »die ganze Masse des konkreten Übels«[48] in der Weltgeschichte nicht wegrationalisiert, sondern ganz im Gegenteil so ernst nimmt, daß es der *Versöhnung* bedarf, und zwar der Versöhnung durch den sich entäußernden Gott, damit »jenes Negative ... verschwindet«. Auch diese Versöhnung vollzieht sich im Fortgang der Geschichte selbst, so daß »nirgend eine größere Aufforderung« zur »versöhnenden Erkenntnis« anzutreffen ist »als in der Weltgeschichte«[49]. Und wo solche versöhnende Erkenntnis sich vollzieht, da wird die welthistorische »Betrachtung ... eine Theodizee, eine Rechtfertigung Gottes«[50]. Für das Weltgericht, das sich in der als Theodizee zu begreifenden Weltgeschichte vollzieht, bedeutet dies, daß es ein *Gericht* nicht zum Zwecke der *Vergeltung*, sondern ein *Gericht* im Dienst der *Versöhnung* ist. Gott rechtfertigt sich selbst, nicht indem er *Vergeltung übt*, sondern indem er *versöhnt*.

Was sollen wir nun dazu sagen?

IV. Das Weltgericht als Jüngstes Gericht

Aus *christlicher Perspektive* kann vom Weltgericht schlechterdings nicht so die Rede sein, daß es sich *als Weltgeschichte* vollzieht, muß von ihm vielmehr als einem *die Weltgeschichte richtenden* Gericht die Rede sein, das das *Ende* aller Geschichte voraussetzt und deshalb das *Jüngste Gericht*, das *iudicium postremum*, genannt zu werden verdient. Inwieweit die christliche Theologie den Auffassungen Schillers und Hegels zu widersprechen genötigt ist und inwieweit sie dennoch aus deren Ausführungen lernen kann, soll nun abschließend erörtert werden. Dabei kommen ganz von selbst einige – keineswegs alle – genuin theologische Aspekte der Erwartung eines die Welt richtenden Gerichtes zur Geltung, die zwar nicht notwendig philosophischen Widerspruch hervorrufen müssen, wohl aber philosophische Selbstverständlichkeiten in Frage zu stellen geeignet sein könnten. Ich beschränke mich auf sechs Gesichtspunkte.

---

die Stiefel aus, hilft ihm zu Bette, weiß, daß er lieber Champagner trinkt usf. Für den Kammerdiener gibt es den Helden nicht; der ist für die Welt, die Wirklichkeit, die Geschichte« (aaO., 102f.; vgl. *ders.*, Phänomenologie des Geistes, 358f.; vgl. auch *ders.*, Die ›Rechtsphilosophie‹ von 1820, § 124, 450; für Goethe vgl. *J. W. von Goethe*, Die Wahlverwandtschaften. Ein Roman, Zweiter Theil, 5. Kap., Werke, hg. im Auftrage der Großherzogin Sophie von Sachsen, 1. Abt., Bd. 20, 1892 [Nachdr. 1987], 262).
[48] *G. W. F. Hegel*, Die Vernunft in der Geschichte, 48 (im Orig. kursiv).
[49] Ebd.
[50] Ebd.

1. Vergleichen wir zunächst noch einmal den das Weltgericht mit der Welt-geschichte identifizierenden Satz des Dichters mit dem Gebrauch, den Hegel von diesem Satz macht, so springt der Unterschied in die Augen.

Schillers Verlagerung des Weltgerichtes vom Ende der Geschichte in den Verlauf derselben hatte die Funktion, das menschliche Individuum auf den Wert des geschichtlichen Augenblickes zu verweisen: »Was man von der Mi-nute ausgeschlagen / Giebt keine Ewigkeit zurück«. Diesen Augenblick kann man *genießen*; dann hat der Augenblick in sich selber seinen Wert. Und man wird mit Goethes Urfaust sagen: der, »der den Augenblick ergreift, das ist der rechte Mann«[51]. Man kann aber auch auf jeglichen Genuß *tugendhaft ver-zichten.* Doch auch solcher Verzicht, solche *Resignation* hat ihren Wert in sich selber, sollte ihn jedenfalls in sich selber haben. Denn, so hatten wir ge-hört, die »Tugend hat *innere* Notwendigkeit, auch wenn es kein anderes Le-ben gäbe«[52].

Zumindest evangelische Theologie wird diesem Aspekt der Auffassung Schillers uneingeschränkt zustimmen: eine sittliche Entscheidung schließt das Schielen nach zeitlicher oder ewiger Belohnung a limine aus. Die Güte einer Handlung oder Unterlassung liegt in dieser selbst und ist *als solche* ein das handelnde Subjekt erfreuender Wert, der einer zu ihm – sei es im Diesseits, sei es im Jenseits – hinzutretenden Belohnung weder fähig noch bedürftig ist. Das ewige Leben als *Ausgleich* für entgangene Vorteile des irdischen Lebens zu postulieren – das wäre ein durch und durch schäbiges Postulat.

Doch die Zustimmung zu Schillers Intention und die Bestreitung der Mei-nung, das Weltgericht weise über die Welt hinaus auf ein als Ausgleich für ir-dische Entsagungen gedachtes ewiges Leben, zwingt noch keineswegs zu der Konsequenz, das Weltgericht mit der Weltgeschichte zu identifizieren. Schil-lers These, das Weltgericht vollziehe sich hier und jetzt in den Entscheidun-gen des Individuums, erinnert zwar von fern an gewisse biblische – vor allem johanneische – Ansätze einer präsentischen Eschatologie, berührt sich aber sehr viel mehr mit Immanuel Kants Verlagerung des Weltgerichtes in das menschliche Gewissen[53].

---

[51] *J. W. von Goethe*, Faust. In ursprünglicher Gestalt (Urfaust), in: *ders.*, Werke, hg. im Auftrage der Großherzogin Sophie von Sachsen, 1. Abt., Bd. 39, 1897 (Nachdr. 1987), 217–319, 235.

[52] Siehe oben S. 331.

[53] Vgl. z.B. Kants Rede vom göttlichen Richter, »wie er [zu] unserm Gewissen … spricht« (*I. Kant*, Die Religion innerhalb der Grenzen der bloßen Vernunft, in: *ders.*, Ge-sammelte Schriften, Bd. 6, 1–202, 140 Anm. 1), aber auch die Definition des Gewissens als »Bewußtsein eines *inneren Gerichtshofes* im Menschen«, das dieser »als auf … Geheiß *einer anderen Person* [nämlich Gottes] zu treiben« sich »genöthigt sieht« (*I. Kant*, Die Metaphy-sik der Sitten, 438).

Demgegenüber geht Hegels Verständnis des Weltgerichtes über den Einzelnen hinweg. Hegel ist in diesem Zusammenhang überhaupt nicht an der Moralität des Individuums interessiert. Und die Kantische Identifikation des Weltgerichtes mit dem menschlichen Gewissen kommt schlechterdings nicht in Betracht. Zwar ist für Hegel das Gewissen »ein Heiligthum, welches anzutasten Frevel wäre«. Aber »in seiner eigenthümlichen Form« als bloß subjektives Wissen kann der »Staat ... das Gewissen ... nicht anerkennen«[54]. Und die Weltgeschichte kann das auch nicht. Das Weltgericht vollzieht sich nach Hegel weder im jeweiligen äußeren Augenblick noch im Inneren des Gewissens, sondern im *Fortgang* und *Fortschritt* der Geschichte von einem Augenblick zum nächsten, von der gegenwärtigen Epoche zur folgenden. Die alttestamentliche Vorstellung vom *Völkergericht* rezipierend, ist das Weltgericht für ihn das sich innerhalb der fortschreitenden Weltgeschichte vollziehende Urteil über das, was in dieser *Zukunft* haben soll. Und das ist allein die *Freiheit*.

Das hat zweifellos den großen Vorzug, daß die Rede vom Weltgericht ihren *drohenden* Charakter verliert und also nicht mehr – wie so oft in religiösen und philosophischen Mythen, auch beim großen Platon – die Funktion hat, Moralität zu *erpressen*. Der pfäffische Mißbrauch der Vorstellung vom Weltgericht ist hier a limine beseitigt. Denn mit der Drohung eines kommenden Weltgerichts sittliches Verhalten zu erpressen, das wäre genauso pfäffisch wie die – sit venia verbo – Verführung zu sittlichem Verhalten durch die Verheißung einer jenseitigen Belohnung. Hegel hat gegenüber solchen pfäffischen Verwendungen der biblischen Ankündigung eines letzten Gerichtes unbestreitbar eine echte theologische Dimension des Gerichtsgedankens zurückgewonnen. Sie kommt am deutlichsten dadurch zum Ausdruck, daß er das sich als Weltgeschichte vollziehende Weltgericht in das Licht der *Versöhnung* gerückt hat.

2. Indessen, gerade das Hegelsche Verständnis von Versöhnung erregt theologischen Widerspruch. Zwar kennt auch das christliche Kerygma die Versöhnung mit Gott als ein bereits geschehenes, nämlich im Kreuzestod Jesu Christi vollbrachtes Ereignis. Doch dieses Ereignis verlangt nach der Zustimmung des Menschen, so daß der Apostel im Namen Christi darum bittet: »*Lasset* Euch versöhnen mit Gott« (2Kor 5,20). Die am Kreuz Christi vollbrachte Versöhnung verweist von sich aus auf ihre eschatologische Vollendung. Für Hegel ist hingegen Versöhnung prinzipiell Versöhnung mit dem Negativen. Und das ist nun doch ein theologisch überaus problematischer Versöhnungsgedanke, gegen den Wolfhart Pannenberg zu Recht eingewendet hat, daß es sich beim »christlichen Begriff der Versöhnung ... allenfalls um

---

[54] *G. W. F. Hegel*, Die ›Rechtsphilosophie‹ von 1820, § 137, 488.

Versöhnung des Menschen mit Gott *trotz* des Negativen, das in der von Gott geschaffenen Welt geschieht«, handelt. Zwar hat auch Hegel die Versöhnung christologisch begründet. Doch er hat »die in Jesus Christus vollbrachte Versöhnung nicht in ihrer Spannung auf eine zukünftige Vollendung hin thematisiert ..., so daß die Gegenwart des Eschaton in der christlichen Religion nur noch ihrer innerweltlichen Realisierung bedarf, die er durch die weltliche Verwirklichung der christlichen Freiheit im Gefolge der Reformation vollzogen glaubte«[55].

Hegel gibt ein makabres Beispiel für das, was er unter Versöhnung mit dem Negativen versteht, wenn er das Verhalten eines alten Spitalweibes lobt, das, als ein Sonnenstrahl auf das abgeschlagene Haupt eines Mörders fiel, bemerkte: »... wie doch so schön ... Gottes Gnadensonne *Binder's* Haupt beglänzt! ... Sie erhob ihn von der Strafe des Schaffots in die Sonnengnade Gottes«[56]. Versöhnung? Das christliche Verständnis von Versöhnung und Gnade meint nicht die Verewigung des Hingerichteten im Licht der Gnade, sondern dessen Auferweckung von den Toten. Denn der versöhnende Gott ist nach biblischem Zeugnis der, der die Toten lebendig macht und das Nichtseiende ruft, daß es sei (Röm 4,17).

Erst recht aber erheben sich Bedenken gegen die Identifikation des Weltgerichtes mit dem Gang der Weltgeschichte. Denn diese Identifikation läuft letztlich darauf hinaus, daß Gott nicht mehr das Subjekt seiner selbst ist. Die als Theodizee gedachte Weltgeschichte macht *den richtenden Gott selbst* und die persönliche *Verantwortung vor Gott* überflüssig. Historia locuta, causa finita. Wie soll denn ein lebendiges Verhältnis zwischen Gott und Mensch sich ereignen, wenn dem Weltenrichter das Gericht durch die Weltgeschichte abgenommen wird? Der sich im Christentum einübende Sören Kierkegaard trifft ins Schwarze, wenn er bemerkt: »ich weiß, daß man uns lehren will, daß die Weltgeschichte das Gericht sei; aber ich weiß auch, daß dies eine Erfindung des menschlichen Witzes ist, welcher das Gottesverhältnis abschafft«[57]. Aus jüdischer Perspektive erheben sich analoge Einwände. So fragt Franz Rosenzweig: »wozu brauchten wir einen Gott, wenn die Geschichte göttlich wäre«[58]? Die biblische Rede vom Weltgericht hat aber ihre Pointe gerade dar-

---

[55] *W. Pannenberg*, Systematische Theologie, Bd. 3, 1993, 682f.

[56] *G. W. F. Hegel*, Wer denkt abstrakt?, Sämtliche Werke, Bd. 20, 449.

[57] *S. Kierkegaard*, Einübung im Christentum, übers. von *E. Hirsch*, Gesammelte Werke, 26. Abt., 1955, 174; vgl. auch *ders.*, Abschließende unwissenschaftliche Nachschrift. Erster Teil, übers. von *H. M. Junghans*, Gesammelte Werke, 16. Abt., 1957, 130ff. Hegels Theodizee liefe dann auf eine Kosmodizee hinaus, auf eine Rechtfertigung der Welt, die auch ohne Gott denkbar ist; vgl. dazu *F. Fellmann*, Die erotische Rechtfertigung der Welt. Aspekte der Lebensphilosophie um 1900, in: Ästhetische und religiöse Erfahrungen der Jahrhundertwenden, Bd. 2, hg. von *W. Braungart / G. Fuchs / M. Koch*, 1998, 31–46, 34.

[58] *F. Rosenzweig*, Der Mensch und sein Werk, Gesammelte Schriften, Bd. 1, Teil 1, hg.

in, daß der Schöpfer sich selber seinem Geschöpf richtend noch einmal zuwendet, so daß es zu einem die menschliche Person und um ihretwillen auch
die Weltgeschichte beurteilenden *Verhältnis* Gottes zur Menschheit kommt,
dem die Situation des Menschen *vor Gott* entspricht.

3. Diese forensische Situation steht aber – jedenfalls wenn man sachkritisch
den paulinischen Briefen folgt – unter dem Vorzeichen des *Evangeliums*, also
– darin wird man Hegel zustimmen müssen – im Dienst der *Versöhnung*. Das
Gericht am Tage des Herrn gehört nicht in den Horizont des (nach Röm 4,15)
den apokalyptischen Zorn heraufführenden Gesetzes, sondern in den Horizont der Botschaft von der den Schuldigen begnadigenden *iustificatio impii*.
Das Neue Testament macht das dadurch deutlich, daß es den Gerichtstag *den
Tag Jesu Christi* nennt[59], also den Tag dessen, durch dessen Tod der *Gottlose*
gerechtfertigt wird. Der eschatologische Gerichtsstuhl ist nicht der Gerichtsstuhl eines anonymen Richters, sondern der Richtstuhl Christi (vgl. 2Kor
5,10). Deshalb kann Paulus fragen: »Wer ist da, der verurteilt? Christus Jesus
ist da …« (Röm 8,34). Ist aber *er* der Richter, dann kann das Welt*gericht* der
Versöhnung der Welt mit Gott nicht widersprechen, dann ist das Weltgericht
auch und gerade in seinem Gerichtscharakter ein Akt der Gnade.

Man wird das schon im Blick auf das bloße Faktum des zu erwartenden
Weltgerichtes sagen müssen: es ist allein schon dadurch, daß es geschieht, es
ist als solches ein *Akt der Gnade*, also ein dem Menschen und dem menschlichen Geschlecht *wohltuendes* Geschehen.

Das *Gegenteil* wäre schrecklich und bedrohlich. Es würde dem Menschen-
geschlecht nicht wohltun, es wäre vielmehr ein Ausdruck schrecklicher Gottverlassenheit, wenn der Mensch und seine Welt am Ende nicht *von Gott* beurteilt, nicht *von Gott* gerichtet würde. Denn dann bliebe alles im Dunkel oder
– schlimmer noch – im Zwielicht der Lüge. Dann liefe der *Sinn* der Weltgeschichte und jeder einzelnen Lebensgeschichte darauf hinaus, sich rücksichtslos durchzusetzen, koste es, was es wolle. Würde die Welt keinem letzten
göttlichen Urteil entgegengehen, dann wäre die Weltgeschichte in der Tat das
Weltgericht. Das aber hieße, daß am Ende die Mörder über ihre Opfer, die
weltgeschichtlich Siegreichen über die von ihnen Unterdrückten triumphieren würden. Denn daß die Weltgeschichte sich als »Fortschritt im Bewußtsein
der Freiheit« vollzieht, diese stolze Behauptung wird man, nachdem dem
19. Jahrhundert ein Jahrhundert folgte, in dem die Freiheit wie selten sonst
mit Füßen getreten wurde, wohl kaum wiederholen können. Das Ausbleiben

---

von *R. Rosenzweig* und *E. Rosenzweig-Scheinmann*, 1979, 112. Vgl. dazu *H. J. Görtz*, ›Gott
in der Religion‹, nicht ›Gott in der Geschichte‹. Rosenzweigs Auseinandersetzung mit Hegel, in: Hegels Vorlesungen über die Philosophie der Weltgeschichte, hg. von *E. Weisser-
Lohmann* und *D. Köhler* (Hegel-Studien, Beiheft 38), 1998, 225–250, 228.

[59] Vgl. oben S. 326 Anm. 7.

eines Jüngsten Gerichtes wäre der schreckliche Ausdruck göttlicher Gleichgültigkeit: der Gleichgültigkeit des Schöpfers gegenüber der eigenen Schöpfung und speziell gegenüber dem von ihm geschaffenen Menschen. Nichts
aber würde den Menschen tiefer erniedrigen als dies, Gott gleichgültig zu
sein.

Daß der Schöpfer sich dem gelebten Leben seiner Geschöpfe *richtend* noch
einmal zuwenden wird – das ist eine *Verheißung*, die zeigt, daß ihm diese seine Geschöpfe *nicht* gleichgültig sind. Schon das bloße Faktum solcher richtenden Zuwendung ist ein Akt göttlichen Erbarmens. Und eben deshalb ist
das Jüngste Gericht eine dem Menschen und der Menschheit widerfahrende
Auszeichnung. Dadurch, daß der Mensch von Gott beurteilt wird, wird er als
Person ernstgenommen. Dadurch, daß die Weltgeschichte als ganze von Gott
beurteilt wird, wird sie in ihrer Dignität ernstgenommen. Der Mensch wird
also des Gerichtes Gottes *gewürdigt*. Er wird, indem er *von Gott gerichtet
wird*, nicht *erniedrigt*. Er wird zum Gericht *erhöht*.

4. Es versteht sich, daß von dieser Prämisse aus der Hinweis auf das Jüngste
Gericht zwar zur christlichen Paränese gehören kann und muß, nicht aber
zum Mittel einer das Evangelium von der Rechtfertigung des Gottlosen problematisierenden Drohung werden darf. Das Jüngste Gericht darf nicht als
ein *dunkle Schatten* in die Gegenwart werfendes Ereignis beschworen werden, sondern es muß als ein *Licht* verheißendes Ereignis verkündigt und erwartet werden. Es ist ja das Gericht des Jüngsten *Tages*. Die Metapher des
Tages ist ernst zu nehmen. Das Gericht soll *zutage* bringen, was geschehen ist.
Sein Licht wird Klarheit bringen über alles, was wir in dieser Welt getan und
unterlassen haben. Und diese Klarheit wird nicht durch ein *unbarmherzig*
leuchtendes Licht erzeugt werden, sondern es wird das das lumen gratiae universal in Kraft setzende (und nur insofern auch überbietende) lumen gloriae,
es wird das *Licht des Evangeliums* sein, das alles durchleuchten und aufklären
wird. Sage niemand, daß damit der Ernst des Gerichtes verharmlost würde!
Es gibt keine strengere Aufklärung des gelebten Lebens als die durch das
Licht des Evangeliums bewirkte Aufklärung. Es gibt kein strengeres Gericht
als das durch die Gnade bewirkte und also alles an der Gnade messende Gericht.

Gnade ist ja kein Synonym für »happy end«! Dergleichen religiöser Kitsch
verbietet schon die in der Bibel häufige Zusammenstellung von Gnade und
Wahrheit. Gnade und Wahrheit sind Zwillinge. Gnade ist also niemals so etwas wie die nachträgliche Verharmlosung der bitteren, der schmerzenden, der
elenden und der schändlichen Dimensionen des gelebten Lebens. Gnade bedeutet ja z.B. im Blick auf den Mörder, daß er den Anblick seiner Opfer und
daß die Opfer seinen Anblick als eines begnadeten Verbrechers ertragen können müssen. Gnade ist dasjenige Licht, das das Dunkel überhaupt erst als

Dunkel identifizierbar macht. Aber die Gnade selber ist *Licht, barmherziges Licht*. Sie erzeugt *alles erneuernde Klarheit*.

Solche Klarheit wird eben nicht durch die fortschreitende Weltgeschichte erzeugt. Die Weltgeschichte ist zwielichtig. Der andere Tübinger Stiftler, Hegels zeitweiliger Freund Friedrich Hölderlin, hat doch wohl tiefer geblickt, als er angesichts des Dunkels der Weltgeschichte – »… es wandelt in Nacht … unser Geschlecht«[60] – es als die Wirkung des *kommenden Gottes* erklärte, jene der Wahrheit entsprechende Klarheit zu schaffen: »… wenn aber / Ein Gott erscheint, auf Himmel und Erd und Meer / Kömt allerneuende Klarheit«[61].

Das Richteramt des Richters hat in der biblischen Überlieferung denn auch primär die Funktion, für den shalom, für die Friedens- und Rechtsordnung zu sorgen, die ein gelingendes Zusammensein aller Rechtspersonen ermöglicht.

»Grundlegend und entscheidend ist der Richter … der Mann, der für Ordnung und Frieden sorgt, indem er das Recht schützt und das Unrecht abwehrt, so daß seine Existenz, sein Kommen und Werk an sich und als solches keine Sache zum Erschrecken sein müßte, sondern eine Wohltat, die Existenz eines Heilbringers bedeuten dürfte.«[62]

Das gilt auch und erst recht vom eschatologischen Weltenrichter. Sein Erscheinen hat *befreiende* Wirkungen.

5. Eine dieser befreienden Wirkungen besteht darin, daß dann unser menschliches Richten für immer ein Ende haben wird. Das Jüngste Gericht ist die Erlösung des Menschen vom Richteramt. Daß der Mensch sich das Richteramt anmaßt, daß er selber darüber entscheiden zu können meint, was gut und böse ist, das ist nach Gen 3,5 ja auch für Hegel der harte Kern seiner Begierde, wie Gott sein zu wollen. Hegel aber bewundert dies: er kann wie »vom Teufel«, so auch von der Sünde »in den Tönen aufrichtiger Bewunderung reden«[63]. Die Theologie kann das nicht. Während nach Hegel das Denken den Schaden, den es hervorgebracht hat, auch wieder heilt[64], indem es nun wie Gott zwischen gut und böse zu unterscheiden und also wie Gott zu *richten* nicht mehr aufhören wird, ist nach theologischem Urteil gerade dies, daß der

[60] *F. Hölderlin*, Der Archipelagus, in: *ders*., Sämtliche Werke. Große Stuttgarter Ausgabe, hg. von *F. Beissner*, Bd. 2/1, 1951, 103–112, 110,241f.

[61] *F. Hölderlin*, Versöhnender[,] der du nimmergeglaubt …, 1. Fassung, in: *ders*., Sämtliche Werke, Bd. 2/1, 130–132, 130.

[62] *K. Barth*, Die Kirchliche Dogmatik, Bd. IV/1, [5]1986, 238.

[63] Vgl. *K. Barth*, Die protestantische Theologie im 19. Jahrhundert. Ihre Vorgeschichte und ihre Geschichte, [5]1985, 360.

[64] Vgl. z.B. *G. W. F. Hegel*, System der Philosophie. Zweiter Teil: Die Naturphilosophie, mit einem Vorwort von *K. L. Michelet*, Sämtliche Werke, Bd. 9, 1958, 41: »Der Mensch aber muß vom Baume der Erkenntniß des Guten und Bösen gegessen haben, durch die Arbeit

Mensch fortan richten *muß*, daß er nicht mehr *Mensch* sein kann, ohne richten zu müssen, des Menschen *Fluch*. Gewiß, unsere vorläufige Friedensordnung, unsere so durch und durch problematische irdische Friedensordnung würde sofort zusammenbrechen, wenn auf Erden nicht Menschen über Menschen richten würden. Doch das Richten ist und bleibt eine den Menschen im Grunde überfordernde Last. Das iudicium postremum verheißt die Befreiung von dieser Last. Es tut dem Menschen gut, nicht mehr richten zu müssen: weder andere noch sich selbst. In der Gewißheit dieses guten Endes kann Paulus sogar schon in seinem irdischen Leben behaupten: »mir ist es ein höchst Geringes, von Euch, von irgendeinem menschlichen Gerichtstag gerichtet zu werden. Ich richte aber auch nicht über mich selbst ... Der mich richtet, ist der Herr« (1 Kor 4,3f.). Und der ist die Gnade in Person.

Der uns von unserem Richteramt befreiende Weltenrichter ist gerade darin ein gnädiger Richter, daß er jede Sünde und jede Schuld an den Tag bringt. Sünde und Schuld müssen *offenbar* werden. Sonst käme es zu einer ewigen Verdrängung der Schuld. Der Richter des Jüngsten Gerichtes ist darin streng, daß er *alles* an den Tag bringt. Und er ist gerade darin barmherzig, daß er streng ist und die Dinge beim Namen nennt. Es wäre unbarmherzig, wenn er weniger streng wäre. Denn dann blieben auch die vielen Wunden, die keine Zeit zu heilen vermag, unentdeckt und deshalb auch ewig unheilbar. Sie würden sich in alle Ewigkeit weiterfressen. Das Jüngste Gericht hingegen legt die Traumata frei und führt mit den Opfern auch die Täter, gerade indem es ihre wohlverdiente Schande offenbart, der Heilung entgegen. Das iudicium postremum ist das therapeutische Ereignis schlechthin. Denn die im Lichte des Evangeliums alles aufklärende Wahrheit bewirkt Heil und Heilung, bewirkt ein für immer *geheiltes Leben*, das *ewiges Leben* genannt zu werden verdient.

6. Die *Erwartung* eines solchen Weltgerichtes ist aber nur dann eine *existentiell relevante Erwartung*, wenn sie auf das gegenwärtige Leben zurückwirkt. »Wer dahin unterwegs ist, für den schickt es sich doch wohl, über die Wanderung dorthin nachzudenken« – hatte Sokrates in seinem letzten, durch die schöpferische Hand Platons zu einem Grundtext abendländischer Metaphysik verewigten Gespräch gesagt[65]. Wer dahin, so wagen wir hinzuzufügen, unterwegs ist, der sieht dann allerdings auch schon unsere gegenwärtige Welt in einem neuen Licht. Wer dahin unterwegs ist, der fängt deshalb schon auf Erden an, wenigstens versuchsweise wie ein Bürger des Reiches Gottes zu leben. Wer dahin unterwegs ist, der hält auf jeden Fall der Erde die Treue. Je-

---

und Thätigkeit des Gedankens hindurchgegangen seyn, um nur als Ueberwinder dieser Trennung seiner von der Natur zu seyn, was er ist.«

[65] *Platon*, Phaidon, 61e 1f.

der Schritt dem Ende entgegen führt ihn immer tiefer in die gegenwärtige
Welt hinein, die im Lichte des Jüngsten Tages etwas von den ursprünglichen
Farben der Schöpfung zurückgewinnt. Wer dahin unterwegs ist, der kann
deshalb mitten in unserem irdischen Leben eine Fülle von ganz und gar weltlichen Gleichnissen für das durch das Weltgericht sich erschließende ewige
Leben – und das heißt für das ungehinderte Zusammensein mit Gott und mit
aller Kreatur – entdecken: zum Beispiel in einer überaus irdischen gemeinsamen Mahlzeit – ein Gleichnis des Himmelreichs; in einer ganz und gar weltlichen πόλις- ein Gleichnis für das himmlische πολίτευμα; in einer ganz und gar
menschlichen Familie mit Kindern, Vater und Mutter – zumindest dann,
wenn sie gemeinsam singen – ein Gleichnis für die Freude Gottes an uns und
für unsere Freude an Gott; und in jedem Augen-Blick, in dem sich zwei Personen suchend und findend in die Augen sehen – ein Gleichnis für die Einkehr des Menschen in jenes Leben, in dem sich Mensch und Gott »von Angesicht zu Angesicht« (1Kor 13,12) begegnen werden. Wer Augen hat zu sehen,
der sehe!

Die Ewigkeit des ewigen Lebens

Thesen

1.   Ewigkeit ist Gott selbst im Vollzug seiner Existenz als Vater, Sohn und heiliger Geist.

1.1   Ewigkeit ist ein Gottesprädikat. Gottes Leben ist ewiges Leben: »aeternitas non est aliud quam ipse Deus: Ewigkeit ist nichts anderes als Gott selbst«[1]. Ewig ist Gottes Leben, insofern es sich als göttliches Selbstverhältnis in der Weise trinitarischer Existenz vollzieht.

1.2   Dem Menschen ist ewiges Leben zwar *verheißen*, aber menschliches Leben ist als solches und von sich aus nicht ewiges Leben. Ewigkeit kommt ihm nur zu, insofern Gott ihm an seiner Ewigkeit Anteil gibt.

2.   Was Ewigkeit ist und was ewig genannt zu werden verdient, kann nur aufgrund der Offenbarung des dreieinigen Gottes durch Explikation seines sich offenbarenden Lebens angemessen bestimmt werden.

2.1   Alle Versuche, aufgrund von menschlichen Mangelerfahrungen via negationis durch Kontrastbildungen zu bestimmen, was Ewigkeit ist und was ewig genannt zu werden verdient, laufen Gefahr, die eigentliche Bedeutung der Ewigkeit als eines Gottesprädikates zu verfehlen. Solche Versuche sind schon deshalb problematisch, weil keineswegs ausgemacht ist, zu welchen Mangelerfahrungen Ewigkeit den Kontrast bilden soll: zur Erfahrung des nicht verweilenden Augenblicks, zur Erfahrung mangelnder stabilitas loci (»unstet und flüchtig auf Erden« – Gen 4,12), zur Erfahrung physischer Vergänglichkeit, zur Erfahrung psychischer Verletzbarkeit, zur Erfahrung intellektueller Begrenztheit, zur Erfahrung geistiger und moralischer Ohnmacht usw.?

2.2   Ewigkeit ist primär zu begreifen als Explikation von … und erst daraufhin möglicherweise auch als Kontrast zu … Ewigkeit kommt primär als Näherbestimmung des göttlichen Lebens und erst daraufhin möglicherweise auch als Kontrastbestimmung zum irdischen Leben in Betracht.

2.3   Theologisch legitime Kontrastbestimmungen müßten allerdings vom Ewigkeitsbegriff her bestimmen, was als Gegensatz zur Ewigkeit in

---

[1] *Thomas von Aquin*, Summa theologiae I, q. 10, a. 2, ad 3, Sancti Thomae Aquinatis Summa Theologiae, Bd. 1, ³1961, 59.

Betracht kommt, statt von irdischen Mangelerfahrungen her zu bestimmen, was ewig genannt zu werden verdient.

3.	Für den *nicht* durch Explikation des sich offenbarenden göttlichen
	Lebens gewonnenen, in Philosophie und Theologie weitgehend herr-
	schend gewordenen metaphysischen Ewigkeitsbegriff ist dessen dia-
	lektischer Kontrast zum Begriff der Zeit charakteristisch. Dabei
	überrascht allerdings, daß Ewigkeit nicht als Kontrast zu Raum und
	Zeit, sondern nur als Kontrast zur Zeit konzipiert wird: »in cogni-
	tionem aeternitatis oportet nos venire per tempus: zur Erkenntnis der
	Ewigkeit kommen wir nur durch die Erkenntnis der Zeit«[2].

3.1	Für den dominant gewordenen metaphysischen Ewigkeitsbegriff
	sind leitend geworden: die ontologische Charakterisierung des Seien-
	den durch *Parmenides*, die Zeit-Ewigkeits-Dialektik des *Platoni-
	schen Timaios* und die Zeit-Ewigkeits-Spekulation *Plotins*.

3.2	Die von *Parmenides*[3] dem Seienden (τὸ ὄν) zugeschriebenen ontolo-
	gischen Merkmale haben die metaphysische Bestimmung dessen, was
	ewig genannt zu werden verdient, geleitet, nämlich: ἀγένητον (unge-
	worden), ἀνώλεθρον (unzerstörbar), οὖλον (ganz), μουνογενές (ein-
	zig, nichts anderes als nur sich selber zulassend), ἀτρεμές (unerschüt-
	terlich), ἀτέλεστον (auf kein Ziel aus, in sich selbst vollendet), οὐδέ
	ποτ' ἦν οὐδ' ἔσται (herkunftslos und zukunftslos: weder *war* es [ein-
	mal] noch *wird* es [einmal] sein), ἐπεὶ νῦν ἔστιν ὁμοῦ πᾶν (da es *ganz
	Jetzt, zugleich ganz* ist: ein raumloses und zeitloses *Zugleich*), ἕν (Ei-
	nes und nur Eines), συνεχές (ununterbrochen mit sich selber zusam-
	menhängend).

3.2.1	Die negativen Bestimmungen des Seienden, die vor allem jedes Wer-
	den – und *deshalb* auch jedes Vergehen – aus dem Sein des Seienden
	ausschließen, führen zusammen mit der positiven Bestimmung des
	als raumloses und zeitloses *Zugleich* verstandenen *ganz Jetztseins
	und jetzt Ganzseins* (νῦν ὁμοῦ πᾶν) zum metaphysischen Modell ei-
	ner die Zeit aus sich ausschließenden Ewigkeit.

3.2.2	Ewigkeit wurde in dieser Tradition verstanden als zeitloses *stehendes
	Jetzt (nunc stans)*, das man dem die Zeit konstituierenden *fließenden
	Jetzt (nunc fluens)* entgegensetzte: »nostrum nunc quasi currens tem-
	pus facit et sempiternum, divinum vero nunc permanens, neque mo-

---

	[2] *Thomas von Aquin*, Summa theologiae I, q. 10, a. 1, crp., Sancti Thomae Aquinatis
Summa Theologiae, Bd. 1, 57; vgl. *W. Pannenberg*, Systematische Theologie, Bd. 1, 1988,
439 Anm. 155: Der »Zugang zum Begriff der Ewigkeit von der Erfahrung der Zeit her … ist
unerläßlich«.
	[3] *Parmenides*, Frgm. 8, in: *H. Diels*, Die Fragmente der Vorsokratiker, hg. von *W. Kranz*,
Bd. 1, [18]1989, 28 B, 235 mit Apparat zur Stelle.

vens sese atque consistens, aeternitatem facit: *unser Jetzt* macht gleichsam laufend die Zeit und die [zeitliche] Dauer, das *göttliche Jetzt* aber macht permanent, sich selber nicht bewegend und stillstehend die Ewigkeit«[4]; »NUNC, Νῦν, tempus praesens. Dividitur in *Nunc semper stans*, id est, aeternitatem; & in *nunc semper fluens*, id est, tempus: das Jetzt, Gegenwart, wird unterschieden in *das immer stehende Jetzt*, das ist die Ewigkeit, und *das immer fließende Jetzt*, das ist die Zeit«[5].

3.3 In sachlicher Nähe zu *Parmenides* will *Platon* aus dem Begriff des Seins (οὐσία, ἀεὶ ὄν) und aus dem Begriff der Ewigkeit *Werden* und *Zeitlichkeit* ausgeschlossen wissen. Doch die Zeit und die Werde-Welt sind ihrerseits insofern positiv auf die Ewigkeit des Seins bezogen, als der die Werde-Welt zu einem Kosmos gestaltende Demiurg sich an der Ewigkeit so orientiert, daß sie zum Urbild der nach ihr zu gestaltenden Werde-Welt wird. Insbesondere die zusammen mit den Himmelskörpern geschaffene Zeit wird als das bewegliche Abbild der Ewigkeit (εἰκὼ κινητόν τινα αἰῶνος) verstanden. Als sich κατ' ἀριθμόν bewegend macht die Zeit die Werde-Welt meßbar, während die Ewigkeit ἐν ἑνί μένων unmeßbar und unzählbar ist: die Zeit ist »ἡ αἰῶνος ἐν ἑνὶ κατ' ἀριθμὸν ἰοῦσα αἰώνιον εἰκών: das dauernde, gemäß der Zahl sich bewegende Abbild der in Einem verharrenden Ewigkeit«[6]. Zum Abbild der Ewigkeit wird die Zeit durch ihre – in den Bewegungen der Himmelskörper sich manifestierende – Kreisbewegung, in der das τέλος unmittelbar an die ἀρχή anknüpft.

3.3.1 Für die platonische Zeit-Ewigkeits-Dialektik ist kennzeichnend: einerseits die *fundamentale Unterschiedenheit* von Zeit und Ewigkeit, die sich darin ausweist, daß der Ewigkeit alles das abgehen muß, was der Zeit als geschaffener und zur Werde-Welt gehörender Größe zukommt; andererseits eine inmitten dieser fundamentalen Unterschiedenheit *größtmögliche Annäherung* der Zeit an die Ewigkeit – nicht umgekehrt! –, die sich darin ausweist, daß sich die Zeit in einer geschlossenen Kreisbewegung zu vollenden trachtet (→ ewige Wiederkehr des Gleichen). Die Zeit profitiert von der Ewigkeit, deren Erhabenheit es ist, zeitlos zu sein.

3.3.2 In der Tradition der Parmenideischen Seinsauffassung und der Platonischen Ewigkeitsauffassung verwirft noch *Friedrich Daniel Ernst*

---

[4] *A. M. T. S. Boethius*, Quomodo trinitas unus deus ac non tres dii, c. 4, in: *ders.*, Opera omnia, Bd. 2, PL 64, 1247–1256, 1253.

[5] *J. Micraelius*, Lexicon philosophicum terminorum philosophis usitatorum. Mit einer Einl. von *L. Geldsetzer*, [2]1662 (Nachdr. 1966), 905.

[6] *Platon*, Timaios, 37d 5–7.

Schleiermacher alle Ewigkeitskonzeptionen, die »nur die Schranken der Zeit, [aber] nicht die Zeit selbst, für Gott aufheben«. Gottes Ewigkeit ist nach Schleiermacher »vollkommen zeitlos«[7].

3.4   In Aufnahme der platonischen *Urbild-Abbild-Beziehung*, aber im Gegensatz zu der platonischen Behauptung, daß die Zeit zusammen mit den Himmelskörpern *geschaffen* wurde, hat *Plotin* die Zeit als auf zeitlose Weise in der Ewigkeit präexistierend behauptet[8]. Erst durch den *Fall* und die damit einsetzende Verzeitlichung der Seele tritt auch die nun in ihre Zeitmodi auseinandertretende wirkliche Zeit in einen Gegensatz zur Ewigkeit. Die Existenz in der Zeit bedeutet Ausgeliefertsein der Seele an die Vielfalt der Sinnlichkeit, also Ablenkung und Zerstreutheit. Nur durch einen Akt der Selbstbefreiung vermag sich die Seele von der Vielfalt der äußeren Dinge zu lösen, indem sie sich zum Inneren wendet[9]. Diese Selbstbefreiung vollzieht sich als »Entfremdung von allem Fremden«[10], durch die die Seele ein-sam wird und zum Ein-samen flieht: φυγὴ μόνου πρὸς μόνον[11]. Die Flucht zurück zur Ewigkeit gibt bei Plotin allerdings die Vielheit des Vielen nicht verloren, ist vielmehr deren Rettung. Ewigkeit ist eine »ἐκ πολλῶν συνηθροισμένη... νόησι[ς]: ein aus vielen versammelter Gedanke«[12].

3.4.1   »Wenn man demnach sagen wollte, die Ewigkeit sei vollendet-unendliches Leben dadurch, daß es schon ganz ist (was es ist) und nichts von sich selbst aufzehrt, da nichts in ihm vergangen ist oder künftig sein wird – denn sonst wäre es nicht schon ganz –, so käme man damit einer Definition nahe: καὶ εἴ τις οὕτω τὸν αἰῶνα λέγοι ζωὴν ἄπειρον ἤδη τῷ πᾶσαν εἶναι καὶ μηδὲν ἀναλίσκειν αὐτῆς τῷ μὴ παρεληλυθέναι μηδ᾽ αὖ μέλλειν – ἤδη γὰρ οὐκ ἂν εἴη πᾶσα –, ἐγγὺς ἂν εἴη τοῦ ὁρίζεσθαι«[13].

---

    [7] *F. D. E. Schleiermacher*, Der christliche Glaube nach den Grundsätzen der evangelischen Kirche im Zusammenhange dargestellt, auf Grund der 2. Aufl. und krit. Prüfung des Textes neu hg. und mit Einl., Erläuterungen und Reg. versehen von *M. Redeker*, Bd. 1, [7]1960, § 52.1 und § 52.2, 268 und 270.

    [8] *Plotin*, Περὶ αἰῶνος καὶ χρόνου (Enneade III, 7), in: Plotins Schriften, übers. von *R. Harder*. Neubearbeitung mit griechischem Lesetext und Anmerkungen, Bd. 4 a, 1967, 306–349.

    [9] *Plotin*, Περὶ τἀγαθοῦ ἢ τοῦ ἑνός (Enneade VI, 9), 7,17f., in: Plotins Schriften, Bd. 1 a, 1956, 170–207, 192.

    [10] *Plotin*, Περὶ ἀρετῶν (Enneade I, 2), 4,6, in: Plotins Schriften, Bd. 1 a, 332–349, 340.

    [11] *Plotin*, Περὶ τἀγαθοῦ ἢ τοῦ ἑνός, Plotins Schriften, Bd. 1 a, 206.

    [12] *Plotin*, Περὶ αἰῶνος καὶ χρόνου, 3,4f., Plotins Schriften, Bd. 4 a, 310.

    [13] *Plotin*, Περὶ αἰῶνος καὶ χρόνου, 5,25–28, Plotins Schriften, Bd. 4 a, 318.

3.4.2 Bemerkenswert am Plotinischen Verständnis der Ewigkeit ist der für den Ewigkeitsbegriff konstitutive Gedanke der *Konzentration* der Vielfalt des Vielen im Einen.

3.5 An den überlieferten Ewigkeitsbegriff und insbesondere an Plotins Zeit-Ewigkeits-Spekulation anknüpfend, aber eindeutig das Verständnis der Ewigkeit als Zeitlosigkeit korrigierend, definiert *Boethius*: »aeternitas … est interminabilis vitae tota simul et perfecta possessio: Ewigkeit ist der ganze gleichzeitige und vollkommene [→ νῦν ὁμοῦ πᾶν!] Besitz unbegrenzbaren Lebens«[14].

3.5.1 *Thomas von Aquin* interpretiert treffend: »aeternitas [dei] omnia tempora includit: [Gottes] Ewigkeit schließt alle Zeiten ein«[15].

3.6 *Karl Barths* Forderung, der Ewigkeitsbegriff müsse aus »der babylonischen Gefangenschaft des abstrakten Gegensatzes zum Zeitbegriff … *befreit* werden«[16], wird von der neueren Theologie weitgehend geteilt. Schon *Paul Althaus* hatte erklärt: »Ein Ewigkeitsbegriff, der von der Zeitlichkeit zu abstrahieren meint, wenn er dem Werden und Geschehen das unbewegte Sein gegenüberstellt, bleibt eben durch diese Entgegensetzung gerade im Banne der Zeitform … Die Ewigkeit aber ist das Jenseits unserer Zeitlichkeit«[17]. Inwiefern sie dies ist, bleibt allerdings ungeklärt.

3.7 *Karl Barth*[18] und *Wolfhart Pannenberg*[19] haben die Bestreitung der Zeitlosigkeit der Ewigkeit *trinitarisch* zu begründen versucht und dabei die theologische Bestimmung des Ewigkeitsbegriffs prinzipiell in die richtige Richtung gewiesen. Aber auch nicht mehr …

3.8 Eine trinitarische Bestimmung des Ewigkeitsbegriffes müßte Abschied nehmen von der Zuordnung der Ewigkeit zu den Attributen des göttlichen Wesens oder aber – und das wäre besser – alle Wesensattribute Gottes trinitarisch bestimmen.

4. Als Vater, Sohn und heiliger Geist existiert das eine göttliche Wesen in trinitarischer Selbstbezogenheit, die die immer noch größere Selbstlosigkeit liebevoller Zuwendung zu dem von ihm geschaffenen Menschen und seiner Welt einschließt. Sich *intensiv* auf sich selbst beziehend ist Gottes trinitarische Existenz *sich konzentrierendes* Leben und als solches *ewig*.

---

[14] *A. M. T. S. Boethius*, Philosophiae consolationis libri V, l. V, 6, hg. von *K. Büchner*, 1947, 109.

[15] *Thomas von Aquin*, Summa theologiae I, q. 10, a. 2, ad 4, Sancti Thomae Aquinatis Summa Theologiae, Bd. 1, 59.

[16] *K. Barth*, Die Kirchliche Dogmatik (KD), Bd. II/1, ⁵1975, 689.

[17] *P. Althaus*, Die letzten Dinge. Lehrbuch der Eschatologie, ⁹1964, 332.

[18] *K. Barth*, KD II/1, 693f.

[19] *W. Pannenberg*, Systematische Theologie, Bd. 1, 439.

4.1   Ewigkeit ist die Vollzugsform der trinitarischen Existenz Gottes (opera trinitatis ad intra) – so wie Raum und Zeit die Form des göttlichen Handelns an seinem Geschöpf (opera trinitatis ad extra) sind.

4.1.1   Indem Gott als Vater in besonderer Weise sich selber Herkunft, als Sohn in besonderer Weise sich selber Gegenwart und als Geist in besonderer Weise sich selber Zukunft ist und sich in dieser trinitarischen Unterschiedenheit intensiv auf sich selbst bezieht, ist Ewigkeit die Konzentration von Herkunft, Gegenwart und Zukunft und so simul tota possessio temporum.

4.1.2   Für dieses Verständnis der Ewigkeit als simul tota possessio temporum ist entscheidend, daß die Differenz von Herkunft, Gegenwart und Zukunft nicht verlorengeht. Sie ermöglicht allererst das Auseinandertreten der Ewigkeit in das für die Schöpfung kennzeichnende Nacheinander von Vergangenheit, Gegenwart und Zukunft.

4.1.3   Mit Gottes schöpferischem Handeln ad extra tritt in Raum und Zeit auseinander, was als Ewigkeit in ursprünglicher Weise beieinander und ineinander ist. Indem die Ewigkeit als Raum und Zeit auseinandertritt (ohne auseinander zu fallen), tritt die Zeit in die drei Zeitmodi der Vergangenheit, Gegenwart und Zukunft und der Raum in Hier und Dort auseinander.

4.1.4   Indem die Ewigkeit in Zeit und Raum auseinandertritt, räumt sie der Kreatur Zeit und Raum für die Begegnung mit Gott und damit Raum und Zeit für eine eigene Existenz ein.

4.2   Indem Gott in ursprünglicher Selbstunterscheidung sich selbst als Vater, Sohn und heiliger Geist gegenübertritt und als trinitarische Gemeinschaft gegenseitigen Andersseins existiert, ist er ein beziehungsreiches Wesen. Der konzentrierte und intensive Vollzug seines trinitarischen Beziehungsreichtums ist seine Ewigkeit.

4.2.1   Ewigkeit ist die *Konzentration und Intensität* göttlichen Lebens und Seins.

4.2.2   Konzentration des Lebens ist die Ewigkeit nicht in einem nachträglichen Sinn – als ob Auseinanderliegendes im nachhinein konzentriert würde. Vielmehr ist Konzentration und Intensität die ursprünglichste Bestimmung des göttlichen Lebens. Als Konzentration und Intensität hat die Ewigkeit die Kraft zum Auseinandertreten in immer noch größere Fernen, ohne sich dabei von sich selbst zu entfernen.

4.2.3   Die als Konzentration und Intensität des Lebens bestimmte Ewigkeit weist als ihr Gegenteil die *Zerstreutheit* irdischen Lebens aus.

4.3   Indem Gott sich als Vater, Sohn und heiliger Geist selber derart unterscheidet, daß die als relationes subsistentes existierenden trinitarischen Personen sich *auf das intensivste* aufeinander beziehen und solchermaßen *konzentriert* leben, ist Gott *ewig*.

4.3.1 Pointiertester Ausdruck der Intensität des Aufeinanderbezogenseins von Vater, Sohn und Geist ist deren gegenseitige Durchdringung (Perichorese),[20] in der selbst die »maxime contraria« des göttlichen Ursprungs allen Lebens einerseits und des zeitlichen Todes am Kreuz andererseits in der Einigkeit göttlichen Lebens so zur Entsprechung kommen, daß Gottes Sein als Einheit von Leben und Tod zugunsten des Lebens – und das heißt materialiter: als Liebe – gedacht werden muß.

4.3.2 Als Vollzugsform trinitarischer Existenz ist Ewigkeit diejenige Intensität und Konzentration göttlichen Lebens und Seins, die die Zeit und den Raum in sich einschließt.

4.3.3 Als die Zeit und den Raum in sich einschließende Vollzugsform trinitarischer Existenz ist Ewigkeit *ereignisreicher Beziehungsreichtum* und weist damit als ihr Gegenteil die *Ereignislosigkeit und Beziehungslosigkeit des Todes* aus.

4.4 Als Intensität und Konzentration des göttlichen Lebens und Seins ist Gottes Wesen mit seiner trinitarischen Existenz unmittelbar identisch und darin *ewig*: »Deus non solum est sua essentia ... sed etiam suum esse ... Sua igitur essentia est suum esse: Gott ist nicht nur sein Wesen, sondern auch seine Existenz ... Also ist sein Wesen seine Existenz«[21].

4.4.1 In der Identität von Wesen und Existenz erweist sich Ewigkeit genauerhin als *Dauer*.

4.4.2 Die als Dauer bestimmte Ewigkeit weist als ihr Gegenteil die *Zerstörbarkeit* des in der *Differenz* von Wesen und Existenz sich vollziehenden irdischen Lebens aus.

4.5 Als Intensität und Konzentration des göttlichen Lebens und Seins ist Gottes Ewigkeit seine von nichts und niemandem problematisierbare *Beständigkeit*, die sich seinem Geschöpf gegenüber als *Treue* erweist.

4.5.1 Kennzeichnend für das biblische Verständnis von Ewigkeit ist in dieser Hinsicht die Bezeichnung Gottes als eines *Felsens*, der dauert, auf den man bauen und auf den man sich verlassen kann.

4.5.2 Die als Beständigkeit und Treue bestimmte Ewigkeit weist als ihr Gegenteil die *Unbeständigkeit* und *Unverläßlichkeit* aus.

---

[20] *M. Luther*, Vorlesungen über 1. Mose. 1535–45, WA 43, 580,14.
[21] *Thomas von Aquin*, Summa theologiae I, q. 3, a. 4, crp., Sancti Thomae Aquinatis Summa Theologiae, Bd. 1, 23.

4.6   Die Intensität und Konzentration, die für den trinitarischen Vollzug göttlichen Lebens kennzeichnend ist und die die *duo maxime contraria* von Leben und Tod in sich einbezieht, erschließt die Ewigkeit als den die Spannung von Leben und Tod aushaltenden *Frieden göttlichen Geisteslebens*. Ewigkeit ist *friedliche Existenz*.

4.6.1   »... nicht das Leben, das sich vor dem Tode scheut ..., sondern das ihn erträgt ..., ist das Leben des Geistes«[22]. *Georg Wilhelm Friedrich Hegels* Satz gilt auch und erst recht von der als Frieden göttlichen Geisteslebens begriffenen Ewigkeit.

4.6.2   Als friedliche Existenz ist die Ewigkeit der Kern wahrer Beständigkeit und der Kern wahrer Dauer. Was im Frieden existiert, geht nicht verloren.

4.6.3   Was in gar keiner Weise im Frieden existiert, könnte überhaupt nicht existieren: »naturae ... nullo modo essent, si non qualicumque pace subsisterent: Die Naturen würden in gar keiner Weise existieren, wenn sie nicht in irgendeiner Weise im Frieden da wären«[23]. Ewigkeit ist der *Friede* des Seins.

4.6.4   Die als Friede des Seins bestimmte Ewigkeit erweist als ihr Gegenteil die den Beziehungsreichtum des Lebens zerstörende anarchische, zur Versöhnung der Gegensätze unfähige *Friedlosigkeit*.

4.7   Als Konzentration und Intensität des göttlichen Lebens ist Ewigkeit die ursprüngliche Einheit von Wirklichkeit und Möglichkeit.

4.7.1   Im Gegensatz zur metaphysischen (aristotelischen) Tradition ist zu bestreiten, daß die Ewigkeit den Seinsmodus der Möglichkeit aus sich ausschließt. Gottes Wirklichkeit ist vielmehr gerade darin ewig, daß sie Möglichkeiten eröffnet und Möglichkeiten – statt sie durch Verwirklichung zu tilgen – erhält.

4.7.2   *Sören Kierkegaards* Behauptung, die »Möglichkeit, aus der das Mögliche, welches das Wirkliche ward, hervorgegangen ist, begleitet fort und fort das Gewordene«[24], gilt mutatis mutandis auch für die Ewigkeit.

4.7.3   Die als Inbegriff ursprünglicher Einheit von Wirklichkeit und Möglichkeit bestimmte Ewigkeit weist als ihr Gegenteil die nichts vermögende tautologische Wirklichkeit (A = A) und die Entscheidungslosigkeit einer sich niemals realisierenden Möglichkeit aus.

---

[22] *G. W. F. Hegel*, Phänomenologie des Geistes, hg. von *J. Hoffmeister*, ⁶1952, 29.
[23] *A. Augustinus*, De civitate Dei libri XXII, l. XIX, c. 13, CChr.SL XLVIII, 679.
[24] *S. Kierkegaard*, Philosophische Brocken oder ein Bröckchen Philosophie, übers. von *E. Hirsch*, Gesammelte Werke, 10. Abt., 1952, 82.

5. Der von den Toten auferstandene Jesus Christus verheißt und verbürgt dem sterblichen Menschen eine uneingeschränkte Lebensgemeinschaft mit Gott und insofern Partizipation an Gottes Ewigkeit.

5.1 Die dem sterblichen Menschen verheißene und verbürgte Partizipation an Gottes Ewigkeit ist als *Teilgabe* an Gottes ewigem Leben die *schöpferische Verewigung* des menschlichen Lebens. Im Ereignis der *Teilnahme* an Gottes ewigem Leben ist der Mensch *lebendiges Subjekt*.

5.1.1 Verewigung ist also alles andere als Musealisierung oder Archivierung des gelebten Lebens.

5.2 Die Verewigung des menschlichen Lebens *konzentriert* dieses zu seiner *Ganzheit* und *intensiviert* es zu seiner Herrlichkeit.

Bibliographische Nachweise

Zum Wesen des Friedens. Frieden als Kategorie theologischer Anthropologie
1983. Kaiser Traktate 74. Chr. Kaiser Verlag München

Ganzheitsbegriffe – in theologischer Perspektive
1997. Der ›ganze Mensch‹. Perspektiven lebensgeschichtlicher Individualität (FS D. Rössler), hg. von V. Drehsen u.a., 353–367. Walter de Gruyter Berlin/New York

… unum aliquid assecutus, omnia assecutus … Zum Verständnis des Verstehens – nach M. Luther, De servo arbitrio (WA 18, 605)
1997. Jesus Christus als die Mitte der Schrift. Studien zur Hermeneutik des Evangeliums (FS O. Hofius), hg. von Ch. Landmesser / H.-J. Eckstein / H. Lichtenberger, 73–99. Walter de Gruyter Berlin/New York

Bekennen und Bekenntnis
1968. Theologie in Geschichte und Kunst. Walter Elliger zum 65. Geburtstag, hg. von S. Herrmann / O. Söhngen, 94–105. Luther-Verlag Witten

Anfechtung und Gewißheit des Glaubens. Wie bleibt die Kirche heute bei ihrer Sache?
1976. E. Jüngel, Anfechtung und Gewißheit des Glaubens oder wie die Kirche wieder zu ihrer Sache kommt. Zwei Vorträge (Kaiser-Traktate 23), 9–46. Chr. Kaiser Verlag München

Mission und Evangelisation
1999. (mit anderer Einleitung) Referat zur Einführung in das Schwerpunktthema der Synodentagung [Mission und Evangelisation], epd-Dokumentation 49/99 vom 15. November 1999, 1–12; auch in: Reden von Gott in der Welt. Der missionarische Auftrag der Kirche an der Schwelle zum 3. Jahrtausend, hg. vom Kirchenamt der Evangelischen Kirche in Deutschland, 2000, 14–35

Zwei Schwerter – Zwei Reiche. Die Trennung der Mächte in der Reformation
2000. Geistliche und weltliche Macht. Das Paderborner Treffen 799 und das Ringen um den Sinn von Geschichte, hg. von J. Meyer zu Schlochtern / D. Hattrup, 146–166. Schöningh Paderborn/München/Wien/Zürich; auch in: theologie und glaube 90 (2000), Heft 1, 146–166

Das Salz der Erde. Zum Verhältnis von Christengemeinde und Bürgergemeinde
1979. E. Jüngel, Reden für die Stadt. Zum Verhältnis von Christengemeinde und Bürgergemeinde (Kaiser Traktate 38), 13–47. Chr. Kaiser Verlag München (2. Auflage 1983)

Zum Verhältnis von Kirche und Staat nach Karl Barth

1986, ZThK Beiheft 6: Zur Theologie Karl Barths. Beiträge aus Anlaß seines 100. Geburtstags, 76–135. J.C.B. Mohr (Paul Siebeck) Tübingen; auszugsweise abgedruckt unter dem Titel: Staat und Kirche bei Karl Barth. 5. Bonner Theologisches Gespräch am 11. September 1986, in: »Bonner Theologische Gespräche« 1985–1988, hg. vom Evangelischen Arbeitskreis der CDU/CSU, Bonn 1989, 62–80

Nemo contra deum nisi deus ipse. Zum Verhältnis von theologia crucis und Trinitätslehre

unveröffentlicht

Thesen zum Verhältnis von Existenz, Wesen und Eigenschaften Gottes

1999. ZThK 96, 405–423. J.C.B. Mohr (Paul Siebeck) Tübingen; engl. Übersetzung: Theses on the Relation of the Existence, Essence and Attributes of God, Toronto Journal of Theology 17/1 (2001), 55–74

Sakrament und Repräsentation. Wesen und Funktion der sakramentalen Handlung

2001. Unter dem Titel »Sacramento e rappresentazione. Essenza e funzione dell'azione sacramentale« in: Il mondo del sacramento. Teologia e filosofia a confronto, hg. von N. Reali, 223–238. Paoline Mailand

Auf dem Weg zur Eucharistiegemeinschaft

1999. Gebt Zeugnis von eurer Hoffnung. Dokumentation, 150 Jahre Katholikentage, 93. Deutscher Katholikentag Mainz 10. – 14. Juni 1998, hg. vom Zentralkomitee der Deutschen Katholiken, 83–93. Butzon und Bercker Kevelaer

Der Geist der Hoffnung und des Trostes. Thesen zur Begründung des eschatologischen Lehrstücks vom Reich der Freiheit

2000. Befreiende Wahrheit. Festschrift für Eilert Herms zum 60. Geburtstag (Marburger Theologische Studien 60), hg. von W. Härle / M. Heesch / R. Preul, 437–448. N.G. Elwert Verlag Marburg

»Die Weltgeschichte ist das Weltgericht« aus theologischer Perspektive

2001. Die Weltgeschichte – das Weltgericht? Stuttgarter Hegelkongress 1999 (Veröffentlichungen der Internationalen Hegel-Vereinigung 22), hg. von R. Bubner / W. Mesch, 2001, 13–33. Klett-Cotta Stuttgart

Die Ewigkeit des ewigen Lebens. Thesen

2000. Unter dem Titel »Thesen zur Ewigkeit des ewigen Lebens« in: ZThK 97, 80–87. J.C.B. Mohr (Paul Siebeck) Tübingen; auch in: Ecumenical Theology in Worship, Doctrine, and Life (FS G. Wainwright), hg. von D. S. Cunningham / R. Del Colle / L. Lamadrid, New York/Oxford 1999, 175–181

Namenregister

Sachregister

Offenbarung 100, 113, 183f., 188, 203, 214, 253, 315f.
Öffentlichkeit 76, 87, 131, 133, 150–153, 155
Ökumene 99f., 107, 125, 132, 219, 286, 289–291, 298

Papst 1, 140f., 143
Philosophie 43, 51, 235, 243, 323, 331f.
– und Theologie 2, 74, 235, 248, 346
Politik 23, 35, 158f., 174, 176, 189, 224, 229
Predigt 79, 106f., 143, 314
Priestertum aller Gläubigen 286f., 300f.

Recht 6, 19–21, 23, 47, 57, 98, 108, 112, 136, 145, 177, 182, 188, 190f., 205, 207–211, 215, 270, 324, 334, 342
–, menschliches 189, 204f., 210
– Naturrecht 221f.
Rechtfertigung 70, 151, 177, 190, 196, 201, 209, 211, 214–216, 284
– allein durch den Glauben 70, 105
– des Gottlosen 134, 151, 162, 212, 341
– des Sünders 169, 188, 196, 205, 207, 210, 216, 227
– Gottes 336
-sartikel 71, 267
-sbotschaft 135
-slehre 180, 274
-surteil 152
– und Recht 176, 180f., 204, 215f.
Rechtsstaat 182, 189, 207, 213f., 324
Reich Gottes 24, 177, 179, 186, 189, 205, 209, 220, 222, 227, 229f., 320, 343
Religion 16, 33, 139, 148, 158, 307f., 331, 339
–, natürliche 237

Sakrament 52, 71, 81, 103, 116f., 197, 199, 226, 274–290, 292–296, 301–303, 315
Schöpfer 30, 248f., 253, 258, 278, 341
– und Geschöpf 154, 264, 267, 275, 278, 320, 340
Schriftauslegung 79–82, 323
Schuld 104, 128f., 155, 168, 177, 343
Seele, s.a. Leib und Seele 12, 42, 50, 90, 143, 317f., 321, 325, 348
– Unsterblichkeit der Seele 316f.
Spiritualität 90, 98, 119

Sprache 3, 16, 33, 85, 96, 126, 158, 170–172, 217, 253, 263, 265
Staat 8, 12, 19–22, 109, 134, 137, 152, 158, 160, 164–168, 171, 174, 176, 189–191, 205–209, 212–218, 220–222, 332, 338
– Auftrag des Staates 176, 206
–, demokratischer 214, 223
– Fürbitte für den Staat 210f., 213
–, himmlischer 12f., 15f., 208f.
–, irdischer 13, 15, 17, 208f., 212
– Kirche und Staat s. unter Kirche
– Rechtsstaat 182, 189, 207, 213f., 324
– staatliche Gewalt 140f., 158, 165f., 171, 210f., 215
– Unrechtsstaat 204, 211, 213
– Wesen des Staates 207
Staunen 156, 274f.
Sühnopfer 248
Sünde 14, 27, 33, 44, 66, 82, 83, 88, 94, 102, 129, 151, 183, 200f., 206, 220, 241, 252, 282, 292, 296, 309, 317, 319, 320, 324, 342f.

Taufe 278f., 282, 298, 304, 314
Theologie 2, 43, 54, 68–72, 75, 92, 94, 97, 100, 105, 114, 135, 138, 142, 147, 150, 161, 174, 176–180, 197, 243, 253, 258, 262, 265–267, 275, 288, 292, 323, 336, 342
–, evangelische 165, 284, 290, 337
–, katholische 284, 297
–, natürliche 308
–, politische 90, 220
–, reformatorische 45, 176, 205, 241, 298
–, scholastische 45
– und Philosophie 2, 74, 235, 248, 346
Tod 24, 33, 42, 44, 91, 103, 128, 155, 194, 201f., 231, 247–250, 252, 262, 271, 276, 282, 284, 291, 304, 316f., 320, 324f., 340, 351f.
Trient (Konzil) 284, 288, 295, 297, 302
Trinität 248, 110, 235, 242, 246–248, 252f., 284, 286, 315, 320–322, 345, 349–351
– als Gemeinschaft gegenseitigen Andersseins 154f., 247, 250–252, 263, 268, 350
– innertrinitarisches Leben 272
– opera trinitatis ad intra / extra 350
-slehre 231, 242, 248
– trinitarische Personen 154, 251, 267
– trinitarische Existenz Gottes 349–351